Curso de Processo Eleitoral

2ª Edição Atualizada

Preencha a **ficha de cadastro** no final deste livro
e receba gratuitamente informações sobre
os lançamentos e promoções da Elsevier.

Consulte também nosso catálogo completo,
últimos lançamentos e serviços exclusivos no site
www.elsevier.com.br

Francisco Dirceu Barros

Curso de Processo Eleitoral

2ª Edição Atualizada

Branco **Corrige** **Confirma**

RESOLUÇÕES DO TSE PARA AS ELEIÇÕES 2012
ATUALIZAÇÃO CONSTANTE NO SITE www.elsevier.com.br

Data de fechamento da edição: 17 de abril de 2012

© 2012, Elsevier Editora Ltda.

Todos os direitos reservados e protegidos pela Lei nº 9.610, de 19/02/1998.

Nenhuma parte deste livro, sem autorização prévia por escrito da editora, poderá ser reproduzida ou transmitida sejam quais forem os meios empregados: eletrônicos, mecânicos, fotográficos, gravação ou quaisquer outros.

Copidesque: Lara Alves
Revisão: Fernanda Pacobahyba
Editoração Eletrônica: Rejane Megale Figueiredo

Elsevier Editora Ltda.
Conhecimento sem Fronteiras
Rua Sete de Setembro, 111 – 16º andar
20050-006 – Centro – Rio de Janeiro – RJ – Brasil

Rua Quintana, 753 – 8º andar
04569-011 – Brooklin – São Paulo – SP

Serviço de Atendimento ao Cliente
0800-0265340
sac@elsevier.com.br

ISBN 978-85-352-6065-6

Nota: Muito zelo e técnica foram empregados na edição desta obra. No entanto, podem ocorrer erros de digitação, impressão ou dúvida conceitual. Em qualquer das hipóteses, solicitamos a comunicação ao nosso Serviço de Atendimento ao Cliente, para que possamos esclarecer ou encaminhar a questão.

Nem a editora nem o autor assumem qualquer responsabilidade por eventuais danos ou perdas a pessoas ou bens, originados do uso desta publicação.

CIP-BRASIL. CATALOGAÇÃO-NA-FONTE
SINDICATO NACIONAL DOS EDITORES DE LIVROS, RJ

B277
2.ed.

Barros, Francisco Dirceu
    Curso de processo eleitoral / Francisco Dirceu Barros. – 2.ed. – Rio de Janeiro: Elsevier, 2012.

    Publicado anteriormente sob o título: Direito processual eleitoral
    Inclui bibliografia
    ISBN 978-85-352-6065-6

    1. Direito eleitoral – Brasil. 2. Direito eleitoral – Brasil – Problemas, questões, exercícios. 3. Serviço público – Brasil - Concursos. I. Título.

12-1711.   CDU: 342.8(81)

O Autor

FRANCISCO DIRCEU BARROS

Promotor de Justiça Criminal. Promotor de Justiça Eleitoral. Mestre em Direito (Ordem Jurídica Constitucional). Especialista em Direito Penal e Processo Penal. Ex-professor universitário. Professor da EJE (Escola Judiciária Eleitoral) no curso de pós-graduação em Direito Eleitoral. Professor do curso de pós-graduação em Direito Penal e Processo Penal (Maurício de Nassau, FDG/AESGA), com vasta experiência em cursos preparatórios aos concursos do Ministério Público e da Magistratura, lecionando as disciplinas de Direito Eleitoral, Direito Penal, Processo Penal, Legislação Especial e Direito Constitucional. Ex-comentarista da Rádio Justiça – STF. Membro efetivo do GNMP (Grupo Nacional do Ministério Público). Colunista da *Revista Prática Consulex*, seção "Casos Práticos". Palestrante em diversos congressos no Brasil. Autor de mais de 60 livros e diversos artigos em revistas especializadas. Professor do curso on-line "euvoupassar.com.br".

*Dedico este livro a Deus, pois o Senhor é meu pastor
e nada me faltará, e aos defensores do regime democrático.*

"Chamamo-nos uma democracia, porque a cidade é administrada, não por poucos, mas pela maioria. Mas, se de acordo com a lei, todos são iguais em suas relações privadas, contudo, o homem que, de algum modo se distingue, recebe a preferência na vida pública, não como um privilégio, mas por causa de seus méritos; e, se um homem pode servir ao seu país, a pobreza e a obscuridade não lhe valerão como obstáculos. A liberdade é o princípio de nossa vida pública, e na nossa vida quotidiana não vivemos mutuamente desconfiados, e não nos irritamos com nosso vizinho porque vive a seu modo, nem o olhamos com este ar de desaprovação que, por ser inofensivo, não deixa de ser incômodo. Enquanto não nos perturbamos uns aos outros, interferindo em assuntos privados, evitamos infringir as leis, **pelo respeito que lhes devotamos**." (Discurso de Péricles – Homenagem aos mortos na guerra do Peloponeso)

Apresentação

Apesar do enorme avanço do Direito Eleitoral, ressente-se a literatura jurídica nacional de um livro que desenvolvesse a parte teórica do **Direito Processual Eleitoral**.

Há mais de 10 anos desempenho a função de Promotor de Justiça Eleitoral. Nesse tempo presenciei verdadeiras "**tragédias**" processuais ocorridas simplesmente porque não temos no Brasil uma doutrina destinada a enfrentar os casos do cotidiano prático eleitoral forense.

Em tal período presenciei:

- ações serem julgadas sem julgamento do mérito, por ter sido constatada a ausência de pressupostos de constituição e de desenvolvimento válido e regular do processo, como **a inadequação processual da via eleita**;
- recursos sem provimento por terem sido interpostos de forma incorreta;
- crimes eleitorais sendo prescritos pela ineficiência de profissionais que não sabiam como apurá-los;
- absolvições de crimes e ilícitos cíveis eleitorais, motivados pelo despreparo dos que deviam ter como função o combate de tais delitos;
- enfim, políticos indecentes e inelegíveis se perpetuando no poder.

Não presenciei má-fé por parte dos profissionais do direito eleitoral, mas a ausência de uma ferramenta adequada para subsidiar os trabalhos desses profissionais:

- seja o Delegado, que deveria ter combatido o crime eleitoral;
- seja o advogado eleitoralista e o Promotor de Justiça Eleitoral, que deveriam interpor a ação eleitoral e o recurso eleitoral correto;
- seja o Juiz eleitoral, que deveria ter seguido o procedimento correto.

Todos estavam diante de uma lacuna.

Tal lacuna tem gerado impunidades e, pior, um imenso leque de políticos que há muito tempo já deveriam ter sido expurgados do cenário político nacional.

Baseado em tais fatos, fui incentivado por vários colegas Promotores Eleitorais, Juízes Eleitorais, Advogados eleitoralistas e delegados **a sistematizar o doutrinamento processual eleitoral**.

Tal atitude seria extremamente salutar para um eficaz aperfeiçoamento do regime democrático, porque:

1) o combate ao crime eleitoral é fundamental para que seja propiciada igualdade de condições na disputa do pleito eleitoral;

2) as ações eleitorais são importantes ferramentas jurídicas que têm como principal escopo garantir a normalidade e a legitimidade das eleições, destarte, reforçar o próprio regime democrático;

3) os recursos são meios processuais estabelecidos para permitir a impugnação de qualquer despacho ou sentença eleitoral, renovando-se o juízo na instância superior, a fim de permitir a melhor fiscalização das deliberações da instância *a quo*.

Primordiais para evolução e a própria eficácia do direito eleitoral, as ações e os recursos eleitorais precisam ser entendidos melhor; neste contexto, o presente livro tem como principal escopo contribuir com um estudo completo sobre toda a parte processual do direito eleitoral.

Neste sentido, sistematizo e apresento de forma didática o estudo das fontes do direito eleitoral, da relação com outras disciplinas, os métodos de interpretação do direito eleitoral, persecução penal eleitoral extrajudicial, persecução penal eleitoral judicial, competência eleitoral, prisões processuais eleitorais, conflito de atribuições eleitorais, das ações eleitorais, da *mutatio libeli* e da *emendatio libeli* eleitoral, dos recursos eleitorais, colacionando em um só local todas as posições doutrinárias e jurisprudenciais sobre os mais diversos temas enfocados.

Com o precípuo desejo de deixar as matérias expostas mais didáticas divido o estudo com as ações em:

1 – **Arpi** (*Ação de Reclamação por Propaganda Irregular*);
2 – **Arconve** (*Ação de Reclamação das Condutas Vedadas aos agentes públicos em campanha eleitoral*);
3 – **Aragi** (*Ação de Reclamação por Arrecadação e Gastos Ilícitos*);
4 – **Ardi** (*Ação de Reclamação às Doações Irregulares)*;
5 – **Arcisu** (*Ação de Reclamação por Captação Irregular de Sufrágio*);
6 – **Airc** (*Ação de Impugnação de Registro de Candidatura*);
7 – **Aije** (*Ação de Investigação Judicial Eleitoral*);
8 – **Aime** (*Ação de Impugnação de Mandato Eletivo*);
9 – **Aidi** (*Ação de Impugnação da Diplomação*).

Construí uma teoria geral para os recursos eleitorais e apresento um estudo completo com acompanhamento das posições correlatas do **TSE** sobre os recursos:

a) apelação eleitoral;
b) recurso inominado eleitoral;
c) agravo de instrumento eleitoral;
d) embargos de declaração eleitoral;
e) embargos de nulidade e infringentes do julgado eleitoral;
f) recurso ordinário eleitoral;
g) recurso especial eleitoral;
h) recurso extraordinário eleitoral;
i) carta testemunhável eleitoral;

j) recurso em sentido estrito eleitoral;
k) recurso partidário interno;
l) correição parcial eleitoral.

O livro ainda se encontra rigorosamente atualizado com as últimas posições do **TSE** e do **STF**.

Espero que você me ajude a melhorar este trabalho, remetendo à editora sua opinião. Sua crítica será de grande valia para o melhoramento deste trabalho, pois sempre defendi que o recebimento com humildade da opinião do leitor é o melhor caminho para o aperfeiçoamento da obra.

Um grande e fraternal abraço, justo e perfeito do autor.

Francisco Dirceu Barros

Sumário

PARTE I
DIREITO PROCESSUAL ELEITORAL CÍVEL

Capítulo 1 – Introdução ao Estudo do Direito Processual Eleitoral Cível 3
1.1. As Fontes do Direito Eleitoral 3
    1.1.1. Fontes formais imediatas 4
        1.1.1.1. Divisão das fontes formais imediatas no âmbito da legislação ordinária eleitoral. ... 4
    1.1.2. Fontes formais mediatas 5
    1.1.3. Consultas eleitorais. 7
        1.1.3.1. Observações e indagações didáticas muito importantes. 7
        1.1.3.2. Principais características das consultas. 9
        1.1.3.3. Diferenças entre a consulta do TSE e a consulta do TRE 9
        1.1.3.4. O prazo final para ser realizada uma consulta 10
1.2. A Antinomia da Lei Eleitoral. 11
1.3. Os Métodos de Interpretação do Direito Eleitoral 12
    1.3.1. Interpretação eleitoral gramatical 12
    1.3.2. Interpretação eleitoral histórica 12
    1.3.3. Interpretação eleitoral sistemática 12
    1.3.4. Interpretação eleitoral lógica ou teleológica 13
    1.3.5. Tipos de interpretação quanto ao resultado da norma eleitoral 13
1.4. Dos Princípios Eleitorais 13
    1.4.1. Conceito de princípio. 14
    1.4.2. A moderna divisão dos princípios processuais eleitorais 14
        1.4.2.1. Estudo doutrinário e jurisprudencial dos princípios processuais eleitorais cíveis. ... 14
            1.4.2.1.1. Princípio da aplicação subsidiária. 14
    1.4.3. Os princípios básicos referentes à inelegibilidade 15
        1.4.3.1. Princípio da legalidade da propaganda 19
        1.4.3.2. Princípio da liberdade da propaganda. 19
        1.4.3.3. Princípio da responsabilidade da propaganda 20
        1.4.3.4. Princípio igualitário da propaganda 20
        1.4.3.5. Princípio da disponibilidade da propaganda lícita 20
        1.4.3.6. Princípio do controle judicial da propaganda 20
        1.4.3.7. Princípio da periodicidade dos mandatos 20
        1.4.3.8. Princípio da potencialidade lesiva 20
        1.4.3.9. Princípio do poder soberano 21
        1.4.3.10. Princípio da livre investidura em cargo eletivo 21
        1.4.3.11. Princípio da igualdade do voto. 21
        1.4.3.12. Princípio da livre manifestação do voto 22
        1.4.3.13. Princípio do sigilo do voto 22
        1.4.3.14. Princípio da lisura das eleições. 22

Francisco Dirceu Barros

    1.4.3.15. Princípio da celeridade dos feitos eleitorais 22
    1.4.3.16. Princípio da irrecorribilidade das decisões do Tribunal Superior Eleitoral. 24
    1.4.3.17. Princípio do pluripartidarismo 24
    1.4.3.18. Princípio da legalidade administrativa 24
    1.4.3.19. Princípio da autonomia partidária. 24
    1.4.3.20. Princípio da anualidade. 24
        1.4.3.20.1. Princípio da anualidade e a ultra-atividade da lei eleitoral 25
        1.4.3.20.2. A ultra-atividade da lei eleitoral e o princípio da irretroatividade da lei penal eleitoral. 25
    1.4.3.21. O que o princípio da anualidade proíbe ser modificado no ano da eleição 26
        1.4.3.21.1. Mudanças que não se sujeitam ao princípio da anualidade 26
        1.4.3.21.2. Mudanças que se sujeitam ao princípio da anualidade 28
        1.4.3.21.3. O caráter primário e o caráter secundário do princípio da anualidade 28
        1.4.3.21.4. A Lei da Ficha Limpa *versus* o princípio da anualidade 29
        1.4.3.21.5. A Lei da Ficha Limpa *versus* o princípio da anualidade e a posição do STF. ... 30
        1.4.3.21.6. O princípio da vida pregressa proba *versus* o princípio da não culpabilidade antecipada. 31
        1.4.3.21.7. A composição do princípio da anualidade 38
    1.4.3.22. Princípio da anterioridade das resoluções 38
1.5. Relações do Direito Eleitoral com as outras Disciplinas Jurídicas 39
    1.5.1. Relação com o Direito Constitucional. 39
    1.5.2. Relação com o Direito Penal. 39
    1.5.3. Relação com o Direito Processual Penal 39
    1.5.4. Relação com o Direito Civil 39
    1.5.5. Relação com o Direito Processual Civil. 39
    1.5.6. Relação com o Direito Financeiro e Tributário 40
1.6. Relação Processual Eleitoral 40
    1.6.1. A relação processual eleitoral gera direitos e obrigações 40
1.7. O Conceito de Processo Eleitoral e as Instâncias Eleitorais 41
    1.7.1. O conceito de processo eleitoral 41
1.7.2. As instâncias eleitorais. 41

Capítulo 2 – Das Ações Eleitorais **43**
2.1. Arpi – Ação de Reclamação por Propaganda Irregular. 43
    2.1.1. O poder de polícia no Direito Eleitoral. 43
    2.1.2. A fundamentação legal do poder de polícia do juiz 44
    2.1.3. A fundamentação legal do poder de polícia do Ministério Público Eleitoral 44
    2.1.4. Atividades práticas que o Ministério Público Eleitoral deve desenvolver no exercício do poder de polícia no ensejo de combater a propaganda eleitoral 45
    2.1.5. Atividades práticas que o juiz deve desenvolver no exercício do poder de polícia no ensejo de combater a propaganda eleitoral. 45
        2.1.5.1. Outras atividades do juiz eleitoral no exercício do poder de polícia 46
    2.1.6. Vedação da atividade *ex officio* do juiz com a finalidade de combater a propaganda irregular 47
    2.1.7. Vedações ao excesso no uso do poder de polícia. 47
    2.1.8. Para que serve a Arpi. 48
    2.1.9. Os motivos que ensejam a Arpi 48
        2.1.9.1. Outras hipóteses de irregularidades na propaganda 50
        2.1.9.2. Previsão legal da Arpi 52

2.1.10. Legitimidade ativa da Arpi 52
2.1.11. Legitimidade passiva da Arpi 56
  2.1.11.1. Princípio da proibição da pré-candidatura 56
  2.1.11.2. Teoria da mera conduta 57
2.1.12. Prazo para interposição da representação eleitoral 58
  2.1.12.1. Prazo inicial 58
  2.1.12.2. Prazo final 59
2.1.13. Competência para julgar a Arpi 59
  2.1.13.1. A comprovação do cumprimento das determinações da Justiça Eleitoral relacionadas à propaganda 60
  2.1.13.2. A competência para conhecer e julgar a representação para retirada de propaganda eleitoral depois das eleições 61
2.1.14. Efeito da procedência da Arpi 61
  2.1.14.1. Outras consequências da propaganda irregular 62
    2.1.14.1.1. Possibilidade de cumulação de sanções 63
    2.1.14.1.2. O efeito da retirada da propaganda 65
    2.1.14.1.3. A execução da multa eleitoral 66
2.1.15. Procedimento da Arpi 66
  2.1.15.1. Petição inicial 66
  2.1.15.2. Capacidade postulatória 69
  2.1.15.3. A ausência de dilação probatória 69
    2.1.15.3.1. Quando o juiz indefere a representação sem julgamento do mérito ... 71
    2.1.15.3.2. Atividade que o juiz eleitoral deve fazer ao receber a representação ... 71
  2.1.15.4. A intervenção do Ministério Público Eleitoral 73
  2.1.15.5. Transcorrido o prazo de 24 horas para o Ministério Público Eleitoral ofertar o parecer 73
  2.1.15.6. A publicação dos atos judiciais 74
  2.1.15.7. A revelia e a Arpi 74
  2.1.15.8. Reconvenção, réplica e a Arpi 74
  2.1.15.9. Litisconsórcio e a Arpi 74
  2.1.15.10. Dos recursos para o Tribunal Regional Eleitoral 75
    2.1.15.10.1. Dos recursos para o Tribunal Superior Eleitoral 76
    2.1.15.10.2. Ministério Público Eleitoral, os litisconsortes com diferentes advogados, o defensor público e o prazo em dobro para recorrer 77
  2.1.15.11. Observações muito importantes 78
  2.1.15.12. O que acarreta a não observância dos prazos supracitados 78
  2.1.15.13. A priorização dos feitos eleitorais 79
2.1.16. A representação e a litigância de má-fé 80
2.1.17. Honorários advocatícios em sede de Arpi 80
2.1.18. O ônus da prova da propaganda irregular 80
2.1.19. Um macete de ordem prática 82
  2.1.19.1. A fundamentação do prévio conhecimento 84
2.1.20. Princípio da responsabilidade solidária na propaganda eleitoral 85
2.1.21. As espécies de propaganda extemporânea 86
2.1.22. Tabela de prazos processuais previstos na Resolução nº 22.624/2007 91
2.1.23. Das vedações e permissões nos dias que antecedem as eleições 92
2.2. Aije – Ação de Investigação Judicial Eleitoral 102
  2.2.1. Para que serve a Aije 102
  2.2.2. Atos que "caracterizam abuso de poder segundo o TSE" 104

2.2.3. Previsão legal da Aije 105
2.2.4. Natureza jurídica da Aije 105
2.2.5. Legitimidade ativa da Aije 105
    2.2.5.1. Análise do eleitor como agente ativo da Aije 106
    2.2.5.2. Análise da possibilidade da formação de litisconsórcio ativo 106
    2.2.5.3. Análise da possibilidade de o partido coligado ajuizar investigação judicial eleitoral ... 106
    2.2.5.4. Análise de um candidato à eleição proporcional impugnar candidato da eleição majoritária 107
    2.2.5.5. Análise de um partido político que não esteja participando de um pleito eleitoral propor a Aije 107
    2.2.5.6. Análise de uma coligação formada para eleição majoritária impugnar candidatos da eleição proporcional 107
    2.2.5.7. Análise da possibilidade do ajuizamento pela coligação de uma Aije sem a anuência de um dos partidos integrantes da composição 107
    2.2.5.8. Requisitos para que o candidato possa propor a Aije 108
    2.2.5.9. Limitação à circunscrição 108
2.2.6. Legitimidade passiva da Aije 108
    2.2.6.1. Legitimidade passiva e a possibilidade de formação do litisconsórcio passivo 109
2.2.7. Prazo para interposição da Aije 112
    2.2.7.1. Prazo inicial 112
    2.2.7.2. Prazo final 114
2.2.8. Competência para julgar a Aije 114
    2.2.8.1. Competência e foro por prerrogativa de função 115
2.2.9. Dos efeitos da Aije julgada procedente 115
2.2.10. Dos efeitos dos recursos interpostos da sentença que julga a Aije 116
    2.2.10.1. Efeito do recurso que julga a Aije quando esta é empregada para apurar uso indevido, desvio ou abuso do poder econômico ou do poder de autoridade, ou utilização indevida de veículos ou meios de comunicação social, em benefício de candidato ou de partido político 116
    2.2.10.2. Efeito do recurso que julga a Aije quando esta é usada para o combate à captação ilícita de votos 117
    2.2.10.3. Efeito do recurso que julga a Aije quando esta é usada para o combate das condutas vedadas aos agentes públicos 117
2.2.11. O procedimento da Aije 117
2.2.12. A Aije e a potencialidade lesiva 120
2.2.13. Honorários advocatícios 120
2.2.14. Análise da possibilidade de aplicação da *emendatio libelli* em sede de Aije 120
2.2.15. A Aije e o não cabimento do julgamento antecipado da lide 121
2.2.16. A prova pré-constituída na Aije 121
2.2.17. Provas não admissíveis da Aije 121
2.2.18. Decisões interlocutórias tomadas no curso da Aije 122
2.2.19. Crime eleitoral na arguição de inelegibilidade 122
2.2.20. A Aije e os recursos 122
2.3. Aragi – Ação de Reclamação por Arrecadação e Gastos Ilícitos 123
    2.3.1. Para que serve a Aragi 123
    2.3.2. Previsão legal da Aragi 123
    2.3.3. Legitimidade ativa da Aragi 123
    2.3.4. Legitimidade passiva da Aragi 124

2.3.5. Prazo para interposição da Aragi 124
    2.3.5.1. Prazo inicial 124
    2.3.5.2. Prazo final 125
2.3.6. Competência para julgar a Aragi 126
2.3.7. O procedimento da Aragi 126
2.3.8. As sanções 126
2.3.9. O princípio da proporcionalidade *versus* a potencialidade da conduta 128
2.3.10. Prazo recursal 128
2.3.11. Efeitos do recurso 129
2.3.12. A Aragi *versus* o RCD (Recurso contra a Diplomação) 129
2.3.13. A possibilidade da alteração do limite de gastos dos candidatos 129
2.3.14. Análise da capacidade postulatória 130
2.3.15. Dos recursos 130
2.4. Ardi – Ação de Reclamação às Doações Irregulares 130
    2.4.1. Para que serve a Ardi 130
    2.4.2. Previsão legal da Ardi 130
    2.4.3. Quando as doações são consideradas ilegais 130
        2.4.3.1. Regulamentação das doações às pessoas jurídicas 131
        2.4.3.2. Regulamentação das doações às pessoas físicas 131
    2.4.4. Legitimidade ativa da Ardi 132
    2.4.5. Legitimidade passiva da Ardi 132
    2.4.6. Prazo para interposição da Ardi 132
        2.4.6.1. Prazo inicial 132
        2.4.6.2. Prazo final 133
    2.4.7. Competência para julgar a Ardi 133
    2.4.8. O procedimento da Ardi 133
    2.4.9. As sanções da Ardi 134
        2.4.9.1. Sanção para pessoa jurídica 134
        2.4.9.2. Sanção para pessoa física 134
    2.4.10. Análise da capacidade postulatória 134
    2.4.11. Dos recursos 135
    2.4.12. Efeitos do recurso 135
2.5. Arconve – Ação de Reclamação das Condutas Vedadas aos Agentes Públicos em Campanhas Eleitorais 135
    2.5.1. As condutas vedadas aos agentes públicos em campanhas eleitorais 135
    2.5.2. O conceito de agente público 138
    2.5.3. As consequências práticas do descumprimento das vedações 138
        2.5.3.1. Quando as condutas vedadas podem causar inelegibilidade 138
        2.5.3.2. A sanção e o princípio da proporcionalidade 139
        2.5.3.3. As condutas vedadas e o abuso de autoridade 139
        2.5.3.4. Vedação à contratação de shows artísticos pagos com recursos públicos 140
        2.5.3.5. Vedação à participação em inaugurações de obras públicas 140
        2.5.3.6. Os concursos públicos e o período eleitoral 140
        2.5.3.7. O reflexo na lei de improbidade 143
        2.5.3.8. Da legitimidade 144
            2.5.3.8.1. Legitimidade ativa da Arconve 144
            2.5.3.8.2. Legitimidade passiva da Arconve 144
        2.5.3.9. O prazo para interposição de uma Arconve 145
            2.5.3.9.1. O prazo inicial e o incidente do RO/PA 748 145

2.5.3.9.2. O prazo final	145
2.5.3.9.2.1. Teoria do armazenamento tático de indícios	146
2.5.3.10. Análise da possibilidade de exigência de prova pré-constituída	146
2.5.3.11. Análise da possibilidade de exigência de potencialidade do dano	146
2.5.3.12. Análise da necessidade da realização de novas eleições	147
2.5.3.13. Análise da possibilidade de o prefeito reeleito e cassado por conduta vedada poder concorrer ao cargo na eleição subsequente.	147
2.5.3.14. Competência para julgar a Arconve	147
2.5.3.15. O procedimento da Arconve	148
2.5.3.16. Análise da possibilidade de existência de litisconsórcio passivo entre o titular e o vice na eleição majoritária.	148
2.5.3.17. Análise da possibilidade de existência de litisconsórcio passivo entre o candidato e o partido	149
2.5.3.18. Análise da capacidade postulatória	149
2.5.3.19. O prazo do recurso em sede de Arconve	149
2.5.3.20. Dos recursos	149
2.5.3.21. O efeito da decisão em sede de Arconve.................................	149
2.6. Airc – Ação de Impugnação de Registro de Candidatura	150
2.6.1. O objetivo da Airc..	150
2.6.2. Os motivos que ensejam a Airc	150
2.6.2.1. O momento oportuno para verificação das condições de elegibilidade e das causas de inelegibilidade	153
2.6.3. Previsão legal da Airc..	153
2.6.4. Legitimidade ativa da Airc	153
2.6.4.1. Possibilidade da arguição de uma inelegibilidade *ex officio*....................	154
2.6.4.2. Análise da capacidade postulatória	155
2.6.4.3. Vedação para o partido ou a coligação apresentarem impugnação aos seus próprios filiados	155
2.6.4.4. Vedação para o partido político integrante de coligação impugnar isoladamente registro de candidatura	155
2.6.4.5. Quando é permitido ao partido ou coligação, que não impugnou o registro, recorrer da decisão que o defere	156
2.6.4.6. Quando o Ministério Público Eleitoral não pode impugnar	156
2.6.4.7. A teoria da impugnação adstrita à circunscrição.	157
2.6.4.7.1. Teoria da impugnação adstrita ao que se pleiteia	157
2.6.4.8. Quando será possível um partido coligado atuar de forma isolada	157
2.6.4.9. Requisito básico para a coligação propor qualquer ação eleitoral	158
2.6.5. Legitimidade passiva da Airc	158
2.6.6. Prazo para interposição da Airc	158
2.6.6.1. Vista pessoal para o Ministério Público Eleitoral	158
2.6.7. Competência para julgar Airc...	159
2.6.8. Efeito da procedência da Airc...	160
2.6.8.1. A teoria da conta e do risco...	161
2.6.8.2. A teoria da conta e do risco *versus* a antecipação da tutela	162
2.6.9. Do litisconsórcio ativo e passivo...	162
2.6.10. Atividades práticas do juiz ao receber o pedido de registro........................	164
2.6.10.1. O que deve conter o pedido de registro	165
2.6.11. Teoria das inelegibilidades extemporâneas...................................	168

2.6.12. Teoria do provimento jurisdicional eficaz.................................... 170
2.6.13. O procedimento da Airc 172
2.7. Arcisu – Ação de Reclamação por Captação Irregular de Sufrágio 180
   2.7.1. Para que serve a Arcisu 180
   2.7.2. Os requisitos da Arcisu 181
      2.7.2.1. A distinção entre "boca de urna" e captação de sufrágio 182
   2.7.3. Previsão legal da Arcisu.. 182
   2.7.4. Legitimidade ativa da Arcisu.. 182
   2.7.5. Legitimidade passiva da Arcisu 183
      2.7.5.1. O cabo eleitoral.. 183
   2.7.6. A teoria da autoria eleitoral mediata 184
   2.7.7. Prazo para interposição da Arcisu 184
      2.7.7.1. Prazo inicial... 184
      2.7.7.2. Prazo final 185
   2.7.8. Competência para julgar a Arcisu 186
   2.7.9. Efeito da procedência da Arcisu... 186
      2.7.9.1. A teoria da dupla imputação eleitoral/penal 186
   2.7.10. O prazo recursal 188
      2.7.10.1. O efeito do recurso interposto 189
      2.7.10.2. A hipótese do efeito suspensivo 189
   2.7.11. A constitucionalidade da sanção 189
   2.7.12. Procedimento da Arcisu 190
   2.7.13. Potencialidade lesiva 190
   2.7.14. Análise da possibilidade de existência de litisconsórcio passivo na eleição majoritária... 191
   2.7.15. As promessas de campanha... 191
   2.7.16. Outras ações que podem ser usadas para combater a captação ilegal de sufrágio 191
   2.7.17. Impossibilidade de a captação irregular de sufrágio ser apurada na Airc 192
   2.7.18. A teoria dos frutos da árvore envenenada na unicidade da chapa 192
   2.7.19. Análise da possibilidade de desistência da Arcisu............................ 193
   2.7.20. Análise da capacidade postulatória 193
   2.7.21. Dos recursos 193
2.8. Aime – Ação de Impugnação de Mandato Eletivo................................... 193
   2.8.1. Para que serve a Aime 193
   2.8.2. Previsão legal da Aime... 196
      2.8.2.1. Aime e abuso de autoridade 196
   2.8.3. A Aime e o segredo de justiça... 197
   2.8.4. Legitimidade ativa da Aime 197
   2.8.5. Legitimidade passiva da Aime 198
      2.8.5.1. Análise da possibilidade de existência de litisconsórcio passivo entre o titular e o vice na eleição majoritária...................................... 199
      2.8.5.2. Um macete de ordem prática 199
      2.8.5.3. Análise da possibilidade de existência de litisconsórcio passivo entre os candidatos e o partido 200
   2.8.6. Do prazo 200
   2.8.7. Competência para julgar 201
   2.8.8. Efeito do julgamento da Aime 202
   2.8.9. Do procedimento da Aime 203
      2.8.9.1. A Aime e a prova pré-constituída 204
      2.8.9.2. A Aime e a prova emprestada.. 205

2.8.10. O mundo dos autos *versus* o mundo das eleições 205
    2.8.10.1. Prolação da sentença 206
2.8.11. A Aime à potencialidade lesiva da conduta 207
2.8.12. Análise da possibilidade de existir litispendência entre Aije e Aime 208
2.8.13. Análise recursal da Aime... 208
    2.8.13.1. Efeito recursal 209
2.8.14. Análise da necessidade de interposição de recurso *ex officio* 210
2.8.15. Análise da possibilidade de desistência da Aime............................. 210
2.8.16. Análise da possibilidade do arbitramento de honorários de advogado 210
2.8.17. A tutela antecipada em sede de Aime 211
2.8.18. Julgamento antecipado da lide em sede de Aime............................. 211
2.8.19. Duração razoável do processo 211
2.8.20. Exemplos de Aime julgada procedente na jurisprudência do TSE 211
2.8.21. Exemplos de Aime julgada improcedente na jurisprudência do TSE.............. 212
2.9. Aidi – Ação de Impugnação da Diplomação 213
    2.9.1. Natureza jurídica da Aidi.. 213
    2.9.2. Cabimento de espécies de Aidi... 213
    2.9.3. Análise da possibilidade de o juiz indeferir a diplomação *ex officio* 215
    2.9.4. Taxatividade da ação de impugnação da diplomação 215
    2.9.5. Legitimidade ativa da Aidi 216
    2.9.6. Legitimidade passiva da Aidi 217
    2.9.7. Prazo para interposição.. 217
        2.9.7.1. Prazo para impugnação da Ação de Impugnação da Diplomação propriamente dita.. 217
    2.9.8. Competência para julgar 217
    2.9.9. O que causa a procedência da Aidi 218
    2.9.10. O efeito da Aidi... 218
    2.9.11. A Aidi e o juízo de retratação 218
    2.9.12. Procedimento da Aidi 219
    2.9.13. Análise da possibilidade de existência de litisconsórcio passivo necessário entre o titular diplomado e o vice 223
    2.9.14. Análise da possibilidade de existência de litisconsórcio passivo necessário entre o titular diplomado e o seu partido... 223
    2.9.15. Análise da possibilidade de desistência da Aidi.............................. 223
    2.9.16. Análise à existência de litispendência entre a Aidi, a Aije e a Aime 223
    2.9.17. Recursos da Aidi.. 224
    2.9.18. Observações didáticas importantes 224

Capítulo 3 – Dos Procedimentos Eleitorais 225
3.1. Classificação dos Procedimentos Eleitorais... 225
    3.1.1. Procedimentos eleitorais cíveis... 225
        3.1.1.1. Procedimento sumaríssimo eleitoral cível 225
        3.1.1.2. Resumo didático do procedimento sumaríssimo eleitoral cível 225
        3.1.1.3. Procedimento sumário eleitoral cível 231
        3.1.1.4. Esquema didático do rito da Airc 231
        3.1.1.5. Procedimento ordinário eleitoral cível 236

Capítulo 4 – Das Nulidades dos Votos 237
4.1. As Consequências da nulidade dos Votos.. 237

4.1.1. Teoria do aproveitamento dos votos condicionados à validade do registro............ 237
4.1.2. Quem deve marcar a nova eleição 241
4.1.3. Os votos que não podem ser computados...................................... 241
4.1.4. Quem não pode participar da nova eleição 241
4.1.5. O candidato *sub judice* e a nulidade dos votos.................................. 241

PARTE II
DIREITO PROCESSUAL ELEITORAL PENAL

Capítulo 1 – Introdução ao Estudo do Direito Processual Penal Eleitoral 245
1.1. Estudo Doutrinário e Jurisprudencial dos Princípios Processuais Eleitorais Penais.......... 245
   1.1.1. Princípio do Juiz Eleitoral natural 245
   1.1.2. Princípio do Promotor Eleitoral natural 246
   1.1.3. Princípio acusatório eleitoral 246
   1.1.4. Princípio da igualdade das partes... 247
   1.1.4.1. Princípio da igualdade eleitoral e o Pacto de São José da Costa Rica 248
   1.1.5. Princípio do segredo da Justiça... 248
   1.1.6. Princípio do contraditório.. 248
      1.1.6.1. Princípio do contraditório eleitoral e o Pacto de São José da Costa Rica.......... 248
   1.1.7. Princípio do devido processo legal.. 248
   1.1.8. Princípio da inadmissibilidade das provas obtidas por meios ilícitos.............. 249
   1.1.9. Princípio da vedação da prova ilícita por derivação 249
   1.1.10. Princípio da não culpabilidade antecipada.................................... 249
      1.1.10.1. Princípio da não culpabilidade antecipada e o Pacto de São José da Costa Rica .. 249
   1.1.11. Princípio *in dubio pro reo* 249
   1.1.12. Princípio *in dubio pro societate*... 250
   1.1.13. Princípio *tempus regit actum* ou princípio do efeito imediato.................... 250
      1.1.13.1. As consequências diretas oriundas do princípio *tempus regit actum* 250
   1.1.14. Princípio da ampla defesa 250
      1.1.14.1. Consequências diretas do princípio da ampla defesa 251
   1.1.15. Princípio *nemo inauditus damnari potest* 251
   1.1.16. Princípio do *ne bis in idem* 251
      1.1.16.1. Princípio do *ne bis in idem* e o Pacto de São José da Costa Rica............... 252
   1.1.17. Princípio da confissão pura... 252
      1.1.17.1. Princípio da confissão pura e o Pacto de São José da Costa Rica 252
   1.1.18. Princípio da motivação das decisões (livre convencimento motivado) 252
   1.1.19. Princípio da imparcialidade do juiz eleitoral 252
   1.1.20. Princípio da correlação entre a acusação e a sentença eleitoral.................... 253

Capítulo 2 – Persecução Penal Eleitoral Extrajudicial...................................... 255
2.1. Do Inquérito Policial Eleitoral... 255
   2.1.1. Noções didáticas sobre a matéria 255
2.2. Atribuição para Realização do Inquérito em Crime Eleitoral 255
2.3. Autoridade Competente para Presidir o Inquérito Policial Eleitoral..................... 256
2.4. As Características do Inquérito Policial Eleitoral....................................... 256
   2.4.1. Subsidiariedade 256
   2.4.2. Caráter discricionário 256
   2.4.3. Obrigatoriedade 257
   2.4.4. Sigilosidade relativa 258

2.4.5. Inquisitividade 259
2.4.6. Dispensabilidade.. 260
2.4.7. Conteúdo de elementos informativos 260
2.4.8. Forma documental 261
2.4.9. Indisponibilidade absoluta 262
2.4.10. Temporariedade 262
2.4.11. Conclusão delimitada (unidirecional)....................... 262
2.4.12. Oficialidade... 262
2.4.13. Oficiosidade... 262
2.4.14. Instrumentalidade 262
2.4.15. Legalidade 263
2.5. Como se Inicia o Inquérito Policial Eleitoral 263
    2.5.1. Os tipos de *notitia criminis* eleitoral......................... 263
    2.5.2. As espécies de *delatio criminis* eleitoral...................... 264
2.6. Formas de Iniciar o Inquérito Policial Eleitoral nos Crimes de Ação Penal Pública Incondicionada 264
2.7. A Impossibilidade de o Juiz Eleitoral Requisitar Inquérito Policial Eleitoral.................. 265
2.8. Dos Prazos para concluir o Inquérito Policial Eleitoral................. 266
    2.8.1. Dilação de prazo.. 266
    2.8.2. Consequências do pedido de dilação do prazo 266
    2.8.3. A formação de autos complementares....................... 266
    2.8.4. O excesso e o oferecimento da denúncia..................... 267
    2.8.5. Como fazer a contagem do prazo............................ 267
2.9. Principais Incumbências da Autoridade Policial 267
    2.9.1. O que o delegado deve fazer em caso de prisão em flagrante em crime eleitoral 268
        2.9.1.1. O que o Juiz Eleitoral deve fazer em caso de prisão em flagrante em crime eleitoral.... 269
2.10. Critérios Identificadores da Circunscrição do Delegado 270
2.11. Diligências em outra Circunscrição.............................. 270
2.12. Da Reconstituição... 270
2.13. Como Termina o Inquérito Policial Eleitoral 271
2.14. Das Diligências Requisitadas pelo Ministério Público Eleitoral 271
2.15. A Natureza Jurídica do Inquérito Policial Eleitoral 272
2.16. Do Arquivamento do Procedimento Inquisitorial Eleitoral........... 272
2.17. O arquivamento e a Coisa Julgada 274
2.18. O Recurso Cabível da Decisão que Determina o Arquivamento....... 274
2.19. O Arquivamento do Inquérito Policial Eleitoral Indireto............. 274
2.20. O Arquivamento do Inquérito Policial Eleitoral Tácito Subjetivo 274
    2.20.1. Observações de ordem prática 275
    2.20.2. O arquivamento do inquérito policial eleitoral tácito objetivo 275
2.21. A Natureza Jurídica do Arquivamento 275
2.22. A Impossibilidade do Desarquivamento de Ofício 276
2.23. O Indiciamento Eleitoral.. 276
    2.23.1. O momento do indiciamento eleitoral 276
    2.23.2. As espécies de indiciamento 276
2.24. Poderes Investigatórios do Ministério Público Eleitoral.............. 277
2.25. TCOE (Termo Circunstanciado de Ocorrência Eleitoral) 279
2.26. O Auto de Apreensão nos Atos Infracionais Eleitorais 279

Capítulo 3 – Persecução Penal Eleitoral Judicial......................... 281
3.1. Da Ação Penal Eleitoral 281

3.1.1. Conceito... 281
3.1.2. Noções didáticas... 281
3.2. O *Dominus Litis* da Persecução Criminal Eleitoral.................. 281
3.3. Divisão da Ação Penal Eleitoral.................................... 281
3.4. Condições da Ação Penal Eleitoral.................................. 282
    3.4.1. Condições genéricas da ação penal eleitoral...................... 282
    3.4.2. Condições específicas da ação penal eleitoral.................... 283
3.5. Estudo Específico da Ação Penal Pública Incondicionada Eleitoral.... 284
    3.5.1. Princípios da ação penal pública incondicionada.................. 284
        3.5.1.1. Princípio da oficialidade................................. 284
        3.5.1.2. Princípio da indisponibilidade............................. 285
        3.5.1.3. Princípio da obrigatoriedade ou legalidade ou necessidade.... 285
        3.5.1.4. Princípio da indivisibilidade relativa..................... 285
3.6. Estudo Específico da Ação Penal Eleitoral Privada Subsidiária da Pública Incondicionada... 286
3.7. Princípios que Regem a Ação Penal Eleitoral Privada Subsidiária da Pública Incondicionada.. 287
    3.7.1. A decadência da ação penal eleitoral privada subsidiária da pública incondicionada... 287
    3.7.2. O prazo para ofertar ação penal eleitoral privada subsidiária da pública incondicionada.... 287
    3.7.3. O início do prazo decadencial.................................... 288
    3.7.4. A ação penal eleitoral privada subsidiária da pública incondicionada *versus* o pedido de arquivamento do inquérito pelo Promotor de Justiça Eleitoral... 288
    3.7.5. A ação penal eleitoral privada subsidiária da pública incondicionada na hipótese de exclusão da denúncia pelo Promotor de Justiça Eleitoral... 289
    3.7.6. A ação penal eleitoral privada subsidiária da pública *versus* a peremção... 289
    3.7.7. A procuração na ação penal eleitoral privada subsidiária da pública... 289
3.8. Estudo Específico da Ação Pública Subsidiária da Pública Incondicionada... 290
    3.8.1. Legitimidade... 290
    3.8.2. Prazo.. 291
    3.8.3. Principais diferenças entre a ação penal eleitoral subsidiária da pública incondicionada e a ação penal eleitoral privada subsidiária da pública incondicionada... 291
3.9. Da Queixa-Crime Eleitoral.. 291
    3.9.1. Conceito... 291
    3.9.2. Requisitos da queixa-crime eleitoral............................. 292
    3.9.3. Aditamento da queixa-crime eleitoral............................. 292
    3.9.4. Renúncia expressa ou tácita do direito de queixa................. 292
    3.9.5. Perdão do ofendido... 292
3.10. Da Denúncia Eleitoral... 292
    3.10.1. Conceito de denúncia.. 293
    3.10.2. Titularidade da ação penal eleitoral............................ 294
    3.10.3. O promotor de justiça eleitoral natural......................... 294
    3.10.4. A investidura ilegal do promotor eleitoral...................... 295
    3.10.5. Requisitos da denúncia eleitoral................................ 297
3.11. O Prazo da Denúncia Eleitoral....................................... 300
    3.11.1. As principais consequências do descumprimento do prazo para o oferecimento da denúncia eleitoral... 301
3.12. A Rejeição da Denúncia Eleitoral.................................... 301
3.13. A Natureza Jurídica do Recebimento da Denúncia Eleitoral............ 302
3.14. O Início da Ação Penal Eleitoral.................................... 302
3.15. O Aditamento da Queixa subsidiária da Pública....................... 303
3.16. O Conflito de Atribuições Eleitorais................................ 303
3.17. A Suspeição do Promotor de Justiça Eleitoral........................ 304

Capítulo 4 – Procedimentos Eleitorais Penais.. 307
4.1. Espécies de Procedimentos Eleitorais Penais 307
    4.1.1. Síntese do rito penal eleitoral comum de competência do 1º grau de jurisdição 307
4.2. O Início do Prazo para a Defesa 308
4.3. As Formas de Citação.. 308
    4.3.1. A citação por hora certa e a violação ao princípio *nemo inauditus damnari potest* 309
4.4. A Defesa Inicial do Réu 309
4.5. Arguição de Exceções.. 310
    4.5.1. Principais regras práticas sobre as exceções 310
4.6. A Consequência da Falta da Defesa Inicial do Réu 312
4.7. A Réplica 312
4.8. Do Saneamento do Processo... 312
    4.8.1. O procedimento para as ações penais com competência originária 313
    4.8.2. O procedimento penal eleitoral sumaríssimo... 314
        4.8.2.1. Análise da possibilidade de aplicar o juizado especial criminal aos crimes eleitorais.... 314
        4.8.2.2. A transação penal e os crimes eleitorais que possuem um sistema punitivo especial ... 314
        4.8.2.3. O sistema punitivo especial e a transação penal com proposta previamente determinada.. 316
        4.8.2.4. Síntese do procedimento para aplicação da transação penal 317
        4.8.2.5. Síntese do procedimento penal eleitoral sumaríssimo 318
        4.8.2.6. Síntese do procedimento para aplicação da suspensão condicional do processo ... 319
        4.8.2.7. Previsão legal da suspensão condicional do processo em crimes eleitorais........ 319

Capítulo 5 – Da Competência Criminal Eleitoral.. 321
5.1. Noções Gerais 321
5.2. Conceito 321
5.3. Tipos de Competência Eleitoral 321
5.4. Fatores Determinantes da Competência Jurisdicional Eleitoral.............. 322
5.5. O Lugar da Infração (*Ratione Loci*) 322
    5.5.1. Principal regra *ratione loci*.. 322
5.6. O Domicílio ou Residência do Réu 322
    5.6.1. Principais regras 322
5.7. Da Competência pela Natureza da Infração 323
5.8. Da Competência Eleitoral por Conexão 323
    5.8.1. As hipóteses de conexão 323
5.9. O Efeito da Conexão Eleitoral... 325
5.10. Da Competência Eleitoral por Continência 325
    5.10.1. As hipóteses de continência eleitoral... 326
5.11. A Competência Eleitoral Prevalente... 326
5.12. Resumo Didático da Regra e das Exceções 326
5.13. A Prerrogativa de Função (*Ratione Personae*) 329
5.14. Perpetuação da Competência por prerrogativa da Função.................... 330
5.15. Quadro Didático sobre o Órgão Competente para Julgamento dos Crimes Eleitorais....... 331
5.16. Quem Pode Suscitar o Conflito de Competência................................... 332
5.17. O Conflito de Competência em Matéria Processual Penal Eleitoral 333

Capítulo 6 – Prisões Processuais em Crimes Eleitorais 335

Capítulo 7 – A *Mutatio* e a *Emendatio Libelli* Eleitoral 339
7.1. O Princípio da Correlação entre a Acusação e a Sentença Eleitoral 339

7.2. A *Emendatio Libelli* no Processo Penal Eleitoral.. 339
7.3. As Espécies de *Emendatio Libelli* 340
7.4. A *Emendatio Libelli* e a Suspensão Condicional do Processo............................ 341
    7.4.1. Solução para a recusa do Promotor de Justiça Eleitoral em oferecer a proposta de suspensão condicional do processo.. 341
7.5. A Impossibilidade da *Emendatio Libelli* Linear 341
7.6. A *Emendatio Libelli* em Ação Privada 342
7.7. Da *Mutatio Libelli* Eleitoral 342
7.8. O Recurso Cabível do não recebimento do Aditamento.................................... 343
7.9. Análise da Possibilidade de Aplicação da *Emendatio Libelli* em Sede de Ação Civil Eleitoral .. 344
7.10. Análise da Possibilidade de Aplicação da *Mutatio Libelli* em Sede de Ação Civil Eleitoral ... 344

PARTE III
TEORIA GERAL DOS RECURSOS ELEITORAIS

Capítulo 1 – Disposições Gerais dos Recursos Eleitorais **347**
1.1. Noções Gerais 347
1.2. Classificação Recursal Eleitoral... 347
1.3. Princípios Recursais Eleitorais 348
    1.3.1. Princípio da voluntariedade 348
    1.3.2. Princípio do duplo grau de jurisdição... 348
    1.3.3. Princípio da livre fundamentação recursal.. 349
    1.3.4. Princípio da fundamentação recursal vinculada 349
    1.3.5. Princípio da fungibilidade recursal 349
    1.3.6. Princípio *ne reformatio in pejus* 350
    1.3.7. Princípio *tantum devolutum quantum appellatum* 350
    1.3.8. A *reformatio in melius* 350
1.4. O Fundamento Recursal Eleitoral 350
1.5. Pressupostos Recursais Eleitorais... 351
    1.5.1. Pressuposto formal ou lógico 351
    1.5.2. Pressuposto legal ou fundamental 351
        1.5.2.1. Classificação da sucumbência... 351
    1.5.3. Pressuposto objetivo.. 352
        1.5.3.1. Autorização legal e adequação 352
        1.5.3.2. Regularidade procedimental 352
        1.5.3.3. Tempestividade... 352
    1.5.4. Pressupostos subjetivos 353
1.6. O Juízo de Prelibação... 354
    1.6.1. Terminologias 354
1.7. A Extinção Normal e Anormal dos Recursos... 354
1.8. Da Irrecorribilidade Momentânea das Interlocutórias 354
1.9. As Características do Recurso Eleitoral.. 355
1.10. O Efeito Constante e Mais Amplo de Toda Interposição Recursal: Impedir ou Retardar Preclusões.. 356
1.11. Da Preclusão Eleitoral 356
1.12. A Vantagem da Preclusão 357
    1.12.1. Os tipos de preclusão 358
    1.12.2. Duas observações didáticas sobre preclusão...................................... 359
1.13. Efeito Recursal.. 359

1.13.1. O efeito suspensivo.. 359
    1.13.2. O efeito devolutivo... 360
    1.13.3. O efeito translativo... 362
1.14. Dos Prazos Recursais Eleitorais 362
    1.14.1. Previsão legal dos prazos eleitorais 362
    1.14.2. Como fazer a contagem dos prazos recursais............................. 365
    1.14.3. Quando começa a correr o prazo para a interposição de recurso do Ministério Público Eleitoral... 366
1.15. A Prevenção dos Recursos Eleitorais 367
1.16. Classificação dos Recursos Eleitorais... 368

Capítulo 2 – Estudo Específico dos Recursos Eleitorais................................ 369
2.1. Apelação Eleitoral... 369
2.2. O Recurso Interposto sem as Razões.. 369
2.3. Casos em que Cabem Recursos de Apelação 369
2.4. Recurso Inominado Eleitoral 371
2.5. O Juízo de Retratação... 372
2.6. Casos em que Cabe Recurso Inominado 372
2.7. Outras Decisões Judiciais a que se Pode Opor o Recurso Inominado 373
2.8. O Recurso Ordinário Eleitoral 374
2.9. Cabimento do Recurso Ordinário 374
2.10. Recurso Especial Eleitoral 375
    2.10.1. O prequestionamento no recurso eleitoral especial....................... 376
    2.10.2. Observações didáticas 377
    2.10.3. O procedimento 378
    2.10.4. Do prazo 378
2.11. Os Embargos de Declaração Eleitoral 378
    2.11.1. Os embargos em decisão monocrática 378
    2.11.2. Embargo de declaração por terceiro 379
    2.11.3. O juízo de retratação 379
    2.11.4. Previsão legal... 380
    2.11.5. Prazo para interposição do embargo de declaração 381
    2.11.6. O efeito infringente no embargo de declaração eleitoral 381
    2.11.7. Observações didáticas 382
2.12. Carta Testemunhável Eleitoral 382
2.13. O Recurso Extraordinário Eleitoral 383
    2.13.1. Cabimento... 383
    2.13.2. O prazo.. 385
    2.13.3. Primeiro requisito especial de admissibilidade do recurso extraordinário 385
    2.13.4. Segundo requisito especial de admissibilidade do recurso extraordinário 386
    2.13.5. A impossibilidade de interposição de recurso extraordinário contra acórdão do TRE ... 386
    2.13.6. A impossibilidade de interposição de recurso extraordinário contra acórdão que verse sobre concessão ou denegação de medida liminar............................. 387
    2.13.7. A impossibilidade de interposição de recurso extraordinário sem o exaurimento das instâncias recursais colocadas à disposição da parte 387
    2.13.8. Observações jurisprudenciais dominantes................................. 387
2.14. Embargos de Nulidade e Infringentes Eleitorais 387
2.15. O Agravo de Instrumento 388
    2.15.1. A formulação do agravo 389

  2.15.2. O procedimento 390
  2.15.3. Observações jurisprudenciais eleitorais dominantes. 391
2.16. Recurso em Sentido Estrito Eleitoral 391
  2.16.1. As hipóteses de cabimento 392
  2.16.2. Procedimento 392
2.17. Agravo de Execução Eleitoral 393
  2.17.1. Previsão legal. 393
  2.17.2. As hipóteses de cabimento 393
2.18. Recurso Partidário Interno 394
2.19. Correição Parcial Eleitoral. 395

Capítulo 3 – Ações Eleitorais Especiais **397**
3.1. *Habeas Data* Eleitoral. 397
  3.1.1. Previsão legal. 398
  3.1.2. Observações didáticas 398
  3.1.3. Procedimento 398
  3.1.4. Mandado de injunção eleitoral 398
  3.1.5. Previsão legal. 398
3.2. Revisão Criminal Eleitoral. 399
  3.2.1. Previsão legal. 400
  3.2.2. As hipóteses de cabimento 400
3.3. Ação Rescisória Eleitoral 400
  3.3.1. A competência para julgar a ação rescisória. 403
  3.3.2. Análise da possibilidade de interposição de ação rescisória contra decisões que versem
     sobre condição de elegibilidade 403
  3.3.3. Análise da possibilidade de concessão de tutela antecipada em sede de ação rescisória ... 403
  3.3.4. Observações jurisprudenciais eleitorais dominantes. 403
3.4. O *Habeas Corpus* no Direito Eleitoral 404
  3.4.1. A competência para julgar o *habeas corpus* eleitoral. 404
3.5. O Mandado de Segurança Eleitoral 405
  3.5.1. A legitimação passiva e ativa. 405
  3.5.2. As autoridades coatoras. 406
  3.5.3. O recurso cabível contra decisão proferida em mandado de segurança. 406
  3.5.4. Entendimentos sumulados pelo TSE 406

Referências 407

Parte I

DIREITO PROCESSUAL ELEITORAL CÍVEL

1 Introdução ao Estudo do Direito Processual Eleitoral Cível

1.1. AS FONTES DO DIREITO ELEITORAL

Há duas espécies de fontes do Direito Eleitoral:

a) Fonte material (*fonte de produção*)
Fonte material é aquela que propicia a criação do Direito Eleitoral, no caso, à União, e somente a ela, a Constituição Federal defere competência para legislar sobre matéria eleitoral.

A Constituição Federal é a fonte suprema de onde promana, em distribuição hierarquizada, a ordem jurídica estatal, estabelecendo os padrões de validade à criação e aplicação do Direito Eleitoral.

A legislação complementar figura como repositório de preceitos eleitorais, de acordo com as indicações expressamente feitas na Constituição da República. Disto resulta que toda norma eleitoral infraconstitucional deverá estar de acordo com a norma suprema, sob pena de ser formal ou materialmente inconstitucional e, destarte, ser retirada do ordenamento jurídico.

A norma eleitoral é criada pela União, mas há uma exceção: a Constituição Federal prevê a hipótese de uma lei complementar autorizar o Estado a criar uma lei eleitoral que verse sobre matéria específica com validade restrita a seu território.

Veja o art. 22, I, parágrafo único, da Constituição Federal, *in verbis*:

> Art. 22. Compete privativamente à União legislar sobre:
> I – *direito civil, comercial, penal, processual,* "***eleitoral***"*, agrário, marítimo, aeronáutico, espacial e do trabalho;*
> *Parágrafo único. Lei Complementar poderá autorizar os Estados a legislar sobre questões específicas das matérias relacionadas neste artigo* (Destaque nosso).

b) Fontes formais
As fontes formais são aquelas que permitem o conhecimento do direito, proporcionando a exteriorização das normas eleitorais.

As fontes formais eleitorais se dividem em:
a) fontes formais imediatas;
b) fontes formais mediatas.

1.1.1. Fontes formais imediatas

Entendemos que são fontes formais imediatas da norma eleitoral:
- a Constituição Federal;
- os Tratados Internacionais de Direitos Humanos;
- a Lei;
- e as Súmulas vinculantes.

1.1.1.1. Divisão das fontes formais imediatas no âmbito da legislação ordinária eleitoral

No âmbito da legislação ordinária, podemos dividir as fontes formais imediatas em:

a) fontes formais imediatas próprias e;
b) fontes formais imediatas subsidiárias ou impróprias.

A) Fontes formais imediatas próprias

No que se refere às fontes formais imediatas próprias do direito eleitoral, podem ser apontados os seguintes diplomas:

a) **Código Eleitoral** (Lei nº 4.737, de 15/07/1965) e leis esparsas introduzindo acréscimos e inovações.

O Código Eleitoral contém normas destinadas a assegurar a organização e o exercício de direitos políticos, precipuamente os de votar e ser votado. As normas do Código Eleitoral abrangem regras de direito substantivo e de direito adjetivo ou instrumental, conducentes à boa realização do Direito. O processo eleitoral, inclusive o processo eleitoral penal, se insere no Código Eleitoral.

O Código também regula a Justiça Eleitoral, o alistamento, as eleições, as garantias eleitorais, a propaganda partidária, os recursos e os crimes eleitorais, afora disposições sobre os partidos políticos e as inelegibilidades, que foram depois objeto de estatutos especiais. Evidentemente, as legislações infracitadas complementam o Código Eleitoral e até revogam dispositivos quando regulam em sentido contrário. Exemplo: as inelegibilidades, hoje, são reguladas pela Lei Complementar nº 64/1990.

b) **Lei dos Partidos Políticos** (Lei nº 9.096, de 19/09/1995, com alterações produzidas pela Lei nº 9.259/1997).
c) **Lei das Eleições** (Lei nº 9.504/1997, com suas alterações provocadas pela Lei nº 12.034/2009).
d) **Lei Complementar nº 64, de 18/05/1990** (com suas alterações provocadas pela lei da ficha limpa, Lei Complementar nº 135/2010), que estabelece, de acordo com o art. 14, § 9º, da Constituição Federal, casos de inelegibilidade, prazos de cessação e determina outras providências.
e) **Lei nº 10.408, de 10/01/2002**, que altera a Lei nº 9.504, de 30/09/1997, que estabelece normas para as eleições, para ampliar a segurança e a fiscalização do voto eletrônico.
f) **Lei nº 9.996, de 14/08/2000**, que dispõe sobre anistia de multas aplicadas pela Justiça Eleitoral em 1996 e 1998.

B) Fontes formais imediatas subsidiárias ou impróprias

Com relação às fontes legislativas imediatas subsidiárias, podem ser mencionados, entre outros, os seguintes diplomas:

a) Código Penal.
b) Código de Processo Penal.
c) Código Civil.
d) Código de Processo Civil.
e) Direito Financeiro.
f) Direito Tributário.
g) Resoluções. As resoluções emitidas pelo Tribunal Superior Eleitoral figuram entre as fontes subsidiárias do Direito Eleitoral de maior importância. Nelas é encontrado útil manancial para dar atualizada ordenação ao processo eleitoral, dotando, assim, a Justiça Eleitoral do necessário equipamento normativo para corrigir as distorções e tornar exequível o livre pronunciamento popular.[1]

Decorre essa produção normativa de atribuição concedida pelo Código Eleitoral em seu art. 23, IX:

> Art. 23. Compete, ainda, privativamente, ao Tribunal Superior:
> (...)
> IX – expedir as instruções que julgar convenientes à execução deste Código;
> (...)

h) Os estatutos dos partidos políticos. Entre as fontes do Direito Eleitoral devem ser incluídos os estatutos dos partidos políticos, oficializados com o registro emitido pela Justiça Eleitoral. Neles estão contidos os princípios básicos que devem nortear a vida da agremiação, a composição e competência dos seus órgãos deliberativos e princípios sobre as atividades disciplinares aplicáveis aos seus filiados. Esta matéria reveste-se de grande importância, denotando o esforço para o fortalecimento e a democratização interna das organizações partidárias, com a atividade fiscalizadora reservada à Justiça Eleitoral em diferentes momentos.[2]

1.1.2. Fontes formais mediatas

Fontes formais mediatas do direito eleitoral são os costumes, os princípios gerais de direito, a analogia, a jurisprudência, a doutrina, os entendimentos sumulados do **TSE** e a súmula vinculante do **STF**.

O **costume** pode ser definido como a prática reiterada de uma conduta ou comportamento e aceita por unanimidade, da qual deriva uma norma.

Apresenta-se sob três formas:

a) *secundum legem:* é aquele previsto pela lei que reconhece sua eficácia;

---

[1] No mesmo sentido: Fávila Ribeiro. *Direito Eleitoral.* 5. ed. Rio de Janeiro: Forense, 1998.
[2] No mesmo sentido. Fávila Ribeiro. Op. cit.

b) *praeter legem:* é aquele revestido de caráter supletivo, que visa a suprir a omissão da lei;

c) *contra legem:* é o costume consistente na contrariedade da lei. No Direito eleitoral pátrio, não se admite o costume *contra legem*.

Os **princípios gerais do Direito**, segundo Caio Mário, "são então aquelas regras oriundas da abstração lógica daquilo que constitui o substrato das diversas normas positivadas".[3]

EXEMPLO DIDÁTICO

São princípios gerais de todos os direitos: da igualdade, "todos são iguais perante a lei", da dignidade da pessoa humana e do Estado Democrático de Direito etc., os quais, ressalte-se, prescindiriam de textura constitucional para valerem em toda sua extensão.

A primeira forma de integração é a **analogia**, consubstanciada na aplicação a um caso não previsto por uma norma jurídica específica de uma norma prevista para uma hipótese distinta, mas semelhante ao caso não previsto.

De forma mais didática, podemos dizer que a analogia consiste em aplicar a uma hipótese não prevista em lei disposição relativa a caso semelhante. Através da analogia aplica-se à lei a hipótese por ela não prevista. A norma se estende a caso não previsto, mas semelhante, em relação ao qual existem as mesmas razões que fundamentam a disposição legal.

EXEMPLO DIDÁTICO

O art. 36, § 3º, do Código Eleitoral indica os que não podem ser nomeados membros das Juntas, escrutinadores ou auxiliares. O artigo em comento não estabelece impedimento para os "menores de dezoito anos" nem para "os débeis mentais".

Mediante esta omissão, poderíamos concluir que um menor com 13 anos ou um débil mental pode ser membro de uma junta eleitoral?

Resposta: Não. Os impedimentos indicados no art. 36, § 3º, do Código Eleitoral visam a garantir a segurança e a lisura das eleições. Portanto, se existe a mesma razão que fundamenta os impedimentos, deve ser usada a analogia para sanar a omissão da lei.

A **jurisprudência** é entendida como o conjunto de decisões dos tribunais superiores sobre determinada categoria de casos concretos; exerce papel fundamental no que concerne à efetiva interpretação e aplicação do Direito Eleitoral.

---

[3] Pereira, Caio Mário da Silva. *Introdução ao Direito Civil*, Teoria Geral de Direito Civil. São Paulo: Forense, 1961. v. I, p. 55.

A jurisprudência cumpre destacado papel na dinâmica jurídica, não podendo deixar de ser incluída, com a devida ponderação, entre as fontes do Direito, principalmente na esfera do Direito Eleitoral, onde vem contribuindo para o aperfeiçoamento das instituições representativas, mercê de fecundo labor, sintonizando com as renovadas exigências sociais.[4]

Com relação à **doutrina**, pode-se dizer que ela representa o Direito pensado pelos juristas. No Direito Romano, a doutrina (*communis opinio doctorum*) possuía força de lei, desde que houvesse entendimento majoritário dos jurisconsultos sobre determinada matéria. Hoje, como já relatamos, a doutrina não pode dispor desta força como fonte do Direito.

A respeito das **súmulas**, afirma De Plácido e Silva[5] que:

> As súmulas, no âmbito da uniformização da jurisprudência, indicam a condensação de série de acórdãos, do mesmo tribunal, que adotem idêntica interpretação do preceito em tese, sem caráter obrigatório, mas persuasivo, e que, devidamente numerados, (sic) estampem-se em repertórios.

Com a Emenda Constitucional nº 45, a súmula vinculante tem caráter obrigatório (veja o art. 103-A da Constituição Federal):

> *Art. 103-A. O Supremo Tribunal Federal poderá, de ofício ou por provocação, mediante decisão de dois terços dos seus membros, após reiteradas decisões sobre matéria constitucional, aprovar súmula que, a partir de sua publicação na imprensa oficial, terá efeito vinculante em relação aos demais órgãos do Poder Judiciário e à administração pública direta e indireta, nas esferas federal, estadual e municipal, bem como proceder à sua revisão ou cancelamento, na forma estabelecida em lei.*

1.1.3. Consultas eleitorais

Consoante posição do **STF**, a consulta é "ato normativo em tese, sem efeitos concretos, por se tratar de orientação sem força executiva com referência à situação jurídica de qualquer pessoa em particular" (STF. RMS 21.185/DF).

É interessante observar que a resposta da consulta não tem caráter vinculante, mas orienta a ação dos órgãos da Justiça Eleitoral, podendo servir de fundamento para decisões judiciais. (No mesmo sentido *vide* Ac.-TSE 23.404/2004.)

1.1.3.1. Observações e indagações didáticas muito importantes

O juiz ou o promotor eleitoral tem legitimidade para responder a consultas?
Pode ser realizada consulta de um fato concreto?
A consulta faz coisa julgada?
Da consulta cabe algum recurso?
Quem tem legitimidade para fazer uma consulta?

---

[4] Nesse sentido, Fávila Ribeiro. Op. cit.
[5] De Plácido e Silva. *Vocabulário Jurídico*. 27. ed. São Paulo: Forense, 2007.

Entendemos que o juiz e o promotor eleitoral não têm legitimidade para responder às consultas, e os motivos são simples:

a) o juiz e o promotor estariam desenvolvendo atividades normativas e regulamentares;
b) a competência para responder a consultas é do TSE e dos TREs.

Uma consulta não pode versar sobre casos concretos, que já estão acontecendo, pois o TSE ou o TRE estariam antecipando um julgamento em uma atividade extrajudicial.

Como as respostas a consultas não envolvem um julgado, mas tão somente contêm esclarecimento sobre determinada questão, não fazem coisa julgada nem se admite recurso em relação a elas.[6]

Veja a seguir a elucidativa lição de Tito Costa:[7]

> O TSE e os Tribunais Regionais têm competência para responder a consultas sobre matéria eleitoral. Tais consultas só são respondidas quando contenham indagação sobre problemas em tese, nunca sobre fatos concretos. Os juízes eleitorais não podem responder a consultas, pois não lhes dá a lei eleitoral competência para tanto.
>
> Ao TSE caberá responder às consultas que lhe sejam dirigidas por qualquer autoridade com jurisdição federal ou órgão nacional de partido político (**TSE-BE nº 207/114**).
>
> Os Tribunais Regionais também podem dirigir-se ao TSE, consultando-o, em tese, sobre matéria eleitoral. A consulta feita por partido político há de ser dirigida ao TSE pelo presidente do diretório nacional ou por delegado credenciado junto ao mesmo Tribunal.
>
> Aos TREs competirá responder a consultas, que, **em tese, e não sobre fato concreto**, lhes sejam endereçadas por qualquer autoridade pública ou partido político, inclusive por juiz eleitoral (**TSE-BE nº 375/597**).
>
> Desnecessário destacar que a consulta deve versar sobre matéria eleitoral, exclusivamente. O TSE tem competência para responder às consultas que lhe forem feitas, em tese, por autoridade com jurisdição federal ou órgão nacional de partido político (**CE, art. 23, XII**). Senadores e deputados federais têm sido considerados autoridades e, como tal, parte legítima para formular consultas perante o TSE.
>
> Os TREs dispõem de competência legal para responder a consultas feitas, em tese, sobre matéria eleitoral, por autoridade pública ou partido político, este no âmbito estadual, comumente (**CE, art. 30, VIII**). Os deputados estaduais incluem-se no conceito de autoridade pública, com legitimação para formular consultas perante os TREs. **O mesmo não se tem verificado em relação a vereadores, que não são considerados autoridade pública para esse efeito, podendo, porém, o Presidente da Câmara Municipal formular consultas perante o TRE.**

---

[6] TSE. *Boletim Eleitoral* 36/567.
[7] Costa, Tito. *Recursos em Matéria Eleitoral*. 3. ed. São Paulo: Revista dos Tribunais, 1990.

Os juízes eleitorais não têm competência legal para responder a consultas sobre matéria eleitoral, **podendo, eles próprios, comparecer como consulentes perante os TREs (TSE-BE nº 375/597).**

Como vimos, podem formular consultas autoridades públicas e autoridades com jurisdição federal, além dos partidos políticos, por seus representantes legais. O particular não pode. Particular, aqui, no sentido de cidadão comum, embora eleitor e no gozo de seus direitos políticos, mas que não esteja investido de qualquer autoridade nem seja representante do partido político, ainda que a ele filiado.

Quanto aos membros do Ministério Público, entendemos que os mesmos são, pelo princípio da delegação, autoridades com jurisdição federal e, portanto, podem também formular consultas.

1.1.3.2. Principais características das consultas
As consultas têm as características abaixo relacionadas:
a) previnem litígios;
b) não fazem coisa julgada;
c) não lhes cabe recurso;
d) não declaram direitos;
e) só podem ser feitas em tese (**não pode haver um caso concreto**);
f) não têm caráter vinculante;
g) podem servir para fundamentar decisões;
h) têm legitimidade restrita.

1.1.3.3. Diferenças entre a consulta do TSE e a consulta do TRE
Só há duas diferenças entre as consultas direcionadas ao **TSE** e aos **TREs**, a saber:

A) A legitimidade ativa para sua propositura
– Ao TSE podem elaborar consultas:
1) As autoridades públicas com atuação na circunscrição nacional e federal (**de forma atécnica o Código Eleitoral usa no art. 23, inciso XII, a expressão "jurisdição federal"**).

EXEMPLOS DIDÁTICOS

- Presidente da República;
- Senadores (*vide* TSE. Res. 22.228/2006);
- Deputados Federais (*vide* TSE. Res. 22.247/2006);
- Procurador-Geral Eleitoral;
- Procurador-Regional Eleitoral;
- Autoridades do TRE (**membros do colegiado, do Juiz Corregedor ou do seu Presidente**);
- Defensoria Pública da União (*vide* TSE. Res. 22.342/2006).

2) Os órgãos nacionais dos partidos políticos. Neste caso a atribuição é do secretário-geral de comissão executiva nacional de partido político, como representante de órgão de direção nacional (*vide* TSE. Res. 22.229/2006).O TSE exige autorização específica ou documento que comprove estar o consulente habilitado a formular consultas em nome do partido político a que pertence (*vide* TSE. Res. 22.828/2008 e 22.515/2007).

– **Ao TRE podem elaborar consultas:**
1) Autoridades públicas com atuação na circunscrição estadual e municipal.

EXEMPLOS DIDÁTICOS

- Governadores;
- Prefeitos;
- Deputados Estaduais;
- Deputados Distritais;
- Juízes Eleitorais;
- Membros do Ministério Público Eleitoral;
- Presidente da Câmara Municipal.

2) Órgãos partidários estaduais.

B) Âmbito territorial da consulta
– **Âmbito geral:** Ao **TSE** podem ser realizadas consultas oriundas de todo o território nacional.
– **Âmbito restrito:** Ao **TRE** só podem ser realizadas consultas oriundas do território estadual em que se localiza o órgão consulente.

1.1.3.4. O prazo final para ser realizada uma consulta

Entendemos, e esta é a compreensão doutrinária dominante, que, iniciado o processo eleitoral, não é possível a realização de consultas, pois as mesmas não podem se relacionar com casos concretos.

Esse sempre foi o entendimento geral do TSE:

> Iniciado o período eleitoral, não se conhece de consulta (TSE. Consulta 1822-69.2010.6.00.0000. Rel. Min. Marcelo Henriques Ribeiro de Oliveira. J. 12/08/2010. DJU 25/08/2010, p. 118).

Na Consulta 796-36/DF, o Ministro Marco Aurélio inaugurou a divergência:

> Consulta. Processo Eleitoral. Conhecimento. Na dicção da ilustrada maioria – em relação à qual guardo reservas –, ainda que iniciado o processo eleitoral, cabe responder a consultas.

1.2. A ANTINOMIA DA LEI ELEITORAL

Aprendemos na introdução ao estudo do Direito Civil que antinomia jurídica

> é a oposição que ocorre entre duas ou mais regras (total ou parcialmente contraditórias), emanadas de autoridades competentes num mesmo âmbito normativo, as quais colocam o destinatário numa posição insustentável devido à ausência ou inconsistência de critérios aptos a permitir-lhe uma saída nos quadros de um ordenamento dado.[8]

Na doutrina encontramos três critérios para a solução das antinomias eleitorais:

a) Critério cronológico (*lex posterior*): Entre duas normas eleitorais incompatíveis, a norma posterior prevalece à anterior. É a regra geral do Direito de que, em um mesmo nível normativo, a última vontade anula a precedente.

EXEMPLO DIDÁTICO

Havendo confronto entre um artigo do Código Eleitoral (**Lei nº 4.737/1965**) com a Lei das Eleições (**Lei nº 9.504/1997**), prevalecerá esta, que é *lex posterior*.

b) Critério de especialidade (*lex especialis*): Havendo incompatibilidade entre uma norma geral eleitoral e uma especial, prevalece a última.

EXEMPLO DIDÁTICO

Havendo confronto entre a matéria partido político previsto no Código Eleitoral, que é norma geral, prevalecerá o que determina a Lei dos Partidos Políticos, que é especial.

c) Critério hierárquico (*lex superior*): Entre duas normas incompatíveis entre si, prevalece a hierarquicamente superior, ou seja, a norma superior revoga ou derroga a inferior.

EXEMPLO DIDÁTICO

A Constituição Federal é a norma suprema, portanto, qualquer norma infraconstitucional que entrar em confronto com ela estará fora do ordenamento jurídico.

Entendemos que no Direito Eleitoral o critério hierárquico é o mais importante, pois, havendo conflito entre os critérios, prevalecerá o hierárquico, portanto, o princípio da anualidade que vamos estudar posteriormente é de fundamental importância para o Direito Eleitoral, por ser previsto na própria Constituição Federal.

---

[8] França, Rubens Limongi (Coord.). *Enciclopédia Saraiva do Direito*. São Paulo: Saraiva, 1977. v. 7, p. 14.

1.3. OS MÉTODOS DE INTERPRETAÇÃO DO DIREITO ELEITORAL

1.3.1. Interpretação eleitoral gramatical

A interpretação gramatical é também conhecida como filológica, textual, semântica, literal, verbal e tem por escopo a análise do significado literal dos vocábulos constantes das leis e resoluções eleitorais.

É o método repudiado pela moderna doutrina eleitoral e pela jurisprudência. Certa vez, o ex-Ministro Luís Galotti do **STF**, em um julgamento, ridicularizou, de forma cômica, este método de interpretação, afirmando:

> De todas, a interpretação literal é a pior. Foi por ela que Clélia, na *Chartreuse de Parme*, de Stendhal, havendo feito um voto a Nossa Senhora de que não mais veria seu amante Fabrício, passou a recebê-lo na mais absoluta escuridão, supondo que assim estaria cumprindo o compromisso.

1.3.2. Interpretação eleitoral histórica

A interpretação eleitoral histórica traça toda a história da proposição legislativa, isto é, para esclarecer a lei, o intérprete levará em consideração: os precedentes legislativos, o projeto de lei original, as discussões que originaram o projeto, a exposição de motivos e as obras científicas do autor do projeto.

Enfim, procura-se, através da interpretação histórica, "saber as pessoas que realmente participaram da elaboração da lei, trazendo à luz os intervenientes fatores políticos, econômicos e sociais, configurativos, da *occasio legis*".[9]

1.3.3. Interpretação eleitoral sistemática

A interpretação eleitoral sistemática tem como principal finalidade manter a unidade das normas eleitorais, as quais devem ser, conjuntamente, relacionadas, comparadas e analisadas pelo intérprete, o que proporcionará o real sentido da norma eleitoral.

Na interpretação sistemática, o intérprete deve colocar a norma eleitoral isolada em confronto com o conjunto de todas as normas eleitorais vigentes, por isso, Carlos Maximiliano[10] dizia que na interpretação sistemática:

> Confronta-se a prescrição positiva com outra de que proveio, ou que da mesma dimanaram, verifica-se o nexo entre a regra e a exceção, entre o geral e o particular, e deste modo se obtém esclarecimentos preciosos. O preceito, assim submetido a exame, longe de perder a própria individualidade, adquire realce maior, talvez inesperado. Com esse trabalho de síntese é melhor compreendido.

---

[9] Bonavides, Paulo. *Curso de Direito Constitucional*. 6. ed. São Paulo: Malheiros, 1996. p. 406.
[10] Maximiliano, Carlos. *Hermenêutica e Aplicação do Direito*. 9. ed. Rio de Janeiro: Forense, 1979.

1.3.4. Interpretação eleitoral lógica ou teleológica

Segundo Carlos Maximiliano,[11] o processo lógico

> consiste em procurar descobrir o sentido e o alcance de expressões do Direito sem o auxílio de nenhum elemento exterior, com aplicar ao dispositivo em apreço um conjunto de regras tradicionais e precisas, tomadas de empréstimo à Lógica legal. Pretende do simples estudo das normas em si, ou em conjunto, por meio do raciocínio dedutivo, obter a interpretação correta.

Em síntese didática podemos dizer que se chama interpretação lógica ou teleológica o método interpretativo que procura revelar a genuína finalidade da norma eleitoral, a vontade nela manifestada, enfim, a que tenciona servir ou tutelar determinada norma eleitoral.

Foi a interpretação lógica que originou o brocardo latino: *ubi lex non distinguit nec nos distinguere debemus* (onde a lei não distingue, não cabe ao intérprete distinguir).

1.3.5. Tipos de interpretação quanto ao resultado da norma eleitoral

Quanto a seus efeitos a interpretação eleitoral pode ser:

a) Extensiva

Na interpretação extensiva, o intérprete conclui que o alcance da norma eleitoral é mais amplo do que indica a terminologia expressa na lei.

b) Restritiva

Na interpretação restritiva, o intérprete restringe o sentido da norma ou limita a incidência da norma eleitoral.

A interpretação das normas penais eleitorais e das que implicam suspensão e perda de direitos políticos deve ser sempre restritiva.

c) Interpretação progressiva, adaptativa ou evolutiva

O intérprete da lei eleitoral não pode ficar alheio às transformações sociais, pois a lei se desenvolve em ambiente político que muda e evolui constantemente, portanto, interpretação progressiva, adaptativa ou evolutiva tem como finalidade adaptar a norma eleitoral às necessidades e concepções surgidas com a conjuntura político-social.

1.4. DOS PRINCÍPIOS ELEITORAIS

O Direito Processual Eleitoral é regido por vários princípios, uns infraconstitucionais, outros que têm por base a própria Constituição Federal.

---

[11] Maximiliano, Carlos. Op. cit.

Entendemos como impreterivelmente salutar fazermos, *ab initio*, a análise dos mais importantes princípios do Direito Processual Eleitoral, pois, por meio do estudo acurado da base, do alicerce da disciplina, obteremos as ferramentas necessárias para a compreensão e melhor assimilação de todas as matérias que serão desenvolvidas nos capítulos seguintes.

1.4.1. Conceito de princípio

Consoante lição de José Afonso da Silva, princípio, etimologicamente, significa causa primária, momento em que algo tem origem, elemento predominante na constituição de um corpo orgânico, preceito, regra, fonte de uma ação. Em Direito, princípio jurídico quer dizer uma ordenação que se irradia e imantam os sistemas de normas,[12] servindo de base para a interpretação, a integração, o conhecimento e a aplicação do Direito Positivo.

1.4.2. A moderna divisão dos princípios processuais eleitorais

Modernamente, os princípios processuais eleitorais são divididos em:

a) Princípios eleitorais constitucionais
São os que emanam da Constituição Federal de forma explícita ou implícita.

b) Princípios eleitorais tipicamente eleitorais
São os indicados na legislação eleitoral.

Dividimos, para os devidos fins didáticos, o estudo dos princípios em:
a) princípios processuais eleitorais cíveis;
b) princípios processuais eleitorais penais.

1.4.2.1. Estudo doutrinário e jurisprudencial dos princípios processuais eleitorais cíveis

1.4.2.1.1. Princípio da aplicação subsidiária

Conforme o Código Eleitoral, no processo e julgamento dos crimes eleitorais e dos comuns que lhes forem conexos, assim como nos recursos e na execução, que lhes digam respeito, aplicar-se-á, como lei subsidiária ou supletiva, o Código de Processo Penal. Prevê também o art. 287 do Código Eleitoral que "aplicam-se aos fatos incriminados nesta Lei as regras gerais do Código Penal". Portanto, aplica-se ao Direito Processual Eleitoral todos os princípios do Direito Processual Penal e do Direito Processual Civil.

No mesmo sentido é o entendimento doutrinário dominante:

> O Código Penal é fornecedor dos princípios e normas gerais aplicáveis aos crimes eleitorais, quanto ao concurso de delitos; coautoria; delimitação da impossibilidade; causas excriminantes e justificativas; fixação de penas; circunstâncias agravantes e atenuantes; e causas extintivas de punibilidade. É o Código Penal uma das fontes do Direito Eleitoral, como o são outros ramos do Direito. Daí o art. 287, do Código

---

[12] Silva, José Afonso da. *Curso de Direito Constitucional Positivo*. Rio de Janeiro: Malheiros, 2007.

Eleitoral, socorrer-se, expressamente, das regras gerais do Código Penal (TRE-SP. RC 111.786. Rel. Des. Alberto Mariz).

1.4.3. Os princípios básicos referentes à inelegibilidade

O grande jurista Fávila Ribeiro[13] afirma que, na atual ordem jurídica brasileira, merecem ser destacados os princípios basilares no disciplinamento das inelegibilidades.

A) Princípio da elegibilidade privativa a brasileiros, natos ou naturalizados, em conformidade com o art. 14, § 3º, I, da Constituição Federal, e em caso de perda da nacionalidade brasileira, por opção tácita ou expressa, com ela desaparecendo também a elegibilidade.

> *Art. 14. (...)*
> *§ 3º São condições de elegibilidade, na forma da lei:*
> *I – a nacionalidade brasileira;*
> *(...)*

B) Princípio da dependência da elegibilidade à condição de eleitor, a significar que, sem a dimensão ativa da cidadania, comprovada pelo alistamento eleitoral, não pode haver pretensão à elegibilidade, nem mesmo sendo suficiente satisfazer às condições de alistabilidade, tendo de ser realmente integrante do corpo eleitoral e dele não se desvincular por desídia ou outra causa, pois, se assim ocorrer, desaparecerá também o atributo da elegibilidade (art. 14, § 3º, III, da Constituição Federal).

> *Art. 14. (...)*
> *§ 3º São condições de elegibilidade, na forma da lei:*
> *(...)*
> *III – o alistamento eleitoral;*
> *(...)*

C) Princípio da observância do limite etário, de 18 anos para ingresso no patamar inicial da elegibilidade (art. 14, § 3º, VI, *d*, da Constituição Federal).

> *Art. 14. (...)*
> *§ 3º São condições de elegibilidade, na forma da lei:*
> *(...)*
> *VI – a idade mínima de:*
> *(...)*
> *e) dezoito anos para Vereador.*

Observe que cada cargo exige uma idade mínima como condição de elegibilidade. Veja em síntese didática o quadro infracitado.

---

[13] No mesmo sentido, Fávila Ribeiro. Op. cit.

CARGOS	IDADE
Presidente e Vice-Presidente	35
Senador	35
Deputado Federal	21
Governador e Vice-Governador	30
Deputado Estadual	21
Prefeito e Vice-Prefeito	21
Vereador	18

Aspecto prático importante I: "Uma pessoa pode assumir o cargo de prefeito aos 18 anos de idade?"

Resposta: Fácil? Mas, se você respondeu "não", a resposta está errada.

Como, professor Dirceu? Acabamos de aprender que a idade para concorrer ao cargo de prefeito é 21 anos.

Resposta: Correto; *"para concorrer"* ao cargo de prefeito a pessoa tem de ter 21 anos, mas pode *"assumir o cargo"* possuindo idade menor.

EXEMPLO DIDÁTICO

Tício, com 18 anos de idade, elegeu-se vereador. No mesmo ano, também foi eleito presidente da Câmara, e, em virtude da renúncia do prefeito e da morte do vice, assumiu o cargo de prefeito.

Aspecto prático importante II: As idades mínimas elencadas como condição de elegibilidade devem ser observadas na data do registro, da diplomação ou da posse?

Resposta: Segundo o art. 11, § 2º, da Lei nº 9.504/1997: *"A idade mínima constitucionalmente estabelecida como condição de elegibilidade é verificada tendo por referência **a data da posse**."*

D) Princípio da vedação à elegibilidade, enquanto não for superada a condição de analfabeto averbada na inscrição eleitoral (art. 14, § 4º, da Constituição Federal): *"§ 4º São inelegíveis os inalistáveis e os analfabetos."*

Sobre a inelegibilidade do analfabeto, Djalma Pinto apresenta uma preciosa lição:

> Há uma curiosidade, a propósito deste tema, que chega a intrigar largo segmento da sociedade. Para exercer a função de gari, responsável pela coleta de lixo, exige a Administração que o cidadão se submeta a exame para aferição de sua escolaridade. Ninguém, em princípio, pode ser servidor público sem prévia habilitação em concurso (art. 37, II, da CF). Tal exigência, porém, não atinge os agentes políticos. Para postular qualquer cargo eletivo é irrelevante o grau de escolaridade do candidato. A única restrição imposta pela Constituição dirige-se aos analfabetos. Essa exegese, seguramente, é incompatível com a vedação de elegibilidade aos analfabetos, sobretudo porque, segundo Aurélio Buarque de Holanda, analfabeto significa: "que não saber ler e escrever" (*Novo Dicionário Aurélio*). Sem saber ler, o candidato é inelegí-

vel. Alguns juízes, devotados à causa pública, mesmo diante da ausência de norma específica, têm aferido a condição de escolaridade dos candidatos através de prova elementar para constatação de que sabem efetivamente ler.[14]

A matéria, aliás, já foi submetida ao Tribunal Superior Eleitoral que, através do Acórdão 12.510, do Ministro Sepúlveda Pertence, decidiu:

> Inelegibilidade do analfabeto: submissão à prova elementar de alfabetização, perante o juiz, de candidato que não apresentou documento de escolaridade mínima; acórdão recorrido que, com base na reprovação, confirmou o indeferimento do registro, recurso especial sem condições de admissibilidade; inexistência, ademais, no Parecer da Procuradoria Geral, favorável ao candidato, de evidência de contrariedade à Constituição ou à Lei.

E) Princípio da obrigatoriedade de prévia filiação a partido político, para que possa ser preenchido o primeiro estágio da elegibilidade com a consagração oficial por sua agremiação da candidatura e consequente registro perante a Justiça Eleitoral (art. 14, § 3º, V, da Constituição).

> Art. 14. (...)
> § 3º São condições de elegibilidade, na forma da lei:
> (...)
> V – a filiação partidária;

Posicionamentos majoritários do TSE:

Inexigência de prévia filiação partidária do militar da ativa, bastando o pedido de registro de candidatura após escolha em convenção partidária (TSE. AC 11.314/1990 e TSE. RES 21.787/2004).

Militar da reserva deve se filiar em quarenta e oito horas, ao passar para a inatividade, quando esta ocorrer após o prazo limite de filiação partidária, mas antes da escolha em convenção (TSE. Res 20.615/2000 e 20.614/2000).

Filiação partidária proibida ao servidor da Justiça Eleitoral (TSE. REsp 21.570/2003).

Servidor da Justiça Eleitoral deve se exonerar para cumprir o prazo legal de filiação partidária, ainda que afastado do órgão de origem e pretenda concorrer em estado diverso de seu domicílio profissional (TSE. Res 22.088/2005).

F) Princípio da obrigatória identidade do domicílio eleitoral à circunscrição a que se vincula o mandato representativo postulado, sendo evidente que esta exigência não oferece óbice às elegibilidades do presidente e do vice-presidente da República, por se projetarem ambas em dimensão nacional, em sua compreensão una e indivisível (art. 14, § 3º, IV, da Constituição Federal).

---

[14] Neste sentido, Pinto, Djalma. *Direito Eleitoral* – Anotações e Temas Polêmicos. 3. ed. Rio de Janeiro: Forense, 2000.

> Art. 14. (...)
> § 3º São condições de elegibilidade, na forma da lei:
> (...)
> IV – o domicílio eleitoral na circunscrição;

G) Princípio da extensão das restrições da elegibilidade aos parentes dos titulares de mandatos, nas hipóteses infracitadas, até o segundo grau. Fávila Ribeiro afirma que "pode-se dizer que este postulado é um consectário da vedação à reelegibilidade, pois ele apareceria com mais veemência na mobilização dos instrumentos de influenciação oficial para colocar em cena um preposto doméstico, ou seja, engaste nepotista".

Entendemos que a reeleição já não é vedada de forma absoluta no nosso Direito, conforme se depreende do § 7º do art. 14 da Constituição Federal, *in verbis*:

> Art. 14. (...)
> § 7º São inelegíveis, no território de jurisdição do titular, o cônjuge e os parentes consanguíneos ou afins, até o segundo grau ou por adoção, do presidente da República, de governador de Estado ou Território, do Distrito Federal, de prefeito ou de quem os haja substituído dentro dos seis meses anteriores ao pleito, salvo se já titular de mandato eletivo e candidato à reeleição.

Mesmo tendo sido aprovada a reeleição para os candidatos à chapa majoritária, e até por isso mesmo, permanece, ao nosso juízo, a condição de inelegibilidade para o cônjuge e para os parentes consanguíneos ou afins. Do mesmo modo, o(a) concubino(a), eis que equiparado(a) ao cônjuge – art. 226, § 3º, da CF, regulamentado pela Lei nº 9.278/1996, que reconhece a união estável entre homem e mulher como entidade familiar.[15]

Posicionamento majoritário do TSE:

> Os sujeitos de uma relação estável homossexual, à semelhança do que ocorre com os de relação estável, de concubinato e de casamento, submetem-se à regra de inelegibilidade prevista no art. 14, § 7º, da Constituição Federal (TSE. AC 24.564/2004).

H) Princípio da desincompatibilização e desobstrução da inelegibilidade dos titulares de cargos executivos, desde que renunciem seis meses antes do pleito, para que concorram a outros cargos. Diz Fávila Ribeiro que: De sorte que o único óbice inabalável era a disputa para o próprio cargo executivo exercido no período findante, o que não mais subsiste com o advento da Emenda nº 16, de 14/06/1997, extirpando a vedação à reeletividade no provimento dos cargos executivos em geral.

Segundo o art. 14, § 6º, da Constituição Federal: *"Para concorrerem a outros cargos, o Presidente da República, os Governadores de Estado e do Distrito Federal e os Prefeitos devem renunciar aos respectivos mandatos até seis meses antes do pleito."*

---

[15] Neste sentido, Mascarenhas, Paulo. *Lei Eleitoral Comentada*, Anotações à Lei nº 9.504, de 20/09/1997. 5. ed. São Paulo: Editora de Direito, 2002. p. 26.

I) Princípio da desincompatibilização propriamente dita

O princípio exige o afastamento dos dententores de determinados cargos para pleitearem funções no Poder Executivo ou Legislativo.

1.4.3.1. Princípio da legalidade da propaganda

Consiste na afirmação de que a lei federal regula a propaganda, estando o ordenamento composto por regras cogentes, de ordem pública, indisponíveis e de incidência e acatamento *erga omnes*. Este princípio regula os demais.

1.4.3.2. Princípio da liberdade da propaganda

O art. 248 do Código Eleitoral consubstancia proteção à liberdade de propaganda, afirmando que *"ninguém poderá impedir a propaganda eleitoral nem inutilizar, alterar ou perturbar os meios lícitos nela empregados"*.

Não se limitou o legislador a proclamar a liberdade de propaganda; garantiu a sua eficácia através da consagração das duas figuras delitivas, para punir os que atentarem contra a propaganda lícita, assim descrita:

> *Código Eleitoral*
> *Art. 331. Inutilizar, alterar ou perturbar meio de propaganda devidamente empregado:*
> *Pena – Detenção até seis meses ou pagamento de noventa a cento e vinte dias-multa.*
> *Art. 332. Impedir o exercício de propaganda:*
> *Pena – Detenção até seis meses e pagamento de trinta a sessenta dias-multa.*

É o livre direito à propaganda lícita, na forma do que dispuser a lei.

Existem algumas restrições ao direito de propaganda, que são destacadas a seguir por Pinto Ferreira:[16]

> Assim sendo, a propaganda política não pode ser feita em língua estrangeira. O legislador referiu-se à língua nacional, e nem mesmo à língua portuguesa, como porventura desejariam os saudosistas do lusitanismo. Como adverte **F. A. Gomes Neto**, em seu livro Teoria e prática do Código Eleitoral vigente (p. 278), não havendo sido determinada a propaganda na língua nacional, mas em língua nacional, isto é, "não tendo sido esta determinada por um artigo a, mas apenas precedida pela preposição em, pode-se entender, se for necessário, que não estão proibidas na propaganda eleitoral as línguas indígenas, da mesma forma como não o está a portuguesa". A proibição se estende, porém, a línguas estrangeiras (inglês, russo, alemão etc.), que poderiam servir de veículo da influência de países alheios à nossa vida política.
>
> A propaganda não deverá utilizar meios publicitários destinados a criar artificialmente estados mentais, emocionais ou passionais, na opinião pública.
>
> É função, aliás, da Justiça Eleitoral adotar medidas para impedir ou cessar imediatamente a propaganda realizada em língua estrangeira ou provocando os alu-

---

[16] Neste sentido, Pinto Ferreira. *Código Eleitoral Comentado*. 2. ed. São Paulo: Saraiva, 1990.

didos estados de tensão na opinião pública, sem prejuízo do processo e das penas estatuídas em lei.

1.4.3.3. Princípio da responsabilidade da propaganda

Toda propaganda é de responsabilidade dos partidos políticos e coligações, solidários com os candidatos e adeptos pelos abusos e excessos que cometerem.

1.4.3.4. Princípio igualitário da propaganda

Todos, com igualdade de oportunidades, têm direito à propaganda, paga ou gratuita.

1.4.3.5. Princípio da disponibilidade da propaganda lícita

Decorrente do princípio da liberdade da propaganda, significa que os partidos políticos, coligações, candidatos e adeptos podem dispor da propaganda lícita, garantida e estimulada pelo Estado, já que a lei pune com sanções penais a propaganda criminosa e pune a propaganda irregular com sanções administrativas eleitorais, precipuamente.[17]

É um preceito inerente aos Estados Democráticos de Direito e que foi uma grandiosa conquista estabelecida na Declaração dos Direitos do Homem e do Cidadão, de 26/08/1789, a saber:

> Ninguém pode ser inquietado pelas suas opiniões, incluindo opiniões religiosas, contanto que a manifestação delas não perturbe a ordem pública estabelecida pela lei (art. 10º. A livre comunicação dos pensamentos e das opiniões é um dos mais preciosos direitos do homem; todo cidadão pode, portanto, falar, escrever, imprimir livremente, respondendo, todavia, pelos abusos desta liberdade nos termos previstos em lei (art. 11º).

1.4.3.6. Princípio do controle judicial da propaganda

Consiste na máxima segundo a qual à Justiça Eleitoral, exclusivamente, incumbe a aplicação das regras jurídicas sobre a propaganda e, inclusive, o exercício de seu poder de polícia.

1.4.3.7. Princípio da periodicidade dos mandatos

Princípio que impulsiona a democracia representativa na medida em que exige o prazo determinado dos mandatos.

1.4.3.8. Princípio da potencialidade lesiva

Alguns autores defendem que para alguns tipos de ações eleitorais será necessário apurar se a conduta irregular foi suficiente para desequilibrar a igualdade de condições dos candidatos à disputa do pleito, ou seja, se a mesma foi decisiva para influenciar o resultado geral da eleição.

---

[17] No mesmo sentido, Cândido, Joel José. *Direito Eleitoral Brasileiro*. 10. ed. São Paulo: Edipro, 2003.

Portanto, segundo este princípio, em algumas hipóteses, para que seja julgada procedente a ação eleitoral, não é suficiente a prova da ocorrência do alegado, será imperiosamente salutar provar a potencialidade lesiva, é dizer, provar se a conduta ilícita teve potencialidade de influenciar na lisura e resultado do pleito.

Emerson Garcia[18] leciona que:

> Para que seja identificada a potencialidade do ato, é despicienda a apresentação de cálculos aritméticos que venham a refletir uma diferença quantitativa de votos em favor de quem o praticou ou mesmo a demonstração de relação de causa e efeito entre o ato e o resultado do pleito. Pelo contrário, bastará que o ato, analisado em si e sob a ótica da conjuntura em que foi praticado, denote ser potencialmente daninho à legitimidade do pleito, sendo apto a comprometer a igualdade entre os candidatos e influir sobre a vontade popular. O nexo de causalidade, consubstanciado na provável influência do ilícito no resultado eleitoral, é tão somente indiciário, não conclusivo, prova, aliás, cuja produção é de todo inviável.

Entendemos que com a entrada em vigor da LC nº 135/2010, o princípio supracitado foi mitigado e deve ser revisto, uma vez que o art. 22, inciso XVI, da LC nº 64/1990 (**incluído pela Lei Complementar nº 135, de 2010**) foi taxativo:

> Art. 22. (...)
>
> XVI – Para a configuração do ato abusivo, não será considerada a potencialidade de o fato alterar o resultado da eleição, **mas apenas a gravidade das circunstâncias que o caracterizam**.

1.4.3.9. Princípio do poder soberano

Previsto no art. 2º do Código Eleitoral, o princípio preconiza que todo poder emana do povo e será exercido, em seu nome, por mandatários escolhidos, direta e secretamente, dentre candidatos indicados por partidos políticos nacionais, ressalvada a eleição indireta nos casos previstos na Constituição e leis específicas.

1.4.3.10. Princípio da livre investidura em cargo eletivo

Previsto no art. 3º do Código Eleitoral, o princípio preconiza que qualquer cidadão pode pretender investidura em cargo eletivo, respeitadas as **condições constitucionais e legais de elegibilidade** e incompatibilidade.

1.4.3.11. Princípio da igualdade do voto

A igualdade do voto é plena, o mais rico cidadão brasileiro e o mais pobre têm no Direito Eleitoral algo em comum: o voto é igual. A regra equivale ao brocardo americano *one man, one vote* (um homem, um voto).

---

[18] Garcia, Emerson. *Abuso de Poder nas Eleições*: Meios de Coibição. 3. ed. Rio de Janeiro: Lumen Juris, 2006.

1.4.3.12. Princípio da livre manifestação do voto

Uma das maiores demonstrações da democracia é a livre manifestação de pensamento e de vontade na expressão do voto. Esta manifestação é tão ampla que o eleitor pode anular o seu voto ou "**votar em branco**".

1.4.3.13. Princípio do sigilo do voto

Para garantir a livre manifestação do voto, este deve ser sigiloso, e para garantia de sigilo o Código Eleitoral, em seu art. 104, enumera várias providências, inclusive o isolamento do eleitor em cabine indevassável.

1.4.3.14. Princípio da lisura das eleições

É um princípio essencial para garantir a credibilidade da Justiça Eleitoral. Toda a atuação da Justiça Eleitoral, do Ministério Público, dos partidos políticos e candidatos, inclusive do eleitor, deve pautar-se na preservação da lisura das eleições. A preservação da intangibilidade dos votos e da igualdade de todos os candidatos perante a lei eleitoral e na propaganda política eleitoral ensejam a observância ética e jurídica deste princípio básico do Direito Eleitoral.[19]

1.4.3.15. Princípio da celeridade dos feitos eleitorais

É este princípio que torna a Justiça Eleitoral a mais célere do Brasil. O princípio veda a procrastinação dos feitos e faz com que as decisões eleitorais sejam tomadas de forma rápida, evitando-se delongas para fases posteriores à data da diplomação.

Hoje, a Lei nº 9.504/1997 estabelece vários prazos para as autoridades judiciárias com o precípuo escopo de dar maior celeridade aos feitos eleitorais, a saber:

1 – Prioridade dos feitos eleitorais:

> Art. 94. Os feitos eleitorais, no período entre o registro das candidaturas até cinco dias após a realização do segundo turno das eleições, terão prioridade para a participação do Ministério Público e dos Juízes de todas as Justiças e instâncias, ressalvados os processos de habeas corpus e mandado de segurança.
>
> § 1º É defeso às autoridades mencionadas neste artigo deixar de cumprir qualquer prazo desta Lei, em razão do exercício das funções regulares.
>
> § 2º O descumprimento do disposto neste artigo constitui crime de responsabilidade e será objeto de anotação funcional para efeito de promoção na carreira.

No ensejo de dar celeridade às representações eleitorais, os §§ 3º e 4º do art. 23 da Resolução 23.367/2011 (editada para eleições de 2012) estabeleceu que:

---

[19] No mesmo sentido, Ramayana, Marcos. *Direito Eleitoral*. 4. ed. Rio de Janeiro: Impetus, 2005. p. 31.

Art. 23. (...)

§ 3º No caso de o Juiz Eleitoral retardar solução na representação, poderá o interessado renová-la perante o respectivo Tribunal Regional Eleitoral, que a resolverá dentro de 24 horas.

§ 4º O interessado, quando não for atendido ou ocorrer demora, poderá levar o fato ao conhecimento do Tribunal Superior Eleitoral, a fim de que sejam tomadas as providências necessárias.

2 – Tempo máximo para julgar os pedidos de registro de candidatos, inclusive os impugnados, e os respectivos recursos:

Art. 16. Até quarenta e cinco dias antes da data das eleições, os Tribunais Regionais Eleitorais enviarão ao Tribunal Superior Eleitoral, para fins de centralização e divulgação de dados, a relação dos candidatos às eleições majoritárias e proporcionais, da qual constará obrigatoriamente a referência ao sexo e ao cargo a que concorrem.

§ 1º Até a data prevista no caput, todos os pedidos de registro de candidatos, inclusive os impugnados, e os respectivos recursos, devem estar julgados em todas as instâncias, e publicadas as decisões a eles relativas (Incluído pela Lei nº 12.034, de 2009).

3 – Tempo máximo para julgar processo que possa resultar em perda de mandato eletivo:

Art. 97-A. Nos termos do inciso LXXVIII do art. 5º da Constituição Federal, considera-se duração razoável do processo que possa resultar em perda de mandato eletivo o período máximo de 1 (um) ano, contado da sua apresentação à Justiça Eleitoral (Incluído pela Lei nº 12.034, de 2009).

§ 1º A duração do processo de que trata o caput abrange a tramitação em todas as instâncias da Justiça Eleitoral (Incluído pela Lei nº 12.034, de 2009).

§ 2º Vencido o prazo de que trata o caput, será aplicável o disposto no art. 97, sem prejuízo de representação ao Conselho Nacional de Justiça (Incluído pela Lei nº 12.034, de 2009).

4 – Consequência do descumprimento dos prazos processuais eleitorais:

Art. 97. Poderá o candidato, partido ou coligação representar ao Tribunal Regional Eleitoral contra o Juiz Eleitoral que descumprir as disposições desta Lei ou der causa ao seu descumprimento, inclusive quanto aos prazos processuais; neste caso, ouvido o representado em vinte e quatro horas, o Tribunal ordenará a observância do procedimento que explicitar, sob pena de incorrer o Juiz em desobediência.

§ 1º É obrigatório, para os membros dos Tribunais Eleitorais e do Ministério Público, fiscalizar o cumprimento desta Lei pelos juízes e promotores eleitorais das instâncias inferiores, determinando, quando for o caso, a abertura de procedimento disciplinar para apuração de eventuais irregularidades que verificarem (Incluído pela Lei nº 12.034, de 2009).

§ 2º No caso de descumprimento das disposições desta Lei por Tribunal Regional Eleitoral, a representação poderá ser feita ao Tribunal Superior Eleitoral, observado o disposto neste artigo.

1.4.3.16. Princípio da irrecorribilidade das decisões do Tribunal Superior Eleitoral
São irrecorríveis as decisões do Tribunal Superior Eleitoral, salvo as exceções:
1ª) as decisões que contrariarem a Constituição Federal;
2ª) as decisões denegatórias de *habeas corpus* ou mandado de segurança.

1.4.3.17. Princípio do pluripartidarismo
O pluripartidarismo consiste na liberdade assegurada aos cidadãos para a formação de partidos, pois o partido único é incompatível com a soberania popular e com o próprio regime democrático.

1.4.3.18. Princípio da legalidade administrativa
O princípio defende a impossibilidade de o administrador público praticar qualquer ação quando não previamente autorizado pela lei. Conforme ensina Djalma Pinto, o princípio da legalidade administrativa é consequência da soberania popular. Sendo o povo o titular do poder, os agentes públicos não poderiam investir-se totalmente em sua soberania para agir, arbitrariamente, no exercício das respectivas funções. São, assim, condicionados para atuar exclusivamente dentro da esfera de limitação traçada pelos cidadãos, através das normas votadas por seus representantes no Parlamento.[20]

1.4.3.19. Princípio da autonomia partidária
São assegurados aos partidos políticos autonomia para definir sua estrutura interna, organização e funcionamento, devendo seus estatutos estabelecer normas de fidelidade e disciplina partidárias.
O **STF** entende que:

> A Constituição Federal, ao proclamar os postulados básicos que informam o regime democrático, consagrou, em seu texto, o estatuto jurídico dos partidos políticos. O princípio constitucional da autonomia partidária – além de repelir qualquer possibilidade de controle ideológico do Estado sobre os partidos políticos – cria, em favor desses corpos intermediários, sempre que se tratar da definição de sua estrutura, de sua organização ou de seu interno funcionamento, uma área de reserva estatutária absolutamente indevassável pela ação normativa do Poder Público, vedando, nesse domínio jurídico, qualquer ensaio de ingerência legislativa do aparelho estatal. Ofende o princípio consagrado pelo art. 17, § 1º, da Constituição a regra legal que, interferindo na esfera de autonomia partidária, estabelece, mediante específica designação, o órgão do partido político competente para recusar as candidaturas parlamentares natas (neste sentido: STF – ADIMCQ nº 1.063 – TP – p. 00057).

1.4.3.20. Princípio da anualidade
A Constituição Federal, em seu art. 16, preconiza: "*A lei que alterar o processo eleitoral só entrará em* **vigor na data de sua publicação**, *não se aplicando à eleição* **que ocorra até um ano da data de sua vigência.**"

---
[20] No mesmo sentido, Pinto, Djalma. Op. cit.

Podemos dizer, de forma mais didática, que toda lei que alterar o processo eleitoral tem "vigência imediata" à data de sua publicação, mas só terá eficácia – leia-se, efeito prático – para as eleições que serão realizadas "**um ano e um dia da data de sua vigência**".

EXEMPLOS DIDÁTICOS

1) No dia 01/10/2011, foi publicada uma lei eleitoral que terá **vigência imediata** e também **eficácia**, porque poderá ser "usada" nas eleições que serão realizadas no dia 03/10/2012 (**mais de um ano após a vigência**).

2) No dia 25/10/2011, foi publicada uma lei eleitoral que terá **vigência imediata**, mas não terá **eficácia**, porque não poderá ser "usada" nas eleições que serão realizadas no dia 03/10/2012 (**menos de um ano após a vigência**).

Nesse caso, as eleições do ano 2012, apesar de haver uma lei eleitoral nova que entrou imediatamente em vigor, serão regidas pelas regras da lei antiga.

3) No dia 03/10/2011, foi publicada uma lei eleitoral que terá **vigência imediata**, mas não terá **eficácia**, porque não poderá ser "usada" nas eleições que serão realizadas no dia 03/10/2012 (temos um ano de vigência e a Constituição Federal diz "... *não se aplicando à eleição* **que ocorra até um ano da data de sua vigência**").

1.4.3.20.1. Princípio da anualidade e a ultra-atividade da lei eleitoral

Ultra-atividade é o fenômeno pelo qual uma lei eleitoral, embora tendo sido revogada, continua sendo aplicada.

EXEMPLO DIDÁTICO

Imagine que o TSE decidiu que determinada alteração é processo eleitoral.

Portanto, deve ser submetida ao princípio da anualidade e, não sendo possível aplicar às eleições de 2012, deve ser observada a regra imposta no artigo revogado.

Indagação: Quer dizer que é possível uma lei eleitoral ser revogada e ainda perdurar seus efeitos?

Exatamente. É o que se convencionou chamar de ultra-atividade da lei eleitoral.

1.4.3.20.2. A ultra-atividade da lei eleitoral e o princípio da irretroatividade da lei penal eleitoral

A lei eleitoral que define crimes (lei eleitoral criminal) só pode retroagir para beneficiar o réu. O art. 5º, XL, da Constituição Federal é bem claro: "*A lei penal não retroagirá, salvo para beneficiar o réu.*"

EXEMPLO DIDÁTICO

"A" está sendo processado por um crime eleitoral que tem a pena de um a dois anos de detenção. Posteriormente, é sancionada uma lei eleitoral, afirmando que o mesmo crime cometido por "A" tem a pena de quatro a sete anos. Você já aprendeu: a lei nova maléfica não pode retroagir. Então, "A" será penalizado por uma lei revogada?

Resposta: Correto, esse é o fenômeno da ultra-atividade, através do qual é possível a aplicação de uma lei, não obstante cessada a sua vigência.

RESUMO DIDÁTICO

A lei eleitoral criminal posterior mais severa é irretroativa. Já a lei eleitoral criminal posterior mais benéfica é retroativa.

1.4.3.21. O que o princípio da anualidade proíbe ser modificado no ano da eleição

O tema é pouco explorado na doutrina, e a matéria é de vital importância porque o art. 16 da Constituição Federal diz que "*a lei que alterar o* **processo eleitoral** *(...)*"; portanto, a grande perplexidade doutrinária e jurisprudencial é definir o que seja "**processo eleitoral**".

Definindo o que seja "**processo eleitoral**" saberemos o que não pode ser mudado um ano antes de cada eleição.

Joel José Cândido[21] leciona:

> Devem-se entender como insuscetíveis de alteração, porém, só as regras pertinentes ao processo eleitoral *stricto*. Vale dizer, em outras palavras, que são imutáveis, pelo princípio da anualidade da lei eleitoral, só as normas que estabelecem os parâmetros igualitários entre os partidos, no pleito, e não aquelas que apenas instrumentalizam o processo, incapazes, por isso, de gerar surpresas ou desequilíbrios na eleição e no seu resultado.

Exemplifica o renomado autor:

> Geralmente, as normas imutáveis da lei eleitoral, à luz do art. 16 da Constituição Federal, situam-se na fase preparatória do microprocesso eleitoral e são de natureza material. As relativas às convenções, a inelegibilidades e incompatibilidades, às coligações, ao número de candidatos, a alguns prazos; ao registro e à impugnação aos recursos financeiros das campanhas, à propaganda, entre outras, são alguns exemplos dessa espécie. Das que não se incluem na proibição da Lei Maior, e que normalmente são adjetivas e pertinentes às outras fases do microprocesso eleitoral, temos as normas pertinentes às medidas preliminares à votação e apuração; à contabilidade e escrituração de votos; as relativas à fiscalização da votação e do escrutínio pelas partes do processo eleitoral; à proclamação dos resultados e diplomação do pleito; aos crimes e aos processos, penal e civil eleitoral etc.

Thales Tácito, em entrevista concedida à revista *Consulex*, nº 221, afirma que, pesquisando a ADIn 354/1990, chega-se à seguinte conclusão: (*Apresentarei apenas uma síntese didática da entrevista comparando com a posição de* **Joel Cândido** *e colocando a minha posição*).

1.4.3.21.1. Mudanças que não se sujeitam ao princípio da anualidade

1) Não se sujeitam ao princípio da anualidade as modificações na Lei de Inelegibilidades.

---

[21] *Inelegibilidades no Direito Brasileiro*. 2. ed. Bauru: Edipro, 2008. p. 23.

POSIÇÃO DIVERGENTE
Nossa posição: O TSE entendeu serem possíveis modificações na Lei de Inelegibilidades porque o art. 14, § 9º, da CF/1988 (Consulta nº **11.173/1990**) seria uma exceção ao art. 16 da Constituição Federal. *Data venia*, entendemos que a Constituição Federal autorizou a lei complementar a criar outros casos de inelegibilidade, e os prazos de sua cessação já foram sancionados. Deste modo, qualquer alteração na LC nº 64/1990 deverá obedecer ao art. 16. Uma mudança em uma das condições de elegibilidade, por exemplo, quatro, três, dois meses antes da eleição, alteraria drasticamente as regras do jogo e poderia até decidir uma eleição.

Para Joel Cândido, as inelegibilidades são insuscetíveis de alteração no período vedado pelo princípio da anualidade.

2) Não se sujeitam ao princípio da anualidade a emancipação de Municípios ou as alterações do número de cadeiras das câmaras municipais (TSE. AREsp 19.830/SP).

POSIÇÃO DIVERGENTE
Nossa posição: Embora o entendimento jurisprudencial dominante seja no sentido de que as "alterações relativas à fixação de número de vereadores, por não se refletirem no processo eleitoral, não estão sujeitas à exigência da anualidade disposta no art. 16 da Constituição Federal. Supremacia das diretrizes fornecidas pelo STF e TSE sobre normas municipais em matéria eleitoral" (TRE-RS. Proc. 932.005), entendemos que a alteração no número de vereadores, para mais ou para menos, dois meses antes do pleito, por exemplo, é mero casuísmo e viola as **regras do jogo**, desequilibra o processo eleitoral e, portanto, viola o princípio da anualidade.

3) Não se sujeitam ao princípio da anualidade os crimes eleitorais.
Esta hipótese é unânime na doutrina e na jurisprudência.

4) Não se sujeita ao princípio da anualidade o processo penal eleitoral que receba subsídios da Constituição Federal.
Comentário didático: Se a alteração é processual e recebe subsídio do Código de Processo Penal, não precisará atender ao princípio da anualidade por intervenção do princípio *tempus regit actum*, ou seja, a lei processual penal aplicar-se-á desde logo, sem prejuízo da validade dos atos realizados sob a vigência da lei anterior. Ao contrário, se a mudança é processual e não se utiliza da aplicação subsidiária do Código de Processo Penal, e, sim, de subsídios da Constituição Federal, deverá observar o princípio da anualidade.

5) Não se sujeita ao princípio da anualidade a prestação de contas eleitorais.
É também a nossa posição; anotamos apenas a posição contrária de Joel José Cândido,[22] que defende que: "(...) impugnação aos recursos financeiros das campanhas, são insuscetíveis de alteração no período vedado pelo princípio da anualidade."

---
[22] Cândido, Joel José. Op. cit.

6) Não se sujeitam ao princípio da anualidade as resoluções do TSE que funcionem como ato normativo secundário.

Hipótese unânime da doutrina, pois o ato puramente interpretativo não cria nenhuma norma.

1.4.3.21.2. Mudanças que se sujeitam ao princípio da anualidade

1) Mudança na lei partidária (filiação, convenção, coligações, número de candidatos, alguns prazos, registro de candidatos etc.).

Esta hipótese é unânime na doutrina e na jurisprudência.

2) Mudança na lei eleitoral.

Hipótese em que não há unanimidade na doutrina e na jurisprudência.

3) Mudança no processo eleitoral autônomo.

Veja o comentário do número "4" do item anterior.

4) Resoluções do TSE que funcionem como ato normativo primário.

Veja o comentário do número 6 do item anterior.

1.4.3.21.3. O caráter primário e o caráter secundário do princípio da anualidade

Ínsito no princípio da anualidade há um princípio maior que o da "segurança jurídica", que tem como principal objetivo dar estabilidade ao ordenamento jurídico, *in casu*, a norma eleitoral não poderia ter a mínima confiabilidade se fosse permitido mudar "**as regras do jogo eleitoral**" a qualquer momento.

Os institutos do ato jurídico perfeito, da coisa julgada e do direito adquirido estão vinculados ao princípio da segurança jurídica, com expressa menção no texto constitucional, no rol dos direitos e garantias fundamentais: "*A lei não prejudicará o direito adquirido, o ato jurídico perfeito e a coisa julgada*" (CF, art. 5º, XXXVI).

Portanto, defendemos que o princípio da anualidade, por trazer implícito o princípio da segurança jurídica, é uma verdadeira cláusula pétrea, não podendo ser suprimido por emenda constitucional (**art. 60, § 4º, IV, da CF**).

Posição dominante do STF:

> O Supremo Tribunal Federal entendeu que o artigo 16 da Constituição Federal é cláusula pétrea, por consagrar o princípio da segurança jurídica (ADIn 3.685/OAB).

Essa conclusão também nos credencia a defender que o princípio da anualidade eleitoral tem duas grandes consequências jurídicas: a) **Caráter primário do princípio da anualidade:** Não permite que nenhuma lei possa alterar o processo eleitoral se não for aprovada "**1 ano e 1 dia**" antes da eleição. b) **Caráter reflexo do princípio da anualidade:** A lei futura não poderá alterar o processo eleitoral passado se "**as regras do jogo**" foram regidas legalmente sob a égide da lei anterior.

EXEMPLO DIDÁTICO

O Congresso Nacional, no dia 23/09/2009, promulgou a Emenda Constitucional nº 58 mudando o art. 29 da Constituição Federal e alterando totalmente o número de vereadores em todo o Brasil.

No art. 3º, inciso I, da citada Emenda Constitucional, há uma previsão totalmente casuística, qual seja: aplica-se "*o disposto no art. 1º, a partir do processo eleitoral de 2008*", portanto, as "*regras do jogo passado*" deverão ser alteradas.

Aumentado o número de vagas nas câmaras municipais, o quociente eleitoral também será alterado e, como consequência, algum vereador que foi legitimamente eleito poderá perder o mandato eletivo, pois, segundo as novas regras, o seu partido poderá não obter o quociente partidário suficiente.

Há, portanto, grave violação ao caráter reflexo do princípio da anualidade, devendo o **STF** declarar a inconstitucionalidade do caráter retroativo da norma supracitada, ou seja, o aumento do número dos vereadores só valerá para as eleições do próximo pleito.

1.4.3.21.4. A Lei da Ficha Limpa versus o princípio da anualidade

Na Consulta 1120-26.2010.6.00.0000, o TSE foi indagado: "Uma lei eleitoral que disponha sobre inelegibilidades e que tenha a sua entrada em vigor antes do prazo de 05 de julho, poderá ser efetivamente aplicada para as eleições gerais de 2010?"

A consulta supracitada tinha como principal referência a aplicação da Lei "**da Ficha Limpa**" para as eleições de 2010, mas trazia em seu conteúdo a possibilidade de elucidação de três grandes divergências eleitorais:

1ª) Em qual momento se inicia o processo eleitoral?
2ª) Qual o conceito de processo eleitoral?
3ª) Quais os atos que podem comprometer o princípio da anterioridade eleitoral?

Enfrentando tais questões o TSE decidiu que:

a) O processo eleitoral terá início com a escolha pelos partidos políticos dos seus pré-candidatos.
b) Devem-se entender por processo eleitoral os atos que de alguma forma se projetem no pleito eleitoral, devendo abranger:
   – as coligações;
   – as convenções;
   – o registro de candidatos;
   – a propaganda política eleitoral;
   – a votação;
   – a apuração;
   – e a diplomação.
c) Seguindo o resultado da ADI 3.741/DF, de Relatoria do Ministro Ricardo Lewandowski e da ADI 3.345, relatada pelo Ministro Celso de Melo, o TSE decidiu que só se pode cogitar de comprometimento do princípio da anterioridade quando ocorrer:

– o rompimento da igualdade de participação dos partidos políticos e dos respectivos candidatos no processo eleitoral;
– a criação de deformação que afete a normalidade das eleições;
– a introdução de fator de perturbação do pleito; ou
– a promoção de alteração motivada por propósito casuístico.

Diante das indagações supracitadas, concluiu o TSE que:

> No caso em tela, a lei foi publicada antes das convenções partidárias, circunstância que não afetaria o andamento da eleição vindoura, mantendo-se a segurança jurídica entre os partidos, candidatos e eleitores. Diante dessas considerações, se a lei entrar em vigor antes das convenções partidárias, não há de se falar em alteração no processo eleitoral.

1.4.3.21.5. A Lei da Ficha Limpa versus o princípio da anualidade e a posição do STF

Por seis votos a cinco, o Supremo Tribunal Federal (STF) considerou inconstitucional a aplicação da **Lei da Ficha Limpa** às eleições de 2010. A não aplicação da Lei da Ficha Limpa nas eleições de 2010 teve como fundamento o desrespeito ao art. 16 da Constituição, segundo o qual *"a lei que alterar o processo eleitoral entrará em vigor na data de sua publicação, não se aplicando à eleição que ocorra até um ano da data de sua vigência"*. Votaram pela posição vencedora os Ministros Gilmar Mendes, Luiz Fux, Dias Toffoli, Marco Aurélio, Celso de Mello e Cezar Peluso. Pela aplicabilidade da Ficha Limpa às eleições passadas, votaram Cármen Lúcia, Ricardo Lewandowski, Joaquim Barbosa, Carlos Ayres Brito e Ellen Gracie.

No voto de desempate, o Ministro do STF, Luiz Fux, em síntese, usou os mesmos argumentos que colacionamos no item 1.4.3.21.1. *"Mudanças que não se sujeitam ao princípio da anualidade"*: "Não resta a menor dúvida de que a criação de novas inelegibilidades em ano da eleição inaugura regra nova no processo eleitoral."

RESUMO DIDÁTICO

A) O **TSE** (Tribunal Superior Eleitoral) entendeu que era possível a aplicação da **Lei da Ficha Limpa** às eleições de 2010, pois os dispositivos da citada lei *"não"* violam o art. 16 da Constituição Federal (**princípio da anualidade**).

B) O **STF** (Supremo Tribunal Federal) considerou inconstitucional a aplicação da **Lei da Ficha Limpa** às eleições de 2010, entendendo que seus dispositivos violavam o art. 16 da Constituição Federal (**princípio da anualidade**).

> O STF, no julgamento do RE 633.703/MG, reconheceu a repercussão geral e afirmou que a LC 135/2010 configura alteração no processo eleitoral, razão pela qual não poderia ser aplicada às Eleições 2010 sob pena de vulnerar a regra do art. 16 da CF/88. O reconhecimento da repercussão geral e o posterior provimento do referido recurso extraordinário autorizam o exercício do juízo de retratação, nos termos do art. 543-B, § 3º, do CPC (Embargos de Declaração no Recurso Ordinário 978-10/RO. Rel.ª Min.ª Nancy Andrighi. DJE 01/07/2011. Noticiado no *Informativo* 14/2011).

1.4.3.21.6. *O princípio da vida pregressa proba* versus *o princípio da não culpabilidade antecipada*

A Lei Complementar nº 135, de 2010, inovou o ordenamento jurídico eleitoral, ao estabelecer várias hipóteses em que a decisão judicial tem plena eficácia, antes do trânsito em julgado, desde que **proferida por órgão colegiado**. As hipóteses são:

> Art. 1º São inelegíveis:
>
> I – para qualquer cargo:
>
> (...)
>
> d) os que tenham contra sua pessoa representação julgada procedente pela Justiça Eleitoral, **em decisão transitada em julgado ou proferida por órgão colegiado**, em processo de apuração de abuso do poder econômico ou político, para a eleição na qual concorrem ou tenham sido diplomados, bem como para as que se realizarem nos 8 (oito) anos seguintes (Redação em consonância com o julgamento realizado pelo STF dia 16 de fevereiro de 2012, nas Ações Declaratórias de Constitucionalidade nº 29 e nº 30 e Ação Direta de Inconstitucionalidade nº 4.578; e) os que forem condenados, em decisão transitada em julgado ou **proferida por órgão judicial colegiado**, desde a condenação até o transcurso do prazo de 8 (oito) anos após o cumprimento da pena, pelos crimes (Redação em consonância com o julgamento realizado pelo STF dia 16 de fevereiro de 2012, nas Ações Declaratórias de Constitucionalidade nº 29 e nº 30 e Ação Direta de Inconstitucionalidade nº 4.578):
>
> 1. contra a economia popular, a fé pública, a administração pública e o patrimônio público;
>
> 2. contra o patrimônio privado, o sistema financeiro, o mercado de capitais e os previstos na lei que regula a falência;
>
> 3. contra o meio ambiente e a saúde pública;
>
> 4. eleitorais, para os quais a lei comine pena privativa de liberdade;
>
> 5. de abuso de autoridade, nos casos em que houver condenação à perda do cargo ou à inabilitação para o exercício de função pública;
>
> 6. de lavagem ou ocultação de bens, direitos e valores;
>
> 7. de tráfico de entorpecentes e drogas afins, racismo, tortura, terrorismo e hediondos;
>
> 8. de redução à condição análoga à de escravo;
>
> 9. contra a vida e a dignidade sexual; e
>
> 10. praticados por organização criminosa, quadrilha ou bando;
>
> (...)
>
> h) os detentores de cargo na administração pública direta, indireta ou fundacional, que beneficiarem a si ou a terceiros, pelo abuso do poder econômico ou político, que forem condenados em decisão transitada **em julgado ou proferida por órgão judicial colegiado**, para a eleição na qual concorrem ou tenham sido diplomados, bem como para as que se realizarem nos 8 (oito) anos seguintes (Redação em consonância com o julgamento realizado pelo STF dia 16 de fevereiro de 2012, nas Ações Declaratórias de Constitucionalidade nº 29 e nº 30 e Ação Direta de Inconstitucionalidade nº 4.578).
>
> (...)

j) os que forem condenados, em decisão transitada em julgado ou **proferida por órgão colegiado da Justiça Eleitoral**, por corrupção eleitoral, por captação ilícita de sufrágio, por doação, captação ou gastos ilícitos de recursos de campanha ou por conduta vedada aos agentes públicos em campanhas eleitorais que impliquem cassação do registro ou do diploma, pelo prazo de 8 (oito) anos a contar da eleição (Redação em consonância com o julgamento realizado pelo STF dia 16 de fevereiro de 2012, nas Ações Declaratórias de Constitucionalidade nº 29 e nº 30 e Ação Direta de Inconstitucionalidade nº 4.578).

(...)

l) os que forem condenados à suspensão dos direitos políticos, **em decisão transitada em julgado ou proferida por órgão judicial colegiado**, por ato doloso de improbidade administrativa que importe lesão ao patrimônio público e enriquecimento ilícito, desde a condenação ou o trânsito em julgado até o transcurso do prazo de 8 (oito) anos após o cumprimento da pena (Redação em consonância com o julgamento realizado pelo STF dia 16 de fevereiro de 2012, nas Ações Declaratórias de Constitucionalidade nº 29 e nº 30 e Ação Direta de Inconstitucionalidade nº 4.578).

(...)

n) os que forem condenados, **em decisão transitada em julgado ou proferida por órgão judicial colegiado**, em razão de terem desfeito ou simulado desfazer vínculo conjugal ou de união estável para evitar caracterização de inelegibilidade, pelo prazo de 8 (oito) anos após a decisão que reconhecer a fraude (Redação em consonância com o julgamento realizado pelo STF dia 16 de fevereiro de 2012, nas Ações Declaratórias de Constitucionalidade nº 29 e nº 30 e Ação Direta de Inconstitucionalidade nº 4.578).

(...)

p) a pessoa física e os dirigentes de pessoas jurídicas responsáveis por doações eleitorais tidas por ilegais por decisão transitada **em julgado ou proferida por órgão colegiado da Justiça Eleitoral**, pelo prazo de 8 (oito) anos após a decisão, observando-se o procedimento previsto no art. 22; (Redação em consonância com o julgamento realizado pelo STF dia 16 de fevereiro de 2012, nas Ações Declaratórias de Constitucionalidade nº 29 e nº 30 e Ação Direta de Inconstitucionalidade nº 4.578).

(...)

Art. 15. Transitada em julgado ou publicada a decisão proferida por órgão colegiado que declarar a inelegibilidade do candidato, ser-lhe-á negado registro, ou cancelado, se já tiver sido feito, ou declarado nulo o diploma, se já expedido.

Doutrina e jurisprudência começam a divergir sobre um tema:

a sanção eleitoral sem a exigência do trânsito em julgado fere o princípio da não culpabilidade antecipada?

Em resposta à relevante indagação, temos de estabelecer outras premissas. Os políticos brasileiros não têm a coragem nem a condição ética necessária para transformar a legislação eleitoral mais eficaz no combate da corrupção eleitoral, portanto, cabe ao jurista e ao juiz no julgamento das ações fazer a interpretação que seja a mais adequada ao reforço dos instrumentos que são essenciais ao fortalecimento do regime democrático, quais sejam, as ações eleitorais que têm como principal escopo evitar que corruptos e políticos marginais direcionem as suas nebulosas atividades na administração da *res* pública.

Nesse sentido, o Brasil, que enseja entrar no primeiro mundo, deve, urgentemente, responder a quatro simples perguntas:

1) É razoável um aspirante a um mandato eletivo, que tem vários processos criminais e ainda responde a várias ações civis públicas por improbidade administrativa em virtude de desvios de verbas públicas, ser elegível? Ou seja, ser um pretenso candidato a gerir os recursos oriundos do Estado?
2) A moralidade não seria a primeira característica a ser averiguada como condição de elegibilidade a um aspirante de um cargo público?
3) Há condições éticas mínimas necessárias para ocupar um cargo político?
4) O princípio do estado de inocência é o escudo fiel protetor dos políticos corruptos e um fator intransponível que permite a perpetuação de seres ímprobos no poder?

Para responder a tais indagações, *ab initio*, não poderemos nos deter a nenhuma interpretação estritamente positivista, pois os nossos legisladores reconhecidamente "convenientes" jamais teriam interesse em patrocinar leis probas, sem "furos" que pudessem levar a interpretações escusas.

Há, na realidade, um conflito entre o princípio da não culpabilidade antecipada e o princípio da vida pregressa proba.

Um de índole processual penal defende que "**ninguém será considerado culpado até o trânsito em julgado de sentença penal condenatória**" (**Fundamento constitucional**: art. 5º, inciso LVII, da Constituição Federal).

Outro de índole administrativo-eleitoral defende que, a fim de proteger a probidade administrativa, a moralidade para o exercício do mandato, a normalidade e a legitimidade das eleições contra a influência do poder econômico ou o abuso do exercício de função, cargo ou emprego na Administração direta ou indireta, deve ser considerada a conduta moral baseada na vida pregressa do pretenso candidato (**Fundamento constitucional**: art. 14, § 9º, c.c. art. 37, todos da Constituição Federal).

Tal conflito só pode ser resolvido pelo princípio da proporcionalidade:

> O princípio da proporcionalidade é operado através da verificação, pelo juiz, de determinado caso concreto, no qual surja o conflito de dois interesses juridicamente protegidos. Em caso afirmativo, deverão estes interesses, postos em causa, ser pesados e ponderados. A partir daí estabelecer-se-ão os limites de atuação das normas, na verificação do interesse predominante. Deste modo, o magistrado, mediante minuciosa valoração dos interesses, decidirá em que medida deve-se fazer prevalecer um ou outro interesse, impondo as restrições necessárias ao resguardo de outros bens jurídicos.

Realmente, com frequência, o julgador se depara com dilemas em que a solução de um problema processual implica o sacrifício de um valor conflitante com outro, não obstante ambos tenham proteção legal. Neste caso, devemos valorar os princípios em conflito, estabelecendo, em cada caso, que direito ou prerrogativa deva prevalecer.

Na valoração dos princípios conflitantes, há duas afirmações a serem fixadas:

1ª) "Não permitir" que um pretenso candidato com vida pregressa reconhecidamente ímproba concorra a um cargo público viola o princípio do estado de inocência (modernamente há a denominação "princípio da não culpabilidade antecipada").

2ª) "Permitir" que um pretenso candidato com vida pregressa reconhecidamente ímproba concorra a um cargo público viola o princípio da vida pregressa proba.

Na solução do conflito, é preciso desvendar o seguinte paradigma: se quaisquer das soluções afrontarão direitos, qual a solução menos injusta, ou seja, qual a solução que, dentro das desvantagens, apresentará mais vantagem à solução do litígio, de modo que se dê a solução concreta mais justa?

> O princípio da proporcionalidade exige também que se faça um juízo de ponderação sobre a relação existente entre o bem que é lesado ou posto em perigo, e o bem de que pode alguém ser privado. Assim, não teria sentido proteger, em nome do estado de inocência, um pretenso corrupto em detrimento ao dano que o mesmo pode acarretar à *res* pública.

Foi justamente através de princípios que foi imposta a "fidelidade partidária" e foi reforçado em todo o Brasil o combate ao nepotismo arraigado nos três poderes, e será através de princípios que podemos defender de forma veemente que a moralidade é pressuposto básico de ascensão ou ingresso a qualquer cargo público.

Defende o Ministro José Augusto Delgado, no artigo Reflexões Doutrinárias e Jurisprudenciais sobre o art. 41-A da Lei nº 9.504/1997, que:

> A previsão do princípio da moralidade, de forma expressa e autônoma, na Constituição Federal, reforçou o entendimento de que qualquer atividade voltada para realizar fins estatais somente alcança aperfeiçoamento se for prestigiada pelo cumprimento das regras morais que lhe são impostas e pela vinculação à disciplina legislativa que lhe diz respeito.
>
> Esse panorama impõe obrigatoriedade ao Poder Judiciário de examinar, do modo mais amplo possível, a conduta do agente que se candidata a qualquer cargo eletivo, a fim de verificar se a sua eleição para integrar o Poder Executivo ou Legislativo ocorreu em conformidade com os postulados democráticos, especialmente com os que consagram o respeito à dignidade humana, ao valor da liberdade do voto, à legalidade e à igualdade.
>
> No círculo dessas ideias a serem seguidas pelo Poder Judiciário, deve preponderar o entendimento de que a carga valorativa a ser prestigiada nas relações jurídicas eleitorais, por influência das circunstâncias que estão presentes na situação em análise, deve ser a moral legitimada pelo próprio Direito, isto é, a que esteja contida na coerção de uma norma reconhecida como existente, válida, eficaz, efetiva e em harmonia com os desígnios da Constituição Federal.

Destaque-se a ementa do Recurso Ordinário 1.133-RJ, em que o ex-Ministro do Tribunal Superior Eleitoral, José Delgado, ressalvou o seu entendimento pessoal:

> A autorização constitucional para que Lei Complementar estabelecesse outros casos de inelegibilidade impõe uma condição de natureza absoluta: a de que fosse consi-

derada a vida pregressa do candidato. **Isto posto, determinou, expressamente, que candidato que tenha sua vida pregressa maculada não pode concorrer às eleições.**

A exigência, portanto, **de sentença transitada em julgado não se constitui requisito de natureza constitucional.** Ela pode ser exigida em circunstâncias que não apresentam uma tempestade de fatos caracterizadores de improbidade administrativa e de que o candidato não apresenta uma vida pregressa confiável para o exercício da função pública.

Em se tratando de processos crimes, o ordenamento jurídico coloca à disposição do acusado o direito de trancar a ação penal por ausência de justa causa para o oferecimento da denúncia. Em se tratando de acusação de prática de ilícitos administrativos, improbidade administrativa, o fato pode ser provisoriamente afastado, no círculo de ação ordinária, por via de tutela antecipada, onde pode ser reconhecida a verossimilhança do direito alegado.

Hoje, com notória proliferação de políticos desonestos causando incomensuráveis danos ao erário público, o juiz jamais pode afirmar que desconhece a vida pregressa ímproba de um pretenso candidato, pois a própria Lei nº 64/1990 autoriza[23] que o Juiz ou Tribunal forme a sua convicção pela livre apreciação da prova, atendendo aos fatos e às circunstâncias constantes dos autos, **ainda que não alegados pelas partes**, mencionando, na decisão, os que motivaram seu convencimento, ou seja, no Direito Eleitoral, o clássico paradigma de "**o juiz está adstrito aos autos**" é substituído por um moderno com fito de prestar eficácia social às diretrizes dos preceitos constitucionais, qual seja, "**o juiz está adstrito ao mundo das eleições**".

No mesmo sentido, certa vez, o ex-Ministro do TSE, Torquato Jardim, profetizou com maestria:

> O que faz a norma, ao tutelar valores fundamentais à eficácia social do regime democrático representativo, é exigir do Juiz sua imersão total no meio social e político no qual exerça seu mister; é impor-lhe vivência com a realidade sociológica e as nuances do processo político que, por intermédio do direito positivo com as peculiaridades inerentes à imparcialidade de decisão do Judiciário, deve ele, provocado na forma da lei, controlar, com o fim de assegurar a normalidade e a legitimidade das eleições e o interesse público de lisura eleitoral. Não lhe permite a norma pretender ignorar o que dos autos não conste; ao contrário, exige-lhe a lei, que instrumente a realidade legal e a eficácia social da Constituição, que acompanhe ele a vida social e política de sua comunidade. De distante e pretensiosamente diferente observador da cena à sua volta, torna-se o julgador, por imposição legal, um "spectateur engagé" – na feliz expressão com que se descreveu a vida intelectual de Raimond Aron.[24]

Nesse contexto, razão assiste a Djalma Pinto[25] quando afirma que a exigência de trânsito em julgado de condenação para simples aferição de improbidade, em última análise, significa prestigiá-la estimulando os governantes desonestos a persistirem

---
[23] Art. 7º, parágrafo único.
[24] Ministro Torquato Jardim, do TSE, no Recurso 9.354. Porto Alegre/RS. Acórdão 13.428. Revista de Jurisprudência do TSE, v. 6, nº 1, p. 332.
[25] Pinto, Djalma. Op. cit.

na sua sina, tornando impotente a ordem jurídica para enfrentá-los, como se o Direito pátrio, no limiar do terceiro milênio, não dispusesse de mecanismo para dar satisfação aos seus legítimos destinatários: o povo brasileiro. Povo este desiludido e desencantado com as soluções propostas sempre tendentes à preservação dos direitos políticos dos comprovadamente sem probidade.

No julgamento do Registro de Candidatura 2.401 do TRE-RJ a Juíza Jacqueline Lima Montenegro também defendeu a desnecessidade do trânsito em julgado para considerar inelegível o pretenso candidato, e destacando:

> (...) o momento histórico-social em que vivemos não se coaduna com interpretações restritivas dos comandos principiológicos autoaplicáveis, contidos na Constituição. Vivemos momentos em que se assanham rumores de desenvolvimento de agentes públicos com toda sorte de infrações penais, alguns deles com fortes indícios de realidade, de modo que não me parece que o legislador constituinte tenha querido ficar adstrito à ideia de tornar inelegível apenas aqueles que já contam com sentença penal condenatória.

Insta acentuar que o princípio da não culpabilidade antecipada é natureza processual penal e as instâncias processual penal e eleitoral são diversas e não vinculativas. Podemos citar dois exemplos desta total independência das disciplinas:

a) Um presidente do Brasil já teve os direitos políticos cassados no âmbito político-eleitoral e no processo criminal, fazendo uso dos princípios da não culpabilidade antecipada que fundamenta o *in dubio pro reo*, foi absolvido pelo STF.

b) No âmbito político-eleitoral, é possível a cassação de mandatos apenas baseado na ausência do decoro parlamentar, como aconteceu no escândalo do mensalão, em que alguns dos cassados ainda estão sendo processados criminalmente.

Em nenhum dos dois casos supracitados houve violação ao princípio que a doutrina clássica denomina "presunção do estado de inocência", por quê?

Porque temos de fazer uma divisão:

a) Princípio da não culpabilidade antecipada (**ou presunção do estado de inocência**) é direcionado ao processo penal (ninguém será considerado culpado até o trânsito em julgado de **sentença penal** condenatória), aqui, o bem jurídico tutelado é a liberdade individual.

b) Princípio da vida pregressa proba é destinado ao Direito Eleitoral. O bem jurídico tutelado é de natureza coletiva, destarte, de interesse de todos, para os quais é primordialmente salutar que a *res* pública esteja protegida de criminosos e indivíduos ímprobos.

Djalma Pinto,[26] ao comentar o item "registro de pessoa sem idoneidade", afirma:

> Ao deferir-se o registro de pessoa indiciada, denunciada ou condenada pela prática de crime grave, cuja autoria e materialidade estejam bem demonstradas, nega-se

---

[26] Pinto, Djalma. Op. cit., p. 45.

efetividade ao princípio que exige vida pregressa compatível com a magnitude da representação popular. O fato de tornar-se a decisão, que o concede, irrecorrível não transforma, entretanto, em elegível o infrator. A comprovada atuação à margem da lei, por razões inexplicáveis, mesmo contrariando a Constituição, pode até não ser levada em consideração, deferindo-se, então, o registro. Jamais subtrai, porém, a condição de inelegível ao cidadão registrado que a Lei Maior desautoriza o reconhecimento de elegibilidade, em decorrência das comprovadas ilicitudes por ele cometidas. É que os comprovadamente marginais não perdem a condição de infratores em decorrência do registro de suas candidaturas. A Constituição mantém-se violada. Como consequência da incorreta aplicação do Texto constitucional, a população acaba perplexa com o perfil de muitos dos eleitos. **O Parlamento não é reformatório para infrator, é preciso uma compreensão de todos nesse sentido. Não tem obviamente a atribuição de acolher acusado da prática de crimes contra a Administração, daí por que somente cidadãos dignos, sem conta a acertar com a Justiça, devem a ele ter acesso.**

Defendemos a prevalência do princípio da vida pregressa proba e ainda entendemos que nenhuma liberdade pública é absoluta, portanto, quando se percebe que a moralidade é tutelada como princípio coletivo, deve-se impor o sacrifício do interesse estritamente individual, assim, entre um princípio que pode se tornar uma armadura blindada com o escopo de proteger atividades imorais e ilícitas, atentando frontalmente as bases de um verdadeiro Estado Democrático de Direito, deve prevalecer que defende a moralização das atividades dos homens públicos, qual seja, **o princípio da vida pregressa proba**.

Em síntese, anotamos que só fazendo uso do princípio da vida pregressa proba e da coragem de todos que integram a justiça eleitoral poderemos elidir do cenário político os seres ímprobos como forma de construir uma democracia plena em que a moralidade, a dignidade da pessoa humana e a cidadania sejam os pressupostos básicos de um verdadeiro Estado Democrático.

Com base na argumentação supracitada, os ministros do Supremo Tribunal Federal (STF), ao concluir o julgamento das Ações Declaratórias de Constitucionalidade (ADC nº 29 e ADC nº 30) e da Ação Direta de Inconstitucionalidade (ADI 4.578), que tratam da Lei Complementar nº 135/2010, a Lei da Ficha Limpa, por maioria de votos, decidiram em favor da constitucionalidade integral da lei, que prevê a inelegibilidade de candidatos condenados por decisão transitada em julgado ou por órgão judicial colegiado.

Ainda pela decisão da Suprema Corte, as causas de inelegibilidade alcançam atos e fatos ocorridos antes da entrada em vigor da norma, em junho de 2010.

A lei poderá ser aplicada nas eleições a partir das eleições de 2012.

Frases do histórico julgamento que devem para sempre ser lembradas:

> Os preceitos são harmônicos com a Carta da República e visam à correção de rumos nessa sofrida pátria, considerado um passado que é de conhecimento de todos (Marco Aurélio).

> Eu não posso endossar a postura daqueles que acreditam na morosidade da justiça e interpõem sucessivos recursos para projetar no tempo, visando não cumprir o decreto condenatório, o trânsito em julgado da decisão (Marco Aurélio).

A iniciativa popular plenifica a democracia, o que confere à lei, se não a hierarquia maior, um tônus de legitimidade ainda maior, ainda mais denso. Essa lei é fruto do cansaço, da saturação do povo com os maus tratos infligidos à coisa pública (Ministro Ayres Britto).

1.4.3.21.7. A composição do princípio da anualidade

No núcleo base do princípio da anualidade há dois princípios, a saber:

a) **Princípio da segurança jurídica eleitoral**

Precedente do STF: O sentido maior de que se acha impregnado o art. 16 da Constituição reside na necessidade de preservar-se uma garantia básica assegurada, não só aos candidatos, mas também, destinada aos próprios cidadãos, **a quem assiste o direito de receber, do Estado, o necessário grau de segurança e de certeza jurídicas contra alterações abruptas das regras inerentes à disputa eleitoral** (Ministro Celso de Mello, nas Ações Diretas de Inconstitucionalidade nº 3.345 e nº 3.365).

b) **Princípio da igualdade eleitoral**

Precedente do STF: A norma inscrita no art. 16 da Carta Federal, consubstanciadora do princípio da anterioridade da Lei Eleitoral, foi enunciada pelo Constituinte com o declarado propósito de impedir **a deformação do processo eleitoral mediante alterações casuisticamente nele introduzidas, aptas a romper a igualdade de participação dos que nele atuem como protagonistas principais: as agremiações partidárias e os próprios candidatos** (STF. Pleno. ADIn nº 353-MC/DF. Rel. Min. Celso de Melo. DJ, 1, de 12/02/1993, p. 1.450).

1.4.3.22. Princípio da anterioridade das resoluções

Antes da reforma eleitoral convivíamos com uma séria anomalia jurídica, era a possibilidade de o TSE editar resoluções a qualquer tempo. Tal fato gerava grande insegurança jurídica, pois em diversas oportunidades fomos surpreendidos por publicações de resoluções na véspera das eleições.

• **Destaque da reforma eleitoral:**

A reforma eleitoral alterou o art. 105, *caput*, da Lei nº 9.504/1997 e criou, em seu § 3º, o princípio da anterioridade das resoluções, *in verbis*:

> Art. 105. Até o dia 05 de março do ano da eleição, o Tribunal Superior Eleitoral, atendendo ao caráter regulamentar e sem restringir direitos ou estabelecer sanções distintas das previstas nesta Lei, poderá expedir todas as instruções necessárias para sua fiel execução, ouvidos, previamente, em audiência pública, os delegados ou representantes dos partidos políticos.
>
> (...)
>
> § 3º Serão aplicáveis ao pleito eleitoral imediatamente seguinte apenas as resoluções publicadas até a data referida no caput.

Portanto, por princípio da anterioridade das resoluções devemos entender que somente serão aplicáveis ao pleito eleitoral imediatamente seguinte as resoluções publicadas até o dia 05 de março do ano da eleição.

1.5. RELAÇÕES DO DIREITO ELEITORAL COM AS OUTRAS DISCIPLINAS JURÍDICAS[27]

1.5.1. Relação com o Direito Constitucional

O Direito Eleitoral é ramo do Direito Público interno, derivado do Direito Constitucional, no qual era absorvido até recentemente. As dimensões que foi adquirindo acarretaram a sua emancipação, passando a dispor, como exigência funcional, do seu próprio campo de investigação, no âmbito da Ciência do Direito.

1.5.2. Relação com o Direito Penal

No Direito Penal são encontrados os princípios essenciais que devem ser observados pelo Estado no desempenho da atividade punitiva nas ações ou omissões capituladas como crimes eleitorais. Pertence, com efeito, à legislação penal comum fornecer as normas gerais que também devem ser aplicadas nos crimes eleitorais, tais como os elementos conceituais do concurso de delitos e do concurso de delinquentes; sobre a delimitação da imputabilidade penal, de par com as causas descriminantes e as causas justificativas; os critérios para a fixação das penas, compreendendo as circunstâncias agravantes e atenuantes; como também as causas extintivas da punibilidade.

1.5.3. Relação com o Direito Processual Penal

O Processo Penal fornece as precisas coordenadas que devem ser adotadas na ação penal eleitoral, da investigação ao oferecimento e recebimento da denúncia; da instrução ao julgamento; dos recursos à execução; tudo de acordo com o disposto no art. 364 do Código Eleitoral, *in verbis*:

> *Art. 364. No processo e julgamento dos crimes eleitorais e dos comuns que lhes forem conexos, assim como nos recursos e na execução, que lhes digam respeito, aplicar-se-á, como lei subsidiária ou supletiva, o Código de Processo Penal.*

1.5.4. Relação com o Direito Civil

O Direito Civil indica as causas determinantes da incapacidade civil, com exclusão do requisito da idade mínima, que é regulado pelo próprio Código Eleitoral, e ao oferecer os subsídios definidores de cônjuge, parentes consanguíneos, afins e adotivos com as graduações correspondentes.

1.5.5. Relação com o Direito Processual Civil

> O processo civil oferece o suprimento normativo que dele se projeta, dando as linhas estruturais que devem regular o comportamento dos participantes da relação processu-

---

[27] Fonte da pesquisa: Fávila Ribeiro. Op. cit.

al, com a distribuição sequenciada das etapas que devem ser cumpridas para seguro e imparcial desempenho da atividade jurisdicional, desde os pressupostos exigidos à instauração da instância, desenvolvendo-se em regular estilo contraditório, passando nos procedimentos recursórios até execução final do julgado, sendo aplicável a disposição do art. 23 da Lei Orgânica dos Partidos Políticos, na apuração de responsabilidade por violação dos deveres partidários nos moldes estabelecidos no estatuto de cada partido.[28]

1.5.6. Relação com o Direito Financeiro e Tributário

Com estas matérias, o Direito Eleitoral estabelece importante intercâmbio, principalmente com a aplicação das normas de controle sobre as finanças e contabilidades dos partidos políticos.

1.6. RELAÇÃO PROCESSUAL ELEITORAL

A relação processual eleitoral é sempre de Direito Público. Nela se encontra a presença dos seguintes sujeitos da dita relação processual eleitoral:

a) o cidadão brasileiro, sujeito de direitos políticos;
b) o partido político;
c) o pré-candidato;
d) o candidato à eleição;
e) o candidato eleito;
f) o juiz eleitoral ou o tribunal (**TRE** ou **TSE**);
g) o Ministério Público Eleitoral.

O **cidadão brasileiro** pode ser sujeito ativo quando, por exemplo, requer a sua qualificação e inscrição eleitoral, a segunda via do seu título eleitoral, a transferência do domicílio eleitoral; quando ainda requer que se processem o cancelamento e a exclusão de outrem; pode também o cidadão brasileiro ser sujeito passivo quando se processam, por exemplo, o cancelamento e a exclusão de eleitores, pelos motivos determinados em lei (por exemplo: pluralidade de inscrição, suspensão ou perda de direitos políticos, analfabetismo, impossibilidade de exprimir-se na língua nacional, infração penal-eleitoral).

O **partido político** também pode ser sujeito ativo e passivo. O partido político é um sujeito ativo quando requer o registro de candidatos, recorre do juiz eleitoral, interpõe recursos em geral, requer cancelamento de inscrição etc. O partido político é sujeito passivo quando defende as impugnações ao registro dos seus candidatos, nos processos em que é acusado de fraude eleitoral etc.

1.6.1. A relação processual eleitoral gera direitos e obrigações

Os direitos processuais eleitorais são os seguintes:
a) direito de ação, exercido pelo sujeito ativo;
b) direito de defesa, exercido pelo sujeito passivo.

---

[28] Fávila Ribeiro. Op. cit.

1.7. O CONCEITO DE PROCESSO ELEITORAL E AS INSTÂNCIAS ELEITORAIS

1.7.1. O conceito de processo eleitoral

Entendem-se como processo eleitoral os atos desenvolvidos pela justiça eleitoral, pelos pré-candidatos, pelos candidatos, pelos partidos políticos, pelas coligações, pelo Ministério Público Eleitoral e pelos cidadãos, a partir do início das convenções até a diplomação dos eleitos.

O processo eleitoral divide-se em três fases, a saber:

a) Fase pré-eleitoral

Inicia-se no dia 10 de junho do ano eleitoral, com a realização das convenções partidárias, do registro, das impugnações, das substituições, estendendo-se até 48 horas seguintes à publicação da lista dos candidatos pela Justiça Eleitoral.

b) Fase intermediária

Inicia-se no dia 06 de julho do ano eleitoral com a propaganda eleitoral, seguindo-se das medidas preliminares às votações e à apuração, estendendo-se até o encerramento da votação.

c) Fase pós-eleitoral

Inicia-se com a apuração dos votos e termina com a diplomação dos candidatos eleitos.

A justiça eleitoral é competente para julgar casos ocorridos antes do dia 10 de junho do ano eleitoral, mas que apresentam reflexos relevantes ao processo eleitoral, como é o caso da propaganda extemporânea, do abuso de poder, do abuso de autoridade etc.

A justiça eleitoral também é competente para julgar todos os atos que discutem fatos ocorridos durante o processo eleitoral, mas só são objeto de impugnação após a diplomação dos eleitos.

Insta acentuar que o art. 21, parágrafo único, da Resolução 23.367/2011 (editada para as eleições de 2012), foi taxativo ao estipular prazo final de 180 dias, a partir da diplomação, para algumas ações eleitorais:

> Art. 21. (...)
>
> Parágrafo único. As representações de que trata o caput deste artigo poderão ser ajuizadas até a data da diplomação, exceto as do art. 30-A e dos arts. 23 e 81 da Lei nº 9.504/97, que poderão ser propostas, respectivamente, no prazo de 15 dias e no de 180 dias a partir da diplomação.

1.7.2. As instâncias eleitorais

Considerando que os procedimentos eleitorais ocorrem na primeira instância e na segunda instância, poder-se-ia estabelecer a seguinte tipologia ou classificação.

1 – **Na primeira instância:**
   a) **Perante os juízes ocorrem:** inscrição de eleitor; segunda via de título eleitoral; transferência de eleitor; exclusão de eleitor; registro de membros das convenções

municipais e procedimento da sua realização; registro de candidatos eletivos municipais e respectivas impugnações de eleições; *habeas corpus*; mandado de segurança; exceção de suspeição; julgamento de infrações penais para quem não tem foro por prerrogativa de função; julgamento de ações eleitorais propostas contra os candidatos na circunscrição municipal (**prefeito, vice e vereadores**).

b) **Perante as juntas eleitorais ocorrem:** apuração das eleições realizadas nas Zonas Eleitorais sob a sua jurisdição; resolução de impugnações e demais incidentes verificados durante os trabalhos da contagem e da apuração; expedição de boletins de apuração mencionados no art. 179 do Código Eleitoral; expedição de diploma aos eleitos para cargos municipais.

2 – Na segunda instância: Nos **TREs** temos: registro dos diretórios regionais e municipais dos partidos, com as respectivas comissões executivas; registro de candidatos a cargos eletivos estaduais e federais; apuração das eleições ocorridas na circunscrição federal e estadual; *habeas corpus*; mandado de segurança; exceção de suspeição; consulta em âmbito estadual; julgamento de ações eleitorais propostas contra os candidatos na circunscrição federal (**Senador e deputado federal**) e estadual (**governador, vice, deputado estadual e distrital**); conflito de jurisdição; crimes eleitorais de sua competência originária; julgamento de ações eleitorais propostas contra os candidatos na circunscrição federal e estadual; recursos eleitorais, apuração de eleições federais e estaduais.

No **TSE** temos: registro de partidos políticos; cancelamento de registro de partido político; registro de diretórios nacionais dos partidos e respectivas comissões executivas nacionais; registro de candidatos eletivos da eleição nacional, consulta em âmbito nacional; *habeas corpus* ou *mandado de segurança* em matéria eleitoral;[29] ação rescisória contra seus próprios julgados; conflitos de jurisdição entre Tribunais Regionais e Juízes Eleitorais de Estados diferentes; instruções e resoluções; suspeição ou impedimento aos seus membros, ao Procurador-Geral e aos funcionários da sua Secretaria; pedidos de desaforamento dos feitos; recursos eleitorais; apuração da eleição nacional (**presidente e vice**); julgamento de ações eleitorais propostas contra os candidatos da circunscrição nacional.

No **STJ** somente temos o julgamento de crimes eleitorais de sua competência originária.

No **STF** temos: declaração de inconstitucionalidade de lei ou ato; *habeas corpus*; mandado de segurança; julgamento de crimes eleitorais de sua competência originária; recurso extraordinário.

---

[29] A Res.132/84, do Senado Federal, suspendeu a locução "**ou mandado de segurança**". Entretanto, no Ac.-STF, de 07/04/1994, no RE 163.727, o STF deu-lhe interpretação para restringir o seu alcance a verdadeira dimensão da declaração de inconstitucionalidade no Ac.-STF, de 31/08/1983, no MS 20.409, que lhe deu causa, vale dizer, a hipótese de mandado de segurança contra ato, de natureza eleitoral, do presidente da República, mantida a competência do TSE para as demais impetrações previstas neste inciso. CF/88, art. 102, I, *d*: competência do STF para processar e julgar mandado de segurança contra ato do presidente da República. CF/88, art. 105, I, *b*: competência do STJ para processar e julgar mandado de segurança contra ato de Ministro de Estado. CF/88, art. 105, I, *h, in fine*: competência da Justiça Eleitoral para o mandado de injunção.

2 Das Ações Eleitorais

2.1. ARPI – AÇÃO DE RECLAMAÇÃO POR PROPAGANDA IRREGULAR

2.1.1. O poder de polícia no Direito Eleitoral

Conforme Hely Lopes Meirelles, o poder de polícia é a faculdade de que dispõe a administração pública para condicionar e restringir o uso e gozo de bens, atividades e direitos individuais, em benefício da coletividade.

O Código Tributário Nacional conceitua o que é poder de polícia em seu art. 78, *in verbis*:

> Art. 78. *Considera-se poder de polícia atividade da administração pública que, limitando ou disciplinando direito, interesse ou liberdade, regula a prática de ato ou abstenção de fato, em razão de interesse público concernente à segurança, à higiene, à ordem, aos costumes, à disciplina da produção e do mercado, ao exercício de atividades econômicas dependentes de concessão ou autorização do Poder Público, à tranquilidade pública ou ao respeito à propriedade e aos direitos individuais ou coletivos.*

Em uma análise superficial, já notamos que o conceito de poder de polícia no Direito Eleitoral não é o mesmo no Direito Administrativo.

As razões são diversas, entre elas podemos citar:

a) No Direito Administrativo o poder de polícia é exercido pelo Poder Legislativo e pelo Executivo. No Direito Eleitoral, o poder de polícia é exercido pelo Poder Judiciário e pelo **Ministério Público Eleitoral**.
b) No Direito Administrativo, o poder de polícia decorre do princípio da supremacia do interesse público sobre o interesse particular. No Direito Eleitoral, o poder de polícia decorre da imposição de uma norma.
c) No Direito Administrativo, o poder de polícia tem como características a **discricionariedade**, a **autoexecutoriedade** e a **coercibilidade**. No Direito Eleitoral, o poder de polícia tem como característica apenas a coercibilidade, porque:
1) A discricionariedade no Direito Administrativo é a liberdade de ação que, nos limites da lei, o administrador possui para agir. No Direito Eleitoral, não existe liberdade de ação, portanto, tendo notícia de um ato irregular, o promotor de justiça eleitoral é obrigado a tomar as providências legais. O poder de polícia, no Direito Eleitoral, é vinculado, e não há liberdade de atuação. **Diante de um ato ilegal, o juiz eleitoral e o promotor eleitoral devem agir para efetivar o cumprimento da lei.**

2) A autoexecutoriedade, no Direito Administrativo, é a possibilidade de a administração pública fazer cumprir suas decisões, por seus próprios meios, diretamente, ou seja, sem autorização do Poder Judiciário. Não existe autoexecutoriedade no poder de polícia do Direito Eleitoral, porque, se não houver cumprimento da notificação, o juiz eleitoral não pode aplicar sanção sem o devido processo legal, deverá oficiar o Ministério Público Eleitoral para que tome as providências legais.

3) No Direito Administrativo, o poder de polícia pode ser positivo ou negativo, ou seja, regula a prática de ato (**poder de polícia positivo**) ou abstenção de fato (**poder de polícia negativo**). No Direito Eleitoral, o poder de polícia é, em regra, negativo, ou seja, regula a abstenção de um fato, **podendo ser excepcionalmente positivo**.

Conclusão 1: Considera-se poder de polícia, no Direito Eleitoral, atividade desenvolvida por prevenção pelo juiz eleitoral ou promotor de justiça eleitoral disciplinando direito, interesse ou liberdade, regulando a prática de abstenção de fato, **em razão de interesse público determinado em uma norma**.

Conclusão 2: No Direito Eleitoral, o poder de polícia pode ser exercido pelo juiz eleitoral e pelo promotor de justiça eleitoral.

Conclusão 3: O poder de polícia só tem uma característica, qual seja, a coercibilidade e, no caso da propaganda irregular, após a prévia notificação cientificando o beneficiário, o **candidato, o partido político, a coligação ou o Ministério Público Eleitoral devem propor a representação a que alude o art. 96 da Lei nº 9.504/1997, com o objetivo de aplicar as sanções legais**.

2.1.2. A fundamentação legal do poder de polícia do juiz

A fundamentação do poder de polícia para o juiz eleitoral se encontra no art. 249 do Código Eleitoral: *"O direito de propaganda não importa restrição ao poder de polícia quando este deva ser exercido em benefício da ordem pública"*.

A reforma eleitoral consolidou o entendimento dominante do **TSE** (art. 76, § 2º, da Resolução do TSE nº 23.191/2010), acrescentando o § 1º ao art. 41 da Lei nº 9.504/1997, *in verbis*: *"O poder de polícia sobre a propaganda eleitoral será exercido pelos juízes eleitorais e pelos juízes designados pelos Tribunais Regionais Eleitorais."*

2.1.3. A fundamentação legal do poder de polícia do Ministério Público Eleitoral

Embora o artigo supracitado afirme que o poder de polícia *"será exercido pelos juízes eleitorais e pelos juízes designados pelos Tribunais Regionais Eleitorais"*, entendemos que atenta contra a democracia a possibilidade de violação ao princípio da igualdade na propaganda eleitoral, portanto, o Ministério Público Eleitoral também detém poder de polícia com a precípua finalidade de fazer cessar de forma **incontinenti** práticas ilegais na propaganda eleitoral com o fito de evitar a irreparabilidade do dano em face da demora na prestação jurisdicional.

A fundamentação do poder de polícia para o promotor de justiça eleitoral extraímos da Constituição Federal, art. 127, *in verbis*:

*Art. 127. O Ministério Público é instituição permanente, essencial à função jurisdicional do Estado, incumbindo-lhe a defesa da ordem jurídica, **do regime democrático** e dos interesses sociais e individuais indisponíveis.*

Há dois fatores complicadores no fato de o juiz eleitoral exercer o poder de polícia, a saber:

a) Caso o notificado não cumpra a ordem do juiz eleitoral para retirar a propaganda eleitoral, estará configurado o crime de desobediência, previsto no art. 347 do Código Eleitoral. O problema é que o juiz eleitoral estará impedido de atuar como julgador no processo criminal. No mesmo sentido é a posição do **TSE**: "Havendo desobediência à ordem do juiz eleitoral, no exercício do poder de polícia, fica o mesmo impedido de atuar como julgador no processo criminal que irá apurar tal crime" (*vide* Ac 220 do TSE).

b) Com a mesma razão, entendemos que afronta drasticamente os princípios constitucionais da ampla defesa e contraditório o fato de o juiz em atividade extrajudicial mandar retirar uma propaganda por entender ser a mesma irregular ou criminosa e depois presidir o procedimento judicial com o escopo de aplicar a sanção eleitoral.

2.1.4. Atividades práticas que o Ministério Público Eleitoral deve desenvolver no exercício do poder de polícia no ensejo de combater a propaganda eleitoral

O Ministério Público Eleitoral deve tomar providências *ex officio* com o escopo de impedir práticas de propaganda irregulares, tais como:

a) expedir notificação ao pré-candidato ou candidato, cientificando-lhe da propaganda irregular e determinando que o mesmo providencie, no prazo de 48 horas, sua retirada ou regularização;

b) caso o pré-candidato ou candidato não providencie, no prazo estabelecido a retirada ou regularização da propaganda irregular, deve ser interposta a **Arpi (Ação de Reclamação de Propaganda Irregular)** com a finalidade de liminarmente retirar a propaganda irregular e no final da ação aplicar a sanção de multa ao responsável pela divulgação da propaganda e também ao beneficiário.

Observação importante: A notificação supracitada não será necessária, se as circunstâncias e as peculiaridades do caso concreto revelarem a impossibilidade de o beneficiário não ter tido conhecimento da propaganda.

2.1.5. Atividades práticas que o juiz deve desenvolver no exercício do poder de polícia no ensejo de combater a propaganda eleitoral

Na prática, o juiz deve tomar as atitudes adiante relacionadas:

1) Se a eleição for para prefeito, vice-prefeito e vereador (**circunscrição municipal**), o juiz eleitoral deve mandar lavrar o auto de constatação e retirada de

propaganda irregular, remetendo-o ao Promotor de Justiça Eleitoral para que o mesmo adote as providências legais.
2) Se a eleição for para governador, vice-governador, deputado estadual (**circunscrição estadual**), deputado federal e senador (**circunscrição federal**), o juiz eleitoral deve mandar lavrar o auto de constatação e retirada de propaganda irregular, remetendo-o ao Procurador Regional eleitoral para que o mesmo adote as providências legais junto ao **TRE**.
3) Se a eleição for para presidente, vice-presidente (**circunscrição nacional**), o juiz eleitoral deve mandar lavrar o auto de constatação e retirada de propaganda irregular, remetendo-o ao Procurador Geral Eleitoral para que o mesmo adote as providências legais junto ao **TSE**.

Observações importantes
Lembre-se que a notificação supracitada não será necessária, se as circunstâncias e as peculiaridades do caso concreto revelarem a impossibilidade de o beneficiário não ter tido conhecimento da propaganda.

As sanções oriundas da propaganda irregular só podem ser aplicadas pelo órgão jurisdicional que tem competência para o registro da candidatura, mas o poder de polícia pode ser exercido livremente por todos os juízes eleitorais, independentemente de haver ou não eleição na circunscrição do juiz eleitoral.

2.1.5.1. Outras atividades do juiz eleitoral no exercício do poder de polícia
Ainda no exercício do poder de polícia, o juiz eleitoral poderá mandar recolher o material de propaganda que não é tolerado pelo Direito Eleitoral, tais como:
a) propaganda de guerra, de processos violentos para subverter o regime, a ordem política e social ou de preconceitos de raça ou de classes;
b) propaganda que provoque animosidade entre as forças armadas ou contra elas ou delas contra as classes e instituições civis;
c) propaganda de incitamento de atentado contra pessoa ou bens;
d) propaganda de instigação à desobediência coletiva ao cumprimento da lei de ordem pública;
e) propaganda que implique oferecimento, promessa ou solicitação de dinheiro, dádiva, rifa, sorteio ou vantagem de qualquer natureza;
f) propaganda que perturbe o sossego público, com algazarra ou abuso de instrumentos sonoros ou sinais acústicos;
g) propaganda por meio de impressos ou de objeto que pessoa inexperiente ou rústica possa confundir com moeda;
h) propaganda que prejudique a higiene e a estética urbana ou contravenha a posturas municipais ou a outra qualquer restrição de direito;
i) propaganda que caluniar, difamar ou injuriar quaisquer pessoas, bem como órgãos ou entidades que exerçam autoridade pública.

2.1.6. Vedação da atividade *ex officio* do juiz com a finalidade de combater a propaganda irregular

O entendimento jurisprudencial e doutrinário, amplamente dominante, é no sentido de que não é possível o juiz eleitoral instaurar procedimentos de ofício com o fito de aplicar a sanção inerente ao descumprimento da lei eleitoral.

Posição dominante do TSE:

> Nos termos da Lei nº 9.504/1997, art. 96, § 3º, compete ao juiz auxiliar julgar as representações ou reclamações que tenham por objeto o não cumprimento desse diploma legal. **Todavia, não lhe é permitido instaurar o processo de ofício** (Ag. Instrumento 1.812. JTSE, v. 11, nº 3, p. 74).

Súmula nº 18 do TSE:

> Conquanto investido de poder de polícia, não tem legitimidade o juiz eleitoral para, de ofício, instaurar procedimento com a finalidade de impor multa pela veiculação de propaganda eleitoral em desacordo com a Lei nº 9.504/1997.

Portanto, após o exercício do poder de polícia, se houver possibilidade de aplicar sanção eleitoral, o juiz eleitoral deverá comunicar a prática ilegal ao Ministério Público e aguardar a representação, que também pode ser feita por parte de algum dos legitimados, para só então impor a sanção cabível.

A mesma orientação foi repetida pelo art. 37, § 2º, da Resolução nº 23.367/2011 (**editada para as eleições de 2012**) do TSE, *in verbis*: *"No caso de condutas sujeitas a penalidades, o juiz cientificará o Ministério Público, para os efeitos desta resolução."*

2.1.7. Vedações ao excesso no uso do poder de polícia

A reforma eleitoral (Lei nº 12.034/2009) formulou algumas regras que têm como principal escopo vedar o excesso no uso do poder de polícia, entre elas, destacamos as previsões do art. 41, *caput* e § 2º da Lei nº 9.504/1997, *in verbis*:

> Art. 41. A propaganda exercida nos termos da legislação eleitoral não poderá ser objeto de multa nem cerceada sob alegação do exercício do poder de polícia ou de violação de postura municipal, casos em que se deve proceder na forma prevista no art. 40.
>
> (...)
>
> § 2º O poder de polícia se restringe às providências necessárias para inibir práticas ilegais, vedada a censura prévia sobre o teor dos programas a serem exibidos na televisão, no rádio ou na internet.

Portanto, o juiz eleitoral, não pode:
a) valer-se do código de postura municipal para inibir a propaganda eleitoral;
b) estabelecer censura prévia sobre o teor dos programas a serem exibidos na televisão, no rádio ou na internet.

Dispõe o art. 37, § 1º, da Resolução nº 23.367/2011 (**editada para as eleições de 2012**) que o poder de polícia se restringe às providências necessárias para inibir práticas ilegais, vedada a censura prévia sobre o teor dos programas e matérias jornalísticas a serem exibidos na televisão, no rádio, na internet e na imprensa escrita.

2.1.8. Para que serve a Arpi

A **Arpi** serve para combater a propaganda irregular, destarte, promove o restabelecimento da ordem pública violada pela propaganda indevida, restando secundária a imposição de multa e reforça o princípio democrático na medida em que restaura o princípio igualitário norteador do processo eleitoral e, assim, assegura a lisura das eleições.

2.1.9. Os motivos que ensejam a Arpi

Caberá a interposição da **Arpi** para combater qualquer das espécies de propaganda irregular, quais sejam:

a) Propaganda eleitoral

A propaganda eleitoral é uma forma de captação de votos usada pelos partidos políticos, coligações ou candidatos, em época determinada por lei, por meio de divulgação de suas propostas, visando à eleição a cargos eletivos.[1]

Segundo o art. 36 da Lei nº 9.504/1997, "a propaganda eleitoral somente é permitida após o dia 05 de julho do ano da eleição", portanto, havendo propaganda eleitoral realizada até o dia 05 de julho do ano da eleição, com exceção da propaganda intrapartidária, caberá a interposição da representação eleitoral.

b) Propaganda intrapartidária

Propaganda intrapartidária é a realizada, nos prazos indicados por lei, pelos filiados de um partido político, com o escopo de convencer correligionários de seu partido, que vão participar da convenção para a escolha dos candidatos que irão concorrer a determinada eleição.

O período legal para realização da propaganda intrapartidária é de 15 dias antes da convenção do partido. Fora deste prazo, caberá a interposição da representação eleitoral.

Dispõe o art. 36, § 1º, da Lei nº 9.504/1097 que:

> *Art. 36. (...)*
> *§ 1º Ao postulante a candidatura a cargo eletivo é permitida a realização, na quinzena anterior à escolha pelo partido, de propaganda intrapartidária com vista à indicação de seu nome, vedado o uso de rádio, televisão e outdoor.*

---

[1] No mesmo sentido: Cândido, José J. *Direito Eleitoral Brasileiro*. 10. ed. São Paulo: Edipro, 2003. p. 151.

Três informações práticas importantes:

1ª) No caso a propaganda intrapartidária pode ser realizada mediante a afixação de faixas e cartazes em local próximo da convenção, com mensagem aos convencionais.

2ª) Lembre-se que a propaganda intrapartidária, para que não se torne irregular, deverá ser imediatamente retirada após a respectiva convenção.

3ª) Os limites da propaganda intrapartidária. A divulgação das prévias não pode revestir caráter de propaganda eleitoral antecipada, razão pela qual se limita à consulta de opinião dentro do partido, reforçando tal entendimento, o TSE editou a Resolução nº 23.086 de 24/03/2009, traçando os limites da propaganda intrapartidária; entre tais limites podemos destacar:

1) A divulgação das prévias por meio de página na internet extrapola o limite interno do partido e, por conseguinte, compromete a fiscalização, pela Justiça Eleitoral, do seu alcance. Vencido, nesta parte, o Ministro Carlos Ayres Britto (Presidente).

2) Tendo em vista a restrição de que a divulgação das prévias não pode ultrapassar o âmbito intrapartidário, as mensagens eletrônicas são permitidas apenas aos filiados do partido.

3) Nos termos do art. 36, § 3º, da Lei nº 9.504/1995, que pode ser estendido por analogia às prévias, não se veda o uso de faixas e cartazes para realização de propaganda intrapartidária, desde que em local próximo da realização das prévias, com mensagem aos filiados.

4) Na esteira dos precedentes desta e. Corte que cuidam de propaganda intrapartidária, entende-se que somente a confecção de panfletos para distribuição aos filiados, dentro dos limites do partido, não encontra, por si só, vedação na legislação eleitoral.

5) Assim como as mensagens eletrônicas, o envio de cartas, como forma de propaganda intrapartidária, é permitido por ocasião das prévias, desde que estas sejam dirigidas exclusivamente aos filiados do partido.

6) Incabível autorizar matérias pagas em meios de comunicação, uma vez que ultrapassam ou podem ultrapassar o âmbito partidário e atingir, por conseguinte, toda a comunidade.

c) Propaganda partidária

Propaganda partidária ou propaganda político-partidária é a divulgação genérica e exclusiva do programa e da proposta política do partido, em época de eleição ou fora dela, sem menção de nomes de candidatos a cargos eletivos, exceto partidários, visando a angariar adeptos ao partido.[2]

---

[2] No mesmo sentido: Cândido, Joel José. Op. cit.

Esta espécie de propaganda não existe no segundo semestre do ano em que houver eleição. Caso exista, será cabível a interposição da representação eleitoral.

Estipula o art. 36, § 2º, da Lei nº 9.504/1997 que: *"No segundo semestre do ano da eleição, não será veiculada a propaganda partidária gratuita prevista em lei nem permitido qualquer tipo de propaganda política paga no rádio e na televisão."*

Portanto, a partir de 1º de julho do ano da eleição, não será veiculada a propaganda partidária gratuita prevista na Lei nº 9.096/1995, nem permitido qualquer tipo de propaganda política paga no rádio e na televisão.

2.1.9.1. Outras hipóteses de irregularidades na propaganda

- Na propaganda dos candidatos a cargo majoritário, deverão constar, também, o nome dos candidatos a vice ou a suplentes de Senador, de modo claro e legível, em tamanho não inferior a 10% (dez por cento) do nome do titular.
- Nos bens cujo uso dependa de cessão ou permissão do Poder Público, ou que a ele pertençam, e nos de uso comum, inclusive postes de iluminação pública e sinalização de tráfego, viadutos, passarelas, pontes, paradas de ônibus e outros equipamentos urbanos, é vedada a veiculação de propaganda de qualquer natureza, inclusive pichação, inscrição a tinta, fixação de placas, estandartes, faixas e assemelhados.[3]
- Em bens particulares, independe de obtenção de licença municipal e de autorização da Justiça Eleitoral a veiculação de propaganda eleitoral por meio da fixação de faixas, placas, cartazes, pinturas ou inscrições, desde que não excedam a 4m² (quatro metros quadrados) e que não contrariem a legislação eleitoral.
- Nas dependências do Poder Legislativo, a veiculação de propaganda eleitoral fica a critério da Mesa Diretora.
- Nas árvores e nos jardins localizados em áreas públicas, bem como em muros, cercas e tapumes divisórios, não é permitida a colocação de propaganda eleitoral de qualquer natureza, mesmo que não lhes cause dano.
- É permitida a colocação de cavaletes, bonecos, cartazes, mesas para distribuição de material de campanha e bandeiras ao longo das vias públicas, desde que móveis e que não dificultem o bom andamento do trânsito de pessoas e veículos.
- A mobilidade referida no item anterior estará caracterizada com a colocação e a retirada dos meios de propaganda entre as seis horas e as vinte e duas horas.
- A veiculação de propaganda eleitoral em bens particulares deve ser espontânea e gratuita, sendo vedado qualquer tipo de pagamento em troca de espaço para esta finalidade.
- Todo material impresso de campanha eleitoral deverá conter o número de inscrição no Cadastro Nacional da Pessoa Jurídica – CNPJ ou o número de inscri-

---

[3] Bens de uso comum, para fins eleitorais, são os assim definidos pela Lei nº 10.406, de 10/01/2002 – Código Civil, e também aqueles a que a população em geral tem acesso, tais como cinemas, clubes, lojas, centros comerciais, templos, ginásios, estádios, ainda que de propriedade privada.

ção no Cadastro de Pessoas Físicas – CPF do responsável pela confecção, bem como de quem a contratou, e a respectiva tiragem.
- O funcionamento de alto-falantes ou amplificadores de som, ressalvada no próximo item, somente é permitido entre as oito e as vinte e duas horas, sendo vedados a instalação e o uso daqueles equipamentos em distância inferior a 200 metros (art. 39, § 3º, da Lei nº 9.504/1997):

> I – das sedes dos Poderes Executivo e Legislativo da União, dos Estados, do Distrito Federal e dos Municípios, das sedes dos Tribunais Judiciais, e dos quartéis e outros estabelecimentos militares;
> II – dos hospitais e casas de saúde;
> III – das escolas, bibliotecas públicas, igrejas e teatros, quando em funcionamento.

- A realização de comícios e a utilização de aparelhagem de sonorização fixa são permitidas no horário compreendido entre as oito e as vinte e quatro horas.
- É vedada na campanha eleitoral a confecção, utilização, distribuição por comitê, candidato, ou com a sua autorização, de camisetas, chaveiros, bonés, canetas, brindes, cestas básicas ou quaisquer outros bens ou materiais que possam proporcionar vantagem ao eleitor.
- É proibida a realização de showmício e de evento assemelhado para promoção de candidatos, bem como a apresentação, remunerada ou não, de artistas com a finalidade de animar comício e reunião eleitoral.
- É vedada a propaganda eleitoral mediante *outdoors*.
- É vedada a utilização de trios elétricos em campanhas eleitorais, exceto para a sonorização de comícios.
- São permitidas, até a antevéspera das eleições, a divulgação paga, na imprensa escrita, e a reprodução na internet do jornal impresso, de até 10 (dez) anúncios de propaganda eleitoral, por veículo, em datas diversas, para cada candidato, no espaço máximo, por edição, de 1/8 (um oitavo) de página de jornal padrão e de 1/4 (um quarto) de página de revista ou tabloide. A inobservância dos limites estabelecidos torna a propaganda ilegal.
- Inobservância das regras no art. 46 da Lei nº 9.504/1997 para os debates sobre as eleições majoritária ou proporcional.
- É vedada a veiculação de propaganda que possa degradar ou ridicularizar candidatos, sujeitando-se o partido ou coligação infratores à perda do direito à veiculação de propaganda no horário eleitoral gratuito do dia seguinte.
- É vedado aos partidos políticos e às coligações incluir no horário destinado aos candidatos às eleições proporcionais propaganda das candidaturas a eleições majoritárias, ou vice-versa, ressalvada a utilização, durante a exibição do programa, de legendas com referência aos candidatos majoritários, ou, ao fundo, de cartazes ou fotografias destes candidatos.
- Fica vedada a utilização da propaganda de candidaturas proporcionais como propaganda de candidaturas majoritárias e vice-versa.

- Dos programas de rádio e televisão destinados à propaganda eleitoral gratuita de cada partido ou coligação poderá participar, em apoio aos candidatos desta ou daquele, qualquer cidadão não filiado à outra agremiação partidária ou a partido integrante de outra coligação, sendo vedada a participação de qualquer pessoa mediante remuneração.
- Na internet, é vedada a veiculação de qualquer tipo de propaganda eleitoral paga.
- É vedada, ainda que gratuitamente, a veiculação de propaganda eleitoral na internet, em sítios:

> I – de pessoas jurídicas, com ou sem fins lucrativos;
>
> II – oficiais ou hospedados por órgãos ou entidades da administração pública direta ou indireta da União, dos Estados, do Distrito Federal e dos Municípios.

- É vedada a realização de propaganda eleitoral na internet, atribuindo indevidamente sua autoria a terceiro, inclusive a candidato, partido ou coligação.

2.1.9.2. Previsão legal da Arpi
A **Arpi** é uma espécie de reclamação prevista no art. 96 da Lei nº 9.504/1997.

2.1.10. Legitimidade ativa da Arpi
Tem legitimidade para propor a **Arpi**:

A) Qualquer partido político

O partido político pode propor a representação, mas, havendo coligação, entendemos que o mesmo isoladamente não tem legitimidade para propor a ação. Quando ocorre a coligação, seus integrantes formam uma única corporação que representa os ideais de todos e que só passa a ter personalidade jurídica a partir do acordo de vontades dos partidos que a integram.

No mesmo sentido é o entendimento jurisprudencial:

Não é outro, aliás, o posicionamento jurisprudencial desta Corte, no sentido de que, uma vez coligada, a agremiação político-partidária abdica de sua legitimidade para postular isoladamente medida judicial que diga respeito ao pleito para o qual se coligou (Recurso Especial Eleitoral 16.259-SP. Rel. Min. Costa Porto; também Recurso Especial Eleitoral 21.346/MG. Rel. Min. Peçanha Martins e Recurso Especial Eleitoral 19.962/MS).

B) Coligação

Enquanto os partidos políticos têm legitimidade permanente, as coligações têm legitimidade temporária, ou seja, só podem interpor a representação após as convenções partidárias e depois de consolidado o registro para a disputa do pleito eleitoral.

Os partidos políticos devem provar suas regulares constituições com a apresentação na inicial do estatuto partidário (comprovação da situação jurídica na circunscrição e a legitimidade do subscritor), **mas das coligações, como são específicas para determinada eleição (temporárias), o Tribunal Superior Eleitoral exige que** o pedido seja subscrito, alternativamente, pelos presidentes dos partidos políticos coligados, por seus delegados, pela maioria dos membros dos respectivos órgãos executivos de direção ou por representante da coligação designado. Neste sentido, é regra, v.g., do art. 23, § 2º, da Resolução nº 21.608/2004 (dispõe sobre a escolha e o registro de candidatos nas eleições municipais de 2004).[4]

Hipótese prática: A Arpi pode ser proposta sem a aprovação de todos os partidos coligados?

Resposta: Não. "É nula a investigação suscitada sem a aprovação de todos os partidos coligados" (TSE. Agravo Regimental em Recurso Especial Eleitoral 25.002/AC. Rel. Humberto Gomes de Barros. Publicado no DJ, v. 1, p. 162).

C) Candidato

O art. 96 da lei eleitoral é bem claro ao estabelecer a legitimidade do candidato, mas há três indagações que precisamos elucidar.

Hipóteses práticas

1) É necessário o deferimento do registro do candidato?

A hipótese é interessante porque sabemos que as convenções devem ocorrer entre os dias 10 e 30 de junho do ano em que vão ser realizadas as eleições, e os partidos e coligações devem solicitar, à Justiça Eleitoral, o registro de seus candidatos até às 19 horas do dia 05 de julho do ano em que se realizarem as eleições, portanto, pergunta-se: após as convenções e antes do registro das candidaturas, o candidato e as coligações têm legitimidade para propor uma representação?

A Lei nº 9.504/1997 é bem clara quando atribui a legitimidade ao "candidato", ou seja, aquele que já teve o seu registro deferido, portanto, no período compreendido entre o dia 10 de junho até o dia 05 de julho do ano em que se realizarem as eleições, só têm legitimidade para interpor a representação o partido político, a coligação e o Ministério Público.

2) O candidato possui legitimidade ampla ou restrita?

EXEMPLO DIDÁTICO

Um candidato a vereador pode entrar com uma representação contra o Presidente da República?

O candidato tem ampla e ilimitada legitimidade para ajuizar representação, "dentro da circunscrição do pleito", e o motivo é muito simples, as eleições no Brasil não são coincidentes, elas são realizadas em dois momentos distintos, a saber:

a) **na circunscrição restrita:** eleições para prefeito e vice-prefeito;

---

[4] No mesmo sentido: Ramayana, Marcos. *Direito Eleitoral*. 4. ed. Rio de Janeiro: Impetus, 2005.

> **b) na circunscrição ampla:** eleições para governador, vice-governador, deputado federal, deputado estadual, senador, presidente e vice-presidente.
>
> Portanto, um candidato da circunscrição restrita, por exemplo, um candidato a vereador, não pode interpor representação contra o Presidente da República que pertence à circunscrição ampla pois, como já afirmamos, as eleições são realizadas em momentos distintos.

3) Um candidato a governador pode entrar com uma representação contra o Presidente da República?

Sim, observe que ambos candidatos pertencem à circunscrição ampla com eleições sendo realizadas no mesmo período.

4) Se já existe uma coligação, o partido político perde a condição legal para, isoladamente, formular uma representação eleitoral?

Sim, havendo coligação os partidos políticos não poderão interpor a Arpi sozinhos, porque, conforme o art. 35, § 4º, da Resolução nº 23.191/2009 do TSE: "*As coligações sempre serão tratadas como um único partido político.*"

No mesmo sentido o TSE:

> Representação eleitoral. Propaganda eleitoral irregular. Propositura. Partido político integrante de coligação. Ilegitimidade ativa. Extinção sem julgamento do mérito. **Por conseguinte, o partido coligado não possui legitimidade para propor, isoladamente, representação prevista no art. 96 da Lei nº 9.504/97** (Ac. de 11/11/2004 no AgRg Recurso Especial Eleitoral 22.107. Rel. Min. Caputo Bastos).

5) E se o partido político tivesse interposto a Arpi antes da coligação?

Neste caso, o partido político pode prosseguir sozinho no feito.

No mesmo sentido o TSE:

> I. O agravante deve atacar especificamente os fundamentos da decisão agravada, não se limitando a reproduzir as razões do pedido indeferido (Súmula nº 182 do Superior Tribunal de Justiça).
>
> II. **Partido político tem legitimidade para prosseguir, isoladamente, em feito que ajuizou antes de se coligar.**
>
> III. Decisão agravada que se mantém pelos seus próprios fundamentos.
>
> IV. Agravo regimental a que se nega provimento (AgRg-AgRg-REsp 28.419. Rel. Min. Ricardo Lewandowski. J. 01/10/2009. DJU 03/11/2009, p. 31).

6) Se já existe uma coligação, os candidatos perdem a condição legal para, isoladamente, formular uma representação eleitoral?

> Há um julgado do TRE-MT defendendo que sim: "Tendo o partido se coligado, a agremiação e seus candidatos perdem a condição legal para, isoladamente, formular pretensões perante a justiça eleitoral" (Acórdão TRE-MT 15.224/2004).

Com o devido respeito, entendemos que há um equívoco nessa construção jurisprudencial, pois o partido político coligado perde a legitimidade porque a natureza jurídica da coligação é de unidade partidária, ou seja, o interesse jurídico do partido cede temporariamente aos interesses defendidos pelo colegiado dos convencionais, mas o candidato permanece com a sua legitimidade intacta podendo livremente propor qualquer tipo de ação eleitoral.

7) Após a realização das eleições, as coligações têm legitimidade ativa para interpor a Arpi?

Entendemos que a legitimidade ativa das coligações é temporária, iniciando-se com as convenções e desfazendo-se após a realização das eleições, neste momento, o partido político volta a ter legitimidade para interpor a Arpi isoladamente.

O **TSE** tem construção jurídica diferente:

> **A coligação é parte legítima para propor as ações previstas na legislação eleitoral, mesmo após a realização da eleição, estabelecendo-se legitimidade concorrente com os partidos que a compõem, para fins de ajuizamento dos meios de impugnação na justiça eleitoral, diante da eventual possibilidade de desfazimento dos interesses das agremiações que acordaram concorrer conjuntamente no pleito.** Essa interpretação é a que melhor preserva o interesse público de apuração dos ilícitos eleitorais, já que permite a ambos os legitimados, partidos isolados ou coligações, proporem, caso assim entendam, as demandas cabíveis após a votação. Agravo regimental a que se nega provimento (AgRg-REsp 36.493. Proc. 43062-72.2009.6.00.0000. Rel. Min. Arnaldo Versiani. J. 01/06/2010. DJU 12/08/2010, p. 71).

D) Ministério Público

Com a leitura do art. 96 da Lei nº 9.504/1997, pode, para o leitor desavisado, surgir um pequeno problema, pois o referido artigo só faz referência a partido político, coligação ou candidato.

A pergunta é: e o Ministério Público Eleitoral?

A legitimidade do Ministério Público Eleitoral é retirada do ordenamento jurídico máximo que atribui ao *parquet* a defesa da ordem jurídica, do regime democrático na exata forma do art. 127, *in verbis*: "*O Ministério Público é instituição permanente, essencial à função jurisdicional do Estado, incumbindo-lhe a defesa da ordem jurídica, do regime democrático e dos interesses sociais e individuais indisponíveis.*"

> As resoluções do Tribunal Superior Eleitoral decorrentes do poder normativo corrigiram a omissão apontada, conforme dispõe, v.g., a Resolução do TSE nº 23.367/2011 (**editada para as eleições de 2012**), em seu art. 2º, *in verbis*: "*Art. 2º As reclamações e as representações poderão ser feitas por qualquer partido político, coligação, candidato ou pelo Ministério Público (Lei nº 9.504/97, art. 96, caput e inciso I).*"

1) Legitimidade do Ministério Público em caso de desistência do autor
Entendemos que o defensor da ordem democrática pode prosseguir na ação por desistência da parte ativa, sempre que se defrontar com fatos que possam comprometer a lisura dos pleitos eleitorais.[5]

E) O eleitor e a legitimidade para propor a Arpi
O eleitor não tem legitimidade para propor a Arpi, mas pode noticiar o fato ao juiz eleitoral ou ao Ministério Público Eleitoral com o escopo de ser tomada providência com fito de elidir a propaganda irregular.

2.1.11. Legitimidade passiva da Arpi
Os legitimados passivos são:
a) o responsável pela divulgação da propaganda;
b) o pré-candidato que atua como se candidato fosse;
c) o candidato;
d) o partido político;
e) a coligação.

Os agentes passivos agem praticando a propaganda eleitoral ilícita, visando influir diretamente na vontade dos eleitores, mediante ações que traduzem um propósito de provocar um desequilíbrio no procedimento eleitoral relativamente a outros candidatos, partidos ou coligações.

2.1.11.1. Princípio da proibição da pré-candidatura
A proibição da propaganda irregular se estende aos pré-candidatos, pois estas se estabelecem meses antes das convenções, e, se a proibição não fosse extensiva às "pré-candidaturas", nada adiantaria a vedação legal, pois teríamos uma verdadeira antecipação das eleições realizada por pessoas que talvez nem sejam escolhidas nas convenções partidárias.

O princípio da proibição da pré-candidatura é de salutar importância para preservar a lisura do pleito eleitoral e a igualdade entre os postulantes, que é o principal escopo da tutela jurisdicional eleitoral.

Insta acentuar que, em conformidade com o art. 16-A da Lei nº 9.504/1997 (incluído pela Lei nº 12.034, de 2009):

> O candidato cujo registro esteja sub judice poderá efetuar todos os atos relativos à campanha eleitoral, inclusive utilizar o horário eleitoral gratuito no rádio e na televisão e ter seu nome mantido na urna eletrônica enquanto estiver sob essa condição, ficando a validade dos votos a ele atribuídos condicionada ao deferimento de seu registro por instância superior.

---

[5] No mesmo sentido: Acórdão 15.329, de 10/11/1998. Recurso Especial Eleitoral 15.329 – Classe 22ª/SE.

Parágrafo único. O cômputo, para o respectivo partido ou coligação, dos votos atribuídos ao candidato cujo registro esteja sub judice *no dia da eleição fica condicionado ao deferimento do registro do candidato.*

Concluímos, *in casu*, que, para ser agente passivo da Arpi, o candidato não precisa ter o registro deferido.

2.1.11.2. Teoria da mera conduta

Há na doutrina quem defenda que o juiz eleitoral deve determinar a retirada da propaganda antecipada e aguardar a escolha do pré-candidato em convenção ou seu pedido de registro, quando só então poderá prosseguir na ação com a finalidade de aplicar a multa ao "**candidato**".

Entendemos de forma diferente, pois, como vimos no item anterior, a proibição da propaganda irregular se estende aos pré-candidatos, seria um grande reforço à impunidade "aguardar a escolha do pré-candidato em convenção ou seu pedido de registro, quando poderá prosseguir na ação em face do candidato", na realidade, o que deve prevalecer é "a teoria da mera conduta", ou seja, a *ratio legis* é diminuir o período de propaganda eleitoral, portanto, deve ser punido todo aquele que se comporta **como se candidato fosse**.

Leia a posição do TSE:

1. A caracterização da propaganda eleitoral extemporânea independe da escolha dos candidatos em convenção partidária. 2. Configura-se a propaganda eleitoral antecipada quando o candidato, antes do período permitido, procurar levar ao conhecimento do eleitor, mesmo de forma dissimulada, programa de governo que pretende desenvolver. 3. O recurso especial não é meio próprio para se reexaminar os fatos e provas. 4. Agravo regimental desprovido (Agravo Regimental em Agravo de Instrumento 7.652/AL. Rel. Carlos Eduardo Caputo Bastos).

No mesmo sentido:

> Propaganda eleitoral antecipada. A propaganda realizada antes da convenção, visando a atingir não só os membros do partido, mas também os eleitores em geral, atrai a aplicação da multa prevista no art. 36, § 3º, da Lei das Eleições (Recurso Especial Eleitoral 15.562, Mato Grosso [Cuiabá]).

Não há, portanto, lógica razoável em "aguardar a escolha do pré-candidato em convenção ou seu pedido de registro, quando poderá prosseguir na ação em face do candidato", isso porque o escopo da lei é justamente punir a propaganda irregular e, esta é, na maioria dos casos, realizada por pré-candidatos, portanto, entendemos que pensar de forma contrária é criar um mecanismo destinado a burlar a norma eleitoral, por exemplo, em determinado caso concreto, acompanhamos o seguinte caso:

Tício, desejando ser candidato, começou a fazer propaganda extemporânea, mediante adesivos. Aponte a solução jurídica considerando que:
a) o Ministério Público interpôs uma representação eleitoral;

b) Tício continuou a fazer propaganda eleitoral por meio de *outdoor*;
c) o Ministério Público interpôs outra representação eleitoral;
d) Tício continuou a fazer propaganda eleitoral por meio de um comício extemporâneo;
e) o Ministério Público interpôs outra representação eleitoral.

Em suma, no caso concreto, foram 10 representações eleitorais.

Resultado: O esperto Tício, sabendo que iria ser condenado (mais de 200 mil reais de multa), não quis mais ser candidato e colocou seu filho para disputar o pleito, ou seja, depois de tumultuar todo o procedimento eleitoral, Tício agora diz "eu não sou candidato, portanto, não fiz nenhuma propaganda", ora, entendemos que Tício deve, sim, receber a sanção, porque a proibição da propaganda antes do dia 06 de julho do ano da eleição se destina justamente ao que se comporta como se candidato fosse (**teoria da mera conduta**), afinal, no período citado não há candidato e sim pré-candidato.

2.1.12. Prazo para interposição da representação eleitoral

2.1.12.1. Prazo inicial

Não existe um prazo prefixado para a interposição de uma representação eleitoral, na realidade o prazo inicial será a constatação da irregularidade. A **Arpi**, por exemplo, pode ser interposta antes do período previsto para a propaganda eleitoral, como é o caso da propaganda extemporânea.

No mesmo sentido o TSE:

> Propaganda extemporânea, caracteriza-se sempre que houver propaganda eleitoral antes de 05 de julho do ano da eleição, não importando que a conduta tenha-se verificado em maio, ou fevereiro, ou mesmo no ano anterior (Consulta 559/DF. Rel. Min. Costa Porto, em 18/11/1999).

Peleja Júnior e Fabrício Napoleão também defendem que:[6]

> **A partir do momento em que a propaganda fira a norma, corporifica-se a propaganda irregular ou ilícita, que pode ser combatida pela ação cujas nuances ora se desenrolarão.** A propaganda pode ser antecipada, modalidade de propaganda ilícita, motivo por que não é exigível a existência de candidatura para sua configuração. Neste sentido, ressalta-se que a propaganda partidária pode se transformar em propaganda política antecipada.

Mas há uma exceção, o **TSE** entende que, quando a propositura da representação por propaganda irregular tem como escopo fazer com que o infrator perca o tempo

---

[6] Peleja Júnior, Antônio Veloso; Teixeira Batista, Fabrício Napoleão. *Direito Processual, Aspectos Processuais, Ações e Recursos*. Curitiba: Editora Juruá, 2010. p. 343.

equivalente ao dobro do usado na prática do ilícito, no período do horário gratuito subsequente, o prazo será de 48 horas.
Leia a posição do TSE:

> Não há óbice à imposição de multa por propaganda extemporânea do art. 36, § 3º, da Lei nº 9.504/1997, nos autos de ação de investigação judicial eleitoral, uma vez que não acarreta prejuízo à defesa, tendo em vista a observância do rito ordinário mais benéfico previsto no art. 22 da LC nº 64/1990. **Esta Corte estabeleceu o prazo de 48 horas para a propositura das representações por propaganda irregular, cuja pena prevista é a subtração do horário gratuito do representado,** para se evitar armazenamento tático de reclamações a fazer para o momento da campanha eleitoral, em que se torne mais útil subtrair tempo do adversário (Ac. nº 443/DF). **Tal entendimento não se aplica aos casos da propaganda extemporânea do art. 36 da Lei nº 9.504/1997, que estabelece como penalidade o pagamento de multa** (Agravo Regimental em Agravo de Instrumento 6.349/MG. Rel. José Gerardo Grossi).

2.1.12.2. Prazo final

Há um prazo máximo. Não obstante a assertiva de que a Lei nº 9.504/1997 não fixou prazo para ajuizamento da representação por propaganda irregular, a **Arpi** deve ser proposta até a data da proclamação do resultado das eleições, sob pena de carência por falta de interesse processual do representante que tenha tido, antes disso, conhecimento do fato.
Leia a posição do TSE:

> Esta Corte Superior, em sua hodierna jurisprudência, pacificou o entendimento segundo o qual, transcorrida a data da proclamação do resultado das eleições, deve ser reconhecida a falta de interesse processual no tocante às representações ajuizadas em virtude de propaganda eleitoral irregular. Precedentes: RP nº 1.343/DF, DJ 01/02/2007 e RP nº 1.346/DF, DJ 01/02/2007, ambas de relatoria do eminente Min. Carlos Alberto Menezes Direito. Decisão agravada mantida por seus próprios fundamentos. Agravo regimental não provido (Agravo Regimental em Representação 1.357/DF. Rel. José Augusto Delgado). No mesmo sentido, TSE. Agravo Regimental em Recurso Especial Eleitoral 28.536. Ac. Fernando Gonçalves. Publicado no DJE 13/05/2009, p. 23).

Como exceção, lembramos que a Arpi visa combater a propaganda irregular e fazer com que o infrator perca o direito ao horário gratuito no rádio ou na televisão; o prazo final será de 48h, a contar do conhecimento do fato.

2.1.13. Competência para julgar a Arpi

A **Arpi** deverá ser interposta:
a) Aos juízes eleitorais, nas eleições municipais (**prefeito** e **vice-prefeito**).
b) Aos Tribunais Regionais Eleitorais, nas eleições federais (**deputado federal e senador**), estaduais e distritais (**governador, vice-governador** e **deputados estaduais e distritais**).

Leia a posição do TSE:

> As reclamações e representações formuladas contra o descumprimento da Lei das Eleições são de competência dos juízes auxiliares, durante o período eleitoral, devendo ser dirigidas, na hipótese de pleitos federais, estaduais e distritais, aos tribunais regionais eleitorais, por força do disposto no art. 96, II, do citado diploma legal. Improcedência da reclamação (Reclamação 412/AP. Rel. Francisco Cesar Asfor Rocha. J. 22/03/2007. Unânime. DJ 11/04/2007).

c) Ao Tribunal Superior Eleitoral, na eleição nacional (**presidente** e **vice-presidente**).

No mesmo sentido é a posição do TSE:

> Consulta. TRE/ES. Representações contra o descumprimento da Lei nº 9.504/1997 formuladas entre o encerramento das eleições e a designação de juízes auxiliares devem ser dirigidas diretamente ao TSE se se tratar de propaganda sobre eleições presidenciais; aos tribunais regionais eleitorais, em caso de eleições de governador, senador, deputado federal e estadual, e ao juiz eleitoral, no caso de prefeito e vereador. É cabível recurso especial de decisão de TRE em sede de representação (Res. nº 20.586, de 28/03/2000. Rel. Min. Eduardo Alckmin).

Nas eleições municipais, quando a circunscrição abranger mais de uma zona eleitoral, o Tribunal Regional designará um juiz para apreciar as reclamações ou representações.

Os tribunais eleitorais designarão três juízes auxiliares para a apreciação das reclamações ou representações que lhes forem dirigidas.

Os recursos contra as decisões dos juízes auxiliares serão julgados pelo Plenário do Tribunal.

Atenção: Não se aplica o foro por prerrogativa de função nas ações cíveis eleitorais, já que não se trata de matéria criminal.

2.1.13.1. A comprovação do cumprimento das determinações da Justiça Eleitoral relacionadas à propaganda

A comprovação do cumprimento das determinações da Justiça Eleitoral relacionadas a propaganda realizada em desconformidade com o disposto na Lei nº 9.504/1997 poderá ser apresentada no Tribunal Superior Eleitoral, no caso de candidatos a Presidente e Vice-Presidente da República, nas sedes dos respectivos Tribunais Regionais Eleitorais, no caso de candidatos a Governador, Vice-Governador, Deputado Federal, Senador da República, Deputados Estadual e Distrital, e, no Juízo Eleitoral, na hipótese de candidato a Prefeito, Vice-Prefeito e Vereador.

Entendemos que a comprovação do cumprimento das determinações da Justiça Eleitoral também poderá ser apresentada diretamente ao juiz eleitoral que determinou a regularização ou retirada da propaganda eleitoral. No mesmo sentido é o parágrafo único da Resolução do TSE nº 23.191/2010.

2.1.13.2. A competência para conhecer e julgar a representação para retirada de propaganda eleitoral depois das eleições

O art. 89 da Resolução nº 23.191/2010 afirma que: "*No prazo de até 30 dias após a eleição, os candidatos, os partidos políticos e as coligações deverão remover a propaganda eleitoral, com a restauração do bem em que fixada, se for o caso.*"

O problema é saber de quem é a competência para determinar a retirada da propaganda irregular pós-eleições.

O controvertido tema chegou ao TSE, que reformou integralmente a posição do TRE/MG.

O TRE/MG entendia que:

> Propaganda eleitoral remanescente. Julgamento das reclamações versando sobre propaganda eleitoral. Não retirada no prazo de 30 dias a contar do pleito. **Competência da Justiça comum**.

A atual posição do TSE é no sentido de que a Justiça Eleitoral é competente para julgar as reclamações versando sobre propaganda eleitoral, não retirada no prazo de 30 dias depois do pleito eleitoral.

> Recurso especial. Propaganda. Divergência jurisprudencial. Ocorrência. Retirada de propaganda eleitoral e restauração de bens, após o pleito. **Competência da Justiça Eleitoral**. Parecer pelo conhecimento do recurso e, no mérito, pelo provimento (Decisão Monocrática em 23/03/2010. Recurso Especial Eleitoral 35.925. Ministro Ricardo Lewandowski).

2.1.14. Efeito da procedência da Arpi

Julgada procedente a **Arpi** sujeitará o responsável pela divulgação da propaganda e, quando comprovado o seu prévio conhecimento, o beneficiário à multa no valor de R$ 5.000,00 (cinco mil reais) a R$ 25.000,00 (vinte e cinco mil reais), ou ao equivalente ao custo da propaganda, se este for maior (**redação em consonância com a nova redação estabelecida pela Lei nº 12.034/2009**).

Segundo o TSE, a multa prevista no art. 36, § 3º, da Lei nº 9.504/1997 deve ser aplicada de forma individualizada a cada um dos responsáveis.[7]

Evidentemente, caso não tenha sido deferido liminar determinando a retirada da propaganda, o juiz eleitoral no julgamento final, determinará a retirada imediata da propaganda irregular e também a restauração do bem indevidamente utilizado para veiculação da propaganda irregular.

Dependendo do tipo de propaganda, o juiz eleitoral ainda pode determinar outras providências, tais como:

a) perda do direito à veiculação da propaganda no horário eleitoral no período subsequente;

---

[7] Agravo Regimental em Recurso Especial Eleitoral 26.273/PE. Rel. Francisco César Asfor Rocha. J. 03/10/2006. Unânime. DJ 10/11/2006.

b) suspensão da programação normal da emissora;
c) suspensão por 24h do acesso a todo conteúdo informativo dos sítios da internet que deixarem de cumprir as disposições da lei. A cada reiteração da conduta, esse período de suspensão será duplicado. – Nesse período de suspensão a empresa deverá informar que se encontra temporariamente inoperante por desobediência à legislação eleitoral. – **Propaganda pela internet**.

2.1.14.1. Outras consequências da propaganda irregular

Dependendo do caso concreto a propaganda irregular acarretará outros efeitos, a saber:

a) Ação civil pública por uso de bens públicos na propaganda partidária.

Entendemos que, em se tratando de propaganda irregular com uso de bens públicos, sendo o beneficiário ou responsável agente político, haverá incidência da improbidade administrativa por inteira violação aos princípios da honestidade, imparcialidade, legalidade, lealdade, destarte, impessoalidade, na exata forma do art. 11, inciso I, da Lei nº 8.429/1992, *in verbis*:

> Art. 11. *Constitui ato de improbidade administrativa que atenta contra os princípios da administração pública qualquer ação ou omissão que viole os deveres de honestidade, imparcialidade, legalidade e lealdade às instituições, e notadamente:*
> *I – praticar ato visando a fim proibido em lei ou regulamento ou diverso daquele previsto na regra de competência; (...)*

Assim, teremos duas ações, uma de cunho eminentemente eleitoral com o fito de combater a propaganda irregular e a outra de natureza cível com o escopo de combater a improbidade administrativa.

In casu, o efeito será duplo:

1) no julgamento procedente da Arpi o juiz eleitoral condenará a multa eleitoral nos termos supracitados;
2) no julgamento da ação civil pública o juiz condenará o infrator ao ressarcimento integral do dano, se houver, perda da função pública, suspensão dos direitos políticos de 3 (três) a 5 (cinco) anos, pagamento de multa civil de até 100 (cem) vezes o valor da remuneração percebida pelo agente e proibição de contratar com o Poder Público ou receber benefícios ou incentivos fiscais ou creditícios, direta ou indiretamente, ainda que por intermédio de pessoa jurídica da qual seja sócio majoritário, pelo prazo de 3 (três) anos.

b) Dependendo da irregularidade é possível a mesma ser crime, assim, haverá uma consequência criminal, ensejando a abertura de um TCOE (Termo Circunstanciado de Ocorrência Eleitoral) ou IPE (**Inquérito Policial Eleitoral**).

c) A propaganda irregular pode gerar abuso de poder político ou de autoridade.

Dependendo do caso concreto, a propaganda irregular se torna um instrumento tão lesivo à democracia que é possível até desequilibrar a igualdade de condições dos candidatos à disputa do pleito e ser um fator decisivo para influenciar o resultado geral da eleição, nestes casos, há evidente abuso de poder que deve ser combatido com a Aije ou a Aime.

No mesmo sentido o entendimento dominante do TSE:

> Propaganda eleitoral irregular. Demonstração de potencialidade para influir no resultado do pleito. A propaganda eleitoral irregular pode ser objeto de representação prevista no art. 96 da Lei nº 9.504/1997, mas também pode constituir abuso de poder, desde que o excesso praticado possa influir no resultado do pleito. (...).[8]

Nesse caso, para combater a propaganda irregular devemos interpor a Aije ou a Aime.

d) É possível ainda o uso da justiça comum para apurar eventual dano moral ou material.
e) Caso a propaganda irregular demonstre a toda evidência atentado as normas de arrecadação e gasto de campanha será possível a interposição de uma Aragi – Ação de Reclamação por Arrecadação e Gastos Ilícitos, com fundamento no art. 30-A da Lei nº 9.504/97.

2.1.14.1.1. Possibilidade de cumulação de sanções

A propaganda eleitoral no rádio, na televisão e na internet é regulamentada pelos arts. 44 e 45 da Lei nº 9.504/1997, *in verbis*:

> Art. 44. A propaganda eleitoral no rádio e na televisão restringe-se ao horário gratuito definido nesta Lei, vedada a veiculação de propaganda paga.
>
> § 1º A propaganda eleitoral gratuita na televisão deverá utilizar a Linguagem Brasileira de Sinais – Libras ou o recurso de legenda, que deverão constar obrigatoriamente do material entregue às emissoras.
>
> § 2º No horário reservado para a propaganda eleitoral, não se permitirá utilização comercial ou propaganda realizada com a intenção, ainda que disfarçada ou subliminar, de promover marca ou produto.
>
> § 3º Será punida, nos termos do § 1º do art. 37, a emissora que, não autorizada a funcionar pelo poder competente, veicular propaganda eleitoral.
>
> Art. 45. A partir de 1º de julho do ano da eleição, é vedado às emissoras de rádio e televisão, em sua programação normal e noticiário:
>
> I – transmitir, ainda que sob a forma de entrevista jornalística, imagens de realização de pesquisa ou qualquer outro tipo de consulta popular de natureza eleitoral em que seja possível identificar o entrevistado ou em que haja manipulação de dados;

---

[8] TSE. Agravo Regimental em Agravo de Instrumento 7.191. Ac. BA. Rel. Min. Joaquim Benedito Barbosa Gomes. J. 04/09/2008. DJE 26/09/2008, p. 9/10.

II – usar trucagem, montagem ou outro recurso de áudio ou vídeo que, de qualquer forma, degradem ou ridicularizem candidato, partido ou coligação, ou produzir ou veicular programa com esse efeito;

III – veicular propaganda política ou difundir opinião favorável ou contrária a candidato, partido, coligação, a seus órgãos ou representantes;

IV – dar tratamento privilegiado a candidato, partido ou coligação;

V – veicular ou divulgar filmes, novelas, minisséries ou qualquer outro programa com alusão ou crítica a candidato ou partido político, mesmo que dissimuladamente, exceto programas jornalísticos ou debates políticos;

VI – divulgar nome de programa que se refira a candidato escolhido em convenção, ainda quando preexistente, inclusive se coincidente com o nome do candidato ou com a variação nominal por ele adotada. Sendo o nome do programa o mesmo que o do candidato, fica proibida a sua divulgação, sob pena de cancelamento do respectivo registro.

§ 1º A partir do resultado da convenção, é vedado, ainda, às emissoras transmitir programa apresentado ou comentado por candidato escolhido em convenção.

§ 2º Sem prejuízo do disposto no parágrafo único do art. 55, a inobservância do disposto neste artigo sujeita a emissora ao pagamento de multa no valor de vinte mil a cem mil Ufir, duplicada em caso de reincidência.

§ 3º (Revogado pela Lei nº 12.034/2009.)

§ 4º Entende-se por trucagem todo e qualquer efeito realizado em áudio ou vídeo que degradar ou ridicularizar candidato, partido político ou coligação, ou que desvirtuar a realidade e beneficiar ou prejudicar qualquer candidato, partido político ou coligação.

§ 5º Entende-se por montagem toda e qualquer junção de registros de áudio ou vídeo que degradar ou ridicularizar candidato, partido político ou coligação, ou que desvirtuar a realidade e beneficiar ou prejudicar qualquer candidato, partido político ou coligação.

§ 6º É permitido ao partido político utilizar na propaganda eleitoral de seus candidatos em âmbito regional, inclusive no horário eleitoral gratuito, a imagem e a voz de candidato ou militante de partido político que integre a sua coligação em âmbito nacional.

O problema é que, como você notou, a sanção do § 2º só é direcionada para o partido, para a coligação e para a emissora, portanto, defendemos que para o beneficiário deve-se aplicar a sanção prevista no art. 36, § 3º, da Lei nº 9.504/1997 (multa por propaganda eleitoral extemporânea).

O TSE decidiu que:

> A jurisprudência desta Corte Superior se firmou pela possibilidade da cumulação de penas previstas no art. 45 da Lei nº 9.096/1995 (cassação do direito de transmissão do partido que desvirtuar propaganda partidária) e no art. 36, § 3º, da Lei nº 9.504/1997 (multa por propaganda eleitoral extemporânea), quando ambas ocorrerem concomitantemente. Nesse sentido: Representação nº 994/DF, Rel. Min. César Asfor Rocha, DJ 13/12/2006 (REsp 27.304/TO. Rel. José Augusto Delgado. J. 17/04/2007. Unânime. DJ 02/05/2007).

RESUMO DIDÁTICO

No caso de infração ao art. 45 da Lei Eleitoral a sanção será:

a) Para o partido ou a coligação
Solução jurídica: Perda de tempo equivalente ao dobro do usado na prática do ilícito, no período do horário gratuito subsequente, dobrada a cada reincidência (art. 45, § 2º c.c. o art. 55, parágrafo único, da Lei nº 9.504/1997).

b) Para a emissora
Solução jurídica: Pagamento de multa no valor de 20 mil a 100 mil Ufir, duplicada em caso de reincidência (art. 45, § 2º, *in fine*, da Lei nº 9.504/1997).

c) Para o beneficiário
Solução jurídica: Multa no valor de R$ 5.000,00 (cinco mil reais) a R$ 25.000,00 (vinte e cinco mil reais), ou ao equivalente ao custo da propaganda, se este for maior (art. 36, § 3º, da Lei nº 9.504/1997).

2.1.14.1.2. O efeito da retirada da propaganda

Quanto ao efeito da retirada da propaganda temos, no contexto prático, de considerar duas hipóteses:

1) O TSE firmou o entendimento de que o cumprimento da medida liminar não serve de amparo para que seja julgada prejudicada a representação. Se o fato de cumprir a parte infratora, a medida liminar deferida merecer prêmio, isto é, ser razão para afastar-se a existência da infração, a tanto equivale julgar prejudicada a representação, estar-se-iam abrindo as portas para a completa impunidade em matéria de propaganda eleitoral por meio eletrônico.[9]

2) Há entendimento jurisprudencial no sentido de que a retirada da propaganda irregular por meio de cartazes em bem de uso comum, após notificação dos responsáveis e beneficiários, afasta a incidência de multa.[10]

Na realidade as duas hipóteses não são divergentes. Podemos, no contexto prático, conciliá-las da forma infracitada:

Contexto prático 1: O juiz eleitoral, atendendo ao requerimento do representante, concede medida liminar no curso da representação e manda retirar a propaganda irregular.

Solução jurídica: O representado não estará isento de multa (**É a primeira hipótese**).

Contexto prático 2: O juiz ou o promotor de justiça, antes da interposição da representação, notifica o pré-candidato, e este retira a propaganda irregular.

Solução jurídica: O representado fica isento de multa (**É a segunda hipótese**).

---

[9] Agravo Regimental em Representação 916/SP. Rel. Carlos Alberto Menezes Direito. J. 01/08/2006. Unânime.
[10] Recurso Ordinário Eleitoral 13.298/CE. Rel.ª Maria Nailde Pinheiro Nogueira. J. 23/07/2007. Unânime. DJ 08/08/2007.

No mesmo sentido:

> A retirada tempestiva da propaganda irregular elide o ilícito (art. 37, § 1º, da Lei nº 9.504/997, com a redação dada pela Lei nº 11.300/2006) Precedentes (TSE. Agravo Regimental em Agravo de Instrumento 8.208. Ac. PA, p. 15).

2.1.14.1.3. A execução da multa eleitoral

Havia grande controvérsia sobre a legitimidade para propor a execução da multa eleitoral, mas o TSE elidiu a controvérsia, decidindo que o Ministério Público Eleitoral não é parte legítima para executar multa eleitoral oriunda de propaganda irregular e sim a Procuradoria da Fazenda Nacional.

No mesmo sentido o entendimento dominante do TSE:

> A procuradoria da Fazenda Nacional é parte legítima para ajuizar ação de execução fiscal e cobrar crédito decorrente de multas eleitorais, dívida ativa não tributária da união (No mesmo sentido: Agravo regimental a que se nega provimento. Tribunal Superior Eleitoral-TSE, AgRg-AI 7.464, Rel. Min. Ricardo Lewandowski, j. 04/08/2009, DJU 01/09/2009, p. 46).
>
> 1) A execução de multa eleitoral é prevista no Código Eleitoral e disciplinada pela Resolução TSE nº 21.975/2004 e pela Portaria TSE nº 288/2005.
>
> 2) As multas não satisfeitas no prazo de trinta dias do trânsito em julgado da decisão serão consideradas dívida líquida e certa, para efeito de cobrança, mediante executivo fiscal (Res. TSE nº 21.975/2004, art. 3º e Portaria TSE nº 288/2005, art. 4º), devendo os autos e o Termo de Inscrição de Multa Eleitoral ser encaminhados à Procuradoria da Fazenda Nacional.
>
> 3) A dívida ativa tributária é aquela decorrente de impostos, taxas, contribuições, multas e encargos a estes relativos, exigíveis em virtude de lei tributária, após o regular procedimento administrativo de lançamento. Apenas para essa aplica-se o prazo prescricional previsto no art. 174 do CTN.
>
> 4) A multa decorrente de propaganda eleitoral irregular insere-se no conceito de dívida ativa não tributária (art. 39, § 2º, Lei nº 4.320/1964). Inexistindo na legislação vigente prazo prescricional específico, aplica-se a prescrição decenal prevista no novo Código Civil brasileiro, porquanto caracterizada a regra de transição do art. 2.028. O termo *a quo* da prescrição decenal é a data da vigência desse diploma, qual seja, 11/01/2003, o que resulta na não caracterização da prescrição (Execução e seus Incidentes 6.593/TO. Rel. José Godinho Filho. J. 11/12/2007. Unânime. DJ 13/12/2007, p. B-9).

2.1.15. Procedimento da Arpi

As representações seguem um rito sumaríssimo a seguir delineado.

2.1.15.1. Petição inicial

As representações devem conter os seguintes requisitos:
a) direção: a autoridade judiciária;
b) qualificação do representante;

c) qualificação do representado;
d) exposição dos fatos;
e) fundamentação legal;
f) indicação das provas, indícios e circunstâncias;
g) pedido;
h) data;
i) assinatura.

É inexigível nas ações eleitorais a indicação do valor da causa.

A petição inicial deve ser apresentada em duas vias e assinada por advogado ou membro do Ministério Público Eleitoral, *vide* art. 5º da Resolução nº 23.193/2010:

> Art. 5º *As representações, subscritas por advogado ou representante do Ministério Público, serão apresentadas em 2 vias, de igual teor, e relatarão fatos, indicando provas, indícios e circunstâncias (Lei nº 9.504/1997, art. 96, § 1º).*

A Lei nº 10.034, de 29/09/2009, acrescentou o art. 40-B à Lei nº 9.504/1997, exigindo que "*a representação relativa à propaganda irregular deve ser instruída com prova da autoria ou do prévio conhecimento do beneficiário, caso este não seja por ela responsável*".

A Resolução do TSE nº 23.367/2011 (**editada para as eleições de 2012**) apenas acrescentou que deve ser observado o disposto no artigo supracitado, *vide* parágrafo único do art. 6º, *in verbis*:

> Art. 6º *A representação relativa à propaganda irregular deve ser instruída com prova da autoria ou do prévio conhecimento do beneficiário, caso este não seja por ela responsável, observando-se o disposto no art. 40-B da Lei nº 9.504/1997.*

Geralmente as representações são instruídas com documentos, fita de áudio e/ou vídeo, sendo necessário destacar que a fita de áudio e/ou vídeo que instruir a petição será obrigatoriamente acompanhada da respectiva degravação em duas vias.

O art. 7º, § 4º, da Resolução nº 23.367/2011 (**editada para as eleições de 2012**) dispõe que:

> Art. 7º (...)
>
> § 4º *As duas mídias de áudio e/ou vídeo que instruírem a petição deverão vir obrigatoriamente acompanhadas da respectiva degravação em 2 vias, observados os formatos mp3, aiff e wav para as mídias de áudio; wmv, mpg, mpeg ou avi para as mídias de vídeo digital; e VHS para fitas de vídeo.*

No mesmo sentido é a posição do TSE:

> O rito estabelecido ao art. 96 da Lei nº 9.504/1997 não determina a degravação da fita de ofício. Na linha dos precedentes do TSE, a aplicação do CPC ao processo eleitoral, em especial no que concerne às representações contra o descumprimento dos dispositivos da Lei nº 9.504/1997, é subsidiária à legislação processual eleitoral. (...) (Ac. 2.743, de 05/12/2002. Rel. Min. Nelson Jobim).

Entendemos que a degravação poderá ser restringida aos textos que comprovam a propaganda irregular, não teria lógica, por exemplo, precisar degravar uma fita de vídeo com cinco horas de discursos de um comício antecipado.

É salutar destacarmos que a mídia de áudio e/ou vídeo que instruir a petição deverá vir obrigatoriamente acompanhada da respectiva degravação em duas vias, observado o formato **mp3** para as mídias de áudio; **wmv**, **mpg**, **mpeg** ou **avi** para as de vídeo digital e VHS para fitas de vídeo (*Vide* **art. 6º, § 4º, da Resolução do TSE nº 23.193/2010**).

Consoante exposto na Resolução do TSE nº 23.367/2011, art. 7º, §§ 1º, 2º, 3º e 4º:

> Art. 7º *As petições e recursos relativos às representações e às reclamações serão admitidos, quando possível, por meio eletrônico ou via fac-símile, dispensado o encaminhamento do original, salvo aqueles endereçados ao Supremo Tribunal Federal.*
>
> § 1º *O Cartório Eleitoral providenciará a impressão ou cópia dos documentos recebidos, que serão juntados aos autos.*
>
> § 2º *Para atender ao disposto no caput deste artigo, os Cartórios Eleitorais tornarão públicos, mediante a afixação de aviso em quadro próprio e a divulgação no sítio do respectivo Tribunal Regional Eleitoral, os números fac-símile disponíveis e, se for o caso, o manual de utilização do serviço de petição eletrônica.*
>
> § 3º *O envio das petições e recursos por meio eletrônico ou via fac-símile e sua tempestividade serão de inteira responsabilidade do remetente, correndo por sua conta e risco eventuais defeitos ou descumprimentos dos prazos legais.*
>
> § 4º *As duas mídias de áudio e/ou vídeo que instruírem a petição deverão vir obrigatoriamente acompanhadas da respectiva degravação em 2 vias, observados os formatos mp3, aiff e wav para as mídias de áudio; wmv, mpg, mpeg ou avi para as mídias de vídeo digital; e VHS para fitas de vídeo.*

No caso de fotografia, deve ser observado o art. 385, § 1º, do Código de Processo Civil, *in verbis*: "*Quando se tratar de fotografia, esta terá de ser acompanhada do respectivo negativo.*"

Quanto às fotografias digitais, interessante sugestão é apresentada por Elmana Viana Lucena Esmeraldo, na monografia Sistematização das Ações Tipicamente Eleitorais:

> É comezinho na seara processual que a fotografia obtida pelos métodos tradicionais, em que há a revelação e os negativos, é um meio de prova previsto pelo Código de Processo Civil, para cuja validade exige-se a juntada aos autos do negativo. Com o surgimento das fotos digitais em que não há esse filme negativo, ficando gravadas apenas na memória do meio eletrônico utilizado, surgiram problemas relacionados a sua admissão no processo.
>
> Embora não prevista no CPC, a fotografia digital pode ser utilizada como um meio de prova atípico, devendo ser submetida ao livre convencimento do magistrado que poderá aceitá-la ou não. Havendo indícios de montagem ou qualquer outro tipo de manipulação, pode ele submetê-la à perícia. Sugere-se que, se impugnada, seja juntado aos autos o dispositivo onde foi armazenada (ex.: cartão de memória ou a própria máquina fotográfica ou celular, se armazenada na memória interna desses eletrônicos).

2.1.15.2. Capacidade postulatória

Segundo Adriano Soares da Costa,[11] "a representação não necessita ser subscrita por advogado, uma vez que se trata de procedimento administrativo".

POSIÇÃO DIVERGENTE

O entendimento do renomado autor afronta a Constituição Federal, que, em seu art. 133, dispõe que *"o advogado é indispensável à administração da justiça, sendo inviolável por seus atos e manifestações no exercício da profissão, nos limites da lei".* O próprio TSE, como já estudamos, editou a Resolução nº 23.193/2010, e no seu art. 5º exige a assinatura de um advogado ou do Ministério Público Eleitoral.

No mesmo sentido o TSE:

> Recurso Especial. Eleição 2004. Representação. Propaganda eleitoral extemporânea. Capacidade postulatória do representante. Inexistência. Extinção do processo. "A jurisprudência da Corte tem firme entendimento no sentido de a imprescindibilidade da representação ser assinada por advogado regularmente inscrito na Ordem, sob pena de ser o feito extinto sem julgamento do mérito, por violação do art. 133 da Constituição Federal" (REsp 19.526/MG, DJ 08/02/2002) (Ac. 21.562, de 12/08/2004/ Rel. Min. Peçanha Martins).

2.1.15.3. A ausência de dilação probatória

O rito das representações é muito célere e não permite que haja dilação probatória, como a produção de prova testemunhal e/ou juntada aos autos de prova nova ou superveniente.

No mesmo sentido o entendimento jurisprudencial:

> Em face da celeridade que informa o procedimento das reclamações e representações a que se refere o art. 96 da Lei nº 9.504/1997, inviável a oitiva de testemunhas, o que não consubstancia violação dos princípios constitucionais do contraditório e da ampla defesa (No mesmo sentido: TREMS – REL 661 – (5.249) – Rel. p/o Ac. Juiz Dorival Moreira dos Santos).

Portanto, na representação por propaganda eleitoral extemporânea não há dilação probatória, conforme se observa da tramitação prevista nos arts. 5º a 12 da Resolução nº 23.193/2010 do TSE, devendo, *in casu*, o representante trazer com a inicial toda a prova que pretende seja considerada pelo órgão judicial.

Conforme entendimento do TSE:

> (...) Oitiva de testemunhas. Não previsão. Princípios do contraditório e da ampla defesa não violados. (...). Em face da celeridade que informa o procedimento das reclamações e representações a que se refere o art. 96 da Lei nº 9.504/1997, inviável a oitiva de testemunhas, o que não consubstancia violação dos princípios constitucionais do contraditório e da ampla defesa. (...) (Ac. 19.611).

---

[11] Costa, Adriano Soares da. *Instituições de Direito Eleitoral*. 5. ed. Belo Horizonte: Del Rey, 2002.

Alguns doutrinadores defendem, como exceção, a possibilidade de produção de prova.

Joel J. Cândido afirma que a lei criou um rito sumaríssimo para o juiz eleitoral aplicar em casos de reclamações ou representações variadas: "(...) A prova, à míngua de previsão legal para sua produção em audiência, haverá de ser, a princípio, só documental. Em raríssimos casos o Juiz Eleitoral poderá autorizar a prova oral, demonstrada previamente sua necessidade e exclusividade."[12]

Entendemos que o rito é sumaríssimo e que só em duas hipóteses será admissível a dilação probatória:

1) É aplicação analógica do art. 132, parágrafo único, do Código de Processo Civil, *in verbis*:

> Art. 132. O Juiz, titular ou substituto, que concluir a audiência julgará a lide, salvo se estiver convocado, licenciado, afastado por qualquer motivo, promovido ou aposentado, casos em que passará os autos ao seu sucessor.
>
> Parágrafo único. Em qualquer hipótese, o Juiz que proferir a sentença, se entender necessário, poderá mandar repetir as provas já produzidas.

No mesmo sentido é o entendimento jurisprudencial:

> (...) pode o juiz determinante da dilação, que não tenha participado da instrução processual, verificando a necessidade de prova, determinar a sua produção, não implicando isso não cumprimento do comando da decisão anulatória, mas apenas a aplicação do princípio geral consagrado no parágrafo único do art. 132 do CPC. No mesmo sentido TREMS – REL 667, (5.263), Rel.ª Juíza Heloisa Helena Wanderley Maciel, j. 24/07/2006.

2) Admite-se excepcionalmente a dilação probatória para ouvida de testemunhas, em especial se a representação só teve início ao procedimento depois das eleições e sem o rigor da exiguidade do prazo ali previsto para ser julgada.[13]

Não há no rito previsão de depoimento pessoal do investigado ou representado, no mesmo sentido a posição do STF:

> Nem a disciplina legal da investigação judicial – objeto do art. 22 da LC nº 64/1990, nem a da representação por infringência à Lei nº 9.504/1997 – objeto do seu art. 96 e, a rigor, a adequada à espécie – contêm previsão de depoimento pessoal do investigado ou representado; limitam-se ambas a facultar-lhe o oferecimento de defesa escrita. O silêncio da Lei Eleitoral a respeito não é casual, mas eloquente: o depoimento pessoal, no processo civil, é primacialmente um ensaio de obter-se a confissão da parte, a qual, de regra, não tem relevo no processo eleitoral, dada a indisponibilidade dos interesses de que nele se cuidam. Entre as diligências deter-

---

[12] Op. cit., p. 566.
[13] TRE-SP. Agreg 15.582/São Paulo. Rel. Juiz Fernando Antonio Maia da Cunha. *DOESP*, 23/10/2003.

mináveis de ofício previstas no art. 22, VI, da LC nº 64/1990 não está a de compelir o representado – ainda mais, sob a pena de confissão, de manifesta incompatibilidade com o Processo Eleitoral – à prestação de depoimento pessoal, ônus que a Lei não lhe impõe. A circunstância de que no Processo Eleitoral não estivesse compelido a fazê-lo, reforça, porém, que, se (sic) dispondo a depor, não seja o paciente privado da prerrogativa que teria se arrolado como testemunha em qualquer processo de escolher o local, dia e hora do depoimento (HC 85.029/SP. Pleno. Rel. Min. Sepúlveda Pertence. DJU 01/04/2005, p. 06).

2.1.15.3.1. Quando o juiz indefere a representação sem julgamento do mérito

A falta de requisitos da exordial pode acarretar a inépcia da inicial. No mesmo sentido é o entendimento jurisprudencial:

> Representação. Propaganda eleitoral. Preliminar de inépcia da inicial. Acolhida. Não preenchimento dos requisitos legais exigidos. Extinção do processo sem julgamento do mérito. Art. 267, I, c.c. art. 295, parágrafo único, I, do CPC (TRE-MG. Rec. Eleitoral 486/2001).

Também não se enquadrando o representante em nenhum dos legitimados à apresentação de representação eleitoral, infere-se pela patente ilegitimidade ativa *ad causam*, e, dessa forma, pela extinção do processo, sem julgamento de mérito, ante a falta de uma das condições da ação, consoante o disposto no art. 267, VI, do Código de Processo Civil.

Mas é necessário destacar que, segundo os arts. 7º da Resolução do TSE nº 22.624, de 13/12/2007, 8º da Resolução nº 23.193/2010, e também 9º da Resolução nº 23.367/2011, *"constatado vício de representação processual das partes, o Juiz Eleitoral determinará a sua regularização no prazo de 24 horas, sob pena de indeferimento da petição inicial (CPC, arts. 13 e 284)"*.

2.1.15.3.2. Atividade que o juiz eleitoral deve fazer ao receber a representação

No caso de o juiz eleitoral receber a representação, a Justiça Eleitoral "notificará", imediatamente, o reclamado ou representado para, querendo, apresentar defesa **em 48 horas**.

Conforme o art. 8º da Resolução do TSE nº 23.367/2011, recebida a petição, o Cartório Eleitoral notificará imediatamente o(s) representado(s) ou reclamado(s) para apresentar(em) defesa no prazo de 48 horas (Lei nº 9.504/97, art. 96, § 5º), exceto quando se tratar de pedido de resposta, cujo prazo será de 24 horas (Lei nº 9.504/97, art. 58, § 2º).

O TSE tem alternado resoluções com um erro crasso, qual seja, algumas resoluções afirmam "a Justiça Eleitoral **notificará**" (Resolução do TSE nº 22.624, de 13/12/2007, e Resolução TSE nº 22.142/2006), outras, "o cartório eleitoral **intimará**" (Resolução TSE nº 21.575/2003). Nem uma coisa, nem outra. Na realidade, trata-se de uma autêntica "**citação**", nos exatos termos do art. 213 do Código de Processo Civil: *"Art. 213. Citação é o ato pelo qual se chama a juízo o réu ou o interessado a fim de se defender."*

Obs.: Já relatamos que o rito é muito célere, portanto, também não será admissível a produção de prova testemunhal na peça de defesa.

No mesmo sentido é a posição do TSE:

> (...) Produção de prova pelo representado. Apresentação junto com a defesa. O procedimento previsto no art. 96 da Lei nº 9.504, de 1997, pressupõe a apresentação da prova com a defesa (Ac. 2.201, de 03/08/2000. Rel. Min. Fernando Neves).

Tratando-se de reclamação ou representação contra candidato, a notificação não poderá ser feita ao partido ou coligação a que pertença, isso porque a Lei nº 9.840, de 28/09/1999, revogou o § 6º do art. 96 da Lei nº 9.504/1997. Portanto, para atender ao princípio da ampla defesa e contraditório, a notificação tem de ser dirigida ao representado.

As notificações e as intimações poderão ser realizadas por qualquer meio de comunicação, desde que não deixem dúvidas de que a parte tomou conhecimento do ato, certificando-se isso nos autos.

Se houver pedido de medida liminar, os autos serão conclusos ao juiz auxiliar ou relator e, depois da respectiva decisão, dela será o representado notificado, juntamente com o conteúdo da petição inicial.

Se houver pedido de medida liminar, os autos serão conclusos ao Juiz Eleitoral e, depois da respectiva decisão, o Cartório Eleitoral dela notificará o representado ou reclamado, juntamente com a contrafé da petição inicial (*Vide* art. 8º, parágrafo único, da Resolução do TSE nº 23.367/2011 – **Editada para as eleições de 2012**).

Constatado vício de representação processual das partes, o Juiz Eleitoral determinará a sua regularização no prazo de 24 horas, sob pena de indeferimento da petição inicial (CPC, arts. 13 e 284).

A notificação será instruída com a contrafé da petição inicial e dos documentos que a acompanham e, se o representado ou reclamado for candidato, partido político ou coligação, será encaminhada para o número de fac-símile ou para o correio eletrônico cadastrados no pedido de registro de candidatura (Lei nº 9.504/1997, art. 96-A).

Preconiza o art.10, §§ 1º, 2º e 3º, da Resolução nº 23.367/2011:

> *Art. 10. (...)*
>
> *§ 1º Na ausência de número de fac-símile, a notificação será realizada no endereço apontado na petição inicial ou no endereço indicado no pedido de registro de candidato, por via postal com aviso de recebimento ou, ainda, por Oficial de Justiça ou por servidor designado pelo Juiz Eleitoral.*
>
> *§ 2º Quando outro for o representado ou reclamado, a notificação será feita no endereço ou número de fac-símile indicado na petição inicial, e, se dela não constar, será feita por via postal com aviso de recebimento, ou, ainda, por Oficial de Justiça ou por servidor designado pelo Juiz Eleitoral.*
>
> *§ 3º Na hipótese de a petição inicial de que trata o parágrafo anterior não indicar o endereço ou fac-símile do representado ou reclamado, Juiz Eleitoral abrirá diligência para emenda da inicial no prazo máximo de 48 horas, sob pena de indeferimento liminar.*

As notificações, as comunicações, as publicações e as intimações serão feitas por fac-símile ou outro meio eletrônico, no horário das 10 às 19 horas, salvo se o Juiz Eleitoral dispuser que se faça de outro modo ou em horário diverso.

As decisões de concessão de medida liminar serão comunicadas das 8 às 24 horas, salvo quando o Juiz Eleitoral determinar horário diverso.

2.1.15.4. A intervenção do Ministério Público Eleitoral

O art. 96 da Lei nº 9.504/1997 não faz referência expressa à intervenção do Ministério Público no rito das representações, mas é pacífico que o Ministério Público Eleitoral, quando não for parte, agirá como fiscal da lei, devendo se manifestar sobre a legalidade do ato e suas consequências.

Por se tratar de matéria de ordem pública e de direitos indisponíveis, não se aplicam os efeitos da revelia, também não serão possíveis, em atendimento ao princípio da celeridade, a reconvenção nem a réplica.

Dada a celeridade exigida no rito das representações, entendemos que o Ministério Público Eleitoral deve se manifestar também em **24 horas**. Anotamos a posição contrária de José J. Cândido, que afirma:

> O Ministério Público Eleitoral, se não for parte, deverá ser ouvido como *custus legis*, imediatamente após o prazo da defesa, com ou sem ela. A princípio, seu prazo deverá ser também de 48 horas, mas nada impede que o juiz Eleitoral colha seu parecer oral sobre o feito, resumindo-o nos autos, se for decidir em audiência.

A dúvida foi elucidada pelo art. 11 da Resolução do TSE nº 23.367/2011, que dispõe:

> Art. 11. Apresentada a defesa, ou decorrido o respectivo prazo, os autos serão encaminhados ao Ministério Público Eleitoral, quando estiver atuando exclusivamente como fiscal da lei, para emissão de parecer no prazo de 24 horas, findo o qual, com ou sem parecer, serão imediatamente devolvidos ao Juiz Eleitoral.

Denota-se da leitura do artigo supracitado que a vista dos autos é de natureza obrigatória ao Ministério Público Eleitoral, mas o parecer é dispensável diante da celeridade do rito processual da Arci.

2.1.15.5. Transcorrido o prazo de 24 horas para o Ministério Público Eleitoral ofertar o parecer

No caso de haver transcorrido o prazo de 24 horas para o Ministério Público Eleitoral ofertar o parecer, o Juiz Eleitoral decidirá e fará publicar a decisão em 24 horas (Lei nº 9.504/97, art. 96, § 7º), exceto quando se tratar de pedido de resposta, cuja decisão deverá ser proferida no prazo máximo de 72 horas da data em que for protocolado o pedido (Lei nº 9.504/97, art. 58, § 2º).

O Ministério Público será pessoalmente intimado das decisões pela Secretaria Judiciária, mediante cópia, e dos acórdãos, em sessão de julgamento, quando nela publicados.

2.1.15.6. A publicação dos atos judiciais

Dispõe o art. 14 da Resolução nº 23.367/2011 que:

> Art. 14. A publicação dos atos judiciais será realizada no Diário de Justiça Eletrônico ou, na impossibilidade, em outro veículo da imprensa oficial.
>
> § 1º No período compreendido entre 5 de julho de 2012 e a proclamação dos eleitos, a publicação dos atos judiciais será realizada em cartório, devendo ser certificado nos autos o horário da publicação.
>
> § 2º No período a que se refere o § 1º deste artigo, os acórdãos serão publicados em sessão de julgamento, devendo ser certificada nos autos a publicação.
>
> § 3º O Ministério Público Eleitoral será pessoalmente intimado das decisões pelo Cartório Eleitoral, mediante cópia, e dos acórdãos, em sessão de julgamento, quando nela forem publicados.
>
> § 4º O disposto nos §§ 1º, 2º e 3º não se aplica às representações previstas nos arts. 23, 30-A, 41-A, 73, 74, 75, 77 e nos §§ 2º e 3º do art. 81 da Lei nº 9.504/97.

2.1.15.7. A revelia e a Arpi

O combate à propaganda irregular é matéria de ordem pública, *in casu*, trata-se de direito indisponível, não se aplicando em sede de Arpi os efeitos da revelia.

2.1.15.8. Reconvenção, réplica e a Arpi

A reconvenção e a réplica não são admitidas em sede de Arpi, em virtude do princípio da celeridade imposta pelo rito da ação em estudo.

2.1.15.9. Litisconsórcio e a Arpi

Não há na **Arpi** litisconsórcio passivo necessário entre o candidato e seu partido ou coligação.

No mesmo sentido o TSE:

> I – Na representação proposta com fundamento no art. 36 da Lei nº 9.504/97, em face da ocorrência de propaganda eleitoral extemporânea em programa partidário, não é exigida a formação de litisconsórcio passivo necessário entre o partido e o beneficiário da propaganda irregular veiculada.. [...] (AC. 4.679, de 12/09/2004. Rel. Min. Peçanha Martins).

Em realidade, o litisconsórcio será o facultativo simples.
No mesmo sentido o TSE:

> Na representação por propaganda eleitoral irregular, o litisconsórcio é simples, não unitário, uma vez que a conduta de cada representado é examinada de forma independente, não importando que o fato alegado seja o mesmo. Assim, não há a exigência de que os efeitos do provimento do recurso sejam iguais para todos os litisconsortes (Agravo Regimental no Recurso Especial Eleitoral 35.532/SP. Rel. Min. Marcelo Ribeiro, em 02/02/2010).

2.1.15.10. Dos recursos para o Tribunal Regional Eleitoral

No mesmo sentido dispõe o art. 33 da Resolução nº 23.367/2011 que:

> Art. 33. Contra sentença proferida por Juiz Eleitoral é cabível recurso eleitoral para o respectivo Tribunal Regional Eleitoral, no prazo de 24 horas da publicação em cartório, assegurado à parte recorrida o oferecimento de contrarrazões, em igual prazo, a contar da sua notificação, ressalvadas as hipóteses previstas no art. 31 desta resolução (Lei nº 9.504/97, art. 96, § 8º).
>
> § 1º Oferecidas as contrarrazões, ou decorrido o respectivo prazo, serão os autos imediatamente remetidos ao Tribunal Regional Eleitoral, inclusive mediante portador, se necessário.
>
> § 2º Não cabe agravo de instrumento contra decisão proferida por Juiz Eleitoral que concede ou denega medida liminar.

Há um julgado do TSE defendendo que, dependendo da situação fática, o prazo fixado em horas pode ser transformado em dias. Leia o julgado:

> 1) Conforme dispõe o art. 9º da Res. do TSE nº 22.142/2006, o prazo para interposição de recurso contra sentença proferida por juiz auxiliar, em feito no qual se discute extemporaneidade de propaganda eleitoral, é de vinte e quatro horas, a contar da sua publicação na secretaria.
>
> 2) O prazo fixado em horas pode ser transformado em dias, quando a situação fática permitir. A respeito, conferir AgRg nos EDcl na Rp (TSE) nº 789/DF, Rel. Min. Marco Aurélio de Mello, DJ 18/10/2005: "Prazo. Fixação em horas. Transformação em dias. Fixado o prazo em horas passíveis de, sob o ângulo exato, transformar-se em dia ou dias, impõe-se o fenômeno, como ocorre se previsto o de 24 horas a representar um dia. A regra somente é afastável quando a lei prevê expressamente termo inicial incompatível com a prática" (Recurso Especial Eleitoral 26.214/SC. Rel. José Augusto Delgado. J. 15/03/2007. Unânime. DJ 02/04/2007).

O entendimento é razoável, porque o prazo para interposição de recurso contra sentença em representação que apura irregularidade em propaganda eleitoral é de 24 horas, conforme disposto no art. 9º da Resolução TSE nº 22.142/2006. Não iniciado regime de plantão, o que ocorre a partir de 05 de julho (art. 18 da Res. TSE nº 22.142/2006), e vencido o prazo em dia não útil, este fica prorrogado até a primeira hora do primeiro dia útil seguinte (Representação 2.202 (20.595)/SC. Rel. Oscar Juvêncio Borges Neto. J. 03/07/2006. Unânime).

Mas tenha cuidado, o prazo só é prorrogável nos dias em que não há expediente forense.

No mesmo sentido é a posição do TSE:

> Representação. Decisão. Juiz auxiliar. Agravo. Prazo. Contagem. O prazo em horas conta-se minuto a minuto. O prazo é contínuo, não se interrompendo nos feriados. É peremptório e não se suspende aos sábados, domingos e feriados. Prorroga-se nos dias em que não há expediente. Não apresentado o recurso na abertura dos

trabalhos no Tribunal, preclui o direito de recorrer (Ac. 369, de 20/08/2002. Rel. Min. Peçanha Martins).

Joel J. Cândido defende que o recurso cabível é o inominado, a princípio sem efeito suspensivo.

Ensina Lauro Barreto[14] que na sessão de julgamento do recurso, pela corte regional, aos patronos de cada uma das partes é assegurado o uso da tribuna, pelo máximo de 10 minutos. É de fundamental importância que os advogados façam uso dessa faculdade. A sustentação oral, via de regra, é o melhor e mais eficaz meio de se levar a todos os integrantes do colegiado os pormenores mais relevantes da demanda. É que, geralmente, os relatores tendem a enfatizar, no relatório que apresentam aos seus pares, tão somente os aspectos que mais se coadunam com o voto que vão proferir. Assim, é muito comum que eles "passem por cima" das questões que possam tornar seu voto questionável. Então, a sustentação oral, quando bem explorada, pode ter a providencial serventia de "tornar-se" a tendência natural de os demais julgadores simplesmente acompanharem o voto condutor, sem maiores questionamentos.

Os acórdãos serão publicados na sessão em que os recursos forem julgados (Resolução do TSE nº 22.624, de 13/12/2007, art. 20, § 6º).

2.1.15.10.1. Dos recursos para o Tribunal Superior Eleitoral

Salvo se se tratar de direito de resposta, da decisão do Tribunal Regional Eleitoral caberá recurso especial para o Tribunal Superior Eleitoral, no prazo de três dias, a contar da publicação em sessão (Código Eleitoral, art. 276, § 1º).

Interposto o recurso especial, os autos serão conclusos ao presidente do Tribunal Regional Eleitoral, que, no prazo de 24 horas, proferirá decisão fundamentada, admitindo ou não o recurso.

Admitido o recurso especial, será assegurado, ao recorrido, o oferecimento de contrarrazões no prazo de três dias, contados da intimação, por publicação na Secretaria.

Oferecidas as contrarrazões ou decorrido o seu prazo, serão os autos imediatamente remetidos ao Tribunal Superior Eleitoral, inclusive por portador, se necessário.

Não admitido o recurso especial, caberá agravo de instrumento para o Tribunal Superior Eleitoral, no prazo de três dias, contados da publicação da decisão em Secretaria (Resolução do TSE nº 23.193/2010, art. 34, § 4º).

Formado o instrumento, com observância do disposto na Resolução nº 21.477, de 29/08/2003, será intimado o agravado para oferecer resposta ao agravo e ao recurso especial, no prazo de três dias da publicação em secretaria.

O relator, no Tribunal Superior Eleitoral, negará seguimento a pedido ou recurso intempestivo, manifestamente inadmissível, improcedente, prejudicado ou em confronto com súmula ou com jurisprudência dominante do Tribunal Superior Eleitoral, do Supremo Tribunal Federal ou de Tribunal Superior (CPC, art. 557, *caput*, e RITSE, art. 36, § 6º); poderá o relator, nos próprios autos do agravo de instrumento, dar provimento

---

[14] Barreto, Lauro. *Das Representações no Direito Processual Eleitoral*. Rio de Janeiro: Edipro, 2006. p. 123.

ao recurso especial se o acórdão recorrido estiver em manifesto confronto com súmula ou com jurisprudência dominante do próprio Tribunal Superior Eleitoral, do Supremo Tribunal Federal ou de Tribunal Superior (CPC, art. 544, § 3º, e RITSE, art. 36, § 7º).

Quando se tratar de direito de resposta, o prazo de interposição do recurso especial será de 24 horas, dispensado o juízo de admissibilidade, com a imediata intimação do recorrido para o oferecimento de contrarrazões no mesmo prazo (Lei nº 9.504/1997).

RESUMO DIDÁTICO

Em sede de Arpi cabe:

a) Recurso inominado da decisão do juiz eleitoral no prazo de 24h.

b) Agravo regimental ou interno da decisão do juiz auxiliar (**no exercício da competência do TRE**) para o pleno do **TRE** no prazo de 24h.

c) Recurso especial das decisões dos **TREs (em âmbito originário ou recursal)** no prazo de três dias.

2.1.15.10.2. *Ministério Público Eleitoral, os litisconsortes com diferentes advogados, o defensor público e o prazo em dobro para recorrer*

Entendemos que o Ministério Púbico, se o procedimento for cível eleitoral, deve ter o mesmo tratamento da área cível, ou seja, prazo em dobro. Preconiza o art. 188 do CPC que *"computar-se-á em quádruplo o prazo para contestar e em dobro para recorrer quando a parte for a Fazenda Pública ou o Ministério Público"*, mas a jurisprudência dominante nega a extensão para o processo eleitoral.

Quando o servidor do cartório eleitoral recebe um recurso, como regra geral, a orientação geral dos TREs é certificar o decurso de prazo para cumprimento de ato processual ou diligência a cargo das partes, intervenientes ou Ministério Público Eleitoral, devendo ser observadas as diretrizes seguintes:

a) Não se aplica o prazo em dobro para litisconsortes com diferentes advogados (art. 191 do CPC), bem como a regra contida no art. 188 do Código de Processo Civil que prevê prazo em quádruplo contestar e em dobro para recorrer quando a parte for a Fazenda Pública ou o Ministério Público (TSE. Agi 1.945; Agi 1.249; Agravo Regimental em Recurso Especial Eleitoral 27.104. Ac. Rel. Min. Marcelo Henriques Ribeiro Oliveira. J. 17/04/2008. DJ 14/05/2008, p. 04).

b) Em relação à Defensoria Pública os prazos são contados em dobro, nos termos do art. 5º, § 5º, da Lei nº 1.060/1050 (TSE. Acórdão 3.941, de 03/02/2004, no AgRgAgl 3.941; Acórdão 48, de 15/10/2002, no AgRgHC. Ac. 3.941, de 03/02/2004. Rel. Min. Carlos Velloso).

> **Veja ainda: TSE: 1. Em conformidade com o disposto no art. 128, I, da Lei Complementar nº 80, de 1994, ao defensor público do Estado contam-se em dobro todos os prazos. 2.** A decisão que julga procedente representação por captação de sufrágio vedada por lei, com base no art. 41-A da Lei nº 9.504/97, é imediata, sendo desneces-

sária a interposição de recurso contra a expedição de diploma ou de ação de impugnação de mandato eletivo (Ac. 21.169, Rel. Min. Ellen Gracie e 19.644, rel. Min. Barros Monteiro). 3. É inviável o reexame de matéria fática em sede de recurso especial (Súmulas n°s 279/STF e 7/STJ). Agravo de instrumento a que se nega provimento.

c) Não se aplica o prazo especial de que trata a alínea anterior aos Defensores Dativos que não pertençam à Defensoria Pública (STJ. REsp 896.362, de 22/05/2007).

Constata-se a toda evidência que não há razoabilidade no entendimento jurisprudencial que concede prazo dobrado ao defensor público, que não detém legitimidade para em nome próprio propor ações eleitorais e nega tal prerrogativa ao Ministério Público Eleitoral, que é uma instituição que tem entre as suas incumbências a defesa do regime democrático e figura como parte, em todas as ações eleitorais.

2.1.15.11. Observações muito importantes

Os prazos relativos às representações serão contínuos e peremptórios, não se suspendendo aos sábados, domingos e feriados, entre 05 de julho do ano da eleição e a proclamação dos eleitos, inclusive em segundo turno (Lei Complementar nº 64/1990, art. 16).

Dispõe o art. 374, § 1º, da Resolução do TSE nº 23.193/2010 que, no período supracitado, os advogados, inclusive os que representarem as emissoras de rádio, televisão, provedores e servidores de internet e demais veículos de comunicação, estarão dispensados da juntada de procuração em cada processo, se arquivarem, na Secretaria Judiciária, mandato genérico relativo às eleições de 2010; a circunstância deverá ser informada na petição em que ele se valer desta faculdade e certificada nos autos.

O requisito de admissibilidade dos recursos pela instância superior será verificado a partir da certidão constante dos autos, sendo a parte interessada responsável pela verificação da existência da referida certidão.

2.1.15.12. O que acarreta a não observância dos prazos supracitados

A sumariedade é notória no rito das representações, portanto, segundo o art. 97 da Lei nº 9.504/1997:

> Art. 97. Poderá o candidato, partido ou coligação representar ao Tribunal Regional Eleitoral contra o Juiz Eleitoral que descumprir as disposições desta Lei ou **der causa ao seu descumprimento, inclusive quanto aos prazos processuais**; neste caso, ouvido o representado em vinte e quatro horas, o Tribunal ordenará a observância do procedimento que explicitar, sob pena de incorrer o Juiz em desobediência.
>
> Parágrafo único. No caso do descumprimento das disposições desta Lei por Tribunal Regional Eleitoral, a representação poderá ser feita ao Tribunal Superior Eleitoral, observado o disposto neste artigo.

Conforme entendimento do TSE:

> Representação por descumprimento de preceito da Lei nº 9.504/1997. Necessidade de obediência ao rito estabelecido nos parágrafos do art. 96 da citada

lei, inclusive o prazo de vinte e quatro horas para a decisão. **Possibilidade de o pedido ser dirigido ao órgão superior quando tal prazo não é cumprido. Hipótese em que o feito aguarda decisão há quatro meses. Representação acolhida para determinar ao Tribunal Regional que encaminhe os autos da representação original ao Tribunal Superior Eleitoral, a fim de que a mesma seja decidida por um de seus juízes auxiliares.** Resolução nº 20.366, de 25/09/1998. Representação nº 147, Classe nº 30ª/MA (Matinha). Decisão: unânime em julgar procedente a representação. No mesmo sentido, a Resolução nº 20.367, de 25/09/1998.

Já o art. 32 da Resolução do TSE nº 22.624, de 13/12/2007, preconiza que:

> Poderá o candidato, o partido político, a coligação ou o Ministério Público representar ao Tribunal Regional Eleitoral contra o juiz eleitoral que descumprir as disposições desta resolução ou der causa a seu descumprimento, inclusive quanto aos prazos processuais; nesse caso, ouvido o representado em 24 horas, o Tribunal ordenará a observância do procedimento que explicitar, sob pena de incorrer o juiz em desobediência (Lei nº 9.504/1997, art. 97, caput).

2.1.15.13. A priorização dos feitos eleitorais

Os feitos eleitorais, no período entre 10 de junho e 31 de outubro do ano da eleição, terão prioridade para a participação do Ministério Público e dos juízes de todas as justiças e instâncias, ressalvados os processos de *habeas corpus* e mandado de segurança (Lei nº 9.504/1997, art. 94, *caput*).

O art. 58-A da Lei nº 9.504/1997, acrescentado pela Lei nº 12.034, de 29/09/2009, estabeleceu que: *"Os pedidos de direito de resposta e as representações por propaganda irregular na rádio, televisão e internet tramitarão preferencialmente em relação aos demais processos em curso na justiça eleitoral."*

A Resolução nº 23.193/2010 foi peremptória ao afirmar no seu art. 43 que:

> Poderá o candidato, o partido político, a coligação ou o Ministério Público representar ao tribunal regional eleitoral contra o juiz eleitoral que descumprir as disposições desta resolução ou der causa a seu descumprimento, inclusive quanto aos prazos processuais; nesse caso, ouvido o representado em 24 horas, o tribunal ordenará a observância do procedimento que explicitar, sob pena de incorrer o juiz em desobediência (Lei nº 9.504/1997, art. 97, caput).

Os feitos eleitorais, no período entre 10 de junho e 05 de novembro de 2010, terão prioridade para a participação do Ministério Público e dos juízes de todas as justiças e instâncias, ressalvados os processos de *habeas corpus* e mandado de segurança (Lei nº 9.504/1997, art. 94, *caput*).

O descumprimento do supramencionado constitui crime de responsabilidade e será objeto de anotação funcional para efeito de promoção na carreira (Lei nº 9.504/1997, art. 94, § 2º).

Além das polícias judiciárias, os órgãos da Receita Federal, estadual e municipal, os tribunais e os órgãos de contas auxiliarão a Justiça Eleitoral na apuração dos delitos eleitorais, com prioridade sobre suas atribuições regulares (Lei nº 9.504/1997, art. 94, § 3º).

Informa ainda o art. 33, § 2º, que o descumprimento do disposto neste artigo constitui crime de responsabilidade e será objeto de anotação funcional para efeito de promoção na carreira (Lei nº 9.504/1997, art. 94, § 2º).

2.1.16. A representação e a litigância de má-fé

É possível, dados os ânimos acirrados do clima eleitoral, que um partido, candidato ou coligação interponham uma representação, utilizando-se de expediente de má-fé, e será, *in casu*, perfeitamente aplicável o disposto no art. 18 do Código de Processo Civil, *in verbis*:

> Art. 18. *O juiz ou Tribunal, de ofício ou a requerimento, condenará o litigante de má-fé a pagar multa não excedente a 1% (um por cento) sobre o valor da causa e a indenizar a parte contrária dos prejuízos que esta sofreu, mais os honorários advocatícios e todas as despesas que efetuou.*

No mesmo sentido é a posição do TSE:

1) Averiguada a litigância de má-fé – em sede de representação por propaganda eleitoral irregular – e considerada a ausência de valor da causa dos feitos eleitorais, afigura-se razoável a fixação da multa do art. 18 do Código de Processo Civil, tendo como parâmetro o *quantum* da multa aplicada na citada representação. 2) No entanto, a fixação da sanção por litigância de má-fé não pode ficar ao livre-arbítrio do julgador, devendo respeitar o limite de 1% expressamente estabelecido no *caput* do referido art. 18 do CPC. 3) Afigura-se desproporcional e desprovida de fundamento legal a multa por litigância de má-fé imposta pelo Tribunal Regional Eleitoral no décuplo da sanção aplicada na representação. Agravo regimental a que se nega provimento (Agravo Regimental em Recurso Especial Eleitoral 28.335/SP. Rel. Carlos Eduardo Caputo Bastos. J. 16/10/2007. Unânime. DJ 05/11/2007, p. 136).

2.1.17. Honorários advocatícios em sede de Arpi

A condenação em honorários advocatícios, em razão de sucumbência, apresenta-se incabível em feitos eleitorais.[15]

2.1.18. O ônus da prova da propaganda irregular

Na prática, todos os candidatos alegam uma só tese, qual seja, "não tinha conhecimento prévio da propaganda".

---

[15] Recurso Especial Eleitoral 12.783. Ac. Rel. Paulo Roberto Saraiva da Costa Leite. Publicado no DJ 18/04/1997, p. 13.862.

É evidente que a alegação *ut supra* pode ser verdadeira; é perfeitamente possível um candidato à presidência da República não conhecer uma propaganda que foi realizada no interior do país, mas não é razoável um candidato afirmar que não tinha conhecimento de um *outdoor* que foi colocado na rua do seu domicílio eleitoral.

Também não será possível alegar tal tese no caso de a propaganda irregular ter sido feita pelo próprio candidato, como é o caso das entrevistas.

Entendemos que a tese de negativa de conhecimento deve ser realizada com um mínimo de provas que possa descaracterizar as indicadas no bojo da representação. Portanto, alegar e não provar nenhum efeito jurídico provocará, isso porque entendemos que o ônus da prova não é do autor da representação e sim do representado.

É verdade que a Súmula nº 17 do TSE defendia: "Não é admissível a presunção de que o candidato, por ser beneficiário da propaganda eleitoral irregular, tenha prévio conhecimento de sua veiculação (arts. 36 e 37 da Lei nº 9.504 de 30/09/1997)."

A súmula supracitada foi revogada no julgamento do REsp 19.600/CE. Rel. Min. Luiz Carlos Lopes Madeira. DJ 17/05/2002. Na ocasião, em questão de ordem suscitada pelo eminente Ministro Sepúlveda Pertence, restou assentado que, em razão da elevada quantidade de cartazes relativos ao candidato, "não havia que se falar em presunção de não conhecimento de propaganda eleitoral em seu favor" (TSE. Embargos de Declaração em Recurso Especial Eleitoral 26.142/SC. Rel. José Augusto Delgado. J. 31/10/2006. Unânime. DJ 14/11/2006).

Nesse sentido, a lição do Eminente Juiz Relator Eduardo Botalo, do Egrégio Tribunal Regional Eleitoral – São Paulo, no v. Acórdão do Processo 14.398:

> E quanto à alegação de que desconhecia, ou não é culpado pelo evento, este E. Tribunal tem por firme o entendimento de que, para ser aceita, o Recorrido deveria trazer elementos concretos a subsidiar tal assertiva, o que, entretanto, não fez. Vale transcrever o seguinte precedente, aprovado unanimemente pela Corte:
>
> "(...) a Lei nº 9.504/1997 caminhou no sentido de dar ao candidato, que se favorece da prática inoportuna de propaganda, a possibilidade de eximir-se da imposição de sanção pecuniária, desde que demonstre não haver, de qualquer forma, concorrido, tampouco consentido com a divulgação ilícita.
>
> De seu turno, o Judiciário, no intuito de dar efetividade ao seu dever institucional de fiscalizar o processo eleitoral, não pode se satisfazer com a mera negativa de autoria, alçada, eventualmente, pelo beneficiário, desacompanhada de provas que o atestem.
>
> É certo que o candidato terá dificuldades em patentear satisfatoriamente sua não participação na ilegalidade.
>
> Isso é fato.
>
> Entretanto, se assim não fosse, a previsão legal (art. 36, § 3º, da Lei nº 9.504/1970) se faria inofensiva, por possibilitar ao infrator, desvencilhar-se da legítima punição" (ter. Acórdão 131.214. Processo 13.114. Classe 2ª. Rel. Des. Fed. Anna Maria Pimentel. DJ 07/06/2006).

2.1.19. Um macete de ordem prática

No contexto prático, sempre orientamos os colegas promotores eleitorais que, ao tomarem conhecimento da propaganda irregular, notifiquem o pré-candidato beneficiário para retirar tal propaganda em 48 horas; não retirada, será praticamente impossível o beneficiário alegar que não tinha conhecimento prévio.

Já defendíamos na 1ª edição deste livro que essa notificação antecipada se tornava, em alguns casos, necessária para o sucesso final da representação; por exemplo, é o caso em que a parte legítima tomou conhecimento da propaganda, entrou com a representação, não juntou nos autos prova concreta da irregularidade e, logo em seguida, a propaganda desapareceu.

Leia como decidiu o Tribunal:

> I – Não havendo auto de constatação ou notificação para retirada, não há como presumir-se o conhecimento do candidato acerca da propaganda irregular. II – **Ausente comprovação da inutilização de propaganda lícita do adversário, não há como prosperar a reclamação com base nesse fato aduzida.** III – Propaganda eleitoral irregular não demonstrada. Improcedência da Reclamação (TER. Reclamação 11.055/CE. Rel. José Arísio Lopes da Costa. J. 11/09/2007. Unânime. DJ 26/09/2007, p. 209).

A Lei nº 12.034, de 29/09/2009, adotou o que debatíamos em doutrina, ou seja, a Arpi agora tem uma condição de procedibilidade, qual seja, a prova do prévio conhecimento.

Na realidade, a notificação prévia é importante, mas só em um caso será imprescindível.

No contexto prático, teremos três hipóteses:

1ª) Quando a notificação não é necessária.

A notificação não será necessária em duas circunstâncias:

a) Há casos em que a notificação é totalmente desnecessária, circunstância do caso concreto, como, por exemplo, o caso de o próprio beneficiário fazer a sua propaganda.

EXEMPLO DIDÁTICO

Em determinado caso concreto, Tício aproveitou uma entrevista no rádio e fez um discurso de autopromoção enaltecendo as suas qualidades e lançando a sua campanha antes de ser escolhido na convenção.

Solução jurídica: Neste caso, a notificação não é necessária, pois a fita degravada do discurso de Tício prova a propaganda irregular, e também será impossível a alegação de desconhecimento prévio.

No mesmo sentido é a redação do art. 40-B da Lei nº 9.504/1997, com redação dada pela Lei nº 12.034/2009, in verbis: "A representação relativa à propaganda irregular deve ser instruída com prova da autoria ou do prévio conhecimento do beneficiário, **caso este não seja por ela responsável**" (Destaque nosso).

b) A notificação não será necessária quando, no contexto prático, é perfeitamente possível provar que o representado tinha conhecimento prévio da propaganda irregular.

EXEMPLO DIDÁTICO

Em um determinado caso concreto, um *outdoor* foi fixado na rua em que o pré-candidato residia.

Solução jurídica: A ausência de notificação para a retirada da propaganda irregular não impede a constatação do prévio conhecimento, tendo em vista a notoriedade e circunstância do caso concreto, torna-se impossível a alegação de não conhecimento da propaganda irregular.

No mesmo sentido o TSE:

> (...) Propaganda eleitoral. *Outdoor*. Prévio conhecimento. Multa. Partido político. Solidariedade. Prova. Revolvimento. Impossibilidade. Prequestionamento. Ausência. Dissenso não caracterizado. Negado provimento. **I. A propaganda realizada mediante *outdoor*, dadas suas características, conduz à presença do prévio conhecimento (...)"** (Ac. 21.428, de 06/04/2004. Rel. Min. Peçanha Martins).

No mesmo sentido é a redação do parágrafo único do art. 40-B da Lei nº 9.504/1997, com redação dada pela Lei nº 12.034/2009, *in verbis*:

> Art. 40-B. (...)
>
> Parágrafo único. A responsabilidade do candidato estará demonstrada se este, intimado da existência da propaganda irregular, não providenciar, no prazo de quarenta e oito horas, sua retirada ou regularização *e, ainda, se as circunstâncias e as peculiaridades do caso específico revelarem a impossibilidade de o beneficiário não ter tido conhecimento da propaganda* (Destaque nosso).

Interessante foi a regra trazida pelo art. 74, § 2º, da Resolução do TSE nº 23.191/2010, *in verbis*:

> Art. 74. (...)
>
> § 2º A intimação de que trata o parágrafo anterior poderá ser realizada por qualquer cidadão, candidato, partido político, coligação ou pelo Ministério Público diretamente ao responsável ou beneficiário da propaganda, devendo dela constar a precisa identificação da propaganda apontada como irregular.

2ª) Quando a notificação é importante.

A notificação será importante quando, no contexto prático, houver dúvida se o representado tinha conhecimento prévio da propaganda irregular.

EXEMPLO DIDÁTICO

Em um determinado caso concreto, Tício colou vários adesivos de Mévio, que tinha a pretensão de ser candidato a prefeito.

Solução jurídica: Quando há relação de divulgador (no caso, Tício) e beneficiário (Mévio), a notificação se torna importante, pois o beneficiário irá alegar que não tinha conhecimento da propaganda realizada pelo divulgador.

3ª) Quando a notificação é imprescindível.

A notificação é imprescindível quando a propaganda for realizada nos bens cujo uso dependa de cessão ou permissão do Poder Público, ou que a ele pertençam; e nos de uso comum, inclusive postes de iluminação pública e sinalização de tráfego, viadutos, passarelas, pontes, paradas de ônibus e outros equipamentos urbanos, é vedada a veiculação de propaganda de qualquer natureza, inclusive pichação, inscrição a tinta, fixação de placas, estandartes, faixas e assemelhados.

No mesmo sentido é a posição do TSE:

> No que concerne à propaganda eleitoral irregular de que cogita o art. 37 da Lei das Eleições, a Lei nº 11.300 alterou a redação do respectivo § 1º, que passou a dispor que "a veiculação de propaganda em desacordo com o disposto no *caput* deste artigo sujeita o responsável, após a notificação e comprovação, à restauração do bem e, caso não cumprida no prazo, a multa no valor de R$ 2.000,00 (dois mil reais) a R$ 8.000,00 (oito mil reais)". Essa norma legal expressamente estabelece que, averiguada a irregularidade da propaganda, o responsável deverá ser notificado para efetuar a restauração do bem e, caso não cumprida no prazo estabelecido pela Justiça Eleitoral, poderá assim ser imposta a respectiva penalidade pecuniária (TSE/SP. Agravo Regimental em Recurso Especial Eleitoral 27.865. Rel. Carlos Eduardo Caputo Bastos. J. 11/09/2007. Unânime. DJ 24/09/2007, p. 142).

No mesmo sentido, veja o § 1º do art. 37 da Lei nº 9.504/1997 e o art. 13, § 1º, da Resolução nº 22.718/2008.

2.1.19.1. A fundamentação do prévio conhecimento

A segunda via da notificação servirá para provar o prévio conhecimento, e ele, futuramente, não poderá alegar que não sabia da irregularidade.

Segue a fundamentação do prévio conhecimento nos diversos tipos de propaganda (todos os artigos são da Lei nº 9.504/1997):

> *Art. 40-B. A representação relativa à propaganda irregular* **deve ser instruída com prova da autoria ou do prévio conhecimento do beneficiário**, *caso este não seja por ela responsável.*
>
> *Parágrafo único.* **A responsabilidade do candidato estará demonstrada se este, intimado da existência da propaganda irregular, não providenciar, no prazo de quarenta e oito horas, sua retirada ou regularização e**, *ainda, se as circunstâncias e as peculiaridades do caso específico revelarem a impossibilidade de o beneficiário não ter tido conhecimento da propaganda.*
>
> (...)
>
> *Art. 57-C. Na internet, é vedada a veiculação de qualquer tipo de propaganda eleitoral paga.*
>
> *§ 1º É vedada, ainda que gratuitamente, a veiculação de propaganda eleitoral na internet, em sítios:*
>
> *I – de pessoas jurídicas, com ou sem fins lucrativos;*

II – oficiais ou hospedados por órgãos ou entidades da administração pública direta ou indireta da União, dos Estados, do Distrito Federal e dos Municípios.

§ 2º A violação do disposto neste artigo sujeita o responsável pela divulgação da propaganda e, **quando comprovado seu prévio conhecimento***, o beneficiário à multa no valor de R$ 5.000,00 (cinco mil reais) a R$ 30.000,00 (trinta mil reais). (Artigo acrescentado conforme determinado na Lei nº 12.034, de 29/09/2009, DOU, 30/09/2009.)*

Art. 57-D. É livre a manifestação do pensamento, vedado o anonimato durante a campanha eleitoral, por meio da rede mundial de computadores – internet, assegurado o direito de resposta, nos termos das alíneas a, b e c do inciso IV do § 3º do art. 58 e do 58-A, e por outros meios de comunicação interpessoal mediante mensagem eletrônica.

§ 1º (VETADO).

§ 2º A violação do disposto neste artigo sujeitará o responsável pela divulgação da propaganda e, **quando comprovado seu prévio conhecimento***, o beneficiário à multa no valor de R$ 5.000,00 (cinco mil reais) a R$ 30.000,00 (trinta mil reais) (Artigo acrescentado conforme determinado na Lei nº 12.034, de 29/09/2009, DOU, 30/09/2009).*

Art. 57-E. São vedadas às pessoas relacionadas no art. 24 a utilização, doação ou cessão de cadastro eletrônico de seus clientes, em favor de candidatos, partidos ou coligações.

§ 1º É proibida a venda de cadastro de endereços eletrônicos.

§ 2º A violação do disposto neste artigo sujeita o responsável pela divulgação da propaganda e, **quando comprovado seu prévio conhecimento***, o beneficiário à multa no valor de R$ 5.000,00 (cinco mil reais) a R$ 30.000,00 (trinta mil reais) (Artigo acrescentado conforme determinado na Lei nº 12.034, de 29/09/2009, DOU, 30/09/2009).*

Art. 57-F. Aplicam-se ao provedor de conteúdo e de serviços multimídia que hospeda a divulgação da propaganda eleitoral de candidato, de partido ou de coligação as penalidades previstas nesta Lei, se, no prazo determinado pela Justiça Eleitoral, **contado a partir da notificação de decisão sobre a existência de propaganda irregular***, não tomar providências para a cessação dessa divulgação.*

Parágrafo único. O provedor de conteúdo ou de serviços multimídia só será considerado responsável pela divulgação da propaganda se a publicação do material for comprovadamente de seu prévio conhecimento.

2.1.20. Princípio da responsabilidade solidária na propaganda eleitoral

Segundo o art. 241 do Código Eleitoral, *"toda propaganda eleitoral será realizada sob a responsabilidade dos partidos e por eles paga, imputando-se-lhes solidariedade nos excessos praticados pelos seus candidatos e adeptos".*

Evidentemente, caso a propaganda seja realizada por pré-candidatos, ou seja, aquele que ainda não foi escolhido na convenção partidária, não será possível imputar a responsabilidade solidária ao partido político ou à futura coligação, neste caso, a solidariedade recairá entre o pré-candidato e o adepto, leia-se o eleitor que divulga a propaganda irregular.

Insta acentuar que a responsabilidade pela propaganda é solidária, mas a aplicação da multa deve ser feita ao partido político, à coligação, aos candidatos e seus adeptos, de forma individual.

No mesmo sentido o entendimento do TSE:

> É possível a aplicação da multa prevista no art. 36, § 3º, da Lei nº 9.504/1997, quando comprovada a prática de propaganda eleitoral extemporânea em espaço reservado à divulgação dos partidos. **Existindo mais de um responsável pela propaganda irregular, a pena de multa deve ser aplicada individualmente, e não de forma solidária** (Ag/Rg no Agravo de Instrumento 7.826/SP).

À responsabilidade solidária não se vislumbra a ocorrência de *bis in idem* inconstitucional ao se aplicar multa ao partido político e ao interlocutor de propaganda eleitoral extemporânea, quando este último for notadamente candidato a cargo político.[16]

2.1.21. As espécies de propaganda extemporânea

A propaganda extemporânea pode ser:
a) expressa ou visível, quando há manifestação clara e objetiva no sentido de que o beneficiário é o mais apto para assumir a função pública pleiteada;
b) subliminar ou invisível, quando a mesma é realizada de forma implícita ou subjacente ao ato praticado.

Caracteriza-se a propaganda extemporânea subliminar ou invisível quando se leva ao conhecimento público, de forma dissimulada com uso de subterfúgios, candidatura própria ou de alguém, demonstrando de forma implícita, através de atos positivos do beneficiário ou negativo do opositor, que o beneficiário é o mais apto para assumir a função pública pleiteada.

A propaganda subliminar já é aceita por vários julgados do **TSE**; seguem alguns exemplos jurisprudenciais caracterizadores da propaganda subliminar ou invisível.

> **Entende-se como ato de propaganda eleitoral aquele que leva ao conhecimento geral, ainda que de forma dissimulada**, a candidatura, mesmo que apenas postulada, a ação política que se pretende desenvolver ou razões que induzam a concluir que o beneficiário é o mais apto ao exercício da função pública (Recurso Especial Eleitoral 15.732, de 15/04/1999. Rel. Min. Eduardo Alckmin).
>
> A configuração de propaganda eleitoral antecipada não depende exclusivamente da conjugação simultânea do trinômio candidato, pedido de voto e cargo pretendido. **A fim de se verificar a existência de propaganda eleitoral antecipada, especialmente em sua forma dissimulada, é necessário examinar todo o contexto em que se deram os fatos, não devendo ser observado tão somente o texto da mensagem, mas também outras circunstâncias, tais como imagens, fotografias, meios, número e alcance da divulgação. Caracteriza propaganda eleitoral antecipada, ainda que de forma implícita, a veiculação de propaganda partidária para promoção de filiado, notório pré-candidato, com conotação eleitoral, que induza o eleitor à conclusão de que seria o mais apto para ocupar o cargo que pleiteia,**

---

[16] No mesmo sentido, *vide* precedentes do TSE: Ag. 4.748/PR. Rel. Min. Caputo Bastos. DJ 11/11/2004; Acórdão 21.418. Rel. Min. Peçanha Martins, de 06/04/2004; Acórdão 21.026. Rel. Min. Carlos Velloso, de 24/06/2003; e Acórdão 20.532, de 31/10/2002. Rel. Min. Luiz Carlos Madeira.

inclusive com a divulgação de possíveis linhas de ação a serem implementadas. (...) (Ac. de 10/08/2010 no R-Rp 177.413. Rel. Min. Joelson Dias).

(...) Propaganda eleitoral antecipada. Pronunciamento oficial em cadeia de rádio e televisão. (...) Propaganda "subliminar". Impropriedade do termo no presente caso. **A percepção subliminar de uma propaganda é aquela que não pode ser alcançada pelos sentidos humanos. Mesmo que seja certa a possibilidade de percepção subliminar, o poder de persuasão subliminar não é pacificamente aceito pela comunidade científica internacional.** 3. Significação implícita das palavras. A interpretação de texto não pode incidir em extrapolação, redução ou contradição e deve considerar o contexto e os pressupostos que decorrem diretamente do discurso. 4. Suposições e inferências que decorrem do universo cognitivo do destinatário do discurso não podem ser consideradas como elementos suficientes a atrair a sanção prevista em norma legal. (...) Representação julgada improcedente. (...) (Ac. de 17/06/2010 no R-Rp 98.951. Rel. Min. Henrique Neves).

Representação. Programa partidário. Desvio de finalidade. Propaganda eleitoral antecipada. Promoção pessoal. Comparação entre administrações. Caráter subliminar. Caracterização. Procedência. 1. A caracterização da propaganda eleitoral em espaço de propaganda partidária depende de divulgação, ainda que de forma indireta, dissimulada ou subliminar, de determinada candidatura, dos propósitos para obter o apoio por intermédio do voto, e de promoção pessoal com exclusiva finalidade eleitoral, não se exigindo, para tanto, expresso pedido de votos ou existência de candidatura formalizada. 2. **Concretiza a prática vedada em lei, sob a moldura de propaganda subliminar, a exteriorização de críticas à atuação de administrações conduzidas por governos anteriores em comparação com o governo atual, quando desbordem dos limites da discussão de temas de interesse político-comunitário, em contexto indissociável da disputa eleitoral de próxima realização, atrelado à exploração das qualidades de pré-candidato do partido de situação para a continuidade das ações e programas concebidos sob sua orientação.** 3. Na verificação da "existência de propaganda subliminar, com propósito eleitoral, não deve ser observado tão somente o texto dessa propaganda, mas também outras circunstâncias, tais como imagens, fotografias, meios, número e alcance da divulgação". Precedentes. 4. A utilização de parte da propaganda para exclusiva promoção pessoal de filiada, com explícita conotação eleitoral, atrai, a um só tempo, a aplicação da penalidade da cassação do direito de transmissão no semestre seguinte ao do ato ilícito, salvo quando o julgamento se der em momento posterior, consideradas a gravidade e a extensão da falta, e da pena de multa por violação ao art. 36 da Lei das Eleições. (...) (Ac. de 13/05/2010 no Rp 419.9135. Rel. Min. Aldir Passarinho Junior).

Representação. Propaganda eleitoral antecipada. Programa de televisão. 1. A jurisprudência está consolidada no sentido de que a propaganda eleitoral antecipada pode ficar configurada não apenas em face de eventual pedido de votos ou de exposição de plataforma ou aptidão política, **mas também ser inferida por meio de circunstâncias subliminares, aferíveis em cada caso concreto** (...) (Ac. de 15/04/2010 no AgR-AI 10.203. Rel. Min. Arnaldo Versiani).

(...) 7. **A configuração de propaganda eleitoral antecipada não depende exclusivamente da conjugação simultânea do trinômio candidato, pedido de voto e cargo pretendido. Nesse sentido, o pedido de voto não é requisito essencial para a configuração do ilícito, desde que haja alusão à circunstância associada à eleição**

(AgRg no Ag nº 5.120, Rel. Min. Gilmar Mendes, DJ 23/09/2005). 8. **Para a identificação deste trabalho antecipado de captação de votos, é comum que o julgador se depare com atos que, embora tenham a aparência da licitude, possam configurar ilícitos como a propaganda antecipada que podem acabar por ferir a igualdade de oportunidade dos candidatos no pleito** (RCED nº 673/RN, Rel. Min. Caputo Bastos, DJ 30/10/2007). Na presente hipótese, a aplicação da teoria da fraude à lei significaria que, embora determinado discurso ou participação em inaugurações possam ser considerados lícitos, se analisados superficialmente, o exame destes em seu contexto pode revelar que o bem jurídico tutelado pelas normas regentes da matéria foi, efetivamente, maculado. (...) (Ac. de 25/03/2010 no AgR-Rp 20.574. Rel. Min. Henrique Neves, red. designado Min. Felix Fischer).

(...) 3. **Para se concluir pelo caráter subliminar da propaganda, faz-se necessária a análise conjuntural da conduta de acordo com os elementos constantes do processo, segundo critérios objetivos, portanto, e não conforme a intenção oculta do responsável pela prática do ato, não havendo cogitar do exame de circunstâncias alheias ao contexto da manifestação objeto da demanda.** 4. Se não verificada a presença de nenhum desses elementos objetivos, exigidos pela jurisprudência do c. TSE, não configura propaganda eleitoral antecipada o pronunciamento de governante durante cerimônia oficial de inauguração de obra pública, ainda que feita menção às realizações de seu governo. Nos termos da assente jurisprudência da Corte, não se confundem com propaganda eleitoral antecipada nem a aventada promoção pessoal conformadora de eventual abuso de poder, passível de apuração e punição na forma da Lei Complementar nº 64/90, nem a cogitada divulgação de atos de governo em contrariedade ao disposto no artigo 37, § 1º, da Constituição, para a qual também existem outros remédios jurídicos e sanções. 6. Recurso desprovido (Ac. de 18/03/2010 no AgR-Rp 18.316. Rel. Min. Joelson Dias.).

(...) É de se reconhecer a configuração da propaganda eleitoral extemporânea por intermédio de mensagem em *outdoor* com fotografia em grande destaque do prefeito, candidato à reeleição, com alusões à sua maciça aprovação popular. **Conforme jurisprudência desta Corte, para verificação de propaganda subliminar, não deve ser observado apenas o texto da propaganda, mas também outras circunstâncias, tais como imagens, fotografias, meios, número e alcance da divulgação** (...) (Ac. de 12/11/2009 nos ED-AI 10.010. Rel. Min. Arnaldo Versiani).

(...) Distribuição. Informativo. Ações do parlamentar. Período pré-eleitoral. Propaganda extemporânea e subliminar. (...). III – **Caracteriza propaganda antecipada e subliminar a distribuição, em período pré-eleitoral, de informativos contendo nome, cargo, legenda partidária e fotografia e exaltando as atividades do parlamentar** (...) (Ac. de 21/05/2009 no AREsp 22.494. Rel. Min. Enrique Lewandowski).

Representação. Propaganda eleitoral antecipada. Não há como reconhecer a infração ao art. 36, § 3º, da Lei nº 9.504/97, se, no evento organizado pelo Governo Federal – destinado a novos prefeitos –, **as circunstâncias e as provas coligidas não evidenciam, mesmo em caráter subliminar, a prática de propaganda eleitoral antecipada, nem mesmo em discursos proferidos pelos representados** (...) (Ac. de 14/05/2009 na Rp 1.400. Rel. Min. Arnaldo Versiani).

Propaganda partidária. Alegação de desvio de finalidade. Crítica. Comparação entre governos. Exclusiva promoção pessoal. Filiado. Pré-candidato. Propaganda eleitoral antecipada. Semestre anterior ao pleito. (...) **A realização de comparação entre a atuação de governos sob a direção de agremiações adversárias, com a finalidade de ressaltar as qualidades do responsável pela propaganda e de denegrir a imagem do opositor, caracteriza propaganda eleitoral subliminar, ocorrida, na hipótese dos autos, fora do período autorizado em lei** (...) (Ac. de 30/10/2007 na Rp 944. Rel. Min. José Delgado).

Propaganda partidária. Alegação de desvio de finalidade. Crítica. Governo. Filiado. Pré-candidato. Propaganda eleitoral antecipada. Infração à Lei nº 9.504/97. Pedido de cassação do programa prejudicado. Pena de multa. Improcedência da representação. 1. **A realização de críticas, ainda que desabonadoras, sobre a atuação de filiados e de governo sob a direção de agremiação adversária não caracteriza propaganda eleitoral subliminar e fora do período autorizado em lei, desde que não ultrapassem o limite da discussão de temas de interesse político comunitário, como o ocorrido na hipótese dos autos. 2. Improcedência da representação pela não configuração de ofensa ao art. 36 da Lei das Eleições** (Ac. de 09/08/2007 na Rp 994. Rel. Min. José Delgado).

(...) A comparação entre o desempenho de filiados a partidos políticos antagônicos, ocupantes de cargos na administração pública, durante a veiculação de programa partidário, é admissível, desde que não exceda ao limite da discussão de temas de interesse político-comunitário e que não possua a finalidade de ressaltar as qualidades do responsável pela propaganda **e de denegrir a imagem do opositor, configurando, nesta hipótese, propaganda eleitoral subliminar e fora do período autorizado em lei** (...) (Ac. de 26/04/2007 na Rp 1.277. Rel. Min. Cesar Asfor Rocha; no mesmo sentido o Ac. de 26/04/2007 na Rp 1.242. Rel. Min. Cesar Asfor Rocha; e o Ac. de 05/06/2007 na Rp 942. Rel. Min. José Delgado).

(...) Representação. Propaganda extemporânea. Art. 36, § 3º, da Lei nº 9.504/97. Veiculação. *Outdoor.* Mensagem. Ano-novo. Fotografia. Endereço eletrônico. Internet. Logomarca. Partido político. Vereador. Ano eleitoral. (...) **Quanto à ausência de pedido expresso de votos e menção à eleição na propaganda, esta Corte entende que, "(...) a fim de verificar a existência de propaganda subliminar, com propósito eleitoral, não deve ser observado tão somente o texto dessa propaganda, mas também outras circunstâncias, tais como imagens, fotografias, meios, número e alcance da divulgação"** (REsp nº 19.905/GO, DJ 22/08/2003, Rel. Min. Fernando Neves) (...) (Ac. de 17/04/2007 no AAG 7.271. Rel. Min. Gerardo Grossi).

Recurso especial. Propaganda irregular. Aplicação do art. 45 da Lei nº 9.504/97. Recurso conhecido e provido. **Configura propaganda eleitoral disfarçada ou subliminar, comercial veiculado por emissora de televisão dando destaque aos números de candidatos ao governo e ao Senado Federal, cujo elemento finalístico do ato praticado foi nitidamente induzir o eleitor a votar nos números anunciados, mormente quando essa pseudomensagem comercial foi veiculada às vésperas da eleição** (Ac. 15.859, de 08/04/1999. Rel. Min. Costa Porto).

Considera-se propaganda eleitoral subliminar a publicidade que traça paralelo entre a administração atual e a anterior, despertando a lembrança dos eleitores

para as qualidades do administrador candidato à reeleição (...) (Ac. 19.331, de 13/09/2001. Rel. Min. Sepúlveda Pertence).

Propaganda eleitoral antecipada. Art. 36, § 3º, da Lei nº 9.504/97. Multa. Mensagem de agradecimento. Jornal. Caracterização. **A fim de verificar a existência de propaganda subliminar, com propósito eleitoral, não deve ser observado tão somente o texto dessa propaganda, mas também outras circunstâncias, tais como imagens, fotografias, meios, número e alcance da divulgação.** 2. Hipótese em que as circunstâncias registradas no acórdão recorrido trazem clara mensagem de ação política, em que se destaca a aptidão do beneficiário da propaganda para exercício de função pública (...) (Ac. 19.905, de 25/02/2003. Rel. Min. Fernando Neves).

Recurso especial eleitoral. Representação. Propaganda eleitoral extemporânea por meio de periódico. (...) **Para averiguar a eventual existência de propaganda eleitoral extemporânea, não se deve tão somente observar a literalidade da mensagem, mas também todos os outros fatos que lhe são circunscritos, tais quais imagens e números, com o objetivo de comprovar se há mensagem subliminar a enaltecer as virtudes do pretenso candidato, o que, de fato, ocorreu no caso em apreço.** Precedente: REsp nº 19.905/GO, rel. Min. Fernando Neves, DJ 22/08/2003) (...) (Ac. de 05/10/2006 no Recurso Especial Eleitoral 26.142. Rel. Min. José Delgado; no mesmo sentido o Ac. de 24/10/2006 no Recurso Especial Eleitoral 26.164. Rel. Min. José Delgado).

(...) Representação. Propaganda eleitoral extemporânea. Propaganda eleitoral subliminar. *Outdoors*. Fotografia. Nome. Candidato. Mensagem. Aniversário natalício. Cores. Partido político. Circunstâncias. Caso concreto. Futura candidatura. Vice-prefeito. Ausência promoção pessoal. (...) Divulgação de vários *outdoors* pelo representado, destacando a sua imagem, acompanhada de mensagem de congratulações pelo transcurso do aniversário natalício e das linhas de sua ação política. Circunstâncias que, adicionadas ao fato de tratar-se de ano eleitoral, estão a indicar que se trata de propaganda eleitoral antecipada (...). Trecho do voto condutor no TRE, cujas razões foram adotadas no voto do relator: (...) **Verifico a existência de propaganda subliminar, com propósito eleitoral, por observar que, não somente o texto dessa propaganda, mas também outras circunstâncias, apresentam nítido apelo eleitoral, tais como a produção da fotografia do representado e da mensagem, sobre fundo nas cores azul e amarelo, cores que identificam visualmente seu partido político, o PSDB;** o fato de o representado exercer o cargo de vice-prefeito de Belém; o meio empregado – *outdoors* – que dá enorme alcance à divulgação, bem como o grande número desses engenhos publicitários, exibidos em outros locais do Estado (...) (Ac. de 05/12/2006 no AAG 7.119. Rel. Min. Gerardo Grossi).

O fato de em nenhum momento o jornal **"É Federal" mencionar a candidatura do deputado, fazer referência às eleições de outubro de 2006 ou pedir votos, não afasta a propaganda eleitoral, feita subliminarmente, pois incute no leitor/eleitor a ideia de que aquele candidato deve merecer o seu voto nas eleições que se aproximam.** Também não a afasta o fato de o adversário político do representado, filiado ao partido representante, agir da mesma forma, nem o fato de a representação exprimir mera retaliação de adversário político (Ementa não transcrita por não reproduzir a decisão quanto ao tema) (Ac. de 06/03/2007 no ARESPE 26.249. Rel. Min. Caputo Bastos; no mesmo sentido o Ac. de 03/04/2007 nos EARESPE 26.249. Rel. Min. Caputo Bastos).

(...) A comparação entre o desempenho de filiados a partidos políticos antagônicos, ocupantes de cargos na administração pública, durante a veiculação de programa partidário, é admissível, desde que não exceda ao limite da discussão de temas de interesse político-comunitário e que não possua a finalidade de ressaltar as qualidades do responsável **pela propaganda e de denegrir a imagem do opositor, configurando, nesta hipótese, propaganda eleitoral subliminar e fora do período autorizado em lei.** (...) (Ac. de 26/04/2007 na Rp 1.277. Rel. Min. Cesar Asfor Rocha; no mesmo sentido o Ac. de 26/04/2007 na Rp 1.242. Rel. Min. Cesar Asfor Rocha; e o Ac. de 05/06/2007 na Rp 942. Rel. Min. José Delgado).

(...) Propaganda subliminar antecipada. Revista. Pré-candidato. Deputado estadual. (...) **A publicação de revista, nos meses de abril a junho do ano eleitoral, na qual pré-candidato assina o editorial, contendo várias matérias elogiosas à sua pessoa, com exaltação das suas qualidades pessoais e profissionais, com fotos suas em tamanho grande e, conforme entendeu a Corte Regional, com** (...) **apelo subliminar no sentido de que é ele necessário para uma Santa Catarina mais segura** (...) **configura propaganda eleitoral antecipada**, a ensejar a aplicação da multa prevista no art. 36, § 3º, da Lei nº 9.504/97. (...) (Ac. de 30/10/2007 no ARES-PE 26.221. Rel. Min. Marcelo Ribeiro).

(...) Distribuição. Informativo. Ações do parlamentar. Período pré-eleitoral. Propaganda extemporânea e subliminar. (...) Caracteriza propaganda antecipada e subliminar a distribuição, em período pré-eleitoral, de informativos contendo nome, cargo, legenda partidária e fotografia e exaltando as atividades do parlamentar. (...) (Ac. de 21/05/2009 no ARESPE 22.494. Rel. Min. Enrique Lewandowski).

2.1.22. Tabela de prazos processuais previstos na Resolução nº 22.624/2007

	REPRESENTAÇÕES	DIREITO DE RESPOSTA
Regularização da representação processual	24 horas (art. 7º)	24 horas (art. 7º)
Defesa	48 horas (art. 6º, *caput*)	24 horas (art. 6º, *caput*)
Intimação do advogado que tiver procuração arquivada em cartório para ciência do feito	Simultânea à notificação para defesa (art. 6º, § 2º)	Simultânea à notificação para defesa (art. 6º, § 2º)
Parecer do Ministério Público	24 horas (art. 10)	24 horas (art. 10)
Decisão de primeiro grau	24 horas (art. 11)	72 horas da protocolização do pedido (art. 11)
Recurso para o Tribunal Regional Eleitoral	24 horas (art. 19, *caput*)	24 horas (art. 19, *caput*)
Contrarrazões ao recurso para o Tribunal Regional Eleitoral	24 horas (art. 19, *caput*)	24 horas (art. 19, *caput*)
Parecer no Ministério Público	24 horas (art. 20, *caput*)	24 horas (art. 20, *caput*)

	REPRESENTAÇÕES	DIREITO DE RESPOSTA
Julgamento do recurso no Tribunal Regional Eleitoral	48 horas (art. 20, § 1º)	24 horas (art. 20, § 1º)
Publicação em pauta	48 horas (art. 20, § 3º)	24 horas (art. 20, § 3º)
Recurso Especial para o Tribunal Superior Eleitoral	3 dias (art. 21, *caput*)	24 horas (art. 22)
Decisão de admissão ou não do recurso especial	24 horas (art. 21, § 1º)	Dispensado o juízo de admissibilidade (art. 22)
Contrarrazões ao recurso para o Tribunal Superior Eleitoral	3 dias (art. 21, § 2º)	24 horas (art. 22)
Agravo de instrumento	3 dias (art. 21, § 4º)	
Contrarrazões ao agravo de instrumento ao recurso especial	3 dias (art. 21, § 5º)	

2.1.23. Das vedações e permissões nos dias que antecedem as eleições

A seguir colacionamos as principais vedações e permissões nos dias que antecedem as eleições:

1. Ninguém poderá impedir ou embaraçar o exercício do sufrágio. Impedir ou embaraçar o exercício do sufrágio constitui crime eleitoral com pena de detenção até seis meses e pagamento de 60 (sessenta) a 100 (cem) dias-multa (**Fundamento:** Código Eleitoral, art. 234 c. c. o art. 297).

2. No dia da eleição, comete o crime supramencionado o eleitor que inutilizar ou arrebatar as listas afixadas nas cabinas indevassáveis ou nos edifícios onde funcionarem mesas receptoras (**Fundamento:** Código Eleitoral, art.129, parágrafo único).

3. Cinco dias antes da eleição até 48 (quarenta e oito) horas depois do encerramento da eleição, nenhuma autoridade poderá prender ou deter qualquer eleitor, **salvo em flagrante delito** ou **em virtude de sentença criminal condenatória por crime inafiançável**, ou, ainda, por desrespeito a salvo-conduto (**Fundamento:** Código Eleitoral, art. 236 c. c. a Instrução 126 e a Resolução nº 23.089 do TSE).

- **Observação:** Veja o artigo Prisões Processuais Eleitorais e você entenderá que o art. 236 do Código Eleitoral não foi recepcionado pela Constituição Federal.

4. Os membros das mesas receptoras e os fiscais de partido, durante o exercício de suas funções, não poderão ser detidos ou presos, **salvo o caso de flagrante delito**; da mesma garantia gozarão os candidatos desde 15 (quinze) dias antes da eleição (**Fundamento:** Código Eleitoral, art. 236, § 1º).

Aspectos práticos importantes:
- Para efetivação das garantias supracitadas, a partir de três dias antes da eleição, o juiz eleitoral ou o presidente da mesa receptora pode expedir salvo-conduto com a cominação de prisão por desobediência, em favor do eleitor que sofrer violência, moral ou física, na sua liberdade de votar, ou pelo fato de haver votado (**Fundamento:** Código Eleitoral, art. 235 e Instrução 126, Resolução nº 23.089 do TSE).
- As autoridades policiais deverão prender quem for encontrado em flagrante delito pela prática de infração eleitoral, comunicando imediatamente o fato ao Juiz Eleitoral, ao Ministério Público Eleitoral e à família do preso ou a pessoa por ele indicada (**Fundamento:** Resolução-TSE nº 11.218/82, c. c. a Instrução 452-55.2010.6.00.0000, c. c. o art. 7º da 23.363/2011 (*editada para regular as eleições de 2012*), c. c. Código de Processo Penal, art. 306).
- Quando a infração for de menor potencial ofensivo, a autoridade policial elaborará termo circunstanciado de ocorrência e providenciará o encaminhamento ao Juiz Eleitoral competente (**Fundamento:** Resolução-TSE nº 11.218/82, c. c. a Instrução 452-55.2010.6.00.0000, c. c. o parágrafo único do art. 7º da Resolução nº 23.363/2011 (*editada para regular as eleições de 2012*)).
- Ocorrendo qualquer prisão o preso será imediatamente conduzido à presença do juiz competente que, se verificar a ilegalidade da detenção, a relaxará e promoverá a responsabilidade do coator (**Fundamento:** § 2º do art. 236 do Código Eleitoral).

5. Três dias antes são:
a) os últimos dias para a divulgação da propaganda eleitoral gratuita no rádio e na televisão (Lei nº 9.504/97, art. 47, *caput*);
b) os últimos dias para propaganda política mediante reuniões públicas ou promoção de comícios e utilização de aparelhagem de sonorização fixa, entre as 8 horas e as 24 horas (Código Eleitoral, art. 240, parágrafo único e Lei nº 9.504/97, art. 39, §§ 4º e, I);
c) o último dia para a realização de debates (Resolução nº 22.452/2006);
d) os últimos dias para o juiz eleitoral remeter ao presidente da mesa receptora o material destinado à votação (Código Eleitoral, art. 133);
e) o últimos dias para os partidos políticos e coligações indicarem, perante os juízos eleitorais, o nome das pessoas autorizadas a expedir as credenciais dos fiscais e delegados que estarão habilitados a fiscalizar os trabalhos de votação durante o pleito eleitoral (**Fundamento:** Instrução nº 126, Resolução nº 23.089 do TSE).

6. Dois dias antes da eleição serão os últimos dias para a divulgação paga, na imprensa escrita, e a reprodução na internet do jornal impresso, de até 10 anúncios de propaganda eleitoral, por veículo, em datas diversas, para cada candidato, no espaço máximo, por edição, de 1/8 (um oitavo) de página de jornal padrão e de 1/4 (um quarto) de página de revista ou tabloide (**Fundamento:** Lei nº 9.504/1997, art. 43 e item 1 com redação dada pelo art. 15 da Res.-TSE nº 23.223/2010).

7. Um dia antes das eleições é o último dia para a propaganda eleitoral mediante alto-falantes ou amplificadores de som, entre as 8 horas e as 22 horas (**Fundamento:** Lei nº 9.504/1997, art. 39, §§ 3º e 5º, I).

8. É vedada, desde 48 horas antes até 24 horas depois da eleição, a veiculação de qualquer propaganda política no rádio ou na televisão – incluídos, entre outros, as rádios comunitárias e os canais de televisão que operam em UHF, VHF e por assinatura –, e, ainda, a realização de comícios ou reuniões públicas (**Fundamento:** Código Eleitoral, art. 240, parágrafo único, e Resolução nº 22.261, de 29/06/2006 c. c. o art. 4º da Resolução nº 23.191/2010).

9. Até as 22 horas do dia que antecede a eleição, serão permitidas distribuição de material gráfico, caminhada, carreata, passeata ou carro de som que transite pela cidade divulgando *jingles* ou mensagens de candidatos (**Fundamento:** Lei nº 9.504/97, art. 39, § 9º c. c. o art. 10, § 6º, da Resolução nº 23.191/2009).
Sobre este item é necessário fazer quatro destaques:
- Diferentemente do art. 69-A, acrescido da Resolução nº 22.718/2008, e Resolução nº 22.829/2008, a nova resolução (nº 23.191/2009) permite a **distribuição de material gráfico** na véspera da eleição.
- Um dia antes das eleições é o último dia para a distribuição de material gráfico e a promoção de caminhada, carreata, passeata ou carro de som que transite pela cidade divulgando *jingles* ou mensagens de candidatos (**Fundamento:** Lei nº 9.504/1997, art. 39, § 9º, c. c. o art. 16 da Resolução do TSE nº 23.223/2010).
- Nas carreatas ou caminhadas a que alude o item "9" só poderão ser usados carros de som exclusivamente para divulgação de *jingles* e **mensagens dos candidatos**, mas lembre-se que três dias antes da eleição já estaremos no período de proibição de veiculação de propaganda política mediante reuniões públicas ou promoção de comícios e utilização de aparelhagem de sonorização fixa, entre as 8 horas e as 24 horas (**Fundamento:** Código Eleitoral, art. 240, parágrafo único, e Lei nº 9.504/1997, art. 39, §§ 4º e 5º, I).
- A termologia "**mensagem de candidatos**", destacada no item 9, entende-se tão somente o anúncio de **seu nome, número, partido/coligação e cargo eletivo a que está concorrendo**, sendo-lhe proibido conclamar eleitores a participarem de reuniões públicas ou promoção de comícios (**Fundamento:** *Vide* item anterior).

10. É vedado no dia da eleição a distribuição por comitê, candidato, ou com a sua autorização, **de camisetas, chaveiros, bonés, canetas, brindes, cestas básicas** ou **quaisquer outros bens ou materiais que possam proporcionar vantagem ao eleitor** (**Fundamento:** Lei nº 9.504/97, art. 39, § 6º, acrescentado pela Lei nº 11.300/2006).

11. Constituem crimes, no dia da eleição, puníveis com detenção de seis meses a um ano, com a alternativa de prestação de serviços à comunidade pelo mesmo pe-

ríodo, e multa no valor de R$ 5.320,50 (cinco mil trezentos e vinte reais e cinquenta centavos) a R$ 15.961,50 (quinze mil novecentos e sessenta e um reais e cinquenta centavos) (**Fundamento:** Lei nº 9.504/97, art. 39, § 5º, I, II e III):

> *I – o uso de alto-falantes e amplificadores de som ou a promoção de comício ou carreata;*
> *II – a arregimentação de eleitor ou a propaganda de boca de urna;*
> *III – a divulgação de qualquer espécie de propaganda de partidos políticos ou de seus candidatos.*

Sobre este item é necessário fazer cinco destaques:

a) Na eleição anterior a vedação da divulgação de propaganda era específica a "**cartazes, camisas, bonés, broches ou dísticos em vestuário**", nesta eleição, a Lei nº 12.034/2009, tornou genérica a proibição ao estipular que é vedada "*a divulgação de qualquer espécie de propaganda de partidos políticos ou de seus candidatos*".

b) É permitida, no dia das eleições, a manifestação **individual** e **silenciosa** da preferência do eleitor por partido político, coligação ou candidato, revelada exclusivamente pelo uso de bandeiras, broches, dísticos e adesivos (**Fundamento:** Lei nº 9.504/1997, art. 39-A, *caput*, c. c. o art. 70 da Resolução nº 22.718/2008 c. c. o art. 49 da Resolução nº 23.191/2009).

c) Observe que o art. 70 da Resolução nº 22.718/2008 não tinha repetido a frase "*ou que se expresse no porte de bandeira*", que constava do art. 67 da Resolução nº 22.261, de 29/06/2006; mas o art. 39-A, com redação dada pela Lei nº 12.034, de 29/09/2009 voltou a inserir a frase "*revelada exclusivamente pelo uso de bandeiras,...*", portanto, o porte individual *de bandeira* **será** permitido.

d) Será vedada, no dia do pleito, até o término do horário de votação, a aglomeração de pessoas portando vestuário padronizado e os instrumentos de propaganda (**bandeiras, broches, dísticos** e **adesivos**), de modo a caracterizar manifestação coletiva, com ou sem utilização de veículos (**Fundamento:** Lei nº 9.504/1997, art. 39-A, § 1º, c. c. o art. 70, § 1º, da Resolução nº 22.718/2008, c. c. o art. 49, § 1º, da Resolução nº 23.191/2009).

e) Esclarecemos que a aglomeração de várias pessoas reunidas com roupas semelhantes, por exemplo, todas com camisas com a cor de uma determinada agremiação partidária, caracteriza-se formação de aglomerado de militância política com propaganda eleitoral implícita, passível de abordagem e aplicação dos procedimentos penais competentes (**Fundamento:** Crime de arregimentação de eleitor ou a propaganda de boca de urna).

12. No recinto das seções eleitorais e juntas apuradoras, é proibido aos servidores da Justiça Eleitoral, aos mesários e aos escrutinadores **o uso de vestuário ou objeto que contenha qualquer propaganda de partido político, de coligação ou de candidato**

(**Fundamento:** Lei nº 9.504/1997, art. 39-A, § 2º, c. c. o art. 70, § 2º, da Resolução nº 22.718/2008, c. c. o art. 49, § 2º, da Resolução nº 23.191/2009).

13. No dia da eleição o fiscal poderá ser nomeado para fiscalizar mais de uma Seção Eleitoral, no mesmo local de votação (**Fundamento:** Art. 65, § 1º, da Lei nº 9.504/1997).

Sobre este item é necessário fazer quatro destaques:

1 – As credenciais de fiscais e delegados serão expedidas, exclusivamente, pelos partidos ou coligações, para tal propósito, o presidente do partido ou o representante da coligação deverá registrar na Justiça Eleitoral o nome das pessoas autorizadas a expedir as credenciais dos fiscais e delegados (**Fundamento:** Art. 65, §§ 2º e 3º, da Lei nº 9.504/1997).

2 – Cada partido ou coligação poderá credenciar até três fiscais perante a sessão eleitoral, funcionando um de cada vez. Na votação, com a finalidade de manter o sigilo da votação e o normal funcionamento dos trabalhos, os fiscais e delegados devem manter a distância de um metro da urna e da Mesa Receptora de Votos (**Fundamento:** Aplicação analógica do art. 87 c. c. o art. 87, § 3º, da Lei nº 9.504/1997).

3 – Aos fiscais partidários, nos trabalhos de votação, só é permitido que, de seus crachás, constem o **nome** e a **sigla** do partido político ou coligação a que sirvam, vedada a padronização do vestuário (**Fundamento:** Lei nº 9.504/1997, art. 39-A, § 3º, c. c. o art. 49, § 3º, da Resolução nº 23.191/2009).

4 – Na eleição de 2008, o art. 70, § 3º, da Resolução nº 22.718/2008, continha a frase "*em suas vestes ou crachás*"; a Resolução nº 23.191/2009 omitiu a palavra **vestes**, mas acrescentou a vedada a "padronização do vestuário", concluímos, portanto, que nas camisas dos ficais não poderá conter instrumentos de propaganda **broches, dísticos, adesivos, nome ou número de candidatos**, assim como no crachá, só poderá conter no vestuário do fiscal "*o nome e a sigla do partido político ou coligação a que sirvam*".

14. Os veículos à disposição da Justiça Eleitoral deverão, mediante comunicação expressa de seus proprietários, estar em condições de serem utilizados, pelo menos, 24 (vinte e quatro) horas antes das eleições e circularão exibindo de modo bem visível, dístico em letras garrafais, com a frase: "A SERVIÇO DA JUSTIÇA ELEITORAL" (**Fundamento:** Art. 3º, § 1º, da Lei nº 6.091/1974).

15. A indisponibilidade ou as deficiências do transporte de que trata a lei não eximem o eleitor do dever de votar. Verificada a inexistência ou deficiência de embarcações e veículos, poderão os órgãos partidários ou os candidatos indicar à Justiça Eleitoral onde há disponibilidade para que seja feita a competente requisição (**Fundamento:** Parágrafo único do art. 6º da Lei nº 6.091/1974).

16. O membro da mesa receptora que não comparecer no local, em dia e hora determinados para a realização de eleição, sem justa causa apresentada ao juiz eleitoral até 30 (trinta) dias após, incorrerá na multa de 50% (cinquenta por cento) a um salário-mínimo vigente na zona eleitoral, cobrada mediante selo federal inutilizado no requerimento em que for solicitado o arbitramento ou através de executivo fiscal (**Fundamento:** Código Eleitoral, art. 124).

17. Será também aplicada em dobro a pena ao membro da mesa que abandonar os trabalhos no decurso da votação sem justa causa apresentada ao juiz até três dias após a ocorrência (**Fundamento:** Código Eleitoral, art. 124, § 4º).

18. Será permitido o uso de instrumentos e anotações que auxiliem o eleitor analfabeto a votar, não sendo a Justiça Eleitoral obrigada a fornecê-los (**Fundamento:** Instrução 12-59.2010.6.00.0000 c. c. o art. 5º da Resolução nº 23.208/2010, c. c. a Instrução 39.732-67.2009.6.00.0000, c. c. o art. 50 da Resolução nº 23.218/2010).

19. O eleitor portador de necessidades especiais poderá ser auxiliado, para votar, por pessoa de sua confiança, ainda que não o tenha requerido antecipadamente ao Juiz Eleitoral (**Fundamento:** Instrução 12-59.2010.6.00.0000 c. c. o art. 6º da Resolução nº 23.208/2010, c. c. a Instrução 39.732-67.2009.6.00.0000, c. c. o art. 51 da Resolução nº 23.218/2010).

Neste item é necessário destacar quatro aspectos práticos importantes:

1 – O Presidente da Mesa Receptora de Votos, verificando ser imprescindível que o eleitor portador de necessidades especiais seja auxiliado por pessoa de sua confiança, autorizará o ingresso dessa segunda pessoa, com o eleitor, na cabina, podendo ela, inclusive, digitar os números na urna (**Fundamento:** Instrução 12-59.2010.6.00.0000 c. c. o art. 6º, § 1º, da Resolução nº 23.208/2010, c. c. a Instrução nº 39.732-67.2009.6.00.0000, c. c. a Resolução nº 23.218/2010).

2 – A pessoa que auxiliará o eleitor portador de necessidades especiais não poderá estar a serviço da Justiça Eleitoral, de partido político ou de coligação (**Fundamento:** Instrução 12-59.2010.6.00.0000 c. c. o art. 6º, § 2º, da Resolução nº 23.208/2010, c. c. a Instrução 39.732-67.2009.6.00.0000, c. c. o art. 51, § 1º, da Resolução nº 23.218/2010).

3 – A autorização da assistência ao eleitor portador de necessidades especiais deverá ser registrada em ata (**Fundamento:** Instrução 12-59.2010.6.00.0000 c. c. o art. 6º, § 3º, da Resolução nº 23.208/2010, c. c. a Instrução nº 39.732-6.2009.6.00.0000, c. c. o art. 51, § 2º, da Resolução nº 23.218/2010).

4 – Por violar o sigilo das votações, **é excepcional** a autorização da assistência ao eleitor portador de necessidades especiais, portanto, havendo contestação do fiscal do partido ou coligação, a prática forense estipulou que o "incidente" deve ser elucidado pelo juiz eleitoral com parecer do Promotor de Justiça

Eleitoral, e, destarte, em caso de deferimento, deverá ser expedida autorização para o ingresso da segunda pessoa, com o eleitor, na cabina de votação com o fulcro de auxiliar o eleitor portador de necessidades especiais.

20. Há possibilidade de funcionamento do comércio no dia da eleição, com a ressalva de que os estabelecimentos que funcionarem nesta data deverão proporcionar as condições para que seus funcionários possam exercer o direito/dever do voto (**Fundamento:** Resolução nº 22.963/2008).

21. A sequência da urna eletrônica exibirá ao eleitor, primeiramente, o painel relativo à eleição proporcional e, em seguida, o referente à eleição majoritária, nesta ordem:
- Deputado Estadual ou Distrital;
- Deputado Federal;
- Senador primeira vaga;
- Senador segunda vaga;
- Governador de Estado ou do Distrito Federal;
- Presidente da República.

22. Os painéis referentes aos candidatos a Senador, a Presidente da República e a Governador de Estado ou do Distrito Federal exibirão, também, as fotos e os nomes dos respectivos candidatos a suplentes e a vice.

23. Para votar, o eleitor deverá exibir o seu título de eleitor e apresentar documento oficial com foto que comprove sua identidade (**Fundamento:** Lei nº 9.504/1997, art. 91-A; art. 47, § 1º, da Resolução nº 23.218/2010).

OBSERVAÇÕES PRÁTICAS IMPORTANTES
São documentos oficiais para comprovação da identidade do eleitor (**Fundamento:** Art. 47, § 2º, da Resolução nº 23.218/2010):
- carteira de identidade ou documento de valor legal equivalente (identidades funcionais);
- certificado de reservista;
- carteira de trabalho;
- carteira nacional de habilitação, com foto.

Não será admitida a certidão de nascimento ou casamento como prova de identidade do eleitor no momento da votação (**Fundamento:** Art. 47, § 3º, da Resolução nº 23.218/2010).

Não poderá votar o eleitor cujos dados não figurem no cadastro de eleitores da seção, constante da urna, ainda que apresente título de eleitor correspondente à seção e documento que comprove sua identidade, devendo, nessa hipótese, a Mesa Receptora de Votos reter o título de eleitor apresentado e orientar o eleitor a comparecer ao cartório eleitoral a fim de regularizar a sua situação (**Fundamento:** Art. 47, § 4º, da Resolução nº 23.218/2010).

Poderá votar o eleitor cujo nome não figure no caderno de votação, desde que os seus dados constem do cadastro de eleitores da urna (**Fundamento:** Art. 47, § 5º, da Resolução nº 23.218/2010).

Existindo dúvida quanto à identidade do eleitor, mesmo que esteja portando título de eleitor e documento oficial, o Presidente da Mesa Receptora de Votos deverá interrogá-lo sobre os dados do título, do documento oficial ou do caderno de votação; em seguida, deverá confrontar a assinatura constante desses documentos com aquela feita pelo eleitor na sua presença e mencionar na ata a dúvida suscitada (**Fundamento:** Art. 48, Resolução nº 23.218/2010).

A impugnação à identidade do eleitor, formulada pelos membros da Mesa Receptora de Votos, pelos fiscais ou por qualquer eleitor, será apresentada verbalmente, antes de ser admitido a votar (**Fundamento:** Art. 48, § 1º, Resolução nº 23.218/2010).

Se persistir a dúvida ou for mantida a impugnação, o Presidente da Mesa Receptora de Votos solicitará a presença do Juiz Eleitoral para decisão (**Fundamento:** Art. 48, § 2º, da Resolução nº 23.218/2010).

18. São crimes eleitorais que geralmente ocorrem no dia da eleição:

a) Segundo o art. 295 do Código Eleitoral, a *"retenção de título eleitoral contra a vontade do eleitor".*

- **Observação importante:** Entendemos que este artigo foi revogado, pois dispõe o art. 91, parágrafo único, da Lei nº 9.504/1997 que:

    A retenção de título eleitoral ou do comprovante de alistamento eleitoral constitui crime, punível com detenção, de um a três meses, com a alternativa de prestação de serviços à comunidade por igual período, e multa no valor de cinco mil a dez mil UFIR.

- b) Promoção de desordem que prejudique os trabalhos eleitorais (**Fundamento:** Código Eleitoral, art. 296 com pena de detenção até dois meses e pagamento de 60 a 90 dias-multa).
- c) Impedir ou embaraçar o exercício do sufrágio (**Fundamento:** Código Eleitoral, art. 297, com pena de detenção até seis meses e pagamento de 60 a 100 dias-multa).
- d) Inutilização ou arrebatação das listas afixadas nas cabinas indevassáveis ou nos edifícios onde funcionarem mesas receptoras (**Fundamento:** Código Eleitoral, art.129, parágrafo único, c.c. o art. 297, todos do Código Eleitoral, com pena de detenção até seis meses e pagamento de 60 a 100 dias-multa).
- e) Uso de violência ou grave ameaça para coagir alguém a votar, ou não votar, em determinado candidato ou partido, ainda que os fins visados não sejam conseguidos (**Fundamento:** Código Eleitoral, art. 301, com pena de reclusão até quatro anos e pagamento de cinco a 15 dias-multa).

f) Promover, no dia da eleição, com o fim de impedir, embaraçar ou fraudar o exercício do voto a concentração de eleitores, sob qualquer forma, **inclusive o fornecimento gratuito de alimento e transporte coletivo** (Fundamento: Código Eleitoral, art. 302, com pena de reclusão de quatro a seis anos e pagamento de 200 a 300 dias-multa).
- Segundo o entendimento dominante do TSE (Ac 21.401/2004 e 4.723/2004), a parte supracitada em destaque foi revogada pela Lei nº 6.091/1974.
- Portanto, a Lei nº 6.091/1974, em seu art. 10, dispõe (**Fundamento da pena:** Art. 11, inciso III, da Lei nº 6.091/1974):

> *É vedado aos candidatos ou órgãos partidários, ou a qualquer pessoa, o fornecimento de* **transporte** *ou* **refeições** *a eleitores da zona urbana.*
>
> *Pena – Reclusão de 4 (quatro) a 6 (seis) anos e pagamento de 200 (duzentos) a 300 (trezentos) dias-multa (art. 302 do Código Eleitoral);*

- Para configuração do crime supracitado o TSE entende que há necessidade de o transporte ser praticado com **o fim explícito de aliciar eleitores** (Ac. 48/2002 e 21.641/2005).

g) Constitui crime eleitoral utilizar em campanha eleitoral, no decurso dos 90 (noventa) dias que antecedem o pleito, veículos e embarcações pertencentes à União, aos Estados, aos Territórios, aos Municípios e respectivas autarquias e sociedades de economia mista. A pena será o cancelamento do registro do candidato ou de seu diploma, se já houver sido proclamado eleito (**Fundamento:** Art. 11, inciso III, da Lei nº 6.091/1974).

h) Constitui ainda crime eleitoral, intervenção de autoridade estranha à mesa receptora (**Fundamento:** Código Eleitoral, art.305, com pena de detenção até seis meses e pagamento de 60 a 90 dias-multa).

i) Não observar a ordem em que os eleitores devem ser chamados a votar: Pena – pagamento de 15 a 30 dias-multa (**Fundamento:** Código Eleitoral, art. 306).

j) Votar ou tentar votar mais de uma vez, ou em lugar de outrem (**Fundamento:** Código Eleitoral, art. 309 com pena reclusão até três anos).

l) Violar ou tentar violar o sigilo do voto (**Fundamento:** Código Eleitoral, art. 312, com pena de detenção até dois anos).

- Para preservar o sigilo do voto, "*§ 1º Na cabina de votação, o eleitor não poderá portar e fazer uso de telefone celular, máquinas de fotografias e filmadoras e demais equipamentos de radiocomunicação ou qualquer outro equipamento que possa comprometer o sigilo do voto*" (**Fundamento:** Lei nº 9.504/97, art. 91-A, parágrafo único).
- Para cumprimento do disposto no item anterior, o Presidente da Mesa Receptora de Votos exigirá que celulares, máquinas fotográficas, filmadoras e congêneres sejam depositados em bandejas ou guarda-volumes antes da votação (**Fundamento:** Art. 2º, § 2º, da Resolução nº 23.508/2010).

m) Destruir, suprimir ou ocultar urna contendo votos, ou documentos relativos à eleição (**Fundamento:** Código Eleitoral, art. 339, com pena de reclusão de dois a seis anos e pagamento de cinco a 15 dias-multa).

n) Fabricar, mandar fabricar, adquirir, fornecer, ainda que gratuitamente, subtrair ou guardar urnas, objetos, mapas, cédulas ou papéis de uso exclusivo da Justiça Eleitoral (**Fundamento:** Código Eleitoral, art. 340 com pena de reclusão até três anos e pagamento de três a 15 dias-multa).

o) Constitui crime, punível com detenção de seis meses a um ano e cassação do registro se o responsável for candidato, utilizar organização comercial de vendas, distribuição de mercadorias, prêmios e sorteios para propaganda ou aliciamento de eleitores (**Fundamento:** Código Eleitoral, art. 334).

p) Recusa ou abandono do serviço eleitoral sem justa causa (**Fundamento:** Código Eleitoral, art. 344, com pena de detenção até dois meses ou pagamento de 90 a 120 dias-multa).

q) Desobediência eleitoral consistente em recusar alguém cumprimento ou obediência a diligências, ordens ou instruções da Justiça Eleitoral ou opor embaraços à sua execução (**Fundamento:** Código Eleitoral, art. 347, com pena de detenção de três meses a um ano e pagamento de 10 a 20 dias-multa).

r) Obtenção e uso de documento público ou particular, material ou ideologicamente falso para fins eleitorais (**Fundamento:** Código Eleitoral, art. 353, com multa cominada à falsificação ou à alteração).

s) Constitui crime, puníveis com reclusão, de cinco a dez anos causar, propositadamente, dano físico ao equipamento usado na votação ou na totalização de votos ou a suas partes (**Fundamento:** Art. 72, inciso III, da Lei nº 9.504/1997).

t) Corrupção eleitoral consistente em dar, oferecer, prometer, solicitar ou receber, para si ou para outrem, dinheiro, dádiva, ou qualquer outra vantagem, para obter ou dar voto e para conseguir ou prometer abstenção, ainda que a oferta não seja aceita (**Fundamento:** Código Eleitoral, art. 299, com pena de reclusão até quatro anos e pagamento de cinco a 15 dias-multa).

u) O entendimento dominante do TSE é no sentido de que o art. 41-A da Lei nº 9.504/1997 não aboliu o crime de corrupção eleitoral acima descrito (TSE. Ac. 81/2005).

v) Constitui captação de sufrágio, vedada por lei, o candidato doar, oferecer, prometer, ou entregar, ao eleitor, com o fim de obter-lhe o voto, bem ou vantagem pessoal de qualquer natureza, inclusive emprego ou função pública, desde o registro da candidatura até o dia da eleição, inclusive, sob pena de multa de mil e 50 mil Ufir, e cassação do registro ou do diploma, observado o procedimento previsto no art. 22 da Lei Complementar nº 64, de 18/05/1990 (**Fundamento:** Art. 41-A da Lei nº 9.504/1997).

2.2. AIJE – AÇÃO DE INVESTIGAÇÃO JUDICIAL ELEITORAL

2.2.1. Para que serve a Aije

A Aije serve para apurar:

1) O uso indevido, o desvio ou o abuso do poder econômico, em benefício de candidato ou de partido político.

O conceito de abuso do poder econômico é definido por Antônio Carlos Mendes como aquele que

> consiste, em princípio, no financiamento, direto ou indireto, dos partidos políticos e candidatos, antes ou durante a campanha eleitoral, com ofensa à lei e às instruções da Justiça Eleitoral, objetivando anular a igualdade jurídica (igualdade de chances) dos partidos, tisnando, assim, a normalidade e a legitimidade das eleições.[17]

Caracteriza-se abuso de poder econômico sempre que houver o uso indevido do poder financeiro configurando-se o intuito de desequilibrar a disputa eleitoral.

Consoante o TSE:

> Abusa do poder econômico o candidato que despende recursos patrimoniais, públicos ou privados, dos quais detém o controle ou a gestão em contexto revelador de desbordamento ou excesso no emprego desses recursos em seu favorecimento eleitoral (Agravo Regimental no Agravo de Instrumento 11.708/MG. Rel. Félix Fisher).

2) Desvio ou abuso do poder de autoridade, em benefício de candidato ou de partido político.

Nas palavras de Rodrigo López Zílio,[18] é:

> Todo ato emanado de pessoa que exerce cargo, emprego ou função que excede os limites da legalidade ou da competência. Só pode ser praticado por quem tem vínculo com a administração pública por cargo, emprego ou função pública, distinguindo-se do abuso de poder político que é praticado por quem tem vínculo com a administração pública, mediante mandato eletivo.

3) Utilização indevida de veículos, em benefício de candidato ou de partido político.

A utilização indevida de veículos, em benefício de candidato ou de partido político é puro abuso de poder político.

---

[17] *Apud* Sarti, Amir José Finocchiaro. Abusos do Poder Econômico na Campanha Eleitoral. In: *Revista do TRE/RS*, 8, p. 51.
[18] Zílio, Rodrigo López. *Direito Eleitoral*. 2. ed. Porto Alegre: Verbo Jurídico, 2010. p. 383.

O abuso do poder político ocorre quando agentes públicos se valem da condição funcional para beneficiar candidaturas (desvio de finalidade), violando a normalidade e a legitimidade das eleições.[19]

4) Utilização indevida dos meios de comunicação social, em benefício de candidato ou de partido político.

É o uso de qualquer veículo de comunicação, em todo o período das campanhas eleitorais, em favor de partido político, coligação ou candidato, que não as veiculações em periódicos, rádio ou televisão, expressamente autorizadas por lei ou resolução da Justiça Eleitoral.[20]

Lembre-se que a palavra candidato é colocada em sentido amplo e que a coligação tem natureza jurídica de unidade partidária, portanto, na frase "**em benefício de candidato ou de partido político**", leia-se: em benefício de "**pré-candidato, candidato, partido político ou coligação**".

Na precisa observação de Edson de Resende:[21]

> A Ação de Investigação Judicial Eleitoral é usada como um poderoso veículo de resgate da democracia, na medida em que combate fatos abusivos, em prejuízo da liberdade de voto e visa a assegurar a lisura do pleito, garantindo que o exercício do mandato será desempenhado por aquele que foi legitimamente eleito na chapa apresentada à escolha popular.

Cuidado: Há várias diferenças entre Aije e Airc, e é muito importante aprendermos as características de cada ação, pois a escolha da via inadequada pode causar sérios problemas.

Veja, a seguir, alguns exemplos jurisprudenciais.

> Extingue-se o processo sem julgamento do mérito quando se verificar a ausência de pressupostos de constituição e de desenvolvimento válido e regular do processo, como *a inadequação processual da via eleita*. Rejeição da preliminar de nulidade da sentença suscitada pelo relator. *A impugnação de registro de candidatura não constitui meio próprio para investigação da ocorrência de abuso de poder político ou econômico, nem de uso indevido dos meios de comunicação, próprios da ação de investigação judicial eleitoral de que cuida a Lei Complementar nº 64/1990*. Recurso conhecido e improvido (TRE-RN. Rel. nº 2.707, p. 26).

> Alegação de ausência de desincompatibilização. *Matéria estranha à ação de investigação judicial, devendo ser arguida em sede de ação de impugnação de registro de candidatura*. Não tendo havido impugnação no momento próprio, opera-se a preclusão. Afastada a incidência da coisa julgada. Recurso provido parcialmente (TRE-MG. RE 379/01 (562/2002), p. 70).

---

[19] No mesmo sentido: AgRgRO 718/DF. Rel. Min. Luiz Carlos Madeira. Recurso Especial Eleitoral 25.074/RS. Rel. Min. Humberto Gomes de Barros.
[20] No mesmo sentido: Cândido, Joel José. Op. cit.
[21] Castro, Edson de Resende. *Teoria e Prática do Direito Eleitoral*. 2. ed. Belo Horizonte: Mandamentos, 2005. p. 302.

2.2.2. Atos que "caracterizam abuso de poder segundo o TSE"

Peleja Júnior e Fabrício Napoleão[22] identificaram os principais atos que "caracterizam abuso de poder segundo o TSE"; são eles:

- A concessão de benefícios a servidores públicos nas proximidades das eleições podem caracterizar abuso do poder político, desde que evidenciada a possibilidade de haver reflexos na circunscrição do pleito, independentemente da eleição ou não do candidato.
- Desvirtuamentos na prestação de informações aos eleitores podem vir a caracterizar abuso do poder econômico ou uso indevido dos meios de comunicação social.
- O ato da administração, aparentemente regular e benéfico à população, que teve como objetivo imediato o favorecimento de algum candidato.
- Quanto à propaganda indevida, para configuração do abuso, é irrelevante o fato de ter ou não sido veiculada nos três meses anteriores à eleição, com promoção pessoal do prefeito e consequente infração ao princípio da impessoalidade.
- As condutas vedadas no art. 73 da Lei nº 9.507/1997 podem vir a caracterizar abuso do poder político, devendo ser levadas em conta as circunstâncias, como o número de vezes e o modo em que praticadas e a quantidade de eleitores atingidos, para se verificar se os fatos têm potencialidade para repercutir no resultado da eleição.
- A utilização de atos de governo, nos quais seria lícito o uso de símbolos do governo, com finalidade eleitoral, pode, em tese, configurar abuso do poder político, a ser apurado em processo específico.
- Doação de remédios adquiridos com recursos públicos e utilização de agentes comunitários da saúde e de veículos da Prefeitura em campanha política.
- Abuso do poder político decorrente do proveito eleitoral obtido por pré-candidato a deputado federal que, na qualidade de Secretário de Comunicação municipal, beneficiou-se com a publicação de matérias a seu respeito em jornais e revistas cujas empresas de comunicação foram contratadas pela prefeitura, sem licitação, para a divulgação de propaganda institucional.
- A maciça divulgação de matérias elogiosas a pré-candidato em diversos jornais e revistas, cada um com tiragem média de 10 mil exemplares, publicados quinzenalmente, e distribuídos gratuitamente durante vários meses antes da eleição, constitui uso indevido dos meios de comunicação social, com potencial para desequilibrar a disputa eleitoral.
- A distribuição de camisetas e santinhos, juntamente com dinheiro.
- A contratação de mais de 400 pessoas (servidores públicos) sem concurso e de transporte escolar em período vedado.
- A veiculação de propaganda eleitoral irregular transcende os limites do local em que se realiza, de modo a alcançar outras áreas do território do Estado.

---

[22] Peleja Júnior, Antônio Veloso; Teixeira Batista, Fabrício Napoleão. Op. cit., p. 144.

- Comemorações patrocinadas pelo Governo do Estado e por suplente de candidato, com repercussão além do município em que ocorreram, transmitidas por rádio, violam o princípio isonômico constitucionalmente assegurado.

2.2.3. Previsão legal da Aije

A Aije (Ação de Investigação Judicial Eleitoral) está prevista no art. 22 da LC nº 64/1990.

2.2.4. Natureza jurídica da Aije

Há na doutrina controvérsia sobre a natureza jurídica.

Joel José Cândido usa a terminologia IJE e defende que a natureza jurídica é:

> Investigação judicial atípica, com carga decisória relevante, de consistência constitutiva negativa (no caso em que cassa o registro) e carga declaratória (no caso em que declara a inelegibilidade por três anos), o que é invulgar no ordenamento jurídico brasileiro.

Entendemos que a natureza jurídica é de verdadeira ação (daí o nome ser Aije), porque:

a) só pode ser desenvolvida por iniciativa dos legitimados expressamente previstos em lei;
b) obedece aos princípios do contraditório e ampla defesa;
c) há produção de provas;
d) finaliza com uma sentença;
e) há possibilidade de ser usado o duplo grau de jurisdição;
f) só pode ser interposta pelos legitimados através de advogado.

Quanto à necessidade de advogado para pleitear a Aije há a mesma divergência que demonstramos na Airc, mas a maioria absoluta da doutrina defende tal necessidade.

No mesmo sentido:

> Investigação judicial. Art. 22 da Lei Complementar nº 64/1990. Preliminar. Ausência de capacidade postulatória. Petição inicial subscrita por pessoa que não detém a qualificação de advogado, nos termos dos arts. 1º, inciso I, 4º e 5º, da Lei nº 8.906/1994, Estatuto da Advocacia e da Ordem dos Advogados do Brasil-OAB. E do art. 133 da Constituição Federal. Extinção do processo sem julgamento de mérito. Art. 267, IV, do CPC. Sessão de 08/10/2001 (TRE-MG. Rec. Eleitoral 356).

2.2.5. Legitimidade ativa da Aije

Têm legitimidade para propor a Aije:
a) qualquer partido político;
b) coligação;
c) candidato;
d) Ministério Público Eleitoral.

É necessário destacar que a unicidade da coligação resulta de sua própria natureza, portanto, o TSE entende que a coligação deve, ao propor a Aije, demonstrar a anuência de todos os partidos integrantes. "É nula a investigação suscitada sem aprovação de todos os partidos coligados" (Agravo Regimental em REsp 25.002. Ac., p. 162).

2.2.5.1. Análise do eleitor como agente ativo da Aije
O eleitor não tem legitimidade para propor uma Aije. No mesmo sentido:

> Ausência de interesse de agir. Afastada possibilidade de nova eleição. Ilegitimidade ativa. Eleitor. Acolhida. Resolução não tem o condão de alargar a legitimação constante de lei complementar. Processo extinto (TRE-MG. RE 407, p. 70).

2.2.5.2. Análise da possibilidade da formação de litisconsórcio ativo
O litisconsórcio ativo é facultativo, portanto, há possibilidade de mais de um dos legitimados propor, em litisconsórcio, a Aije.

Segundo o TSE, não se aplica a contagem de prazo em dobro, prevista no CPC, art. 191, para os casos de litisconsortes com diferentes procuradores.[23]

2.2.5.3. Análise da possibilidade de o partido coligado ajuizar investigação judicial eleitoral
Estamos aprendendo que a Aije pode ser proposta pela coligação e também pelo partido político, mas o posicionamento majoritário do TSE é no sentido de que há plena "**ilegitimidade de partido coligado para ajuizar investigação judicial eleitoral**" (TSE. AC 25.015). Portanto, havendo coligação, a legitimidade é da coligação, e não dos partidos integrantes da mesma.

A reforma eleitoral consolidou uma exceção que já era prevista à luz do entendimento jurisprudencial dominante, o § 4º do art. 6º da Lei nº 9.504/1997, acrescentado pela Lei nº 12.034, de 29/09/2009, preconiza que:

> O partido político coligado somente possui legitimidade para atuar de forma isolada no processo eleitoral quando questionar a validade da própria coligação, durante o período compreendido entre a data da convenção e o termo final do prazo para a impugnação do registro de candidatos.

Em resumo didático, podemos afirmar que, havendo coligação, a legitimidade até as eleições será da coligação. Após as eleições a coligação é desfeita, assim, até a diplomação, será possível o partido político propor a Aije.

No mesmo sentido o TSE:

> É firme o entendimento desta Corte de que cabe ao presidente do Tribunal Regional o exame da existência ou não da infração à norma legal, sem que isso implique

---
[23] TSE. Agravo Regimental em Recurso Especial Eleitoral 27.104. Ac, p. 4.

usurpação da competência deste Tribunal (Precedentes). **Após a eleição o partido político coligado tem legitimidade para, isoladamente, propor representação, conforme orientação deste Tribunal.** Agravo regimental conhecido, mas desprovido (AG 6.416 – Jandira/SP. Rel. Min. José Geraldo Grossi. DJ 05/12/2006, p. 137).

2.2.5.4. Análise de um candidato à eleição proporcional impugnar candidato da eleição majoritária

Entendemos que um candidato à eleição proporcional não impugnar candidato da eleição majoritária, falta, *in casu*, interesse de agir em virtude da falta de proveito, vez que a saída do candidato da disputa majoritária não beneficia o candidato proporcional, e vice-versa.

José Jairo Gomes[24] discorda afirmando:

> Contudo, a legitimidade não decorre do proveito imediato que o candidato possa colher, mas em virtude "do interesse público na coibição de condutas que afetem a lisura do pleito. Não se exige que o autor-candidato tenha disputado a mesma eleição do réu, o que nela tenha logrado êxito".

2.2.5.5. Análise de um partido político que não esteja participando de um pleito eleitoral propor a Aije

Marcos Ramayana entende que o partido político é parte legítima, ainda que não esteja participando do pleito eleitoral, bastando que esteja devidamente constituído na forma da Lei dos Partidos Políticos. Entendemos de forma contrária, e os motivos são os mesmos explanados no item anterior.

2.2.5.6. Análise de uma coligação formada para eleição majoritária impugnar candidatos da eleição proporcional

Entendemos que, se a coligação for constituída somente para a eleição majoritária, a mesma não tem legitimidade para propor ação contra candidatos que disputam pleito proporcional, falta, *in casu*, interesse de agir.

2.2.5.7. Análise da possibilidade do ajuizamento pela coligação de uma Aije sem a anuência de um dos partidos integrantes da composição

Não será possível o ajuizamento pela coligação de uma ação de investigação judicial eleitoral no caso de um dos partidos integrantes da coligação não prestar a sua anuência. No mesmo sentido: "Nulidade da investigação judicial suscitada sem aprovação de todos os partidos coligados" (TSE. AC 25.002).

No que diz respeito à legitimidade dos partidos políticos, é imprescindível lembrar que a representação a ser feita por eles deve partir de seus órgãos/diretórios com atribuições naquela determinada eleição, o que coincide com a legitimidade para requerer o registro e impugnar a candidatura. Explica-se: nas eleições municipais, o registro dos seus

---

[24] Gomes, José Jairo. *Direito Eleitoral*. 6. ed. São Paulo: Editora Atlas, 2011. p. 449.

candidatos e a impugnação de outras candidaturas é atribuição do Diretório Municipal do Partido (a quem cabe, também, decidir pelas coligações de sua conveniência, dentro das diretrizes fixadas pelas direções estadual e nacional e observadas as restrições legais). Daí que a representação para instauração da Investigação Judicial Eleitoral compete também ao Diretório Municipal. Já para as eleições estaduais e federais, como o registro é feito perante o TRE pelo órgão de Direção Estadual, e a impugnação ao registro de outros candidatos compete ao Partido na sua formatação estadual, a representação para a IJE é privativa da Direção Estadual e se dirige ao Corregedor Regional Eleitoral. Por conseguinte, ilegítimo o Diretório Municipal de determinado partido para representar junto ao TRE pela instauração de investigação judicial eleitoral nas eleições estaduais ou federais. Por identidade de razão, apenas o órgão de Direção Nacional do Partido pode dirigir-se ao Corregedor-Geral Eleitoral, no TSE, para pedir a Investigação Judicial.[25]

2.2.5.8. Requisitos para que o candidato possa propor a Aije

Há dois requisitos para que o candidato possa propor a Aije:

a) indicação em convenção partidária;
b) requerimento do registro de candidatura.

Importante destacar que há posições defendendo que,

> se após propor a ação o pré-candidato perde essa condição por meio da renúncia, substituição ou indeferimento do pedido de registro, não perderá a condição de legitimado, já que o preenchimento dos requisitos retro deve ser analisado no momento da propositura da ação.[26]

Com o devido respeito, entendemos de forma diversa, no caso do agente ativo da ação, renuncia, é substituído, tem seu registro indeferido ou os direitos políticos cassados ou suspensos, a ação deve ser julgada extinta sem resolução de mérito por ilegitimidade superveniente da parte (**art. 267, inciso VI, do Código de Processo Civil**).

2.2.5.9. Limitação à circunscrição

O diretório do partido político tem a sua área de atuação limitada à circunscrição, assim, um diretório municipal não pode interpor uma Aije contra um governador, e um diretório estadual não pode interpor ação contra um Presidente da República.

Insta acentuar que o diretório nacional tem legitimidade ampla, pois a sua área de atuação é nacional.

2.2.6. Legitimidade passiva da Aije

Tem legitimidade passiva da Aije:
a) O partido.

---

[25] No mesmo sentido, Castro, Edson de Resende. Op. cit., p. 305.
[26] No mesmo sentido: Esmeraldo, Elmana Viana Lucena. *Processo Eleitoral*. São Paulo: JH Mizuno, 2011. p.123.

b) O candidato que usou indevidamente, desviou ou abusou do poder econômico ou do poder de autoridade, ou utilizou de forma indevida veículos ou meios de comunicação social, em benefício próprio, de outro candidato ou de partido político.

A terminologia "candidato" deve ser aferida em sentido amplo, ou seja, inclui também o pré-candidato, considerando aquele que requereu o registro de sua candidatura.

c) O cidadão que **não é candidato** também pode figurar como parte passiva, no caso de participação ou coautoria nos atos irregulares do candidato. Veremos que a lei prevê, como consequência da procedência da **Aije**, a sanção de inelegibilidade, para as eleições a se realizarem nos oito anos subsequentes à eleição em que se verificou e ainda haverá determinação da remessa dos autos ao Ministério Público Eleitoral, para instauração de processo disciplinar, se for o caso, e de ação penal, ordenando quaisquer outras providências que a espécie comportar.

No mesmo sentido:

> Qualquer pessoa do povo pode ser sujeito passivo de ação de investigação judicial, desde que haja possibilidade de concorrer à prática de abuso de poder econômico e político. Conhecido e negado provimento. Decisão unânime (TRE/RJ. AI 75-21.751).

Há posição doutrinária defendendo que o partido político e a coligação são **pessoas jurídicas**, portanto, não podem figurar no polo passivo da Aije, uma vez que, como veremos em item próprio, as consequências do julgamento procedente da ação (**inelegibilidade, cassação do registro do candidato diretamente beneficiado, instauração de processo disciplinar, se for o caso, e processo-crime**) só podem ser aplicadas aos candidatos e a outras pessoas físicas que hajam contribuído para a prática do ato.

No mesmo sentido: "Ilegitimidade de pessoa jurídica para figurar no polo passivo da investigação judicial eleitoral" (TSE. AC 717; TRE-MG. Rec. 686/2002. Agravo Regimental em Representação 1.229. Ac., p. 169).

Entendemos que a nova posição do TSE e também do STF, ambos firmando o entendimento de que o mandato pertence ao partido e não ao candidato, torna o partido agente passivo da Aije, devendo haver um litisconsórcio passivo necessário.

2.2.6.1. Legitimidade passiva e a possibilidade de formação do litisconsórcio passivo

Sabemos, em consonância com o art. 47 do Código de Processo Civil, que haverá litisconsórcio necessário, quando, por disposição de lei ou pela natureza da relação jurídica, o juiz tiver de decidir a lide de modo uniforme para todas as partes; caso em que a eficácia da sentença dependerá da citação de todos os litisconsortes no processo.

Preconiza o parágrafo único do art. 47 do Código de Processo Civil: "*O juiz ordenará ao autor que promova a citação de todos os litisconsortes necessários, dentro do prazo que assinar, sob pena de declarar extinto o processo.*"

Há na doutrina e na jurisprudência grande divergência sobre a necessidade de formação de litisconsórcio passivo.

O debate é de extrema importância, pois, caso seja necessária a formação do litisconsórcio passivo entre o titular e o vice, e a Aije tiver sido interposta apenas contra o titular, o juiz eleitoral deverá determinar, nos termos do art. 47 do Código de Processo Civil e sob pena de extinção do processo sem resolução do mérito, que o autor complete o polo passivo da ação, promovendo a citação do vice.

Tal citação deve ser efetivada dentro do prazo de propositura da Aije, ou seja, antes de consumada a decadência.

Para os devidos fins didáticos vamos dividir o tema em três hipóteses práticas:

1ª) Possibilidade de formação do litisconsórcio passivo entre o titular e o vice.

Há grande discussão sobre se é necessário ou facultativo o litisconsórcio passivo do candidato a titular nas eleições majoritárias (Prefeito, Governador, Presidente e Senador) com o candidato a vice ou com os suplentes de Senador.

O que a doutrina quer definir é se a Aije pode ser requerida apenas em face do candidato a titular ou se deverá necessariamente incluir o vice ou suplente da chapa no polo passivo.

Adriano Soares da Costa[27] defendia que:

> Diferentemente ocorre em se tratando de litisconsórcio necessário passivo formado pelos membros da chapa majoritária (Presidente da República e seu Vice; Governador de Estado e seu Vice; e Prefeito Municipal e seu Vice). Nesse caso, não há a mínima dúvida de que a relação jurídica processual angular deve ter a presença, no polo passivo, do titular e do Vice, sob pena de nulidade insanável. É que o abuso de poder econômico ou político, o uso indevido dos veículos ou meios de comunicação social, que ensejam a aplicação da sanção de inelegibilidade, traz um proveito ao candidato principal e ao seu Vice, indistintamente, já que o voto é juridicamente dado à chapa una e indivisível, e não a um dos candidatos independentemente. Aqui, a relação jurídica entre ambos, membros da chapa, é inconsútil, sendo impossível apartar o proveito ilícito obtido, como se houvesse possibilidade de o benefício impróprio não ser útil aos dois a um só tempo. A Aije terá por finalidade alcançar a inelegibilidade de quem se houve beneficiado com o ato ilícito praticado, de modo que se faz obrigatória a presença do candidato a Vice na relação processual.

Posteriormente o renomado professor mudou de posição e, respondendo a um quesito formulado em um parecer, disse:[28]

> 1. Não. Na Aije o litisconsórcio é facultativo unitário, não havendo nulidade processual na ausência do então candidato a vice-prefeito, ainda mais que não haverá para ele, e muito menos para o candidato ao cargo de prefeito municipal, qualquer prejuízo com a ausência do vice no polo passivo da relação processual.

---

[27] Costa, Adriano Soares da. Op. cit., p. 330-331.
[28] Publicado no *site*: <www.jusnavejandi.com.br>.

Confusa e insegura é a posição da doutrina e também no TSE, o tema é muito controvertido.

O TSE já tinha consolidado o entendimento de que a Lei Complementar nº 64/1990 não exige a formação de litisconsórcio passivo entre o representado e aqueles que tenham contribuído na realização do ato abusivo.[29]

No mesmo sentido:

> O entendimento deste Tribunal já se consolidou no sentido da não caracterização de litisconsórcio necessário entre o prefeito e o vice, o que torna dispensável a citação deste, por se tratar de situação jurídica subordinada àquela do titular do cargo (Acs. nºs 19.668, de 11/12/2003; Rel. Min. Fernando Neves; e 21.148, de 20/06/2003, Rel. Min. Peçanha Martins). Agravo regimental improvido (TSE. EREsp 20.950. Ac. 20.950, de 10/02/2004. Rel. Min. Carlos Velloso).

No mesmo sentido são os julgados: TSE-PR. Recurso Ordinário 722 – Curitiba. Rel. Min. Francisco Peçanha Martins. J. 15/06/2004. Unânime. DJ 20/08/2004; TSE-SP. Recurso Ordinário 782 – São Paulo. Rel. Min. Fernando Neves da Silva. J. 08/06/2004. Maioria. DJ 03/09/2004; TSE. RO 722. Ac. 722, de 15/06/2004. Rel. Min. Peçanha Martins; TSE. RO 782. Ac. 782, de 08/06/2004. Rel. Min. Fernando Neves; TSE. REsp 21.148. Ac. 21.148, de 10/06/2003. Rel. Min. Peçanha Martins.

Em realidade, haverá litisconsórcio necessário quando, por disposição de lei ou pela natureza da relação jurídica, o juiz tiver de decidir a lide de modo uniforme para todas as partes, assim como a chapa é uma e indivisível, conduz necessariamente à citação dos que possam ser alcançados pelo pronunciamento judicial, havendo, pois, a necessidade de formação do litisconsórcio necessário, já que é indispensável a citação do vice, em face da possibilidade de este sofrer os efeitos gravosos de eventual decisão condenatória.

É esta a atual posição dominante do TSE, no mesmo sentido:

> 1) Há litisconsórcio necessário entre o Chefe do Poder Executivo e seu vice nas ações cujas decisões possam acarretar a perda do mandato, devendo o vice necessariamente ser citado para integrá-las. Precedentes: AC nº 3.063/RO, Min. Arnaldo Versiani, DJE 08/12/2008; REsp nº 25.478/RO, Min. Carlos Ayres Britto, DJ 03/06/2008.
>
> 2) A eficácia da sentença prevista no art. 47 do Código de Processo Civil é de ordem pública, motivo pelo qual (sic) faz-se mister a presença, antes do julgamento, de todas as partes em relação às quais o juiz decidirá a lide de modo uniforme. Precedente: ED-RO nº 1.497/PB, Rel. Min. Eros Grau, DJE 24/03/2009.
>
> 3) No caso dos autos, o vice-prefeito não foi citado para integrar a lide, tendo ingressado na relação processual apenas com a interposição de recurso especial eleitoral, quando já cassado o diploma dos recorrentes. Ademais, da moldura fática do v. acórdão regional, extrai-se que a captação ilícita de sufrágio teria sido praticada diretamente pelo vice-prefeito que, frise-se, não foi citado para integrar a lide.

---

[29] No mesmo sentido: TSE. Representação 1.098/DF. Rel. Francisco Cesar Asfor Rocha. J. 20/03/2007. Unânime. DJ 20/04/2007.

4) Recursos especiais eleitorais providos (Recurso Especial Eleitoral 35.292). Recurso Especial Eleitoral. Ação de Investigação Judicial Eleitoral. Oitiva de testemunhas. Cerceamento de defesa. Recursos providos. O Tribunal Superior Eleitoral entende que há formação de litisconsórcio necessário unitário entre o Chefe do Executivo e o seu Vice. Razão pela qual este tem o direito de arrolar testemunhas, independentemente das oferecidas por aquele (TSE. Recurso Especial Eleitoral 25.478. Ac. Rel. Min. Carlos Augusto Ayres de Freitas Britto. DJ 03/06/2008, p. 25).

2ª) Possibilidade de formação do litisconsórcio passivo entre o titular e o cidadão que não é candidato, mas praticou o ilícito visando ao benefício deste.

Neste caso, não há controvérsia, haverá necessidade da formação do litisconsórcio passivo necessário.

3ª) Possibilidade de formação do litisconsórcio passivo entre o candidato e o partido político ao qual o mesmo é filiado.

Segundo a ótica da posição doutrinária dominante, não há litisconsórcio passivo necessário porque não há homogeneidade entre o destino do candidato e do partido político, uma vez que a Aije tem como efeito a declaração de inelegibilidade e, dependendo do caso concreto, a cassação do registro, *in casu*, o partido político não será diretamente atingido, pois tem a possibilidade de substituir, no prazo legal, o candidato.

Como já relatamos, pertencendo o mandato ao partido, com a cassação do diploma haverá impreterível prejuízo ao ente partidário, devendo o mesmo integrar a relação processual passiva com o escopo de defender seus interesses, quais sejam, a manutenção do mandato.

2.2.7. Prazo para interposição da Aije

2.2.7.1. Prazo inicial

Adriano Soares da Costa[30] defende que a Aije só pode ser interposta após o registro da candidatura, **embora possa envolver fatos ocorridos anteriormente**.

Nossa posição: *Data maxima venia* ao argumento do ilustre advogado, mas entendemos que tal posição gera, no contexto prático, a consolidação de várias injustiças, imagine uma eleição em que o prefeito no mês de janeiro comece explicitamente o abuso de poder econômico. Pergunta-se: qual a razoabilidade lógica em ter de esperar o dia 05 de julho do mesmo ano para entrar com a Aije? Defender tal posição é negar à Justiça Eleitoral o poder de fazer cessar imediatamente o ato de abuso lesivo à plena normalidade das eleições, destarte, a democracia.

No mesmo sentido:

> A Justiça Eleitoral é competente para processar e julgar Ação de Investigação Judicial Eleitoral com base em fatos ocorridos fora do período eleitoral, sendo a Aije via cor-

---

[30] Op. cit.

reta para apurar abuso de autoridade (TRE/PB. Processo 4.271 (3.284)/ – Caraúbas. Rel. Juiz José Guedes Cavalcanti Neto. J. 03/03/2005. Unânime. DJ 01/04/2005).

Edson de Resende[31] também critica a posição de Adriano Soares afirmando:

> A solução do eleitoralista alagoano peca por negar à Justiça Eleitoral, pela via da investigação, a possibilidade de fazer cessar imediatamente a conduta abusiva tão logo verificada, providência das mais importantes, principalmente quando se leva em conta que o principal objeto dessa ação é a preservação da normalidade e legitimidade das eleições. Então, não faz qualquer sentido colocar a Justiça Eleitoral como mera espectadora do abuso de poder, que pode se alastrar por meses, para tomar providências apenas após o registro da candidatura.

Portanto, entendemos que deve haver um marco inicial da origem dos fatos, qual seja, devem ser analisados os fatos originados "a partir da data em que o representado se porta como se candidato fosse" (**teoria da mera conduta**).

Informamos que há entendimento jurisprudencial fixando como prazo inicial a data da desincompatibilização.

No mesmo sentido:

> Embora não tenha o legislador pátrio fixado o momento adequado para o ajuizamento da ação de investigação judicial eleitoral, a jurisprudência, inclusive pacífica desta Corte, **firmou o entendimento de que somente os fatos ocorridos a partir da data da desincompatibilização é que são passíveis de ser analisados por meio desta espécie de demanda** (TRE-RN. Aije 013. Rel. Juiz Rafael Godeiro. *DJRN*, 05/09/2003, p. 25).

De qualquer forma, o TSE admite que a ação de investigação judicial eleitoral, fundada no art. 22 da LC nº 64/1990, que tenha como objeto abuso ocorrido antes da escolha e registro do candidato.

No mesmo sentido:

> (...) A ação de investigação judicial eleitoral constitui instrumento idôneo à apuração de atos abusivos, ainda que anteriores ao registro de candidatura. (...) (TSE. RO 1.362, de 12/02/2009. Ac. Rel. Min. José Gerardo Grossi. DJE. tomo 66/2009, 06/04/2009, p. 45).

Destaca Elmana Viana[32]

> É importante ressaltar, entretanto, que embora não tenha sido encontrada na jurisprudência do TSE decisão admitindo a propositura da AIJE, antes do pedido do registro de candidatura (embora permita que a ação veicule abusos praticados antes deste ato), alguns tribunais têm admitido, lastreados na posição de grandes doutrinadores, entre eles, Francisco Dirceu Barros e Edson de Resende de Castro, que

---

[31] Castro, Edson de Resende. Op. cit., p. 310.
[32] Esmeraldo, Elmana Viana Lucena. *Processo Eleitoral*. São Paulo: JH Mizuno, 2011. p. 291.

defendem essa possibilidade, alegando que a Justiça Eleitoral não deve ficar como mera espectadora dos ilícitos, abrindo as portas para a impunidade, devendo desde logo ser admitida a propositura da Aije contra pretensos candidatos, antes mesmo do pedido de registro da candidatura.

2.2.7.2. Prazo final

E o prazo final? Aqui há um pequeno problema, porque a lei não fixou um prazo final para interposição da **Aije**.

Joel J. Cândido defende que a **Aije** "só pode ser ajuizada até o dia da eleição".

POSIÇÃO DIVERGENTE

Nossa posição: *Data maxima venia* ao argumento do ilustre autor, mas entendemos que tal posição também gera, no contexto prático, a consolidação de injustiças; imagine se o abuso do poder econômico é realizado no dia da eleição e só é descoberto no dia seguinte, não seria justo impedir o acesso à Justiça Eleitoral deixando uma ilegalidade impune.

Alguns argumentam que tal impunidade não existe porque pode haver a interposição de uma Aime (Ação de Impugnação de Mandato Eletivo) com o prazo de 15 dias depois da diplomação, mas perguntamos: e se o candidato não for eleito? Resposta: Não haverá diplomação, portanto, não será possível a ação; mas se o candidato vencedor não tem interesse, o Ministério Público Eleitoral tem, pois o combate à corrupção eleitoral é matéria de ordem pública. O prazo final, *in casu*, será a data da **diplomação dos candidatos eleitos**.

No mesmo sentido é a posição do TSE:

> Ação de investigação judicial. Prazo para a propositura. Ação proposta após a diplomação do candidato eleito. Decadência consumada. Extinção do processo. **A ação de investigação judicial do art. 22 da Lei Complementar nº 64/1990 pode ser ajuizada até a data da diplomação**. Proposta a ação de investigação judicial após a diplomação dos eleitos, o processo deve ser extinto, em razão da decadência (Rp 628. Ac. 628; REsp 15.263; REsp 12.531 e Ac. 15.099).

2.2.8. Competência para julgar a Aije

A **Aije** deverá ser interposta:

a) na segunda instância, perante o Tribunal Superior Eleitoral, quando se tratar de candidato a presidente ou vice-presidente da República, através do corregedor-geral eleitoral;

b) na segunda instância, perante os Tribunais Regionais Eleitorais, quando se tratar de candidato a senador, governador e vice-governador de Estado e do Distrito Federal, deputado federal, deputado estadual e deputado distrital, através do corregedor-geral eleitoral;

c) na primeira instância, quando se tratar de candidato a prefeito, vice-prefeito e vereador, através dos juízes eleitorais.

2.2.8.1. Competência e foro por prerrogativa de função

Não há foro por prerrogativa de função no âmbito das ações eleitorais.
No mesmo sentido o TSE:

> Prefeito Municipal. Impugnação de mandato eletivo. Alegação de fraudes, corrupção e abuso do poder econômico. Preliminar de incompetência originária da corte *a quo*. Reconhecida pelo TSE a incompetência absoluta do Tribunal Regional para estabelecer sua própria competência originária na hipótese, já que inexistente norma constitucional expressa sobre a matéria ou foro privilegiado por prerrogativa de função. Inaplicabilidade, por analogia, do art. 29, inciso VIII, da CF, que prevê a competência do Tribunal de Justiça para o julgamento de Prefeito, por não se tratar de processo criminal. Recurso conhecido e provido (Recurso Especial Eleitoral 9.453/SP. Rel. Min. Hugo Gueiros Bernardes. DJ 28/04/1992, p. 5.570).

2.2.9. Dos efeitos da Aije julgada procedente

1 – Efeitos principais

Devemos considerar, para os devidos fins didáticos, duas hipóteses:

1ª) Quando a **Aije** for julgada procedente após a proclamação dos eleitos, terá como efeitos principais:

a) A decretação da inelegibilidade do representado e de quantos hajam contribuído para a prática do ato, cominando-lhes sanção de inelegibilidade para as eleições a se realizarem nos oito anos subsequentes à eleição em que se verificou.

b) Cassação do diploma do candidato diretamente beneficiado pela interferência do poder econômico ou pelo desvio ou abuso do poder de autoridade ou dos meios de comunicação.

c) Haverá também determinação da remessa dos autos ao Ministério Público Eleitoral, para instauração de processo disciplinar, se for o caso, e de ação penal, ordenando quaisquer outras providências que a espécie comportar.

2ª) Quando a **Aije** for julgada procedente antes da proclamação dos eleitos, terá como efeitos principais:

a) A decretação da inelegibilidade do representado e de quantos hajam contribuído para a prática do ato, cominando-lhes sanção de inelegibilidade para as eleições a se realizarem nos oito anos subsequentes à eleição em que se verificou.

b) Cassação do registro do candidato diretamente beneficiado pela interferência do poder econômico ou pelo desvio ou abuso do poder de autoridade ou dos meios de comunicação.

c) Haverá também determinação da remessa dos autos ao Ministério Público Eleitoral, para instauração de processo disciplinar, se for o caso, e de ação penal, ordenando quaisquer outras providências que a espécie comportar.

d) Para o cidadão que não era candidato, ao tempo da conduta irregular, haverá sanção de inelegibilidade para as eleições a se realizarem nos oito anos subsequentes à eleição em que se verificou e ainda haverá determinação da remessa dos autos ao Ministério Público Eleitoral, para instauração de processo disciplinar, se for o caso, e de ação penal, ordenando quaisquer outras providências que a espécie comportar.

OBSERVAÇÕES DIDÁTICAS PARA DUAS HIPÓTESES

Quanto ao termo inicial para a aplicação da sanção de inelegibilidade ainda permanece válida a posição do TSE, firmada antes da reforma eleitoral:

> O termo inicial para a aplicação da sanção de inelegibilidade, nos termos do inciso XIV do art. 22 da Lei Complementar nº 64/1990, é a data da eleição em que ocorreu o ilícito. Súmula nº 19 do TSE (Agravo Regimental em Recurso Especial Eleitoral 25.476. Ac. Rel. Min. Eros Roberto Grau, 10/03/2009. DJE 24/04/2009, p. 30).

O julgamento procedente de uma Aije sempre acarreta decretação de inelegibilidade.

No mesmo sentido o entendimento dominante do **TSE**:

> Investigação judicial eleitoral: sua procedência leva sempre à declaração de inelegibilidade, seja a decisão anterior ou posterior à eleição (LC nº 64/1990, arts. 1º, I, *d*, e 22, XIV e XV: inteligência) (Recurso Especial Eleitoral 19.832. Ac. 19.832 e AREsp 19.701, p. 106).

Na eleição proporcional, só não é eleito quem não obtiver o quociente eleitoral, portanto, até os suplentes eleitos devem ter os diplomas cassados, pois eventualmente podem substituir o titular.

Na eleição majoritária, há necessidade de formação do litisconsórcio passivo entre o titular e o vice, portanto, deve haver declaração de inelegibilidade e cassação de diploma do Chefe do Poder Executivo e seu vice e também do suplente de senador.

2 – **Efeito secundário**

Declaração de nulidade dos votos efetivados ao representado (**Fundamentação legal:** Art. 222 c. c. o art. 224 c. c. o art. 237 do Código Eleitoral).

2.2.10. Dos efeitos dos recursos interpostos da sentença que julga a Aije

2.2.10.1. Efeito do recurso que julga a Aije quando esta é empregada para apurar uso indevido, desvio ou abuso do poder econômico ou do poder de autoridade, ou utilização indevida de veículos ou meios de comunicação social, em benefício de candidato ou de partido político

O efeito será o suspensivo, em conformidade com o art. 15 da Lei Complementar nº 64/1990, *in verbis*:

Art. 15. Transitada em julgado a decisão que declarar a inelegibilidade do candidato, ser-lhe-á negado registro, ou cancelado, se já tiver sido feito, ou declarado nulo o diploma, se já expedido.

Parágrafo único. A decisão a que se refere o caput, *independentemente da apresentação de recurso, deverá ser comunicada, de imediato, ao Ministério Público Eleitoral e ao órgão da Justiça Eleitoral competente para o registro de candidatura e expedição de diploma do réu.*

2.2.10.2. Efeito do recurso que julga a Aije quando esta é usada para o combate à captação ilícita de votos
Vide item da Arcisu.

2.2.10.3. Efeito do recurso que julga a Aije quando esta é usada para o combate das condutas vedadas aos agentes públicos
Vide item da Arconve.

2.2.11. O procedimento da Aije

Qualquer partido político, coligação, candidato ou o Ministério Público Eleitoral poderá representar à Justiça Eleitoral, diretamente ao corregedor-geral ou regional, relatando fatos e indicando provas, indícios e circunstâncias e pedir abertura de investigação judicial para apurar uso indevido, desvio ou abuso do poder econômico ou do poder de autoridade, ou utilização indevida de veículos ou meios de comunicação social, em benefício de candidato ou de partido político, obedecidos os seguintes ritos:

1) Interposição da Aije através dos legitimados.

Em exegese ao art. 22 da Lei Complementar nº 64/1990, a Ação de Investigação Judicial Eleitoral há de ser instruída com a demonstração de fortes indícios e meios de provas capazes de se comprovar o alegado, mas para a propositura de ação de investigação judicial eleitoral não se impõe a apresentação, desde logo, de provas cabais do alegado, segundo o TSE, basta a demonstração de fortes indícios e meios de provas aptos a comprovarem o alegado.[33]

2) Petição inicial.

A petição inicial deve preencher os requisitos previstos nos arts. 282 e 284 do Código de Processo Civil.

Não há valor da causa nos feitos eleitorais.

A apresentação do rol de testemunhas, no número máximo de seis, deve ocorrer no momento da inicial ajuizada pelo representante e da defesa protocolada pelo representado.

Deve ser realizada uma narrativa com a indicação da justa causa, é dizer, o lastro probatório mínimo que indica desequilíbrio na disputa eleitoral.

---

[33] No mesmo sentido: TSE. AG 4.203. Ac. 4.203. Rel. Min. Peçanha Martins, 12/06/2003.

É imprescindível que a representação seja assinada por advogado regularmente inscrito na Ordem dos Advogados do Brasil – OAB, sob pena de ser extinto o feito sem julgamento do mérito, por violação do art. 133 da Constituição Federal.[34]

3) Atividades do corregedor, que terá as mesmas atribuições do relator em processos judiciais, ou do juiz, ao despachar a inicial.

O juiz eleitoral ou corregedor recebe a petição inicial e ordenará que seja realizada a citação do representado,[35] entregando-se-lhe a segunda via apresentada pelo representante com as cópias dos documentos, a fim de que, no prazo de cinco dias, ofereça ampla defesa, juntada de documentos e rol de testemunhas, se cabível.

Poderá também, *in limine*, estando demonstrada a existência dos requisitos do *fumus boni iuris* e do *periculum in mora*, determinar que se suspenda o ato que deu motivo à representação, quando for relevante o fundamento e do ato impugnado puder resultar a ineficiência da medida, caso seja julgada procedente.

Indeferirá desde logo a inicial, quando não for caso de Aije ou lhe faltar algum requisito da LC nº 64/1990 ou do art. 295 do Código de Processo Civil.

Se existir algum vício sanável, o juiz notificará o autor para que a emende, sob pena de extinguir o processo sem resolução do mérito.

4) No caso de o corregedor indeferir a reclamação ou representação, ou retardar-lhe a solução, poderá o interessado renová-la perante o Tribunal, que resolverá dentro de 24 horas.

Posicionamento majoritário do TSE:

> Não se incide o inciso II do art. 22 da LC nº 64/1990 quando se tratarem de eleições municipais, em que a competência originária para processar e julgar a investigação judicial é do juiz eleitoral. Para não suprimir instância, a decisão que indefere a inicial expõe-se ao reexame, em recurso, pela Corte Regional Eleitoral. A parte prejudicada pela inércia do julgador, em tais circunstâncias, pode invocar o inciso III do citado art. 22 perante o Tribunal competente para exame das questões pertinentes aos pleitos municipais. Precedentes (Pet 1.588; Ac. 22.022).

5) O interessado, quando não for atendido ou ocorrer demora, poderá levar o fato ao conhecimento do Tribunal Superior Eleitoral, a fim de que sejam tomadas as providências necessárias.

6) Feita a notificação, a Secretaria do Tribunal juntará aos autos cópia autêntica do ofício endereçado ao representado, bem como a prova da entrega ou da sua recusa em aceitá-lo ou dar recibo.

7) Findo o prazo da notificação, com ou sem defesa, abrir-se-á prazo de cinco dias para inquirição, em uma só assentada, de testemunhas arroladas pelo represen-

---

[34] No mesmo sentido: Embargos de Declaração em Recurso Especial Eleitoral 20.976. Ac., p. 208.
[35] A lei diz "notificação".

tante e pelo representado, até o máximo de seis para cada um, as quais comparecerão independentemente de intimação.

Análise da possibilidade de julgamento antecipado da lide
Posicionamento majoritário do TSE: "Impossibilidade de julgamento antecipado da lide na representação por abuso de poder ou captação ilícita de sufrágio" (AC 6.241/2005).

Análise da possibilidade de decretação de revelia e confissão
Sendo necessária, para procedência da Aije, prova inconcussa dos fatos tidos como violadores do texto legal, não é cabível a decretação de revelia ou confissão tácita.
Posicionamento majoritário do TSE:

> 1. Na ação investigatória judicial, instaurada para os fins do art. 22 da Lei Complementar nº 64/1990, **descabe a decretação de revelia e confissão**, por depender a procedência da representação de prova inconcussa dos fatos tidos como violadores do texto legal, sendo o procedimento probatório inteiramente independente da formalização tempestiva e adequada da defesa dos representados. 2. A configuração do abuso do poder econômico exige prova inconcussa. Precedentes. Recurso ordinário desprovido (RO 382; Ac. 382).

8) Nos três dias subsequentes, o corregedor ou juiz eleitoral procederá a todas as diligências que determinar, *ex oficio* ou a requerimento das partes.

9) No prazo da alínea anterior, o corregedor poderá ouvir terceiros, referidos pelas partes, ou testemunhas, como conhecedores dos fatos e circunstâncias que possam influir na decisão do feito.

10) Quando qualquer documento necessário à formação da prova se achar em poder de terceiro, inclusive estabelecimento de crédito, oficial ou privado, o corregedor poderá, ainda, no mesmo prazo, ordenar o respectivo depósito ou requisitar cópias.

11) Se o terceiro, sem justa causa, não exibir o documento, ou não comparecer a Juízo, o juiz poderá expedir contra ele mandado de prisão e instaurar processo por crime de desobediência.

12) Encerrado o prazo da dilação probatória, as partes, inclusive o Ministério Público, poderão apresentar alegações no prazo comum de dois dias.
- Em ação de investigação judicial eleitoral, o Ministério Público Eleitoral é competente para atuar em todas as fases e instâncias do processo eleitoral, inclusive em sede recursal.[36]

13) Terminado o prazo para alegações, os autos serão conclusos ao corregedor, no dia imediato, para apresentação de relatório conclusivo sobre o que houver sido apurado.

14) O relatório do corregedor, que será assentado em três dias, e os autos da representação serão encaminhados ao Tribunal competente, no dia imediato, com pedido de inclusão **incontinenti** do feito em pauta, para julgamento na primeira sessão subsequente.

---

[36] TSE. RO 781. Ac. 781. Rel. Min. Peçanha Martins, 19/08/2004.

Posicionamentos majoritários do TSE:

Impossibilidade de o corregedor julgar monocraticamente a representação, não se aplicando à hipótese os §§ 6º e 7º do art. 36 do RITSE (AC 404/2002).

Impossibilidade de o juiz auxiliar julgar monocraticamente a representação fundada no art. 41-A da Lei nº 9.504/1997 nas eleições estaduais e federais, em razão da adoção do procedimento do art. 22 da LC nº 64/1990 (AC 4.029/2003).

15) No Tribunal, o procurador-geral ou regional eleitoral terá vista dos autos por 48 horas, para se pronunciar sobre as imputações e conclusões do relatório.

2.2.12. A Aije e a potencialidade lesiva

Antes da reforma eleitoral, na Aije seria necessário apurar se a conduta irregular foi suficiente para desequilibrar a igualdade de condições dos candidatos à disputa do pleito, isto é, se foi decisiva para influenciar o resultado geral da eleição. Ou seja, para que a Aije fosse julgada procedente não era suficiente a prova da ocorrência do alegado, seria imperiosamente salutar provar a potencialidade lesiva, é dizer, se a conduta ilícita teve potencialidade de influenciar na lisura e resultado do pleito.

Agora não há mais necessidade da demonstração da **potencialidade lesiva**, a Lei Complementar nº 135, de 04/06/2010, acrescentou o inciso XVI no art. 22 da LC nº 63/1990, *in verbis*:

> Art. 22. (...)
> XVI – para a configuração do ato abusivo, não será considerada a potencialidade de o fato alterar o resultado da eleição, mas apenas a gravidade das circunstâncias que o caracterizam.

Dessa forma, não se exige mais a potencialidade no sentido da necessidade da influência do evento para desequilibrar as eleições. Contudo, exige-se a proporcionalidade, no sentido de que a sanção seja proporcional à conduta e à lesão, afastando-se, excepcionalmente, a irregularidade de pequena monta. [37]

2.2.13. Honorários advocatícios

A condenação em honorários advocatícios, em razão de sucumbência, apresenta-se incabível em feitos eleitorais.[38]

2.2.14. Análise da possibilidade de aplicação da *emendatio libelli* em sede de Aije

Leia no Capítulo VII da Parte II, "A *Mutatio* e a *Emendatio Libelli* Eleitoral", o item 7.9, "Análise da Possibilidade de Aplicação da *Emendatio Libelli* em Sede de Ação Civil Eleitoral".

---

[37] No mesmo sentido do texto: Peleja Júnior, Antônio Veloso; Teixeira Batista, Fabrício Napoleão. Op. cit., p. 159.
[38] No mesmo sentido: Recurso Especial Eleitoral 12.783. Ac. Rel. Paulo Roberto Saraiva da Costa Leite. DJ 18/04/1997, p. 13.862.

2.2.15. A Aije e o não cabimento do julgamento antecipado da lide

O TSE entende que, no caso da Aije, não cabe julgamento antecipado da lide porque não se permitira a apuração dos fatos supostamente ocorridos, e devemos levar em consideração o efeito suspensivo da decisão decorrente da aplicação do art. 15 da LC nº 64/1990 (*Vide* Acórdão 19.419/2001). No mesmo sentido:

> A ação de investigação judicial eleitoral, com a qualidade premissa de apurar ostensivamente o uso indevido do poder econômico, o desvio ou o abuso de autoridade em benefício de candidato, não comporta o julgamento antecipado da lide, devendo a sentença ser anulada e restaurado o rito adequado (TRE-MA. Raij 2.195 (3.789), p. 34).

2.2.16. A prova pré-constituída na Aije

Não é necessária a prova pré-constituída na Aije. Neste sentido, o TSE:

> I – No recurso contra expedição de diploma, fundado no art. 262, IV, do CE, é prescindível que a prova pré-constituída seja colhida em ação de investigação com decisão judicial. II – Já assentou esta Corte que, em se tratando de ação de investigação judicial eleitoral, recurso contra expedição de diploma e ação de impugnação de mandato eletivo, quando fundadas as ações nos mesmos fatos, a procedência ou improcedência de uma não é oponível à admissibilidade da outra a título de coisa julgada. Precedentes (Recurso Especial Eleitoral 21.229/MG, p. 132).

2.2.17. Provas não admissíveis da Aije

Não são admissíveis, em sede de ação de investigação judicial eleitoral, os seguintes meios de prova:

- **Depoimento pessoal:**

> Conforme entendimento do egrégio Supremo Tribunal Federal no julgamento do *Habeas Corpus* 85.029, o silêncio da lei eleitoral, quanto à questão, não é casual, já que o depoimento pessoal não tem relevo no processo eleitoral, dada a indisponibilidade dos interesses de que dele se cuidam. Recurso provido. Concessão da ordem (TSE. RHC 131. – Rel. Min. Arnaldo Versiani. *DEJE*, 05/08/2009, p. 75).

- **Confissão:**

> Insiste o recorrente na aplicação da pena de confesso aos impugnados, nos termos do disposto no art. 324, § 2º, do CPC. (...) a referida norma (...) é inaplicável ao processo eleitoral e especificamente à ação de impugnação de mandato eletivo que exige prova robusta e inconcussa (...) Nesse sentido, aliás, a orientação jurisprudencial: "A confissão é mero meio de prova a ser analisado pelo juiz diante do contexto probatório colacionado aos autos, não implicando presunção absoluta de veracidade dos fatos" (...) "A presunção de veracidade dos fatos alegados pelo autor em face da revelia do réu é relativa, podendo ceder a outras circunstâncias constantes dos autos, de acordo com o princípio do livre convencimento do juiz (...)" (Ac. 502, de 04/06/2002. Rel. Min. Barros Monteiro).

- Prova ilícita:
A observância da "teoria dos frutos da árvore envenenada".

> Em face de a ação de investigação judicial eleitoral ter sido concluída após a diplomação dos eleitos, resta prejudicada a análise do pedido na parte relativa à cassação do registro das candidaturas, em consonância com o que foi decidido em primeira instância. As gravações feitas de modo clandestino são consideradas provas ilícitas, inadmissíveis no processo, em observância ao entendimento doutrinário dos frutos da árvore envenenada (*fruits poisonous tree*), em que a obtenção de prova por meios ilícitos contamina a prova que lhe é derivada. Quanto ao conjunto probante legalmente trazido aos autos, evidencia-se a sua fragilidade, não tendo o condão para caracterizar o abuso do poder econômico e a captação ilegal de sufrágio. Conhecimento e improvimento do recurso, com remessa de cópias dos autos ao Ministério Público estadual para as providências cabíveis (TRE-RN. RO 2.699, p. 24).

2.2.18. Decisões interlocutórias tomadas no curso da Aije

Tendo em vista a celeridade com que deve ser desenvolvido o procedimento da Aije, as decisões interlocutórias tomadas em sede de investigação judicial, sob o rito do art. 22 da LC nº 64/1990, são irrecorríveis isoladamente, devendo sua apreciação ser feita quando da interposição do recurso próprio, haja vista que a matéria nela decidida não se sujeita à preclusão imediata.[39]

Há decisões defendendo que o caso é de mandado de segurança:

> Tratando-se de decisão interlocutória proferida por juiz eleitoral, negando seguimento a recurso ordinário, em sede de Aije e/ou Aime, contra a qual não há previsão de recurso hábil, cabível é a impetração de Mandado de Segurança, consoante precedentes do TSE (RMS 176/RJ, REsp 20.724/PI). Não cabe ao Juiz Eleitoral de primeiro grau o juízo de admissibilidade dos recursos, a teor do art. 267, §§ 6º e 7º, do Código Eleitoral (Mandado de Segurança 364).

2.2.19. Crime eleitoral na arguição de inelegibilidade

Constitui crime eleitoral a arguição de inelegibilidade, ou a impugnação de registro de candidato feito por interferência do poder econômico, desvio ou abuso do poder de autoridade, deduzida de forma temerária ou de manifesta má-fé.

2.2.20. A Aije e os recursos

a) Recurso cabível da decisão do juiz eleitoral

Da decisão proferida pelo juiz eleitoral em sede de Aije cabe recurso inominado no prazo de três dias para o TRE.

b) Recurso cabível da decisão do TRE

Se a causa tramitar em segundo grau de jurisdição, da decisão que julgar procedente ou improcedente a ação de investigação judicial eleitoral, no âmbito da com-

---

[39] No mesmo sentido: TSE. Recurso Especial Eleitoral 25.999/SP. Rel. José Augusto Delgado. J. 05/10/2006. Unânime. DJ 20/10/2006.

petência originária do Tribunal Regional Eleitoral, caberá Recurso Ordinário por se tratar de inelegibilidade, nos termos do art. 121, § 4º, III, da Constituição Federal c. c. o art. 276, II, *a*, do Código Eleitoral.[40]

c) Recurso cabível da decisão do TSE

Da decisão que julgar procedente ou improcedente a ação de investigação judicial eleitoral – Aije –, no âmbito da competência originária do Tribunal Superior Eleitoral, caberá Recurso Extraordinário ao Supremo Tribunal Federal, desde que a decisão seja contrária à Constituição Federal, *ex vi* do art. 121, § 3º, da Constituição Federal. O prazo para interposição é de três dias contados a partir da publicação do acórdão em sessão, nos termos dos arts. 11, § 2º, e 14 da LC nº 64/1990, e da Súmula nº 728 do TSE.[41]

2.3. ARAGI – AÇÃO DE RECLAMAÇÃO POR ARRECADAÇÃO E GASTOS ILÍCITOS

2.3.1. Para que serve a Aragi

A Aragi é uma poderosa ferramenta processual eleitoral para combater as irregularidades relativas à arrecadação e aos gastos de recursos nas campanhas eleitorais, que geralmente indicam abuso de poder econômico e podem desequilibrar o pleito eleitoral.

2.3.2. Previsão legal da Aragi

A Aragi é prevista no art. 30-A da Lei nº 9.504/1997, *in verbis*:

> Art. 30-A. *Qualquer partido político ou coligação poderá representar à Justiça Eleitoral, no prazo de 15 (quinze) dias da diplomação, relatando fatos e indicando provas, e pedir a abertura de investigação judicial para apurar condutas em desacordo com as normas desta Lei, relativas a* **arrecadação** *e* **gastos de recursos**.

2.3.3. Legitimidade ativa da Aragi

Em conformidade com a leitura do art. 30-A da Lei nº 9.504/1997 só teriam legitimidade para a Aragi:

a) Os partidos políticos.

b) As coligações.

Fazendo uma interpretação sistemática, entendemos que também são parte legítima para propositura da Aragi:

c) O Ministério Público Eleitoral.

A legitimidade do Ministério Público Eleitoral para propor a **Aragi** não é prevista no art. 30-A da Lei nº 9.504/1997, mas como defensor constitucional do regime democrático, o Ministério Público Eleitoral tem plena legitimidade para propor a **Aragi**.

---

[40] No mesmo sentido do texto: Peleja Júnior, Antônio Veloso; Teixeira Batista, Fabrício Napoleão. Op. cit., p. 200.
[41] *Idem, ibidem*.

No mesmo sentido o entendimento dominante do TSE: "O Ministério Público Eleitoral é parte legítima para propor a ação de investigação judicial com base no art. 30-A" (RO 1.596/MG. Rel. Min. Joaquim Barbosa. DJ 16/03/2009).

Vide também TSE. RO 1.540. Ac. Rel. Min. Félix Fisher. DJE 01/06/2009, p. 25-27.

d) O candidato.

A legitimidade do candidato para propor a **Aragi** é retirada do art. 96 da Lei nº 9.504/1997, *in verbis*:

> Art. 96. Salvo disposições específicas em contrário desta Lei, as reclamações ou representações relativas ao seu descumprimento podem ser feitas por qualquer partido político, coligação ou **candidato**, e devem dirigir-se: (...)

2.3.4. Legitimidade passiva da Aragi

A Aragi pode ser proposta em desfavor do candidato, eleito ou não, uma vez que o bem jurídico tutelado pela norma é a moralidade das eleições.

Insta acentuar que no art. 2º, § 4º, da Resolução do TSE nº 23.217/2010 os candidatos a vice e a suplentes são solidariamente responsáveis no caso de extrapolação do limite máximo de gastos fixados para os respectivos titulares.

2.3.5. Prazo para interposição da Aragi

Os prazos inicial e final para interposição da Aragi sempre foram objeto de históricas controvérsias doutrinárias e jurisprudenciais.

2.3.5.1. Prazo inicial

Há grave controvérsia quanto ao prazo inicial.

1ª posição: José Jairo Gomes defende que "a ação deve ser iniciada após as eleições, nomeadamente após a proclamação dos resultados".[42]

2ª posição: Peleja Júnior e Fabrício Napoleão[43] defendem que:
Pode-se estabelecer os seguintes termos para propositura da representação fundada no artigo 30-A:
- Termo inicial (*dies a quo*) – a partir da data das eleições;
- Termo final (*dies ad quem*) – 15 (quinze) dias da data da diplomação dos eleitos.

3ª posição: Elmana Viana[44] defende que: "A representação pode ser proposta do pedido do registro de candidatura até 15 (quinze) dias após a diplomação."

---

[42] Gomes, José Jairo. Op. cit., p. 487.
[43] Peleja Júnior, Antônio Veloso; Teixeira Batista, Fabrício Napoleão. Op. cit., p. 217.
[44] Esmeraldo, Elmana Viana Lucena. Op. cit., p. 173.

4ª posição: *Data maxima venia*, nenhuma das interpretações incidem em dois erros históricos:

1 – A prática nos credencia a dizer que a doação e a captação de recursos ilícitos começam no início do ano eleitoral e se intensificam com as coligações e a confirmação dos candidatos nas convenções eleitorais, portanto, as interpretações supracitadas não atendem ao objeto jurídico tutelado pela ação que é a lisura, a transparência, a higidez, a igualdade e a moralidade que deve imperar em toda campanha eleitoral.

2 – As interpretações em comento desconsideram que, além da cassação ou negação do diploma, a captação ou os gastos ilícitos de recursos de campanha têm outros efeitos, quais sejam, a decretação da inelegibilidade pelo prazo de oito anos a contar da eleição (*vide* alínea j do inciso I, art. 1º, DL nº 64/1990, incluído pela Lei Complementar nº 135, de 2010), portanto, os efeitos da ação podem atingir pessoas que arrecadaram ou gastaram recursos de origem ilícita e renunciaram à candidatura, por exemplo.

Por tais motivos, entendemos que não faz o mínimo sentido esperar pelo resultado das eleições (1ª posição), pelo dia da eleição (2ª posição) ou pelo registro do candidato (3ª posição), *in casu*, **defendemos que o dia *a quo* para propositura da Aragi é a data da configuração do ilícito (conduta em desacordo com a lei, relativa à arrecadação e aos gastos de recursos).**

2.3.5.2. Prazo final

A Resolução nº 23.193/2010 tinha elidido todas as controvérsias quando estabeleceu, para a propositura da Aragi, o prazo de 15 (quinze) dias da diplomação e até o encerramento do mandato para o qual concorreu o candidato a quem se destinou a doação e contribuição irregular de pessoa jurídica.

Após a edição da Resolução supracitada, no julgamento do Recurso Especial Eleitoral nº 36.552, o **TSE** voltou a debater o tema com a adoção de três teses divergentes:

1ª) O prazo para interposição da Aragi é de 15 dias a partir da diplomação (art. 30-A da Lei nº 9.504/1997). Tese defendida pelo Ministro Felix Fischer.

2ª) O prazo final para interposição da Aragi é o fim do mandato do candidato beneficiado com a doação. Tese defendida pelo Ministro Ayres Britto e apoiada pelo Ministro Arnaldo Versiani.

3ª) O prazo para interposição da Aragi é de 180 dias a partir da diplomação (previsto no art. 32 da Lei nº 9.504/1997). Tese defendida pelo Ministro Marcelo Ribeiro.

O art. 30-A, com redação estabelecida pela Lei nº 12.034/2009, elidiu todas as controvérsias ao estipular que "*Qualquer partido político ou coligação poderá representar à Justiça Eleitoral, no prazo de 15 (quinze) dias da diplomação (...)*."

Portanto, o prazo final será de 15 (quinze) dias após a diplomação.

No mesmo sentido leia o art. 21 da Resolução nº 23.367/2011:

> Art. 21. (...)
> Parágrafo único. As representações de que trata o caput deste artigo poderão ser ajuizadas até a data da diplomação, exceto as do art. 30-A e dos arts. 23 e 81 da Lei nº 9.504/97, que poderão ser propostas, respectivamente, no prazo de 15 dias e no de 180 dias a partir da diplomação.

2.3.6. Competência para julgar a Aragi

A **Aragi** deverá ser interposta:

a) na segunda instância, perante o Tribunal Superior Eleitoral, quando se tratar de candidato a presidente ou vice-presidente da República, através do corregedor-geral eleitoral;

b) na segunda instância, perante os Tribunais Regionais Eleitorais, quando se tratar de candidato a senador, governador e vice-governador de Estado e do Distrito Federal, deputado federal, deputado estadual e deputado distrital, através do corregedor-geral eleitoral;

c) na primeira instância, quando se tratar de candidato a prefeito, vice-prefeito e vereador, através dos juízes eleitorais.

Atenção: Não se aplica o foro por prerrogativa de função nas ações cíveis eleitorais, já que não se trata de matéria criminal.

2.3.7. O procedimento da Aragi

O procedimento é o ordinário cível eleitoral, pois o § 1º do art. 30-A é bem claro: "Na apuração de que trata este artigo, aplicar-se-á o procedimento previsto no art. 22 da Lei Complementar nº 64, de 18 de maio de 1990, no que couber."

No mesmo sentido leia o art. 21 da Resolução nº 23.367/2011:

> Art. 21. (...)
> Parágrafo único. As representações que visarem à apuração das hipóteses previstas nos arts. 23, 30-A, 41-A, 73, 74, 75, 77 e 81 da Lei nº 9.504/97 observarão o rito estabelecido pelo art. 22 da Lei Complementar nº 64/90.

Atenção: Decorrido o prazo legal sem que a representação seja julgada, a demora poderá, a critério do interessado, ensejar a renovação do pedido perante o Tribunal Regional Eleitoral ou a formulação de outra representação com o objetivo de ver prolatada a decisão pelo Juiz Eleitoral, sob pena de o magistrado ser responsabilizado disciplinar e penalmente, seguindo-se em ambos os casos o rito adotado nesta Seção (No mesmo sentido leia o art. 32 da Resolução nº 23.367/2011).

2.3.8. As sanções

A Aragi gera:

a) **Um efeito primário:** cassação ou negação do diploma.

Fundamento: Dispõe o § 2º do art. 30-A da Lei nº 9.504/1997 que: "*Comprovados captação ou gastos ilícitos de recursos, para fins eleitorais, será negado diploma ao candidato, ou cassado, se já houver sido outorgado.*"

No mesmo sentido o entendimento dominante do TSE:

> Na hipótese de irregularidades relativas à arrecadação e gastos de recursos de campanha, aplica-se a sanção de negativa de outorga do diploma ou sua cassação, quando já houver sido outorgado, nos termos do § 2º do art. 30-A. No caso, o recorrente arrecadou recursos antes da abertura da conta bancária, em desrespeito à legislação eleitoral, no importe de sete mil e noventa e oito reais (R$ 7.098,00), para a campanha de deputado estadual no Pará. (...) (RO 1.540. Ac. Rel. Min. Félix Fisher. DJE 01/06/2009, p. 25-27).

b) Dois efeitos secundários:

- A decretação da inelegibilidade.

Fundamento: *Vide* alínea *j* do inciso I, art. 1º, DL nº 64/1990, incluído pela Lei Complementar nº 135, de 2010, *in verbis*:

> *Art. 1º São inelegíveis:*
>
> *I – para qualquer cargo:*
>
> *(...)*
>
> *j) os que forem condenados, em decisão transitada em julgado ou proferida por órgão colegiado da Justiça Eleitoral, por corrupção eleitoral, por captação ilícita de sufrágio, por doação,* **captação ou gastos ilícitos de recursos de campanha** *ou por conduta vedada aos agentes públicos em campanhas eleitorais que impliquem cassação do registro ou do diploma, pelo prazo de 8 (oito) anos a contar da eleição; (...)*

Insta acentuar que a inelegibilidade supracitada depende da consolidação e de uma das três hipóteses infracitadas:

a) juiz eleitoral de primeiro grau decide, e órgão colegiado eleitoral retifica a decisão;
b) decisão proferida por órgão colegiado eleitoral;
c) trânsito em julgado da decisão.

- Multa.

A Resolução do TSE nº 23.217/2010 afirma em seu art. 2º, § 5º, que:

> *Art. 2º (...)*
>
> *§ 5º O gasto de recursos, além dos valores declarados nos termos deste artigo, sujeita o responsável ao pagamento de multa no valor de 5 a 10 vezes a quantia em excesso, a qual deverá ser recolhida no prazo de 5 dias úteis, contados da intimação da decisão judicial, podendo o responsável responder, ainda, por abuso do poder econômico, nos termos do art. 22 da Lei Complementar nº 64/1990 (Lei nº 9.504/1997, art. 18, § 2º), sem prejuízo de outras sanções.*

2.3.9. O princípio da proporcionalidade *versus* a potencialidade da conduta

O TSE não considera a potencialidade do dano em relação ao pleito eleitoral, mas aplica o princípio da proporcionalidade com o fito de averiguar a repercussão que o ilícito causou na campanha eleitoral e aplicar ou não a sanção de cassação do diploma.

No mesmo sentido o entendimento dominante do TSE:

> Para incidência do art. 30-A da Lei nº 9.504/1997, necessária prova da proporcionalidade (relevância jurídica) do ilícito praticado pelo candidato. Nestes termos, a sanção de negativa de outorga do diploma ou de sua cassação (§ 2º do art. 30-A) deve ser proporcional à gravidade da conduta e à lesão perpetrada ao bem jurídico protegido.
>
> Na hipótese dos autos, conforme consignado no acórdão embargado, as irregularidades não tiveram grande repercussão no contexto da campanha, em si. Deve-se, considerar, conjuntamente, que: a) o montante não se afigura expressivo diante de uma campanha para deputado estadual em Estado tão extenso territorialmente quanto o Pará; b) não há contestação quanto à origem ou destinação dos recursos arrecadados; questiona-se, tão somente, o momento de sua arrecadação (antes da abertura de conta bancária) e, consequentemente, a forma pela qual foram contabilizados (No mesmo sentido: o ERO – embargos de declaração em recurso ordinário – RO 1.540/PA. Rel. Min. Felix Fischer. tomo 166/2009, 01/09/2009, p. 26-27).

2.3.10. Prazo recursal

O atual entendimento doutrinário e jurisprudencial defende o prazo de 24 horas para interpor o Recurso Inominado para o **TRE**. *Vide* ARO (**Agravo Regimental em Recurso Ordinário**) no RO 1.500, de relatoria do Min. Ricardo Lewandowski:

> Os argumentos apresentados no agravo regimental não se alinham à jurisprudência desta Corte, que se firmou no sentido de que a adoção do procedimento do art. 22 da LC nº 64/1990 na apuração dos ilícitos previstos nos arts. 30-A e 41-A da Lei das Eleições não afasta a incidência do prazo recursal de 24 horas, estabelecido no § 8º do art. 96 dessa lei.

Tal entendimento deve ser totalmente revisto, pois a reforma eleitoral fixou de forma peremptória o prazo de três dias; veja o art. 30, § 3º, da Lei nº 9.504/1997, *in verbis*:

> Art. 30. (...)
>
> § 3º O prazo de recurso contra decisões proferidas em representações propostas com base neste artigo será de 3 (três) dias, a contar da data da publicação do julgamento no Diário Oficial.

No mesmo sentido leia o art. 31 da Resolução nº 23.367/2011:

> Art. 31. Os recursos eleitorais contra as sentenças que julgarem as representações previstas nesta Seção deverão ser interpostos no prazo de 3 dias, contados da publicação, observando-se o mesmo prazo para os recursos subsequentes, inclusive recurso especial e agravo, bem como as respectivas contrarrazões e respostas.

2.3.11. Efeitos do recurso

A doutrina dominante defende que, como não há sanção de inelegibilidade, a sentença terá eficácia imediata, aplicando-se a regra geral do art. 257 do Código Eleitoral, *in verbis*:

> Art. 257. Os recursos eleitorais não terão efeito suspensivo.
>
> Parágrafo único. A execução de qualquer acórdão será feita imediatamente, através de comunicação por ofício, telegrama, ou, em casos especiais, a critério do Presidente do Tribunal, através de cópia do acórdão.

Baseia-se o entendimento dominante em decisões do TSE que afirmam: "As decisões fundadas no art. 30-A da Lei nº 9.504/1997, **por não versar inelegibilidade**, devem ter execução imediata, conforme jurisprudência do TSE."[45]

O problema é que o entendimento foi consolidado no TSE antes da reforma eleitoral, hoje, como sabemos, a Aragi gera inelegibilidade.

Hoje, como a Aragi acarreta inelegibilidade, deve ser aplicado o disposto na regra prevista no art. 15 da LC nº 64/1990, *in verbis*:

> Art. 15. (...)
>
> Parágrafo único. A decisão a que se refere o caput, independentemente da apresentação de recurso, deverá ser comunicada, de imediato, ao Ministério Público Eleitoral e ao órgão da Justiça Eleitoral competente para o registro de candidatura e expedição de diploma do réu.

In casu, concluímos que é necessária a publicação da decisão proferida por órgão colegiado ou o trânsito em julgado, para que a sentença surta efeito.

2.3.12. A Aragi *versus* o RCD (Recurso contra a Diplomação)

Não é cabível a propositura de recurso contra expedição de diploma com fundamento no art. 30-A da Lei das Eleições por ausência de previsão legal, uma vez que as hipóteses de cabimento previstas no art. 262 do Código Eleitoral são *numerus clausus*.[46]

2.3.13. A possibilidade da alteração do limite de gastos dos candidatos

Dispõe a Resolução do TSE nº 23.217/2010 que:

> Art. 2º (...)
>
> § 6º Após registrado na Justiça Eleitoral, o limite de gastos dos candidatos só poderá ser alterado com a devida autorização do relator do respectivo processo, mediante solicitação justificada, na ocorrência de fatos supervenientes e imprevisíveis, cujo impacto

---

[45] No mesmo sentido: AgR-AgR-AC (Agravo Regimental em Agravo Regimental em Ação Cautelar) 3.220/MG. Rel. Min. Enrique Ricardo Lewandowski. tomo 166, 01/09/2009, p. 30.

[46] No mesmo sentido foi a decisão do TSE no RCED 731/MG (Recurso contra Expedição de Diploma). Rel. Min. Enrique Ricardo Lewandowski.

> *sobre o financiamento da campanha eleitoral inviabilize o limite de gastos fixados previamente, nos termos do § 1º deste artigo.*
>
> *§ 7º O pedido de alteração de limite de gastos a que se refere o parágrafo anterior, devidamente fundamentado, será:*
>
> *I – encaminhado à Justiça Eleitoral pelo partido político a que está filiado o candidato cujo limite de gastos se pretende alterar;*
>
> *II – protocolado e juntado aos autos do processo de registro de candidatura, para apreciação e julgamento pelo relator.*
>
> *§ 8º Deferida a alteração, serão atualizadas as informações constantes do Sistema de Registro de Candidaturas (Cand).*
>
> *§ 9º Enquanto não autorizada a alteração do limite de gastos prevista no § 6º deste artigo, deverá ser observado o limite vigente.*

2.3.14. Análise da capacidade postulatória

A posição doutrinária amplamente dominante também defende a indispensabilidade do advogado para propor a Aragi.

2.3.15. Dos recursos

Os recursos interpostos na Aragi são os seguintes:
a) Da decisão do Juiz Eleitoral, no prazo de três dias, é cabível Recurso Inominado para o **TRE**.
b) Da decisão do **TRE**, no âmbito da competência originária, caberá Recurso Ordinário.
c) Da decisão do **TSE**, no âmbito da competência originária, caberá Recurso Extraordinário para o **STF**.

2.4. ARDI – AÇÃO DE RECLAMAÇÃO ÀS DOAÇÕES IRREGULARES

2.4.1. Para que serve a Ardi

A Ardi deve ser usada para combater as doações e contribuições irregulares, aos comitês financeiros dos partidos, às coligações ou aos candidatos, pelas pessoas jurídicas ou físicas para campanhas eleitorais.

2.4.2. Previsão legal da Ardi

A Ardi é prevista nos arts. 81 e 23 da Lei nº 9.504/1997.

2.4.3. Quando as doações são consideradas ilegais

As doações e contribuições, para não serem consideradas ilegais, devem observar o que estabelece a Resolução do TSE nº 23.217/2010, *in verbis*:

> *Art. 16. Observados os requisitos estabelecidos no art. 1º desta resolução, candidatos, partidos políticos e comitês financeiros poderão receber doações de pessoas físicas e jurídicas mediante depósitos em espécie, devidamente identificados, cheques cruzados*

e nominais ou transferências bancárias, ou ainda em bens e serviços estimáveis em dinheiro, para campanhas eleitorais.

§ 1º As doações referidas no caput *deste artigo ficam limitadas (Lei nº 9.504/1997, arts. 23, § 1º, I e II, § 7º e 81, § 1º):*

I – a 10% dos rendimentos brutos auferidos no ano anterior à eleição, no caso de pessoa física, excetuando-se as doações estimáveis em dinheiro relativas à utilização de bens móveis ou imóveis de propriedade do doador, desde que o valor da doação não ultrapasse R$ 50.000,00 (cinquenta mil reais), apurados conforme o valor de mercado;

II – a 2% do faturamento bruto do ano anterior à eleição, declarado à Receita Federal do Brasil, no caso de pessoa jurídica;

III – ao valor máximo do limite de gastos estabelecido na forma do art. 2º desta resolução, caso o candidato utilize recursos próprios.

§ 2º São vedadas doações de pessoas jurídicas que tenham começado a existir, com o respectivo registro, no ano de 2010.

§ 3º Toda doação a candidato, a comitê financeiro ou a partido político, inclusive recursos próprios aplicados na campanha, deverá fazer-se mediante recibo eleitoral (Lei nº 9.504/1997, art. 23, § 2º).

2.4.3.1. Regulamentação das doações às pessoas jurídicas

As doações realizadas por pessoas jurídicas seguem os parâmetros estabelecidos no art. 81 da Lei nº 9.504/1997, *in verbis*:

Art. 81. As doações e contribuições de pessoas jurídicas para campanhas eleitorais poderão ser feitas a partir do registro dos comitês financeiros dos partidos ou coligações.

§ 1º As doações e contribuições de que trata este artigo ficam limitadas a dois por cento do faturamento bruto do ano anterior à eleição.

§ 2º A doação de quantia acima do limite fixado neste artigo sujeita a pessoa jurídica ao pagamento de multa no valor de cinco a dez vezes a quantia em excesso.

§ 3º Sem prejuízo do disposto no parágrafo anterior, a pessoa jurídica que ultrapassar o limite fixado no § 1º estará sujeita à proibição de participar de licitações públicas e de celebrar contratos com o Poder Público pelo período de cinco anos, por determinação da Justiça Eleitoral, em processo no qual seja assegurada ampla defesa.

§ 4º As representações propostas objetivando a aplicação das sanções previstas nos §§ 2º e 3º observarão o rito previsto no art. 22 da Lei Complementar nº 64, de 18 de maio de 1990, e o prazo de recurso contra as decisões proferidas com base neste artigo será de 3 (três) dias, a contar da data da publicação do julgamento no Diário Oficial.

2.4.3.2. Regulamentação das doações às pessoas físicas

As doações realizadas por pessoas físicas seguem os parâmetros estabelecidos no art. 23 da Lei nº 9.504/1097, *in verbis*:

Art. 23. Pessoas físicas poderão fazer doações em dinheiro ou estimáveis em dinheiro para campanhas eleitorais, obedecido o disposto nesta Lei.

§ 1º As doações e contribuições de que trata este artigo ficam limitadas:

I – no caso de pessoa física, a dez por cento dos rendimentos brutos auferidos no ano anterior à eleição;

II – no caso em que o candidato utilize recursos próprios, ao valor máximo de gastos estabelecido pelo seu partido, na forma desta Lei.

§ 2º Toda doação a candidato específico ou a partido deverá ser feita mediante recibo, em formulário impresso ou em formulário eletrônico, no caso de doação via internet, em que constem os dados do modelo constante do Anexo, dispensada a assinatura do doador.

§ 3º A doação de quantia acima dos limites fixados neste artigo sujeita o infrator ao pagamento de multa no valor de cinco a dez vezes a quantia em excesso.

§ 4º As doações de recursos financeiros somente poderão ser efetuadas na conta mencionada no art. 22 desta Lei por meio de:

I – cheques cruzados e nominais ou transferência eletrônica de depósitos;

II – depósitos em espécie devidamente identificados até o limite fixado no inciso I do § 1º deste artigo.

III – mecanismo disponível em sítio do candidato, partido ou coligação na internet, permitindo inclusive o uso de cartão de crédito, e que deverá atender aos seguintes requisitos:

a) identificação do doador;

b) emissão obrigatória de recibo eleitoral para cada doação realizada.

§ 5º Ficam vedadas quaisquer doações em dinheiro, bem como de troféus, prêmios, ajudas de qualquer espécie feitas por candidato, entre o registro e a eleição, a pessoas físicas ou jurídicas.

§ 6º Na hipótese de doações realizadas por meio da internet, as fraudes ou erros cometidos pelo doador sem conhecimento dos candidatos, partidos ou coligações não ensejarão a responsabilidade destes nem a rejeição de suas contas eleitorais.

§ 7º O limite previsto no inciso I do § 1º não se aplica a doações estimáveis em dinheiro relativas à utilização de bens móveis ou imóveis de propriedade do doador, desde que o valor da doação não ultrapasse R$ 50.000,00 (cinquenta mil reais).

2.4.4. Legitimidade ativa da Ardi

Têm legitimidade para propor a Ardi:
a) qualquer partido político;
b) a coligação;
c) o candidato;
d) o Ministério Público Eleitoral.

2.4.5. Legitimidade passiva da Ardi

Podem figurar no polo passivo da Ardi as pessoas jurídicas e físicas que fazem as doações irregulares.

2.4.6. Prazo para interposição da Ardi

2.4.6.1. Prazo inicial

A lei não fixou um prazo inicial para proposição da Ardi, mas entendemos que há um marco inicial, qual seja, a ação pode ser interposta a partir do registro dos comitês financeiros.

2.4.6.2. Prazo final

A lei também não fixou um prazo final, mas como a moderna doutrina eleitoral não admite a perpetuação das lides eleitorais, entendemos que é razoável o uso da analogia e fixar o prazo previsto no art. 32 da Lei nº 9.504/1997; explicamos:

O artigo supracitado estabelece que "*até cento e oitenta dias após a diplomação, os candidatos ou partidos conservarão a documentação concernente a suas contas*", então, o prazo final para propositura da Ardi será "cento e oitenta dias após a diplomação".

No mesmo sentido o TSE:

> Recurso especial. Doação de campanha acima do limite legal. Representação. Ajuizamento. Prazo. 180 dias. Art. 32 da Lei nº 9.504/97. Intempestividade. Recurso desprovido. O prazo para a propositura, contra os doadores, das representações fundadas em doações de campanha acima dos limites legais é de 180 dias, período em que devem os candidatos e partidos conservar a documentação concernente às suas contas, a teor do que dispõe o art. 32 da Lei nº 9.504/97. (...) (Ac. de 06/05/2010 no Recurso Especial Eleitoral 36.552. Rel. Min. Felix Fischer, red. designado Min. Marcelo Ribeiro).

No mesmo sentido é o parágrafo único do art. 21 da Resolução nº 23.367/2011, *in verbis*:

> Art. 21. (...)
>
> Parágrafo único. *As representações de que trata o caput deste artigo poderão ser ajuizadas até a data da diplomação, exceto as do art. 30-A e dos arts. 23 e 81 da Lei nº 9.504/97, que poderão ser propostas, respectivamente, no prazo de 15 dias e no de 180 dias a partir da diplomação.*

2.4.7. Competência para julgar a Ardi

A Ardi deverá ser proposta:

a) na segunda instância, perante o Tribunal Superior Eleitoral, quando se tratar de candidato a presidente ou vice-presidente da República, através do corregedor-geral eleitoral;

b) na segunda instância, perante os Tribunais Regionais Eleitorais, quando se tratar de candidato a senador, governador e vice-governador de Estado e do Distrito Federal, deputado federal, deputado estadual e deputado distrital, através do corregedor-geral eleitoral;

c) na primeira instância, quando se tratar de candidato a prefeito, vice-prefeito e vereador, através dos juízes eleitorais.

Atenção: Não se aplica o foro por prerrogativa de função nas ações cíveis eleitorais, já que não se trata de matéria criminal.

2.4.8. O procedimento da Ardi

A reforma eleitoral (**Lei nº 12.034, de 29/09/2009**) determina que deve ser usado o procedimento ordinário eleitoral cível, na exata forma do art. 81, § 4º, da Lei nº 9.504/1997, *in verbis*:

> Art. 81. (...)
>
> § 4º As representações propostas objetivando a aplicação das sanções previstas nos §§ 2º e 3º observarão o rito previsto no art. 22 da Lei Complementar nº 64, de 18 de maio de 1990, e o prazo de recurso contra as decisões proferidas com base neste artigo será de 3 (três) dias, a contar da data da publicação do julgamento no Diário Oficial.

Decorrido o prazo legal sem que a representação seja julgada, a demora poderá, a critério do interessado, ensejar a renovação do pedido perante o Tribunal Regional Eleitoral ou a formulação de outra representação com o objetivo de ver prolatada a decisão pelo Juiz Eleitoral, sob pena de o magistrado ser responsabilizado disciplinar e penalmente, seguindo-se em ambos os casos o rito adotado nesta Seção.

No mesmo sentido leia o art. 21 da Resolução nº 23.367/2011:

> Art. 21. As representações que visarem à apuração das hipóteses previstas nos arts. 23, 30-A, 41-A, 73, 74, 75, 77 e 81 da Lei nº 9.504/97 observarão o rito estabelecido pelo art. 22 da Lei Complementar nº 64/90.

2.4.9. As sanções da Ardi

2.4.9.1. Sanção para pessoa jurídica

As sanções da Ardi para pessoa jurídica são as seguintes:

a) Pagamento de multa no valor de cinco a dez vezes a quantia em excesso (**Fundamento:** Art. 81, § 2º, da Lei nº 9.504/1997).

b) Proibição de participar de licitações públicas e de celebrar contratos com o Poder Público pelo período de cinco anos (**Fundamento:** Art. 81, § 3º, da Lei nº 9.504/1997).

c) Decretação de inelegibilidade para os dirigentes de pessoas jurídicas responsáveis por doações eleitorais tidas por ilegais por decisão transitada em julgado ou proferida por órgão colegiado da Justiça Eleitoral, pelo prazo de oito anos após a decisão (**Fundamento:** Art. 1º, inciso I, alínea *p*, do DL nº 64/1990).

2.4.9.2. Sanção para pessoa física

Para a pessoa física, as sanções da Ardi são:

a) Pagamento de multa no valor de cinco a dez vezes a quantia em excesso (**Fundamento:** Art. 23, § 3º, da Lei nº 9.504/1997).

b) Decretação de inelegibilidade pelo prazo de oito anos após a decisão (**Fundamento:** Art. 1º, inciso I, alínea *p*, do DL nº 64/1990).

2.4.10. Análise da capacidade postulatória

Como consequência do disposto no art. 133 da Constituição Federal, há indispensabilidade do advogado para propor a Ardi.

2.4.11. Dos recursos

Os recursos cabíveis para interpor a Ardi são:

a) Recurso inominado para o **TRE**: da decisão do Juiz Eleitoral, no prazo de três dias. No mesmo sentido, leia o art. 31 da Resolução nº 23.367/2011:

> Art. 31. Os recursos eleitorais contra as sentenças que julgarem as representações previstas nesta Seção deverão ser interpostos no prazo de 3 dias, contados da publicação, observando-se o mesmo prazo para os recursos subsequentes, inclusive recurso especial e agravo, bem como as respectivas contrarrazões e respostas.

b) Recurso ordinário: da decisão do **TRE**, no âmbito da competência originária.

c) Recurso extraordinário para o STF: da decisão do **TSE**, no âmbito da competência originária.

2.4.12. Efeitos do recurso

A Ardi causa inelegibilidade, portanto, deve ser aplicada a regra prevista no art. 15 da LC nº 64/1990, *in verbis*:

> Art. 15. Transitada em julgado ou publicada a decisão proferida por órgão colegiado que declarar a inelegibilidade do candidato, ser-lhe-á negado registro, ou cancelado, se já tiver sido feito, ou declarado nulo o diploma, se já expedido.

2.5. ARCONVE – AÇÃO DE RECLAMAÇÃO DAS CONDUTAS VEDADAS AOS AGENTES PÚBLICOS EM CAMPANHAS ELEITORAIS

A Lei nº 9.504/1997 instituiu várias restrições aos agentes públicos em campanhas eleitorais que têm como principal escopo evitar o abuso de autoridade, do poder político e econômico.

Em realidade, ao ser permitida a reeleição do Presidente da República, dos Governadores de Estado e dos Prefeitos, sem a necessidade da desincompatibilização, criou-se um verdadeiro antídoto com a finalidade de inibir o uso da "máquina pública" por tais agentes políticos.

O antídoto são as condutas vedadas, que têm dois grandes objetivos umbilicalmente ligados:

a) preservar a igualdade de oportunidades entre os candidatos nos pleitos eleitorais;
b) coibir abusos do poder de administração.

2.5.1. As condutas vedadas aos agentes públicos em campanhas eleitorais

São proibidas aos agentes públicos, servidores ou não, as seguintes condutas tendentes a afetar a igualdade de oportunidades entre candidatos nos pleitos eleitorais (art. 73 da Lei nº 9.504/97):

> I – Ceder ou usar, em benefício de candidato, partido político ou coligação, bens móveis ou imóveis pertencentes à Administração direta ou indireta da União, dos Esta-

dos, do Distrito Federal, dos Territórios e dos Municípios, ressalvada a realização de convenção partidária.

A vedação do item I não se aplica ao uso, em campanha, de transporte oficial pelo Presidente da República, obedecido o disposto no art. 76 da Lei nº 9.504/1997, nem ao uso, em campanha, pelos candidatos à reeleição de presidente e vice-presidente da República, governador e vice-governador de Estado e do Distrito Federal, prefeito e vice-prefeito, de suas residências oficiais para realização de contatos, encontros e reuniões pertinentes à própria campanha, desde que não tenham caráter de ato público.

Posicionamento majoritário do TSE: A vedação não abrange bem público de uso comum (*Vide* TSE. AC 24.865/2004).

> II - Usar materiais ou serviços, custeados pelos Governos ou Casas Legislativas, que excedam as prerrogativas consignadas nos regimentos e normas dos órgãos que integram.
>
> III - Ceder servidor público ou empregado da Administração direta ou indireta federal, estadual ou municipal do Poder Executivo, ou usar de seus serviços, para comitês de campanha eleitoral de candidato, partido político ou coligação, durante o horário de expediente normal, salvo se o servidor ou empregado estiver licenciado.
>
> IV - Fazer ou permitir uso promocional em favor de candidato, partido político ou coligação, de distribuição gratuita de bens e serviços de caráter social custeados ou subvencionados pelo Poder Público.

Posicionamentos majoritários do TSE:

> A Lei Eleitoral não proíbe a prestação de serviço social custeado ou subvencionado pelo Poder Público nos três meses que antecedem à eleição, mas sim o seu uso para fins promocionais de candidato, partido ou coligação (*vide* TSE. AC 5.283/2004).

Bem de natureza cultural, posto à disposição de toda a coletividade, não se enquadra neste dispositivo (*Vide* TSE. AC 24.795/2004).

> V - Nomear, contratar ou de qualquer forma admitir, demitir sem justa causa, suprimir ou readaptar vantagens ou por outros meios dificultar ou impedir o exercício funcional e, ainda, ex officio, remover, transferir ou exonerar servidor público, na circunscrição do pleito, nos três meses que o antecedem e até a posse dos eleitos, sob pena de nulidade de pleno direito, ressalvadas:
>
> a) a nomeação ou exoneração de cargos em comissão e designação ou dispensa de funções de confiança;
>
> b) a nomeação para cargos do Poder Judiciário, do Ministério Público, dos Tribunais ou Conselhos de Contas e dos órgãos da Presidência da República;
>
> c) a nomeação dos aprovados em concursos públicos homologados até o início daquele prazo;

d) a nomeação ou contratação necessária à instalação ou ao funcionamento inadiável de serviços públicos essenciais, com prévia e expressa autorização do Chefe do Poder Executivo;

e) a transferência ou remoção ex officio de militares, policiais civis e de agentes penitenciários.

VI - Nos três meses que antecedem o pleito:

a) realizar transferência voluntária de recursos da União aos Estados e Municípios, e dos Estados aos Municípios, sob pena de nulidade de pleno direito, ressalvados os recursos destinados a cumprir obrigação formal preexistente para execução de obra ou serviço em andamento e com cronograma prefixado, e os destinados a atender situações de emergência e de calamidade pública;

b) com exceção da propaganda de produtos e serviços que tenham concorrência no mercado, autorizar publicidade institucional dos atos, programas, obras, serviços e campanhas dos órgãos públicos federais, estaduais ou municipais, ou das respectivas entidades da Administração indireta, salvo em caso de grave e urgente necessidade pública, assim reconhecida pela Justiça Eleitoral.

Posicionamento majoritário do TSE: O TSE admite a permanência de placas de obras públicas desde que não contenham expressões que possam identificar autoridades, servidores ou administrações cujos dirigentes estejam em campanha eleitoral (*Vide* TSE. AC 24.722/2004).

c) fazer pronunciamento em cadeia de rádio e televisão, fora do horário eleitoral gratuito, salvo quando, a critério da Justiça Eleitoral, tratar-se de matéria urgente, relevante e característica das funções de governo.

As vedações do item VI, alíneas *b* e *c*, aplicam-se apenas aos agentes públicos das esferas administrativas cujos cargos estejam em disputa na eleição.

Posicionamento majoritário do TSE: A redistribuição não está proibida por este dispositivo (*Vide* TSE: AC 405/2002).

Nossa posição: Entendemos que a redistribuição de cargos e funções é uma forma de burlar a vedação prevista no item V em estudo. No mesmo sentido é a posição do STJ (*Vide* STJ. AC 27-10/2004, no MS 890).

VII - Realizar, em ano de eleição, antes do prazo fixado no inciso anterior, despesas com publicidade dos órgãos públicos federais, estaduais ou municipais, ou das respectivas entidades da Administração indireta, que excedam a média dos gastos nos três últimos anos que antecedem o pleito ou do último ano imediatamente anterior à eleição.

VIII - Fazer, na circunscrição do pleito, revisão geral da remuneração dos servidores públicos que exceda a recomposição da perda de seu poder aquisitivo ao longo do ano da eleição, a partir do início do prazo estabelecido no art. 7º da Lei nº 9.504/1997 até a posse dos eleitos.

2.5.2. O conceito de agente público

Reputa-se agente público, para os efeitos dos itens anteriores, quem exerce, ainda que transitoriamente ou sem remuneração, por eleição, nomeação, designação, contratação ou qualquer outra forma de investidura ou vínculo, mandato, cargo, emprego ou função nos órgãos ou entidades da Administração pública direta, indireta ou fundacional.

2.5.3. As consequências práticas do descumprimento das vedações

São consequências práticas do descumprimenro das vedações da Ardi:

a) Suspensão imediata da conduta vedada, quando for o caso, e sujeitará os responsáveis à multa no valor de 5 mil a 100 mil Ufir; aplicam-se estas sanções aos agentes públicos responsáveis pelas condutas vedadas e aos partidos, coligações e candidatos que delas se beneficiarem.

b) Nos casos de descumprimento do disposto no item supracitado e no item *e* infracitado, sem prejuízo do disposto no item *a*, o candidato beneficiado, agente público ou não, ficará sujeito à cassação do registro ou do diploma.

c) As multas serão duplicadas a cada reincidência.

d) Na distribuição dos recursos do Fundo Partidário (Lei nº 9.096, de 19/09/1995) oriundos da aplicação do disposto no item *a*, deverão ser excluídos os partidos beneficiados pelos atos que originaram as multas.

e) No ano em que se realizar eleição, fica proibida a distribuição gratuita de bens, valores ou benefícios por parte da Administração Pública, exceto nos casos de calamidade pública, de estado de emergência ou de programas sociais autorizados em lei e já em execução orçamentária no exercício anterior, casos em que o Ministério Público poderá promover o acompanhamento de sua execução financeira e administrativa.

Em a resposta à Consulta nº 1.357, o TSE relativizou a vedação *ut supra*, autorizando o Banco do Brasil a fazer doação ao programa Criança Esperança, considerando a importância social do projeto e a inexistência de proveito político eleitoral.

f) Podemos afirmar em consonância com a reforma eleitoral (**Lei nº 12.034, de 29/09/2009**) que, nos anos eleitorais, os programas sociais de que trata o item *e* não poderão ser executados por entidade nominalmente vinculada a candidato ou por este mantida.

2.5.3.1. Quando as condutas vedadas podem causar inelegibilidade

Era pacífica a jurisprudência no sentido de que as sanções de cassação de registro de candidatura ou de diploma previstas em diversos dispositivos da Lei nº 9.504/1997 (arts. 73, 74 e 77) não implicam inelegibilidade.

No mesmo sentido:

> (...) Violação aos arts. 14, § 9º, da Constituição Federal, 15 e 22 da Lei Complementar nº 64/1990. Inconstitucionalidade do § 5º do art. 73 da Lei nº 9.504/1997. (...)

O § 5º do art. 73 da Lei nº 9.504/1997 não contém hipótese de inelegibilidade. Inconstitucionalidade não configurada. Precedentes. Art. 15 da Lei Complementar nº 64/1990 (...) (Ac. 25.117, Rel. Min. Luiz Carlos Madeira, 28/04/2005).

Ficou sem sentido o entendimento dominante, pois a reforma eleitoral previu que se tornará inelegível, pelo prazo de oito anos a contar da eleição, os que forem condenados por conduta vedada aos agentes públicos em campanhas eleitorais que impliquem cassação do registro ou do diploma.

Vide art. 1º, inciso I, alínea *j*, da LC nº 64/1990, *in verbis*:

> Art. 1º São inelegíveis:
> I – para qualquer cargo:
> (...)
> j) os que forem condenados, em decisão transitada em julgado ou proferida por órgão colegiado da Justiça Eleitoral, por corrupção eleitoral, por captação ilícita de sufrágio, por doação, captação ou gastos ilícitos de recursos de campanha **ou por conduta vedada aos agentes públicos em campanhas eleitorais que impliquem cassação do registro ou do diploma,** pelo prazo de 8 (oito) anos a contar da eleição; (...)

Portanto, todas as condutas descritas nos incisos do *caput* e no § 10 do art. 73 da Lei nº 9.504/1997 causam para o candidato beneficiado, agente público ou não:

a) a suspensão imediata da conduta vedada, quando for o caso;
b) a sujeição dos responsáveis à multa no valor de cinco a cem mil UFIR;
c) a cassação do registro ou do diploma;
d) a inelegibilidade pelo prazo de oito anos a contar da eleição.

2.5.3.2. A sanção e o princípio da proporcionalidade

O juiz eleitoral, na aplicação da sanção, deve usar o princípio da proporcionalidade, a fim de aplicar a pena em consonância com a gravidade da conduta.

No mesmo sentido o entendimento dominante do TSE:

> O dispositivo do art. 73, § 5º, da Lei nº 9.504/1997, não determina que o infrator perca, automaticamente, o registro ou o diploma. Na aplicação desse dispositivo reserva-se ao magistrado o juízo de proporcionalidade. Vale dizer: se a multa cominada no § 4º é proporcional à gravidade do ilícito eleitoral, não se aplica a pena de cassação (Ac. nº 5.343/RJ, Rel. Min. Gomes de Barros) (...) (Agravo Regimental em Recurso Especial Eleitoral 25.994. Ac. Rel. Min. José Gerardo Grossi. DJ 14/09/2007, p. 224).

2.5.3.3. As condutas vedadas e o abuso de autoridade

Configura abuso de autoridade, para os fins do disposto no art. 22 da Lei Complementar nº 64, de 18/05/1990, a infringência do disposto no § 1º do art. 37 da Constituição Federal, ficando o responsável, se candidato, sujeito ao cancelamento do registro ou do diploma.

Para o TSE "o art. 74 se aplica somente aos atos de promoção pessoal na publicidade oficial praticados em campanha eleitoral" (Ag. 2.768).

2.5.3.4. Vedação à contratação de shows artísticos pagos com recursos públicos

Nos três meses que antecederem as eleições, na realização de inaugurações é vedada a contratação de shows artísticos pagos com recursos públicos.

Nos casos de descumprimento do disposto neste item, sem prejuízo da suspensão imediata da conduta, o candidato beneficiado, agente público ou não, ficará sujeito à cassação do registro ou do diploma.

2.5.3.5. Vedação à participação em inaugurações de obras públicas

É proibido a qualquer candidato comparecer, nos três meses que precedem o pleito, a inaugurações de obras públicas.

Observe que antes da reforma eleitoral (Lei nº 12.034/2009) a proibição de participar só era destinada aos cargos do Poder Executivo, mas o TSE já tinha fixado o entendimento de que não havia proibição legal para candidatos a cargo do Poder Legislativo (*Vide* TSE. AC 4.514/2004, com a reforma tal posição ficou superada).

A sanção pela inobservância do acima citado é cassação do registro ou do diploma do infrator, mas, segundo o posicionamento majoritário no TSE, não haverá incidência de sanção se ainda não existia pedido de registro de candidatura na época do comparecimento à inauguração da obra pública (*Vide* TSE. AC 5.143/2004).

• O STF declarou constitucional tal sanção, pois esta não implica inelegibilidade (*Vide* STF. ADIn 3.305, de 13/09/2006).

Havia controvérsia se a proibição alcançava a presença passiva no evento, ou seja, se o candidato se portasse como mero espectador no evento, caracterizava a conduta vedada.

O TSE elidiu a controvérsia da seguinte forma:

> "É irrelevante, para a caracterização da conduta, se o candidato compareceu como mero espectador ou se teve posição de destaque na solenidade", desde que sua presença seja notada e associada à inauguração em questão (Recurso Especial Eleitoral 19.404).

2.5.3.6. Os concursos públicos e o período eleitoral

A investidura em cargo ou emprego público depende de aprovação prévia em concurso público de provas ou de provas e títulos, sendo o prazo de validade do concurso de dois anos, prorrogável uma vez, por igual período.

Há anualmente centenas de vagas originadas das constantes aposentadorias e aperfeiçoamento da Administração Pública, dos Poderes Legislativo, Executivo, Judiciário e do Ministério Público. É importante destacar que o concurso público no Brasil se tornou o meio mais comum e idôneo para aquisição do tão sonhado emprego estável.

As dúvidas são originadas porque a matéria é pouco explorada nos livros de Direito Eleitoral, e também porque as condutas vedadas aos agentes públicos em período eleitoral por vários anos foram previstas em sucessivas leis diferentes e divergentes, cuja redação causava certa perplexidade em virtude da imperfeição dos seus enunciados.

As dúvidas mais frequentes dos leitores são:

1) É possível um concurso público ser realizado em pleno período eleitoral?

Resposta: Sim, hoje, as condutas vedadas aos agentes públicos em campanhas eleitorais, são previstas na Lei das Eleições (**Lei nº 9.504/1997**) e em nenhum dos seus enunciados proíbe a realização de concursos em ano de eleição.

No mesmo sentido é o posicionamento majoritário do TSE: A Lei Eleitoral não proíbe a realização de concurso público (*Vide* TSE. RES 21.806/2004).

2) Quer dizer que eu posso ser nomeado ou contratado pela Administração pública em pleno período eleitoral?

Resposta: Não. A lei não proíbe a realização do concurso público, mas veda, em regra, a **nomeação, a contratação ou a admissão do servidor público**, nos três meses que antecedem o pleito e até a posse dos eleitos.

3) Em regra? Quer dizer que existe algum caso em que eu poderei ser nomeado ou contratado pela Administração pública em pleno período eleitoral?

Resposta: Sim, a lei ressalva três hipóteses:

a) a nomeação dos aprovados em concursos públicos homologados até o início do prazo de vedação (**nos três meses que antecedem o pleito**), portanto, somente será possível a nomeação de aprovados em concurso público cuja homologação ocorreu até 03/07/2012. Portanto, repito, se você foi aprovado e o concurso foi homologado até o dia 03/07/2012, há plena possibilidade de a nomeação ocorrer em período eleitoral;

b) a nomeação para cargos do Poder Judiciário, do Ministério Público, dos Tribunais ou dos Conselhos de Contas e dos órgãos da Presidência da República;

c) a nomeação ou contratação necessária à instalação ou ao funcionamento inadiável de serviços públicos essenciais, com prévia e expressa autorização do chefe do Poder Executivo.

Repetimos, por ser importante, nas hipóteses *b* e *c* supracitadas poderá haver concurso, nomeação, contratação ou admissão do servidor público, mesmo em período eleitoral.

4) Qual foi o motivo por que o legislador criou obstáculos à nomeação, contratação ou admissão do servidor público, nos três meses que antecedem o pleito e até a posse dos eleitos?

Resposta: São três os motivos:

a) proporcionar a igualdade de oportunidades entre candidatos nos pleitos eleitorais;

b) evitar os apadrinhamentos eleitorais, impedindo que a nomeação seja "trocada por votos";

c) impedir as perseguições por politicagem, ou seja, que a opção do eleitor não seja óbice ao seu ingresso no serviço público.

5) O âmbito da restrição
Neste ponto há divergência entre os escritores.
1ª) Parte dos escritores defende a vedação restrita no que concerne à circunscrição do pleito. Exemplo didático:
a) se a eleição for municipal, a restrição só ocorrerá no município, ficando liberados os Estados e a União;
b) se a eleição for para presidente, deputado federal, deputado estadual, senador e governador, os Estados e a União ficam com a restrição e o Município ficará liberado.
2ª) A outra parte dos escritores defende a vedação extensiva da maior circunscrição para a menor, não podendo a vedação da menor circunscrição ser estendida para a maior. É a posição que defendemos. Exemplo didático:
a) se a eleição for municipal, a restrição só ocorrerá no município, ficando liberados os Estados e a União, ou seja, a vedação da menor circunscrição (**município**) não pode ser estendida para a maior (**União, Estados**). Neste ponto, as duas posições são semelhantes;
b) se a eleição for para presidente, deputado federal, deputado estadual, senador e governador, todos (**União, Estados e Municípios**) ficam com a restrição, pois a vedação é extensiva do maior ente para o menor.

Entendemos que a segunda posição é a que mais se adapta às razões da vedação, pois não teria lógica em uma eleição para governador o prefeito ficar liberado para fazer politicagem com os concursos públicos, nomeando adeptos e perseguindo seus adversários, mas, infelizmente, por imposição legal, a vedação só pode ocorrer "**na circunscrição do pleito**", em conformidade com o que defende a primeira posição.

Portanto, no ano de 2012 a restrição só ocorrerá no município, ficando liberados os Estados e a União.

6) Quais são as consequências no caso de haver, no período de proibição, nomeação, contratação ou admissão do servidor público? O concurso será anulado?
Resposta: O concurso não será anulado, pois, como já relatamos na primeira resposta, não existe impedimento para que o mesmo seja realizado em ano de eleição. A sanção é para o servidor e para a Administração, entre elas, podemos citar:
a) haverá nulidade de pleno direito da nomeação do servidor;
b) o descumprimento da vedação acarretará a suspensão imediata da conduta vedada, quando for o caso, e sujeitará os responsáveis à multa no valor de cinco a 100 mil Ufir;
c) em cada reincidência as multas serão duplicadas;

d) havendo o candidato beneficiado, agente público ou não, ficará sujeito à cassação do registro ou do diploma;
e) decretação de inelegibilidade do candidato beneficiado pelo prazo de oito anos a contar da eleição;
f) por infringência ao princípio da legalidade o ato ilegal ainda caracteriza improbidade administrativa, a que se refere o art. 11, inciso I, da Lei nº 8.429, de 02/06/1992, e sujeitam-se às disposições daquele diploma legal, em especial às cominações do art. 12, inciso III.

2.5.3.7. O reflexo na lei de improbidade

Além dos efeitos eleitorais supracitados, há ainda a responsabilidade por atos de improbidade, pois, segundo o art. 73, § 7º, da Lei nº 9.504/1997, as condutas enumeradas no *caput* caracterizam, ainda, atos de improbidade administrativa, a que se refere o art. 11, inciso I, da Lei nº 8.429, de 02/06/1992, e sujeitam-se às disposições daquele diploma legal, em especial às cominações do art. 12, inciso III.

> (...) O fato de as condutas enumeradas no *caput* do art. 73 da Lei nº 9.504/1997 caracterizarem, ainda, atos de improbidade administrativa, sujeitando os seus autores às cominações do art. 12, III, da Lei nº 8.429/1992, não afeta a competência da Justiça Eleitoral para a cassação do registro ou do diploma do candidato infrator, nos termos do § 5º daquele artigo. Inexistência de violação do inciso LIII do art. 5º da Constituição da República. (...) (Ac. 3.510, de 27/03/2003. Rel. Min. Luiz Carlos Madeira).

Razão assiste a Olivar Coneglian[47] quando o mesmo indaga e responde:

> Quais são as condutas enumeradas no *caput* do art. 73? São todas as condutas previstas nos incisos I a VIII do art. 73, pois os referidos incisos fazem parte do *caput*. Assim, todas elas se enquadram no § 7º, vale dizer, todas elas constituem atos de improbidade administrativa.

Portanto, a infringência às condutas vedadas aos agentes públicos gera ainda as seguintes consequências:

a) ressarcimento integral do dano, se houver;
b) perda da função pública;
c) suspensão dos direitos políticos de três a cinco anos;
d) pagamento de multa civil de até 100 vezes o valor da remuneração percebida pelo agente;
e) e proibição de contratar com o Poder Público ou receber benefícios ou incentivos fiscais ou creditícios, direta ou indiretamente, ainda que por intermédio de pessoa jurídica da qual seja sócio majoritário, pelo prazo de três anos.

---

[47] Coneglian, Olivar. *Propaganda Eleitoral*. 8. ed. Curitiba: Juruá, 2008. p. 110.

RESUMO DIDÁTICO

A incidência ao art. 73 da Lei nº 9.504/1997 acarreta duas consequências:
a) na Justiça Eleitoral, o agente ativo responderá por uma Arconve com efeitos puramente eleitorais;
b) na Justiça Comum, o agente ativo, por uma ação civil pública com reflexos eleitorais.

No que concerne à competência, leia a posição do TSE:

> A disposição do § 7º do art. 73 da Lei nº 9.504, de 1997, acrescenta novas hipóteses de improbidade administrativa, mas não permite que tal prática possa ser apurada e punida pela Justiça Eleitoral (...). Não caracteriza abuso de poder ou infringência ao art. 73, incisos I e III, da Lei nº 9.504, de 1997, o uso de transporte oficial e a preparação de viagem do presidente da República, candidato a reeleição, por servidores públicos não licenciados, quando essa atividade é inerente às funções oficiais que exercem e eles não participam de outras, de natureza eleitoral (Ac. 56, de 12/08/1998. Rel. Min. Fernando Neves).

Olivar Coneglian[48] nos fornece uma valiosa dica, a saber:

> O agente público que pratica ato descrito no art. 73 da Lei nº 9.504/1997 responde por esse ato como desequilibrador da campanha eleitoral, perante a Justiça Eleitoral, e responde concomitantemente pelo mesmo ato, perante a administração pública e a justiça comum, por ferir o art. 11 da Lei nº 8.429/1992.

2.5.3.8. Da legitimidade

2.5.3.8.1. Legitimidade ativa da Arconve
Podem propor a Arconve:
a) qualquer partido político;
b) coligação;
c) candidato;
d) Ministério Público Eleitoral.

2.5.3.8.2. Legitimidade passiva da Arconve
Dependendo da conduta infringida, podem figurar no polo passivo da Arconve:
a) os agentes públicos responsáveis pelas condutas vedadas;
b) os partidos políticos;
c) as coligações;
d) os candidatos.

---

[48] Op. cit., p. 111.

2.5.3.9. O prazo para interposição de uma Arconve

2.5.3.9.1. O prazo inicial e o incidente do RO/PA 748

No julgamento do Recurso Ordinário 748/PA, realizado em 24/05/2005 pelo Tribunal Superior Eleitoral, algo extremamente grave e estranho ocorreu; após exaustivo debate ficou estabelecido que:

> O prazo para o ajuizamento de representação por descumprimento das normas do art. 73 da Lei das Eleições é de cinco dias, a contar do conhecimento provado ou presumido do ato repudiado pelo representante. Recurso ordinário. Representação. Intempestividade. Recurso desprovido.

Futuramente, em outra questão de ordem, os ministros até que enfim reconheceram duas coisas:

a) o estabelecimento de um nocivo prazo decadencial não era prejudicial só ao Ministério Público, mas também aos partidos políticos, aos candidatos e à coligação;

b) o estabelecimento de um prazo a partir de um "conhecimento presumido" praticamente tornaria ineficaz o art. 73 da Lei nº 9.504/1997.

Hoje, o entendimento amplamente dominante é no sentido de que, em regra, o prazo inicial da Arconve é o "**requerimento**" do registro da candidatura.

As condutas vedadas praticadas antes do **requerimento** do registro da candidatura devem ser combatidas com a Aije.

No mesmo sentido o entendimento dominante do TSE: "A norma do parágrafo único do art. 77 da Lei nº 9.504/1997 refere-se, expressamente, a candidato, condição que só se adquire com a solicitação do registro de candidatura" (Recurso Especial Eleitoral 24.911).

A exceção será a conduta descrita no item 2.5.3., alínea *e*, deste capítulo, que tem como prazo inicial o início do ano em que se realizarem as eleições.

2.5.3.9.2. O prazo final

A atual posição do TSE é no sentido de que a representação fundada no art. 73 da Lei nº 9.504/1997 **deve ser ajuizada até a data das eleições**, sob pena de não ser conhecida por falta de interesse de agir.

No mesmo sentido:

> Este Superior Eleitoral – no julgamento do REsp nº 25.935/SC, Rel. para acórdão Min. Cezar Peluso – assentou que a representação fundada no art. 73 da Lei nº 9.504/1997 **é de ser ajuizada até a data das eleições**, sob pena de não ser conhecida por falta de interesse de agir. Se se afasta o conhecimento das representações manejadas após as eleições e que tratam de condutas vedadas – que podem desaguar em cassação do registro ou do diploma –, com maior razão não se deve conhecer das representações fundadas no § 8º do art. 39 da Lei Eleitoral,

quando intentadas após as eleições, porque, aqui, a procedência do pedido acarreta – no máximo – a aplicação de multa. 2. Precedentes. 3. Agravo regimental a que se nega provimento (TSE. Agravo Regimental em Representação 1.356/MG. Rel. Carlos Augusto Ayres de Freitas Britto. J. 01/03/2007. Unânime. DJ 22/03/2007).

A posição do **TSE**, fixada nas eleições de 2008, terá de ser alterada, pois a reforma eleitoral (**Lei nº 12.034/2009**) acrescentou o § 12 ao art. 73 da Lei nº 9.504/1997 e dirimiu qualquer dúvida ao afirmar que a Arconve **poderá ser ajuizada até a data da diplomação**.

No mesmo sentido leia o parágrafo único do art. 21 da Resolução nº 23.367/2011:

> Art. 21. (...)
>
> Parágrafo único. As representações de que trata o caput deste artigo poderão ser ajuizadas até a data da diplomação, exceto as do art. 30-A e dos arts. 23 e 81 da Lei nº 9.504/97, que poderão ser propostas, respectivamente, no prazo de 15 dias e no de 180 dias a partir da diplomação.

2.5.3.9.2.1. Teoria do armazenamento tático de indícios

Para evitar que o candidato opositor armazene os indícios da irregularidade para serem usados futuramente, e baseado na sua livre conveniência, o TSE criou a teoria do armazenamento tático de indício, assim, passada a da data da **diplomação**, caso o candidato seja derrotado, não poderá no outro dia interpor a Arconve.

No mesmo sentido o TSE:

> Já no que diz respeito às condutas vedadas (art. 73 da Lei nº 9.504/1997), para se evitar o denominado "armazenamento tático de indícios", estabeleceu-se que o interesse de agir persiste até a data das eleições, contando-se o prazo de ajuizamento da ciência inequívoca da prática da conduta (QO no RO 748/PA. Recurso Especial Eleitoral 25.935/SC).

Observação: No trecho "**data das eleições**" leia-se **data da diplomação**.

2.5.3.10. Análise da possibilidade de exigência de prova pré-constituída

Não é necessária a prova pré-constituída em sede de Arconve.

2.5.3.11. Análise da possibilidade de exigência de potencialidade do dano

Entendemos que não é exigida a potencialidade do dano, pois as condutas vedadas protegem o eleitor, e não as eleições. Na realidade, as condutas vedadas têm como principal escopo proteger a igualdade de oportunidades entre candidatos nos pleitos eleitorais. Portanto, por previsão *ex vi legis*, todas as condutas previstas no **art. 73 da Lei nº 9.504/1997** afetam o mesmo objeto jurídico. O que devemos analisar não é a potencialidade lesiva, e, sim, se é possível usar o princípio da razoabilidade para aplicar a sanção da seguinte forma:

a) afetação mínima ao bem jurídico = aplicação de multa;
b) afetação máxima = aplicação de multa + cassação do registro ou do diploma.

No mesmo sentido o entendimento dominante do TSE:

> A jurisprudência do TSE considera que a configuração da prática de conduta vedada independe de sua potencialidade lesiva para influenciar o resultado do pleito, bastando a mera ocorrência dos atos proibidos para atrair as sanções da lei. Precedentes: REsp nº 21.151/PR, Rel. Min. Fernando Neves, DJ 27/06/2003; REsp nº 24.739/SP, Rel. Min. Peçanha Martins, DJ 28/10/2004; REsp nº 21.536/ES, Rel. Min. Fernando Neves, DJ 13/08/2004; REsp nº 26.908, desta relatoria, DJ 12/02/2007. (...) (Recurso Especial Eleitoral 27.737. Ac. Rel. Min. José Augusto Delgado, 01/02/2008, p. 37).

2.5.3.12. Análise da necessidade da realização de novas eleições
Leia no capítulo das nulidades a consequência da nulidade dos votos.

2.5.3.13. Análise da possibilidade de o prefeito reeleito e cassado por conduta vedada poder concorrer ao cargo na eleição subsequente
Foi formulada ao TSE uma interessante consulta (a de número 1.431):

> O Prefeito eleito em 2000, reeleito em 2004, que tem o seu registro cassado por força do art. 73, § 5º, da Lei nº 9.504/1997, mas, diplomado e empossado por força de decisão liminar, exerce a função precariamente por apenas um ano neste mandato, pode candidatar-se ao cargo de Prefeito no ano de 2008?

A resposta foi no sentido de que prefeito reeleito e cassado por conduta vedada não pode concorrer ao cargo na eleição subsequente, nos termos do voto do Ministro Marcelo Ribeiro, relator da matéria.

2.5.3.14. Competência para julgar a Arconve
A Arconve deverá ser interposta:
a) na segunda instância, perante o Tribunal Superior Eleitoral, quando se tratar de candidato a presidente ou vice-presidente da República, através do corregedor-geral eleitoral;
b) na segunda instância, perante os Tribunais Regionais Eleitorais, quando se tratar de candidato a senador, governador e vice-governador de Estado e do Distrito Federal, deputado federal, deputado estadual e deputado distrital, através do corregedor-geral eleitoral;
c) na primeira instância, quando se tratar de candidato a prefeito, vice-prefeito e vereador, através dos juízes eleitorais.

Atenção: Não se aplica o foro por prerrogativa de função não ações cíveis eleitorais, já que não se trata de matéria criminal.

2.5.3.15. O procedimento da Arconve

Marcos Ramayana[49] defende que as condutas vedadas aos agentes públicos, quando não sejam capazes de, por si sós, desequilibrar as eleições, por não serem potencialmente lesivas, seguem o rito das representações para aplicação de multa. Ao contrário, sendo as condutas vedadas (arts. 73 a 78 da Lei nº 9.504/1997) abusivas do poder, a ponto de atingir o equilíbrio nas eleições, o autor deve promover a ação de investigação judicial eleitoral ou a ação de captação ilícita de sufrágio (arts. 22 da LC nº 64/1990 e 41-A da Lei nº 9.504/1997), neste último caso, quando houver compra de votos.

Em realidade, a opinião supracitada era a dominante antes da reforma eleitoral; hoje, com o advento da Lei nº 12.034/2009, houve o acréscimo do § 11 ao art. 73 da Lei nº 9.504/1997, **portanto, em todos os casos de condutas vedadas previstas no art. 73 da Lei nº 9.504/1997, aplica-se o rito ordinário que estudamos por ocasião da Aije**.

No mesmo sentido leia o art. 21 da Resolução nº 23.367/2011:

> Art. 21. (...)
>
> Parágrafo único. As representações que visarem à apuração das hipóteses previstas nos arts. 23, 30-A, 41-A, 73, 74, 75, 77 e 81 da Lei nº 9.504/97 observarão o rito estabelecido pelo art. 22 da Lei Complementar nº 64/90.

2.5.3.16. Análise da possibilidade de existência de litisconsórcio passivo entre o titular e o vice na eleição majoritária

Haverá a necessidade de formação do litisconsórcio passivo necessário, já que é indispensável a citação do vice, em face da possibilidade de este sofrer os efeitos gravosos de eventual decisão condenatória.

No mesmo sentido o TSE:

> Representação. Abuso de poder, conduta vedada e propaganda eleitoral antecipada. Vice. Decadência. 1. **Está pacificada a jurisprudência do Tribunal Superior Eleitoral de que o vice deve figurar no polo passivo das demandas em que se postula a cassação de registro, diploma ou mandato, uma vez que há litisconsórcio necessário entre os integrantes da chapa majoritária, considerada a possibilidade de o vice ser afetado pela eficácia da decisão.** 2. Em face da tipicidade dos meios de impugnação da Justiça Eleitoral e dos prazos específicos definidos em lei para ajuizamento das demandas, deve se entender que – embora não seja mais possível o vice integrar a relação processual, para fins de eventual aplicação de pena de cassação em relação aos integrantes da chapa – há a possibilidade de exame das condutas narradas pelo autor, a fim de, ao menos, impor sanções pecuniárias cabíveis, de caráter pessoal, eventualmente devidas em relação àquele que figura no processo. (...) (Ac. de 03/12/2009 no AgR-REsp 35.831. Rel. Min. Arnaldo Versiani).

---

[49] Ramayana, Marcos. Op. cit., p. 276.

2.5.3.17. Análise da possibilidade de existência de litisconsórcio passivo entre o candidato e o partido

Havendo possibilidade de perda do mandado e, sendo este do partido, entendemos que a agremiação partidária se torna litisconsorte passivo necessário.

Em sentido contrário o TSE:

> (...) Este Tribunal já decidiu que, em processos de perda de diploma ou de mandato, não há justificativa para o ingresso de partido político como litisconsorte passivo necessário, tendo em vista que para esses casos não se estendem as regras de desfiliação sem justa causa, regidos pela Res.-TSE nº 22.610/2007. (...) (Ac. de 01/12/2009 no AgR-RO 2.365. Rel. Min. Arnaldo Versiani).

2.5.3.18. Análise da capacidade postulatória

A posição doutrinária amplamente dominante também defende a indispensabilidade do advogado para propor a Arconve.

2.5.3.19. O prazo do recurso em sede de Arconve

A reforma eleitoral (**Lei nº 12.034/2009**) acrescentou o § 13 ao art. 73 da Lei nº 9.504/1997, passando a dispor que:

> Art. 73.(...)
> § 13 O prazo de recurso contra decisões proferidas com base neste artigo será de 3 (três) dias, a contar da data da publicação do julgamento no Diário Oficial.

2.5.3.20. Dos recursos

São cabíveis os seguintes recursos na Arconve:

a) Recurso inominado para o TRE: da decisão do Juiz Eleitoral, no prazo de três dias.

No mesmo sentido leia o art. 31 da Resolução nº 23.367/2011:

> Art. 31. Os recursos eleitorais contra as sentenças que julgarem as representações previstas nesta Seção deverão ser interpostos no prazo de 3 dias, contados da publicação, observando-se o mesmo prazo para os recursos subsequentes, inclusive recurso especial e agravo, bem como as respectivas contrarrazões e respostas.

b) Recurso ordinário: da decisão do **TRE**, no âmbito da competência originária.

c) Recurso extraordinário para o **STF**: da decisão do **TSE**, no âmbito da competência originária.

2.5.3.21. O efeito da decisão em sede de Arconve

Parte da doutrina defende que o recurso da decisão em sede de **Arconve** não tem efeito suspensivo, devendo, portanto, a sentença ou o acórdão serem executados de forma imediata.

No mesmo sentido é a posição do TSE:

> Representação. Candidato a prefeito. Art. 73, IV, da Lei nº 9.504/1997. Programa habitacional. Doação de lotes. (...) Em relação à condenação fundada no art. 73, IV, da Lei nº 9.504/1997 aplica-se a regra do art. 257 do Código Eleitoral, que estabelece que "os recursos eleitorais não terão efeito suspensivo", resultando, portanto, a imediata execução da decisão. (...) (Ac. 5.817, Ac. 1.649, Ac. 24.862, e também Ac. 21.316).

Entendemos que, com a reforma eleitoral, a Arconve passou a causar inelegibilidade, portanto, deve ser aplicada a regra prevista no art. 15 da LC nº 64/1990, *in verbis*:

> Art. 15. *Transitada em julgado ou publicada a decisão proferida por órgão colegiado que declarar a inelegibilidade do candidato, ser-lhe-á negado registro, ou cancelado, se já tiver sido feito, ou declarado nulo o diploma, se já expedido.*

Para quem defende a primeira posição, demonstrados o *fumus boni iuris* e o *periculum in mora*, pode ser concedida liminar em sede de Mandado de Segurança com o fito de conceder o efeito suspensivo ao recurso interposto, possibilitando, ao candidato, permanecer nos atos de campanha, por sua conta e risco.

2.6. AIRC – AÇÃO DE IMPUGNAÇÃO DE REGISTRO DE CANDIDATURA

2.6.1. O objetivo da Airc

O objetivo da Airc é impedir que o candidato seja registrado, mas, dependendo do tempo em que a ação for julgada, poderá haver até declaração de nulidade do diploma. É o que veremos no item "O efeito".

2.6.2. Os motivos que ensejam a Airc

Na ação em estudo, podem ser alegados três motivos:

1) A ausência de uma ou mais causas de **elegibilidade** do impugnado.

Conforme o art. 46 da Resolução do TSE nº 22.717, de 28/02/2008, o registro de candidato inelegível ou que não atenda às condições de elegibilidade será indeferido, ainda que não tenha havido impugnação.

Em síntese, são condições de elegibilidade próprias as previstas diretamente na Constituição:

a) nacionalidade brasileira;
b) pleno exercício dos direitos políticos;
c) alistamento eleitoral;
d) domicílio eleitoral na circunscrição;
e) filiação partidária;
f) idade mínima exigível;
g) especiais para militares (art. 14, § 8º, da CF);
h) alfabetização;
i) inalistáveis.

São condições de elegibilidade impróprias as previstas na legislação infraconstitucional:
a) indicação em convenção partidária;
b) desincompatibilização.

Atenção: As duas causas de elegibilidades supracitadas são previstas na legislação infraconstitucional, portanto, devem ser alegadas na Airc sob pena de preclusão. As elegibilidades próprias, estando previstas na Constituição, não estão sujeitas à preclusão.

2) A presença de uma ou mais causas de **inelegibilidades** do impugnado.

Não é possível, em sede de Airc, pleitear a declaração de inelegibilidade, portanto, na Airc só será possível alegar a inelegibilidade consumada, ou seja, a preexistente ao momento do registro.

No mesmo sentido o TSE:

> As condições de elegibilidade e as causas de inelegibilidade são aferidas no momento do pedido de registro de candidatura. Precedentes. Embargos de Declaração no Recurso Ordinário nº 978-10/RO. Relatora: Ministra Nancy Andrighi. DJE 01/07/2011. Noticiado no *Informativo* nº 14/2011.

Há vários julgados no TSE decidindo a Airc sem julgamento do mérito quando promotores e advogados querem usar o rito da Airc para combater o abuso de poder.

> Agravo Regimental em recurso especial. Hipótese na qual o TRE entendeu que a via adequada para a declaração de inelegibilidade de candidatos é a ação de impugnação de registro de candidatura. Decidiu pela preclusão, uma vez que esgotado o prazo para a impugnação de registro de candidatura. **O abuso de poder econômico deve ser apurado em sede de ação de investigação judicial a ser proposta até a data da diplomação do candidato eleito. O processo de registro de candidatura não é meio para se verificar a prática de abuso de poder** (REsp 19.212/AL).

> Além disso, em sede de AIRC, não se apura abuso nem se declara inelegibilidade (Recurso Especial Eleitoral 21.709. AC).

3) Ausência de uma condição de procedibilidade do registro.

Ao fazer o **RRC (Requerimento de Registro de Candidatura)**, o pré-candidato precisa apresentar vários documentos exigidos pela legislação.

Tais documentos são verdadeiras condições de procedibilidade do registro, e estão elencados no art. 11, § 1º, da Lei nº 9.504/1997, podendo o TSE, por meio de resoluções, estabelecer outras.

> Art. 11. (...)
> § 1º O pedido de registro deve ser instruído com os seguintes documentos:
> I – cópia da ata a que se refere o art. 8º;

II – *autorização do candidato, por escrito;*
III – *prova de filiação partidária;*
IV – *declaração de bens, assinada pelo candidato;*
V – *cópia do título eleitoral ou certidão, fornecida pelo cartório eleitoral, de que o candidato é eleitor na circunscrição ou requereu sua inscrição ou transferência de domicílio no prazo previsto no art. 9º;*
VI – *certidão de quitação eleitoral;*
VII – *certidões criminais fornecidas pelos órgãos de distribuição da Justiça Eleitoral, Federal e Estadual;*
VIII – *fotografia do candidato, nas dimensões estabelecidas em instrução da Justiça Eleitoral, para efeito do disposto no § 1º do art. 59;*
IX – *propostas defendidas pelo candidato a Prefeito, a Governador de Estado e a Presidente da República.*

A ausência de um dos documentos supracitados implica a ausência de condição de procedibilidade do registro, o que causará o indeferimento liminar do pedido.

No mesmo sentido é a posição dominante do **TSE**:

> Candidato a deputado estadual. **Registro indeferido. Ausência de documentação.** Agravo regimental. Aplicação do § 6º do art. 36 do RITSE. Condição de elegibilidade. Recebimento como Recurso Especial. Os recursos manifestamente inviáveis podem ser julgados imediatamente pelo próprio relator, por meio de decisão singular. Em se tratando de ausência de condição de elegibilidade para fins de registro de candidatura, o recurso cabível é o especial. Agravo regimental desprovido (ARO 1.170/SP. Rel. Juiz Carlos Augusto Ayres de Freitas Britto).

Quando a irregularidade não for insanável, o juiz eleitoral concede um prazo para o pré-candidato suprir a falta; caso não seja atendido, haverá duas hipóteses:
a) o juiz pode *ex officio* indeferir o pedido de registro;
b) não havendo indeferimento *ex officio*, qualquer das partes legítimas pode interpor a Airc.

Posição dominante do TSE:

> Registro indeferido: Decisão que se mantém por seus próprios fundamentos. **Hipótese em que o agravante teve prazo suficiente para suprir as irregularidades e não o fez, inviabilizando, assim, a sua pretensão em ver admitida a nova documentação trazida com o presente agravo.** Agravo a que se nega provimento (Arespe 26.766/SP. Rel. Juiz Francisco Cesar Asfor Rocha).

O TSE admite a juntada posterior de documentos com o escopo de suprir a **irregularidade** quando esta não foi oportunizada na instância ordinária e quando a documentação faltante acarretou o indeferimento do pedido de registro.

Posição dominante do TSE:

> **Em requerimento de registro de candidatura, esta Corte admite a juntada de documentos quando esta não foi oportunizada na instância ordinária e quando**

o documento faltante acarretou o indeferimento do pedido de registro. O requerente foi devidamente intimado, em 09/08/2006, a sanar a irregularidade apontada, em relação à dupla filiação constante no banco de dados da Justiça Eleitoral, não tendo, no entanto, atendido à determinação judicial. Inaplicável no caso a Súmula nº 3 desta Corte. Agravo regimental não provido (Arespe 26.793/RJ. Rel. Juiz José Augusto Delgado. J. 26/09/2006. PSESS 26/09/2006).

Observe que a possibilidade de sanar a falha com a juntada da documentação em grau recursal, só será possível no caso de não ter sido dada oportunidade para o suprimento da omissão.

Posição dominante do TSE:

> Escolha em convenção. Ausência. Fundamentos não infirmados. **Nos termos da Súmula/TSE nº 3, a possibilidade de sanar a falha com a juntada da documentação com o recurso só se dá no caso de não ter sido dada oportunidade para o suprimento da omissão, o que não se aplica ao caso dos autos.** A indicação em convenção é requisito essencial para qualquer registro de candidatura, uma vez que não se admite candidatura avulsa. Para que o agravo obtenha êxito, é necessário que todos os fundamentos da decisão agravada sejam especificamente infirmados, sob pena de subsistirem suas conclusões. Agravo Regimental a que se nega provimento (ARO 1.285/RN, Natal. Rel. Juiz José Gerardo Grossi. J. 25/09/2006. PSESS 25/09/2006).

De qualquer forma, com a Airc o que a impugnante busca é o indeferimento do registro da candidatura, sob o argumento de que há algum impedimento na vida do candidato; este impedimento pode ser a ausência de uma causa de elegibilidade, a presença de causa de inelegibilidade e a ausência de uma condição de procedibilidade do registro.

2.6.2.1. O momento oportuno para verificação das condições de elegibilidade e das causas de inelegibilidade

A reforma eleitoral (**Lei nº 12.034/2009**) acrescentou o § 10 ao art. 11 da Lei nº 9.504/1997, *in verbis*:

> Art. 11. (...)
>
> § 10 As condições de elegibilidade e as causas de inelegibilidade devem ser aferidas no momento da formalização do pedido de registro da candidatura, ressalvadas as alterações, fáticas ou jurídicas, supervenientes ao registro que afastem a inelegibilidade.

2.6.3. PREVISÃO LEGAL DA AIRC

A ação de impugnação ao registro de candidatura está prevista no art. 3º da LC nº 64/1990.

2.6.4. Legitimidade ativa da Airc

Têm legitimidade para propor a Airc:

a) qualquer candidato;

b) o partido político;
c) a coligação;
d) o Ministério Público.

A impugnação por parte do candidato, do partido político ou da coligação não impede a ação do Ministério Público (No mesmo sentido *vide* o art. 37, § 1º, da Resolução nº 23.221/2010).

A lei se refere a "**candidato**", como só há legalmente candidato após o deferimento do registro, devemos ler: candidato ou pré-candidato, ainda que esteja *sub judice*, neste caso, se depois de propor a ação o pré-candidato tem seu registro indeferido pela justiça eleitoral, ou renunciou, ou foi substituído, cairá por terra a sua legitimidade ativa, devendo o Ministério Público Eleitoral, em virtude do interesse público, assumir a legitimidade da ação.

Devemos ainda observar três requisitos:

a) o pré-candidato deve ter sido indicado em convenção partidária;
b) o pré-candidato já requereu o registro de candidatura;
c) o impugnante deve concorrer à eleição na mesma circunscrição do pré-candidato impugnado e pertencer ao mesmo processo eleitoral. Veja melhor a matéria no item "a impugnação adstrita à circunscrição".

Quanto ao eleitor, o posicionamento majoritário do TSE é no sentido da ilegitimidade de eleitor para impugnar registro de candidatura, podendo, entretanto, apresentar notícia de inelegibilidade.

O eleitor, destarte, embora não arrolado dentre os que têm legitimidade para impugnar (LC nº 64/1990, art. 3º), pode noticiar ao juiz eleitoral, exercendo seu direito de petição, a ocorrência de inelegibilidade de que tenha conhecimento. É vedado ao juiz eleitoral deixar de conhecê-la ao fundamento de ilegitimidade da parte, porquanto o eleitor, no caso, não é parte.

A jurisprudência também já sinala com a estipulação de um prazo para o cidadão oferecer notícia de inelegibilidade.

> O prazo para o cidadão oferecer notícia de inelegibilidade é de cinco dias a partir da publicação do edital de registro, não podendo ser essa sequer conhecida se ajuizada intempestivamente, mesmo proposta na espécie como pedido alternativo; fato em que o impugnante somente quando da apresentação das alegações finais suscitou, em pedidos alternativos e já conhecedor da tese da contestação, que esta juíza eleitoral recebesse a impugnação como notícia de inelegibilidade. Não havendo no acórdão omissão a ser sanada, rejeitam-se os embargos de declaração (TRE. Registro de Candidato 11.969/CE. Rel.ª Maria Nailde Pinheiro Nogueira. Unânime).

2.6.4.1. Possibilidade da arguição de uma inelegibilidade *ex officio*

O juiz pode, ao receber a notícia de uma inelegibilidade, declarar a **inelegibilidade** de ofício.

Conforme o art. 47 da Resolução do TSE nº 23.373/2011 (*editada para regular as eleições de 2012*), o pedido de registro será indeferido, ainda que não tenha havido impugnação, quando o candidato for inelegível ou não atender a qualquer das condições de elegibilidade. Constatada qualquer das situações previstas no *caput*, o Juiz determinará a intimação prévia do partido ou coligação para que se manifeste no prazo de 72 horas.

No mesmo sentido a posição do TSE:

> A ausência de impugnação não impede que o Juiz aprecie a inelegibilidade "de ofício" (TSE/SP. REsp 21.902 e 23.070. Agravo Regimental em Recurso Ordinário 1.303. Rel. Francisco César Asfor Rocha. Unânime).
>
> A inelegibilidade pode e deve ser declarada de ofício (Recurso 91.181. Rel. Min. Borja. JTSE, 3-1, p. 191).

2.6.4.2. Análise da capacidade postulatória

Há julgados defendendo que não é necessário advogado para propositura da Airc; o mesmo só será exigível nos recursos (JTSE 84, n.os 131 e 132).

Nossa posição: A posição do TSE entra em confronto com o art. 133 da Constituição Federal, que preconiza ser "o advogado indispensável à administração da justiça, sendo inviolável por seus atos e manifestações no exercício da profissão, nos limites da lei". A posição doutrinária amplamente dominante também defende a indispensabilidade do advogado para propor a Airc. Entre os autores: Tito Costa, Pedro Henrique Távora Niess e Joel J. Cândido.

No mesmo sentido:

> A impugnação de registro de candidato deverá ser ajuizada no prazo de cinco dias a partir da publicação do edital em petição devidamente assinada por advogado e não pelo Representante da Coligação, pois esta não possui capacidade postulatória de ir a Juízo, fato que enseja a extinção da ação sem julgamento de mérito (TRE. Registro de Candidato nº 12.459/CE. Rel.ª Maria Nailde Pinheiro Nogueira. Unânime).

2.6.4.3. Vedação para o partido ou a coligação apresentarem impugnação aos seus próprios filiados

Embora a legitimação seja concorrente, o partido ou a coligação não podem impugnar seus próprios filiados. Com o mesmo raciocínio, entendemos que um partido de uma coligação não pode impugnar o registro de um candidato de outro partido pertencente à mesma coligação.

A única exceção seria o caso da alegação de que o candidato não foi escolhido na convenção ou que houve irregularidade na escolha do mesmo.

2.6.4.4. Vedação para o partido político integrante de coligação impugnar isoladamente registro de candidatura

O partido político integrante de coligação não pode isoladamente impugnar registro de candidatura. A legitimidade passa a ser da coligação (no mesmo sentido, *vide* Lei nº 9.504/1997, art. 6º, § 1º, e Resolução TSE nº 21.608/2004, art. 4º, § 2º).

2.6.4.5. Quando é permitido ao partido ou coligação, que não impugnou o registro, recorrer da decisão que o defere

No caso de a matéria ser constitucional, pode o partido ou coligação, que não impugnou o registro, recorrer da decisão que o deferiu.

Segundo a Súmula nº 11 do TSE: "No processo de registro de candidatos, o partido que não o impugnou não tem legitimidade para recorrer da sentença que o deferiu, salvo se se cuidar de matéria constitucional."

A ressalva é importante porque veremos no capítulo dos recursos que não existe preclusão contra matéria constitucional. Quanto ao Ministério Público Eleitoral, entendemos que é plenamente possível recorrer de uma decisão que deferiu o registro de uma candidatura, mesmo sem ter sido autor da impugnação, pois o órgão *parquet* agirá como fiscal da lei.

O posicionamento majoritário do TSE é pela admissão da legitimidade recursal do Ministério Público Eleitoral, ainda que não haja impugnado o pedido de registro de candidato.

> Registro de candidatura. Ausência de filiação partidária. Recurso para o Tribunal Regional Eleitoral proposto pelo Ministério Público sem prévia impugnação ao pedido de registro. Possibilidade. Recurso conhecido e provido (REsp 14.133/AM).

Em posição minoritária, há uma julgado do TSE defendendo a aplicação da Súmula nº 11 a todos os legitimados a impugnar registro de candidatura (No mesmo sentido: TSE. Resolução nº 22.578/2004).

2.6.4.6. Quando o Ministério Público Eleitoral não pode impugnar

Preconiza o art. 3º, § 2º, da LC nº 64/1990:

> Art. 3º (...)
>
> § 2º Não poderá impugnar o registro de candidato o representante do Ministério Público que, nos 4 (quatro) anos anteriores, tenha disputado cargo eletivo, integrado diretório de partido ou exercido atividade político-partidária.

Nossa posição: Usando o critério cronológico, entendemos que o prazo de impedimento é de dois anos, isso porque o art. 80 da LC nº 75/1993, que é posterior, determina: *"A filiação a partido político impede o exercício de funções eleitorais por membro do Ministério Público, até dois anos do seu cancelamento."*

O art. 40, § 2º, da Resolução do TSE nº 23.373/2011 (*editada para regular as eleições de 2012*) pacificou a discussão ao estabelecer que:

> § 2º Não poderá impugnar o registro de candidato o representante do Ministério Público Eleitoral que, nos 2 anos anteriores, tenha disputado cargo eletivo, integrado diretório de partido político ou exercido atividade político-partidária (LC nº 64/1990, art. 3º, § 2º; LC nº 75/1993, art. 80).

2.6.4.7. A teoria da impugnação adstrita à circunscrição

A impugnação do partido deve ser adstrita à circunscrição, assim, um diretório municipal não pode impugnar o registro de um candidato a governador.

No mesmo sentido:

> Diretório Municipal de partido político não tem legitimidade para impugnar pedido de registro de candidato em Eleição Estadual e Federal (art. 3º da LC nº 64/1990 c.c. o art. 11, parágrafo único, da Lei nº 9.096/1995). Precedentes. Os fundamentos da decisão que se deseja reformar têm que ser especificamente infirmados, sob pena de subsistirem suas conclusões. É inviável o reexame de provas em sede de recurso especial. Agravo regimental a que se nega provimento (TSE. Agravo Regimental em Recurso Especial Eleitoral 26.861/SP. Rel. José Gerardo Grossi. Unânime).

> Registro de Candidato. Cargo: Deputado Federal. Dupla impugnação, ambas fundadas em atos tendentes a configurar abuso de poder econômico. Não conhecimento das duas impugnações. Ilegitimidade do Diretório Municipal para impugnar registro de candidatura em âmbito estadual. Falta de interesse de agir, em razão da inadequação da via eleita para pleitear o reconhecimento de atos de abuso de poder. Registro deferido (TRE. Ac. 141.818/SP).

Da mesma forma um promotor eleitoral não pode impugnar a candidatura de um Presidente da República; a sequência é:

a) perante o TSE a atribuição é do procurador-geral da Justiça Eleitoral;
b) perante o TRE a atribuição é do procurador regional eleitoral;
c) perante os juízes eleitorais a atribuição é do promotor de Justiça Eleitoral.

Insta acentuar que a regra da impugnação adstrita à circunscrição não tem nenhum efeito quanto ao diretório nacional do partido político, pois este está autorizado a apresentar impugnação em todas as eleições, uma vez que tem circunscrição nacional.

2.6.4.7.1. Teoria da impugnação adstrita ao que se pleiteia

A impugnação está adstrita à circunscrição eleitoral e também ao que se pleiteia, portanto, falta interesse de agir por não ter nenhum interesse direto, o fato de um candidato a cargo do Executivo impugnar um candidato a um cargo do Legislativo.

A regra é:
a) Executivo *versus* Executivo;
b) Legislativo *versus* Legislativo.

2.6.4.8. Quando será possível um partido coligado atuar de forma isolada

Formada a coligação os partidos integrantes perdem a legitimidade para atuar de forma isolada no processo eleitoral, a legitimidade passa a ser da coligação. Esta é a regra geral, porém, há duas exceções:

a) A reforma eleitoral dispõe no § 4º do art. 6º da Lei nº 9.504/1997:

> O partido político coligado somente possui legitimidade para atuar de forma isolada no processo eleitoral quando questionar a validade da própria coligação, durante o período compreendido entre a data da convenção e o termo final do prazo para a impugnação do registro de candidatos.

b) Segundo o **TSE**:

> A coligação assume todos os direitos e obrigações dos partidos no momento de sua constituição (art. 6º, § 1º, da Lei nº 9.504/1997) até a realização das eleições, **após o que, a agremiação partidária coligada terá legitimidade para agir isoladamente** (Recurso Especial Eleitoral 25.547. Ac. Rel. Min. José Augusto Delgado, p. 116).

2.6.4.9. Requisito básico para a coligação propor qualquer ação eleitoral

A unicidade da coligação resulta de sua própria natureza a impossibilidade de cisão, portanto, para propor a Airc ou qualquer outra ação eleitoral será necessária a anuência de todos os entes partidários coligados.

Posição dominante do TSE: "É nula a investigação suscitada sem aprovação de todos os partidos coligados" (Agravo Regimental em REsp 25.002. Ac. p. 162).

2.6.5. Legitimidade passiva da Airc

Os legitimados passivos são os pré-candidatos. Lembre-se que a Airc só pode ser interposta a partir da publicação do pedido de registro do candidato, ou seja, antes do deferimento do pedido de registro.

2.6.6. Prazo para interposição da Airc

A Airc deverá ser interposta no prazo de cinco dias, contados da publicação do pedido de registro do candidato. O prazo é decadencial e não se prorroga.

O prazo é contado, excluindo-se o dia do início e incluindo-se o último (art. 184 do CPC) e tem inteira aplicação o art. 16 da LC nº 64/1990, *in verbis*:

> Art. 16. Os prazos a que se referem o art. 3º e seguintes desta lei complementar são peremptórios e contínuos e correm em secretaria ou Cartório e, a partir da data do encerramento do prazo para registro de candidatos, não se suspendem aos sábados, domingos e feriados.

Consoante entendimento do TSE, nas ações eleitorais, não se aplicam as regras dos arts. 188 e 191 do Código de Processo Civil (*vide* TSE. RO 905/PI – Teresina. Rel. Min. Gerardo Grossi, p. 108).

2.6.6.1. Vista pessoal para o Ministério Público Eleitoral

Concordamos com o colega Marcos Ramayana, que defende a necessidade de o Ministério Público Eleitoral, no prazo para registro de candidatura, ter vista pessoal dos processos, posto que sua intervenção é obrigatória e sua eficiência depende do exame da higidez dos pré-candidatos.

Registre-se que a intimação pessoal com a entrega dos autos com vista constitui prerrogativa processual do Ministério Público (art. 41, inciso IV, da LONMP), *in verbis*:

> *Art. 41. Constituem prerrogativas dos membros do Ministério Público, no exercício de sua função, além de outras previstas na Lei Orgânica:*
> *(...)*
> *IV – receber intimação pessoal em qualquer processo e grau de jurisdição, através da entrega dos autos com vista.*

O Código de Processo Civil, em seu art. 236, § 2º, também dispõe que: "*A intimação do Ministério Público, em qualquer caso, será feita pessoalmente.*"

No mesmo sentido o TSE:

> (...). 1. **Com exceção da expressa disposição do art. 6º da Lei Complementar nº 64/90, incide para os demais atos judiciais no processo de registro de candidatura a regra geral de intimação pessoal do Ministério Público Eleitoral.** Votos vencidos. 2. Em face desse entendimento, afigura-se tempestivo agravo regimental interposto pelo Ministério Público, considerada a fluência do prazo recursal a partir do recebimento dos autos na secretaria do *parquet* (...) (Ac. de 09/10/2008 no AgR-REsp 30.322. Rel. Min. Arnaldo Versiani; no mesmo sentido o Ac. de 03/11/2008 no AgR-REsp 33.831, do mesmo relator, e o Ac. de 03/10/2006 no RMS 450. Rel. Min. Carlos Ayres Britto).
>
> (...) Intimação pessoal do Ministério Público. Obrigatoriedade. Anulação de todos os atos decisórios a partir da sentença. 1. **A intimação do Ministério Público deve ser feita, pessoalmente, por mandado.** 2. Nulidade das intimações que foram realizadas sem observância das prescrições legais, com a consequente anulação dos atos decisórios prolatados sem a intervenção do Ministério Público, no caso, obrigatória. 3. Recurso especial conhecido e provido para declarar a nulidade de todos os atos decisórios, a partir da sentença, inclusive, determinando que sejam renovados após regular intimação pessoal, por mandado, do Ministério Público Eleitoral (Ac. de 31/10/2006 no Recurso Especial Eleitoral 26.014. Rel. Min. José Delgado).

2.6.7. Competência para julgar Airc

Segundo o art. 2º da Resolução nº 23.367/2011, "*as representações e as reclamações que versarem sobre a cassação do registro ou do diploma deverão ser apreciadas pelo Juízo Eleitoral competente para julgar o registro de candidatos*", portanto, a **Airc** deverá ser interposta:

a) perante o Tribunal Superior Eleitoral, quando se tratar de candidato a presidente ou vice-presidente da República;
b) perante os Tribunais Regionais Eleitorais, quando se tratar de candidato a senador, governador e vice-governador de Estado e do Distrito Federal, deputado federal, deputado estadual e deputado distrital;
c) perante os juízes eleitorais, quando se tratar de candidato a prefeito, vice-prefeito e vereador.

Atenção: Não se aplica o foro por prerrogativa de função não ações cíveis eleitorais, já que não se trata de matéria criminal.

2.6.8. Efeito da procedência da Airc

Quando o registro é cassado "antes" das eleições a Airc terá os seguintes efeitos:

a) No caso das eleições proporcionais podemos identificar no contexto prático duas hipóteses:

1ª) Tício concorreu a um cargo do Poder Legislativo. O seu registro foi impugnado e, antes das eleições, foi indeferido com trânsito em julgado.

Solução jurídica: Tício deve ser substituído no prazo de 10 dias, a contar da decisão judicial que decretou a cassação, na forma do estatuto do partido do substituído, observando-se o prazo de 60 dias antes do dia das eleições.

2ª) Tício concorreu a um cargo do Poder Legislativo. O seu registro foi impugnado e, antes das eleições, foi indeferido. Tício recorreu.

Solução jurídica: Como Tício recorreu, poderá, "por sua conta e risco", praticar todos os atos da campanha eleitoral.

No futuro haverá três situações:

a) Se a sentença de indeferimento for confirmada "antes" das eleições, estamos diante da primeira hipótese, ou seja, Tício deve ser substituído, devendo ser observados os prazos legais.

b) Se a sentença de indeferimento do registro for confirmada "**após**" as eleições e o candidato não foi eleito, a Airc deverá:
- Ser extinta por falta de objeto. Neste caso, o objeto da impugnação é uma condição de procedibilidade do registro.
- Ser extinta, devendo o órgão declarar a inelegibilidade "preexistente" do impugnado ou a ausência de uma causa de elegibilidade.

c) Se a sentença de indeferimento do registro for confirmada após as eleições e o candidato foi eleito, há três hipóteses de índole prática:
- Se Tício ainda não foi diplomado não poderá obter o diploma, pois este depende do registro.
- Se Tício já tinha sido diplomado, este será cassado, fato que impedirá o exercício do mandato;
- Se Tício já tinha sido diplomado e já estava no exercício do mandato, será imediatamente afastado.

b) No caso das eleições majoritárias podemos identificar no contexto prático duas hipóteses:

1ª) Tício concorreu a um cargo do Poder Executivo. O seu registro foi impugnado e, antes das eleições, foi indeferido com trânsito em julgado.

Solução jurídica: Tício pode ser substituído no prazo de 10 dias a contar da decisão judicial ou da notificação do partido da decisão judicial.

Sabemos que a inelegibilidade tem caráter pessoal e não é extensiva ao outro integrante da chapa, mas, como a chapa é una e indivisível, o indeferimento do registro de um determina fatalmente o indeferimento da chapa.

Portanto, é imperiosamente salutar que o juiz eleitoral, ao julgar procedente o pedido, indefira o registro da chapa e declare qual dos integrantes da chapa foi considerado inapto, pois só assim será possível efetivar a substituição.

2ª) Tício concorreu a um cargo do Poder Executivo. O seu registro foi impugnado e, antes das eleições, foi indeferido. Tício recorreu.

Solução jurídica: Tício participará das eleições normalmente "por sua conta e risco" e, no futuro, caso seja confirmado o indeferimento, deve acontecer duas situações:
- Confirmado o indeferimento "**antes**" das eleições, Tício poderá ser substituído na forma da primeira hipótese.
- Confirmado o indeferimento "**depois**" das eleições, haverá duas hipóteses:

1 – Tício não foi eleito. A Airc deverá:
- Ser extinta por falta de objeto. Neste caso, o objeto da impugnação é uma condição de procedibilidade do registro.
- Ser extinta, devendo o órgão declarar a inelegibilidade "preexistente" do impugnado ou a ausência de uma causa de elegibilidade.

2 – Tício foi eleito. Voto dado a candidato sem registro é nulo de pleno direito, portanto:
a) Se Tício ainda não foi diplomado não poderá obter o diploma, pois este depende do registro.
b) Se Tício já tinha sido diplomado, este será cassado, fato que impedirá o exercício do mandato;.
c) Se Tício já tinha sido diplomado e já estava no exercício do mandato, será imediatamente afastado.

Observação importante: Para melhor entender como são os efeitos da sentença que cassa o registro do candidato "eleito", leia no capítulo "Das Nulidades" o item "Teoria do aproveitamento dos votos condicionados à validade do registro".

2.6.8.1. A teoria da conta e do risco

Dispõe o parágrafo único do art. 50 da Resolução do TSE nº 23.373/2011 (*editada para regular as eleições de 2012*) que se o Juiz Eleitoral indeferir o registro da chapa, deverá especificar qual dos candidatos não preenche as exigências legais e apontar o óbice existente, podendo o candidato, o partido político ou a coligação, por sua conta e risco, recorrer da decisão ou, desde logo, indicar substituto ao candidato que não for considerado apto, na forma dos arts. 67 e 68 desta resolução.

Portanto, enquanto estiver *sub judice*, o candidato poderá prosseguir em sua campanha e ter seu nome mantido na urna eletrônica, ficando a validade de seus votos condicionada ao deferimento de seu registro por instância superior.

2.6.8.2. A teoria da conta e do risco *versus* a antecipação da tutela

Em virtude da teoria da conta e do risco, não é possível a concessão da tutela antecipada, pois, mesmo que o registro seja indeferido, será permitido ao pré-candidato continuar na campanha eleitoral.

Preconiza a Resolução nº 23.373/2011 (*editada para regular as eleições de 2012*) que:

> Art. 45. O candidato cujo registro esteja sub judice *poderá efetuar todos os atos relativos à campanha eleitoral, inclusive utilizar o horário eleitoral gratuito no rádio e na televisão e ter seu nome mantido na urna eletrônica enquanto estiver sob essa condição.*

Peleja Júnior e Fabrício Napoleão[50] explicam outros motivos que ensejam a impossibilidade de concessão da tutela antecipada em sede de Airc:

> O instituto, disciplinado no artigo 273, CPC, tem como um de seus pressupostos negativos o perigo de irreversibilidade do provimento (§ 2º, art. 273, CPC). Em outras palavras, os efeitos da tutela antecipada devem ser reversíveis, ou seja, que se possa retornar ao *status quo ante* a constatação da necessidade de alteração ou revogação.
>
> Em termos práticos, o indeferimento do registro tem o condão de impedir a participação do representado no pleito, o que vai de encontro ao mencionado artigo, impedindo a antecipação. Além do mais, há óbice legal específico, qual seja, o artigo 15 da LC 64/90, que impõe o trânsito em julgado ou decisão proferida por órgão colegiado.

2.6.9. Do litisconsórcio ativo e passivo

Elmana Viana Lucena Esmeraldo[51] disserta de forma muito eficaz sobre o litisconsórcio ativo e passivo em sede de Airc:

– Litisconsórcio ativo

É facultativo. Pode mais de um dos legitimados propor, em litisconsórcio, a Airc. O TSE já pacificou o entendimento de que no caso de litisconsortes com procuradores diferentes nos feitos eleitorais não se aplica o art. 191 do CPC, ou seja, os prazos para contestar, recorrer ou de qualquer forma falar nos autos não serão contados em dobro.

> (...) Esta Corte já firmou que aos feitos eleitorais não se aplica a contagem de prazo em dobro, prevista no CPC, art. 191, para os casos de litisconsortes com diferentes procuradores (Agravo Regimental em REsp 27.104. Ac. Rel. Min. Marcelo Henriques Ribeiro Oliveira. J. 17/04/2008. DJ 14/05/2008, p. 04).

---

[50] Peleja Júnior, Antônio Veloso; Teixeira Batista, Fabrício Napoleão. Op. cit., p. 132.
[51] Op. cit., p. 32.

– Litisconsórcio passivo

a) **Pré-candidato e partido político/coligação** – Não há litisconsórcio necessário. Na ação movida contra o candidato, o partido político ou coligação a que pertence pode ingressar no feito como assistente litisconsorcial, em face dos efeitos reflexos que podem advir da sentença de procedência, que poderá trazer prejuízos para a agremiação.

> (...) Nas ações de impugnação de registro de candidatura, não existe litisconsórcio necessário entre o pré-candidato e o partido político pelo qual pretende concorrer no pleito. Entretanto, deve ser admitida a intervenção da agremiação partidária na qualidade de assistente simples do pretenso candidato, tendo em vista os reflexos eleitorais decorrentes do indeferimento do registro de candidatura. Omissão sanada (...)
> (TSE. Embargos de Declaração em Agravo Regimental em REsp 33.498. Ac. Rel. Min. Enrique Ricardo Lewandowski. J. 23/04/2009. DJE, tomo 88, 12/05/2009, p. 18).

Observação importante: Embora a posição da querida amiga seja dominante, entendemos de forma diferente. Veremos futuramente que o argumento da inexistência do litisconsórcio passivo entre os candidatos impugnados e o partido político ao qual pertencem era porque o juiz não teria de decidir a lide de modo uniforme para o candidato e o partido, mas a partir do momento em que o TSE e o STF passaram a entender que o mandato não pertence ao candidato, e, sim, ao partido político, surgiu a imperiosa necessidade de o mesmo também integrar a lide na forma de litisconsórcio passivo.

b) **Titular e vice, pré-candidatos às eleições majoritárias** – Não há litisconsórcio passivo necessário (como ocorre com as demais ações eleitorais, em que há a possibilidade de perda do mandato), tendo em vista que as condições de elegibilidade, de registrabilidade e as causas de inelegibilidade a serem arguidas na impugnação são de cunho pessoal, aplicando-se o art. 18 da LC nº 64/1990 (Brasil, 1990), que estabelece que "a declaração de inelegibilidade do candidato à Presidência da República, Governador de Estado e do Distrito Federal e Prefeito Municipal não atingirá o candidato a Vice-Presidente, Vice-Governador ou Vice-Prefeito, assim como a destes não atingirá àqueles".

Sabe-se que cada Requerimento de Registro de Candidatura – RRC, do titular e do vice, gera um processo que será apensado e analisado em conjunto. Estes processos deverão ser julgados conjuntamente, por uma só decisão, e o registro da chapa só será deferido se ambos forem considerados aptos. Entretanto, apesar de julgados conjuntamente, a análise ocorre de maneira distinta.

Embora a chapa seja uma e indivisível, não podendo o juiz deferir o registro de candidatura de um dos integrantes e indeferir a do outro, ao indeferir o registro da chapa, deverá especificar qual dos candidatos não preenche as exigências legais, apontando o óbice existente, para que o partido ou coligação possa optar por recorrer da decisão, por sua conta e risco, ou indicar substituto para o candidato considerado inapto.

Verifica-se, portanto, que os pré-candidatos, titular e vice, podem ter destinos diferentes, embora o juiz indefira o registro da chapa. O que for considerado inapto será indicado na decisão, abrindo-se a possibilidade de sua substituição para a integralização da nova chapa que será formada com aquele que foi considerado apto, de forma que este não terá, necessariamente, o mesmo destino daquele, salvo se, interposto recurso da decisão que indeferiu o registro da chapa, e não realizada a substituição, esta vier a ser confirmada, com trânsito em julgado.

Nesse sentido:

> (...) 1. Este Tribunal já assentou que, na fase do registro de candidatura, não há falar em litisconsórcio passivo necessário entre candidatos a prefeito e vice (TSE. Recurso Ordinário 1.912. Ac. J. 21/10/2008. Rel. Min. Arnaldo Versiani Leite Soares. Publicado em sessão).

2.6.10. Atividades práticas do juiz ao receber o pedido de registro

Ao receber o pedido de registro, o juiz deve observar se este contém:

a) Cópia da ata a que se refere o art. 8º da Lei nº 9.504/1997.
b) Autorização do candidato, por escrito.
c) Prova de filiação partidária.
d) Declaração de bens, assinada pelo candidato.
e) Cópia do título eleitoral ou certidão, fornecida pelo cartório eleitoral, de que o candidato é eleitor na circunscrição ou requereu sua inscrição ou transferência de domicílio no prazo legal. Lembre-se que, para concorrer às eleições, o candidato deverá possuir domicílio eleitoral na respectiva circunscrição pelo prazo de, pelo menos, um ano antes do pleito e estar com a filiação deferida pelo partido no mesmo prazo.
f) Certidão de quitação eleitoral (a Resolução TSE nº 21.667, de 18/03/2004, DJU 12/04/2004, dispõe sobre a utilização do serviço de emissão de certidão de quitação eleitoral por meio da internet).
g) Certidões criminais fornecidas pelos órgãos de distribuição da Justiça Eleitoral, Federal e Estadual.
h) Fotografia do candidato, nas dimensões estabelecidas em instrução da Justiça Eleitoral, para efeito do disposto no § 1º do art. 59 da Lei nº 9.504/1997.
i) Informação dos Tribunais de Contas a respeito de contas rejeitadas.
j) Comprovante de escolaridade.
l) Prova de desincompatibilização.
m) Prova de domicílio eleitoral na circunscrição.
n) Conferir as condições de elegibilidade expostas no art. 1º, I, II, III, IV, V, VI e VII, da LC nº 64/1990.
o) Verificar ainda as hipóteses infracitadas:

   a) Incapacidade civil absoluta; condenação criminal transitada em julgado, enquanto durarem seus efeitos; recusa de cumprir obrigação a todos imposta ou prestação alternativa, nos termos do art. 5º, VIII e improbidade administrativa, nos termos do art. 37, § 4º, da Constituição Federal;

b) São inelegíveis, no território de jurisdição do titular, o cônjuge e os parentes, consangüíneos ou afins, **até o segundo grau** ou por adoção, do Presidente da República, de Governador de Estado ou Território, do Distrito Federal, de Prefeito ou de quem os haja substituído dentro dos 6 (seis) meses anteriores ao pleito, salvo se já titular de mandato eletivo e candidato à reeleição.

A idade mínima constitucionalmente estabelecida como condição de elegibilidade é verificada tendo por referência a data da posse. Caso entenda necessário, o juiz abrirá prazo de 72 horas para diligências.

Na hipótese de o partido ou coligação não requerer o registro de seus candidatos, estes poderão fazê-lo perante a Justiça Eleitoral nas 48 horas seguintes ao encerramento do prazo.

Deve o juiz tomar muito cuidado na conferência dos requisitos supracitados, pois o pedido de registro do candidato, tendo sido deferido por meio de decisão judicial transitada em julgado, não pode ser cassado de ofício pelo juiz, sob alegação de ausência de condição de elegibilidade.

2.6.10.1. O que deve conter o pedido de registro

A Resolução do TSE n° 23.373/2011 (*editada para regular as eleições de 2012*), dispõe em seus artigos 22 *usque* 28 que:

> Art. 22. *O pedido de registro deverá ser apresentado obrigatoriamente em meio magnético gerado pelo Sistema de Candidaturas – Módulo Externo (CANDex), desenvolvido pelo Tribunal Superior Eleitoral, acompanhado das vias impressas dos formulários Demonstrativo de Regularidade de Atos Partidários (DRAP) e Requerimento de Registro de Candidatura (RRC), emitidos pelo sistema e assinados pelos requerentes.*
>
> *§ 1° O CANDex poderá ser obtido nos sítios do Tribunal Superior Eleitoral e dos Tribunais Regionais Eleitorais, ou, diretamente, nos próprios Tribunais Eleitorais ou nos Cartórios Eleitorais, desde que fornecidas pelos interessados as respectivas mídias.*
>
> *§ 2° Na hipótese de inobservância do disposto no § 2° do art. 20 desta resolução, a geração do meio magnético pelo CANDex será precedida de um aviso sobre o descumprimento dos percentuais de candidaturas para cada sexo.*
>
> *§ 3° O pedido de registro será subscrito pelo Presidente do diretório municipal, ou da respectiva comissão diretora provisória, ou por delegado autorizado.*
>
> *§ 4° Na hipótese de coligação, o pedido de registro dos candidatos deverá ser subscrito pelos Presidentes dos partidos políticos coligados, ou por seus delegados, ou pela maioria dos membros dos respectivos órgãos executivos de direção, ou por representante da coligação designado na forma do inciso I do art. 6° desta resolução (Lei n° 9.504/1997, art. 6°, § 3°, II).*
>
> *§ 5° O subscritor do pedido deverá informar, no Sistema CANDex, o número do seu título de eleitor.*

§ 6º Com o requerimento de registro, o partido político ou a coligação fornecerá, obrigatoriamente, o número de fac-símile e o endereço completo nos quais receberá intimações e comunicados e, no caso de coligação, deverá indicar, ainda, o nome da pessoa designada para representá-la perante a Justiça Eleitoral (Lei nº 9.504/1997, art. 6º, § 3º, IV, a, e art. 96-A).

§ 7º As intimações e os comunicados a que se refere o parágrafo anterior poderão ser feitos, subsidiariamente, por via postal com aviso de recebimento ou, ainda, por Oficial de Justiça.

Art. 23. Na hipótese de o partido político ou a coligação não requerer o registro de seus candidatos, estes poderão fazê-lo, individualmente, no prazo máximo de 48 horas seguintes à publicação da lista dos candidatos pelo Juízo Eleitoral competente para receber e processar os pedidos de registro, apresentando o formulário Requerimento de Registro de Candidatura Individual (RRCI), na forma prevista no artigo anterior, com as informações e documentos previstos nos arts. 24 e 25 desta resolução (Lei nº 9.504/1997, art. 11, § 4º).

Parágrafo único. Caso o partido político ou a coligação não tenha apresentado o formulário Demonstrativo de Regularidade de Atos Partidários (DRAP), o respectivo representante será intimado, pelo Juízo Eleitoral competente, para fazê-lo no prazo de 72 horas; apresentado o DRAP, será formado o processo principal nos termos do inciso I do art. 36 desta resolução.

Art. 24. O formulário Demonstrativo de Regularidade de Atos Partidários (DRAP) deve ser preenchido com as seguintes informações:

I – nome e sigla do partido político;

II – na hipótese de coligação, seu nome e as siglas dos partidos políticos que a compõem;

III – data da(s) convenção(ões);

IV – cargos pleiteados;

V – na hipótese de coligação, nome de seu representante e de seus delegados;

VI – endereço completo e telefones, inclusive de fac-símile;

VII – lista dos nomes, números e cargos pleiteados pelos candidatos;

VIII – valores máximos de gastos que o partido político fará por cargo eletivo em cada eleição a que concorrer, observando-se que:

a) no caso de coligação, cada partido político que a integra fixará o seu valor máximo de gastos (Lei nº 9.504/1997, art. 18, caput e § 1º);

b) nas candidaturas de vices, os valores máximos de gastos serão incluídos naqueles pertinentes às candidaturas dos titulares e serão informados pelo partido político a que estes forem filiados.

Art. 25. A via impressa do formulário Demonstrativo de Regularidade de Atos Partidários (DRAP) deve ser apresentada com a cópia da ata, digitada, devidamente assinada, da convenção a que se refere o art. 8º, caput, da Lei nº 9.504/1997 (Código Eleitoral, art. 94, § 1º, I, e Lei nº 9.504/1997, art. 11, § 1º, I).

Art. 26. O formulário Requerimento de Registro de Candidatura (RRC) conterá as seguintes informações:

I – autorização do candidato (Código Eleitoral, art. 94, § 1º, II; Lei nº 9.504/1997, art. 11, § 1º, II);

II – número de fac-símile e o endereço completo nos quais o candidato receberá intimações, notificações e comunicados da Justiça Eleitoral (Lei nº 9.504/1997, art. 96-A);

III – dados pessoais: título de eleitor, nome completo, data de nascimento, Unidade da Federação e Município de nascimento, nacionalidade, sexo, estado civil, ocupação, número da carteira de identidade com órgão expedidor e Unidade da Federação, número de registro no Cadastro de Pessoa Física (CPF), endereço completo e números de telefone;

IV – dados do candidato: partido político, cargo pleiteado, número do candidato, nome para constar da urna eletrônica, se é candidato à reeleição, qual cargo eletivo ocupa e a quais eleições já concorreu.

Art. 27. A via impressa do formulário Requerimento de Registro de Candidatura (RRC) será apresentada com os seguintes documentos:

I – declaração atual de bens, preenchida no Sistema CANDex e assinada pelo candidato na via impressa pelo sistema (Lei nº 9.504/1997, art. 11, § 1º, IV);

II – certidões criminais fornecidas pelos órgãos de distribuição da Justiça Federal e Estadual (Lei nº 9.504/1997, art. 11, § 1º, VII);

III – fotografia recente do candidato, obrigatoriamente digitalizada e anexada ao CANDex, preferencialmente em preto e branco, observado o seguinte (Lei nº 9.504/1997, art. 11, § 1º, VIII):

a) dimensões: 5 x 7cm, sem moldura;

b) cor de fundo: uniforme, preferencialmente branca;

c) características: frontal (busto), trajes adequados para fotografia oficial e sem adornos, especialmente aqueles que tenham conotação de propaganda eleitoral ou que induzam ou dificultem o reconhecimento pelo eleitor;

IV – comprovante de escolaridade;

V – prova de desincompatibilização, quando for o caso;

VI – propostas defendidas pelos candidatos a Prefeito, que deverão ser entregues em uma via impressa e outra digitalizada e anexada ao CANDex (Lei nº 9.504/1997, art. 11, § 1º, IX);

VII – cópia de documento oficial de identificação.

§ 1º Os requisitos legais referentes à filiação partidária, domicílio e quitação eleitoral, e à inexistência de crimes eleitorais serão aferidos com base nas informações constantes dos bancos de dados da Justiça Eleitoral, sendo dispensada a apresentação dos documentos comprobatórios pelos requerentes (Lei nº 9.504/1997, art. 11, § 1º, III, V, VI e VII).

§ 2º As certidões de que trata o inciso II deverão ser apresentadas em uma via impressa e outra digitalizada e anexada ao CANDex.

§ 3º A quitação eleitoral de que trata o § 1º deste artigo abrangerá exclusivamente a plenitude do gozo dos direitos políticos, o regular exercício do voto, o atendimento a convocações da Justiça Eleitoral para auxiliar os trabalhos relativos ao pleito, a inexistência de multas aplicadas, em caráter definitivo, pela Justiça Eleitoral e não remitidas, e a apresentação de contas de campanha eleitoral (Lei nº 9.504/1997, art. 11, § 7º).

§ 4º Para fins de expedição da certidão de quitação eleitoral, serão considerados quites aqueles que (Lei nº 9.504/1997, art. 11, § 8º, I e II):

I – condenados ao pagamento de multa, tenham, até a data da formalização do seu pedido de registro de candidatura, comprovado o pagamento ou o parcelamento da dívida regularmente cumprido;

II – pagarem a multa que lhes couber individualmente, excluindo-se qualquer modalidade de responsabilidade solidária, mesmo quando imposta concomitantemente com outros candidatos e em razão do mesmo fato.

§ 5º A Justiça Eleitoral enviará aos partidos políticos, na respectiva circunscrição, até 05 de junho de 2012, a relação de todos os devedores de multa eleitoral, a qual embasará a expedição das certidões de quitação eleitoral (Lei nº 9.504/1997, art. 11, § 9º).

§ 6º As condições de elegibilidade e as causas de inelegibilidade devem ser aferidas no momento da formalização do pedido de registro da candidatura, ressalvadas as alterações, fáticas ou jurídicas, supervenientes ao registro que afastem a inelegibilidade (Lei nº 9.504/1997, art. 11, § 10).

§ 7º A Justiça Eleitoral observará, no parcelamento da dívida a que se refere o § 5º deste artigo, as regras de parcelamento previstas na legislação tributária federal (Lei nº 9.504/1997, art. 11, § 11).

§ 8º A ausência do comprovante de escolaridade a que se refere o inciso IV do caput poderá ser suprida por declaração de próprio punho, podendo a exigência de alfabetização do candidato ser aferida por outros meios, desde que individual e reservadamente.

§ 9º Se a fotografia de que trata o inciso III do caput não estiver nos moldes exigidos, o Juiz Eleitoral competente determinará a apresentação de outra, e, caso não seja suprida a falha, o registro deverá ser indeferido.

Art. 28. Os formulários e todos os documentos que acompanham o pedido de registro são públicos e podem ser livremente consultados pelos interessados, que poderão obter cópia de suas peças, respondendo pelos respectivos custos e pela utilização que derem aos documentos recebidos (Lei nº 9.504/1997, art. 11, § 6º).

2.6.11. Teoria das inelegibilidades extemporâneas

A jurisprudência do TSE é assente em definir as inelegibilidades supervenientes como aquelas cuja causa ocorre entre o período de registro de candidatura (e eventual propositura de impugnação) e a data do pleito, portanto, a inelegibilidade superveniente somente cabe ser reconhecida até a data da eleição, segundo remansosa jurisprudência do Tribunal Superior Eleitoral.[52]

Caso não seja alegada a inelegibilidade no momento oportuno, haverá três hipóteses:

a) Se a inelegibilidade for prevista na legislação infraconstitucional, haverá preclusão, ou seja, ela não poderá ser arguida em outro momento.

No mesmo sentido:

---

[52] No mesmo sentido: TRE. Recurso contra Expedição de Diploma 732.005 (323)/MG. Rel. Francisco de Assis Betti. Unânime.

A inelegibilidade infraconstitucional e preexistente ao registro não pode ser arguida no recurso contra expedição de diploma (TSE. Embargos de Declaração em Agravo Regimental em Agravo de Instrumento 6.735/PI. Rel. Carlos Eduardo Caputo Bastos. Unânime).

b) Se a inelegibilidade for prevista na Constituição Federal, a mesma poderá ser arguida por ocasião do Recurso contra a Diplomação, pois não pode haver preclusão contra norma constitucional.

No mesmo sentido:

> As inelegibilidades constitucionais podem ser arguidas tanto na impugnação de candidatura quanto no recurso contra expedição de diploma, mesmo se existentes no momento do registro, pois aí não há falar em preclusão. No entanto, as inelegibilidades constantes da legislação infraconstitucional só poderão ser alegadas no recurso contra expedição de diploma se o fato que as tiver gerado, ou o seu conhecimento for superveniente ao registro (...) (TSE. Agravo Regimental em Agravo de Instrumento. Ac. 3.328. Rel. Sálvio de Figueiredo Teixeira, p. 136).

c) Caso a inelegibilidade seja superveniente, mesmo sendo infraconstitucional, será possível ser arguida por ocasião do Recurso contra a Diplomação. É também a lição de Edson de Resende:[53]

> Também em relação às inelegibilidades que não existiam por ocasião do registro da candidatura, mas que incidiram sobre o candidato posteriormente (inelegibilidades supervenientes) não há de falar-se em preclusão (art. 223 do CE). Explicando melhor: se determinado candidato, à época do pedido de registro da candidatura, não preenche certa condição de elegibilidade ou incorre em alguma causa de inelegibilidade, os legitimados deverão arguir a inelegibilidade na impugnação ao registro (Airc). Caso isso não aconteça, e mesmo não havendo provocação de qualquer eleitor, ou mesmo se o Juiz Eleitoral, de ofício, não indeferir o pedido, será necessário verificar se a inelegibilidade em que incorre o candidato (cujo registro foi deferido) é de ordem constitucional ou infraconstitucional, ou seja, se a inelegibilidade está prevista na Constituição Federal ou se na Lei Complementar nº 64/1990. Se a inelegibilidade é de assento constitucional, não ocorre a preclusão, e os legitimados ainda poderão levantá-la quando da diplomação do candidato eleito, arguindo-a por meio do Recurso Contra a Expedição do Diploma. Se a inelegibilidade não está prevista na Constituição, mas tão somente na Lei Complementar, ocorre a preclusão, e a matéria não mais poderá ser apreciada, nem mesmo no Recurso contra a Expedição do Diploma, e, no entanto, a inelegibilidade for superveniente ao registro da candidatura ainda que seja ela infraconstitucional, poderá ser arguida no Recurso contra a Expedição do Diploma. É o caso daquele candidato que é condenado pela prática de crime e a sentença transita em julgado depois do registro da candidatura. Ora, por ocasião do registro não havia como arguir a inelegibilidade simplesmente porque ela não existia, já que a sentença criminal não havia passado em julgado. Se o candidato se elege pode a inelegibilidade ser levantada pela via do recurso previsto no art. 262 do CE.

---

[53] Castro, Edson de Resende. Op. cit., p. 106.

2.6.12. Teoria do provimento jurisdicional eficaz

O antigo art. 1º, inciso I, alínea *g*, da Lei Complementar nº 64/1990 tinha a redação infracitada:

> Art. 1º São inelegíveis:
> I – para qualquer cargo:
> (...)
> *g) os que tiverem suas contas relativas ao exercício de cargos ou funções públicas rejeitadas por irregularidade insanável e por decisão irrecorrível do órgão competente, salvo se a questão houver sido ou estiver sendo submetida à apreciação do Poder Judiciário, para as eleições que se realizarem nos 5 (cinco) anos seguintes, contados a partir da data da decisão.*

A exceção formulada pelo artigo supracitado (**salvo se a questão houver sido ou estiver sendo submetida à apreciação do Poder Judiciário**) criava no contexto prático um lamentável incentivo à impunidade, pois o político que tinha as contas rejeitadas, antes do dia 05 de julho do ano eleitoral, ajuizava com uma ação objetivando desconstituir a decisão desfavorável proferida pelo Tribunal de Contas e reconquistava a sua elegibilidade.

O TSE chegou até a editar uma súmula (Súmula nº 1) sobre o assunto: "Proposta a ação para desconstituir a decisão que rejeitou as contas, anteriormente à impugnação, fica suspensa a inelegibilidade (Lei Complementar nº 64/1990, art. 1º, I, *g*)."

Percebia-se que os nossos sábios políticos legisladores criaram a norma e ao mesmo tempo o antídoto para anulá-la, pois em quase 13 anos como promotor de Justiça Eleitoral não tive a grata satisfação de encontrar alguém inelegível com base no art. 1º, inciso I, alínea *g*, da Lei Complementar nº 64/1990.

O antídoto foi exatamente o uso da ação como meio de protelar e tornar a norma totalmente ineficaz.

Defendíamos na 1ª edição deste livro que a propositura de ação desconstitutiva em juízo, por si só, não tinha o condão de suspender a inelegibilidade; devia o autor apresentar argumentos de que o provimento jurisdicional é eficaz, ou seja, a ação não é um expediente meramente protelatório, pois o direito não pode proteger expedientes escusos.

Foi exatamente o que fez a Lei Complementar nº 135, de 2010, ao estabelecer uma nova redação ao art. 1º, inciso I, alínea *g*, da Lei Complementar nº 64/1990, *in verbis*:

> Art. 1º São inelegíveis:
> I – para qualquer cargo:
> *g) os que tiverem suas contas relativas ao exercício de cargos ou funções públicas rejeitadas por irregularidade insanável que configure ato doloso de improbidade administrativa, e por decisão irrecorrível do órgão competente,* **salvo se esta houver sido suspensa ou anulada pelo Poder Judiciário**, *para as eleições que se realizarem nos 8 (oito) anos seguintes, contados a partir da data da decisão, aplicando-se o disposto no inciso II do art. 71 da Constituição Federal, a todos os ordenadores de despesa, sem exclusão de mandatários que houverem agido nessa condição.*

O art. 273 do CPC prevê a possibilidade de o magistrado, com base nos elementos constantes dos autos quando do ajuizamento da ação, e louvado em juízo de verossimilhança e probabilidade, conceder ou não a tutela antecipada, mediante ponderado juízo de valor quanto aos elementos instrutórios do processo carreados pelo postulante,[54] portanto, a interposição da ação desconstitutiva deve ser acompanhada do pedido de antecipação de tutela para que, de pronto, suspenda os efeitos da decisão, que rejeitou as contas.

No Agravo Regimental no Recurso Especial Eleitoral 26.942, de que foi relator o Ministro José Delgado, o Tribunal Superior Eleitoral, por unanimidade, assim decidiu:

> O pedido de reconsideração ou de revisão de contas, bem como as ações ajuizadas na Justiça Comum, devem estar acompanhados de liminar ou de antecipação de tutela, com deferimento anterior à solicitação do registro de candidatura, para que afaste a inelegibilidade.

No mesmo sentido, destaquem-se as sábias palavras do ex-Ministro do Tribunal Superior Eleitoral, César Asfor Rocha no voto proferido no julgamento do Recurso Ordinário 912-RO:

> Penso, com a devida referência, que não se deverá atribuir a uma ação ordinária desconstitutiva de decisão administrativa de rejeição de contas, que não se apresente ornada de plausibilidade, aquela especial eficácia de devolver ao cidadão a sua elegibilidade, sob pena de se banalizar o comando constitucional do art. 14, § 9º, que preconiza a proteção da probidade administrativa e da moralidade para o exercício de mandato eletivo.

E ainda completou:

> A análise de idoneidade da ação anulatória é complementar e integrativa à aplicação da ressalva contida no Enunciado da súmula nº 1 do TSE, pois a Justiça Eleitoral tem o poder-dever de velar pela aplicação dos preceitos constitucionais de proteção à probidade administrativa e à moralidade para o exercício do mandato (art. 14, § 9º, CF/88).

A importância desse novel entendimento é destacada por Antonio Roque Citadini no artigo A Inelegibilidade por Rejeição de Contas:[55]

> Este entendimento jurisprudencial adotado pelo Tribunal Superior Eleitoral é de suma importância, a uma porque despreza a literalidade da lei e aperfeiçoa o espírito da norma; a duas porque prestigia a ação do órgão de controle externo, que fruto de seu trabalho e dentro de sua visão especializada concluiu pela rejeição das contas, após examinar o caso concreto.
>
> Assim, doravante, a pessoa que tenha suas contas rejeitadas pelo Tribunal de Contas torna-se inelegível e só terá suspensa tal situação se obtiver do Judiciário provimento

---

[54] No mesmo sentido: TRF. 2ª R. AG 2007.02.01.006268-5. 1ª Turma Esp. Rel.ª Juíza Fed. Conv. Marcia Helena Nunes. DJU 04/10/2007, p. 191.
[55] Citadini, Antonio Roque. *Código Eleitoral Anotado e Comentado*. 2. ed. São Paulo: Max Limonad, 1985.

liminar ou tutela antecipada. Não basta, portanto, que recorra ao Judiciário. A inelegibilidade perdurará enquanto não houver decisão específica, ainda que provisória, em sede de ação judicial ajuizada para desconstituir a decisão de rejeição das contas.

Denota-se, *in casu*, para nossa grande satisfação, que a jurisprudência do Tribunal Superior Eleitoral evoluiu e, em seu *site*, logo após a transcrição da malfadada Súmula nº 1 existe a observação infracitada:

> O Tribunal assentou que a mera propositura da ação anulatória, sem a obtenção de provimento liminar ou tutela antecipada, não suspende a inelegibilidade (TSE. Ac. de 24/08/2006, no RO 912; de 13/09/2006, no RO 963; de 29/09/2006, no RO nº 965 e no Recurso Especial Eleitoral 26.942; e de 16/11/2006, no AgRgRO 1.067, dentre outros).

2.6.13. O procedimento da Airc

Faremos a seguir uma exposição didática do procedimento, alertando que não é possível usar o rito das representações, e que a escolha da via errada pode acarretar a extinção do feito sem julgamento do mérito.

No mesmo sentido:

> **Inadequação da via processual eleita.** Extinção do feito sem julgamento do mérito, nos termos do art. 267, inciso VI, do Código de Processo Civil (TRE. Recurso em Ação de Impugnação de Mandato Eletivo 11.047/CE – Guaiúba. Rel. Rômulo Moreira de Deus).

Também não é possível usar o rito da Airc para impugnação de uma propaganda irregular.

No mesmo sentido:

> Propagandas eleitorais. Irregularidade a ser apurada em processo autônomo, com rito, procedimentos e penalidades próprios, consoante os dispositivos legais específicos aplicáveis à espécie (TRE. Recurso Eleitoral 157.2005/MG (474). Rel. Antônio Romanelli. Maioria).

A) A petição inicial e os meios de provas

A petição inicial deve conter os requisitos dos arts. 282 e 284 do CPC.

O impugnante especificará, desde logo, os meios de prova com que pretende demonstrar a veracidade do alegado, arrolando testemunhas, se for o caso, no máximo de seis.

Não é exigível nas ações eleitorais o valor da causa.

A petição inicial poderá ser indeferida liminarmente na forma do art. 295 do Código de Processo Civil, *in verbis*:

> *Art. 295. A petição inicial será indeferida:*
> *I – quando for inepta;*
> *II – quando a parte for manifestamente ilegítima;*
> *III – quando o autor carecer de interesse processual;*

IV – quando o juiz verificar, desde logo, a decadência ou prescrição (art. 219, § 5º);

V – quando o tipo de procedimento, escolhido pelo autor, não corresponder à natureza da causa, ou ao valor da ação; caso em que só não será indeferida, se puder adaptar-se ao tipo de procedimento legal;

VI – quando não atendidas as prescrições dos arts. 39, parágrafo único, primeira parte, e 284.

Parágrafo único. Considera-se inepta a petição inicial quando:

I – lhe faltar pedido ou causa de pedir;

II – da narração dos fatos não decorrer logicamente a conclusão;

III – o pedido for juridicamente impossível;

IV – contiver pedidos incompatíveis entre si.

B) A contestação

Conforme o art. 41 da Resolução nº 23.373/2011 (*editada para regular as eleições de 2012*), terminado o prazo para impugnação, o candidato, o partido político ou a coligação serão notificados para, no prazo de 7 dias, contestá-la ou se manifestar sobre a notícia de inelegibilidade, juntar documentos, indicar rol de testemunhas e requerer a produção de outras provas, inclusive documentais, que se encontrarem em poder de terceiros, de repartições públicas ou em procedimentos judiciais ou administrativos, salvo os processos que estiverem tramitando em segredo de justiça (LC nº 64/1990, art. 4º).

Não apresentada a contestação, não podemos falar em revelia, pois se trata de matéria de ordem pública e de direitos indisponíveis.

O **TSE** também entende que não é possível a reconvenção. No mesmo sentido: "No procedimento de impugnação de registro de candidatos, não se admite Reconvenção."[56]

Em razão da celeridade do procedimento sumário, também não será possível a réplica.

C) A produção de provas

Decorrido o prazo para contestação, caso a hipótese verse sobre questão de mérito unicamente de direito, ou, sendo de direito e de fato, não houver necessidade de produzir prova em audiência, o juiz eleitoral pode julgar antecipadamente o pedido.

Sendo relevante a produção de provas, serão designados os quatro dias seguintes para inquirição das testemunhas do impugnante e do impugnado, as quais comparecerão por iniciativa das partes que as tiverem arrolado, com notificação judicial.

Se houver testemunhas arroladas, será necessário que o juiz, no despacho que designa a audiência para sua oitiva, esclareça se serão elas notificadas ou se o seu comparecimento fica a cargo da parte que as arrolou. Isto porque o texto da Lei Complementar nº 64/1990 (art. 5º) é contraditório ao dizer que as testemunhas comparecerão à audiência por iniciativa das partes, com prévia notificação judicial.[57]

---

[56] TSE. Recurso Especial Eleitoral 22.664. Rel. Min. Humberto Gomes de Barros, 15/09/2004. Publicada em sessão.
[57] No mesmo sentido, Castro, Edson de Resende. Op. cit., p. 199.

Dispõe o art. 42 da Resolução nº 23.373/2011 (*editada para regular as eleições de 2012*):

> *Art. 42. Decorrido o prazo para contestação, se não se tratar apenas de matéria de direito, e a prova protestada for relevante, o Juiz Eleitoral designará os 4 dias seguintes para inquirição das testemunhas do impugnante e do impugnado, as quais comparecerão por iniciativa das partes que as tiverem arrolado, após notificação judicial. (LC nº 64/90, art. 5º, caput).*

D) A oitiva das testemunhas

As testemunhas do impugnante e do impugnado serão ouvidas em uma só assentada.

E) Das diligências

Nos cinco dias subsequentes, o juiz ou o relator procederá a todas as diligências que determinar, de ofício ou a requerimento das partes.

Consoante lição de Edson de Resende[58] este é momento de o juiz submeter os candidatos ao teste de alfabetização, quando a impugnação fundar-se na inelegibilidade decorrente do analfabetismo.

Conforme o art. 26, § 9º, da Resolução nº 23.221/2010,

> *a ausência do comprovante de escolaridade a que se refere o inciso IV do* caput *poderá ser suprida por declaração de próprio punho, **podendo a exigência de alfabetização do candidato ser aferida por outros meios, desde que individual e reservadamente*** (Destaque nosso).

F) A coleta de provas

No prazo supramencionado, o juiz ou o relator poderá ouvir terceiros, referidos pelas partes, ou testemunhas, como conhecedores dos fatos e circunstâncias que possam influir na decisão da causa.

Quando qualquer documento necessário à formação da prova se achar em poder de terceiro, o juiz ou o relator poderá ainda, no mesmo prazo, ordenar o respectivo depósito.

Se o terceiro, sem justa causa, não exibir o documento ou não comparecer a juízo, poderá o juiz contra ele expedir mandado de prisão e instaurar processo por crime de desobediência.

G) As alegações finais

Encerrado o prazo da dilação probatória, nos termos do item anterior, as partes, inclusive o Ministério Público, poderão apresentar alegações no prazo comum de cinco dias.

1) Julgamento antecipado da lide

É possível o julgamento antecipado da lide em sede de Airc, no mesmo sentido o **TSE**:

---

[58] *Idem, ibidem.*

(...) Registro de candidato. Impugnação. Vícios procedimentais. Inexistência. 1. O art. 6º da Lei Complementar nº 64/90 estabelece apenas a faculdade – e não a obrigatoriedade – de as partes apresentarem alegações finais. Em observância do princípio da economia processual, é permitido ao juiz eleitoral, nas ações de impugnação ao registro de candidatura, e passada a fase de contestação, decidir, de pronto, a ação, desde que se trate apenas de matéria de direito e as provas protestadas sejam irrelevantes. (...) (Ac. 16.694, de 19/09/2000. Rel. Min. Maurício Corrêa; no mesmo sentido os Acórdãos 16.701 e 16.729, de mesma data e relator).

H) A sentença

As alegações finais são facultativas, portanto, encerrado o prazo para alegações, os autos serão conclusos ao juiz ou ao relator, no dia imediato, para sentença ou julgamento pelo Tribunal.

Conforme o art. 30 da Resolução nº 23.367/2011:

> *Proferida a decisão, o Cartório Eleitoral providenciará a imediata publicação no Diário de Justiça Eletrônico ou, na impossibilidade, em outro veículo da imprensa oficial. Parágrafo único. No caso de cassação de registro de candidato, o Juiz Eleitoral determinará a notificação do partido político ou da coligação pela qual concorre, encaminhando-lhe cópia da decisão, para os fins previstos no § 1º do art. 13 da Lei nº 9.504/97.*

É facultado ao partido ou coligação substituir candidato que for considerado inelegível, renunciar ou falecer após o termo final do prazo do registro ou, ainda, tiver seu registro indeferido ou cancelado.

A escolha do substituto far-se-á na forma estabelecida no estatuto do partido a que pertencer o substituído, e o registro deverá ser requerido até 10 (dez) dias contados do fato ou da notificação do partido da decisão judicial que deu origem à substituição.

I) O princípio da celeridade processual e a Airc

A reforma eleitoral, com o escopo de dar maior celeridade aos feitos eleitorais, estabeleceu o prazo de 45 (quarenta e cinco) dias antes da data das eleições para que os Tribunais Regionais Eleitorais enviem ao Tribunal Superior Eleitoral, para fins de centralização e divulgação de dados, a relação dos candidatos às eleições majoritárias e proporcionais.

Nessa relação, deve constar obrigatoriamente a referência ao sexo e ao cargo a que concorrem.

J) A data final para que todos os registros sejam julgados

Ainda em atendimento ao princípio da celeridade, até 45 (quarenta e cinco) dias antes da data das eleições, todos os pedidos de registro de candidatos, inclusive os impugnados, e os respectivos recursos, devem estar julgados em todas as instâncias, e publicadas as decisões a eles relativas.

Para cumprir os dois objetivos dos itens "I" e "J" os processos de registro de candidaturas terão prioridade sobre quaisquer outros, devendo a Justiça Eleitoral adotar as providências necessárias para o cumprimento dos prazos, inclusive com a realização de sessões extraordinárias e a convocação dos juízes suplentes pelos Tribunais, sem prejuízo da eventual aplicação do disposto no art. 97 da Lei nº 9.504/1997 e de representação ao Conselho Nacional de Justiça.

K) Os honorários advocatícios em sede de Airc

Segundo o TSE a condenação em honorários advocatícios, em razão de sucumbência, apresenta-se incabível em feitos eleitorais (Recurso Especial Eleitoral 12.783. Ac., p. 13.862).

L) A apreciação das provas

Segundo o art. 7º, parágrafo único, da Lei Complementar federal nº 64, de 18/05/1990:

> O juiz, ou Tribunal, formará sua convicção pela livre apreciação da prova, atendendo aos fatos e às circunstâncias constantes dos autos, ainda que não alegados pelas partes, mencionando, na decisão, os que motivaram seu convencimento.

Observação: Existe uma ação Direta de Inconstitucionalidade (1.082-4) contestando as expressões "ainda que não alegados pelas partes" encontráveis no parágrafo único supracitado.

M) O prazo recursal

Nos pedidos de registro de candidatos a eleições municipais, o juiz eleitoral apresentará a sentença em cartório três dias após a conclusão dos autos, passando a correr deste momento o prazo de três dias para a interposição de "**Recurso Inominado**" para o Tribunal Regional Eleitoral.

Quando a sentença for proferida dentro do tríduo legal o transcurso do prazo recursal corre em cartório, independentemente de intimação ou de publicação. Quanto ao Ministério Público, a intimação deve ser pessoal, uma vez que, neste caso, se aplica o art. 18, II, *h*, da LC nº 75/1993.

Posicionamento majoritário do TSE: A contagem do prazo de recurso não se altera quando a sentença é entregue **antes** dos três dias previstos.

No mesmo sentido a Súmula nº 10 do TSE:

> No processo de registro de candidatos, quando a sentença for entregue em Cartório antes de três dias contados da conclusão ao Juiz, o prazo para o recurso ordinário, salvo intimação pessoal anterior, só se conta do termo final daquele tríduo.

Cuidado: como já relatamos, "o juiz eleitoral apresentará a sentença em cartório três dias após a conclusão dos autos, **passando a correr deste momento o prazo de três dias para a interposição de recurso**", portanto, as partes devem visitar diariamente o cartório eleitoral, porque não serão intimados pessoalmente nem por publicação oficial da sentença.

Posicionamento majoritário do TSE: Não tendo o juiz aberto prazo para o suprimento de defeito da instrução do pedido, pode o documento, cuja falta houver motivado o indeferimento, ser juntado com o recurso ordinário (Súmula nº 3/1992).

N) A contagem do prazo recursal diferenciada

Se o juiz eleitoral não apresentar a sentença no prazo do item anterior, o prazo para recurso só começará a correr após a sua publicação por edital, em cartório.

Ocorrendo a hipótese anteriormente prevista, o Corregedor Regional, de ofício, apurará o motivo do retardamento e proporá ao Tribunal Regional Eleitoral, se for o caso, a aplicação da penalidade cabível.

O) A ilegitimidade do partido que não impugnou o registro de candidato para recorrer da sentença que o deferiu

Consoante posicionamento majoritário do TSE, há ilegitimidade do partido que não impugnou o registro de candidato para recorrer da sentença que o deferiu, salvo se cuidar de matéria constitucional (TSE. Súmula nº 11/1992). Neste caso, a preclusão só atinge a matéria infraconstitucional.

P) As contrarrazões

A partir da data em que for protocolada a petição de recurso, passará a correr o prazo de três dias para a apresentação de contrarrazões.

Apresentadas as contrarrazões, serão os autos imediatamente remetidos ao Tribunal Regional Eleitoral, inclusive por portador, se houver necessidade, decorrente da exiguidade de prazo, correndo as despesas do transporte por conta do recorrente, se tiver condições de pagá-las.

O prazo para as contrarrazões do recorrido será sempre de três dias (arts. 8º, §§ 1º, e 12, ambos da LC nº 64/1990). Importante frisar que os prazos eleitorais, a partir de 05 de julho do ano das eleições, não se interrompem aos sábados, domingos e feriados e são peremptórios. Assim, se a intimação ocorrer na sexta-feira, começará o prazo a fluir no sábado. Se o juiz entregar a sentença no Cartório Eleitoral na quarta-feira, o prazo de três dias para recurso começa a contar-se na quinta e, via de consequência, o recurso deve ser protocolado no sábado, porque os Cartórios e Secretarias Eleitorais funcionam inclusive naqueles dias, no mínimo de 11 as 19 horas.[59]

O recurso julgado pelo juízo monocrático será recebido pelo órgão *ad quem* no duplo efeito, devolutivo e suspensivo, visto que na hipótese em tela não se aplica o art. 257 do Código Eleitoral, *ex vi* do art. 15 da LC nº 64/1990 c. c. o art. 16-A da Lei nº 9.504/1997, alterado pela reforma eleitoral – Lei nº 12.034/2009. Do acórdão que nega provimento ao Recurso Inominado contra a decisão do Juiz de 1º Grau cabe Recurso Especial Eleitoral, no prazo de três dias. Não é cabível o Recurso Ordinário, *ex vi* do art. 121, § 4º, III, IV e V, da CF c. c. o art. 276, II, do CE.[60]

---

[59] No mesmo sentido, Castro, Edson de Resende. Op. cit., p. 200.
[60] No mesmo sentido: Peleja Júnior, Antônio Veloso; Teixeira Batista, Fabrício Napoleão. Op. cit., p. 139.

Q) A intervenção do procurador

Recebidos os autos na Secretaria do Tribunal Regional Eleitoral, estes serão autuados e apresentados no mesmo dia ao Presidente, que, também na mesma data, os distribuirá a um relator e mandará abrir vistas ao procurador regional pelo prazo de dois dias.

Findo o prazo, com ou sem parecer, os autos serão enviados ao relator, que os apresentará em mesa para julgamento em três dias, independentemente de publicação em pauta.

R) O julgamento no tribunal

Na sessão do julgamento, que poderá realizar-se em até duas reuniões seguidas, feito o relatório, facultada a palavra às partes e ouvido o procurador regional, proferirá o relator o seu voto e serão tomados os dos demais juízes.

Proclamado o resultado, o tribunal se reunirá para lavratura do acórdão, no qual serão indicados o direito, os fatos e as circunstâncias com base nos fundamentos do relator ou do voto vencedor.

Terminada a sessão, far-se-á a leitura e a publicação do acórdão, passando a correr dessa data o prazo de três dias, para a interposição de recurso para o Tribunal Superior Eleitoral, em petição fundamentada.

S) O recurso para o TSE

Caberão os seguintes recursos para o Tribunal Superior Eleitoral, que serão interpostos, no prazo de três dias, em petição fundamentada (LC nº 64/1990, art. 11, § 2º):

a) recurso ordinário quando versar sobre inelegibilidade (CF, art. 121, § 4º, III);
b) recurso especial quando versar sobre condições de elegibilidade (CF, art. 121, § 4º, I e II).

O recorrido será notificado por *fac-símile*, para apresentar contrarrazões, no prazo de três dias (LC nº 64/1990, art. 12, *caput*).

Apresentadas as contrarrazões ou transcorrido o respectivo prazo, e dispensado o juízo prévio de admissibilidade do recurso, os autos serão remetidos ao Tribunal Superior Eleitoral imediatamente, inclusive por portador, correndo as despesas do transporte, neste último caso, por conta do recorrente (LC nº 64/1990, art. 8º, § 2º, c. c. art. 12, parágrafo único).

Os recursos e as respectivas contrarrazões poderão ser enviados por *fac-símile*, dispensado o envio dos originais.

A Secretaria do Tribunal Regional Eleitoral comunicará, imediatamente, à Secretaria do Tribunal Superior Eleitoral, por *fac-símile* ou correio eletrônico, a remessa dos autos, indicando o meio, a data e, se houver, o número do conhecimento.

Conforme o art. 35, § 7º, da Resolução nº 23.367/2011, o relator negará seguimento a pedido ou recurso intempestivo, manifestamente inadmissível, improcedente, prejudicado ou em confronto com súmula ou com jurisprudência dominante do Tribunal Superior Eleitoral, do Supremo Tribunal Federal ou de Tribunal Superior (CPC, art. 557, *caput*, e RITSE, art. 36, § 6º); ou poderá, ao analisar o agravo, dar provimento ao recurso especial se o acórdão recorrido estiver em manifesto confronto com súmula ou com jurisprudência dominante do Supremo Tribunal Federal ou de Tribunal Superior (CPC, art. 544, § 3º, e RITSE, art. 36, § 7º).

T) O recurso para o STF

Quando se tratar de deferimento ou indeferimento da ação de impugnação de registro de candidatura, no âmbito da competência originária do Tribunal Superior Eleitoral, caberá Recurso Extraordinário ao Supremo Tribunal Federal, conforme a natureza da matéria, nos termos dos arts. 102, III, e 121, § 3º, da Constituição Federal. O prazo para interposição é de três dias contados a partir da publicação do acórdão em sessão, nos termos dos arts. 11, § 2º, e 14 da LC nº 64/1990. O recorrido será notificado para apresentar contrarrazões no prazo de três dias.[61]

OBSERVAÇÕES DIDÁTICAS

Tratando-se de registro a ser julgado originariamente por Tribunal Regional Eleitoral, observado o disposto no art. 6º da LC nº 64/1990, o pedido de registro, com ou sem impugnação, será julgado em três dias, independentemente de publicação em pauta.

No Tribunal Superior Eleitoral, os recursos sobre registro de candidatos serão processados e julgados na forma prevista nos itens "Q" e "R" supracitados, e em conformidade com o regimento interno do TSE; há possibilidade de o relator negar seguimento a pedido ou recurso intempestivo, manifestamente inadmissível, improcedente, prejudicado ou em confronto com súmula ou com jurisprudência dominante do TSE, do STF ou de Tribunal Superior.

Há também possibilidade de prover, desde logo, o recurso se a decisão recorrida estiver na situação supracitada. Em qualquer hipótese, da decisão cabe agravo regimental, conforme disposto no § 8º do Regimento Interno do TSE.

A declaração de inelegibilidade do candidato à presidência da República, governador de Estado e do Distrito Federal e prefeito municipal **não atingirá o candidato a vice-presidente, vice-governador ou vice-prefeito, assim como a destes não atingirá àqueles**.

Cuidado para não errar o rito, pois, segundo o entendimento do TSE:

> (...)
>
> Não é próprio apurar-se a ocorrência de abuso em impugnação de registro de candidatura, uma vez que a Lei Complementar nº 64/1990 prevê, em seu art. 22, a ação de investigação judicial para esse fim, a qual, não estando sujeita a prazo decadencial, pode ser ajuizada até a data da diplomação do candidato.
>
> 11. Conforme jurisprudência deste Tribunal Superior é tido por inexistente o recurso interposto por advogado sem procuração nos autos. Incumbe ao advogado informar sobre o arquivamento de sua procuração em cartório ou secretaria e solicitar a certificação de tal fato pelo cartório nos autos. A existência de procuração arquivada na Secretaria do Tribunal tem que estar certificada nos autos.
>
> 12. É também entendimento do TSE que interposto o recurso, este não pode ser complementado ou renovado, ainda que o prazo não se tenha esgotado, operando-se a preclusão consumativa. Para que o agravo obtenha êxito, é necessário que os fundamentos da decisão agravada sejam especificamente infirmados, sob pena de subsistirem suas conclusões. Agravo Regimental a que se nega provimento (TSE. RO 593. Rel. Min. Sálvio de Figueiredo Teixeira).

---

[61] No mesmo sentido: Peleja Júnior, Antônio Veloso; Teixeira Batista, Fabrício Napoleão. Op. cit., p. 140.

2.7. ARCISU – AÇÃO DE RECLAMAÇÃO POR CAPTAÇÃO IRREGULAR DE SUFRÁGIO

Com o precípuo desejo de combater a crescente corrupção eleitoral, várias entidades (Conamp, AMB, OAB, Fenaj, CUT, CBJP, entre outras) recolheram mais de um milhão de assinaturas, com o escopo de criar uma lei que propiciasse mecanismo ao combate à chamada mercadoria do voto.

Nesse ensejo, a Lei nº 9.840/1999, apelidada como "Lei dos Bispos", causou sensível mudança na Lei nº 9.504/1997 ao criar o art. 41-A, *in verbis*:

> Art. 41-A. Ressalvado o disposto no art. 26 e seus incisos, constitui captação de sufrágio, vedada por esta Lei, o candidato doar, oferecer, prometer, ou entregar, ao eleitor, com o fim de obter-lhe o voto, bem ou vantagem pessoal de qualquer natureza, inclusive emprego ou função pública, desde o registro da candidatura até o dia da eleição, inclusive, sob pena de multa de mil a cinquenta mil Ufir, e cassação do registro ou do diploma, observado o procedimento previsto no art. 22 da Lei Complementar nº 64, de 18 de maio de 1990.

2.7.1. Para que serve a Arcisu

A onda de corrupção nos três Poderes que ameaça estabelecer o caos na sociedade brasileira decorre, dentre outros fatores, da falta de preocupação de nossas escolas com a formação moral dos alunos e do processo de escolha dos nossos homens públicos viciados e embriagados pela noção de que o poder deve ser conquistado a qualquer custo e não importa os meios que porventura sejam utilizados.

A sociedade deve, urgentemente, educar seus jovens para serem cidadãos justos e virtuosos, para votar conscientemente e estabelecer um combate incessante a todos os tipos de corrupção. A sabedoria de Platão constata que "o Estado é o que é porque seus cidadãos são o que são. Portanto, não devemos esperar ter melhores Estados enquanto não tivermos homens melhores..."

Hoje, infelizmente, a maioria dos políticos brasileiros nunca poderá dizer esta frase de Gandhi: "Eu não tenho mensagem. Minha mensagem é a minha vida."

Nesse contexto, a Arcisu serve para combater a retrógrada, imoral, secular e quase costumeira captação ilícita de sufrágio, e traz em seu bojo a grande esperança de que os políticos brasileiros entendam que a ética e a moral são as duas colunas que devem dar sustentáculo a toda atividade desenvolvida pelo parlamentar.

Destacamos, por concordar em sua plenitude com as sábias palavras de Flávio da Silva Andrade:[62]

> A Lei nº 9.840/1999, que trouxe inovações à Lei nº 9.504/1997, é portadora de muitas esperanças, isso porque inibe com rigor a captação ilícita de sufrágio (corrupção eleitoral) e também o uso indevido da máquina administrativa. Não se pode mais permitir que maus políticos, sabedores da impossibilidade de burlar o resultado

---

[62] Breves Apontamentos acerca do Moralizador Instituto do art. 41-A da Lei nº 9.504/1997 – Captação Ilícita de Sufrágio. In: *Juris Plenum*.

matemático da votação, impunemente voltem suas energias à prática da mercancia eleitoral e à concessão de benesses sufragistas, fazendo de tudo para alcançar ou se manter no poder político.

Jamais se pode esquecer da necessidade de proteção da lisura do pleito eleitoral, isso porque vivemos num Estado que se proclama democrático e de direito, o que significa, dentre tantas outras coisas, que os candidatos devem agir conforme as leis na busca dos mandatos almejados.

Urge, portanto, que as autoridades constituídas façam valer tão importante lei, aplicando-a de modo a combater, com firmeza e equilíbrio, os costumeiros atos de ofensa e violência à democracia, tão duramente conquistada pelo povo brasileiro. Se se quiser mudar o curso da história neste país miserável e cheio de injustiças, será necessário tomar medidas verdadeiramente severas em relação àqueles candidatos que conquistam mandatos desonestamente, sendo que, não fosse o amor ao ilícito, nunca seriam eleitos para ocupar cargo algum.

Não se pode permitir o exercício do mandato por quem não o logrou alcançar legitimamente. Em verdade, para que se tenha um país verdadeiramente democrático, voltado para a realização da justiça e para igualdade concreta de todos os brasileiros, é absolutamente necessário extirpar do meio político os que galgam tais mandatos valendo-se da carência dos milhares de eleitores sem condição de bem discernir sobre a importância do direito/dever de votar.

2.7.2. Os requisitos da Arcisu

A Arcisu requer sete requisitos, a saber:

1) Conduta objetiva consistente em:
a) dar;
b) oferecer;
c) prometer;
d) ou entregar bem ou qualquer vantagem de cunho pessoal, inclusive emprego ou função pública, salvo as exceções legais previstas no art. 26 da Lei nº 9.504/1997.

2) Existência de uma pessoa física (um eleitor focado na intenção ou ato praticado).[63]

3) Exigência da finalidade especial.
Para a caracterização da captação ilícita de sufrágio é desnecessário o pedido explícito de votos, mas deve ser demonstrada a prova da finalidade especial de agir, qual seja, de que a conduta fora praticada com o objetivo de obter o voto do eleitor.

4) Conduta direcionada a eleitor determinado ou determinável.
A conduta realizada de forma genérica, como é o caso das promessas de campanha realizadas a um número indeterminado de eleitores, não configura a hipótese do

---

[63] No mesmo sentido vide o voto condutor no Ac. 19.176/2001. Rel. Min. Sepúlveda Pertence.

art. 41-A da Lei nº 9.504/1997, que exige conduta direcionada ao eleitor ou eleitores, desde que sejam identificados, ou seja possível a identificação.

Repetimos por ser importante: é entendimento já consolidado no TSE que "não se faz indispensável a identificação do eleitor (...)",[64] o que se exige é que o eleitor possa ser identificado.

5) Pedido direcionado a eleitor da circunscrição do pleito.

Caso a conduta seja dirigida a um eleitor que vota em outra circunscrição eleitoral, trata-se de impossibilidade jurídica de lesão ao bem jurídico tutelado, portanto, não restará configurada a hipótese prevista no art. 41-A da Lei nº 9.504/1997.

6) Pedido positivo ou negativo.

Configura a conduta prevista no art. 41-A o pedido de votos (**pedido positivo**) e também o pedido negativo, qual seja, o pedido de abstenção consistente na formulação da conduta com o objetivo de o eleitor não votar em determinado candidato.

7) Conduta formal.

Para caracterização da conduta ilícita não é necessária a obtenção da vantagem pretendida pelo candidato, a simples promessa já caracteriza a conduta, sendo a efetivação da promessa mero exaurimento.

Ausentes os requisitos supracitados, não será o caso de imposição da Arcisu, mas a conduta só será lícita se não for o caso de corrupção eleitoral ou um abuso do poder econômico ou político, a serem combatidas por outras ações eleitorais.

2.7.2.1. A distinção entre "boca de urna" e captação de sufrágio

A boca de urna é caracterizada pela coação que inibe a livre escolha do eleitor (Lei nº 9.504/1997, art. 39, § 5º).

Já a captação de sufrágio constitui oferecimento ou promessa de vantagem ao eleitor, com o fim de obter-lhe o voto (Lei nº 9.504/1997, art. 41-A, acrescido pela Lei nº 9.840/1999).[65]

2.7.3. Previsão legal da Arcisu

A **Arcisu** é prevista no art. 41-A da Lei nº 9.504/1997.

2.7.4. Legitimidade ativa da Arcisu

Têm legitimidade para propor a **Arcisu**:
a) qualquer partido político;
b) a coligação;
c) o candidato;
d) o Ministério Público.

---

[64] TSE; Recurso Especial Eleitoral 25.215. Ac. Rel. Carlos Caputo Bastos, p. 171.
[65] No mesmo sentido: Res. 20.531, de 14/12/1999. Rel. Min. Maurício Corrêa.

Lembre-se de que o partido político coligado não detém legitimidade ativa para, isoladamente, manejar representação, e é firme a jurisprudência do TSE a dizer que a coligação, no momento de sua constituição, assume, em relação ao pleito, todos os direitos e obrigações inerentes a uma agremiação partidária. Logo, uma vez coligada, a agremiação política tem suspensa sua legitimidade para postular isoladamente medida judicial referente ao pleito para o qual se coligou. O fato de a coligação vir posteriormente a ingressar no feito, posição de assistente, não supera a falha, uma vez que a legitimidade *ad causam* há de ser aferida no momento do ajuizamento da medida judicial (art. 267, VI, do CPC).[66]

2.7.5. Legitimidade passiva da Arcisu
Os legitimados passivos são:

a) Os pré-candidatos.
Nesta ação a noção de "pré-candidatos" tem a interpretação mais restrita, qual seja, são aqueles que "requereram o registro", não tendo, infelizmente, aplicação à teoria da mera atividade.

b) Os candidatos.
Os candidatos são os que já tiveram o registro "deferido".

c) Qualquer pessoa, candidato ou não, que praticar atos de violência ou grave ameaça à pessoa, com o fim de obter-lhe o voto.

2.7.5.1. O cabo eleitoral
Cabo eleitoral é a terminologia usada para caracterizar a pessoa que não é pré-candidato ou candidato, mas tenta de todas as formas angariar votos para os políticos envolvidos na disputa eleitoral.

O cabo eleitoral geralmente só era punido nas sanções do crime previsto no art. 299 do Código Eleitoral, mas a reforma eleitoral (Lei nº 12.034/2009) resolveu o problema ao penalizar com as sanções do art. 41-A todo aquele, leia-se, candidato ou não, que praticar atos de violência ou grave ameaça à pessoa, com o fim de obter-lhe o voto.

Portanto, no contexto prático, é possível o cabo eleitoral ser agente passivo da Arcisu, mas algo deve ser esclarecido: há uma impropriedade técnica na redação do § 2º do art. 41-A, que determina que "*as sanções previstas no* caput *aplicam-se contra quem praticar atos de violência ou grave ameaça à pessoa, com o fim de obter-lhe o voto*".

É ilação lógica que nem todas as sanções previstas no *caput* do art. 41-A podem ser aplicadas ao cabo eleitoral que, como já relatamos, não disputa o pleito eleitoral, portanto, não sendo possível aplicar a sanção de cassação do registro ou do diploma, resta aplicar a pena de multa de mil a 50 mil Ufir.

---

[66] No mesmo sentido, Ac. 25.033. Rel. Min. Humberto Gomes de Barros, 10/03/2005.

2.7.6. A teoria da autoria eleitoral mediata

Destaque-se que a infração pode ser cometida mesmo que o candidato não realize a conduta pessoalmente, podendo perfeitamente ser o autor mediato da corrupção, ou seja, corromper ou tentar corromper o eleitor por meio de um cabo eleitoral. A jurisprudência do TSE é no sentido de que resulta caracterizada a captação de sufrágio quando o beneficiário, embora não tenha praticado diretamente a conduta, anui às condutas abusivas e ilícitas capituladas no art. 41-A da Lei nº 9.504/1997. No mesmo sentido é a posição do TSE:

> (...) caracteriza-se a captação de sufrágio quando o candidato pratica, participa ou anui explicitamente às condutas vedadas, e não apenas, como querem fazer crer os embargantes, quando a prática abusiva for realizada diretamente pelo candidato. Do contrário torna-se inócua a aplicação da sanção prevista no art. 41-A da Lei nº 9.504/1997, introduzido pela Lei nº 9.840/1997, frustrando a expectativa daqueles que, em nome da sociedade, propuseram a sua criação (Sálvio de Figueiredo, REsp 19.566, de 06/06/2002).

> Para a caracterização da infração ao art. 41-A da Lei das Eleições, é desnecessário que o ato de compra de votos tenha sido praticado diretamente pelo candidato, mostrando-se suficiente que, evidenciado o benefício, haja participado de qualquer forma ou com ele consentido (REsp nº 21.264, Rel. Min. Carlos Velloso; REsp nº 21.792, Rel. Min. Caputo Bastos (Ac. 787. Rel. Min. Cesar Asfor Rocha, 13/12/2005).

> (...) A atual jurisprudência do Tribunal não exige a prova da participação direta, ou mesmo indireta, do candidato, para fins de aplicação do art. 41-A da Lei das Eleições, bastando o consentimento, a anuência, o conhecimento ou mesmo a ciência dos fatos que resultaram na prática do ilícito eleitoral, elementos esses que devem ser aferidos diante do respectivo contexto fático. No caso, a anuência, ou ciência, do candidato a toda significativa operação de compra de votos é fruto do envolvimento de pessoas com quem tinha forte ligação familiar, econômica, política e trabalhista. (...) (RO 2.098. Ac. Rel. Min. Arnaldo Versiani Leite Soares. DJE, tomo 147/2009, 04/08/2009, p. 103-104).

2.7.7. Prazo para interposição da Arcisu

2.7.7.1. Prazo inicial

Leciona Adriano Soares da Costa:[67] "O art. 41-A prescreve que os fatos reputados como captação ilícita de sufrágio são aqueles que ocorrerem desde o registro de candidatura até a eleição. O marco temporal de incidência da norma ficou assim definido."

Já o professor Thales Tácito[68] afirma que: "O dia *a quo* da captação de sufrágio é o do registro de candidatura, enquanto o dia *ad quem* é com o dia da eleição."

A posição dos notáveis juristas supracitados traz, na prática, um grande inconveniente, demonstrado no exemplo infracitado:

---

[67] Costa, Adriano Soares da. Op. cit., p. 488.
[68] Cerqueira, Thales Tácito Pontes Luz de Pádua. *Direito Eleitoral Brasileiro*. 3. ed. Belo Horizonte: Del Rey, 2004. p. 1.158.

Tício requereu o registro de sua candidatura. Aponte a solução jurídica considerando que:

a) O registro no dia 08 de julho do ano da eleição foi impugnado.
b) No dia 30 julho do ano da eleição, o juiz julgou a ação improcedente e cassou o registro de Tício.
c) Tício recorreu, e, no dia 30 de agosto, o Tribunal *ad quem* deu provimento ao recurso, destarte, autorizou o registro de Tício.
d) No dia 15 de agosto, o Ministério Público Eleitoral interpôs um Arcisu alegando que, entre os meses de julho e agosto, Tício praticou atos de corrupção eleitoral.

Solução jurídica: Se você entender que o dia *a quo* da captação de sufrágio é o do registro de candidatura, a ação deve ser julgada improcedente e, nesse caso, temos um lapso de impunidade que vai do pedido do registro até o deferimento.

Para evitar o ilógico lapso de impunidade, defendemos que o dia *a quo* da captação de sufrágio é o "pedido" do registro de candidatura, neste sentido, é a atual posição do TSE:

> O termo inicial do período de incidência da regra do art. 41-A da Lei nº 9.504, de 1997, é a data em que o registro da candidatura é requerido, e não a do seu deferimento (Acórdão 19.229. Rel. Min. Fernando Neves da Silva. RJTSE, 12/373).
>
> O termo inicial do período de incidência da regra do art. 41-A da Lei nº 9.504, de 1997, é a data em que o registro da candidatura é requerido, e não a do seu deferimento. Para a caracterização de conduta descrita no art. 41-A da Lei nº 9.504, de 1997, é imprescindível a demonstração de que ela foi praticada com o fim de obter o voto do eleitor. NE: Doação pelo prefeito, pré-candidato à reeleição, de 4 tíquetes-refeição a um eleitor e solicitação à companhia de água e esgoto para não suspender o fornecimento ao mesmo eleitor. Ausência de comprovação da finalidade de obtenção de voto (Ac. 19.229. Rel. Min. Fernando Neves, 15/02/2001).

2.7.7.2. Prazo final

Quanto ao prazo final, havia grande controvérsia, mas a reforma eleitoral elidiu a divergência e adotou a posição por nós defendida no livro *Prática das Ações Eleitorais* (São Paulo: Campus/Elsevier), a saber:

Art. 41-A, § 3º (com redação dada pela Lei nº 12.034/2009), *in verbis*: "*A representação contra as condutas vedadas no* caput *poderá ser ajuizada **até a data da diplomação**"* (destaque nosso).

No mesmo sentido leia o parágrafo único do art. 21 da Resolução nº 23.367/2011, *in verbis*:

> Art. 21. (...)
>
> *Parágrafo único. As representações de que trata o* caput *deste artigo poderão ser ajuizadas até a data da diplomação, exceto as do art. 30-A e dos arts. 23 e 81 da Lei nº 9.504/97, que poderão ser propostas, respectivamente, no prazo de 15 dias e no de 180 dias a partir da diplomação.*

Após a diplomação para combater a temerária captação ilícita de sufrágio as partes legítimas ainda podem interpor:

a) Aidi (**Ação Impugnação da Diplomação**) com fulcro no art. 262, IV, do Código Eleitoral.

b) Aime (**Ação de Impugnação do Mandato Eletivo**), uma vez que a captação ilícita de sufrágio é uma forma de corrupção.

2.7.8. Competência para julgar a Arcisu

A Arcisu deverá ser interposta:

a) Aos juízes eleitorais, nas eleições municipais Lembre-se que o prefeito não goza de foro especial, por prerrogativa de função, quando se tratar de representação ou investigação judicial. No mesmo sentido: Ac. 19.552, de 13/12/2001. Rel. Min. Sálvio de Figueiredo.[69]

b) Aos Tribunais Regionais Eleitorais, nas eleições federais, estaduais e distritais.

c) Ao Tribunal Superior Eleitoral, na eleição presidencial.

Atenção: Não se aplica o foro por prerrogativa de função não ações cíveis eleitorais, já que não se trata de matéria criminal.

2.7.9. Efeito da procedência da Arcisu

A chamada corrupção eleitoral pode ter efeitos penais e eleitorais, portanto, devemos considerar o momento em que ela acontece e estudar, para os devidos efeitos didáticos, duas teorias.

2.7.9.1. A teoria da dupla imputação eleitoral/penal

Adriano Soares da Costa[70] defende que "antes do registro, só poderá haver o crime do art. 299 do Código Eleitoral".

Marcos Ramayana[71] também afirma:

> Por fim, não foi uma boa técnica redacional o critério de fixação de prazo inicial e final da captação de sufrágio, pois é cediço que, nos anos não eleitorais, existe prática de clientelismo político, com oferta de vantagens, dádivas etc. A ocorrência destas ilicitudes ensejam, na visão hodierna, apenas a análise do crime do art. 299 do Código Eleitoral e a preparação para uma futura impugnação ao pedido de registro de candidatura, por abuso de poder econômico ou político.

É interessante a aceitação da posição supracitada como mais uma ferramenta para o combate da famigerada corrupção eleitoral, pois sabemos que os ativos corruptos não esperam o deferimento do registro, e no amanhecer do primeiro dia do

---

[69] Ramayana, Marcos. Op. cit., p. 254.
[70] Costa, Adriano Soares da. Op. cit., p. 483.
[71] Ramayana, Marcos. Op. cit., p. 254.

ano da eleição já começam os seus atos de corrupção. Mas algo deve ser mais bem explicado, devemos fazer uma divisão do momento em que ocorre a corrupção eleitoral, pois as consequências são diferentes:

1º **momento** – Quando o ato de corrupção eleitoral ocorre antes do requerimento do registro podem ocorrer duas hipóteses:

1ª) A imputação una – quando o ato de corrupção eleitoral não é cumulado com o abuso de poder econômico, haverá apenas uma imputação penal, na forma do art. 299 do Código Eleitoral, *in verbis*:

> Art. 299. Dar, oferecer, prometer, solicitar ou receber, para si ou para outrem, dinheiro, dádiva ou qualquer outra vantagem, para obter ou dar voto e para conseguir ou prometer abstenção, ainda que a oferta não seja aceita: Pena – reclusão até quatro anos e pagamento de cinco a quinze dias-multa.

2ª) Dupla imputação – quando o ato de corrupção eleitoral é cumulado com o abuso de poder econômico, haverá uma imputação eleitoral/penal, pois o infrator deverá responder pelo crime previsto do art. 299 do Código Eleitoral e também por uma Aije (Ação de Investigação Judicial Eleitoral), que tem como escopo, entre outros efeitos, declarar a inelegibilidade do representado e de quantos hajam contribuído para a prática do ato, cominando-lhes sanção de inelegibilidade para as eleições a se realizarem nos oito anos subsequentes à eleição em que se verificou, além da cassação do registro ou diploma do candidato diretamente beneficiado pela interferência do poder econômico ou pelo desvio ou abuso do poder de autoridade ou dos meios de comunicação, determinando a remessa dos autos ao Ministério Público Eleitoral, para instauração de processo disciplinar, se for o caso, e de ação penal, ordenando quaisquer outras providências que a espécie comportar.

2º **momento** – Quando o ato de corrupção eleitoral ocorrer depois do requerimento do registro haverá dupla imputação.

Haverá uma imputação eleitoral/penal, pois o infrator deverá responder pelo crime previsto do art. 299 do Código Eleitoral e também pelas sanções previstas no art. 41-A da Lei nº 9.504/1997.

Posição dominante do TSE:

Segundo o TSE o art. 41-A da Lei nº 9.504/1997 não aboliu o art. 299 do Código Eleitoral;[72] há, na realidade, uma dupla imputação, pois o art. 41-A tem consequências eleitorais e o art. 299 tem implicações penais.

Assim, teremos como efeitos:

---

[72] No mesmo sentido: TSE. Ac. 81/2005.

a) O agente ativo responde pelo crime previsto do art. 299 do Código Eleitoral.
b) Responde também pelas sanções previstas no art. 41-A da Lei nº 9.504/1997, quais sejam:
• pena de multa de mil a 50 mil Ufir;
• cassação do registro ou do diploma.

Insta acentuar que o TSE tem decidido que só se deve cassar o registro ou diploma do candidato "quando existir prova robusta e inconteste da captação ilícita de sufrágio".[73]

c) E, por último, haverá declaração de inelegibilidade do representado pelo prazo de oito anos a contar da eleição na forma do art. 1º, inciso I, alínea *j*, do DL nº 64/1990.

3º momento – Quando o ato de corrupção eleitoral ocorrer depois do requerimento do registro, mas o candidato não foi eleito, haverá os efeitos infracitados:

a) pelo crime previsto do art. 299 do Código Eleitoral;
b) pelas sanções previstas no art. 41-A da Lei nº 9.504/1997, da seguinte forma:
• cassação do registro se a Arcisu for julgada antes da eleição;
• pena de multa de mil a 50 mil Ufir.

No mesmo sentido:

> A oferta de serviços médicos gratuitos a eleitores, por candidato, no período eleitoral, caracteriza a infração modelada no art. 41-A da Lei nº 9.504/1997, sujeitando o agente, quando não eleito, à pena de multa (TRE Ac. 113.011/GO. Rel. Juiz Sílvio Mesquita, 01/10/2001).

c) Declaração de inelegibilidade do representado pelo prazo de oito anos a contar da eleição na forma do art. 1º, inciso I, alínea *j*, do DL nº 64/1990.

2.7.10. O prazo recursal

A doutrina amplamente majoritária defendia que o prazo recursal era de 24 horas para interpor o Recurso Inominado para o TRE, das decisões proferidas pelos juízes eleitorais.

Pois bem, defendíamos no livro *Prática das Ações Eleitorais* que deveríamos usar o prazo geral recursal, qual seja, três dias; para nossa felicidade a reforma eleitoral (Lei nº 12.034/2009) acrescentou o § 4º ao art. 41-A, estabelecendo que: "*O prazo de recurso contra decisões proferidas com base neste artigo será de 3 (três) dias, a contar da data da publicação do julgamento no Diário Oficial.*"

No mesmo sentido leia o art. 31 da Resolução nº 23.367/2011:

---

[73] Recurso Especial Eleitoral 25.535/PR. Rel. Min. José Delgado. DJ 08/08/2006. (...) (RCED 698. Ac. Rel. Min. Felix Fisher. DJE. tomo 152/2009, 12/08/2009, p. 28/30).

> Art. 31. Os recursos eleitorais contra as sentenças que julgarem as representações previstas nesta Seção deverão ser interpostos no prazo de 3 dias, contados da publicação, observando-se o mesmo prazo para os recursos subsequentes, inclusive recurso especial e agravo, bem como as respectivas contrarrazões e respostas.

2.7.10.1. O efeito do recurso interposto

A doutrina majoritária defende que o recurso interposto só terá o efeito devolutivo; neste sentido, o TSE já fixou entendimento de que a aplicação da penalidade será imediata, afastando imediatamente da disputa aquele que no curso da campanha eleitoral incidiu no tipo "captação ilegal de sufrágio".

> (...) Captação ilícita de sufrágio. (...) Constitucionalidade do art. 41-A da Lei nº 9.504/1997. Ausência de efeito suspensivo (art. 257 do Código Eleitoral). Execução imediata. (...) (Ac. de 04/04/2006 no Recurso Especial Eleitoral 25.902. Rel. Min. Gerardo Grossi).

> (...) Captação ilícita de sufrágio. (...) Ausência de efeito suspensivo (art. 257 do Código Eleitoral). Execução imediata. (...) (Ac. de 04/04/2006 no Recurso Especial Eleitoral 25.902. Rel. Min. Gerardo Grossi).

Entendemos que, como a Arconve acarreta inelegibilidade, deve ser aplicada a regra prevista no art. 15 da LC nº 64/1990, *in verbis*:

> Art. 15. Transitada em julgado ou publicada a decisão proferida por órgão colegiado que declarar a inelegibilidade do candidato, ser-lhe-á negado registro, ou cancelado, se já tiver sido feito, ou declarado nulo o diploma, se já expedido.

2.7.10.2. A hipótese do efeito suspensivo

É possível, caso prevaleça a primeira posição, que o candidato com registro ou diploma cassado requerer ao Tribunal (TRE ou TSE), através da interposição de Mandado de Segurança, a concessão de efeito suspensivo ao recurso interposto, possibilitando-lhe permanecer nos atos de campanha, por sua conta e risco e, se eleito, dar início ou continuidade ao exercício do cargo, demonstrando-se o preenchimento dos requisitos necessários à sua concessão (*fumus boni iuris* e *periculum in mora*).

2.7.11. A constitucionalidade da sanção

O entendimento jurisprudencial dominante é no sentido de que o art. 41-A não é inconstitucional porque, por ser uma lei ordinária, não há declaração de inelegibilidade, a sanção eleitoral atinge somente o registro ou o diploma do candidato.

No mesmo sentido:

> O art. 41-A da Lei nº 9.504/1997 atinge somente o registro ou o diploma do candidato que, com o fim de captar votos, doa, oferece, promete ou entrega ao eleitor bem ou vantagem, sem declarar a sua inelegibilidade. Em assim sendo, não há se falar em inconstitucionalidade do citado dispositivo legal por afronta ao art. 14, § 9º, da Constituição Federal (TRE. Ac. 3.884/MS, de 30/05/2001 Rel. Manoel Mendes Carli).

O art. 41-A da Lei nº 9.504/1997 atinge somente o registro ou o diploma do candidato que, com o fim de captar votos, doa, oferece, promete ou entrega ao eleitor bem ou vantagem, sem declarar a sua inelegibilidade. Em assim sendo, não há falar em inconstitucionalidade do citado dispositivo legal por afronta ao art. 14, § 9º, da Constituição Federal (Ag. 3.066/MS – Ribas do Rio Pardo, de 04/04/2002. Rel. Ministro Sepúlveda Pertence; Recurso Especial Eleitoral 25.215/RN. Rel. Min. Caputo Bastos; Ac. 25.295. Rel. Min. Cesar Asfor Rocha. Precedentes. Ac. 25.227. Rel. Min. Gilmar Mendes).

2.7.12. Procedimento da Arcisu

Segundo o art. 21 da Resolução nº 23.367/2011:

> Art. 21. As representações que visarem à apuração das hipóteses previstas nos arts. 23, 30-A, 41-A, 73, 74, 75, 77 e 81 da Lei nº 9.504/97 observarão o rito estabelecido pelo art. 22 da Lei Complementar nº 64/90.

Atenção: Decorrido o prazo legal sem que a representação seja julgada, a demora poderá, a critério do interessado, ensejar a renovação do pedido perante o Tribunal Regional Eleitoral ou a formulação de outra representação com o objetivo de ver prolatada a decisão pelo Juiz Eleitoral, sob pena de o magistrado ser responsabilizado disciplinar e penalmente, seguindo-se em ambos os casos o rito adotado nesta Seção. (No mesmo sentido leia o art. 32 da Resolução nº 23.367/2011.)

2.7.13. Potencialidade lesiva

Não há exigência da demonstração da potencialidade lesiva, uma vez que o bem protegido pelo art. 41-A é a vontade do eleitor e não a normalidade e a legitimidade do pleito.

A Ministra Ellen Gracie, ao julgar recurso especial eleitoral no feito nº 21.169, abordou com maestria a questão, ponderando que:

> A captação ilícita de sufrágio, tipificada no art. 41-A da Lei nº 9.504/1997, configura-se com a ação delitiva do agente tendente a influenciar a vontade de um único eleitor, diferentemente do abuso de poder econômico, que exige potencialidade tendente a afetar o resultado de todo o pleito.

No mesmo sentido é a atual posição do TSE:

> A captação de sufrágio reprimível pelo art. 41-A da Lei nº 9.504/1997 prescinde do nexo de causalidade entre a prática ilícita e o comprometimento da legitimidade das eleições ou mesmo da potencialidade para influenciar no resultado do pleito, a exemplo do que se passa com o abuso do poder econômico (MC nº 1.083).
>
> Eleitoral. Representação: Prática de conduta vedada pelo art. 41-A da Lei nº 9.504/1997, acrescentado pelo art. 1º da Lei nº 9.840, de 28/09/1999: Compra de votos. (...) V – Para a configuração do ilícito inscrito no art. 41-A da Lei nº 9.504/1997, acrescentado pela Lei nº 9.840/1999, não é necessária a aferição da potencialidade de o fato desequilibrar a disputa eleitoral. (...) (Ac. 21.264, de 27/04/2004. Rel. Min.

Carlos Velloso; Ac. 4.033, de 28/08/2003. Rel. Min. Peçanha Martins; Ac. 21.248, de 03/06/2003. Rel. Min. Fernando Neves).

2.7.14. Análise da possibilidade de existência de litisconsórcio passivo na eleição majoritária

A divergência jurisprudencial continua, mas o TSE já consolidou o entendimento de que há necessidade de citação do vice-prefeito, vice-governador, vice-presidente e dos suplentes dos senadores.

No mesmo sentido:

> Ação cautelar. Investigação judicial. Plausibilidade. Litisconsórcio passivo necessário. 1. **O Tribunal Superior Eleitoral, no julgamento do Recurso contra Expedição de Diploma nº 703, passou a entender que o vice deve ser, necessariamente, citado para integrar todas as ações ou recursos, cujas decisões possam acarretar a perda de seu mandato. Assim, considerando que o vice não foi parte em investigação judicial, mas teve o seu diploma cassado pelo acórdão regional, reveste-se de plausibilidade e de relevância a alegação de nulidade, por falta de citação na condição de litisconsorte passivo necessário** (TSE. Ação Cautelar 3063, de 19/11/2008. Ac. Rel. Arnaldo Versiani Leite Soares. Publicado no DJE 08/12/2008, p. 2).

2.7.15. As promessas de campanha

A lei também considera captação de sufrágio o fato de o candidato "prometer" ao eleitor, com o fim de obter-lhe o voto, bem ou vantagem pessoal de qualquer natureza, inclusive emprego ou função pública; por serem evidentes, as promessas genéricas, abstratas ou coletivas realizadas nos comícios não caracterizam a infração em estudo.

No mesmo sentido:

> Art. 41-A da Lei nº 9.504/1997. Não caracterização. As promessas genéricas, sem o objetivo de satisfazer interesses individuais e privados, não são capazes de atrair a incidência do art. 41-A da Lei nº 9.504/1997 (Agravo não provido. AAG 4.422).

> As promessas genéricas, sem o objetivo de satisfazer interesses individuais e provados, não são capazes de atrair a incidência do art. 41-A da Lei nº 9.504/1997 (Promessa de pavimentação de via pública sem pagamento de contribuição pelos moradores) (AG 5.498. Rel. Min. Gilmar Mendes).

2.7.16. Outras ações que podem ser usadas para combater a captação ilegal de sufrágio

Além da representação que estamos estudando, o combate à captação irregular de sufrágio pode ser realizado por meio:

a) Da Aije

> A hipótese dos autos refere-se à investigação judicial proposta com fundamento no art. 41-A da Lei nº 9.504/1997, a qual, julgada procedente, levou à cassação do diploma (...), bem como à imposição de multa (Ac. 4.519, de 04/03/2004. Rel. Min. Peçanha Martins).

b) Da Aime

> Agravo de instrumento. Agravo regimental. Ação de impugnação de mandato eletivo. Arts. 1º, I, *d*, da Lei Complementar nº 64/1990 e 41-A da Lei nº 9.504/1997. Conexão. Inexistência. Reexame de prova. NE: Inexistência de conexão com ação penal por infração ao art. 299 do Código Eleitoral – corrupção eleitoral – pelo mesmo fato que embasa a ação de impugnação de mandato (Ac. 3.949, de 15/04/2003. Rel. Min. Fernando Neves; no mesmo sentido o Ac. 21.137, de 08/04/2003, da lavra do mesmo relator).

c) o ACD (RCD)

> Recurso especial. Prefeito e vice-prefeito. Recurso contra diplomação. Abuso de poder e captação indevida de sufrágio. Prova pré-constituída oriunda de investigação judicial eleitoral não transita em julgado. Admissibilidade. No recurso contra diplomação, fundado no art. 262, IV, do Código Eleitoral, admite-se prova pré-constituída oriunda de ação de investigação judicial eleitoral em curso, independentemente de decisão transitada em julgado. Precedentes. Recurso conhecido e provido parcialmente (Ac. 3.094, de 07/05/2002. Rel. Min. Barros Monteiro; no mesmo sentido o Ac. 3.247, de 06/06/2002. Rel. Min. Sálvio de Figueiredo).

2.7.17. Impossibilidade de a captação irregular de sufrágio ser apurada na Airc

Veremos que a Airc (Ação de Impugnação de Registro de Candidatura) serve, como regra, para apurar a ausência de condição de elegibilidade, não sendo, *in casu*, possível apurar a captação de recurso. No mesmo sentido é a posição do TSE:

> Ultrapassado o entendimento adotado no precedente invocado pelo recorrente, dado que se firmou a jurisprudência deste Tribunal no sentido de admitir-se a ação de investigação judicial até a diplomação, **não sendo a impugnação ao registro via própria para apurar eventual abuso de poder**.[74]

2.7.18. A teoria dos frutos da árvore envenenada na unicidade da chapa

No caso de a corrupção ser praticada pelo titular ou ser praticada só pelo vice, empregamos a teoria dos frutos da árvore envenenada, ou seja, como a chapa é una e indivisível, a ilicitude cometida por um contamina os frutos, é dizer, os votos e também toda a chapa.

No mesmo sentido:

> Recurso especial eleitoral. Ação de investigação judicial eleitoral. Captação ilegal de sufrágio (art. 41-A da Lei nº 9.504/1997). 1. Sentença que cassou o prefeito e determinou a diplomação do vice. Correção pelo TRE. Possibilidade. Efeito translativo do recurso ordinário. (...) NE: (...) a condição do vice-prefeito é subordinada à do prefeito, ou seja, o vice segue o mesmo destino do titular do cargo. (...) O Tribunal afastou a alegação de violação à coisa julgada pois (...) atinente a matéria de ordem pública, no caso, a subordinação jurídica do vice-prefeito ao que decidido em relação ao prefeito (...) (Ac. 21.169, de 10/06/2003. Rel. Min. Ellen Gracie).

---

[74] No mesmo sentido: RO 593. Rel. Min. Sálvio de Figueiredo. J. 03/09/2002.

2.7.19. Análise da possibilidade de desistência da Arcisu

Uma vez interposta, já não será possível a desistência da ação. É inadmissível a desistência porque a matéria tratada é de ordem pública. Defendemos que, em caso de inércia ou desinteresse do autor da ação, deve o Ministério Público Eleitoral assumir a titularidade da ação.

O TSE tem precedentes que, em virtude da matéria de ordem pública, não pode haver desistência – nem do recurso interposto da decisão que julga a Arcisu.

No mesmo sentido:

> A atual jurisprudência desta Corte Superior tem se posicionado no sentido de não ser admissível desistência de recurso que versa sobre matéria de ordem pública. Precedentes. 3. Manifestado o inconformismo do candidato representado no que se refere à decisão de primeira instância, que o condenou por captação ilícita de sufrágio, não se pode aceitar que, no Tribunal Regional Eleitoral, venha ele pretender a desistência desse recurso, em face do interesse público existente na demanda e do nítido interesse de sua agremiação quanto ao julgamento do apelo, em que eventual provimento poderia resultar na alteração do quociente eleitoral e favorecer candidato da mesma legenda. 4. O bem maior a ser tutelado pela Justiça Eleitoral é a vontade popular, e não a de um único cidadão. Não pode a eleição para vereador ser decidida em função de uma questão processual, não sendo tal circunstância condizente com o autêntico regime democrático. (...) 6. A hipótese versa sobre pleito regido pelo sistema de representação proporcional, em que o voto em determinado concorrente implica sempre o voto em determinada legenda partidária, estando evidenciado, na espécie, o interesse jurídico na decisão oriundo do referido feito. (...) (Ac. 25.094. Rel. Min. Caputo Bastos).

2.7.20. Análise da capacidade postulatória

A posição doutrinária amplamente dominante também defende a indispensabilidade do advogado para propor a Aragi.

2.7.21. Dos recursos

Recursos cabíveis na Aragi:
a) Recurso inominado para o **TRE**: da decisão do Juiz Eleitoral, no prazo de três dias.
b) Recurso ordinário: da decisão do **TRE**, no âmbito da competência originária.
c) Recurso Extraordinário para o **STF**: da decisão do **TSE**, no âmbito da competência originária, desde que a decisão afronte a Constituição Federal.

2.8. AIME – AÇÃO DE IMPUGNAÇÃO DE MANDATO ELETIVO

2.8.1. Para que serve a Aime

A Aime serve para combater:
a) o abuso do poder econômico;

b) a corrupção;
c) a fraude.

a) O abuso do poder econômico

Abusa do poder econômico o candidato que despende recursos patrimoniais, públicos ou privados, dos quais detém o controle ou a gestão em contexto revelador de desbordamento ou excesso no emprego desses recursos em seu favorecimento eleitoral.[75]

A expressão "**abuso do poder econômico**" tem interpretação restritiva, portanto, não podemos usar a Aime com o escopo de combater o abuso de poder político, o abuso de poder de autoridade e o uso indevido dos meios de comunicação social, que, como já estudamos, são objetos da Aije.

No mesmo sentido o TSE:

> É incabível ação de impugnação de mandato eletivo com fundamento em abuso do poder político ou de autoridade *strictu sensu*, que não possa ser entendido como abuso do poder econômico. (...)" (Ac. de 10/12/2009 no Recurso Especial Eleitoral 28.928. Rel. Min. Marcelo Ribeiro).

Hoje, em consonância com os mais recentes julgados do TSE sobre o tema, podemos afirmar que a Aime só pode ser usada para combater o abuso de poder político, o abuso de poder de autoridade e o uso indevido dos meios de comunicação social, ou nos casos em que tais ilicitudes sejam cometidas em conexão com o **abuso do poder econômico**.

No mesmo sentido o entendimento dominante do TSE:

> O C. Tribunal Superior Eleitoral, na sessão de 22/04/2008, passou a entender pela possibilidade de abuso de poder econômico entrelaçado ao abuso de poder político: "Se o abuso de poder político consistir em conduta configuradora de abuso de poder econômico ou corrupção (entendida essa no sentido coloquial e não tecnicamente penal), é possível o manejo da ação de impugnação de mandato eletivo."[76]

> (...) Abuso de poder econômico entrelaçado com abuso de poder político. AIME. Possibilidade. Corrupção. Potencialidade. Comprovação. (...) 3. O abuso de poder econômico entrelaçado com o abuso de poder político pode ser objeto de Ação de Impugnação de Mandato Eletivo (AIME), porquanto abusa do poder econômico o candidato que despende recursos patrimoniais, públicos ou privados, dos quais detém o controle ou a gestão em contexto revelador de desbordamento ou excesso no emprego desses recursos em seu favorecimento eleitoral. Precedentes: REsp nº 28.581/MG, de minha relatoria, DJE 23/09/2008; REsp nº 28.040/BA, Rel. Min. Ayres Britto, DJ 01/07/2008. 4. No caso, os agravantes utilizaram-se do trabalho de servidores públicos municipais e de cabos eleitorais, que visitaram residências de famílias carentes, cadastrando-as e prometendo-lhes a doação de quarenta reais

---

[75] No mesmo sentido: TSE. Ac. de 21/08/2008 no Recurso Especial Eleitoral 28.581. Rel. Min. Felix Fischer.
[76] Recurso Especial Eleitoral 28.040/BA. Rel. Min. Carlos Britto. DJ 01/07/2008 (...); (TSE. Recurso Especial Eleitoral 28.581/MG. Ac. Rel. Min. Felix Fisher. J. 21/08/2008. DJ 23/09/2009, p. 15.

mensais, caso os agravantes sagrassem-se vencedores no pleito de 2008. 5. A reiteração do compromisso de doação de dinheiro, feita individualmente a diversos eleitores, não significa que a promessa seja genérica. Pelo contrário, torna a conduta ainda mais grave, na medida em que não implica apenas desrespeito à vontade do eleitor (captação ilícita de sufrágio), mas também tende a afetar a normalidade e a legitimidade das eleições (abuso de poder econômico). (...) (Ac. de 18/03/2010 no AgR-AI 11.708. Rel. Min. Felix Fischer).

(...) Ação de impugnação de mandato eletivo. Hipóteses. Art. 14, § 10, da Constituição Federal. (...) 1. A ação de impugnação de mandato eletivo objetiva apurar a prática de abuso do poder econômico, corrupção ou fraude. (...) 3. A ação de impugnação de mandato eletivo não se presta para apurar abuso dos meios de comunicação social, quando não envolva abuso do poder econômico (art. 14, § 10, da Constituição Federal). (...). (Ac. de 31/10/2006 no AgRgAg 6.869. Rel. Min. Caputo Bastos).

O abuso do poder econômico pode ter ocorrido em qualquer fase do processo eleitoral.

b) Corrupção

Na lição de Emerson Garcia[77] configura a corrupção o oferecimento de vantagem indevida a outrem para que pratique ato defeso em lei; omita-se quando devia agir; ou aja com fins distintos daqueles previstos na norma; o mesmo ocorrendo se a conduta foi desencadeada em razão de solicitação feita pelo agente que detinha competência para a prática do ato. A vantagem indevida pode consistir em pecúnia, favorecimento pessoal etc.

A corrupção a que se refere o § 10 do art. 14 da CF é aquela ligada a práticas eleitorais, portanto, segundo o TSE não teria cabimento a Aime se a ação tem como fundamento suposto desvio de recursos financeiros destinados a programas sociais ocorrido no período em que o réu exerça o cargo de prefeito, ou seja, atos de corrupção administrativa e não eleitoral.[78]

No mesmo sentido o TSE:

> A ação tem como fundamento suposto desvio de recursos financeiros destinados a programas sociais ocorrido no período em que o réu exerça o cargo de prefeito, ou seja, atos de corrupção administrativa, hipótese que não se encontra entre aquelas capazes de embasar a referida ação, uma vez que a corrupção a que se refere o § 10 do art. 14 da CF é aquela ligada a práticas eleitorais (Ac. 16.085, de 05/10/1999. Rel. Min. Eduardo Alckmin).

Impende registrar que a Aime pode ser usada para combater captação ilícita de sufrágio, pois esta também se enquadra no conceito de corrupção eleitoral.

No mesmo sentido o TSE:

---

[77] Garcia, Emerson. *Abuso de Poder nas Eleições*: Meios de Coibição. 3. ed. Rio de Janeiro: Lumen Juris, 2006.
[78] No mesmo sentido: Ac. 16.085. Rel. Min. Eduardo Alckmin, 05/10/1999.

Captação irregular de sufrágio e abuso do poder econômico e político que podem ser examinados em sede de ação de impugnação de mandato eletivo (Ac. de 05/10/2006 no Recurso Especial Eleitoral 25.986. Rel. Min. José Delgado).

A ação de impugnação de mandato eletivo pode ser ajuizada com base no art. 41-A da Lei nº 9.504/97, uma vez que a captação vedada de sufrágio se enquadra em corrupção, hipótese prevista no art. 14, § 9º, da Constituição da República (Ac. 1.276, de 17/06/2003. Rel. Min. Fernando Neves).

c) A fraude eleitoral

Em conformidade com a posição do TSE podemos afirmar que:

> A fraude eleitoral a ser apurada na ação de impugnação de mandato eletivo não se deve restringir àquela sucedida no exato momento da votação ou da apuração dos votos, **podendo-se configurar, também, por qualquer artifício ou ardil que induza o eleitor a erro, com possibilidade de influenciar sua vontade no momento do voto, favorecendo candidato ou prejudicando seu adversário** (Agravo de Instrumento 4.661/SP. Ac. Rel. Fernando Neves da Silva. DJ, v. 1, p. 162).

> Ação de impugnação de mandato eletivo. Art. 14, § 9º, da Constituição Federal. (...) 3. A fraude que pode ensejar ação de impugnação de mandato é aquela que tem reflexos na votação ou na apuração de votos. 4. (...) (Ac. 3.009, de 09/10/2001. Rel. Min. Fernando Neves).

2.8.2. Previsão legal da Aime

A Aime é prevista no art. 14, §§ 10 e 11, da Constituição Federal, *in verbis*:

> Art. 14. (...)
> § 10. O mandato eletivo poderá ser impugnado ante a Justiça Eleitoral no prazo de quinze dias contados da diplomação, instruída a ação com provas de abuso do poder econômico, corrupção ou fraude.
> § 11. A ação de impugnação de mandato tramitará em segredo de justiça, respondendo o autor, na forma da lei, se temerária ou de manifesta má-fé.

2.8.2.1. Aime e abuso de autoridade

Não é possível combater o abuso de autoridade em sede de Aime; como já explicitamos, a ação cabível é a Aije.

No mesmo sentido o TSE:

> (...) Ação de impugnação de mandato eletivo. Abuso do poder político. Abuso de autoridade. Nos termos do art. 14, § 10, da CF, na ação de impugnação de mandato eletivo serão apreciadas apenas alegações de abuso de poder econômico, corrupção ou fraude, não sendo possível estender o seu cabimento para a apuração de abuso de poder político ou de autoridade *strictu sensu*, ou seja, que não possa ser entendido como abuso do poder econômico. Na hipótese sob exame, o Tribunal Regional Eleitoral justificou a procedência da AIME apenas em razão da prática de abuso de autoridade de delegado de polícia, que fazia abordagens e prisões contra possíveis opositores. (...) (Ac. de 25/03/2008 no Recurso Especial Eleitoral 28.208. Rel. Min. Marcelo Ribeiro).

2.8.3. A Aime e o segredo de justiça

O trâmite da ação de impugnação de mandato eletivo deve ser realizado em segredo de justiça, mas o seu julgamento deve ser público.

No mesmo sentido: "Esta Corte já decidiu (...) O trâmite da ação de impugnação de mandato eletivo deve ser realizado em segredo de justiça, mas o seu julgamento deve ser público (...)" (Ac. 4.318).

2.8.4. Legitimidade ativa da Aime

A legitimidade da Aime não foi prevista pela Constituição Federal, mas entendemos que podem propor esta espécie de Aime:

a) Partidos Políticos

Diferentemente das outras ações eleitorais, o partido político, ainda que tenha disputado a eleição coligado, tem legitimidade para isoladamente interpor a Aime. Lembre-se que a Aime é interposta após a diplomação e, neste momento, não há mais coligações na disputa do pleito eleitoral.

No mesmo sentido: "Partido político que disputou a eleição em coligação. Legitimação para as ações pertinentes, após as eleições. (...)" (Ac. 19.759 e Ac. 20.977).

b) Candidatos eleitos ou não

Quanto ao candidato não eleito, já decidiu o TSE que:

> Candidato classificado em segundo lugar em pleito majoritário possui inegável interesse jurídico de recorrer na Aime proposta pelo Ministério Público Eleitoral, pois o desfecho da lide determinará a sua permanência definitiva ou não na chefia do Poder Executivo Municipal, a par de ser, também, legitimado, segundo art. 22 da LC nº 64/1990, a propor a Aime. Portanto, ele ostenta a qualidade de assistente litisconsorcial e, como tal, possui poderes processuais autônomos em relação à parte assistida, inclusive para recorrer quando esta não interpuser recurso. (...) (Embargos de Declaração em Recurso Especial Eleitoral 28.121. Ac./RR. Rel. Min. Felix Fisher. J. 26/06/2008. DJ 07/08/2008, p. 20).

c) Ministério Público Eleitoral

> O Ministério Público, por incumbir-lhe a defesa da ordem jurídica, do regime democrático e dos interesses sociais e individuais indisponíveis (art. 127 da CP), é parte legítima para, em face da desistência da Aime pelo autor, assumir a sua titularidade e requerer o prosseguimento do feito. A Aime, ressalvadas apenas as peculiaridades inerentes a sua natureza e ao próprio processo eleitoral, submete-se ao rito ordinário, sendo, portanto, de quinze dias o prazo de resposta (Rec. Ordinário 04/DF).

d) O cidadão

Quanto à legitimidade do cidadão há grande controvérsia, mas entendemos que, como ato necessário à efetivação da cidadania, não há como restringir a legitimidade do cidadão sem previsão legal, afinal, a cassação do mandato do político corrupto é interesse de todos os cidadãos, portanto, razão assiste aos doutrinadores que defendem a legitimidade ampla, podendo propor a referida ação o cidadão, as associações e os sindicatos.

A posição supracitada e dominante na doutrina ainda não foi acatada pelo **TSE**. Posição dominante do TSE:

> O requerente é eleitor e não possui legitimidade para o ajuizamento de ação de impugnação de mandato eletivo ou do recurso contra expedição de diploma, por isso inviável a aplicação da regra da fungibilidade (Res. 21.355. Ac. 21.095 e Acórdão 11.835/1994).

e) As coligações

Entendemos que as coligações não têm legitimidade para propor a Aime, e o motivo é muito simples, o prazo inicial para propositura da Aime é de 15 dias, contados da diplomação, neste período não há mais coligações, cuja existência válida só perdura até a eleição.

Informamos que não é este o entendimento do TSE, que reiteradamente vem decidindo que: "As coligações partidárias têm legitimidade para a propositura de ação de impugnação de mandato eletivo, conforme pacífica jurisprudência desta Corte" (Acórdão 19.663 e Ac. 4.410).

Ainda segundo o TSE é nula a investigação suscitada sem aprovação de todos os partidos coligados.[79]

2.8.5. Legitimidade passiva da Aime

A legitimidade passiva é o candidato que se **elegeu**, beneficiando-se do abuso do poder econômico, de corrupção ou da fraude.

Também figura no polo passivo da Aime o suplente, pois o mesmo é diplomado no mesmo ato dos eleitos e pode entrar no exercício do mandato no caso de cassação do diploma do titular.

No mesmo sentido o TSE:

> Impugnação de mandato. Suplente. Embora não seja titular de mandato, o suplente encontra-se titulado a substituir ou suceder quem o é. A ação de impugnação de mandato poderá, logicamente, referir-se, também, ao como tal diplomado (Ac. 1.130, de 15/12/1998. Rel. Min. Eduardo Ribeiro; no mesmo sentido o Ac. de 23/04/2009 no RO 1.515. Rel. Min. Fernando Gonçalves).

Atenção: Aqui reside uma das principais diferenças entre a Aije e a Aime: observe que esta só pode ser interposta contra o candidato que **se elegeu**.

---

[79] No mesmo sentido: Agravo Regimental em Recurso Especial Eleitoral 25.002. Ac. Rel. Humberto Gomes de Barros. DJ, v. 1, p. 162.

2.8.5.1. Análise da possibilidade de existência de litisconsórcio passivo entre o titular e o vice na eleição majoritária

A matéria sempre foi muito controvertida no próprio TSE; em um primeiro momento a egrégia Corte adotou a tese da necessidade de litisconsórcio necessário entre titular e vice, posteriormente, adotou a "**teoria da subordinação do destino eleitoral do vice ao fado do titular**", negando a tese de litisconsórcio passivo necessário.[80]

Em realidade, haverá litisconsórcio necessário quando, por disposição de lei ou pela natureza da relação jurídica, o juiz eleitoral tiver de decidir a lide de modo uniforme para todas as partes; assim como a chapa é una e indivisível, conduz necessariamente à citação dos que possam ser alcançados pelo pronunciamento judicial, havendo, pois, a necessidade de formação do litisconsórcio necessário, já que é indispensável a citação do vice, em face da possibilidade de este sofrer os efeitos gravosos de eventual decisão condenatória.

Essa é a nova posição dominante do **TSE** que foi adotada nas últimas eleições, no mesmo sentido:

> 1. Há litisconsórcio necessário entre o Chefe do Poder Executivo e seu vice nas ações cujas decisões possam acarretar a perda do mandato, devendo o vice necessariamente ser citado para integrá-las. Precedentes: AC nº 3.063/RO, Min. Arnaldo Versiani, DJE 08/12/2008; REsp nº 25.478/RO, Min. Carlos Ayres Britto, DJ 03/06/2008.
>
> 2. A eficácia da sentença prevista no art. 47 do Código de Processo Civil é de ordem pública, motivo pelo qual (sic) faz-se mister a presença, antes do julgamento, de todas as partes em relação às quais o juiz decidirá a lide de modo uniforme. Precedente: ED-RO nº 1.497/PB, Rel. Min. Eros Grau, DJE 24/03/2009.
>
> 3. No caso dos autos, o vice-prefeito não foi citado para integrar a lide, tendo ingressado na relação processual apenas com a interposição de recurso especial eleitoral, quando já cassado o diploma dos recorrentes. Ademais, da moldura fática do v. acórdão regional, extrai-se que a captação ilícita de sufrágio teria sido praticada diretamente pelo vice-prefeito que, frise-se, não foi citado para integrar a lide.
>
> 4. Recursos especiais eleitorais providos (Recurso Especial Eleitoral 35.292).

2.8.5.2. Um macete de ordem prática

A divergência jurisprudencial e doutrinária ainda permanecerá por muito tempo, portanto, na prática é interessante você interpor a ação em litisconsórcio passivo necessário entre o titular e o vice, o titular e o suplente, pelos motivos infracitados:

a) Você não tem condições de saber como o juiz eleitoral vai se posicionar, podendo o mesmo tomar a seguinte atitude:

1) Entender que há litisconsórcio necessário e mandar que você promova a citação de todos os litisconsortes necessários, dentro do prazo que assinar, sob pena de

---

[80] No mesmo sentido: Recurso Especial Eleitoral 19.540/MS; Recurso Especial Eleitoral 19.587/GO; Recurso Especial Eleitoral 15.817/ES; AgRg-REsp 15.597/ES; Recurso Especial Eleitoral 19.540/MS; MS 2.672/MA; Recurso Especial Eleitoral 19.463; Recurso Especial Eleitoral 21.148/MG; AgRg-REsp 19.342.

declarar extinto o processo. E o problema surgirá se esta atitude for tomada após o prazo de interposição da ação, ou seja, após os 15 dias, pois haverá decadência.

No mesmo sentido:

> Aime – Abuso de poder político e econômico. Processo extinto pelo Juízo de origem por ausência de citação do Vice-Prefeito na condição de litisconsorte passivo necessário. Art. 269, IV, do CPC. Decadência. Configuração. Condenação ao pagamento de custas e honorários advocatícios. Incabível no processo eleitoral. Sentença reformada em parte (TRE. Rec. Eleitoral 764/2001/MG).

b) O juiz pode entender que não há litisconsórcio necessário, mas posteriormente o Tribunal *ad quem* firmar posicionamento contrário e reconhecer a decadência do direito, julgando extinto o processo.

2.8.5.3. Análise da possibilidade de existência de litisconsórcio passivo entre os candidatos e o partido

A doutrina dominante defende que não há litisconsórcio passivo entre os candidatos eleitos e o partido político, podendo este exercer no máximo a assistência litisconsorcial (Edson de Resende, Pedro Henrique Távora, Lauro Barreto, entre outros).

É também a posição jurisprudencial dominante:

> Não se faz necessário que o partido pelo qual o candidato concorreu às eleições figure como litisconsorte na ação de impugnação de mandato eletivo. Reformada a sentença que julgou extinto o feito, ante a ausência do partido como litisconsorte, o conhecimento de toda a matéria é devolvido ao juízo eleitoral, inclusive no tocante à ilegitimidade e decadência. (...) (Ac. 4.261. Rel. Min. Peçanha Martins, 12/06/2003).

POSIÇÃO DIVERGENTE

Entendemos de forma diferente; na realidade, o argumento da inexistência do litisconsórcio passivo entre os candidatos eleitos e o partido político é que não sendo este titular do mandato eletivo, não terá o mínimo prejuízo, ou seja, o juiz não teria de decidir a lide de modo uniforme para o candidato e o partido, tal argumentação já não subsiste, uma vez que o TSE e o STF entendem que o mandato não pertence ao candidato e sim ao partido político, daí surge a imperiosa necessidade de o mesmo também integrar a lide.

2.8.6. Do prazo

O prazo de interposição da Aime é de 15 dias, contados da diplomação.

Observe que o requisito básico da Aime é a diplomação, ou seja, a Aime é uma ação contra o candidato que foi eleito.

É importante ainda destacar que o prazo de 15 (quinze) dias deve ser observado para todos os litisconsortes passivos, pois, em virtude do litisconsórcio necessário entre titular e vice nas eleições majoritárias, não será possível o aditamento da exordial após o prazo supracitado.

No mesmo sentido é a lição de Fichtner:

> (...) se no ajuizamento da ação não estiverem presentes todos os litisconsortes no polo passivo, e já estiver esgotado o prazo decadencial (15 dias), a decadência se dará por inteiro. Isto é, atingirá todos os ocupantes do polo passivo da demanda, até mesmo aqueles que já estavam posicionados como réus tempestivamente.[81]

Por último, é necessário informar que o TSE entende que o prazo de 15 dias é

> natureza decadencial, e este fato, por si só, não afasta a regra geral de contagem dos prazos previstos no art. 184 do Código de Processo Civil, segundo a qual se o vencimento do prazo cair em dia em que não funcione o protocolo do Tribunal, este é prorrogado para o primeiro dia útil subsequente.[82]

2.8.7. Competência para julgar

A Aime deverá ser interposta:

a) na segunda instância, perante o Tribunal Superior Eleitoral, quando se tratar de candidato a presidente ou vice-presidente da República, através do corregedor-geral eleitoral;

b) na segunda instância, perante os Tribunais Regionais Eleitorais, quando se tratar de candidato a senador, governador e vice-governador de Estado e do Distrito Federal, deputado federal, deputado estadual e deputado distrital, através do corregedor-geral eleitoral;

c) na primeira instância, quando se tratar de candidato a prefeito, vice-prefeito e vereador, através dos juízes eleitorais.

No mesmo sentido:

> Competência: é da competência da Justiça Eleitoral, por seus órgãos, conforme se trata de mandato eletivo municipal, estadual ou federal, o conhecimento e julgamento de ação de impugnação de mandato eletivo fundada no art. 14, §§ 10 e 11, da Constituição de 1988. *In casu*, em se tratando de mandato eletivo de governador de estado, a competência originária é do respectivo Tribunal Regional Eleitoral. (...) (No mesmo sentido: Ac. 11.640, de 08/03/1994. Rel. Min. Flaquer Scartezzini).

> Abuso de poder econômico. Competência do juiz eleitoral para o processo e julgamento da ação de impugnação de mandato eletivo por abuso de poder econômico, corrupção ou fraude nas eleições municipais (LC nº 64/1990, art. 24). Jurisprudência do TSE (Rec. 11.799, e Rec. 12.532, Ac. 12.106).

Atenção: Não se aplica o foro por prerrogativa de função não ações cíveis eleitorais, já que não se trata de matéria criminal.

---

[81] No mesmo sentido: Fichtner, José Antonio. *Impugnação do Mandato Eletivo*. Rio de Janeiro: Renovar, 1998. p. 83.
[82] No mesmo sentido: Ac. 21.341. Rel. Min. Peçanha Martins, e também Ac. 15.248. Rel. Min. Eduardo Alckmin; ainda no mesmo sentido os Acórdãos 12.309 e 2.368. Rel. Min. Ilmar Galvão.

2.8.8. Efeito do julgamento da Aime
Vamos dividir em duas hipóteses:

1) Aime julgada procedente
Aime julgada procedente acarretará dois efeitos:

a) Principal:
Perda do mandado eletivo.

b) Secundário:
Na primeira edição deste livro defendíamos, à míngua de previsão legal, que não seria possível a decretação da inelegibilidade na Aime.

A Lei Complementar nº 135, de 2010, inovou ao criar como efeito geral para toda representação julgada procedente pela Justiça Eleitoral, em decisão transitada em julgado ou proferida por órgão colegiado, em processo de apuração de **abuso do poder econômico** ou político, a decretação da inelegibilidade oito anos. *In verbis*:

> *Art. 1º São inelegíveis:*
>
> *I – para qualquer cargo: (...)*
>
> *d) os que tenham contra sua pessoa representação julgada procedente pela Justiça Eleitoral, em decisão transitada em julgado ou proferida por órgão colegiado, em processo de apuração de **abuso do poder econômico** ou político, para a eleição na qual concorrem ou tenham sido diplomados, bem como para as que se realizarem nos 8 (oito) anos seguintes.*

E a fraude eleitoral e a corrupção eleitoral geram também inelegibilidade?

Resposta: Sim, as alíneas *j* e *n*, art. 1º, I, do DL nº 64/1990 também tratam da **corrupção eleitoral** e de alguns tipos de **fraude eleitoral**, *in verbis*:

> *j) os que forem condenados, em decisão transitada em julgado ou proferida por órgão colegiado da Justiça Eleitoral, **por corrupção eleitoral, por captação ilícita de sufrágio**, por doação, captação ou gastos ilícitos de recursos de campanha ou por conduta vedada aos agentes públicos em campanhas eleitorais que impliquem cassação do registro ou do diploma, pelo prazo de 8 (oito) anos a contar da eleição;*
>
> *(...)*
>
> *n) os que forem condenados, em decisão transitada em julgado ou proferida por órgão judicial colegiado, **em razão de terem desfeito ou simulado desfazer vínculo conjugal ou de união estável para evitar caracterização de inelegibilidade**, pelo prazo de 8 (oito) anos após a decisão que reconhecer a fraude; (...)*

Quanto às consequências das nulidades dos votos do vencedor, leia o Capítulo IV da Parte I, "Das Nulidades dos Votos".

Importa ainda registrar que o entendimento minoritário é no sentido de que, quando a Aime for usada para combater captação ilícita de sufrágio, haverá como efeito, além da cassação do diploma e declaração inelegibilidade, a aplicação de multa, *data máxima venia*, entendemos que a Aime só gera dois efeitos:

a) perda do diploma;
b) decretação da inelegibilidade.

A multa como efeito da captação ilícita de sufrágio é efeito da Arcisu que tem como previsão legal o art. 41-A da Lei nº 9.504/1997, *in verbis*:

> Art. 41-A. Ressalvado o disposto no art. 26 e seus incisos, constitui captação de sufrágio, vedada por esta Lei, o candidato doar, oferecer, prometer, ou entregar, ao eleitor, com o fim de obter-lhe o voto, bem ou vantagem pessoal de qualquer natureza, inclusive emprego ou função pública, desde o registro da candidatura até o dia da eleição, inclusive, sob pena de multa de mil a cinqüenta mil Ufir, e cassação do registro ou do diploma, observado o procedimento previsto no art. 22 da Lei Complementar nº 64, de 18 de maio de 1990.

Usando outro argumento, o TSE, no Recurso Especial Eleitoral 28.186/RN. JTSE 2:2008:99, também entendeu que não seria cabível a imposição de multa a que se refere o art. 41-A da Lei nº 9.504/1997, por falta de previsão legal no art. 14, § 10, da Constituição Federal.

2) Aime julgada improcedente

Se interposta de forma temerária ou de manifesta má-fé, responde o autor, na forma do art. 25 da LC nº 64/1990.

Se o autor propõe esta ação de forma temerária ou de manifesta má-fé, será condenado em perdas e danos (art. 14, § 11, da CF c. c. o art. 16 do CPC).

Conforme o TSE:

> Ação de impugnação de mandato eletivo. Improcedência. Litigância temerária e de má-fé reconhecida pelo acórdão. Circunstância em que se legitima a condenação do autor em perdas e danos, na forma prevista no art. 14, § 11, da Constituição, c. c. art. 16 do CPC, apurado o valor da indenização por meio de arbitramento, na forma prevista no art. 18, § 2º, do referido diploma legal (Recurso Especial Eleitoral 12.708/BA. Ac., p. 30.648).

2.8.9. Do procedimento da Aime

Há divergência com relação ao procedimento da Aime:

Posição 1: Defende que deve ser usado o rito ordinário do Código de Processo Civil. É também a posição de Lauro Barreto e de Edson Resende e de Marcos Ramayana,[83] que explica: "O rito processual adotado para a ação de impugnação ao mandato eletivo é o ordinário do processo civil, segundo entendimento unânime do Tribunal Superior Eleitoral e da doutrina majoritária."

---

[83] Ramayana, Marcos. Op. cit.

Posição 2: Entendemos que o rito ordinário do CPC é muito moroso e atenta contra a celeridade que deve reger os procedimentos eleitorais; deve, portanto, ser usado o rito preconizado nos arts. 3º a 8º da LC nº 64/1990.

O TSE, em questão de Ordem na Instrução 81, julgada em 19/02/2004, mudou de posição e fixou o entendimento de que na ação de impugnação de mandato eletivo deverá ser seguido o rito sumário previsto na LC nº 64/1990, para o registro de candidaturas.

Novamente afirmamos que a escolha errada do rito pode causar várias consequências. No mesmo sentido:

> A ação de impugnação de mandato eletivo se destina unicamente à apuração de abuso do poder econômico, corrupção ou fraude. Eventual divulgação de pesquisa sem registro, com violação do art. 33 da Lei nº 9.504/1997, deve ser apurada e punida por meio da representação prevista no art. 96 da Lei nº 9.504/1997 (Recurso Especial Eleitoral 21.291/SP – Porto Ferreira. Rel. Juiz Fernando Neves da Silva, p. 121).

Joel J. Cândido[84] afirma: "O TSE, contudo – sem nunca ter dado uma razão consistente para não se adotar o rito por nós sugerido –, tem indicado, reiteradamente, o rito ordinário do processo civil para Aime, com prazo de recurso em três dias."

Atualizando a posição do renomado autor, informamos que, no dia 07/03/2008, o TSE editou a Resolução nº 22.712, defendendo que:

> *Art. 162. (...)*
>
> *§ 1º A ação de impugnação de mandato eletivo observará o procedimento previsto na Lei Complementar nº 64/1990 para o registro de candidaturas e tramitará em segredo de justiça, respondendo o autor na forma da lei, se temerária ou de manifesta má-fé, aplicando-se as disposições do Código de Processo Civil apenas subsidiariamente (Constituição Federal, art. 14, § 11).*

Quanto ao desenvolvimento procedimental, veja as mesmas observações que fizemos no procedimento da Airc.

2.8.9.1. A Aime e a prova pré-constituída

O art. 14, § 1º, da Constituição Federal determina que a Aime deve ser instruída com provas de abuso do poder econômico, corrupção ou fraude, ou seja, o autor tem de apresentar, junto com a exordial, elementos mínimos que possam firmar o livre convencimento do juiz eleitoral, é dizer, mostre a viabilidade de êxito da ação, mas, cuidado, não há necessidade de produção de prova pré-constituída, pois, conforme o TSE,

> a ação de impugnação de mandato não exige, para a sua propositura, a apresentação, com a inicial, de toda a prova da fraude, dado que o impugnante poderá demonstrá-la na instrução da causa (CF, art. 14, § 10). Com a inicial, entretanto, deverá o impugnante produzir, pelo menos, um começo de prova da fraude, ou indicar a ocorrência de indícios sérios.[85]

---

[84] Cândido, Joel José. Op. cit., p. 274.
[85] No mesmo sentido: Ac. 11.919. Rel. Min. Carlos Velloso, 10/11/1994.

2.8.9.2. A Aime e a prova emprestada

Insta acentuar ainda que na Aime, há possibilidade do uso de prova emprestada, ou seja, não há óbice que sejam utilizadas provas oriundas de outro processo a fim de instruir ação de impugnação de mandato eletivo; se estas foram produzidas sob o crivo do contraditório e da ampla defesa, o TSE entende que "não há óbice que sejam utilizadas provas oriundas de outro processo a fim de instruir ação de impugnação de mandato eletivo, se estas foram produzidas sob o crivo do contraditório e da ampla defesa" (Ac. 4.410, de 16/09/2003. Rel. Min. Fernando Neves).

2.8.10. O mundo dos autos *versus* o mundo das eleições

Edson de Resende,[86] reproduzindo os ensinamentos do grande Torquato Jardim, apresenta valiosa lição sobre a atividade do juiz ao formar a sua livre convicção:

> Sensível a essa realidade do processo eleitoral, a Lei Complementar nº 64/1990 autorizou o Juiz Eleitoral a formar sua convicção a partir de fatos públicos e notórios e de circunstâncias ou fatos que não tenham sido sequer indicados ou alegados pelas partes. Na verdade, e em síntese, o Juiz deve estar no "mundo das eleições", percebendo seus movimentos, não se admitindo que se acovarde no fundamento de que "o que não está nos autos não está no mundo para o juiz".

O Min. Torquato Jardim, do TSE, assegurou:

> O que faz a norma, ao tutelar valores fundamentais à eficácia social do regime democrático representativo, é exigir do juiz sua imersão total no meio social e político no qual exerça seu mister; é impor-lhe vivência com a realidade sociológica e as nuances do processo político que, por intermédio do Direito Positivo com as peculiaridades inerentes à imparcialidade de decisão do Judiciário, deve ele, provocado na forma da lei, controlar, com o fim de assegurar a normalidade e a legitimidade das eleições e o interesse público de lisura eleitoral. Não lhe permite a norma pretender ignorar o que dos autos não conste; ao contrário, exige-lhe a lei, que instrumente a realidade legal e a eficácia social da Constituição, que acompanhe ele a vida social e política de sua comunidade. De distante e pretensiosamente diferente observador da cena à sua volta, torna-se o julgador, por imposição legal, um *spectateur engagé* – na feliz expressão com que se descreveu a vida intelectual de Raimond Aron.[87]

Tudo porque, continua o Ministro,

> no mesmo plano de eficácia legal que a prova produzida e os fatos alegados pelas partes, estão os fatos públicos e notórios, os indícios e presunções, e as circunstâncias ou fatos mesmo que sequer alegados pelas partes.

---

[86] Castro, Edson de Resende. Op. cit.
[87] Min. Torquato Jardim, do TSE, no Recurso 9.354, Porto Alegre/RS. Acórdão 13.428. Revista de Jurisprudência do TSE, v. 6, nº l, p. 332.

E arremata:

> Dir-se-á que essa interpretação confere ao juiz latitude por demais ampla no julgamento do feito, pois que muito de sutilezas não comensuráveis destilaria para a sentença. O argumento, todavia, não procede. Não procede porque o bem jurídico tutelado não é nem a vida, nem a liberdade, nem a propriedade. Fosse qualquer deles e certamente a lei não contemplaria a possibilidade de o juiz decidir com base em indícios e presunções, em circunstâncias ou fatos ausentes dos autos. A presunção de inocência, o devido processo legal, o contraditório e a ampla defesa (Constituição, art. 5º, LIV, LV, LVII, LVIII), obviamente, a tanto se oporiam. Aqui, contudo, o bem jurídico tutelado é de natureza coletiva, indivisível, do interesse de todos, para o qual irrelevante a vontade ou o interesse individual, qual seja, o sufrágio universal mediante voto direto e secreto, imune às manipulações e à influência do poder econômico e ao abuso do exercício de função, cargo ou emprego na administração direta ou indireta, sem o que, na presunção da Constituição e da Lei Complementar, não se protegerá a normalidade e legitimidade das eleições, nem se preservará o interesse público de lisura eleitoral.

2.8.10.1. Prolação da sentença

Nas eleições municipais, o juiz eleitoral apresentará a sentença em cartório três dias após a conclusão dos autos, passando a correr deste momento o prazo de três dias para a interposição de "Recurso Inominado" para o Tribunal Regional Eleitoral.

A partir da data em que for protocolada a petição de recurso, passará a correr o prazo de três dias para a apresentação de contrarrazões.

Apresentadas as contrarrazões, serão os autos imediatamente remetidos ao Tribunal Regional Eleitoral, inclusive por portador, se houver necessidade, decorrente da exiguidade de prazo, correndo as despesas do transporte por conta do recorrente, se tiver condições de pagá-las.

Se o juiz eleitoral não apresentar a sentença no prazo supracitado, o prazo para recurso só começará a correr após a publicação da mesma por edital, em cartório. Ocorrendo esta hipótese, o corregedor regional, de ofício, apurará o motivo do retardamento e proporá ao Tribunal Regional Eleitoral, se for o caso, a aplicação da penalidade cabível.

Recebidos os autos na Secretaria do Tribunal Regional Eleitoral, estes serão autuados e apresentados no mesmo dia ao presidente, que, também na mesma data, os distribuirá a um relator e mandará abrir vistas ao procurador regional pelo prazo de dois dias.

Findo o prazo, com ou sem parecer, os autos serão enviados ao relator, que os apresentará em mesa para julgamento em três dias, independentemente de publicação em pauta.

Na sessão do julgamento, que poderá se realizar em até duas reuniões seguidas, feito o relatório, facultada a palavra às partes e ouvido o procurador regional, proferirá o relator o seu voto, e serão tomados os dos demais juízes.

Proclamado o resultado, o Tribunal se reunirá para lavratura do acórdão, no qual serão indicados o direito, os fatos e as circunstâncias com base nos fundamentos do relator ou do voto vencedor.

Terminada a sessão, far-se-ão a leitura e a publicação do acórdão, passando a correr dessa data o prazo de três dias, para a interposição de recurso para o Tribunal Superior Eleitoral, em petição fundamentada.

Da decisão do TRE que julgou o recurso inominado da sentença do juiz eleitoral cabível o recurso especial eleitoral para o TSE (art. 276, I, do Código Eleitoral), interposto perante o TRE na forma do art. 278 do Código Eleitoral.

Havendo recurso para o Tribunal Superior Eleitoral, a partir da data em que for protocolada a petição, passará a correr o prazo de três dias para a apresentação de contrarrazões, notificado por telegrama o recorrido.

Apresentadas as contrarrazões, serão os autos imediatamente remetidos ao Tribunal Superior Eleitoral.

Denegado o recurso especial eleitoral cabível o agravo de instrumento (art. 279 do Código Eleitoral).

Quando a Aime for de competência originária do Tribunal Regional Eleitoral (**eleição de Governador, vice, deputado estadual, distrital, federal e senador**) e o recurso é o **ordinário**, com fundamento no art. 121, § 4º, IV, da Constituição Federal. O recurso é interposto no próprio TRE e remetido, com razões e contrarrazões ao TSE, órgão que, com exclusividade, avaliará a admissibilidade.

Quando a Aime for de competência originária do TSE (**eleição de Presidente e vice**), o recurso é o extraordinário com fundamento no art. 121, § 3º, da Constituição Federal. O recurso é remetido ao STF.

2.8.11. A Aime à potencialidade lesiva da conduta

Como o bem jurídico tutelado na Aime é a normalidade e legitimidade das eleições, o TSE defendia que era necessário prova da potencialidade de lesão na lisura do pleito eleitoral.

Com a entrada em vigor da LC nº 135/2010, o entendimento supracitado deverá ser revisto, uma vez que o art. 22, inciso XVI, da LC nº 64/1990 (incluído pela Lei Complementar nº 135, de 2010) foi taxativo:

> *Art. 22. (...)*
>
> *XVI – Para a configuração do ato abusivo, não será considerada a potencialidade de o fato alterar o resultado da eleição, mas apenas a gravidade das circunstâncias que o caracterizam.*

Ensinam Peleja Júnior e Fabrício Napoleão[88] que:

---
[88] Peleja Júnior, Antônio Veloso; Teixeira Batista, Fabrício Napoleão. Op. cit., p. 278.

Não é necessário, pois, que seja demonstrado o real desequilíbrio do pleito, no sentido de que os eleitores votaram ou deixaram de votar em determinado candidato. Há de haver um nexo de casualidade entre os atos praticados e o ferimento à lisura e moralidade das eleições, ou seja, a existência de causa e efeito entre a conduta abusiva e o resultado das eleições.

2.8.12. Análise da possibilidade de existir litispendência entre Aije e Aime

Entendemos que não há possibilidade de existir litispendência entre a Aije e a Aime, porque os objetivos são totalmente diferentes; a Aije busca a cassação do registro e a declaração de inelegibilidade, fundada na existência de "uso indevido, desvio ou abuso do poder econômico ou do poder de autoridade, ou utilização indevida de veículos ou meios de comunicação social", e a Aime tem como objetivo a cassação do mandato eletivo, se conquistado mediante abuso do poder econômico, corrupção ou fraude.

No mesmo sentido:

> (...) Ação de investigação judicial. Litispendência. Ação de impugnação de mandato eletivo. Ausência. (...). Não há litispendência entre a ação de investigação judicial eleitoral e a ação de impugnação de mandato eletivo, pois, embora possam assentar-se nos mesmos fatos, perseguem objetivos distintos. Enquanto aquela busca a cassação do registro e a declaração de inelegibilidade, fundada na existência de uso indevido, desvio ou abuso do poder econômico ou do poder de autoridade, ou utilização indevida de veículos ou meios de comunicação social, esta tem por escopo a cassação do mandato eletivo, se conquistado mediante abuso do poder econômico, corrupção ou fraude. (...) NE: (...) nada impede a coexistência da investigação judicial e da ação de impugnação ao mandato eletivo. (...) (Ac. 4.203 e Ac. 21.218).
>
> O RCED, a Aije e a Aime possuem causas de pedir própria e consequência jurídica distinta. Assim, o julgamento favorável ou desfavorável de cada uma dessas ações não influencia no trâmite uma das outras. Nesse entendimento, o Tribunal rejeitou as preliminares e negou provimento ao recurso (Recurso Especial Eleitoral 35.923/SP. Rel. Min. Felix Fischer, em 09/03/2010. Unânime).

O mesmo se dá com a Aime e a Captação Ilícita de Sufrágio (art. 41-A, Lei nº 9.504/1997). Neste último aspecto, todavia, se em trâmite ambas as ações, se aquela transitar em julgado em primeiro lugar, não haverá a perda de objeto nesta porque se persegue também a imposição de multa. Entre a Aime e o RCED também não há diversidade da causa de pedir, contudo, se as duas ações estiverem em trâmite, o julgamento de uma pode ocasionar a perda de objeto de outra, se ambas se fundarem em abuso de poder.[89]

2.8.13. Análise recursal da Aime

Há três possibilidades de interposição de recurso:
a) Nas eleições municipais cabe o recurso inominado (art. 268 do Código Eleitoral).
b) Nas eleições federais e estaduais cabem os recursos ordinário e especial (art. 276 do Código Eleitoral).

---

[89] No mesmo sentido do texto: Peleja Júnior, Antônio Veloso; Teixeira Batista, Fabrício Napoleão. Op. cit., p. 294.

c) E nas eleições presidenciais os recursos ordinário do art. 281 do Código Eleitoral ou extraordinário, previstos no art. 102, inciso II, da Constituição Federal.

2.8.13.1. Efeito recursal

Havia grande controvérsia no âmbito do TSE sobre a aplicação do mencionado art. 216 do Código Eeleitoral ou do preconizado no art. 257 também do Código Eleitoral. A aplicação de um dos artigos tem grande relevância prática, porque:

a) Conforme o art. 257, parágrafo único, do Código Eleitoral, o efeito é só devolutivo, *in verbis*: "*A execução de qualquer acórdão será feita imediatamente, através de comunicação por ofício, telegrama, ou, em casos especiais, a critério do presidente do Tribunal, através de cópia do acórdão.*"

b) Pelo disposto no art. 216 do Código Eleitoral, o efeito será suspensivo, *in verbis*: "*Enquanto o Tribunal Superior não decidir o recurso interposto contra a expedição do diploma, poderá o diplomado exercer o mandato em toda a sua plenitude.*"

Sempre defendemos a plena inaplicabilidade o art. 216 do Código Eleitoral, portanto, o recurso terá efeito apenas devolutivo, aplicando-se a regra geral do art. 257 do Código Eleitoral.

Em posição contrária, Joel J. Cândido[90] afirma que

> Em qualquer das instâncias eleitorais, os recursos contra as decisões que julgarem procedentes a Ação de Impugnação de Mandato Eletivo têm efeito suspensivo, podendo o titular do mandato exercê-lo em toda sua plenitude enquanto não se operar a coisa julgada.

Atualizando a posição do renomado autor, informamos que no dia 07/03/2008 o TSE editou a Resolução nº 22.712, defendendo que: "*Art. 162. (...) § 2º À ação de impugnação de mandato eletivo não se aplica a regra do art. 216 do Código Eleitoral.*"

No mesmo sentido o entendimento dominante do TSE:

> O Tribunal Superior Eleitoral tem sido firme no sentido de que são imediatos os efeitos das decisões proferidas pelos Regionais em sede de ação de impugnação de mandato eletivo, aguardando-se tão só a publicação do respectivo acórdão. Não há que se falar na aplicação do art. 15 da Lei Complementar nº 64/1990 nos casos de cassação de mandato. (...)" (Recurso Especial Eleitoral 23.387/GO. Ac.. Rel. Min. Carlos Augusto Aires Brito. DJ, v. 1, p. 8).

Evidentemente, presentes os requisitos necessários ao deferimento, é possível a interposição de ação eleitoral cautelar com pedido de liminar, com o fito de conferir efeito suspensivo ao recurso.

---

[90] Cândido, Joel José. Op. cit., p. 275.

2.8.14. Análise da necessidade de interposição de recurso *ex officio*

Debate ainda a doutrina se a sentença que julga a Aime estaria sujeita ao reexame necessário, que alguns denominam, de forma inapropriada, "recurso *ex officio*", por analogia ao art. 475 do Código de Processo Civil, *in verbis*:

> Art. 475. Está sujeita ao duplo grau de jurisdição, não produzindo efeito senão depois de confirmada pelo tribunal, a sentença:
> I – proferida contra a União, o Estado, o Distrito Federal, o Município, e as respectivas autarquias e fundações de Direito Público;
> II – que julgar procedentes, no todo ou em parte, os embargos à execução de dívida ativa da Fazenda Pública (art. 585, VI).

Hoje, predomina o entendimento de que, em virtude da ausência de previsão legal, é incabível o chamado reexame necessário, no mesmo sentido: "Reexame necessário. Não previsão na ordem processual em sede de ação de impugnação de mandato eletivo. Não conhecimento" (TRE-MG. Rec. 770/2001).

2.8.15. Análise da possibilidade de desistência da Aime

Entendemos que na Aime deve prevalecer o princípio da indisponibilidade, pois a ação em estudo destina-se à tutela do interesse público, uma vez que tem a missão constitucional de impedir que atos de abuso do poder, corrupção ou fraude contaminem a eleição, tornando ilegítimos os mandatos assim obtidos; portanto, em caso de desistência do autor, deve o Ministério Público Eleitoral assumir a titularidade.

No mesmo sentido:

> O Ministério Público, por incumbir-lhe a defesa da ordem jurídica, do regime democrático e dos interesses sociais e individuais indisponíveis (art. 127 da CF), é parte legítima para, em face da desistência da ação de impugnação de mandato eletivo pelo autor, assumir a sua titularidade e requerer o prosseguimento do feito. (...) (Ac. 4, de 17/03/1998. Rel. Min. Maurício Corrêa).

O TSE, baseado nos argumentos *ut supra*, tem precedentes que não admitem a desistência, *in verbis*:

> Não homologado o pedido de desistência ao fundamento de que. (...) trata-se de matéria sobre a qual não se admite desistência ou composição das partes (Ac. 104, de 24/08/2000. Rel. Min. Eduardo Alckmin. Rel. desig. Min. Maurício Corrêa).

2.8.16. Análise da possibilidade do arbitramento de honorários de advogado

O ônus da sucumbência não se coaduna com os feitos eleitorais, portanto, com a exceção da litigância de má-fé, não há condenação em honorários advocatícios.

No mesmo sentido o TSE:

> (...) Ação de impugnação de mandato eletivo. Condenação em verba honorária. CF, art. 14, § 11. Lei nº 9.265/1996, art. 1º, IV. 1. Salvo em caso de litigância de má-fé,

não há se falar em condenação em honorários em ação de impugnação de mandato eletivo. Precedentes. Recurso provido (Ac. 14.995).

2.8.17. A tutela antecipada em sede de Aime

Entendemos que não é juridicamente possível a antecipação da tutela em sede de Aime, porque, além de o rito ser célere, há possibilidade de irreversibilidade do pedido concedido de forma antecipada, qual seja, a cassação do diploma, fato que enseja óbice ao início do mandato ou a suspensão do exercício do mandato eletivo já iniciado.

2.8.18. Julgamento antecipado da lide em sede de Aime

Se o juiz verificar que se trata de matéria de direito, ou de fato com provas já constantes nos autos, poderá julgar a causa desde logo, sem necessidade de dilação probatória, julgar antecipadamente a lide.

O fundamento é o art. 5º, LC nº 64/1990, *in verbis*:

> Art. 5º *Decorrido o prazo para contestação, se não se tratar apenas de matéria de direito e a prova protestada for relevante, serão designados os 4 (quatro) dias seguintes para inquirição das testemunhas do impugnante e do impugnado, as quais comparecerão por iniciativa das partes que as tiverem arrolado, com notificação judicial.*

2.8.19. Duração razoável do processo

Todos os processos que podem **resultar em perda de mandato eletivo agora têm um prazo conclusivo**; veja o art. 97-A da Lei nº 9.504/1997 (incluído pela Lei nº 12.034, de 2009):

> Art. 97-A. *Nos termos do inciso LXXVIII do art. 5º da Constituição Federal, considera-se duração razoável do processo que possa resultar em perda de mandato eletivo o período máximo de 1 (um) ano, contado da sua apresentação à Justiça Eleitoral.*
>
> § 1º *A duração do processo de que trata o caput abrange a tramitação em todas as instâncias da Justiça Eleitoral.*
>
> § 2º *Vencido o prazo de que trata o caput, será aplicável o disposto no art. 97, sem prejuízo de representação ao Conselho Nacional de Justiça.*

2.8.20. Exemplos de Aime julgada procedente na jurisprudência do TSE

1 – (...) AIME. Propaganda eleitoral irregular. Demonstração de potencialidade para influir no resultado do pleito. A propaganda eleitoral irregular pode ser objeto de representação prevista no art. 96 da Lei nº 9.504/97, mas também pode constituir abuso de poder, desde que o excesso praticado possa influir no resultado do pleito. (...) (Ac. de 04/09/2008 no AgRgAg 7.191. Rel. Min. Joaquim Barbosa).

2 – (...) Conduta. Subsídio de contas de água. Prefeito. Abuso de poder econômico mediante utilização de recursos públicos. Cabimento da AIME. Potencialidade demonstrada. (...) 5. Na espécie, abusa do poder econômico o candidato que despende recursos patrimoniais, públicos ou privados, dos quais detém o controle ou a gestão

em contexto revelador de desbordamento ou excesso no emprego desses recursos em seu favorecimento eleitoral. Nesse contexto, o subsídio de contas de água pelo prefeito-candidato, consignado no v. acórdão regional, o qual se consumou com o favorecimento de 472 famílias do município nos 2 (dois) meses anteriores às eleições, e a suspensão do benefício logo após o pleito configura-se abuso de poder econômico com recursos públicos. (...) 7. A potencialidade da conduta, pelo consignado no v. acórdão recorrido, é evidente, considerando a quantidade de pessoas beneficiadas (472 famílias) e a diferença de apenas 31 (trinta e um) votos entre o primeiro e o segundo colocado. (...) (TSE – REsp nº 28.581/MG).

3 –Ação de impugnação de mandato eletivo. Corrupção. Caracteriza corrupção a promessa de, caso os candidatos se elejam, assegurar a permanência de pessoas em cargos na Prefeitura Municipal, certamente em troca de votos ou de apoio político-eleitoral. Reconhecidas a potencialidade e a gravidade da conduta, devem ser cassados os mandatos do Prefeito e do Vice-Prefeito, com a posse da chapa segunda colocada. (...) (Ac. de 18/12/2007 no Recurso Especial Eleitoral 28.396. Rel. Min. Arnaldo Versiani).

2.8.21. Exemplos de Aime julgada improcedente na jurisprudência do TSE

1 – Ação de impugnação de mandato eletivo. Abuso de poder econômico. Corrupção. 1. A promessa feita pelo candidato de que não cobraria contribuição de melhoria pelas benfeitorias realizadas nos logradouros municipais não configura nem abuso de poder econômico nem corrupção. Em consequência, não há espaço para a ação de impugnação de mandato eletivo. (...) (Ac. de 07/11/2006 no Recurso Especial Eleitoral 25.984. Rel. Min. José Delgado. Rel. designado Min. Carlos Alberto Menezes Direito).

2 – (...) Ação de impugnação de mandato eletivo. Eleição. Deputado federal. Alegação. Fraude. Transferência. Domicílio eleitoral. Não cabimento. Ausência. Reflexo. Votação. Ausência. Matéria. Natureza constitucional. Possibilidade. Preclusão. (...) 2. Não é possível examinar a fraude em transferência de domicílio eleitoral em sede de ação de impugnação de mandato eletivo, porque o conceito de fraude, para fins desse remédio processual, é aquele relativo à votação, tendente a comprometer a legitimidade do pleito, operando-se, pois, a preclusão. (...) (Ac. 888, de 18/10/2005. Rel. Min. Caputo Bastos; no mesmo sentido o Ac. 24.806, de 24/05/2005. Rel. Min. Luiz Carlos Madeira).

3 – Recurso especial. Ação de impugnação de mandato eletivo. Art. 14, § 10, da Constituição Federal. Divulgação de pesquisa eleitoral sem registro. Abuso do poder econômico, corrupção ou fraude. Não ocorrência. Aplicação da multa prevista no art. 33, § 3º, da Lei nº 9.504/97. Impossibilidade. Recurso conhecido e provido. 1. A ação de impugnação de mandato eletivo se destina unicamente à apuração de abuso do poder econômico, corrupção ou fraude. 2. Eventual divulgação de pesquisa sem registro, com violação do art. 33 da Lei nº 9.504/97, deve ser apurada e punida por meio da representação prevista no art. 96 da Lei nº 9.504/97 (Ac. 21.291, de 19/08/2003. Rel. Min. Fernando Neves).

2.9. AIDI – AÇÃO DE IMPUGNAÇÃO DA DIPLOMAÇÃO

2.9.1. Natureza jurídica da Aidi

Embora a doutrina dominante apresente a denominação **RCD** (**R**ecurso **C**ontra a **D**iplomação), entendemos que não pode ser um recurso porque não existe uma ação anterior que poderia impulsionar o duplo grau de jurisdição. É, portanto, uma ação eleitoral. É também a posição do **TSE**.

Na realidade o que há é uma ação de impugnação do diploma, por este motivo, é mais coerente e técnico usar a terminologia Aidi (Ação de Impugnação da Diplomação).

2.9.2. Cabimento de espécies de Aidi

A Ação de Impugnação da Diplomação propriamente dita é prevista no art. 262 do Código Eleitoral e caberá somente nos seguintes casos:

a) Inelegibilidade ou incompatibilidade de candidato

Embora, como regra geral, as inelegibilidades devam ser arguidas por meio da **Airc**, é possível, no contexto prático, que surjam duas hipóteses:

1ª) Depois do deferimento do registro e antes da diplomação aparece uma inelegibilidade superveniente, por exemplo, Tício é condenado com trânsito em julgado da sentença penal condenatória.

A inelegibilidade superveniente é aquela que surge após o prazo de deferimento do registro da candidatura e que, portanto, não poderia ter sido objeto de impugnação através da Airc, nesta hipótese, mesmo sendo de índole infraconstitucional, não haverá preclusão, podendo, sim, ser alegada em sede de Ação de Impugnação da Diplomação propriamente dita.

No mesmo sentido o **TSE**:

> A teor da jurisprudência desta Corte, a matéria atinente à inelegibilidade resultante de fato superveniente ao processo de registro pode ser suscitada em recurso contra a diplomação (No mesmo sentido: Agravo de Instrumento 3.174/CE – Baturité, p. 96).

2ª) Depois do deferimento do registro e antes da diplomação percebe-se uma inelegibilidade prevista na Constituição Federal que não foi objeto de impugnação ao tempo do pedido de registro.

Nas duas hipóteses supracitadas, será possível a interposição de uma Ação de Impugnação da Diplomação. Não podemos falar em preclusão porque:

a) a primeira hipótese trata de uma inelegibilidade que não estava presente ao tempo da impugnação do registro, ou seja, é superveniente;
b) a segunda hipótese trata de uma inelegibilidade prevista na Constituição Federal e, como já aprendemos, não há preclusão contra norma constitucional.

Quanto à incompatibilidade ou desincompatibilização, é um dos requisitos para aquele que ocupa cargos públicos concorrer a outro cargo eletivo.

Insta acentuar que as incompatibilidades previstas na Lei Complementar nº 64/1990 só podem ser alegadas na Airc, pois, por serem de índole infraconstitucional, serão submetidas ao instituto da preclusão.

Portanto, só as incompatibilidades de índole constitucional podem ser alegadas na Aidi, por exemplo, preconiza o art. 14, § 6º, que:

> Art. 14. (...)
>
> § 6º Para concorrerem a outros cargos, o Presidente da República, os Governadores de Estado e do Distrito Federal e os Prefeitos devem renunciar aos respectivos mandatos até seis meses antes do pleito.

É importante destacar que a Aidi não é cabível nas hipóteses de condições de elegibilidade, mas somente nos casos de inelegibilidade.

No TSE, há acirrada discussão sobre o tema:

> Não há omissões no aresto recorrido quanto à possibilidade de recurso contra expedição de diploma fundamentado na suspensão de direitos políticos, pois é condição de elegibilidade. O aresto embargado é claro ao asseverar que existem duas correntes na Corte sobre o tema: a) a primeira, mais restritiva, entende que não cabe RCEd fundamentado na suspensão de direitos políticos, pois interpreta literalmente a expressão "inelegibilidade"; b) a segunda entende que as condições de elegibilidade constitucional podem ensejar o ajuizamento de RCEd.
>
> O acórdão embargado, acolhendo o parecer do Ministério Público, filiou-se à segunda corrente. Destacou-se, ainda, precedentes da Corte (Ag nº 1.118/SP, Rel. Min. Eduardo Ribeiro, DJ 16/10/1998, REsp nº 14.992/MA, Rel. Min. Nilson Naves, DJ 21/11/1997) que admitiram RCEd fundamentado em suspensão de direitos políticos (Embargos de Declaração em RCEd. Ac. Rel. Min. José Augusto Delgado. DJ, v. 1. 17/12/2007, p. 93).

b) Errônea interpretação da lei quanto à aplicação do sistema de representação proporcional

Hoje, é praticamente impossível a configuração desta hipótese, pois os cálculos da apuração são feitos pelo sistema eletrônico.

c) Erro de direito ou de fato na apuração final quanto à determinação do quociente eleitoral ou partidário, contagem de votos e classificação de candidato, ou a sua contemplação sob determinada legenda

Conforme o **TSE**:

> O recurso contra a diplomação fundado no inciso III, do art. 262, do Código Eleitoral é cabível contra o erro de direito ou de fato ocorrido na apuração do resultado final da eleição proporcional, o que pode alterar o quociente eleitoral ou partidário, a contagem de votos e a classificação de candidato, ou a sua contemplação sob determinada legenda, não se prestando para corrigir eventual erro existente na documentação apresentada pelo candidato. Recurso conhecido e provido. Decisão: O Tribunal,

por unanimidade, conheceu do recurso e lhe deu provimento, nos termos do voto do relator (Recurso Especial Eleitoral 19.887/SP, p. 144).

d) Concessão ou denegação do diploma em manifesta contradição com a prova dos autos, nas hipóteses do art. 222 do Código Eleitoral e do art. 41-A da Lei nº 9.504, de 30/09/1997

O art. 222 do Código Eleitoral afirma que: "*É também anulável a votação, quando viciada de falsidade, fraude, coação, uso de meios de que trata o art. 237, ou emprego de processo de propaganda ou captação de sufrágios vedado por lei.*"

Entende o **TSE** que:

> A fraude a ser alegada em recurso contra expedição de diploma fundado no art. 262, IV, do Código Eleitoral, é aquela que se refere à votação, tendente a comprometer a lisura e a legitimidade do processo eleitoral, nela não se inserindo eventual fraude ocorrida na transferência de domicílio eleitoral.[91]

Quanto ao citado art. 41-A da Lei nº 9.504, leia os comentários que fizemos na Arcisu.

2.9.3. Análise da possibilidade de o juiz indeferir a diplomação *ex officio*

Já aprendemos que o juiz deve reconhecer *ex officio* as inelegibilidades logo quando o pedido de registro for formulado, mas é possível que tal inelegibilidade apareça de forma superveniente, portanto, pergunta-se:

É possível o juiz indeferir a diplomação *ex officio*?

Sim, havendo uma causa objetiva que obste a expedição do diploma, o juiz eleitoral deve indeferi-lo *ex officio*.

No mesmo sentido:

> A falta de impugnação não obsta a que o juiz reconheça a inelegibilidade, já que pode fazê-lo de ofício. Condenação criminal. Acarreta a suspensão dos direitos políticos pelo tempo em que duraram seus efeitos. Irrelevância de estar em curso pedido de revisão criminal (TSE. Ac. 13.924. REsp).

2.9.4. Taxatividade da ação de impugnação da diplomação

As hipóteses supracitadas são taxativas, ou seja, não admitem extensão; o TSE também defende que:

> Contra a diplomação, o recurso cabível é aquele previsto no art. 262 do Código Eleitoral, e somente nas hipóteses elencadas em seus incisos, sendo incabível o recurso previsto no art. 265 daquele diploma legal. Da mesma forma, não tem cabimento o recurso contra a diplomação previsto no art. 262 quando se tratar do alegado descumprimento do disposto no art. 224 do Código Eleitoral. Recurso não conhe-

---

[91] TSE. RCEd 653. Ac., p. 174.

cido (Agravo de Instrumento 3.543/PA – Concórdia do Pará. Rel. Min. Ellen Gracie Northfleet. Unânime, p. 285).

Assim, não será possível interpor a Aidi para combater as condutas vedadas nos arts. 73 a 77 e 30-A da Lei nº 9.504/1997, como já estudamos, o moderno direito eleitoral combate tais infrações com ações próprias (*vide* a Arconve e a Aragi).

2.9.5. Legitimidade ativa da Aidi

Possuem legitimidade ativa para propor a Ação de Impugnação da Diplomação propriamente dita:

a) Os partidos políticos.

b) Os candidatos que tenham concorrido ao pleito e ao cargo eleitoral.

Entendemos que, com exceção do Ministério Público Eleitoral, todos legitimados devem, ao propor a Aide demonstrar o interesse no sucesso da ação (provimento do recurso), leia-se: o interesse de agir condiciona-se ao proveito que o proponente terá no cancelamento do diploma do representado (no mesmo sentido: TSE. AC 592/1999).

Portanto, não têm legitimidade ativa:
- O candidato com direitos políticos suspensos ou perdidos (*vide* RCD 694/2008).
- O candidato com pedido registro indeferido (*vide* Ac. 15.170/1999).
- O candidato que concorreu a outro cargo.
- O diretório municipal em relação à eleição estadual (*vide* Ac. 592/1999).
- O diretório estadual em relação à eleição nacional.
- O partido político que não pode auferir o mandato impugnado.

c) As coligações.

Entendemos que as coligações não têm legitimidade para propor a Ação de Impugnação da Diplomação propriamente dita, e o motivo é muito simples: o prazo inicial para propositura da Aidi propriamente dita é de três dias, contados da diplomação, e neste período não há mais coligações, cuja existência válida só perdura até a eleição.

Informamos que não é esse o entendimento do TSE, o qual reiteradamente vem decidindo que:

> A coligação partidária tem legitimidade concorrente com os partidos políticos e candidatos para a interposição de recurso contra expedição de diploma. (...) (RCEd 646. Ac. Rel. Min. Fernando Neves da Silva. DJ, v. 1. 25/06/2004, p. 175).

d) O Ministério Público Eleitoral.

O Ministério Público Eleitoral tem legitimidade para propor todas as ações eleitorais; apenas precisamos destacar que a legitimidade do Ministério Público é adstrita à sua área de atribuição.

No mesmo sentido o entendimento dominante do TSE:

> A jurisprudência desta Corte Superior é uníssona ao reconhecer a legitimidade ativa do Ministério Público em recurso contra expedição de diploma, em decorrência da

aplicação subsidiária do art. 499, § 2º, do CPC. Nesse sentido, os seguintes precedentes: REsp nº 9.349/SP, Rel. Min. Sepúlveda Pertence, DJ 06/03/1992 e RCEd nº 408/MG, Rel. Min. Aldir Passarinho.

Portanto, têm legitimidade para interpor a Aidi:

a) o Promotor de Justiça Eleitoral tem legitimidade para interpor a Aidi perante o Juiz eleitoral, mas a ação é direcionada para o **TRE**;
b) o procurador regional eleitoral tem legitimidade para interpor a Aidi perante o **TRE**, mas a ação é direcionada para o **TSE**.

Já o procurador-geral da Justiça Eleitoral não tem legitimidade para propor a Aidi, pois não cabe Aidi nas eleições presidenciais.

2.9.6. Legitimidade passiva da Aidi
A parte passiva serão os candidatos eleitos e também os suplentes, desde que diplomados.

2.9.7. Prazo para interposição

2.9.7.1. Prazo para impugnação da Ação de Impugnação da Diplomação propriamente dita
O prazo para propor a Aidi é de três dias, contados da diplomação do candidato eleito.

2.9.8. Competência para julgar
A competência para conhecer e julgar a Aidi depende da eleição. Assim, teremos:

1) na eleição municipal, o juiz eleitoral é o competente para **conhecer** a Aidi, mas quem **julga** é o **TRE**;
2) na eleição de governador, vice, senador, deputados federais, estaduais e distritais, o **TRE** é o competente para **conhecer** a **Aidi**, mas quem **julga** é o **TSE**.

E se a eleição for para presidente?
Resposta: Na eleição para presidente, não cabe Ação de Impugnação da Diplomação.

CONTROVÉRSIAS DOUTRINÁRIAS
Parte da doutrina defende que do ato de diplomação, na eleição presidencial, cabe recurso extraordinário para o STF.

Em realidade, entendemos que razão assiste a Emerson Garcia,[92] que defende: "O ato de diplomação tem natureza eminentemente administrativa, inexistindo causa para o efeito de interposição do referido recurso (art. 102, III, da CR/88)."

---

[92] No mesmo sentido: Garcia, Emerson. Op. cit.

Há doutrina defendendo que o TSE não tem competência para examinar, originariamente, os recursos contra a expedição do diploma de governador, vice-governador, senadores, deputados federais e estaduais e respectivos suplentes.

Aceitando tal argumentação, em 2009, o Ministro do STF, Eros Grau, concedeu liminar em Ação por Descumprimento de Preceito Fundamental – ADPF 167 – para, a partir da decisão, suspender o julgamento de qualquer Aidi realizada pelo TSE, até a decisão do mérito.

Posteriormente, por seis votos contra e quatro a favor, os ministros não referendaram a liminar concedida pelo ministro relator, Eros Grau. Foram votos vencidos, além do relator, os Ministros Cezar Peluso, Marco Aurélio e Gilmar Mendes. Desta forma, a decisão que impedia o julgamento das ações de impugnação da diplomação pelo TSE está suspensa.

Cabe registrar que o TSE tem aplicado o princípio da fungibilidade na hipótese de interposição de recurso direcionado ao tribunal errado.

No mesmo sentido: "O endereçamento indevido do recurso contra expedição de diploma ao Tribunal Regional Eleitoral, e não a este Tribunal Superior, não impede o seu conhecimento."[93]

2.9.9. O que causa a procedência da Aidi

A procedência com trânsito em julgado da Ação de Impugnação da Diplomação causa a cassação da diplomação e o exercício do mandato.

A Lei Complementar nº 135, de 2010, inovou ao criar como efeito geral para toda representação julgada procedente pela Justiça Eleitoral, em decisão transitada em julgado ou proferida por órgão colegiado, em processo de apuração de abuso do poder ou fraude, a decretação da inelegibilidade de oito anos.

Quanto à cassação do diploma e a consequência da nulidade dos votos, leia o Capítulo IV da Parte I, "Das Nulidades dos Votos".

2.9.10. O efeito da Aidi

A Aidi não tem efeito suspensivo, portanto, a decisão só tem eficácia após o julgamento final, aplica-se, *in casu*, a regra indicada no art. 216 do Código Eleitoral, *in verbis*: "*Enquanto o Tribunal Superior não decidir o recurso interposto contra a expedição do diploma, poderá o diplomado exercer o mandato em toda a sua plenitude.*"

Por tal motivo, entendemos não ser possível a antecipação da tutela em sede de ação de impugnação da diplomação.

2.9.11. A Aidi e o juízo de retratação

É inaplicável à Aidi a regra do art. 267, § 6º, do Código Eleitoral, que impõe o chamado juízo de retratação a todos os recursos oferecidos perante as Juntas e Juízos Eleitorais. É que, como diz Edson Resende,

---

[93] TSE. RCED 653. Ac., p. 174.

"esse recurso" é, em verdade, uma ação eleitoral. Embora seja ajuizada perante o Órgão Jurisdicional da Diplomação, e dirigida ao Tribunal competente para a reapreciação do ato. Sendo ação, e não tipicamente recurso, não cabe ao Juiz que a recebeu e processou modificar o ato atacado.[94]

2.9.12. Procedimento da Aidi

Mesmo a doutrina dominante defendendo que a natureza jurídica é de ação e não de recurso, é também dominante o entendimento de que será usado o rito recursal, a saber:

A) Interposição da Aidi com prova pré-constituída

A antiga doutrina eleitoral considerava a Aidi como um recurso (**daí alguns usarem a terminologia RCD**), portanto, o raciocínio era: "Como o **RCD** é um recurso, exige-se no momento de sua interposição a apresentação de prova pré-constituída."

Com a evolução do direito eleitoral, a hodierna doutrina eleitoral passou a perceber que a Aidi é uma ação eleitoral, portanto, como regra geral, podemos afirmar que há possibilidade de produção de provas na instância superior, não sendo requisito da ação em estudo a apresentação da exordial das provas pré-constituídas.

Ademais, o próprio art. 270 do Código Eleitoral prevê uma fase instrutória, fato que deixa em séria dificuldade a doutrina que afirma ser um "recurso contra a diplomação que não prescinde da prova pré-constuída".

No mesmo sentido o TSE:

> (...) Recurso contra expedição de diploma. Art. 262, IV, do Código Eleitoral. Prova. Produção. Possibilidade. (...) **Conforme jurisprudência deste Tribunal, não há impedimento à apuração de fatos no recurso contra a diplomação, uma vez que o autor, desde logo, apresente provas suficientes ou indique as que pretende ver produzidas, nos termos do art. 270 do Código Eleitoral.** (...) (Ac. de 10/05/2007 no AgRgAg 8.062. Rel. Min. Caputo Bastos; no mesmo sentido o Ac. de 06/03/2007 no AgRgREsp 26.041. Rel. Min. Gerardo Grossi).

> Esta Corte já assentou a possibilidade de produção, no Recurso Contra Expedição de Diploma, de todos os meios lícitos de provas, desde que indicados na petição inicial, não havendo o requisito da prova pré-constituída. (...) (Ac. de 04/02/2010 no RCED 767. Rel. Min. Marcelo Ribeiro; no mesmo sentido o Ac. de 24/06/2010 no RCED 745, do mesmo relator).

> (...) Esta Corte já assentou a possibilidade de produção, no Recurso Contra Expedição de Diploma, de todos os meios lícitos de provas, desde que indicados na petição inicial, não havendo o requisito da prova pré-constituída, podendo, obviamente, o magistrado rechaçar, motivadamente, todos os requerimentos que se mostrem desnecessários ou protelatórios (art. 130 do Código de Processo Civil) (...) (Agravo Regimental em RCEd 773. Ac. Rel. Min. Marcelo Henriques Ribeiro de Oliveira. DJE 24/04/2009, p. 26).

---

[94] Castro, Edson de Resende. Op. cit.

> (...) Recurso contra expedição de diploma. Prova judicializada. Desnecessidade. (...) No recurso contra a diplomação, basta ao recorrente apresentar prova suficiente ou indicar, no momento da interposição do recurso, as que pretende ver produzidas, nos termos do art. 270 do Código Eleitoral. Não se exige a produção da prova e a apuração dos fatos em autos apartados. (...) (Ac. de 23/02/2006 no AgRgREsp 25.301. Rel. Min. Gerardo Grossi).
>
> Admite-se a produção de prova em Recurso Contra Expedição de Diploma, desde que indicadas na petição inicial. Precedentes (RCEd 671. Ac. Rel. Min. Eros Roberto Grau. DJE, tomo 59, 03/03/2009, p. 35-36).

Mesmo não sendo, em regra, exigível a apresentação de prova pré-constituída, é salutar que sejam indicados na exordial os indícios de provas que darão sustentáculo ao alegado.

B) Exceção: quando será necessária a apresentação de prova pré-constituída e em sede de Aidi

Em algumas hipóteses na interposição da **Aidi**, deve-se apresentar a chamada prova pré-constituída, assim, se o fundamento da **Aidi** for uma causa de inelegibilidade superveniente, como, por exemplo, uma condenação criminal, deve-se juntar com a inicial a certidão do trânsito em julgado da sentença penal.

A previsão legal é do inciso I do art. 262 do Código Eleitoral, que são os casos de inelegibilidade ou incompatibilidade de candidato, em que é necessária a comprovação do trânsito em julgado da inelegibilidade ou prova contundente da condição da não desincompatibilização do sujeito passivo.

No mesmo sentido o entendimento dominante do TSE:

> A declaração de inelegibilidade com trânsito em julgado somente será imprescindível no caso de o recurso contra a diplomação vir fundado no inciso I do mencionado art. 262 do Código Eleitoral, que cuida de inelegibilidade. Agravo Regimental a que se negou provimento. Decisão: O Tribunal, por unanimidade, negou provimento ao agravo regimental (No mesmo sentido: TSE. Agravo Regimental em Recurso Especial Eleitoral 19.596/MS – Ivinhema. Rel. Min. Fernando Neves da Silva, p. 241 e também TRE. RD 1.149/GO, (1.149), p. 66; TSE. Recurso Especial Eleitoral 19.536/SP – Tarabaí. Rel. Min. Fernando Neves da Silva, p. 244).

C) Recebimento da petição

Recebida a petição, mandará o juiz intimar o recorrido para ciência do recurso, abrindo-se-lhe vista dos autos a fim de, em prazo igual ao estabelecido para a sua interposição, oferecer razões, acompanhadas ou não de novos documentos.

A intimação se fará pela publicação da notícia da vista no jornal que publicar o expediente da Justiça Eleitoral, onde houver, e nos demais lugares, pessoalmente pelo escrivão, independentemente de iniciativa do recorrente.

Onde houver jornal oficial, se a publicação não ocorrer no prazo de três dias, a intimação se fará pessoalmente ou na forma prevista no item seguinte.

Nas zonas em que se fizer intimação pessoal, se não for encontrado o recorrido dentro de 48 horas, a intimação se fará por edital afixado no fórum, no local de costume.

Todas as citações e intimações serão feitas na forma supracitada.

D) Juntada de novos documentos

Se o recorrido juntar novos documentos, terá o recorrente vista dos autos por 48 (quarenta e oito) horas para falar sobre os mesmos, contado o prazo na forma já especificada.

E) Remessa dos autos ao tribunal

Findos os prazos a que se referem os itens anteriores, o juiz eleitoral fará, dentro de 48 horas, subir os autos ao Tribunal Regional com a sua resposta e os documentos em que se fundar, sujeito à multa de 10% do salário-mínimo regional por dia de retardamento.

Mesmo seguindo o rito do recurso inominado, entendemos que não será possível o juízo de retratação, porque se trata de uma ação, e a ação não é direcionada ao órgão jurisdicional que efetivou a diplomação, e, sim, a uma instância superior, no caso, ao **TRE** ou ao **TSE**.

Dispõe o art. 270 do Código Eleitoral que:

> Se o recurso versar sobre coação, fraude, uso de meios de que trata o art. 237, ou emprego de processo de propaganda ou captação de sufrágios vedado por lei dependente de prova indicada pelas partes ao interpô-lo ou ao impugná-lo, o Relator no Tribunal Regional deferi-la-á em vinte e quatro horas da conclusão, realizando-se ela no prazo improrrogável de cinco dias.

Abaixo, citaremos alguns exemplos jurisprudenciais importantes no tema produção de provas em sede de Aide.

A produção de provas em sede de Aide: condição

1. A produção de provas no curso do processo, em se tratando de RCED, limita-se àquelas indicadas na peça inicial ou nas contrarrazões. Precedentes. 2. Segundo o disposto no art. 356, I, do Código de Processo Civil, o pedido de exibição deve conter a individuação, tão completa quanto possível, do documento ou da coisa. A ordem judicial deve ter destinatário e objeto certos, não sendo esta a hipótese dos autos. (...) (Ac. de 13/08/2009 no AgR-RCED 787. Rel. Min. Marcelo Ribeiro).

Admissão de todos os meios de provas: condição

(...) 1. O recurso contra expedição de diploma deve admitir todos os meios de prova, desde que particularizadamente indicados na petição inicial. (...) (Ac. de 24/04/2008 no AgRgREsp 25.968. Rel. Min. Carlos Ayres Britto).

Admissão de produção de provas testemunhais

(...) Recurso contra expedição de diploma. Prova testemunhal. Limitação. Possibilidade. Agravo desprovido. **1. A limitação do número de testemunhas – 6 (seis) testemunhas para cada parte, independentemente da quantidade de fatos e do número de recorrentes ou de recorridos** – se mostra adequada à harmonização do princípio da celeridade processual com o princípio do devido processo legal. 2. Aos recorrentes incumbe provar suas alegações com as 6 (seis) testemunhas expressamente indicadas na inicial. Mesmo número franqueado aos recorridos para sustentar sua versão dos fatos, em harmonia com o princípio da paridade de armas. 3. À luz do princípio da indivisibilidade da chapa única majoritária, nem a presença do vice na relação processual nem a formação de litisconsórcio, seja no polo ativo, seja no polo passivo, autorizam arrolar testemunhas acima do permissivo legal, pois "o mandato do vice é regido por uma relação jurídica de subordinação ao mandato do prefeito" (REsp nº 25.839/PI, Rel. Min. Cesar Asfor Rocha). (...) *NE*: Alegação de que seria necessário admitir um número de três testemunhas para cada fato relatado na inicial do recurso contra expedição de diploma, à semelhança do que ocorre no processo penal (Ac. de 27/11/2007 no AgRgRCEd 671. Rel. Min. Carlos Ayres Britto).

Admissão de produção de contraprova

No recurso contra expedição de diploma, admite-se a produção de contraprova de natureza oral, em caráter excepcional, cabendo ao ministro relator o exame de sua pertinência e imprescindibilidade, que deverão ser cabalmente demonstradas pela parte. Não colhe o pleito de nova vista dos autos, em razão dos documentos juntados posteriormente pelo TRE, por cuidarem eles de meras informações de andamentos processuais, sem nenhuma influência para o julgamento do recurso contra expedição de diploma. Impertinência do requerimento de apreciação desde logo das preliminares aventadas nas contrarrazões, uma vez que o *thema decidendum* aqui se cinge à admissão das provas requeridas. (...) (Ac. 639, de 06/11/2003. Rel. Min. Barros Monteiro).

Quando é possível indeferir pedido de produção de provas

(...) Recurso contra expedição de diploma. Produção de provas. Indeferimento. Prova desnecessária. I – O magistrado pode indeferir pedido de produção de provas que julgar desnecessário ou protelatório. Inteligência do art. 130 do Código de Processo Civil. (...) (Ac. de 13/08/2009 no ARCED 738. Rel. Min. Ricardo Lewandowski).

F) O promotor eleitoral de 1º grau não se manifesta, e, sim, o PRE (Procurador Regional Eleitoral)

O Procurador Regional Eleitoral só apresentará parecer caso o Ministério Público Eleitoral não seja o autor da Aidi.

2.9.13. Análise da possibilidade de existência de litisconsórcio passivo necessário entre o titular diplomado e o vice

Antes da eleição de 2008, o posicionamento majoritário do TSE era no sentido de que o vice-prefeito não é litisconsorte passivo necessário no recurso de diplomação do prefeito.[95]

A partir das eleições de 2008, o TSE mudou radicalmente a sua posição, e no julgamento do Recurso contra Expedição de Diploma 703 passou a entender que o vice deve ser, necessariamente, citado para integrar todas as ações ou recursos cujas decisões possam acarretar a perda de seu mandato.[96]

2.9.14. Análise da possibilidade de existência de litisconsórcio passivo necessário entre o titular diplomado e o seu partido

Como já estudamos na Aime, hoje o mandato pertence ao partido e não ao candidato, portanto, como a existência de litisconsórcio necessário, ocorre quando, por disposição de lei ou pela natureza da relação jurídica, o juiz tiver de decidir a lide de modo uniforme para todas as partes, conclui-se que o partido político deve ser citado, integrando a lide como litisconsorte necessário.

2.9.15. Análise da possibilidade de desistência da Aidi

Entendemos que é inadmissível a desistência de recurso contra a diplomação, uma vez que se trata de matéria de ordem pública, portanto, havendo desistência por parte de um dos titulares, o Ministério Público Eleitoral assumirá a titularidade.

No mesmo sentido o entendimento dominante do TSE:

> Em que pese o Ministério Público não ter interposto o recurso contra expedição de diploma no tríduo legal, o *parquet* figura como fiscal da lei, e, em virtude de sua reconhecida legitimidade ativa para tal espécie recursal, deve ser admitido o prosseguimento do feito, em razão da sua natureza de ordem pública.[97]

2.9.16. Análise à existência de litispendência entre a Aidi, a Aije e a Aime

O entendimento dominante do TSE é no sentido de que não há litispendência entre a Aidi, Aije e Aime, porque "Ação de Impugnação de Mandato Eletivo, a Ação de Investigação Judicial Eleitoral e o Recurso Contra Expedição de Diploma são instrumentos processuais autônomos, com causa de pedir própria".[98]

---

[95] Vide TRE. Recurso Eleitoral 1.914/PR (25.542) – São Sebastião da Amoreira. Rel. César Antônio da Cunha. J. 07/03/2002. DJ 20/03/2002; TRE. Recurso Eleitoral 6.201/RN. Rel. Fernando Gurgel Pimenta. J. 06/02/2007. Unânime. DJ 23/02/2007.

[96] Vide TSE. Ação Cautelar 3.063, de 19/11/2008. Ac. Rel. Arnaldo Versiani Leite Soares. DJE 08/12/2008, p. 2; Agravo Regimental em MS 4.210. Ac. Rel. Min. Arnaldo Versiani Leite Soares. DJE 18/06/2009, p. 31; RCEd 703/SC. Rel. Des. Min. Marco Aurelio Mello. DJ 24/03/2008, p. 9.

[97] Precedentes: Recurso Especial Eleitoral 18.825/MG e Recurso Especial Eleitoral 15.085/MG. TSE. Recurso Especial Eleitoral 26.146. Ac., p. 140.

[98] TSE. Agravo Regimental em Embargos de Declaração em Agravo de Instrumento 8.857. Ac., p. 15.

2.9.17. Recursos da Aidi

Tipos de recursos cabíveis:

a) Nas eleições municipais (**prefeito e vereador**) o recurso contra a Aidi julgada pelo **TRE** será o especial para o **TSE**.

b) Nas eleições estaduais e federais (**governador, senador, deputado federal, estadual e distrital**) o recurso contra a Aidi julgada pelo **TSE** será o extraordinário para o **STF**.

Como já adiantamos, na eleição nacional (**presidente da República**), em face da natureza não jurisdicional da diplomação, não é juridicamente possível a interposição de Aidi para o STF; a solução será a interposição do mandado de segurança eleitoral.

2.9.18. Observações didáticas importantes

A ausência de diplomação quando da interposição do recurso contra a diplomação configura a falta de interesse de agir. Entretanto, em ocorrendo a diplomação após a interposição do recurso, ficará sanada tal irregularidade, sendo o recorrente considerado detentor do interesse processual. Não verificado erro grosseiro na indicação do dispositivo legal em que é embasado o recurso, este há de ser conhecido. O recurso contra a diplomação, com base no art. 262, IV, do Código Eleitoral que não venha acompanhado de prova pré-constituída há de ser improvido (TRE-TO. RD 2.806/00 (2.806/00), p. 19).

Constitui crime eleitoral a arguição de inelegibilidade, ou a impugnação de registro de candidato feito por interferência do poder econômico, desvio ou abuso do poder de autoridade, deduzida de forma temerária ou de manifesta má-fé. A pena é de detenção de seis meses a dois anos, e multa de 20 a 50 vezes o valor do Bônus do Tesouro Nacional (BTN) e, no caso de sua extinção, de título público que o substitua.

3 Dos Procedimentos Eleitorais

3.1. CLASSIFICAÇÃO DOS PROCEDIMENTOS ELEITORAIS

Os procedimentos eleitorais podem ser:
a) procedimentos eleitorais cíveis;
b) procedimentos eleitorais penais.

3.1.1. Procedimentos eleitorais cíveis

Os procedimentos eleitorais cíveis dividem-se em:
a) procedimento sumaríssimo;
b) procedimento sumário;
c) procedimento ordinário.

É extremamente salutar o estudo dos procedimentos eleitorais cíveis, pois veremos no estudo das ações eleitorais que a escolha da via errada pode acarretar a extinção do feito sem julgamento do mérito.

3.1.1.1. Procedimento sumaríssimo eleitoral cível

É o rito mais célere do direito eleitoral.

É rito usado nas representações eleitorais para apurar a propaganda irregular **(Leia o capítulo da Arpi)** e nas ações que têm como objetivo o direito de respostas.

3.1.1.2. Resumo didático do procedimento sumaríssimo eleitoral cível

Um exemplo claro do procedimento sumaríssimo eleitoral cível é o rito das representações eleitorais.[1]

---

[1] Fonte da pesquisa: Res. nº 22.624/2007 e Resolução do TSE nº 23.367/2011 (*editada para regular as eleições de 2012*).

ANEXO I
Fluxograma do procedimento das representações e reclamações em sentido estrito no cartório eleitoral

Processamento da petição

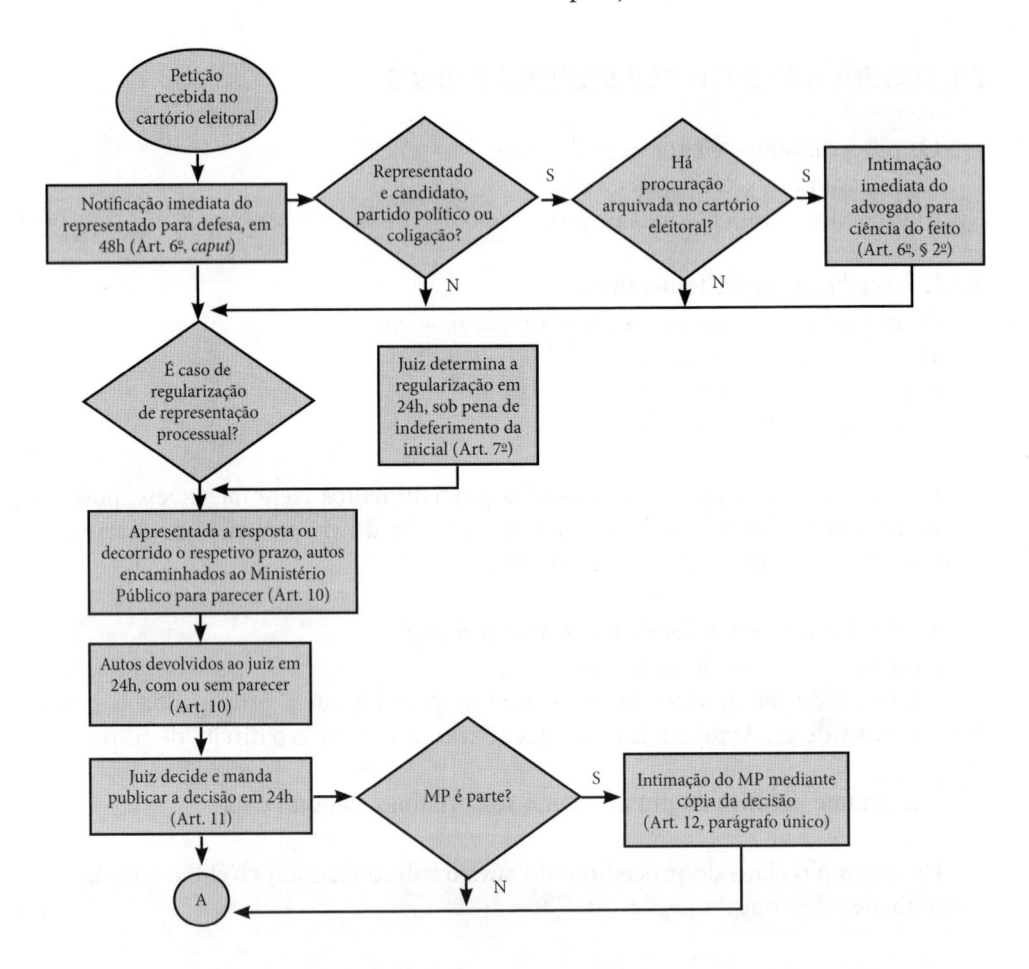

- Petição recebida no cartório eleitoral
- Notificação imediata do representado para defesa, em 48h (Art. 6º, *caput*)
- Representado e candidato, partido político ou coligação?
  - **S** → Há procuração arquivada no cartório eleitoral?
    - **S** → Intimação imediata do advogado para ciência do feito (Art. 6º, § 2º)
    - **N**
  - **N**
- É caso de regularização de representação processual?
  - **S** → Juiz determina a regularização em 24h, sob pena de indeferimento da inicial (Art. 7º)
- Apresentada a resposta ou decorrido o respetivo prazo, autos encaminhados ao Ministério Público para parecer (Art. 10)
- Autos devolvidos ao juiz em 24h, com ou sem parecer (Art. 10)
- Juiz decide e manda publicar a decisão em 24h (Art. 11)
- MP é parte?
  - **S** → Intimação do MP mediante cópia da decisão (Art. 12, parágrafo único)
  - **N**
- **A**

Processamento do Recurso

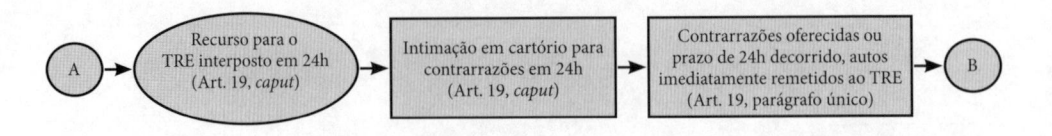

A → Recurso para o TRE interposto em 24h (Art. 19, *caput*) → Intimação em cartório para contrarrazões em 24h (Art. 19, *caput*) → Contrarrazões oferecidas ou prazo de 24h decorrido, autos imediatamente remetidos ao TRE (Art. 19, parágrafo único) → **B**

ANEXO II
Fluxograma do procedimento das representações e reclamações em sentido estrito no TRE

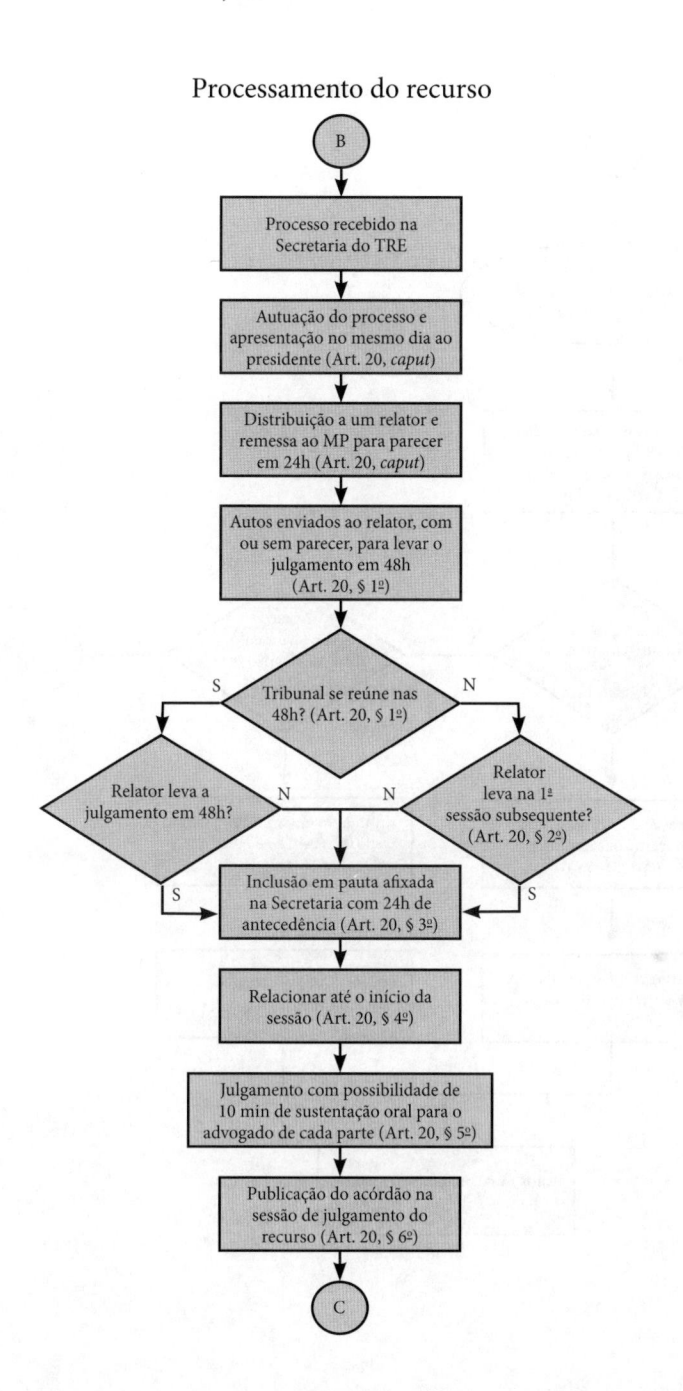

Processamento do recurso

```
                    ( B )
                      ↓
        ┌─────────────────────────────┐
        │ Processo recebido na        │
        │ Secretaria do TRE           │
        └─────────────────────────────┘
                      ↓
        ┌─────────────────────────────┐
        │ Autuação do processo e      │
        │ apresentação no mesmo dia   │
        │ ao presidente (Art. 20,     │
        │ caput)                      │
        └─────────────────────────────┘
                      ↓
        ┌─────────────────────────────┐
        │ Distribuição a um relator e │
        │ remessa ao MP para parecer  │
        │ em 24h (Art. 20, caput)     │
        └─────────────────────────────┘
                      ↓
        ┌─────────────────────────────┐
        │ Autos enviados ao relator,  │
        │ com ou sem parecer, para    │
        │ levar o julgamento em 48h   │
        │ (Art. 20, § 1º)             │
        └─────────────────────────────┘
                      ↓
               ◇ Tribunal se reúne nas 48h? (Art. 20, § 1º) ◇
              S ↙                              ↘ N
     ◇ Relator leva a           ◇ Relator leva na 1ª
       julgamento em 48h? ◇        sessão subsequente?
                                   (Art. 20, § 2º) ◇
       S ↓       N ↘      ↙ N         ↓ S
        ┌─────────────────────────────┐
        │ Inclusão em pauta afixada   │
        │ na Secretaria com 24h de    │
        │ antecedência (Art. 20, § 3º)│
        └─────────────────────────────┘
                      ↓
        ┌─────────────────────────────┐
        │ Relacionar até o início da  │
        │ sessão (Art. 20, § 4º)      │
        └─────────────────────────────┘
                      ↓
        ┌─────────────────────────────┐
        │ Julgamento com possibilidade│
        │ de 10 min de sustentação    │
        │ oral para o advogado de     │
        │ cada parte (Art. 20, § 5º)  │
        └─────────────────────────────┘
                      ↓
        ┌─────────────────────────────┐
        │ Publicação do acórdão na    │
        │ sessão de julgamento do     │
        │ recurso (Art. 20, § 6º)     │
        └─────────────────────────────┘
                      ↓
                    ( C )
```

ANEXO III
Fluxograma do procedimento das representações e reclamações em sentido estrito no TRE

Processamento do recurso

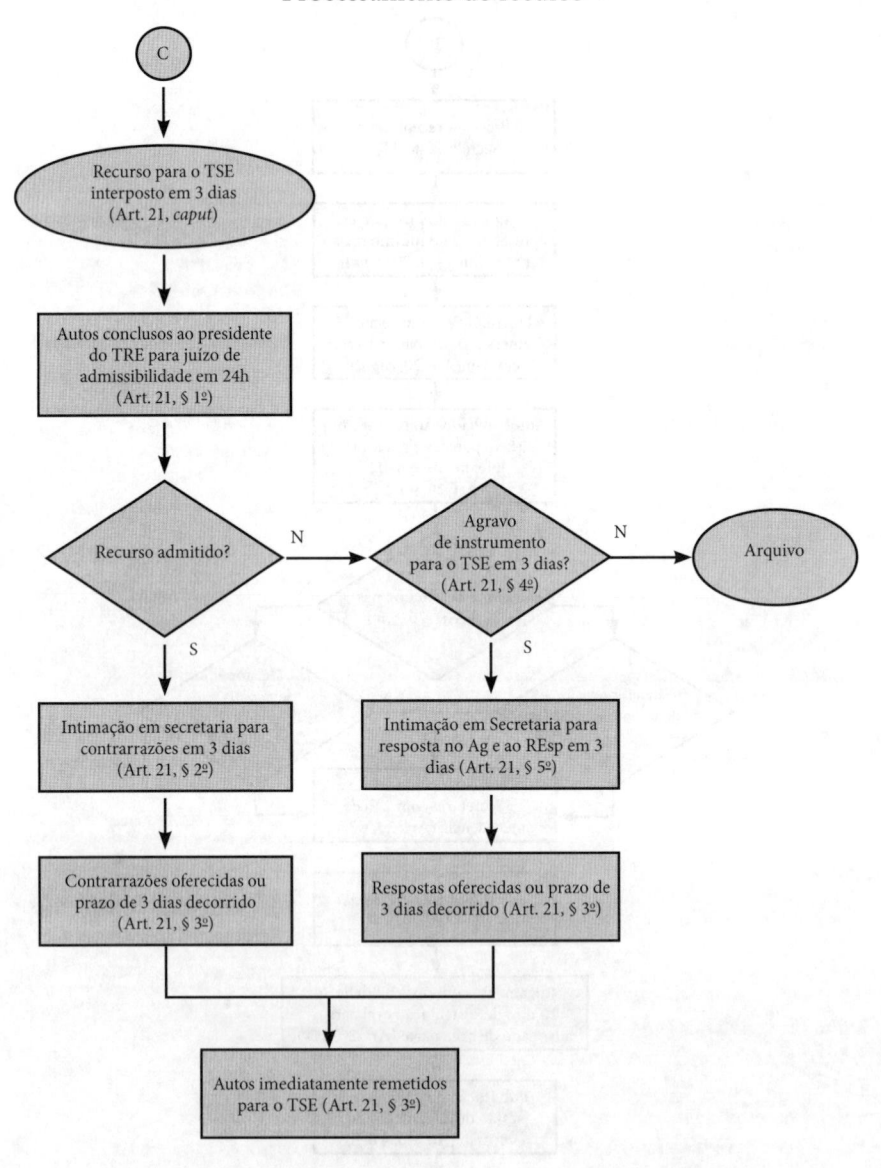

(C)

↓

Recurso para o TSE interposto em 3 dias (Art. 21, *caput*)

↓

Autos conclusos ao presidente do TRE para juízo de admissibilidade em 24h (Art. 21, § 1º)

↓

Recurso admitido? —N→ Agravo de instrumento para o TSE em 3 dias? (Art. 21, § 4º) —N→ Arquivo

↓S ↓S

Intimação em secretaria para contrarrazões em 3 dias (Art. 21, § 2º) | Intimação em Secretaria para resposta no Ag e ao REsp em 3 dias (Art. 21, § 5º)

↓ ↓

Contrarrazões oferecidas ou prazo de 3 dias decorrido (Art. 21, § 3º) | Respostas oferecidas ou prazo de 3 dias decorrido (Art. 21, § 3º)

↓

Autos imediatamente remetidos para o TSE (Art. 21, § 3º)

ANEXO IV
Fluxograma do procedimento do direito de resposta

No cartório eleitoral – Processamento da petição

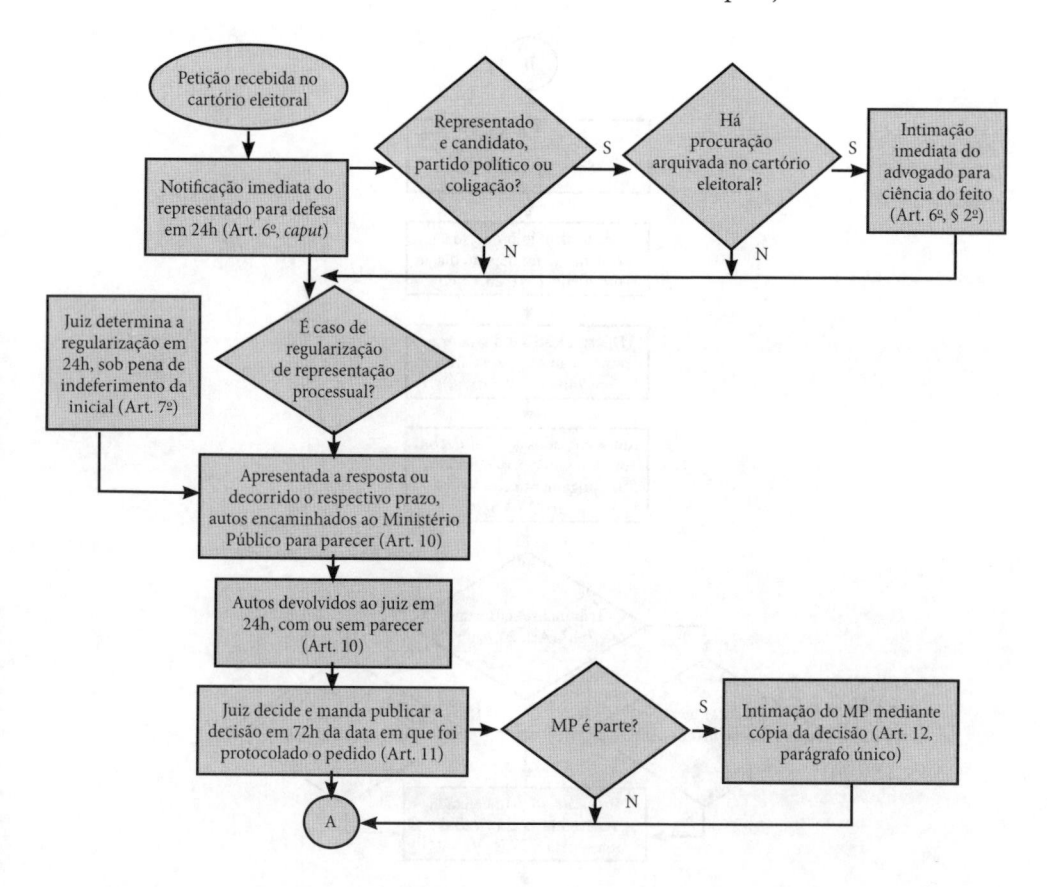

- Petição recebida no cartório eleitoral
- Notificação imediata do representado para defesa em 24h (Art. 6º, *caput*)
- Representado e candidato, partido político ou coligação?
  - **S**: Há procuração arquivada no cartório eleitoral?
    - **S**: Intimação imediata do advogado para ciência do feito (Art. 6º, § 2º)
    - **N**
  - **N**
- É caso de regularização de representação processual?
  - **S**: Juiz determina a regularização em 24h, sob pena de indeferimento da inicial (Art. 7º)
  - **N**
- Apresentada a resposta ou decorrido o respectivo prazo, autos encaminhados ao Ministério Público para parecer (Art. 10)
- Autos devolvidos ao juiz em 24h, com ou sem parecer (Art. 10)
- Juiz decide e manda publicar a decisão em 72h da data em que foi protocolado o pedido (Art. 11)
- MP é parte?
  - **S**: Intimação do MP mediante cópia da decisão (Art. 12, parágrafo único)
  - **N**
- **A**

No cartório eleitoral – Processamento do recurso

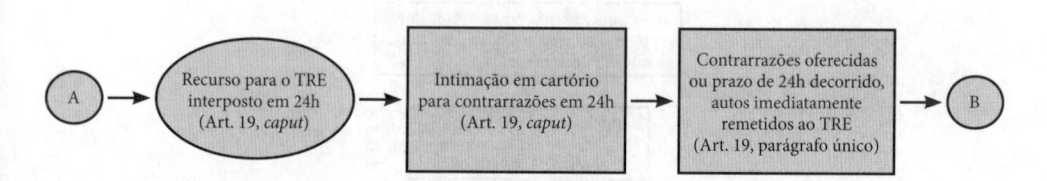

A → Recurso para o TRE interposto em 24h (Art. 19, *caput*) → Intimação em cartório para contrarrazões em 24h (Art. 19, *caput*) → Contrarrazões oferecidas ou prazo de 24h decorrido, autos imediatamente remetidos ao TRE (Art. 19, parágrafo único) → **B**

Francisco Dirceu Barros

ANEXO V
Fluxograma do procedimento do direito de resposta no TRE

Processamento do recurso

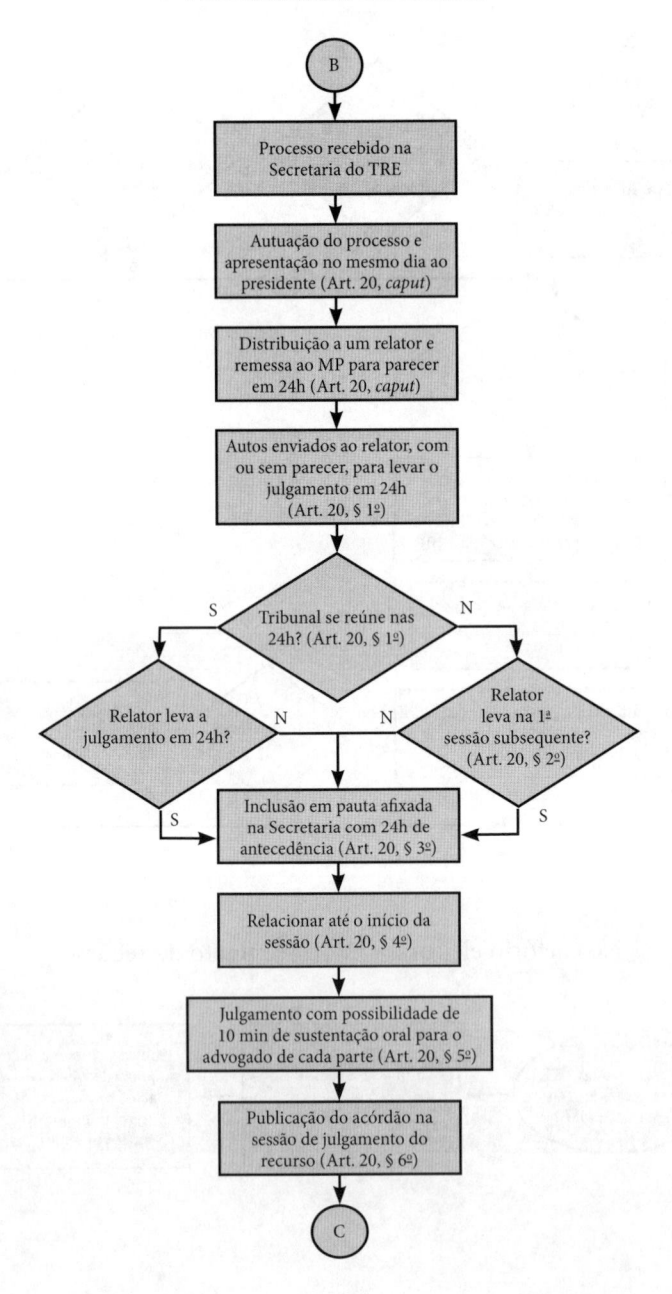

```
                    ( B )
                      │
                      ▼
         ┌──────────────────────────┐
         │ Processo recebido na     │
         │ Secretaria do TRE        │
         └──────────────────────────┘
                      │
                      ▼
         ┌──────────────────────────┐
         │ Autuação do processo e   │
         │ apresentação no mesmo    │
         │ dia ao presidente        │
         │ (Art. 20, caput)         │
         └──────────────────────────┘
                      │
                      ▼
         ┌──────────────────────────┐
         │ Distribuição a um relator│
         │ e remessa ao MP para     │
         │ parecer em 24h           │
         │ (Art. 20, caput)         │
         └──────────────────────────┘
                      │
                      ▼
         ┌──────────────────────────┐
         │ Autos enviados ao relator│
         │ com ou sem parecer, para │
         │ levar o julgamento em 24h│
         │ (Art. 20, § 1º)          │
         └──────────────────────────┘
                      │
                      ▼
          S     ◇ Tribunal se reúne ◇     N
       ┌────── nas 24h? (Art. 20, § 1º) ──────┐
       │                                      │
       ▼                                      ▼
  ◇ Relator leva ◇  N          N    ◇ Relator leva ◇
  ◇ a julgamento ◇───────────────── ◇ na 1ª sessão ◇
  ◇ em 24h?      ◇                  ◇ subsequente? ◇
                                    ◇ (Art. 20, § 2º)◇
       │ S                                    │ S
       │              ▼                       │
       │   ┌──────────────────────────┐       │
       └──▶│ Inclusão em pauta afixada│◀──────┘
           │ na Secretaria com 24h de │
           │ antecedência (Art. 20,§3º)│
           └──────────────────────────┘
                      │
                      ▼
         ┌──────────────────────────┐
         │ Relacionar até o início  │
         │ da sessão (Art. 20, § 4º)│
         └──────────────────────────┘
                      │
                      ▼
         ┌──────────────────────────┐
         │ Julgamento com possibili- │
         │ dade de 10 min de susten- │
         │ tação oral para o advogado│
         │ de cada parte (Art.20,§5º)│
         └──────────────────────────┘
                      │
                      ▼
         ┌──────────────────────────┐
         │ Publicação do acórdão na │
         │ sessão de julgamento do  │
         │ recurso (Art. 20, § 6º)  │
         └──────────────────────────┘
                      │
                    ( C )
```

3.1.1.3. Procedimento sumário eleitoral cível
É um rito de velocidade média e é usado na Airc (**Ação de Impugnação do Registro de Candidatura**).

3.1.1.4. Esquema didático do rito da Airc[2]

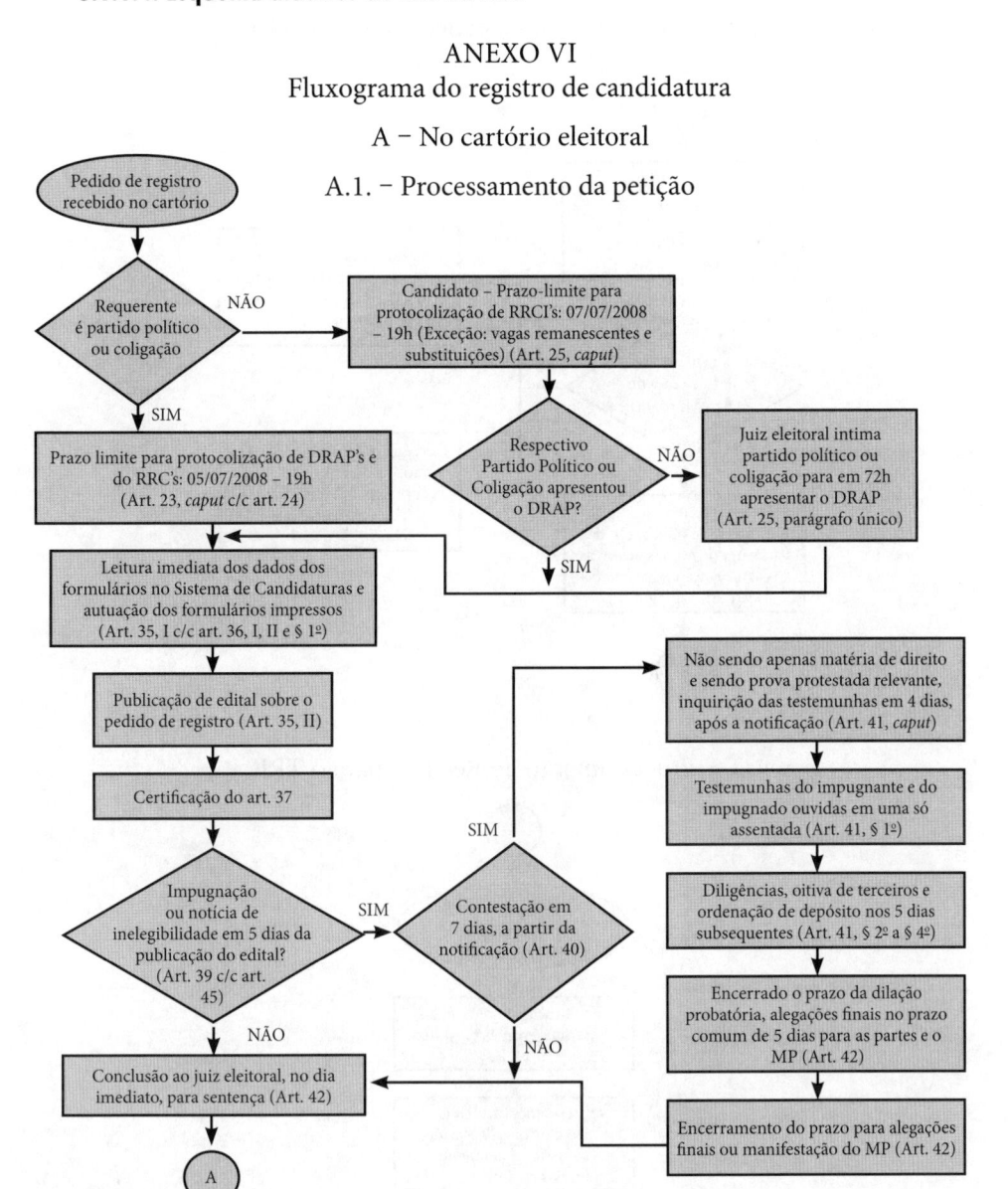

ANEXO VI
Fluxograma do registro de candidatura

A – No cartório eleitoral

A.1. – Processamento da petição

```
Pedido de registro recebido no cartório
            │
            ▼
    Requerente é partido político ou coligação? ──NÃO──▶ Candidato – Prazo-limite para protocolização de RRCI's: 07/07/2008 – 19h (Exceção: vagas remanescentes e substituições) (Art. 25, caput)
            │ SIM                                                    │
            ▼                                                        ▼
  Prazo limite para protocolização de DRAP's e       Respectivo Partido Político ou Coligação apresentou o DRAP? ──NÃO──▶ Juiz eleitoral intima partido político ou coligação para em 72h apresentar o DRAP (Art. 25, parágrafo único)
  do RRC's: 05/07/2008 – 19h                                        │
  (Art. 23, caput c/c art. 24)                                      │ SIM
            │◀───────────────────────────────────────────────────────┘
            ▼
  Leitura imediata dos dados dos formulários no Sistema de Candidaturas e autuação dos formulários impressos (Art. 35, I c/c art. 36, I, II e § 1º)
            │
            ▼
  Publicação de edital sobre o pedido de registro (Art. 35, II)
            │
            ▼
  Certificação do art. 37
            │
            ▼
  Impugnação ou notícia de inelegibilidade em 5 dias da publicação do edital? (Art. 39 c/c art. 45) ──SIM──▶ Contestação em 7 dias, a partir da notificação (Art. 40) ──SIM──▶ Não sendo apenas matéria de direito e sendo prova protestada relevante, inquirição das testemunhas em 4 dias, após a notificação (Art. 41, caput)
            │ NÃO                                      │ NÃO                                                     │
            ▼                                          ▼                                                         ▼
  Conclusão ao juiz eleitoral, no dia imediato, para sentença (Art. 42) ◀──────────────────────                  Testemunhas do impugnante e do impugnado ouvidas em uma só assentada (Art. 41, § 1º)
            │                                                                                                    │
            ▼                                                                                                    ▼
            A                                                                                                    Diligências, oitiva de terceiros e ordenação de depósito nos 5 dias subsequentes (Art. 41, § 2º a § 4º)
                                                                                                                 │
                                                                                                                 ▼
                                                                                                      Encerrado o prazo da dilação probatória, alegações finais no prazo comum de 5 dias para as partes e o MP (Art. 42)
                                                                                                                 │
                                                                                                                 ▼
                                                                                                      Encerramento do prazo para alegações finais ou manifestação do MP (Art. 42)
```

---

[2] Inst. 120/DF (baseado na Resolução do TSE nº 22.717, de 28/02/2008) e Resolução do TSE nº 23.373/2011 (*editada para regular as eleições de 2012*).

Francisco Dirceu Barros

ANEXO VII
Fluxograma do registro de candidatura

A – No cartório eleitoral

A.1. – Processamento da petição (continuação)

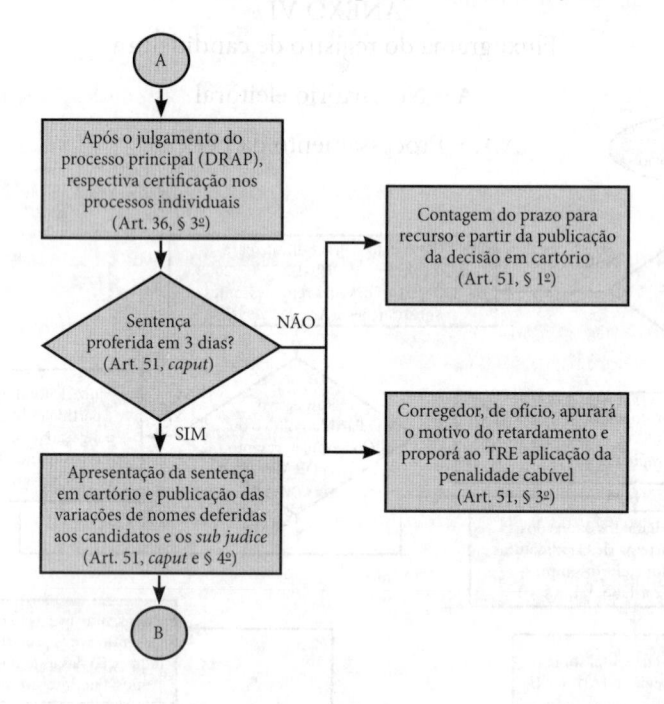

```
            ( A )
              │
              ▼
   ┌───────────────────────┐
   │ Após o julgamento do  │
   │ processo principal    │
   │ (DRAP), respectiva    │
   │ certificação nos      │
   │ processos individuais │
   │    (Art. 36, § 3º)    │
   └───────────┬───────────┘
               │
               ▼                      ┌──────────────────────────┐
          ╱─────────╲                 │ Contagem do prazo para   │
         ╱ Sentença  ╲    NÃO         │ recurso e partir da      │
        ╱ proferida   ╲──────────────▶│ publicação da decisão em │
        ╲ em 3 dias?  ╱               │ cartório                 │
         ╲(Art. 51,  ╱                │   (Art. 51, § 1º)        │
          ╲ caput) ╱                  └──────────────────────────┘
               │
             SIM                      ┌──────────────────────────┐
               │                      │ Corregedor, de ofício,   │
               ▼                      │ apurará o motivo do      │
   ┌───────────────────────┐          │ retardamento e proporá   │
   │ Apresentação da       │─────────▶│ ao TRE aplicação da      │
   │ sentença em cartório  │          │ penalidade cabível       │
   │ e publicação das      │          │   (Art. 51, § 3º)        │
   │ variações de nomes    │          └──────────────────────────┘
   │ deferidas aos         │
   │ candidatos e os       │
   │ sub judice            │
   │ (Art. 51, caput e §4º)│
   └───────────┬───────────┘
               ▼
             ( B )
```

A.2. – Processamento do Recurso para o TRE

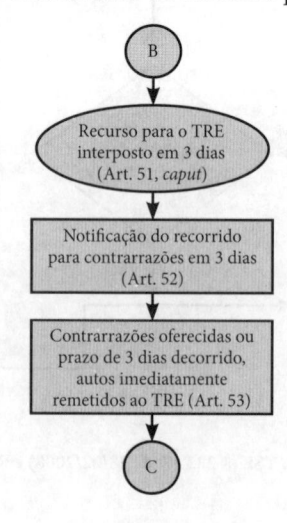

```
             ( B )
               │
               ▼
      ╱─────────────────╲
     ╱ Recurso para o TRE╲
     ╲ interposto em 3   ╱
      ╲  dias           ╱
       ╲(Art. 51, caput)╱
               │
               ▼
   ┌───────────────────────┐
   │ Notificação do        │
   │ recorrido para        │
   │ contrarrazões em 3    │
   │ dias (Art. 52)        │
   └───────────┬───────────┘
               ▼
   ┌───────────────────────┐
   │ Contrarrazões         │
   │ oferecidas ou prazo   │
   │ de 3 dias decorrido,  │
   │ autos imediatamente   │
   │ remetidos ao TRE      │
   │ (Art. 53)             │
   └───────────┬───────────┘
               ▼
             ( C )
```

ANEXO VIII
Fluxograma do registro de candidatura

B – No TRE

B.1. – Processamento do recurso

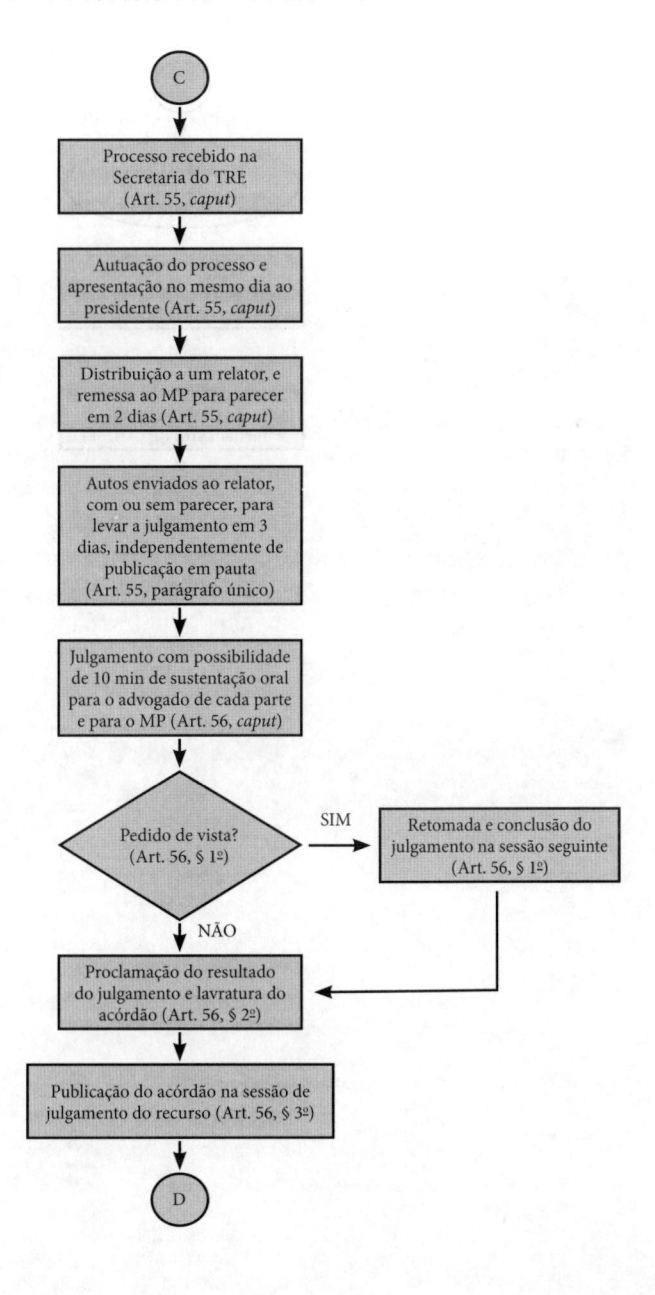

```
                    ( C )
                      ↓
        ┌─────────────────────────┐
        │ Processo recebido na    │
        │ Secretaria do TRE       │
        │ (Art. 55, caput)        │
        └─────────────────────────┘
                      ↓
        ┌─────────────────────────┐
        │ Autuação do processo e  │
        │ apresentação no mesmo   │
        │ dia ao presidente       │
        │ (Art. 55, caput)        │
        └─────────────────────────┘
                      ↓
        ┌─────────────────────────┐
        │ Distribuição a um       │
        │ relator, e remessa ao   │
        │ MP para parecer em 2    │
        │ dias (Art. 55, caput)   │
        └─────────────────────────┘
                      ↓
        ┌─────────────────────────┐
        │ Autos enviados ao       │
        │ relator, com ou sem     │
        │ parecer, para levar a   │
        │ julgamento em 3 dias,   │
        │ independentemente de    │
        │ publicação em pauta     │
        │ (Art. 55, parágrafo     │
        │ único)                  │
        └─────────────────────────┘
                      ↓
        ┌─────────────────────────┐
        │ Julgamento com          │
        │ possibilidade de 10 min │
        │ de sustentação oral     │
        │ para o advogado de cada │
        │ parte e para o MP       │
        │ (Art. 56, caput)        │
        └─────────────────────────┘
                      ↓
              ◇ Pedido de vista?      SIM    ┌──────────────────────┐
              ◇ (Art. 56, § 1º) ────────────→│ Retomada e conclusão │
                      │                      │ do julgamento na     │
                     NÃO                     │ sessão seguinte      │
                      ↓                      │ (Art. 56, § 1º)      │
        ┌─────────────────────────┐          └──────────────────────┘
        │ Proclamação do resultado│←─────────────────┘
        │ do julgamento e         │
        │ lavratura do acórdão    │
        │ (Art. 56, § 2º)         │
        └─────────────────────────┘
                      ↓
        ┌─────────────────────────┐
        │ Publicação do acórdão   │
        │ na sessão de julgamento │
        │ do recurso              │
        │ (Art. 56, § 3º)         │
        └─────────────────────────┘
                      ↓
                    ( D )
```

ANEXO IX
Fluxograma do registro de candidatura

B – No TRE

B.2. – Processamento do recurso para o TSE

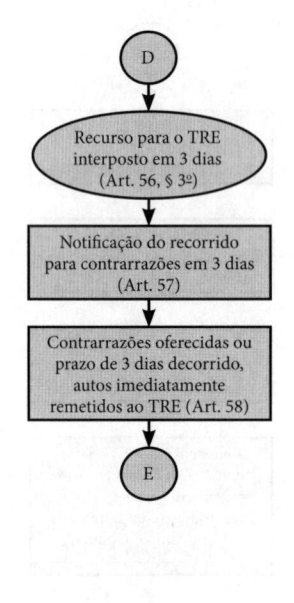

```
            ( D )
              ↓
   ┌───────────────────────┐
   │  Recurso para o TRE   │
   │  interposto em 3 dias │
   │    (Art. 56, § 3º)    │
   └───────────────────────┘
              ↓
   ┌───────────────────────┐
   │ Notificação do recorrido │
   │ para contrarrazões em 3 dias │
   │        (Art. 57)      │
   └───────────────────────┘
              ↓
   ┌───────────────────────┐
   │ Contrarrazões oferecidas ou │
   │  prazo de 3 dias decorrido, │
   │    autos imediatamente    │
   │  remetidos ao TRE (Art. 58) │
   └───────────────────────┘
              ↓
            ( E )
```

ANEXO X
Fluxograma do registro de candidatura

C – No TSE

C.1. – Processamento do recurso

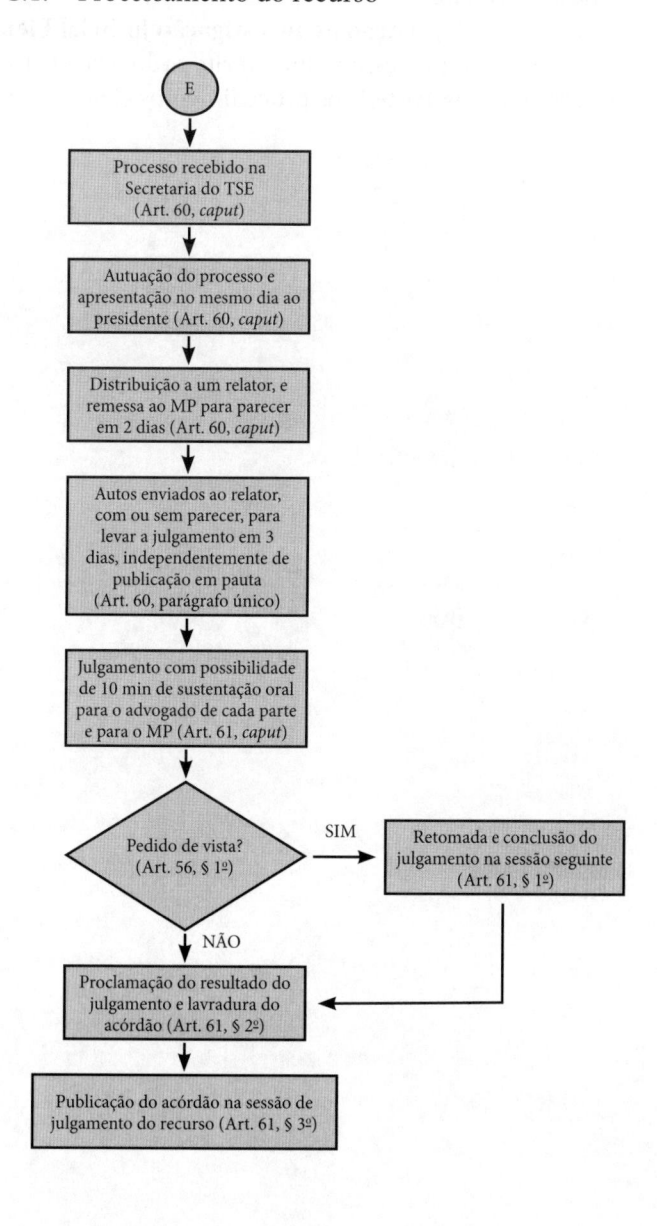

```
                    ( E )
                      │
                      ▼
        ┌──────────────────────────┐
        │ Processo recebido na     │
        │ Secretaria do TSE        │
        │ (Art. 60, caput)         │
        └──────────────────────────┘
                      │
                      ▼
        ┌──────────────────────────┐
        │ Autuação do processo e   │
        │ apresentação no mesmo    │
        │ dia ao presidente        │
        │ (Art. 60, caput)         │
        └──────────────────────────┘
                      │
                      ▼
        ┌──────────────────────────┐
        │ Distribuição a um        │
        │ relator, e remessa ao MP │
        │ para parecer em 2 dias   │
        │ (Art. 60, caput)         │
        └──────────────────────────┘
                      │
                      ▼
        ┌──────────────────────────┐
        │ Autos enviados ao        │
        │ relator, com ou sem      │
        │ parecer, para levar a    │
        │ julgamento em 3 dias,    │
        │ independentemente de     │
        │ publicação em pauta      │
        │ (Art. 60, parágrafo único)│
        └──────────────────────────┘
                      │
                      ▼
        ┌──────────────────────────┐
        │ Julgamento com           │
        │ possibilidade de 10 min  │
        │ de sustentação oral para │
        │ o advogado de cada parte │
        │ e para o MP (Art. 61,    │
        │ caput)                   │
        └──────────────────────────┘
                      │
                      ▼
              ╱ Pedido de   ╲      SIM    ┌──────────────────────┐
             ╱  vista?       ╲──────────▶│ Retomada e conclusão │
             ╲ (Art. 56, §1º)╱            │ do julgamento na     │
              ╲             ╱             │ sessão seguinte      │
                   │ NÃO                  │ (Art. 61, §1º)       │
                   ▼                      └──────────────────────┘
        ┌──────────────────────────┐                │
        │ Proclamação do resultado │◀───────────────┘
        │ do julgamento e lavradura│
        │ do acórdão (Art. 61, §2º)│
        └──────────────────────────┘
                      │
                      ▼
        ┌──────────────────────────┐
        │ Publicação do acórdão na │
        │ sessão de julgamento do  │
        │ recurso (Art. 61, §3º)   │
        └──────────────────────────┘
```

3.1.1.5. Procedimento ordinário eleitoral cível

É o procedimento mais longo do direito eleitoral e é usado na Aije (**Ação de Investigação Judicial Eleitoral**), na Arcisu (**Ação de Reclamação de Captação Irregular de Sufrágio**), na Arci (**Ação de Reclamação de Contas Irregulares**), na Ardi (**Ação de Reclamação às Doações Irregulares**) e na Arconve (**Ação de Reclamação de Condutas Vedadas**).

Leia o rito da Aije (**Ação de Investigação Judicial Eleitoral**) e você terá uma boa noção de como é o processamento do rito ordinário eleitoral cível.

Estudaremos na Parte II os procedimentos eleitorais penais.

4. Das Nulidades dos Votos

4.1. AS CONSEQUÊNCIAS DA NULIDADE DOS VOTOS

4.1.1. Teoria do aproveitamento dos votos condicionados à validade do registro

Seguindo a teoria da conta e do risco é possível que o "candidato" seja "eleito", mas o aproveitamento dos votos ficará condicionado ao deferimento do registro impugnado.

A teoria do aproveitamento dos votos condicionados à validade do registro está prevista no art. 150 da Resolução nº 22.712/2008, *in verbis*:

> Serão nulos para todos os efeitos os votos dados a candidatos inelegíveis ou não registrados, assim considerados aqueles que, no dia da votação, não possuírem registro, ainda que haja recurso pendente de julgamento, **hipótese em que a validade do voto ficará condicionada à obtenção do registro**.

Considerando as posições atuais do **TSE**, podemos solucionar as diversas situações no contexto prático, a saber:

a) Nulidade na eleição proporcional

Se for cassado um candidato eleito que concorreu à eleição proporcional, por exemplo: senador, deputado federal, deputado estadual ou vereador, haverá, no contexto prático, duas situações:

Primeira:
O candidato não se encontrava elegível na data do seu registro ou da eleição, recorreu e disputou a eleição por conta e risco; posteriormente, a sentença que cassou seu registro foi confirmada.

Solução jurídica: Os votos que a ele foram atribuídos são considerados nulos para todos os efeitos.

Fundamento: Art. 175, § 3º, do CE, *in verbis*:

> Art. 175. (...)
> § 3º Serão nulos, para todos os efeitos, os votos dados a candidatos inelegíveis ou não registrados.

Ainda haverá três consequências:
a) como os votos são nulos, não podem ser computados para a legenda;

b) deve ser realizado um novo cálculo do quociente eleitoral;
c) deverá assumir o primeiro suplente.

No mesmo sentido o entendimento dominante do TSE:

> Agravo de Instrumento nº 313-06/BA. Relator: Ministro Marco Aurélio. Ementa: Eleições Proporcionais. Registro. Indeferimento. Votos. Nulidade. Uma vez ocorrendo o trânsito em julgado do indeferimento do registro de certo candidato em data anterior à das eleições, descabe cogitar de cômputo dos votos para a legenda. DJE 30/06/2011. Noticiado no *Informativo* nº 14/2011.

> O Colendo Tribunal Superior Eleitoral vem reiteradamente decidindo que, "cassado o registro do candidato antes da eleição, e não revertida essa situação nas instâncias superiores, os votos são nulos, para todos os efeitos, inclusive para a legenda, nos termos do § 3º do art. 175 do Código Eleitoral, pouco importando a atribuição de efeito suspensivo a recurso interposto contra aquela decisão (Recurso Especial Eleitoral nº 26.089 – Rel. Ministro Arnaldo Versiani – DJ 01/02/2008). Segurança denegada (Mandado de Segurança 189 (202). TRE/ES. Rel. Sérgio Bizzotto Pessoa de Mendonça. J. 24/08/2009. Unânime. *DOE*, 04/09/2009, p. 03).

> 1. A interpretação dos §§ 3º e 4º do art. 175 do Código Eleitoral demonstra que deve prevalecer a situação jurídica do candidato no momento da eleição. (TSE, RCED nº 674, de minha relatoria, DJ 24/04/2007 e TSE, MS nº 3.100/MA, Rel. Min. Sepúlveda Pertence, DJ 07/02/2003). 2. O candidato Carlos Augusto Vitorino Cavalcante, no momento da eleição municipal, não tinha registro de candidatura deferido, circunstância que impõe a anulação dos votos a ele conferidos. No caso concreto, o indeferimento do registro decorreu de inelegibilidade por rejeição das suas contas. O acórdão que indeferiu seu registro de candidatura transitou em julgado em 14/10/2004. 3. Em se tratando de eleições proporcionais, o provimento integral do apelo do recorrente não pode ser deferido nesta instância em razão da implicação da nulidade de votos para o coeficiente eleitoral. 4. Esta Corte, no julgamento do MS nº 3.525/PA, Rel. Min. Carlos Ayres Britto, sessão de 05/06/2007, interpretando o art. 175, § 3º, do Código Eleitoral, assentou entendimento de que são nulos os votos conferidos a candidato que teve seu registro de candidatura indeferido antes da eleição, ainda que sem trânsito em julgado, mas após a geração das tabelas para cargo das urnas eleitorais. 5. Recurso especial provido para declarar nulos os votos conferidos a Carlos Augusto Vitorino Cavalcante, determinando-se o recálculo do quociente eleitoral (Recurso Especial Eleitoral 27.041. TSE/CE. Rel. José Augusto Delgado. J. 12/06/2007. Unânime. DJ 08/08/2007).

> Indeferido ou cassado o registro antes do pleito eleitoral, a mera pendência de recurso contra tal decisão não assegura ao candidato nem ao partido a contagem de voto para qualquer efeito. A validade dos votos obtidos pelo candidato fica condicionada à reforma da decisão que indeferiu o seu registro. Inteligência do art. 175, § 3º, do Código Eleitoral e art. 71, § 1º, da Resolução TSE nº 21.635. Não se trata de impossibilidade jurídica do pedido e sim improcedência do mesmo. Possível o julgamento do Mérito pelo Tribunal quando a causa estiver madura para imediato julgamento (Recurso Eleitoral 1.170 (45). TRE/ES. Rel. Telêmaco Antunes de Abreu Filho. J. 02/03/2009. Unânime. *DOE*, 18/03/2009, p. 03).

Segunda:
Podemos citar dois exemplos:
1º: O candidato requereu seu registro e o juiz indeferiu, houve recurso e o **TRE** deferiu. Os opositores ou o Ministério Público Eleitoral recorreram para o **TSE**. O candidato disputou a eleição e foi "eleito", mas, posteriormente, em grau recursal o **TSE** indeferiu o registro.
2º: O candidato se encontrava elegível na data do seu registro ou da eleição, teve a candidatura impugnada, recorreu e disputou a eleição por conta e risco; posteriormente, seu diploma foi cassado por decisão transitada em julgado.

Solução jurídica: Os votos que a ele foram atribuídos devem ser aproveitados.
Fundamento: Art. 175, § 4º, do CE, *in verbis*:

> Art. 175. (...)
>
> § 4º O disposto no parágrafo anterior não se aplica quando a decisão de inelegibilidade ou de cancelamento de registro for proferida após a realização da eleição a que concorreu o candidato alcançado pela sentença, caso em que os votos serão contados para o partido pelo qual tiver sido feito o seu registro.

Ainda haverá duas consequências:
a) não será necessário realizar um novo cálculo do quociente eleitoral;
b) como os votos não são nulos, podem os mesmos ser computados para a legenda;
c) deverá assumir o segundo mais votado do partido a quem foram creditados os votos.

Em suma: A interpretação dos §§ 3º e 4º do art. 175 do Código Eleitoral demonstra que deve prevalecer a situação jurídica do candidato no momento da eleição.
No mesmo sentido, o entendimento dominante do TSE:

> A contagem dos votos para a legenda, conforme a regra do § 4º do art. 175 do CE, se dá quando o candidato, até a data da eleição, tiver a seu favor uma decisão, mesmo que *sub judice*, que lhe defira o registro e, posteriormente, essa decisão seja reformada, negando-se o registro. Precedentes. Agravo regimental desprovido (Agravo Regimental em Agravo de Instrumento 6.588. TSE/MG. Rel. José Gerardo Grossi. J. 27/02/2007. Unânime. DJ 19/03/2007);.
>
> Cômputo de votos do candidato impugnado para a legenda do partido político ao qual for filiado. Inteligência do art. 175, § 4º, do Código Eleitoral. Não cabimento de pedido de modificação de quocientes eleitoral e partidário. Recurso a que se nega provimento (Recurso Eleitoral 12072005 (515). TRE/MG. Rel. Antônio Romanelli. J. 25/04/2006. Unânime. *DJMG*, 20/06/2006).

b) Nulidade na eleição majoritária
Se for cassado um candidato eleito que concorreu a eleição majoritária, por exemplo, presidente, governador e prefeito, haverá, no contexto prático, duas situações:

Primeira:
O candidato não se encontrava elegível na data do seu registro ou da eleição, recorreu e disputou a eleição por conta e risco, venceu a eleição no **segundo** turno, mas, posteriormente, a sentença que cassou seu registro foi confirmada.
Solução jurídica: Deve assumir o segundo colocado na disputa eleitoral do segundo turno.

Segunda:
O candidato não se encontrava elegível na data do seu registro ou da eleição, recorreu e disputou a eleição por conta e risco, venceu a eleição no **primeiro** turno, mas, posteriormente, a sentença que cassou seu registro foi confirmada.
Como a eleição foi decidida em primeiro turno, devemos considerar duas hipóteses no contexto prático:

1ª hipótese: Caso o candidato tenha sido eleito com "**menos de 50% dos votos válidos**", os votos atribuídos a este candidato serão anulados.
Solução jurídica: Deve assumir o segundo colocado.
No mesmo sentido o entendimento dominante do TSE:

> Nos termos do art. 224 do CE e da jurisprudência do TSE, somente há nova eleição se a nulidade atingir mais da metade dos votos válidos. Para fins de aplicação do dispositivo (art. 224, CE). Precedentes (REsp nº 25.585/GO e MS nº 3.438/SC). Agravo regimental desprovido (Agravo Regimental em Agravo de Instrumento 6.505. TSE/MA. Rel. José Gerardo Grossi. J. 09/08/2007. Unânime. DJ 29/08/2007).

2ª hipótese: Caso o candidato tenha sido eleito com "**mais de 50% dos votos válidos**", os votos atribuídos a "todos" os candidatos serão anulados.
Solução jurídica: Devem ser realizadas novas eleições.
Fundamento: Art. 224 do Código Eleitoral, *in verbis*:

> Art. 224. Se a nulidade atingir a mais de metade dos votos do País nas eleições presidenciais, do Estado nas eleições federais e estaduais ou do município nas eleições municipais, julgar-se-ão prejudicadas as demais votações, e o Tribunal marcará dia para nova eleição dentro do prazo de 20 (vinte) a 40 (quarenta) dias.

Neste caso, as eleições podem ser diretas ou indiretas.

a) Quando a eleição será direta
Caso a vacância nos cargos de titular e vice tenham se dado no primeiro biênio do mandato, as eleições serão diretas e serão realizadas dentro do prazo supracitado.

b) Quando a eleição será indireta:
Caso a vacância nos cargos de titular e vice tenha ocorrido no segundo biênio, as eleições serão indiretas, assumindo o presidente do Poder Legislativo, até que seja escolhido um novo chefe do Poder Executivo.

No mesmo sentido o entendimento dominante do TSE:

> Questão de ordem. Caso peculiar. Ação de impugnação de mandato eletivo. Pedido julgado procedente. Cassação de prefeito eleito com mais da metade dos votos válidos no pleito de 2004. Indevida postergação na execução do julgado. Realização de novo pleito no último biênio do mandato. Nova eleição na modalidade indireta. Inteligência do art. 81, § 1º, da Constituição Federal. Comunicação imediata ao TRE da Bahia e ao presidente da câmara municipal de Sátiro Dias/BA. Precedentes. Tendo em vista a peculiaridade do caso, a realização de novas eleições no Município de Sátiro Dias/BA, a menos de quatro meses do fim do mandato, deve ocorrer na forma indireta, por aplicação do art. 81, § 1º, da Constituição Federal (Agravo Regimental em Recurso Especial Eleitoral 28.194. TSE/BA. Rel. Joaquim Benedito Barbosa Gomes. J. 11/09/2008. Unânime. DJE 17/10/2008, p. 06).

4.1.2. Quem deve marcar a nova eleição

Caso a eleição seja para presidente, a nova eleição será designada pelo **TSE**. No caso de eleição para Governador ou Prefeito, a competência será do **TRE**.

A controvérsia seria na eleição de prefeito, mas já é pacífico que:

> Eleição indireta pela Câmara de Vereadores. Aplicabilidade do art. 81 da Constituição Federal. Incompetência do juízo singular para designação de eleição. Art. 224 do Código Eleitoral. Competência do Tribunal. Recurso provido (Recurso Eleitoral 1.200 (4.895). TRE/AL. Rel. Francisco Malaquias de Almeida Júnior. J. 05/12/2007. DOE, 06/12/2007, p. 97/98).

4.1.3. Os votos que não podem ser computados

Para fins de aplicação do art. 224 do Código Eleitoral, não se somam aos votos anulados em decorrência da prática de captação ilícita de sufrágio os votos nulos por manifestação apolítica de eleitores.[1]

4.1.4. Quem não pode participar da nova eleição

Nos termos da jurisprudência do TSE, havendo renovação da eleição, em obediência ao art. 224 do CE, o candidato que tiver dado causa à nulidade da eleição não poderá participar da renovação do pleito, em respeito ao princípio da razoabilidade.[2]

4.1.5. O candidato *sub judice* e a nulidade dos votos

Em relação à situação dos votos dos candidatos que disputaram a eleição com registro *sub judice*, o **STF** começa a elucidar o caso:

> Com o advento da Lei nº 12.034/2009, acrescentou-se o art. 16-A à Lei das Eleições, cujo parágrafo único dispõe que **o cômputo, para o respectivo partido ou coliga-**

---

[1] No mesmo sentido: Ac.-TSE, de 29/06/2006, no MS 3.438 e de 05/12/2006, no Recurso Especial Eleitoral 25.585.
[2] No mesmo sentido: Agravo regimental desprovido. Agravo Regimental em Recurso Especial Eleitoral 26.140. TSE/PB. Rel. Ari Pargendler. J. 12/06/2007. Unânime. DJ 01/08/2007; Ac.-TSE, de 10/10/2006 Recurso Especial Eleitoral 26.018, de 12/06/2007; Recurso Especial Eleitoral 26.140; e Recurso Especial Eleitoral 28.116, de 02/08/2007).

ção, dos votos atribuídos ao candidato cujo registro esteja *sub judice* no dia da eleição, fica condicionado ao deferimento do registro do candidato. As dúvidas a respeito da interpretação da norma, notadamente no que se refere à expressão *sub judice*, foram dirimidas pelo Tribunal Superior Eleitoral no julgamento do MS nº 4.034-63/AP em 15.12.2010. **Naquela oportunidade, o Tribunal Superior Eleitoral, por maioria, entendeu que registro *sub judice* é todo aquele que foi impugnado, independentemente se deferido ou indeferido.** A consequência dessa conclusão é a de que, **havendo a confirmação do indeferimento do registro, pouco importa a situação do registro do candidato no dia da eleição, pois os votos não poderão ser computados para o partido.**

Assentou-se, assim, que o § 4º do art. 175 do Código Eleitoral foi revogado pelo parágrafo único do art. 16-A da Lei nº 9.504/97. Como corolário, tem-se que **os votos conferidos a candidatos com registro deferido no dia do pleito, mas posteriormente indeferidos, serão nulos para todos os efeitos.** Registre-se que a questão está submetida à consideração do Supremo Tribunal Federal, por meio da ADI nº 4.542/DF. Sendo assim, para as eleições de 2010, **o cômputo dos votos atribuídos a candidatos cujos registros estejam *sub judice* no dia da eleição, para o respectivo partido político, fica condicionado ao deferimento desses registros, nos termos do art. 16-A da Lei nº 9.504/97.** Cumpre informar que o Ministro Marco Aurélio, relator originário do acórdão, possui entendimento divergente, tendo em vista considerar inconstitucional o parágrafo único do art. 16-A da Lei nº 9.504/97. O Ministro Marco Aurélio esclarece que o parágrafo único do artigo 16-A, ao dispor que o cômputo dos votos para o partido fica na dependência do deferimento do registro, não é consentâneo com a Constituição, considerada a natureza da eleição proporcional, a ênfase conferida aos partidos políticos e, mais do que isso, a razoabilidade. Do contrário, o sistema proporcional, calcado, acima de tudo, na importância das legendas, estaria ferido de morte. Assim, para o eminente relator, indeferido o registro, os votos vão para a legenda, viabilizadas as contas previstas nos artigos 106 e 107 do Código Eleitoral relativas aos quocientes eleitoral e partidário. Nesse entendimento, o Tribunal, por maioria, indeferiu a ordem, nos termos do voto da Ministra Nancy Andrighi (Mandado de Segurança 4.223-41/RO. Rel. Min. Marco Aurélio, em 30/06/2011).

Parte II

DIREITO PROCESSUAL ELEITORAL PENAL

1 Introdução ao Estudo do Direito Processual Penal Eleitoral

1.1. ESTUDO DOUTRINÁRIO E JURISPRUDENCIAL DOS PRINCÍPIOS PROCESSUAIS ELEITORAIS PENAIS

1.1.1. Princípio do Juiz Eleitoral natural

Entende-se por juiz eleitoral natural ou constitucional o órgão do Estado que, por previsão constitucional, esteja investido de jurisdição e que exerça este poder de julgar dentro das atribuições fixadas por lei, segundo as prescrições constitucionais. Portanto, para que um órgão se eleve à categoria de juiz natural, podendo assim exercer validamente a função jurisdicional, necessário se torna que esse poder de julgar esteja previsto na Magna Carta.

O juiz natural eleitoral é somente aquele integrado no Poder Judiciário, com todas as garantias institucionais e pessoais previstas na Constituição Federal. Assim, afirma Celso de Mello que somente os juízes, tribunais e órgãos juridicionais previstos na Constituição se identificam ao juiz natural, princípio que se estende ao poder de julgar também previsto em outros órgãos, como o Senado, nos casos de impedimento de agentes do Poder Executivo.[1]

Segundo esse princípio, o autor do ilícito só pode ser processado e julgado perante o órgão a que a Constituição Federal, implícita ou explicitamente, atribui a competência para o julgamento.

De acordo com a nova Constituição Federal, "*Ninguém será processado nem sentenciado senão pela autoridade competente*" (art. 5º, LIII) e "*não haverá juízo ou tribunal de exceção*" (art. 5º, XXXVII).

O referido princípio deve ser interpretado em sua plenitude, de forma a não só se proibir a criação de tribunais ou juízos de exceção, mas também de se exigir respeito absoluto às regras objetivas de determinação de competência, para que não seja afetada a independência e imparcialidade do órgão julgador.[2]

Seu contraponto é a vedação ao juízo ou tribunal de exceção (art. 5º, XXXVII, da CF), ou seja, a nomeação de um juiz ou a constituição de um tribunal, após a prática do delito, especialmente para julgar o seu autor. Logicamente, havendo um juízo

---

[1] Mello Filho, José Celso. A Tutela Judicial da Liberdade. In: RT, 526/291.
[2] No mesmo sentido, Moraes, Alexandre de. *Direito Constitucional*. 7. ed. São Paulo: Atlas, 2000. p. 102.

de exceção, não se pode considerá-lo **natural**, vale dizer, previamente constituído e previsto em lei para julgar toda e qualquer infração, seja quem for o seu autor. Esse juízo de exceção tem enorme possibilidade de não ser imparcial justamente porque foi criado para analisar um caso concreto já ocorrido. Assim, pelas regras constitucionais, todos têm direito a um julgador desapaixonado e justo, previamente existente. Isso não significa que eventuais alterações de competência, válidas para todas as pessoas, não possam ser imediatamente incorporadas e aplicadas.[3]

1.1.2. Princípio do Promotor Eleitoral natural

Veremos o princípio do Promotor Eleitoral natural no capítulo da persecução penal judicial.

1.1.3. Princípio acusatório eleitoral

No processo eleitoral criminal, em atendimento ao princípio acusatório, as funções de acusar, defender e julgar devem ser exercidas por pessoas distintas.

RESUMO DIDÁTICO

A) Ao juiz eleitoral caberá: julgar, dirimir conflitos e preservar os direitos fundamentais.

B) As partes farão a gestão da prova, com duas distinções:

1) o Ministério Público Eleitoral, na ação pública incondicionada, e o querelante, na ação privada subsidiária da pública incondicionada, **acusam**;

2) a defesa apresenta todas as teses possíveis para preservação do direito do acusado.

O amigo Tourinho Filho elenca as principais características do sistema acusatório:

a) o contraditório como garantia político-jurídica do cidadão;

b) as partes, acusador e acusado, em decorrência do contraditório, encontrando-se em situação de igualdade;

c) o processo é público, fiscalizável pelo olho do povo (excepcionalmente se permite uma publicidade restrita ou especial);

d) as funções de acusar, defender e julgar são atribuídas a pessoas distintas e, logicamente, não é dado ao juiz iniciar o processo (*ne procedat judex ex officio*);

e) o processo pode ser oral ou escrito;

f) existe, em decorrência do contraditório, igualdade de direitos e obrigações, pois *non debet licere actori, quod reo non permittitur*;

g) a iniciativa do processo cabe à parte acusadora, que poderá ser o ofendido ou seu representante legal, qualquer cidadão do povo ou órgão do Estado, função que hoje, em geral, cabe ao Ministério Público.

Acrescentamos à lição do renomado amigo as características infracitadas:

a) a gestão da prova, ou seja, a produção de provas, cabe exclusivamente às partes;

b) manutenção da imparcialidade real e plena por parte do juiz eleitoral;

---

[3] Nucci, Guilherme de Souza. *Código de Processo Penal Comentado*. 8. ed. São Paulo: Revista dos Tribunais, s.d.

c) ausência de provas tarifadas e adoção do princípio do livre convencimento motivado;
d) tutela jurisdicional (CF, art. 5º, XXXV);
e) possibilidade de coisa julgada;
f) garantia do juiz eleitoral natural (CF, art. 5º, XXXVII e LIII);
g) garantia do promotor eleitoral natural;
h) motivação dos atos decisórios (CF, art. 93, IX);
i) garantia do duplo grau de jurisdição;
j) repúdio às provas ilícitas;
l) adoção do princípio da não culpabilidade antecipada (CF, art. 5º, LVII);
m) o sistema é típico de Estados democráticos.

A Constituição Federal adotou o princípio acusatório ao atribuir ao Ministério Público a missão de alegar e provar os fatos criminais, portanto, adotou de forma expressa (art. 129, inciso I) o princípio acusatório.

O sistema acusatório é um imperativo do moderno processo penal, frente à atual estrutura social e política do Estado. Assegura a imparcialidade e a tranquilidade psicológica do juiz que irá sentenciar, garantindo o trato digno e respeitoso com o acusado, que deixa de ser mero objeto para assumir sua posição de autêntica parte passiva do processo penal.[4]

Para o presidente da comissão que estrutura o novo Código de Processo Penal, Hamilton Carvalhido (Ministro do STJ), "o juiz tem que julgar e deve se manter como tal. A acusação incumbe ao Ministério Público; a investigação, à polícia, e o julgamento, ao juiz, que não tem de produzir prova de ofício".[5]

1.1.4. Princípio da igualdade das partes

No processo eleitoral, seja cível ou criminal, as partes, embora figurem em polos opostos, situam-se processualmente no mesmo plano de igualdade, o que significa que direitos, deveres e obrigações são iguais. A igualdade é tão plena que podemos sintetizar o princípio com uma salutar frase de Carneiro Leão:[6] "Em juízo não pode o acusador sufocar o direito e as garantias do acusado, nem este pode burlar a ação da Justiça e os direitos do acusador."

O acusado não pode se defender sozinho, salvo se tiver habilitação técnica. Evita-se atentar contra o princípio da igualdade eleitoral, porque um órgão qualificado e técnico, como os representantes do Ministério Público Eleitoral, faria um duelo com o réu, em desigualdade de condições.

---

[4] No mesmo sentido: Lopes Jr., Aury. *Direito Processual Penal e sua Conformidade Constitucional*. 3. ed. Rio de Janeiro: Lumen Juris, 2008. v. I.
[5] Nota retirada da Exposição de Motivos do futuro Código de Processo Penal.
[6] *Apud*, Ferreira, Pinto. *Código eleitoral comentado*. 2. ed. São Paulo: Saraiva, 1990, p. 133.

1.1.4.1. Princípio da igualdade eleitoral e o Pacto de São José da Costa Rica

O princípio da igualdade é previsto na primeira parte do art. 1º do Pacto de São José da Costa Rica (Decreto nº 678/1992), *in verbis*:

> Art. 1º Os Estados-Partes nesta Convenção comprometem-se a respeitar os direitos e liberdades nela reconhecidos e a garantir seu livre e pleno exercício a toda pessoa que esteja sujeita à sua jurisdição, sem discriminação alguma por motivo de raça, cor, sexo, idioma, religião, opiniões políticas ou de qualquer outra natureza, origem nacional ou social, posição econômica, nascimento ou qualquer outra condição social.

E o art. 24: "*Todas as pessoas são iguais perante a lei. Por conseguinte, têm direito, sem discriminação, a igual proteção da lei.*"

1.1.5. Princípio do segredo da Justiça

É o oposto ao princípio da publicidade. Neste, não só os atos processuais se desenvolvem sem conhecimento público como, principalmente, de um dos sujeitos processuais (quase sempre o acusado).

A regra é o princípio da publicidade. Portanto, por ser excepcional, mostraremos que são poucas as hipóteses no processo eleitoral inspiradas no princípio do segredo, como exemplo, podemos antecipadamente citar que o trâmite da ação de impugnação de mandato eletivo deve ser realizado em segredo de justiça, mas o seu julgamento deve ser público.

1.1.6. Princípio do contraditório

O conceito lógico de contraditório pressupõe duas figuras dialéticas, a do dizer e a do contradizer.

O princípio do contraditório está umbilicalmente ligado ao da ampla defesa. Defesa e contraditório estão indissoluvelmente ligados, porquanto é do contraditório (visto em seu primeiro momento, da informação) que brota o exercício da defesa, porém, é esta – como poder correlato ao de ação – que garante o contraditório, mas também por este se manifesta e é garantida. Eis a íntima relação e interação da defesa e do contraditório.[7]

1.1.6.1. Princípio do contraditório eleitoral e o Pacto de São José da Costa Rica

O princípio do contraditório é previsto na primeira parte do art. 8º, 1, do Pacto de São José da Costa Rica (Decreto nº 678/1992), *in verbis*: "*Toda pessoa tem direito a ser ouvida, com as devidas garantias (...)*".

1.1.7. Princípio do devido processo legal

O chamado *due process of law* foi erigido à categoria de dogma constitucional. Veja o art. 5º, LIV, *in verbis*: "*Ninguém será privado da liberdade ou de seus bens sem o devido processo legal.*"

---

[7] Grinover, Ada Pellegrini; Fernandes, Antonio Scarance; Gomes Filho, Antonio Magalhães. *As Nulidades no Processo Penal*. 8. ed. São Paulo: RT, 2004. p. 104.

O *due process of law* consiste no direito de a pessoa não ser privada da liberdade e de seus bens, sem a garantia que supõe a tramitação de um processo desenvolvido na forma que estabelece a lei.[8]

1.1.8. Princípio da inadmissibilidade das provas obtidas por meios ilícitos

No princípio da inadmissibilidade das provas obtidas por meios ilícitos, veda-se no processo eleitoral cível ou criminal toda e qualquer prova obtida por meios ilícitos. Não será a mesma, em regra, admitida no juízo eleitoral.

Preconiza o inciso LVI do art. 5º da Constituição de outubro de 1988, *in verbis*: *"São inadmissíveis, no processo, as provas obtidas por meios ilícitos."*

1.1.9. Princípio da vedação da prova ilícita por derivação

A inadmissibilidade a que vimos de nos referir não se restringe apenas às provas obtidas ilicitamente, mas, inclusive, às ilícitas por derivação. Diz-se a prova eleitoral ilícita por derivação quando, embora recolhida legalmente, a autoridade, para descobri-la, fez emprego de meios ilícitos.

1.1.10. Princípio da não culpabilidade antecipada

De acordo com o art. 9º da Declaração dos Direitos do Homem e do Cidadão, de 1789, toda pessoa se presume inocente até que tenha sido declarada culpada, preceito reiterado no art. 26 da Declaração Americana de Direitos e Deveres, de 02/05/1948, e no art. 11 da Declaração Universal dos Direitos Humanos, da ONU.

Hoje, o princípio do estado de inocência é previsto no art. 5º, inciso LVII, da Constituição Federal, *in verbis*: *"Ninguém será considerado culpado até o trânsito em julgado de sentença penal condenatória."*

O princípio trata de uma presunção relativa (*juris tantum*), podendo ser destruída pelas provas colhidas durante a instrução do processo eleitoral criminal.

1.1.10.1. Princípio da não culpabilidade antecipada e o Pacto de São José da Costa Rica

O princípio da não culpabilidade antecipada é previsto na primeira parte do art. 8º, 2, do Pacto de São José da Costa Rica (Decreto nº 678/1992), *in verbis*: *"Toda pessoa acusada de delito tem direito a que se presuma sua inocência enquanto não se comprove legalmente sua culpa."*

1.1.11. Princípio *in dubio pro reo*

O *in dubio pro reo* é também um princípio do Direito Processual Eleitoral, pois existem normas instrumentais no direito eleitoral de efeito penal, que, assim como todas as normas de Direito Penal, estão sob a égide do *in dubio pro reo*, em matéria de exegese.

---

[8] Couture, Eduardo J. *Fundamentos del Derecho Procesal Civil*. Buenos Aires: De Palma, 1951. p. 45.

Posição dominante do STF:

> A culpabilidade não se presume. Deve ser provada. O princípio, hoje consagrado em documentos internacionais e em Constituições, inclusive a brasileira, art. 5º, LVII, inspira o Processo Penal – o contraditório, a plenitude da defesa, o *in dubio pro reo* e o ônus da prova a quem acusa. A presunção de inculpabilidade, pelo qual só é culpado o condenado por decisão trânsita em julgado, não exclui medidas cautelares, como a prisão processual, prevista na Constituição, art. 5º, LXI, ou em lei. Jurisprudência do STF.[9]

1.1.12. Princípio *in dubio pro societate*

O princípio em estudo é a contraposição do *in dubio pro reo*. Agora, na dúvida, não prevalece o interesse do réu, e sim o da sociedade.

EXEMPLOS DIDÁTICOS

1) Havendo indícios de que o réu cometeu o crime eleitoral, o juiz eleitoral deve receber a denúncia, pois nesta fase processual prevalece o interesse da sociedade, e não o do réu.

2) Na decretação da prisão preventiva eleitoral, também prevalece o princípio *in dubio pro societate*.

1.1.13. Princípio *tempus regit actum* ou princípio do efeito imediato

Ressalvado o preconizado no art. 16 da Constituição Federal,[10] a Lei Processual Eleitoral aplicar-se-á desde logo, sem prejuízo da validade dos atos realizados sob a vigência da lei anterior.

1.1.13.1. As consequências diretas oriundas do princípio *tempus regit actum*

Do princípio *tempus regit actum* derivam duas importantes consequências:

a) os atos processuais realizados sob a égide da lei anterior se consideram válidos;
b) as normas processuais têm aplicação imediata, regulando o desenrolar restante do processo.[11]

O fundamento lógico desse princípio é o de que a lei nova presumidamente é mais ágil, mais adequada aos fins do processo, mais técnica, mais receptiva das novas e avançadas correntes do pensamento jurídico.[12]

1.1.14. Princípio da ampla defesa

Por imposição constitucional, deve ser concedida ao acusado a mais ampla possibilidade de defesa.

---

[9] STF. RE 133.489/DF. 2ª Turma. Rel. Min. Paulo Brossard. DJU 08/06/2001, p. 20.
[10] A lei que alterar o processo eleitoral entrará em vigor na data de sua publicação, não se aplicando à eleição que ocorra até 1 (um) ano da data de sua vigência.
[11] No mesmo sentido, Tucci, Rogério Lauria. *Persecução Penal, Prisão e Liberdade*. São Paulo: Saraiva, 1980. p. 9. Nesse sentido: STF. RTJ, 93/94; RT, 548/411.
[12] No mesmo sentido, Jiménez, Hermando Londoño. *Derecho Procesal Penal*. Bogotá: Temis, 1982. p. 11.

Veja os incisos infracitados:

> Art. 5º da CF (...)
>
> LV – aos litigantes, em processo judicial ou administrativo, e aos acusados em geral são assegurados o contraditório e ampla defesa, com os meios e recursos a ela inerentes;
> (...)
> XXXVIII – é reconhecida a instituição do júri, com a organização que lhe der a lei, assegurados:
> a) a plenitude de defesa; (...)

1.1.14.1. Consequências diretas do princípio da ampla defesa

a) ter conhecimento claro da imputação;
b) poder acompanhar a prova produzida e fazer contraprova;
c) ter defesa técnica por advogado, cuja função, aliás, agora, é essencial à Administração da Justiça (art. 133 da CF);
d) poder recorrer da decisão desfavorável;
e) poder ser julgado por um juiz eleitoral imparcial.

1.1.15. Princípio *nemo inauditus damnari potest*

O princípio preconiza que "**ninguém pode ser condenado sem ser ouvido**".

Vale dizer, impede-se a tutela jurisdicional eleitoral sem que tenham sido obedecidos os princípios da ampla defesa e do contraditório, assegurando-se o regular e devido processo legal. Portanto, ninguém, em regra, pode ser condenado sem que seja ouvido, possibilitando-lhe a defesa de seus interesses.

Aliás, a audiência do réu não é algo que se lhe tenha deferido por generosidade ou liberalidade. Ela se inclui como exigência do interesse público da efetiva aplicação do direito legislado, consequentemente, a audiência do réu é interesse do próprio Estado legislador, como do Estado-juiz, na sua tarefa de tornar efetivo o direito legislado, quando desatendido ou violado pelo destinatário da norma.[13]

O princípio consagra o direito da livre informação vedando o inquisitivo, os procedimentos secretos. Foi o princípio *nemo inauditus damnari potest* que estabeleceu a nova redação ao art. 366 do Código de Processo Penal. Hoje, se o acusado no processo criminal eleitoral, citado por edital, não comparecer, nem constituir advogado, ficarão suspensos o processo e o curso do prazo prescricional, podendo o juiz eleitoral determinar a produção antecipada das provas consideradas urgentes e, se for o caso, decretar prisão preventiva.

1.1.16. Princípio do *ne bis in idem*

Ninguém pode ser punido duas vezes pelo mesmo fato. O princípio possui duplo significado:

---

[13] Passos, José Joaquim Calmon de. *Enciclopédia Saraiva do Direito*. Verbete "Direito de Defesa". São Paulo: Saraiva, 1977. v. 26, p. 138.

1º) Penal eleitoral material: ninguém pode sofrer duas penas em face do mesmo crime eleitoral.
2º) Processual eleitoral: ninguém pode ser processado e julgado duas vezes pelo mesmo fato. Entendemos, também, que ninguém pode ser indiciado mais de uma vez pela mesma infração eleitoral.

Posição dominante do STF e STJ:

> É firme o entendimento do STF e STJ no sentido da defesa do princípio *ne bis in idem*. Precedentes (STJ. REsp 200600708898 – 839691/SP; 6ª Turma; STF. Extrad. 871-2003 e RTJ 189/448).

1.1.16.1. Princípio do *ne bis in idem* e o Pacto de São José da Costa Rica

O princípio do *ne bis in idem* é previsto na primeira parte do art. 8º, 4, do Pacto de São José da Costa Rica (Decreto nº 678/1992), *in verbis*: "*O acusado absolvido por sentença passada em julgado não poderá ser submetido a novo processo pelos mesmos fatos.*"

1.1.17. Princípio da confissão pura

No direito eleitoral a confissão do réu, para fazer prova do delito, deve ser feita no juízo eleitoral competente, ser livre de vícios, coincidir com as circunstâncias do fato e ser corroborada com outras provas constantes nos autos.

1.1.17.1. Princípio da confissão pura e o Pacto de São José da Costa Rica

O princípio da confissão pura é previsto na primeira parte do art. 8º, 3, do Pacto de São José da Costa Rica (Decreto nº 678/1992), *in verbis*: "*A confissão do acusado só é válida se feita sem coação de nenhuma natureza.*"

1.1.18. Princípio da motivação das decisões (livre convencimento motivado)

O juiz eleitoral tem inteira liberdade de julgar; valorando as provas o magistrado forma o seu convencimento de maneira livre, embora deva apresentá-lo de modo fundamentado ao tomar decisões no processo.

No mesmo sentido o TSE:

> Ao juiz cabe o exame dos fatos e provas de acordo com a sua convicção. No caso, o relator motivou a formação do seu convencimento expondo as razões que o levaram a analisar com reserva esses testemunhos (Ac. 21.531, de 12/08/2004. Rel. Min. Peçanha Martins).

1.1.19. Princípio da imparcialidade do juiz eleitoral

Algo é totalmente inadmissível no Direito Processual Eleitoral: a **parcialidade do juiz eleitoral**. Se o Estado chamou para si a tarefa de dar a cada um o que é seu, essa missão não seria cumprida se, no processo, não houvesse imparcialidade do juiz eleitoral.

A imparcialidade não pode ser afetada, o que ocasionará a interposição da exceção de impedimento, incompatibilidade ou suspeição, nos termos dos arts. 252, 254 e 112, todos do Código de Processo Penal, se ele próprio não se antecipou, abstendo-se de atuar no feito.

1.1.20. Princípio da correlação entre a acusação e a sentença eleitoral

Estudaremos o princípio da correlação entre a acusação e a sentença eleitoral no capítulo sobre a *mutatio* e a *emendatio libelli* eleitoral.

2 Persecução Penal Eleitoral Extrajudicial

2.1. DO INQUÉRITO POLICIAL ELEITORAL

2.1.1. Noções didáticas sobre a matéria

O inquérito policial eleitoral é um procedimento de caráter administrativo que tem como objetivo a apuração da **autoria** e **materialidade** da infração eleitoral e tem como finalidade oferecer os elementos que servem à formação da *opinio delicti* do Promotor de Justiça Eleitoral, na ação penal pública incondicionada, ou do querelante, na ação penal eleitoral privada subsidiária da pública incondicionada e é presidido pela autoridade policial.

2.2. ATRIBUIÇÃO PARA REALIZAÇÃO DO INQUÉRITO EM CRIME ELEITORAL

A atribuição para realização do inquérito em crime eleitoral é da Polícia Federal.

Estabelece o art. 1º da Resolução nº 23.363/2011 (*editada para regular as eleições de 2012*) que:

> O Departamento de Polícia Federal ficará à disposição da Justiça Eleitoral, sempre que houver eleições, gerais ou parciais, em qualquer parte do Território Nacional (art. 2º do Decreto-lei nº 1.064, de 24 de outubro de 1968, e Res.-TSE nº 11.218, de 15 de abril de 1982).

Mas, nos locais onde inexistirem servidores da Polícia Federal, a Polícia Civil pode, em **atuação supletiva**, investigar e confeccionar o inquérito policial eleitoral em crime eleitoral.

Posição majoritária do TSE: O TSE, no Acórdão 16.048 – São Carlos (SP), considerou irrelevante a realização do inquérito pela Polícia Civil, ao decidir:

> Irrelevância de o inquérito ter sido realizado pela Polícia Estadual. A jurisprudência da Corte é no sentido de ser irrelevante ter o inquérito sido realizado pela Polícia Estadual, se a denúncia preenche os requisitos estabelecidos em lei. "Precedente: Acórdão 8.476" (DJU 14/04/2000, p. 96. Rel. Min. José Eduardo Rangel de Alckmin).

Havia controvérsia sobre o tema, mas a Resolução do TSE nº 23.363/2011 (*editada para regular as eleições de 2012*), elidiu a divergência:

> Art. 2º A Polícia Federal exercerá, com prioridade sobre suas atribuições regulares, a função de polícia judiciária em matéria eleitoral, limitada às instruções e requisições do Tribunal Superior Eleitoral, dos Tribunais Regionais ou dos Juízes Eleitorais (Res.-TSE nº 8.906, de 05 de novembro de 1970 e art. 94, § 3º, da Lei nº 9.504/1997).
>
> Parágrafo único. Quando no local da infração não existirem órgãos da Polícia Federal, a Polícia Estadual terá atuação supletiva (Res.-TSE nº 11.494, de 08 de outubro de 1982 e Acórdãos nºs 16.048, de 16 de março de 2000 e 439, de 15 de maio de 2003).

2.3. AUTORIDADE COMPETENTE PARA PRESIDIR O INQUÉRITO POLICIAL ELEITORAL

A Polícia Judiciária Eleitoral e a Polícia Investigativa Eleitoral serão exercidas pelas autoridades policiais no território de suas respectivas circunscrições e terão por fim a apuração das infrações penais e da sua autoria.

Há uma diferença entre Polícia Investigativa Eleitoral e Polícia Judiciária Eleitoral, aquela é a incumbida de fazer as investigações das infrações eleitorais, de elaborar o inquérito policial eleitoral, enquanto Polícia Judiciária Eleitoral é a destinada a cumprir as requisições dos Juízes Eleitorais e membros do Ministério Público Eleitoral.

2.4. AS CARACTERÍSTICAS DO INQUÉRITO POLICIAL ELEITORAL

2.4.1. Subsidiariedade

Uma das principais características do inquérito policial eleitoral é a subsidiariedade, ou seja, a maioria absoluta das características do inquérito policial comum é transportada para o inquérito policial eleitoral.

Diz o art. 12 da Resolução nº 23.363/2011 (*editada para regular as eleições de 2012*): "*Aplica-se subsidiariamente ao inquérito policial eleitoral o disposto no Código de Processo Penal*" (Res.-TSE nº 11.218, de 15 de abril de 1982).

2.4.2. Caráter discricionário

Frederico Marques afirma que as atribuições concedidas à polícia no inquérito policial eleitoral são de caráter **discricionário**, ou seja, têm elas a faculdade de operar ou deixar de operar, dentro, porém, de um campo cujos limites são fixados estritamente pelo direito.[1]

As palavras do renomado autor "(...) têm elas a faculdade de operar ou deixar de operar (...)" podem confundir o leitor, porque, havendo indícios de autoria, o delegado é obrigado (**princípio da obrigatoriedade**) a instaurar o procedimento inquisitorial eleitoral.

Portanto, esclarecemos que a discricionariedade da autoridade está ligada ao desenvolvimento de suas atividades para elucidar os fatos, ou seja, é lícito à autoridade policial, nos limites da lei, deferir ou indeferir qualquer pedido de prova feito pelo indiciado ou ofendido, havendo total análise da conveniência de tais requerimentos.

---

[1] Marques, José Frederico. *Elementos de Direito Processual Penal*. 16. ed. São Paulo: Forense, 1961. v. 1, p. 154-156.

EXEMPLO DIDÁTICO

Art. 14 do Código de Processo Penal, *in verbis*: "*O ofendido, ou seu representante legal, e o indiciado poderão requerer qualquer diligência,* **que será realizada, ou não, a juízo da autoridade**" (destaque nosso).

Quando afirmamos que "é lícito à autoridade policial, **nos limites da lei**, poder indeferir" é porque há uma exceção.

A única diligência que o delegado não pode indeferir é o exame de corpo de delito, "**quando o crime deixa vestígios**".

Fundamentos:

a) Art. 158 do Código de Processo Penal, *in verbis*: "Quando a infração deixar vestígios, será indispensável o exame de corpo de delito, direto ou indireto, não podendo supri-lo a confissão do acusado."

b) Art. 564 do Código de Processo Penal:

> Art. 564. A nulidade ocorrerá nos seguintes casos:
> (...)
> III – por falta das fórmulas ou dos termos seguintes:
> (...)
> b) o exame do corpo de delito nos crimes que deixam vestígios, ressalvado o disposto no art. 167;

Assim, o delegado pode indeferir o exame de corpo de delito, quando o crime "***não deixa***" vestígios; este exame pode ser suprido pela prova testemunhal, é a ilação lógica do art. 167 do Código de Processo Penal, *in verbis*: "*Não sendo possível o exame de corpo de delito, por haverem desaparecido os vestígios, a prova testemunhal poderá suprir-lhe a falta.*"

2.4.3. Obrigatoriedade

Havendo justa causa o delegado é obrigado a instaurar o inquérito policial eleitoral para a materialidade e a autoria do fato delituoso.

Cuidado: Não podemos confundir obrigatoriedade com discricionariedade.

RESUMO DIDÁTICO

A) A obrigatoriedade relaciona-se com a instauração do inquérito policial eleitoral.

B) A discricionariedade vincula-se com o desenvolvimento das investigações.

Havendo justa causa para instauração do inquérito o delegado não pode deixar de atender a requisição do Ministério Público Eleitoral, e o fundamento é o princípio da obrigatoriedade.

A maioria da doutrina defende que a requisição tem a natureza de "ordem" e não decorre de nenhuma hierarquia, e, sim, da obrigação legal prevista no art. 13, inciso II, do Código de Processo Penal.

2.4.4. Sigilosidade relativa

O inquérito policial eleitoral é, ainda, **sigiloso**, qualidade necessária para que possa a autoridade policial providenciar as diligências necessárias para a completa elucidação do fato.

Como já se afirmou, o sigilo no inquérito policial eleitoral, necessário à elucidação do fato ou exigido pelo interesse da sociedade, tem ação benéfica, profilática e preventiva, tudo em benefício do Estado e do cidadão.[2]

Veja o art. 20, parágrafo único, do Código de Processo Penal, *in verbis*:

> Art. 20. A autoridade assegurará no inquérito o sigilo necessário à elucidação do fato ou exigido pelo interesse da sociedade.
>
> Parágrafo único. Nos atestados de antecedentes que lhe forem solicitados, a autoridade policial não poderá mencionar quaisquer anotações referentes a instauração de inquérito contra os requerentes, salvo no caso de existir condenação anterior.

O sigilo é relativo porque não se aplica ao juiz eleitoral; e também não se estende ao Ministério Público Eleitoral, que pode acompanhar os atos investigatórios (art. 15, III, da LOMP – Lei Orgânica do MP).

Insta acentuar que não será qualquer juiz ou promotor que terá acesso aos autos, e, sim, o juiz eleitoral e o promotor de justiça eleitoral natural, é dizer, aquele que futuramente terá competência e atribuição para o processamento da ação penal.

O sigilo também é considerado relativo porque não se aplica ao advogado constituído – Estatuto da Advocacia, Lei nº 8.906/1994, art. 7, XIV, *in verbis*:

> Art. 7º São direitos do advogado:
>
> (...)
>
> XIV – Examinar em qualquer repartição policial, mesmo sem procuração, autos de flagrante e de inquérito, findos ou em andamento, ainda que conclusos à autoridade, podendo copiar peças e tomar apontamentos;

Embora o artigo supracitado permita ao advogado "mesmo sem procuração, autos de flagrante e de inquérito", é evidente que a norma não pode ser generalizada para todo e qualquer advogado, portanto, leia-se, o "advogado do investigado" pode mesmo sem procuração analisar os autos do inquérito policial eleitoral.

O texto da 14ª Súmula Vinculante diz o seguinte:

> É direito do defensor, no interesse do representado, ter acesso amplo aos elementos de prova que, já documentados em procedimento investigatório realizado por

---

[2] Lucca, José Carlos de. O Necessário Sigilo do Inquérito Policial Eleitoral. RT, 699/429-30.

órgão com competência de polícia judiciária, digam respeito ao exercício do direito de defesa.

Não será qualquer advogado que terá acesso aos autos, e, sim, o advogado constituído, é dizer, aquele que tem a procuração do investigado para que seja patrocinada a sua defesa.

Havendo recusa imotivada do delegado em não permitir o acesso do advogado aos autos do inquérito policial eleitoral, a medida é o mandado de segurança criminal, pois viola o direito líquido e certo do advogado, mas, se no caso em concreto houver prejuízo ao direito de locomoção do investigado, caberá *habeas corpus*.

O sigilo do inquérito pode ser decretado com o escopo de proteger a vítima, é o que dispõe o novo § 6º do art. 201, *in verbis*:

> Art. 201. (...)
>
> § 6º O juiz tomará as providências necessárias à preservação da intimidade, vida privada, honra e imagem do ofendido, podendo, inclusive, determinar o segredo de justiça em relação aos dados, depoimentos e outras informações constantes dos autos a seu respeito para evitar sua exposição aos meios de comunicação.

2.4.5. Inquisitividade

O inquérito policial eleitoral é expediente administrativo e inquisitorial, nele não existe defesa, pois não há lide, não há partes, portanto, os princípios do contraditório e da ampla defesa são observados exclusivamente na persecução penal judicial.

Conforme o **STF**:

> Inexistência do contraditório no inquérito policial. A inaplicabilidade da garantia do contraditório ao procedimento de investigação policial tem sido reconhecida tanto pela doutrina quanto pela jurisprudência dos Tribunais,[3] cujo magistério tem acentuado que a garantia da ampla defesa traduz elemento essencial e exclusivo da persecução penal em juízo.[4]

Dispõe o art. 306, § 1º, do Código de Processo Penal:

> Art. 306. (...)
>
> § 1º Dentro em 24h (vinte e quatro horas) depois da prisão, será encaminhado ao juiz competente o auto de prisão em flagrante acompanhado de todas as oitivas colhidas e, caso o autuado não informe o nome de seu advogado, cópia integral para a Defensoria Pública.

Na realidade, o artigo supracitado não instituiu o contraditório no inquérito policial eleitoral, e, sim, a ampla defesa no ato da prisão em flagrante.

---

[3] RT, 522/396.
[4] RT, 689/439.

A consequência da inobservância do preconizado no art. 306, § 1º, do Código de Processo Penal será o relaxamento da prisão com a **incontinenti** liberação do indiciado.

Como consequência da natureza inquisitiva do inquérito policial eleitoral, podemos citar:

a) não é obrigatória a presença de defensor no interrogatório do investigado;
b) não é permitido o advogado fazer reperguntas ao investigado ou às testemunhas;
c) não é possível opor suspeição às autoridades policiais nos atos do inquérito;
d) a autoridade policial pode, livremente, indeferir os pedidos de diligências feitos pelo ofendido ou pelo indiciado;
e) em regra, eventuais vícios ocorridos não contaminam a ação penal;
f) não é admissível assistente de acusação em procedimento inquisitorial eleitoral.

2.4.6. Dispensabilidade

O inquérito policial eleitoral é um procedimento necessário, mas não é imprescindível ao oferecimento de denúncia ou queixa-crime.

EXEMPLO DIDÁTICO

Caso Tício, titular da ação penal, tenha antecipadamente informações suficientes à caracterização da materialidade e indícios de autoria da infração eleitoral, não será necessária a instauração do procedimento inquisitorial eleitoral.

Fundamentos:

a) Art. 39, § 5º, do Código de Processo Penal, *in verbis*:

> Art. 39. (...)
> § 5º O órgão do Ministério Público Eleitoral dispensará o inquérito, se com a representação forem oferecidos elementos que o habilitem a promover a ação penal, e, neste caso, oferecerá a denúncia no prazo de 15 (quinze) dias.

b) Art. 46, § 1º, do Código de Processo Penal, *in verbis*:

> Art. 46. (...)
> § 1º Quando o Ministério Público Eleitoral dispensar o inquérito policial eleitoral, o prazo para o oferecimento da denúncia contar-se-á da data em que tiver recebido as peças de informações ou a representação.

2.4.7. Conteúdo de elementos informativos

Os elementos colhidos durante a investigação servem apenas para subsidiar a futura ação penal, portanto, em regra, não podem ser usados de "**forma exclusiva**" para fundamentar uma sentença condenatória.

Em regra, não será possível um juiz eleitoral fundamentar sua decisão exclusivamente nos elementos informativos colhidos na investigação policial eleitoral, mas há uma exceção.

O novo art. 155 do Código de Processo Penal, com redação dada pela Lei nº 11.690/2008, dispõe:

O juiz formará sua convicção pela livre apreciação da prova produzida em contraditório judicial, não podendo fundamentar sua decisão exclusivamente nos elementos informativos colhidos na investigação, ressalvadas as provas cautelares, não repetíveis e antecipadas.

EXEMPLO DIDÁTICO

Exemplo de uma prova que, embora produzida no procedimento inquisitorial eleitoral, pode ser usada na fundamentação de uma condenação é a prova pericial que, em razão da sua natureza, não poderá ser repetida. Esta prova será submetida ao chamado contraditório diferido ou postergado.

Com a reforma processual podemos concluir que a desobediência às formalidades legais pode acarretar a ineficácia do ato em si (prisão em flagrante, por exemplo), mas, entendemos que, em regra, os vícios no inquérito eleitoral não se projetam para a ação penal eleitoral que origina, exceto se tais vícios ocorrerem:

1) Nos elementos informativos colhidos de forma antecipada que não podem ser mais repetidos. Exemplo: exame pericial.

2) Nos elementos informativos colhidos em cautelares antecipadas. Exemplo: busca e apreensão.

Frederico Marques lecionava que

> A nulidade, porém, só atingirá os efeitos coercitivos da medida cautelar, e nunca o valor informativo dos elementos colhidos no auto de flagrante. O Juiz pode "relaxar" a prisão do indiciado, em virtude da nulidade do respectivo auto de flagrante delito; todavia o Ministério Público Eleitoral, com base nesse flagrante, que foi anulado para efeito de restaurar a liberdade do indiciado, também poderá oferecer denúncia contra este.[5]

2.4.8. Forma documental

Todos os atos produzidos oralmente no inquérito policial eleitoral são, em regra, reduzidos a termo.

Fundamento: Art. 9º do Código de Processo Penal, *in verbis*: *"Todas as peças do inquérito policial serão, num só processo, reduzidas a escrito ou datilografadas e, neste caso, rubricadas pela autoridade."*

A doutrina dominante ensina que uma das características básicas do inquérito policial eleitoral é a forma escrita (**documental**), mas a reforma processual penal trouxe uma novidade.

Preconizam os §§ 1º e 2º do art. 405 do Código de Processo Penal que:

> *Sempre que possível, o registro dos depoimentos do investigado, indiciado, ofendido e testemunhas será feito pelos meios ou recursos de gravação magnética, estenotipia, digital ou técnica similar, inclusive audiovisual, destinada a obter maior fidelidade das informações.*

No caso de registro por meio audiovisual, será encaminhada às partes cópia do registro original, sem necessidade de transcrição.

---

[5] Frederico Marques, José. *Elementos de direito processual penal.* 16. ed. São Paulo: Forense, 1961.

2.4.9. Indisponibilidade absoluta

Depois de instalado, não há mais disponibilidade, ou seja, a autoridade policial não poderá arquivar o procedimento policial eleitoral.

Fundamento: Art. 17 do Código de Processo Penal, *in verbis*: "*A autoridade policial não poderá mandar arquivar autos de inquérito.*"

2.4.10. Temporariedade

O inquérito policial eleitoral tem um tempo para ser encerrado; isto é, trata-se de um procedimento temporário.

Fundamento: Art. 5º, inciso LXXVIII, da Constituição Federal, *in verbis*: "*A todos, no âmbito judicial e administrativo, são assegurados a razoável duração do processo e os meios que garantam a celeridade de sua tramitação.*"

2.4.11. Conclusão delimitada (unidirecional)

O inquérito policial eleitoral tem a sua conclusão adstrita à indicação da materialidade e indícios suficientes da autoria, portanto, não cabe à autoridade policial fazer juízo de mérito, afirmando, por exemplo, que o indiciado agiu sobre o pálio da legítima defesa, estado de necessidade etc.

Também defendemos que, em regra, o delegado não pode fazer o relatório conclusivo indicando a tipificação do delito, esta função é do Ministério Público Eleitoral, que faz o chamado "juízo de tipicidade".

RESUMO DIDÁTICO

A) O delegado aponta os indícios da autoria e materialidade.
B) O Ministério Público Eleitoral faz o "juízo de tipicidade", ou seja, indica qual é o fato típico.
C) O Juiz Eleitoral faz o "juízo valorativo", isto é, faz o juízo de reprovação à conduta típica e antijurídica.

2.4.12. Oficialidade

Não há em nosso ordenamento jurídico inquéritos privados; somente órgãos públicos (**oficiais**) podem realizar inquéritos policiais.

2.4.13. Oficiosidade

A oficiosidade do inquérito policial eleitoral significa que seus procedimentos devem ser impulsionados **de ofício**, sem necessidade de provocação da parte ofendida ou de outros interessados, até sua conclusão final.

2.4.14. Instrumentalidade

O inquérito policial eleitoral é um instrumento[6] que tem como principal escopo oferecer subsídios para propositura da futura ação penal e destina-se a apurar a

---

[6] "Ato reduzido a escrito, em forma apropriada, para que se constitua um documento que o torne concreto, autêntico, provável e oponível contra terceiros."

notícia de um crime em tese, reunindo as provas indiciárias suficientes para que o Ministério Público Eleitoral ofereça a denúncia.

2.4.15. Legalidade

No procedimento investigatório só devem ser usados atos e procedimentos estritamente legais para descoberta da autoria e materialidade.

2.5. COMO SE INICIA O INQUÉRITO POLICIAL ELEITORAL

Dispõe o art. 3º da Resolução do TSE nº 23.363/2011 (*editada para regular as eleições de 2012*):

> Qualquer pessoa do povo que tiver conhecimento da existência de infração penal eleitoral em que caiba ação pública deverá, verbalmente ou por escrito, comunicá-la ao juiz eleitoral local (art. 356 do Código Eleitoral e art. 5º, § 3º, do Código de Processo Penal).

Em realidade, não há nenhum impedimento no fato de a *notitia criminis* eleitoral ser ofertada ao Promotor de Justiça Eleitoral ou diretamente ao Delegado de Polícia.

2.5.1. Os tipos de *notitia criminis* eleitoral

É com a *notitia criminis* que a autoridade policial dá início às investigações. A notícia do crime pode ser:

a) De cognição imediata (também chamada cognição direta ou espontânea)

Neste tipo de cognição a autoridade policial toma conhecimento do fato infringente da norma eleitoral por meio das suas atividades rotineiras, como, por exemplo:

a) o jornal publicou a respeito;
b) um dos agentes teve conhecimento do fato;
c) houve descoberta ocasional do corpo do delito;
d) o próprio autor procurou o delegado para confessar a prática de delito eleitoral.

b) De cognição mediata (também chamada cognição provocada)

A cognição mediata ocorre quando a autoridade policial toma conhecimento do fato por meio:

a) do requerimento da vítima ou de quem possa representá-la na ação penal subsidiária da pública incondicionada;
b) da requisição da autoridade judiciária eleitoral (**com divergência**);
c) da requisição do Ministério Público Eleitoral.

c) De cognição coercitiva

Ocorre no caso da prisão em flagrante, em que, junto com a *notitia criminis*, é apresentado à autoridade policial o autor da infração eleitoral.

d) De cognição apócrifa ou inqualificada

Ocorre quando a notícia é feita de forma anônima.

A autoridade policial não está obrigada a instaurar o inquérito policial eleitoral, pois a Constituição Federal, em seu art. 5º, IV, proíbe o anonimato.

Observação importante: No caso do item "**a**" (**cognição imediata**) e no do item "**d**" (**cognição apócrifa**), como no direito eleitoral o inquérito não pode ser iniciado por meio de portaria, o delegado recebe a *notitia criminis* de cognição imediata ou de cognição apócrifa e toma providências no sentido de averiguar as informações, constatando o indício de crime eleitoral, devendo comunicar o fato ao juiz eleitoral.

Nesse sentido o art. 6º da Resolução nº 23.363/2011 (*editada para regular as eleições de 2012*) foi bem claro: "*Quando tiver conhecimento da prática da infração penal eleitoral, a autoridade policial deverá informar imediatamente o juiz eleitoral competente (Res.-TSE nº 11.218, de 15 de abril de 1982).*"

2.5.2. As espécies de *delatio criminis* eleitoral

Não há diferença entre *notitia criminis* e *delatio criminis*. A doutrina afirma que há duas espécies de *delatio criminis*:

a) ***Delatio criminis* eleitoral simples:** é a simples comunicação do fato criminoso feita por qualquer pessoa.

b) ***Delatio criminis* eleitoral postulatória:** é a comunicação do fato eleitoral criminoso com o pedido de instauração do inquérito policial eleitoral. O pedido é feito por meio de requerimento da vítima ou de quem possa representá-la e também por meio da requisição formulada pelo representante do Ministério Público Eleitoral ou da autoridade judiciária eleitoral.

2.6. FORMAS DE INICIAR O INQUÉRITO POLICIAL ELEITORAL NOS CRIMES DE AÇÃO PENAL PÚBLICA INCONDICIONADA

Segundo o art. 5º do Código de Processo Penal, nos crimes de ação pública o inquérito policial será iniciado:

> I – de ofício;
>
> II – mediante requisição da autoridade judiciária ou do Ministério Público, ou a requerimento do ofendido ou de quem tiver qualidade para representá-lo.

No direito eleitoral é diferente, pois, segundo o art. 8º da Resolução nº 23.363/2011 (*editada para regular as eleições de 2012*),

> *o inquérito policial eleitoral somente será instaurado mediante requisição do Ministério Público ou da Justiça Eleitoral, salvo a hipótese de prisão em flagrante quando o inquérito será instaurado independentemente de requisição (Res.-TSE nº 8.906, de 05 de novembro de 1970 e 11.494, de 08 de outubro de 1982 e Acórdão nº 439, de 15 de maio de 2003).*

Portanto, segundo a resolução supracitada, só há três formas de iniciar o inquérito policial eleitoral:

a) por requisição do Ministério Público Eleitoral;
b) por requisição do juiz eleitoral (hipótese em que há controvérsia);
c) por auto de prisão em flagrante.

OBSERVAÇÕES DIDÁTICAS

A requisição é o meio pelo qual as autoridades retroapontadas levam ao conhecimento da Polícia Judiciária o cometimento de um crime cuja persequibilidade comporta ação penal pública incondicionada ou condicionada à representação e, ao mesmo tempo, determina à autoridade policial a instauração do procedimento administrativo cautelar de instrução provisória para a devida investigação.

A requisição deve descrever a conduta típica e apontar objetivamente o dispositivo legal que a conduta dos agentes teria violado.

2.7. A IMPOSSIBILIDADE DE O JUIZ ELEITORAL REQUISITAR INQUÉRITO POLICIAL ELEITORAL

Preconiza o art. 356 do Código Eleitoral que:

> Todo cidadão que tiver conhecimento de infração penal deste Código deverá comunicá-la ao Juiz Eleitoral da Zona onde a mesma se verificou.
>
> § 1º Quando a comunicação for verbal, mandará a autoridade judicial reduzi-la a termo, assinado pelo apresentante e por duas testemunhas, e a remeterá ao órgão do Ministério Público local, que procederá na forma deste Código.

Entendemos que o artigo supracitado, que autoriza a tomar iniciativa *ex officio* com o fito de impulsionar o procedimento inquisitivo eleitoral, não foi recepcionado pela Constituição Federal. Hoje, o sistema acusatório no processo penal brasileiro tem assento constitucional, o que não ocorria anteriormente. Assim, quando a Carta Magna preconiza, no seu art. 129, inciso I, ser exclusividade a iniciativa da propositura da ação penal pública ao Ministério Público Eleitoral, vedam-se ao juiz eleitoral os procedimentos *ex officio*, cujo interesse maior é dos titulares da ação penal.

• **Destaque do futuro no processo penal**

O futuro Código de Processo Penal tratará a matéria da mesma forma que estamos comentando, ou seja, o Processo Penal será reformulado para adotar o princípio acusatório, *in casu*, não existirá no ordenamento jurídico futuro a previsão de o juiz requisitar a instauração do procedimento inquisitorial eleitoral.

Esclarecemos que não é a atual posição do TSE que afirma, no art. 4º da Resolução do TSE nº 23.363/2011 (*editada para regular as eleições de 2012*):

> Art. 4º Recebida a notícia-crime, o juiz eleitoral a remeterá ao Ministério Público ou, quando necessário, à Polícia Judiciária Eleitoral, com requisição para instauração de inquérito policial (art. 356, § 1º, do Código de Processo Penal).

2.8. DOS PRAZOS PARA CONCLUIR O INQUÉRITO POLICIAL ELEITORAL

O prazo de conclusão do inquérito policial eleitoral não é previsto no Código Eleitoral, mas da leitura do Acórdão 330 do TSE e do art. 9º da Resolução do TSE nº 23.363/2011 (*editada para regular as eleições de 2012*), podemos dizer que o inquérito policial eleitoral deve ser concluído:

a) em até 10 (dez) dias, se o indiciado tiver sido preso em flagrante ou previamente;
b) em até 30 (trinta) dias, quando estiver solto.

A ultrapassagem do prazo para conclusão do inquérito policial eleitoral com indiciado preso tornará ilegal a prisão, e o indiciado deve ser imediatamente solto.

2.8.1. Dilação de prazo

O delegado pode requerer ao juiz a dilação de prazo para concluir o inquérito, mas a dilação do prazo deve obedecer a dois requisitos:

a) quando o fato for de difícil elucidação;
b) e o indiciado estiver solto.

No mesmo sentido o art. 9º, § 4º, da Resolução do TSE nº 23.363/2011 (*editada para regular as eleições de 2012*):

> Art. 9º (...)
> § 4º Quando o fato for de difícil elucidação e o indiciado estiver solto, a autoridade policial poderá requerer ao Juiz Eleitoral a devolução dos autos, para ulteriores diligências, que serão realizadas no prazo marcado pelo Juiz Eleitoral (Código de Processo Penal, art. 10, § 3º).

2.8.2. Consequências do pedido de dilação do prazo

A seguir listamos as consequências do pedido de dilação do prazo:

a) o juiz deve ouvir o Ministério Público Eleitoral;
b) se deferido, o inquérito deve ser concluído no prazo marcado pelo juiz;
c) como o Ministério Público Eleitoral é titular da ação penal eleitoral, caso o juiz indefira o pedido de prazo, apesar da concordância do representante do órgão *parquet*, poderá ser interposta correição parcial ou reclamação;
d) o pedido de dilação de prazo, estando o investigado solto, pode ser repetido quantas vezes seja necessário.

2.8.3. A formação de autos complementares

No direito eleitoral criou-se uma praxe que é a formação de autos do inquérito policial eleitoral complementar.

Com a leitura do exemplo infracitado você entenderá como funciona, na prática, a formação de autos suplementares.

Tício e Mévio estão sendo investigados. O promotor recebe o inquérito com pedido de dilação de prazo. Aponte a solução jurídica considerando que: o promotor de justiça eleitoral identifica que já há indícios suficientes de autoria contra Tício, mas, contra Mévio, os fatos devem ser mais bem investigados.

Solução jurídica: O promotor de justiça eleitoral deve:

a) denunciar Tício;
b) ofertar parecer pela dilação de prazo com formação de autos complementares contra Mévio;
c) ofertar parecer pela liberação de Mévio, porque, com a concessão da formação de autos complementares, haverá exaurimento do prazo para conclusão do inquérito policial eleitoral.

2.8.4. O excesso e o oferecimento da denúncia

Posição dominante do STJ:

Com o oferecimento da denúncia e seu recebimento, fica superada a alegação de excesso de prazo para o término do IP (HC 6.741/PB. 5ª Turma).

2.8.5. Como fazer a contagem do prazo

Havia séria controvérsia se o prazo de conclusão do inquérito policial eleitoral era matéria processual penal ou penal.

A controvérsia era relevante porque:

a) se o prazo de conclusão do inquérito policial eleitoral fosse matéria processual, deveríamos aplicar o preconizado no art. 798, § 1º; do Código de Processo Penal, portanto, não se computaria no prazo o dia do começo; incluía-se, porém, o do vencimento;
b) se o prazo de conclusão do inquérito policial eleitoral fosse matéria penal, teríamos de usar a regra prevista no art. 10 do Código Penal, ou seja, devíamos computar no prazo o dia do começo e excluir o prazo final.

O art. 9º da Resolução nº 23.363/2011 (*editada para regular as eleições de 2012*) suprimiu a controvérsia adotando a segunda posição: "(...) *contado o prazo a partir do dia em que se executar a ordem de prisão (...)*".

Duas observações importantes ainda devem ser realizadas:

a) caso o início do prazo não seja em dia útil, não haverá prorrogação para o próximo dia útil;
b) caso o início do prazo seja em uma sexta-feira, com a segunda sendo feriado, não haverá prorrogação para o dia útil seguinte.

2.9. PRINCIPAIS INCUMBÊNCIAS DA AUTORIDADE POLICIAL

Diferentemente do que preconiza o Código de Processo Penal, estabelece o art. 6º da Resolução do TSE nº 23.363/2011 (*editada para regular as eleições de 2012*) que:

> Quando tiver conhecimento da prática da infração penal eleitoral, a autoridade policial deverá informar imediatamente o juiz eleitoral competente (Res.-TSE nº 11.218, de 15 de abril de 1982).
>
> Parágrafo único. Se necessário, a autoridade policial adotará as medidas acautelatórias previstas no art. 6º do Código de Processo Penal (Res.-TSE nº 11.218, de 15 de abril de 1982).

Os incisos do art. 6º do Código de Processo Penal dizem que, logo que tiver conhecimento da prática da infração penal, a autoridade policial deverá:

> I – dirigir-se ao local, providenciando para que não se alterem o estado e conservação das coisas, até a chegada dos peritos criminais;
>
> II – apreender os objetos que tiverem relação com o fato, após liberados pelos peritos criminais;
>
> III – colher todas as provas que servirem para o esclarecimento do fato e suas circunstâncias;
>
> IV – ouvir o ofendido;
>
> V – ouvir o indiciado, com observância, no que for aplicável, do disposto no Capítulo III do Título VII, deste Livro, devendo o respectivo termo ser assinado por 2 (duas) testemunhas que lhe tenham ouvido a leitura;
>
> VI – proceder a reconhecimento de pessoas e coisas e a acareações;
>
> VII – determinar, se for o caso, que se proceda a exame de corpo de delito e a quaisquer outras perícias;
>
> VIII – ordenar a identificação do indiciado pelo processo datiloscópico, se possível, e fazer juntar aos autos sua folha de antecedentes;
>
> IX – averiguar a vida pregressa do indiciado, sob o ponto de vista individual, familiar e social, sua condição econômica, sua atitude e estado de ânimo antes e depois do crime e durante ele, e quaisquer outros elementos que contribuírem para a apreciação do seu temperamento e caráter.

Há ainda outras incumbências da autoridade policial, quais sejam:

a) fornecer às autoridades judiciárias as informações necessárias à instrução e julgamento dos processos;
b) realizar as diligências requisitadas pelo Ministério Público Eleitoral;
c) cumprir os mandados de prisão expedidos pelas autoridades judiciárias;
d) representar acerca da prisão preventiva;
e) logo que chegue ao conhecimento da autoridade policial, a que incumbe a promoção do inquérito, a notícia, obtida por qualquer dos modos já examinados, de ocorrência, que se afigura infração eleitoral, entra ela em ação, para verificar se, efetivamente, se trata de um crime eleitoral, e para apontar o autor ou os autores.

2.9.1. O que o delegado deve fazer em caso de prisão em flagrante em crime eleitoral

O delegado efetua a prisão em flagrante, confecciona o auto de prisão em flagrante que dará início ao inquérito policial e em 24 horas, comunica o fato ao juiz eleitoral competente.

Estabeleceu o art. 7º da Resolução nº 23.363/2011 (*editada para regular as eleições de 2012*), *in verbis*:

> Art. 7º As autoridades policiais deverão prender quem for encontrado em flagrante delito pela prática de infração eleitoral, comunicando imediatamente o fato ao Juiz Eleitoral, ao Ministério Público Eleitoral e à família do preso ou a pessoa por ele indicada (Código de Processo Penal, art. 306).
>
> § 1º Em até 24 horas após a realização da prisão, será encaminhado ao Juiz Eleitoral o auto de prisão em flagrante e, caso o autuado não informe o nome de seu advogado, cópia integral para a Defensoria Pública (Código de Processo Penal, art. 306, § 1º).
>
> § 2º No mesmo prazo de até 24 horas após a realização da prisão, será entregue ao preso, mediante recibo, a nota de culpa, assinada pela autoridade policial, com o motivo da prisão, o nome do condutor e os das testemunhas (Código de Processo Penal, art. 306, § 2º).
>
> § 3º A apresentação do preso ao Juiz Eleitoral, bem como os atos subsequentes, observarão o disposto no art. 304 do Código de Processo Penal.

2.9.1.1. O que o Juiz Eleitoral deve fazer em caso de prisão em flagrante em crime eleitoral

O art. 7º da Resolução nº 23.363/2011 (*editada para regular as eleições de 2012*), também foi adequado à reforma do processo penal, passando a dispor:

> § 4º Ao receber o auto de prisão em flagrante, o Juiz Eleitoral deverá fundamentadamente:
>
> I – relaxar a prisão ilegal; ou
>
> II – converter a prisão em flagrante em preventiva, quando presentes os requisitos constantes do art. 312 do Código de Processo Penal, e se revelarem inadequadas ou insuficientes as medidas cautelares diversas da prisão; ou
>
> III – conceder liberdade provisória, com ou sem fiança (Código de Processo Penal, art. 310).
>
> § 5º Se o juiz verificar, pelo auto de prisão em flagrante, que o agente praticou o fato nas condições constantes dos incisos I a III do caput do art. 23 do Código Penal, poderá, fundamentadamente, conceder ao acusado liberdade provisória, mediante termo de comparecimento a todos os atos processuais, sob pena de revogação (Código de Processo Penal, art. 310, parágrafo único).
>
> § 6º Ausentes os requisitos que autorizam a decretação da prisão preventiva, o Juiz Eleitoral deverá conceder liberdade provisória, impondo, se for o caso, as medidas cautelares previstas no art. 319 e observados os critérios constantes do art. 282, ambos do Código de Processo Penal (Código de Processo Penal, art. 321).
>
> § 7º A fiança e as medidas cautelares serão aplicadas com a observância das respectivas disposições do Código de Processo Penal pela autoridade competente.
>
> § 8º Quando a infração for de menor potencial ofensivo, a autoridade policial elaborará termo circunstanciado de ocorrência e providenciará o encaminhamento ao Juiz Eleitoral.

2.10. CRITÉRIOS IDENTIFICADORES DA CIRCUNSCRIÇÃO DO DELEGADO

A autoridade policial tem "atribuição" e não "competência", como decidiu o **STF**, "os atos de investigação, por serem inquisitórios, não se acham abrangidos pela regra do art. 5º, LIII, da Constituição, segundo a qual só a autoridade competente pode julgar o réu".[7]

O território é o primeiro critério para fixar a atribuição do delegado, assim, se o crime foi consumado na cidade "x", que só tem um delegado, este terá a atribuição de presidir o inquérito policial eleitoral.

2.11. DILIGÊNCIAS EM OUTRA CIRCUNSCRIÇÃO

No Distrito Federal e nas comarcas em que houver mais de uma circunscrição policial, a autoridade com exercício em uma delas poderá, nos inquéritos a que esteja procedendo, ordenar diligências em circunscrição de outra, independentemente de precatórias ou requisições, e bem assim providenciará, até que compareça a autoridade competente, sobre qualquer fato que ocorra em sua presença, em outra circunscrição.

Consoante pacificado em doutrina e jurisprudência, a polícia não exerce jurisdição, pelo que não se pode imputar aos atos policiais qualquer vício decorrente de incompetência *ratione loci*. Assim, não há falar em nulidade do flagrante pelo fato de serem os policiais condutores de circunscrição territorial diversa daquela em que ocorreu a prisão.[8]

2.12. DA RECONSTITUIÇÃO

Trata-se da permissibilidade à autoridade policial, para proceder à reconstituição do crime, medida de alto alcance para a apuração do ato delituoso e que traz ao julgador grande elemento de convicção.

A reconstituição do crime configura ato de caráter essencialmente probatório, pois se destina – pela reprodução simulada dos fatos – a demonstrar o *modus faciendi* da prática delituosa (CPP, art. 7º). O suposto autor do ilícito penal não pode ser compelido, sob pena de caracterização de injusto constrangimento, a participar da reprodução simulada do fato delituoso.[9]

O magistério doutrinário, atento ao princípio que concede a qualquer indiciado ou réu o privilégio contra a autoincriminação, ressalta a circunstância de que é es-

---

[7] Nesse sentido: RTJ, 82/118 e TACrimSP. RT, 584/376.
[8] STJ. HC 11.867/RJ. 5ª Turma, p. 74.
[9] JSTF, 174/ 299.

sencialmente voluntária a participação do imputado no ato – provido de indiscutível eficácia probatória – concretizador da reprodução simulada do fato delituoso.[10]

2.13. COMO TERMINA O INQUÉRITO POLICIAL ELEITORAL

Concluídas as investigações, a autoridade policial deve fazer minucioso relatório do que tiver sido apurado no inquérito policial eleitoral. Nele, poderá indicar testemunhas que não tiverem sido inquiridas, mencionando o lugar onde possam ser encontradas.

No mesmo sentido são os §§ 1º e 2º do art. 9º da Resolução do TSE nº 23.363/2011 (*editada para regular as eleições de 2012*), *in verbis*:

> Art. 9º (...)
>
> § 1º *A autoridade policial fará minucioso relatório do que tiver sido apurado e enviará os autos ao juiz eleitoral competente (art. 10, § 1º, do Código de Processo Penal).*
>
> § 2º *No relatório poderá a autoridade policial indicar testemunhas que não tiverem sido inquiridas, mencionando o lugar onde possam ser encontradas (art. 10, § 2º, do Código de Processo Penal).*

2.14. DAS DILIGÊNCIAS REQUISITADAS PELO MINISTÉRIO PÚBLICO ELEITORAL

Preceitua o § 2º do art. 356 do Código Eleitoral que:

> *Se o Ministério Público julgar necessários maiores esclarecimentos e documentos complementares ou outros elementos de convicção, deverá requisitá-los diretamente de quaisquer autoridades ou funcionários que possam fornecê-los.*

Dispõe também o art. 10 da Resolução do TSE nº 23.363/2011 (*editada para regular as eleições de 2012*), *in verbis*: "*O Ministério Público poderá requerer novas diligências, desde que necessárias ao oferecimento da denúncia (Acórdão nº 330, de 10 de agosto de 1999).*"

Portanto, o artigo supracitado permite que o Ministério Público Eleitoral requeira a devolução do inquérito à autoridade policial para que esta proceda às diligências; mas tal permissão só tem cabimento no caso de as novas diligências serem imprescindíveis ao oferecimento da denúncia.

Segundo o **STJ**:

> A Constituição Federal atribui ao Ministério Público a titularidade da ação penal pública incondicionada (art. 129, I, CF/1988). Para tanto, está o *parquet* autorizado a requisitar diligências investigatórias, bem como a instauração de inquérito policial eleitoral (art. 129, VIII, CF/1988) (STJ. HC 16.523-0/RJ. 6ª Turma).

Não é necessário o Promotor de Justiça Eleitoral requerer ao juiz eleitoral tais diligências, pois o § 2º do art. 356 é bem claro: "*Deverá requisitá-los diretamente.*"

---

[10] STF. HC 69.026/DF. 1ª Turma.

2.15. A NATUREZA JURÍDICA DO INQUÉRITO POLICIAL ELEITORAL

O inquérito policial eleitoral é um procedimento administrativo de natureza inquisitiva.

2.16. DO ARQUIVAMENTO DO PROCEDIMENTO INQUISITORIAL ELEITORAL

Dispõe o § 1º do art. 357 do Código Eleitoral que:

> Se o órgão do Ministério Público, ao invés de apresentar a denúncia, requerer o arquivamento da comunicação, o Juiz, no caso de considerar improcedentes as razões invocadas, fará remessa da comunicação ao Procurador Regional, e este oferecerá a denúncia, designará outro Promotor para oferecê-la, ou insistirá no pedido de arquivamento, ao qual só então estará o Juiz obrigado a atender.

Entendemos que o artigo supracitado foi derrogado pelo art. 62, inciso IV da Lei Complementar nº 75/93 (**lei que dispõe sobre a organização, as atribuições e o estatuto do Ministério Público da União**), *in verbis*:

> Art. 62. Compete às Câmaras de Coordenação e Revisão:
> (...)
> IV – manifestar-se sobre o arquivamento de inquérito policial, inquérito parlamentar ou peças de informação, exceto nos casos de competência originária do Procurador-Geral; (...)

No mesmo sentido o Enunciado 29 da 2ª CCR (**2ª Câmara de Coordenação e Revisão do Ministério Público Federal**), *in verbis*:

> Compete à 2ª Câmara de Coordenação e Revisão do Ministério Público Federal manifestar-se nas hipóteses em que o Juiz Eleitoral considerar improcedentes as razões invocadas pelo Promotor Eleitoral ao requerer o arquivamento de inquérito policial ou de peças de informação, derrogado o art. 357, § 1º, do Código Eleitoral pelo art. 62, inc. IV, da Lei Complementar nº 75/93 (Sessão 468ª, de 09/06/2009).

No mesmo sentido conferir os julgados:
Proc. MPF 1.24.000.000344/2004-63; Proc. MPF 1.00.000.009136/2004-61;
Proc. MPF 1.00.000.000952/2005-91; Proc. MPF 1.00.000.004501/2005-22;
Proc. MPF 1.00.000.005184/2005-14; Proc. MPF 1.00.000.004348/2005-33;
Proc. MPF 1.00.000.004491/2005-25; Proc. MPF 1.00.000.004343/2005-19;
Proc. MPF 0.15.000.001943/2004-69; Proc. MPF 1.00.000.008139/2005-69;
Proc. MPF 1.00.000.006279/2005-01; Proc. MPF 1.00.000.004492/2005-70;
Proc. MPF 1.00.000.008210/2005-11; Proc. MPF 1.00.000.008340/2005-46;
Proc. MPF 1.00.000.010308/2005-21; Proc. MPF 1.00.000.004345/2005-08;
Proc. MPF 1.00.000.004411/2006-12; Proc. MPF 1.00.000.013017/2006-75;

Proc. MPF 1.19.000.000536/2007-82; Proc. MPF 1.25.000.002476/2006-54;
Proc. MPF 1.00.000.013139/2007-42; Proc. MPF 1.00.000.010957/2008-74;
Proc. MPF 1.00.000.007770/2008-93; Proc. MPF 08112.001148-95-41;
Proc. MPF 1.00.000.011506/2008-54; Proc. MPF 1.00.000.011505/2008-18;
Proc. MPF 1.00.000.008185/2008-19; Proc. MPF 1.00.000.011279/2008-67;
Proc. MPF 1.00.000.010476/2008-69; Proc. MPF 1.00.000.008882/2008-61;
Proc. MPF 1.22.009.000152/2008-75; Proc. MPF 1.19.000.000534/2007-93;
Proc. MPF 1.00.000.001275/2008-71; Proc. MPF 1.19.000.000531/2007-50.
Portanto, assim será o procedimento:

a) Procedimento do arquivamento na primeira instância
Se o órgão do Ministério Público, em vez de apresentar a denúncia, requerer o arquivamento da comunicação, o juiz eleitoral, no caso de considerar improcedentes as razões invocadas, fará remessa da comunicação à **2ª Câmara de Coordenação e Revisão do Ministério Público Federal**, e esta tem as opções a seguir elencadas:

1) Insistirá no pedido de arquivamento.
Solução jurídica: Neste caso estará o juiz eleitoral obrigado a atender a deliberação da 2ª CCR.

2) Entende que é o caso de ofertar denúncia.
Solução jurídica:
a) A 2ª CCR designará outro Promotor Eleitoral para oferecer a denúncia.
b) A 2ª CCR envia os autos para que o PRE (Procurador Regional Eleitoral) oferte a denúncia.

Igual procedimento, na forma da Súmula nº 696 do STF e dos Acórdãos do TSE 15.106/1998, 15.337/1998, 435/2002 e 523/2005, será realizado quando reunidos os pressupostos legais permissivos da suspensão condicional do processo, mas se recusando o promotor de justiça eleitoral.

b) Procedimento do arquivamento em competência originária
O arquivamento em competência originária é realizado de duas formas:
1ª) O arquivamento só gera coisa julgada formal.
Solução jurídica: Será realizado pelo próprio PRE ou PGE.
2ª) O arquivamento gera coisa julgada material.
Solução jurídica: Neste caso será necessário o PRE ou PGE formular judicialmente o pedido de arquivamento; caso o órgão judiciário denegue o pedido, o mesmo deve ser remetido à 2ª Câmara de Coordenação e Revisão do Ministério Público Federal.

Segundo o REsp do TSE 25.030, "compete às Câmaras de Coordenação e Revisão manifestar-se sobre o arquivamento de inquérito policial (LC nº 75/1993, art. 62, IV) objeto de pedido do procurador regional eleitoral e rejeitado pelo tribunal regional".

2.17. O ARQUIVAMENTO E A COISA JULGADA

A decisão que defere o pedido de arquivamento dos autos, em regra, não faz coisa julgada material, portanto, aparecendo novas provas será possível o desarquivamento:

Segundo o **STF**: "Coisa julgada: não ocorrência, por isso que a decisão que manda arquivar inquérito ou peças de informações não causa preclusão. Súmula nº 524/STF" (STF. Inq. 1.769/DF. Pleno. RTJ, 194/781).

In casu, só haverá arquivamento com coisa julgada material em caso de:
a) atipicidade material;
b) causa excludente de culpabilidade (exceto a inimputabilidade);
c) causa extintiva de punibilidade;
d) causa excludente de antijuridicidade.

Haverá arquivamento com coisa julgada formal em caso de ausência de elementos de informação que levem à configuração da autoria ou materialidade, neste caso, as novas investigações serão realizadas pelo delegado mediante requisição; no mesmo sentido é o art. 11 da Resolução do TSE 23.363/2011 (*editada para regular as eleições de 2012*):

> Art. 11. Quando o inquérito for arquivado por falta de base para o oferecimento da denúncia, a autoridade policial poderá proceder a nova investigação se de outras provas tiver notícia, desde que haja nova requisição, nos termos dos arts. 4º e 6º desta Resolução.

2.18. O RECURSO CABÍVEL DA DECISÃO QUE DETERMINA O ARQUIVAMENTO

Da decisão que determina o arquivamento do inquérito policial eleitoral não cabe recurso.

Posição do **STJ**: "Da decisão judicial que, acolhendo manifestação do Ministério Público, ordena o arquivamento de inquérito policial eleitoral não cabe recurso" (STJ. RMS 5.840/SP. 6ª Turma, p. 34.888).

2.19. O ARQUIVAMENTO DO INQUÉRITO POLICIAL ELEITORAL INDIRETO

Parte da doutrina usa a terminologia "arquivamento indireto" para solucionar o caso em que o promotor de justiça eleitoral não oferece a denúncia, manifestando-se pela incompetência do juízo e o juiz eleitoral não concorda.

Entendemos que, caso o promotor de justiça eleitoral entenda que o juízo não é competente, não deve requerer o arquivamento, e, sim, ofertar parecer, e ao final requerer a remessa dos autos ao magistrado competente.

2.20. O ARQUIVAMENTO DO INQUÉRITO POLICIAL ELEITORAL TÁCITO SUBJETIVO

Há arquivamento tácito subjetivo quando o promotor de justiça eleitoral, por esquecimento, deixa de denunciar um dos indiciados, e o juiz não percebe o erro do representante do Ministério Público Eleitoral e recebe a denúncia.

Curso de Processo Eleitoral

EXEMPLO DIDÁTICO

Tício, Mévio, Petrus e Semprônio cometem crime de compra de votos. O Promotor de Justiça Eleitoral relata toda a trama delitiva e ao final denuncia Tício, Mévio e Petrus. O juiz eleitoral recebeu a denúncia.

2.20.1. Observações de ordem prática

No contexto prático, para evitar o arquivamento subjetivo tácito ou implícito, deve o juiz eleitoral:

a) Abrir vistas dos autos ao promotor de justiça eleitoral para que o mesmo afirme que realmente não quer denunciar o indiciado objeto da omissão, no exemplo supracitado, "Semprônio".

b) No caso de resposta afirmativa, o juiz, considerando improcedentes os argumentos do promotor de justiça eleitoral, deve receber a denúncia e, por analogia, usar o disposto no novo § 1º do art. 384, ou seja, não procedendo o órgão do Ministério Público Eleitoral ao aditamento, deve o juiz remeter os autos ao procurador regional eleitoral para os fins do § 1º do art. 357 do Código Eleitoral.

2.20.2. O arquivamento do inquérito policial eleitoral tácito objetivo

Há arquivamento tácito objetivo quando o Promotor de Justiça Eleitoral, por esquecimento, deixa de imputar ao(s) indiciado(s) um dos crimes indicados no procedimento inquisitorial eleitoral e o juiz recebe a denúncia, por não perceber o erro do representante do Ministério Público Eleitoral.

EXEMPLO DIDÁTICO

Tício, Mévio, Petrus e Semprônio cometem os crimes de falsidade ideológica eleitoral e venda de votos. O Promotor de Justiça Eleitoral relata apenas os fatos que ocasionaram a falsidade ideológica eleitoral e ao final denuncia Tício, Mévio, Semprônio e Petrus como incursos no art. 199 do Código Eleitoral.

RESUMO DIDÁTICO

Há dois tipos de arquivamento tácito ou implícito:
a) subjetivo, quando a omissão é em relação ao(s) autor(es) do(s) fato(s);
b) objetivo, quando a omissão é em relação ao(s) crimes(s) investigado(s).

2.21. A NATUREZA JURÍDICA DO ARQUIVAMENTO

O arquivamento de um inquérito policial eleitoral é um ato administrativo complexo e relativamente temporário.

a) Ato administrativo complexo porque exige a manifestação de pelo menos dois órgãos, a saber:

1) o Ministério Público Eleitoral, que, obrigatoriamente, como dono da ação penal pública, deve ofertar parecer;
2) o Judiciário, que determina o arquivamento.

b) Relativamente temporário porque, enquanto não ocorrer uma causa extintiva da punibilidade, pode, aparecendo novas provas, ser desarquivado.

2.22. A IMPOSSIBILIDADE DO DESARQUIVAMENTO DE OFÍCIO

O juiz eleitoral não pode arquivar ou desarquivar o inquérito policial eleitoral de ofício. Arquivado o inquérito policial eleitoral, a requerimento do Ministério Público Eleitoral, devido ao fato de as investigações não apurarem a autoria do suposto crime, não pode o magistrado, de ofício, com parecer contrário do *parquet*, reabri-lo e determinar novas diligências.

No caso de o juiz desarquivar o inquérito policial eleitoral de ofício deve o promotor de justiça eleitoral interpor correição parcial ou reclamação (depende da organização judiciária de cada Estado).

2.23. O INDICIAMENTO ELEITORAL

Indiciamento é o ato pelo qual o presidente do inquérito policial eleitoral atribui ao investigado, com fulcro em indícios suficientes de autoria, a prática de uma infração eleitoral.

2.23.1. O momento do indiciamento eleitoral

O Código Eleitoral não define em qual momento o investigado passará para a condição de indiciado.

O futuro Código de Processo Penal resolverá o problema; *vide* art. 31, § 1º, *in verbis*:

> Art. 2º Reunidos elementos suficientes que apontem para a autoria da infração eleitoral, a autoridade policial cientificará o investigado, atribuindo-lhe, fundamentadamente, a condição jurídica de "indiciado", respeitadas todas as garantias constitucionais e legais.
>
> § 1º A condição de indiciado poderá ser atribuída já no auto de prisão em flagrante ou até o relatório final da autoridade policial.

2.23.2. As espécies de indiciamento

Quanto ao momento de ocorrência o indiciamento pode ser:

a) Eleitoral flagrancial (ou ardente, acalorado, inflamado)

O indiciamento eleitoral é realizado no primeiro ato do inquérito e ocorre geralmente nos casos de flagrante delito. Neste caso, o raciocínio é muito simples, se há motivo para prisão, haverá indícios suficientes para o indiciamento, portanto, o delegado não pode prender o suposto autor do delito em flagrante e depois baixar uma portaria para investigá-lo.

b) Eleitoral cursor
O indiciamento é realizado durante o desenvolvimento da investigação eleitoral.

c) Eleitoral conclusivo
O indiciamento é realizado no último ato do procedimento inquisitorial eleitoral e geralmente ocorre em conjunto com o relatório final nos casos de indiciado foragido.

2.24. PODERES INVESTIGATÓRIOS DO MINISTÉRIO PÚBLICO ELEITORAL

Existe divergência sobre a possibilidade de o Ministério Público Eleitoral poder investigar fatos delituosos.

Entendemos que a própria Constituição Federal concede ao Ministério Público a legitimidade para investigar crimes. Veja o art. 129, *in verbis*:

> Art. 129. *São funções institucionais do Ministério Público:*
> *(...)*
> *II – zelar pelo efetivo respeito dos Poderes Públicos e dos serviços de relevância pública aos direitos assegurados nesta Constituição, promovendo as medidas necessárias a sua garantia;*
> *(...)*
> *VI – expedir notificações nos procedimentos administrativos de sua competência, requisitando informações e documentos para instruí-los, na forma da lei complementar respectiva.*

Insta acentuar que a Lei Orgânica do Ministério Público da União (Lei Complementar Federal nº 75/1993), aplicada subsidiariamente, é bem clara. Veja os arts. 7º, I, e 8º, VII, *in verbis*:

> Art. 7º *Incumbe ao Ministério Público da União, sempre que necessário ao exercício de suas funções institucionais:*
> *I – instaurar inquérito civil e outros procedimentos administrativos correlatos;*
> *(...)*
> Art. 8º *Para o exercício de suas atribuições, o Ministério Público Eleitoral da União poderá, nos procedimentos de sua competência:*
> *(...)*
> *VII – expedir notificações e intimações necessárias aos procedimentos e inquéritos que instaurar.*

Ademais, como afirmava o saudoso amigo Mirabete:

> Os atos de investigação destinados à elucidação dos crimes, entretanto, não são exclusivos da polícia judiciária, ressalvando expressamente a lei a atribuição concedida legalmente a outras autoridades administrativas (art. 4º do CPP). Não ficou estabelecida na Constituição, aliás, a exclusividade de investigação e de funções da polícia judiciária em relação às polícias civis estaduais. Tem o Ministério Público

Eleitoral legitimidade para proceder investigações e diligências, conforme determinarem as leis orgânicas estaduais.[11]

Hoje, vivemos em um país carente de Justiça, em que ela atinge com muita dificuldade os principais criminosos, os que se escondem e se camuflam com togas, gravatas, discursos demagógicos e dólares; mas quando o Ministério Público Eleitoral adquire uma estrutura que pode enfrentá-los, discursos demagógicos se levantam para reforçar o funesto desejo de amordaçar os promotores e procuradores, com o fito precípuo de reduzir as suas atribuições e fazer com que a Justiça retome a sua função original: investigar as classes hipossuficientes e condenar os pobres e os marginalizados.

Não deixa de ser uma atitude retrógrada a campanha de alguns políticos brasileiros, no sentido de tentar calar (veja "Lei da Mordaça") ou diminuir as atribuições do Ministério Público Eleitoral. Tal comportamento anda na contramão da história, pois se contrapõe às mudanças no Direito alienígena, que são no sentido de fortalecer o Ministério Público Eleitoral como uma forma de roborar a própria Justiça.

França, Alemanha, Itália e Portugal são exemplos de países em que o Ministério Público conduz a investigação criminal. Nos Estados Unidos, os promotores têm uma equipe de investigadores.

POSIÇÃO DOS TRIBUNAIS SUPERIORES

O **STJ** reconhece, sem divergência, a legitimidade do Ministério Público para investigar; entre vários julgados podemos citar:

> É consectário lógico da própria função do órgão ministerial – titular exclusivo da ação penal pública – proceder à coleta de elementos de convicção, a fim de elucidar a materialidade do crime e os indícios de autoria (STJ. HC 32.660-0/SC. Rel. Min. Laurita Vaz. 5ª Turma).
>
> A titularidade plena do Ministério Público ao exercício da ação penal, como preceitua o inciso I do art. 129 da Constituição Federal, necessariamente legitima a sua atuação concreta na atividade investigatória, bem como o material probatório produzido. Por essa razão, a promoção investigatória do órgão acusatório, nos termos do comando constitucional, reveste-se de legalidade, sobretudo porque lhe é conferida, a partir dela, a indicação necessária à formação da opinião sobre o delito. Ordem denegada (STJ. HC 31.869/DF. Rel. Min. José Arnaldo da Fonseca. 5ª Turma, p. 205).

Há, no **STJ**, até entendimento sumulado: "A participação de membro do Ministério Público na fase investigatória criminal não acarreta o seu impedimento ou suspeição para o oferecimento da denúncia" (Súmula nº 234).

O **STF** reconhecia, sem divergência, a legitimidade de o Ministério Público investigar (HC 77.770/SC).

---

[11] *Processo Penal*. São Paulo: Atlas, 1997. p. 77.

No entanto, os ex-Ministros Nelson Jobim (RE 233.072-4/RJ e ROHC 81.326/DF) e Carlos Veloso (RE 205.473-9/AL) passaram a defender que "o Ministério Público Eleitoral não pode presidir investigações típicas das autoridades policiais".

RESUMO DIDÁTICO

A) O **STJ** defende que o Ministério Público tem poderes investigatórios.

B) A maioria absoluta da doutrina também defende a legitimidade para o Ministério Público investigar (Tourinho, Mirabete, Hely Lopes Meirelles, Espínola Filho, Hugo Nigro Mazilli, Pacelli, Mougenot, Capez, entre outros).

C) Estava em curso no Tribunal o julgamento do Inquérito 1.968-DF, no qual o Ministério Público Federal denunciava um deputado federal de suposto desvio de recursos do Sistema Único de Saúde. O deputado sustentava que a investigação é ilegal porque deveria ter sido feita pela polícia, e não por integrantes do Ministério Público Eleitoral Federal.

O relator, Ministro Marco Aurélio de Mello, e o Ministro Nelson Jobim (**já aposentado**) votaram contra o recebimento da denúncia.

Os ministros Joaquim Barbosa, Eros Grau e Carlos Ayres Britto divergiram do relator e entenderam que o Ministério Público Eleitoral tem poder constitucional de realizar investigações criminais.

Houve um pedido de vista do Ministro Antonio Cezar Peluso que suspendeu o julgamento do inquérito. Posteriormente, o Inquérito 1.968-DF foi retirado de pauta, uma vez que houve extinção do mandado do deputado federal que era investigado.

De qualquer forma podemos dizer que no **STF** três ministros são favoráveis à legitimidade do Ministério Público Eleitoral (Joaquim Barbosa, Eros Grau e Carlos Ayres Britto) e um (Marco Aurélio de Mello) é contra. Os Ministros Nelson Jobim e Carlos Veloso, que eram contrários, já se aposentaram.

2.25. TCOE (TERMO CIRCUNSTANCIADO DE OCORRÊNCIA ELEITORAL)

Quando o delito for de menor potencial ofensivo, isto é, os crimes eleitorais a que a lei comine pena máxima não superior a dois anos, cumulada ou não com multa, haverá dispensa da formulação do inquérito policial eleitoral, a autoridade policial lavrará apenas um termo circunstanciado de ocorrência eleitoral (TCOE) e o encaminhará imediatamente à Justiça Eleitoral, com o autor do fato e a vítima, providenciando-se as requisições dos exames periciais necessários.

Dispõe o § 8º do art. 7º da Resolução nº 23.363/2011 (*editada para regular as eleições de 2012*), *in verbis*:

> § 8º *Quando a infração for de menor potencial ofensivo, a autoridade policial elaborará termo circunstanciado de ocorrência e providenciará o encaminhamento ao Juiz Eleitoral.*

2.26. O AUTO DE APREENSÃO NOS ATOS INFRACIONAIS ELEITORAIS

Em caso de flagrante de ato infracional cometido por menores (de 12 a 18 anos) e mediante violência ou grave ameaça a pessoa, a autoridade policial não faz um inquérito, deve apenas:

a) lavrar auto de apreensão, ouvidos as testemunhas e o adolescente;
b) apreender o produto e os instrumentos da infração;
c) requisitar os exames ou perícias necessários à comprovação da materialidade e autoria da infração.

Nesse caso, já pacificado que a competência não é da Justiça Eleitoral, e, sim, da Vara da Infância e Adolescência, local em que devem ser aplicadas as medidas socioeducativas previstas no Estatuto da Criança e do Adolescente.

3. Persecução Penal Eleitoral Judicial

3.1. DA AÇÃO PENAL ELEITORAL

3.1.1. Conceito

Ação penal é o direito de, configurada a infração penal eleitoral na análise do caso concreto, requerer ao Poder Judiciário a aplicação da sanção penal com o escopo de concretizar o poder punitivo do Estado.

3.1.2. Noções didáticas

A ação penal em matéria eleitoral é, em regra, pública incondicionada. Significa isso que somente pode promovê-la a instituição que dela é titular – o Ministério Público Eleitoral.

Afastada está, como regra geral, a possibilidade de ação penal em matéria eleitoral por iniciativa privada.

A doutrina amplamente dominante afirma que ação penal eleitoral é sempre pública incondicionada; em realidade, há um erro histórico nesta construção doutrinária, pois é plenamente possível a **ação privada subsidiária**, se o Ministério Público não intenta ação penal em tempo hábil, nos termos do art. 5º, LIX, da Constituição Federal, *in verbis*: "*Será admitida ação privada nos crimes de ação pública, se esta não for intentada no prazo legal; (...)*".

3.2. O *DOMINUS LITIS* DA PERSECUÇÃO CRIMINAL ELEITORAL

Para iniciar a ação penal, age o Ministério Público Eleitoral espontaneamente, independentemente de comunicação particular e, mesmo, de inquérito policial. Afinal, é ele o *dominus litis* da persecução criminal eleitoral.

Por outro lado, desde que considere necessário aprofundar a investigação para determinação de responsabilidade penal eleitoral, poderá pôr em aplicação a competência que lhe advém do Código de Processo Penal, em seu art. 5º, II, e requisitar à autoridade policial a abertura de inquérito, que deverá ser prontamente atendida.

3.3. DIVISÃO DA AÇÃO PENAL ELEITORAL

A ação penal eleitoral divide-se em:

a) Ação penal eleitoral pública incondicionada. O titular da ação penal pública é o Estado, pertencendo a este o *jus puniendi*.

Diferentemente do direito penal, não há, no direito eleitoral, a ação penal pública condicionada a representação.

O Código Eleitoral é bem claro: *"Art. 355. As infrações penais definidas neste Código são de ação pública."*

b) Ação penal eleitoral privada subsidiária da pública incondicionada. A titularidade da ação penal pertence à vítima ou a seu representante legal, e só será possível a sua interposição se o Ministério Público Eleitoral ficar inerte e não intentar ação penal eleitoral no tempo determinado em lei.

No mesmo sentido o entendimento dominante do **TSE**:

> Cabimento de ação penal privada subsidiária no âmbito da Justiça Eleitoral, por tratar-se de garantia constitucional, prevista na CF/88, art. 5º, LIX. Inadmissibilidade da ação penal pública condicionada a representação do ofendido, em virtude do interesse público que envolve a matéria eleitoral (TSE. Ac 21.295/2003).

c) Ação penal eleitoral pública subsidiária da pública incondicionada. Entende-se como ação penal eleitoral pública subsidiária da pública incondicionada a possibilidade de o eleitor fazer uma representação contra o órgão do Ministério Público Eleitoral que não ofereceu a denúncia no prazo legal, para que outro membro do Ministério Público Eleitoral possa ofertá-la.

Veremos maiores detalhes no item 3.8. *"Estudo específico da ação penal eleitoral pública subsidiária da pública incondicionada."*

3.4. CONDIÇÕES DA AÇÃO PENAL ELEITORAL

3.4.1. Condições genéricas da ação penal eleitoral

São condições genéricas da ação penal eleitoral:

- **a) Possibilidade jurídica do pedido.** O Estado somente pode pretender a punição de uma pessoa se esta, efetivamente, praticar uma conduta prevista na lei como infração eleitoral.
- **b) Legitimidade para agir.** Somente o titular, cuja proteção é pretendida, tem legitimidade para agir. É a chamada legitimidade para causa (*ad causam*), que é conferida ao Ministério Público Eleitoral na ação penal pública eleitoral e ao ofendido ou ao seu representante legal na ação privada subsidiária da pública.
- **c) Interesse de agir.** Interesse significa adequação e utilidade do provimento jurisdicional pleiteado.

Em cada caso concreto cabe ao juiz examinar, portanto, os aspectos pertinentes à adequação do provimento solicitado e sua utilidade (para dirimir o conflito).[1]

3.4.2. Condições específicas da ação penal eleitoral

As condições de procedibilidade são as que condicionam o exercício da ação penal eleitoral.

A denúncia eleitoral exige algumas das condições de procedibilidade em consonância com a posição do sujeito passivo. São condições de procedibilidade de ação penal eleitoral:

a) A autorização da Assembleia Legislativa, pelo voto de 2/3 dos seus membros, para ser instaurado processo contra Governador de Estado que comete crime eleitoral.

Com base na jurisprudência do **STF** e **STJ** podemos afirmar que a denegação de autorização prévia traduz simples obstáculo temporário ao curso da ação penal eleitoral,[2] portanto, concluído o mandato e havendo crime eleitoral para apurar, instaura-se a ação penal sem necessidade da autorização.

b) A autorização da Câmara dos Deputados para poder ser instaurado processo, por crime eleitoral praticado pelo Presidente, pelo Vice-Presidente da República e pelos Ministros de Estado (CF, art. 51, I).

Na vigência do mandato, o Presidente da República não pode ser responsabilizado por atos estranhos ao exercício das suas funções (art. 86, § 4º, da CF/1988). Não é imunidade penal, diz o **STF**, mas imunidade temporária à persecução penal.[3]

Quanto aos Ministros de Estado, a autorização da Câmara dos Deputados só é necessária nos crimes comuns e de responsabilidade, conexos com os da mesma natureza, imputados ao Presidente da República.[4]

Insta acentuar que já não existe, em nosso ordenamento jurídico, **a autorização da Câmara dos Deputados e do Senado para a instauração de processo penal em relação a Deputados Federais e Senadores, respectivamente, e que se aplicava, por força do art. 27, § 1º, da CF, aos Deputados Estaduais**, pois a Emenda Constitucional nº 35, de 20/12/2001, dando nova redação ao art. 53 da CF, aboliu aquela **licença prévia** do órgão legislativo.

O que pode haver é, após o recebimento da denúncia, a ação eleitoral ser sustada; no mesmo sentido *vide* §§ 3º, 4º e 5º do art. 53 da Constituição Federal, *in verbis*:

---

[1] Gomes, Luiz Flávio; Molina, Antonio García-Pablos de. *Direito Penal* – Parte Geral. São Paulo: Revista dos Tribunais, 2008. v. 2, p. 906.
[2] No mesmo sentido: STF. RT 715/563; STJ. CEsp, Inq. 123, p. 2.993.
[3] No mesmo sentido: STF. Pleno. Inq. 672-6.
[4] No mesmo sentido: STF. Pleno, mv. RTJ, 148/26.

> Art. 53. (...)
>
> § 3º Recebida a denúncia contra o Senador ou Deputado, por crime ocorrido após a diplomação, o Supremo Tribunal Federal dará ciência à Casa respectiva, que, por iniciativa de partido político nela representado e pelo voto da maioria de seus membros, poderá, até a decisão final, sustar o andamento da ação.
>
> § 4º O pedido de sustação será apreciado pela Casa respectiva no prazo improrrogável de quarenta e cinco dias do seu recebimento pela Mesa Diretora.
>
> § 5º A sustação do processo suspende a prescrição, enquanto durar o mandato.

Em todas essas hipóteses, o exercício da ação penal eleitoral fica subordinado à determinada condição específica. Sem ela, a ação não pode ser promovida.

c) Prefeito Municipal.
Não é necessária licença prévia da Câmara Municipal.[5]

3.5. ESTUDO ESPECÍFICO DA AÇÃO PENAL PÚBLICA INCONDICIONADA ELEITORAL

A titularidade da ação penal pública incondicionada pertence ao Estado, não necessitando, assim, da manifestação de vontade externa para ser iniciada.

O órgão do Estado-Administração é representado pelo Ministério Público Eleitoral, que promove a ação penal pública eleitoral desde a peça inicial (denúncia) até os termos finais. No entanto, por tratar-se de um órgão uno e indivisível, seus membros podem ser substituídos no processo, sem que haja solução de continuidade.

3.5.1. Princípios da ação penal pública incondicionada

3.5.1.1. Princípio da oficialidade
Verificada a ocorrência de uma infração penal eleitoral, é incumbência do Estado agir, por meio do órgão do Ministério Público Eleitoral.

Cabe ao Ministério Público Eleitoral promover privativamente a ação penal pública (art. 129, I, da CF; art. 100, § 1º, do CP; e art. 24 do CPP).

Cuidado 1: Veremos, posteriormente, que só há uma exceção ao princípio da oficialidade: é a ação penal eleitoral subsidiária da pública, em que o próprio ofendido ou seu representante legal, por meio de um advogado, propõe uma queixa-crime, mesmo que a ação seja pública.

Cuidado 2: Este princípio não tem vigência para a ação penal eleitoral privada subsidiária da pública.

---

[5] No mesmo sentido: STJ. HC 1.655, p. 16.590.

3.5.1.2. Princípio da indisponibilidade

Instaurada a ação penal eleitoral, proíbe-se que o Ministério Público Eleitoral desista desta (art. 42 do CPP) ou do recurso interposto (art. 576 do CPP).

O Ministério Público Eleitoral pode renunciar à interposição do recurso, mas não pode desistir, pois renúncia ocorre antes da interposição do recurso, o que não se confunde com desistência, que ocorre depois da sua propositura.

Cuidado: Há exceções ao princípio da indisponibilidade, qual seja:
Com o advento da Lei nº 9.099/1995, é evidente que também restou mitigado este princípio, quando, em seu art. 89, instituiu entre nós a suspensão condicional do processo para as infrações eleitorais de pequeno e médio potencial ofensivo, posto que o Ministério Público Eleitoral passou a dispor da ação penal eleitoral, obedecidos determinados requisitos e pressupostos.

3.5.1.3. Princípio da obrigatoriedade ou legalidade ou necessidade

O Ministério Público Eleitoral é obrigado a promover a ação penal pública incondicionada, logo que tenha em mãos a notícia do crime e os elementos mínimos que possibilitem o oferecimento da denúncia (art. 24 do CPP). Portanto, a propositura da ação penal eleitoral pública incondicionada é dever do Ministério Público Eleitoral, uma vez verificadas as condições da ação e os pressupostos processuais que legitimem sua atuação.

Observa-se que, mesmo com o advento da Lei nº 9.099/1995, continua a viger, em nossa sistemática processual penal eleitoral, o princípio da obrigatoriedade, impedindo, v.g., o arquivamento do Termo Circunstanciado Eleitoral (**TCE**), quando há elementos formais e materiais para uma futura denúncia.

3.5.1.4. Princípio da indivisibilidade relativa

Na ação penal eleitoral pública prevalece o princípio da invisibilidade relativa, porque, diante do caso concreto, podem ocorrer várias hipóteses em que haverá divisão da ação penal pública:

1ª) "X" mandou Mévio comprar o voto de Tício. Mévio, ao comprar o voto, foi preso em flagrante. O delegado concluiu o inquérito, mas não conseguiu identificar "X". Pergunta-se: "Estando Mévio preso, o que você faria como Promotor de Justiça Eleitoral?"
Resposta: Se o Promotor de Justiça Eleitoral requerer novas diligências para identificar o mandante, perderá o prazo para o oferecimento da denúncia, e Mévio será solto. Portanto, o Promotor de Justiça Eleitoral deve denunciar Mévio e requerer a extração de traslado do inquérito policial eleitoral com fito de identificar "X". Futuramente, poderá haver um aditamento da denúncia para incluir o mandante.

Em outras hipóteses, diante da fragilidade das provas para determinado indiciado, o Promotor de Justiça Eleitoral poderá oferecer a denúncia somente contra um dos indiciados, se considerar, quanto aos outros, o fato de ainda não existirem elementos suficientes para ofertar a *delatio criminis*. Futuramente, o Promotor de Justiça poderá aditar a denúncia para incluir novos partícipes ou coautores.

Posição do **STF**:

> O princípio da indivisibilidade não se aplica à ação penal pública. O princípio da indivisibilidade – peculiar à ação penal de iniciativa privada – não se aplica às hipóteses de perseguibilidade mediante ação penal pública. Precedentes (STF. HC 74.661/RS. RTJ 170/188).

2ª) Tício e Mévio cometeram um crime eleitoral. Considerando que Mévio tem 17 anos e Tício 21 anos, pergunta-se: Em atendimento ao princípio da indivisibilidade, o Ministério Público Eleitoral deverá denunciar os dois?

Resposta: Não. Prevalece o princípio da indivisibilidade relativa, quando um delito eleitoral é cometido por um imputável e um inimputável menor de 18 anos. Neste caso, haverá dois procedimentos, um para o imputável (**denúncia eleitoral**) e outro para o inimputável (**ação penal socioeducativa**).

3ª) Tício e Mévio cometeram um delito eleitoral de menor potencial ofensivo em coautoria. Apresente a solução jurídica, considerando que:

a) Tício tinha ótimos antecedentes criminais.

b) Mévio já tinha sido condenado, pela prática de crime, à pena privativa de liberdade, por sentença definitiva.

Pergunta-se: Em atendimento ao princípio da indivisibilidade relativa, o Ministério Público Eleitoral deverá denunciar os dois?

Resposta: Não. O Promotor de Justiça deverá ofertar a transação penal para Tício (art. 76 da Lei nº 9.099/1995) e denunciar Mévio, pois, em conformidade com o art. 76, § 2º, da Lei nº 9.099/1995: *"Não se admitirá a proposta se ficar comprovado: I – ter sido o autor da infração condenado, pela prática de crime, à pena privativa de liberdade, por sentença definitiva."*

3.6. ESTUDO ESPECÍFICO DA AÇÃO PENAL ELEITORAL PRIVADA SUBSIDIÁRIA DA PÚBLICA INCONDICIONADA

Como já relatamos, a ação penal eleitoral privada subsidiária da pública será cabível em caso de desídia do Ministério Público Eleitoral e é promovida pelo ofendido ou por seu representante legal.

Queixa é a peça inicial da ação penal eleitoral privada subsidiária da pública. É o ato processual pelo qual o ofendido ou seu representante legal dá impulso inicial ao procedimento criminal eleitoral.

Tal ação só será possível se o Ministério Público Eleitoral for omisso, ou seja, ficar inerte e não der início ao processo, no prazo estabelecido pela lei. Vencido o prazo para oferecimento da denúncia (**prazo de 10 dias**), a lei permite que o particular exerça a função que competia ao representante do Ministério Público Eleitoral, dando início à ação penal eleitoral por meio de queixa.

3.7. PRINCÍPIOS QUE REGEM A AÇÃO PENAL ELEITORAL PRIVADA SUBSIDIÁRIA DA PÚBLICA INCONDICIONADA

Os princípios que regem a ação penal eleitoral privada subsidiária da pública incondicionada são os seguintes:

a) **Da oportunidade ou da conveniência**. A lei reserva ao ofendido ou ao seu representante legal o poder de promover a ação penal eleitoral privada subsidiária da pública incondicionada, segundo suas próprias conveniências.
b) **Da indivisibilidade**. Como o crime pode ser praticado por várias pessoas em concurso, a ação penal eleitoral privada subsidiária da pública incondicionada deverá ser promovida contra todos os agentes ativos. Não pode o particular escolher quem vai processar.
c) **Da disponibilidade**. Permite que o ofendido, ainda que tenha iniciado a ação penal eleitoral privada subsidiária da pública incondicionada, deixe de prosseguir com a persecução. Poderá abandonar a causa, mas neste caso não haverá extinção da punibilidade, pois o Ministério Público Eleitoral poderá retomar a titularidade da ação penal eleitoral.

Há uma exceção ao princípio da indivisibilidade da ação penal eleitoral privada subsidiária da pública: nos crimes de competência do juizado especial criminal, havendo pluralidade de querelados (**autores do delito**), poderá haver uma exceção à regra da indivisibilidade, pois o procedimento só terá continuidade (**com o oferecimento da queixa**) em relação ao que não aceitar compor-se civilmente. Ou seja, existirá ação penal de iniciativa privada em relação a apenas um ou alguns querelados, mesmo tendo havido um terceiro ofensor (que se compôs civilmente).

3.7.1. A decadência da ação penal eleitoral privada subsidiária da pública incondicionada

A decadência, no Processo Penal Eleitoral, consiste na perda do direito da ação penal eleitoral privada subsidiária da pública em decorrência de não ter sido exercido no prazo previsto em lei.

Há algo peculiar no direito processual eleitoral: diferentemente do direito penal, a decadência não é causa extintiva da punibilidade, pois, como a ação penal eleitoral é de índole pública, o Ministério Público Eleitoral assumirá a titularidade.

3.7.2. O prazo para ofertar ação penal eleitoral privada subsidiária da pública incondicionada

O ofendido, ou seu representante legal, decairá no direito de queixa, se não o exercer dentro do prazo de seis meses.

Posição do STF: "Em se tratando de ação penal pública incondicionada, não há falar-se em decadência, instituto inerente aos crimes de ação privada ou de ação pública condicionada" (STF. HC 76.398/SP. 2ª Turma. RTJ, 174/179).

Seis meses após a inércia do Ministério Público Eleitoral, estará consumada a decadência, não podendo mais o querelante interpor a queixa-crime.

3.7.3. O início do prazo decadencial

No caso da ação penal eleitoral privada subsidiária da pública incondicionada, o início do prazo ocorre no dia em que se esgotar o prazo para o oferecimento da denúncia.

Se for necessário, o juiz nomeará um curador especial para apresentar a queixa subsidiária. O início do prazo ocorre da data da intimação do curador constituído.

Se o agente passivo é menor, e o representante legal não oferta a queixa, o prazo começará a correr quando a vítima completar 18 anos.

No crime eleitoral continuado, o prazo será apreciado em relação a cada delito, de forma individualizada.

No caso de morte do ofendido, o prazo decadencial não se prorroga nem se interrompe. Portanto, o cônjuge, o ascendente, o descendente e o irmão terão apenas o prazo restante, contados a partir da morte da vítima.

3.7.4. A ação penal eleitoral privada subsidiária da pública incondicionada *versus* o pedido de arquivamento do inquérito pelo Promotor de Justiça Eleitoral

Quando o Ministério Público Eleitoral, não tendo ficado inerte, requer, no prazo legal, o arquivamento do inquérito, não cabe a ação penal privada subsidiária. Segundo a posição dominante do STF:

> Descabimento quando houver arquivamento – STF:
>
> Ação penal. Queixa-crime subsidiária. Não conhecimento. Hipótese em que não houve inércia do Ministério Público, pleiteando ele e obtendo, pelo contrário, o arquivamento do inquérito. Inteligência dos arts. 29 e 46 do CPP, e 102, § 3º, do CP de 1940. (...) Queixa-crime subsidiária. Não cabe a ação penal privada, prevista nos arts. 29 do CPP, e 102, § 3º, do CP, quando o Ministério Público, não tendo ficado inerte, haja requerido, no prazo legal (art. 46 do CPP), o arquivamento do inquérito.[6]

Lembre-se de que a ação penal eleitoral privada subsidiária da pública incondicionada somente pode ser exercida pela vítima, ou por quem a represente, quando o Ministério Público Eleitoral se mostrar desidioso ou omisso, deixando de dar seguimento à *notitia criminis*, da qual seja destinatário, o que inocorre quando ele, tempestivamente, oferece exceção de litispendência, rogando que o feito seja arquivado.

---

[6] RT, 597/421.

3.7.5. A ação penal eleitoral privada subsidiária da pública incondicionada na hipótese de exclusão da denúncia pelo Promotor de Justiça Eleitoral

Não cabe ação penal eleitoral privada subsidiária da pública na hipótese de exclusão da denúncia de um dos indiciados pelo Promotor de Justiça Eleitoral. O entendimento jurisprudencial dominante é no sentido de que: "É defeso à parte, nos crimes de ação pública, formular queixa-crime contra alguém excluído da denúncia, oferecida tempestivamente, a pretexto de que o art. 29 do CPP não distinguiu entre relapsia e exclusão da denúncia de um dos possíveis implicados."[7]

3.7.6. A ação penal eleitoral privada subsidiária da pública *versus* a perempção

Na ação penal eleitoral privada subsidiária da pública, a negligência do querelante não causa perempção, portanto, no caso de negligência do querelante, deve o Promotor de Justiça Eleitoral retornar à ação como parte principal, nos termos da parte final do art. 29 do Código de Processo Penal, *in verbis*:

> Art. 29. Será admitida ação privada nos crimes de ação pública, se esta não for intentada no prazo legal, cabendo ao Ministério Público aditar a queixa, repudiá-la e oferecer denúncia substitutiva, intervir em todos os termos do processo, fornecer elementos de prova, interpor recurso e, **a todo tempo, no caso de negligência do querelante, retomar a ação como parte principal** (Destaque nosso).

Ademais, segundo a posição dominante do **STF**: "A perempção constitui causa extintiva da punibilidade. Só ocorre nos procedimentos instaurados pelo ajuizamento da ação exclusivamente privada."[8]

3.7.7. A procuração na ação penal eleitoral privada subsidiária da pública

É entendimento predominante, na doutrina e na jurisprudência, a necessidade de fazer-se constar do instrumento do mandato outorgado ao procurador, para oferecimento da queixa-crime, além dos poderes especiais, o nome do querelado, a menção do fato criminoso ou o artigo da lei violada.

Havendo defeitos na procuração, podem ser a todo tempo sanados, porém, deve ser observado o prazo decadencial, pois tal retificação não poderá ser realizada após o prazo de seis meses.

O fundamento da exigência de poderes especiais na procuração da queixa-crime subsidiária da pública tem a finalidade de prevenir e evitar o ajuizamento de ações penais à revelia do mandante, sem estar o procurador munido dos poderes especiais, tornando possível a responsabilização penal do outorgante da procuração, quando de má-fé agir, e evitando-se ainda prejuízos ao constituinte, por eventuais excessos do mandatário.

---

[7] RT, 558/380; RT, 514/383.
[8] RT, 689/420.

3.8. ESTUDO ESPECÍFICO DA AÇÃO PÚBLICA SUBSIDIÁRIA DA PÚBLICA INCONDICIONADA

Dispõem os §§ 3º, 4º e 5º do art. 357 do Código Eleitoral, *in verbis*:

> Art. 357. (...)
>
> § 3º Se o órgão do Ministério Público não oferecer a denúncia no prazo legal representará contra ele a autoridade judiciária, sem prejuízo da apuração da responsabilidade penal.
>
> § 4º Ocorrendo a hipótese prevista no parágrafo anterior, o Juiz solicitará ao Procurador Regional a designação de outro Promotor, que, no mesmo prazo, oferecerá a denúncia.
>
> § 5º Qualquer eleitor poderá provocar a representação contra o órgão do Ministério Público se o Juiz, no prazo de 10 (dez) dias, não agir de ofício.

Os parágrafos supracitados atribuem ao juiz eleitoral uma nova função: "órgão fiscalizador e impulsionador da acusação", algo que, como já estudamos, é totalmente incompatível com o princípio acusatório.

O princípio acusatório é o pressuposto básico e principal ingrediente da formação de um processo penal eleitoral democrático e único que pode assegurar a imparcialidade e a tranquilidade psicológica do juiz eleitoral e, ao mesmo tempo, preservar os direitos e garantias dos litigantes, portanto, com a adoção do princípio acusatório, não há possibilidade de o juiz eleitoral fazer atividades *ex officio* com o escopo de reforçar ou impulsionar a acusação.

Como não pode, *ex officio*, reforçar a acusação, o juiz eleitoral, no âmbito do processo penal eleitoral, também não pode ser gestor de provas. Para o presidente da comissão que estrutura o novo Código de Processo Penal, Hamilton Carvalhido (**Ministro do STJ**): "O juiz tem que julgar e deve se manter como tal. A acusação incumbe ao Ministério Público; a investigação, à polícia e o julgamento, ao juiz, que não tem de produzir prova de ofício."

Por todas as considerações supracitadas, podemos afirmar que só o cidadão pode impulsionar a acusação eleitoral, portanto, entende-se como ação penal eleitoral subsidiária da pública incondicionada a possibilidade de o eleitor fazer uma representação contra o órgão do Ministério Público Eleitoral que não ofereceu a denúncia no prazo de 10 (dez) dias.

3.8.1. Legitimidade

Só o eleitor tem legitimidade para ofertar a representação que impulsionará a ação penal eleitoral subsidiária da pública incondicionada.

Quanto à legitimidade para interpor a ação penal eleitoral subsidiária da pública incondicionada, há, no contexto prático, duas hipóteses:

a) A representação é formulada contra o Promotor de Justiça Eleitoral de 1ª instância ao PRE (**Procurador Regional Eleitoral**).

Solução jurídica: Caso o **PRE** (**Procurador Regional Eleitoral**) entenda que são procedentes as alegações realizadas, deve: 1) oferecer a denúncia; 2) designar outro Promotor Eleitoral para oferecê-la.

Nos dois casos, recebida a denúncia, estaremos diante da ação penal eleitoral subsidiária da pública incondicionada.

b) A representação é formulada contra o Procurador Regional Eleitoral ao PGE (**Procurador-Geral Eleitoral**).

Solução jurídica: Caso o PGE (**Procurador-Geral Eleitoral**) entenda que são procedentes as alegações realizadas, deve: 1) oferecer a denúncia; 2) designar outro PRE (**Procurador Regional Eleitoral**) para oferecê-la.

3.8.2. Prazo

Diferentemente da ação penal privada subsidiária da pública, a ação penal eleitoral subsidiária da pública incondicionada não tem um prazo decadencial.

In casu, só deve ser observado o prazo prescricional, ou seja, enquanto não houver a prescrição da infração eleitoral, pode ser intentada a ação penal eleitoral subsidiária da pública incondicionada.

3.8.3. Principais diferenças entre a ação penal eleitoral subsidiária da pública incondicionada e a ação penal eleitoral privada subsidiária da pública incondicionada

A origem das duas ações é a mesma, qual seja, inércia do Ministério Público Eleitoral, mas há duas importantes diferenças:

1ª) O prazo de interposição:
a) Na ação penal eleitoral privada subsidiária da pública incondicionada, há um prazo decadencial.
b) Na ação penal eleitoral pública subsidiária da pública incondicionada, não há um prazo decadencial, e, sim, um prazo prescricional.

2ª) A legitimidade:
a) Na ação penal eleitoral privada subsidiária da pública incondicionada, a legitimidade é do ofendido ou seu representante legal.
b) Na ação penal eleitoral pública subsidiária da pública incondicionada, a legitimidade é do Ministério Público Eleitoral (**PRE** ou **PGE**).

3.9. DA QUEIXA-CRIME ELEITORAL

3.9.1. Conceito

Queixa-crime, ou simplesmente **queixa**, é a denominação dada pela lei à petição inicial da ação penal eleitoral privada subsidiária da pública incondicionada intentada pelo ofendido ou seu representante legal.

O autor é mencionado como "**querelante eleitoral**", enquanto o réu recebe o nome de "**querelado eleitoral**", denominações derivadas de "querela", que, no vernáculo, significa demanda.

3.9.2. Requisitos da queixa-crime eleitoral

São os mesmos requisitos da denúncia. Observe que a queixa só difere da denúncia no que concerne à titularidade:
a) a denúncia é a peça vestibular da ação pública;
b) a queixa é a peça inicial da ação eleitoral privada subsidiária da pública.

3.9.3. Aditamento da queixa-crime eleitoral

Dispõe o art. 45 do Código de Processo Penal que: "*A queixa, ainda quando a ação penal for privativa do ofendido, poderá ser aditada pelo Ministério Público, a quem caberá intervir em todos os termos subsequentes do processo.*"

Portanto, o Ministério Público Eleitoral pode aditar a queixa para acrescentar à acusação circunstâncias que possam influir na caracterização do crime e sua classificação ou na fixação da pena (**dia, hora, local, meios, modos, motivos, dados pessoais do querelado etc.**).

3.9.4. Renúncia expressa ou tácita do direito de queixa

No direito penal a renúncia é uma causa de extinção da punibilidade, prescinde da anuência do querelado, pois é um ato unilateral. Com a renúncia expressa ou tácita, o direito de queixa não pode ser exercido, porque a renúncia equivale à desistência do direito de ação por parte do querelante.

Como no direito eleitoral só existe a ação penal eleitoral privada subsidiária da pública, nenhum efeito terá a renúncia do querelante, pois, com a renúncia, o Promotor de Justiça Eleitoral assumirá a ação penal eleitoral.

3.9.5. Perdão do ofendido

O perdão do ofendido, nos crimes em que somente se procede mediante queixa, obsta ao prosseguimento da ação.

Perdão é uma espécie de causa de extinção da punibilidade, nos exatos termos do art. 107, V, do Código Penal.

Na ação penal eleitoral privada subsidiária da pública, o perdão não significa a extinção da punibilidade, ainda que o perdão seja aceito, posto que a ação penal é pública. Neste caso o promotor assume a titularidade da ação penal.

3.10. DA DENÚNCIA ELEITORAL

Estado soberano é o titular absoluto do direito de punir. Portanto, quando alguém comete uma infração eleitoral, aquele desenvolve uma intensa atividade com o escopo de punir o infrator e restabelecer a paz no convívio social. Sendo evidente que, segundo os preceitos de ordem constitucional, a punição ao infrator não pode ser imposta sem o devido processo legal, que, na afirmação de Couture, "*due process of law* consiste no direito de não ser privado da liberdade nem dos seus bens, sem a garantia que supõe a tramitação de um processo desenvolvido na forma que a lei estabelecer".[9]

Essa intensa atividade do Estado-Administração, em busca de estabelecer o direito de punir, denomina-se *persecutio criminis* e se desenvolve em dois momentos diferentes:

1º) O procedimento inquisitorial eleitoral: que é desenvolvido, em regra, pela polícia judiciária, por meio da elaboração do procedimento inquisitorial, que visa basicamente a elucidar a autoria e a materialidade do fato delituoso eleitoral.

2º) A ação penal eleitoral: desenvolvendo a instrução criminal, atendendo aos princípios do contraditório e da ampla defesa e vários outros estudados no Capítulo I (1.1. Estudo Doutrinário e Jurisprudencial dos Princípios Processuais Eleitorais Penais), estabelecendo a plena certeza de que nenhuma pena será imposta ao réu senão por meio de um regular processo.

Concluída a primeira fase da *persecutio criminis*, se a ação for pública, o inquérito é remetido a juízo, e será distribuído/registrado. Após a distribuição, os autos serão encaminhados ao juiz eleitoral, e este proferirá o seguinte despacho: "**Vistas ao Ministério Público Eleitoral.**"

O Promotor de Justiça Eleitoral, ao receber os autos do inquérito policial, tem seis opções, a seguir expostas:

1) oferecer a denúncia;
2) requerer o arquivamento dos autos;
3) requerer novas diligências;
4) arguir a falta de condição de procedibilidade;
5) requerer a extinção da punibilidade;
6) arguir conflito de atribuição.

Cuidado: Já falamos no capítulo do inquérito policial, mas vamos repetir, por ser importante: o inquérito é necessário, mas não imprescindível; a inexistência de inquérito policial não impede o oferecimento da denúncia eleitoral quando o requerimento ou a representação dirigidos ao representante do Ministério Público Eleitoral vierem instruídos com os elementos indispensáveis à prova da materialidade do delito e os indícios de autoria.[10]

3.10.1. Conceito de denúncia

É a peça inicial da ação penal pública, a denúncia, pois é o ato pelo qual o Estado, através do Ministério Público Eleitoral, requer à Justiça Eleitoral, e no uso do direito de punir, noticia a ocorrência de uma ou mais infrações eleitorais pleiteando a instauração do procedimento criminal eleitoral.

---

[9] *Fundamentos del Derecho Procesal Civil*. Buenos Aires: De Palma,1972. p. 100.
[10] Nesse sentido: STF. RTJ, 64/363, 76/741; STJ. RT, 664/336; TJSP. JTJ, 177/278, RT, 543/349; TACRSP. RJDTACRIM, 29/336, 33/369; 34/397-8 e 472.

3.10.2. Titularidade da ação penal eleitoral

Como regra geral o titular da ação penal eleitoral é o Ministério Público Federal, mas, através do princípio da delegação, a lei delega ao Ministério Público dos Estados e do Distrito Federal a atribuição de oficiar perante os juízes e juntas eleitorais, primeira instância da Justiça Eleitoral.

O princípio da delegação tem como base legal o art. 78 da LC nº 75/1993, *in verbis*: "*As funções eleitorais do Ministério Público Federal perante os Juízes e Juntas Eleitorais serão exercidas pelo Promotor Eleitoral.*"

Compete ao Procurador Regional Eleitoral exercer as funções do Ministério Público nas causas de competência do Tribunal Regional Eleitoral respectivo, além de dirigir, no Estado, as atividades do setor.

O Procurador-Geral Eleitoral poderá designar, por necessidade de serviço, outros membros do Ministério Público Federal para oficiar, sob a coordenação do Procurador Regional, perante os Tribunais Regionais Eleitorais.

3.10.3. O promotor de justiça eleitoral natural

Segundo o art. 79 da LC nº 75/93:

> Art. 79. *O Promotor Eleitoral será o membro do Ministério Público local que oficie junto ao Juízo incumbido do serviço eleitoral de cada Zona.*
>
> *Parágrafo único. Na inexistência de Promotor que oficie perante a Zona Eleitoral, ou havendo impedimento ou recusa justificada, o Chefe do Ministério Público local indicará ao Procurador Regional Eleitoral o substituto a ser designado.*

No Direito Eleitoral, o princípio do promotor natural tem ampla aplicação porque o mesmo tem sua origem na Constituição Federal.

O princípio do promotor eleitoral natural decorre do princípio da independência, que é imanente à própria instituição. Ela resulta da garantia de que toda e qualquer pessoa física ou jurídica que figure em determinado processo, que reclame a intervenção do Ministério Público Eleitoral, tenha um promotor eleitoral certo, determinado, pois é um direito subjetivo do cidadão ter e conhecer o promotor eleitoral, legalmente legitimado para o processo. Por outro lado, ela é também uma garantia constitucional do princípio da independência funcional, compreendendo o direito do promotor eleitoral de oficiar nos processos afetos ao âmbito de suas atribuições.

Esse princípio, na realidade, é verdadeira garantia constitucional, menos do órgão do *parquet* eleitoral e mais da própria sociedade, do próprio cidadão, que tem assegurado, nos diversos processos em que atua o Ministério Público Eleitoral, que nenhuma autoridade ou poder poderá escolher promotor eleitoral específico para processar determinada pessoa, bem como que a atuação do membro do Ministério Público Eleitoral dar-se-á livremente, sem qualquer tipo de ingerência política.

Segundo os Ministros do STF, Celso de Mello, Sepúlveda Pertence, Marco Aurélio e Carlos Velloso, o postulado do promotor natural limita, por isso mesmo, o poder do

Procurador-Geral que, embora expressão visível da unidade institucional, não deve exercer a Chefia do Ministério Público de modo hegemônico e incontrastável.

Objeto de várias divergências entre os tribunais, hoje, o Supremo Tribunal Federal reconhece o princípio do promotor natural: "O Plenário do Supremo Tribunal Federal, ao julgar o HC nº 67.759, Rel. Min. Celso de Mello, proclamou a existência do princípio do promotor natural no sistema de direito positivo brasileiro."[11]

Nesse *habeas corpus*, encontra-se o seguinte trecho:

> O postulado do promotor natural, que se revela imanente ao sistema constitucional brasileiro, repele, a partir da vedação de designações casuísticas efetuadas pela Chefia da Instituição, a figura do acusador de exceção. (...) A matriz constitucional desse princípio assenta-se nas cláusulas da independência funcional e da inamovibilidade dos membros da Instituição.

Portanto, de matriz constitucional, o princípio do promotor natural tem plena aplicação no Direito Eleitoral, não podendo o Procurador-Geral de Justiça indicar ao Procurador Regional Eleitoral um promotor eleitoral sem obediência ao critério legal. Veda-se, assim, designação de um promotor eleitoral com fins específicos de processar determinado político. É primordialmente salutar prefixar o critério de designação dos promotores eleitorais. Em vários Estados já existe resolução emitida pelo Procurador Regional Eleitoral, determinando critérios objetivos para o rodízio dos promotores eleitorais; portanto, o descumprimento da resolução viola impreterivelmente o princípio do promotor eleitoral natural.

Em suma, o réu tem direito público, subjetivo, de conhecer o Promotor de Justiça Eleitoral, como ocorre com o juízo natural.

3.10.4. A investidura ilegal do promotor eleitoral

Joel José Cândido[12] defende que a investidura ilegal do promotor eleitoral poderá acarretar as consequências processuais do art. 358, III, do Código Eleitoral, nos processos criminais; nos processos não criminais, o juiz deverá aplicar o art. 13 do Código de Processo Civil. Já pelo ângulo institucional, como não pode haver o pagamento da gratificação a promotor eleitoral designado em desacordo com o preconizado pela consulta, o Procurador-Geral de Justiça ficará sujeito à Ação Popular se também for responsável por esse pagamento. Assim, quer por uma ótica, quer por outra, o assunto é grave e sério, merecendo ser melhor examinado.

Nossa posição: De forma mais didática, podemos dividir as consequências da nomeação ilegal do promotor eleitoral em duas hipóteses:

1ª) No âmbito "eleitoral criminal" haverá duas consequências, dependendo da fase procedimental:

---

[11] Embargos de declaração em HC 67.759/RJ. Pleno. Rel. Celso de Mello, v. u., 26/08/1993. DJ 24/09/1993. RT 705/412.
[12] *Direito Eleitoral Brasileiro*. 10. ed. Bauru: Edipro, 2003. p. 60.

a) O processo ainda não foi iniciado. Neste caso, o juiz rejeitará a denúncia, "por manifesta a ilegitimidade da parte", na forma do art. 358, inciso III, do Código Eleitoral, *in verbis*:

> *Art. 358. A denúncia será rejeitada quando: (...)*
> *III – for manifesta a ilegitimidade da parte ou faltar condição exigida pela lei para o exercício da ação penal.*

O promotor eleitoral, investido regularmente, pode propor outra denúncia.

> *Art. 358. (...)*
> *Parágrafo único. Nos casos do número III, a rejeição da denúncia não obstará ao exercício da ação penal, desde que promovida por parte legítima ou satisfeita a condição.*

b) O processo já foi iniciado. O juiz deve decretar a nulidade do processo por rejeitar a ilegitimidade de parte, conforme preconiza o art. 564, inciso II, do Código de Processo Penal, *in verbis*: "*Art. 564. A nulidade ocorrerá nos seguintes casos: (...) II – por ilegitimidade de parte.*"

2ª) No âmbito "eleitoral cível", haverá também duas consequências, dependendo da fase procedimental.

a) O processo ainda não foi iniciado. Neste caso, o juiz eleitoral indefere a petição inicial, "por ser a parte manifestamente ilegítima", conforme dispõe o art. 295, inciso II, do Código de Processo Civil, *in verbis*: "*Art. 295. A petição inicial será indeferida: (...) II – quando a parte for manifestamente ilegítima.*"

b) O processo já foi iniciado. O juiz deve extinguir o processo sem julgamento do mérito, na forma do art. 267, inciso VI, do Código de Processo Civil:

> *Art. 267. Extingue-se o processo, sem julgamento do mérito:*
> *(...)*
> *VI – quando não ocorrer qualquer das condições da ação, como a possibilidade jurídica, a legitimidade das partes e o interesse processual.*

O promotor eleitoral, investido regularmente, pode propor novamente a ação.

> *Art. 268. Salvo o disposto no art. 267, V, a extinção do processo não obsta a que o autor intente de novo a ação. A petição inicial, todavia, não será despachada sem a prova do pagamento ou do depósito das custas e dos honorários de advogado.*

Você pode estar pensando: "Mas, o Ministério Público não é uno e indivisível?" Sim, mas a nomeação ilegal do promotor de Justiça atenta contra o princípio do "promotor de Justiça Eleitoral natural", portanto, o promotor de Justiça, investido ilegalmente na função, torna-se parte ilegítima na relação processual.

Atendendo ao "princípio da periodicidade da investidura das funções eleitorais", em todos os Estados existe uma espécie de rodízio, revezamento, entre os promotores.

EXEMPLO DIDÁTICO

Em uma comarca com dois promotores, cada um assumirá por dois anos a função de promotor eleitoral; é o mesmo caso dos juízes. Suponha que, no rodízio, chegou a sua vez de assumir as funções de promotor de Justiça Eleitoral e o Procurador-Geral de Justiça indicou ao Procurador Regional Eleitoral, novamente, o nome do primeiro promotor. A solução será o promotor que foi preterido em seu direito líquido e certo de assumir a função de promotor eleitoral propor um mandado de segurança.

OBSERVAÇÕES DIDÁTICAS

a) Quando não é possível fazer o rodízio: Nas comarcas em que há apenas uma Promotoria de Justiça e apenas um promotor de Justiça, não há o rodízio das funções eleitorais.

b) Cuidado, não confunda: A "indicação" do promotor de Justiça Eleitoral é realizada pelo Procurador-Geral de Justiça e a "designação oficial", feita pelo Procurador Regional Eleitoral.

3.10.5. Requisitos da denúncia eleitoral

Da análise perfunctória do art. 357 § 2º, do Código Eleitoral ("A denúncia conterá a exposição do fato criminoso com todas as suas circunstâncias, a qualificação do acusado ou esclarecimentos pelos quais se possa identificá-lo, a classificação do crime e, quando necessário, o rol das testemunhas"), chegamos à conclusão de que a denúncia tem quatro requisitos essenciais:

1º) Exposição do fato criminoso e todas as suas circunstâncias

a) Noções didáticas

O Ministério Público Eleitoral, na elaboração da denúncia, deve narrar os fatos necessários à plena configuração do crime eleitoral com todos os fatores que estão ao redor do delito, mas que servem para aumentar ou diminuir a pena.

Para que futuramente seja possível fazer uma análise da prescrição e competência, faz-se necessário que o Ministério Público Eleitoral faça referência à hora, ao dia, ao mês, ao ano e ao local em que ocorram os fatos objeto da denúncia.

b) Omissão do local

A omissão do local, por si só, não invalida a denúncia eleitoral, uma vez que a eventual nulidade deve ser considerada em face do embaraço ou cerceamento da defesa.[13]

c) A narrativa dos fatos

A narrativa dos fatos deve envolver:

---
[13] RT, 423/368 e 589/444.

- os indícios suficientes da autoria, coautoria ou da participação;
- os meios que comprovem a materialidade;
- os meios empregados na realização do crime;
- os motivos do crime;
- as maneiras de execução.

d) Exposição dos fatos nos delitos de autoria coletiva

Deve ser observado que a moderna política criminal já não permite que o promotor eleitoral denuncie os crimes de autoria coletiva sem especificar a conduta de cada um dos autores, apenas fazendo uma identificação genérica afirmando: "Assim, todos agiram de comum acordo e com a mesma identidade de propósito (...)".

O Direito Penal Eleitoral moderno não permite a chamada responsabilidade penal objetiva (**em que a pessoa paga, independentemente de dolo ou culpa**). Assim, as condutas dos acusados devem ser totalmente individualizadas.

Ademais, o acriminado se defende dos fatos, e não da capitulação. Portanto, sua conduta tem de ser demonstrada de forma clara, precisa e objetiva.

Tratando-se de crime de autoria coletiva, é necessário que a denúncia, sob pena de inépcia, descreva a conduta de cada um dos participantes.[14]

e) Denúncia eleitoral alternativa

É aquela em que o Ministério Público Eleitoral, ao historiar os fatos, fica na dúvida sobre qual foi a real conduta do acusado. Então, finaliza a exordial atribuindo **uma** ou **outra** conduta ao réu.

EXEMPLO DIDÁTICO

Ex positis, estando o acusado incurso no art. 324 (**calúnia**) ou 325 (**difamação**) do Código Eleitoral.

Esse tipo de denúncia, embora sendo admitida por alguns doutrinadores, não é admissível, porque atenta sensivelmente contra o princípio do contraditório e da ampla defesa. O Estado, na procura do *jus puniendi*, não pode proceder elaborando condutas que são verdadeiras armadilhas, em que o cidadão, ao defender-se de uma acusação, pode vir a ser condenado por outra, podendo o exercício de defesa, que é constitucionalmente amplo, ter sido fragilizado pelas várias ramificações hipotéticas em que se fundamentou a peça acusatória.

Em um Estado Democrático de Direito, tem o cidadão um direito líquido, certo e subjetivo de liberdade de saber de forma objetiva qual é a imputação que lhe é feita.

É tão evidente que a denúncia eleitoral alternativa não pode subsistir em nosso direito que o próprio legislador criou os fenômenos processuais da *emendatio libelli* e da *mutatio libelo*, com o escopo de adequar a peça inicial ao pedido final, e demonstrando de maneira clarividente que o promotor deve elaborar a denúncia de forma determinada, não precisando **adivinhar** o elemento subjetivo do injusto, pois, se durante a instrução criminal aparecer uma nova elementar que desconfigure o tipo articulado, na inicial, a mesma pode ser adequada aos novos fatos.

---

[14] STF. RTJ, 49/388.

f) Inépcia por ausência de narrativa dos fatos

O entendimento jurisprudencial dominante é no sentido de que é inepta a denúncia que não descreve, ainda que sucintamente, o fato, apenas fazendo referência às peças do inquérito policial, onde estaria narrado.[15]

2º) A qualificação do acusado ou esclarecimentos pelos quais se possa identificá-lo

A peça inicial também precisa demonstrar de forma individualizada a pessoa que figurará na relação processual no polo passivo. É a qualificação do acusado, que deve envolver o máximo de dados possível (exemplo: nome, prenome, apelido, estado civil, profissão, filiação, residência e domicílio), a fim de evitar que homônimos sejam injustamente processados.

Se não for possível fazer a qualificação nos termos *supra*, a mesma poderá ser feita de forma **indireta**, devendo o Promotor de Justiça Eleitoral colocar o máximo de dados possível para uma perfeita identificação do delatado. Atente-se para o fato de que, se não for possível a chamada qualificação indireta, especificando-se os principais traços caracterizadores do acusado, não será possível o oferecimento da denúncia, pois estamos diante de autoria ignorada, devendo ser realizadas novas diligências supridoras de tais dificuldades.

Nada impede que, em um caso que envolva vários acusados, o Promotor de Justiça Eleitoral apenas se reporte às folhas do procedimento inquisitorial, onde consta a qualificação dos acusados. Exemplo:

(...) Apresentar denúncia contra: 1. Francisco Dirceu Barros. 2. William Douglas. 3. Sylvio Motta. 4. Fernando da Costa Tourinho Filho; José Henrique Pierangeli etc., todos já devidamente qualificados às fls. 01, 02, 03, 04, 05, respectivamente, dos autos do procedimento inquisitorial.

OBSERVAÇÃO DIDÁTICA

O STF entende que o simples erro ou engano do nome do réu não anula a denúncia, desde que ela proporcione elementos para a sua perfeita qualificação.[16]

3º) Requisito: classificação do crime eleitoral

É a chamada articulação dos fatos, em que o Promotor de Justiça Eleitoral vai transformar em artigos toda a descrição fática.

---

[15] STF. RTJ, 57/389; *RDP*, 4/126.
[16] RTJ, 63/29.

EXEMPLO DIDÁTICO

Se a denúncia narra crimes de "compra de votos" e "coação violenta para fazer o eleitor votar", cometidos em vários atos por duas pessoas, o Promotor de Justiça Eleitoral tem de concluir a denúncia, articulando os fatos, ou seja, transformando todos os fatos em artigos, em uma sequência tão lógica que, se você olhar para os artigos, será possível entender os fatos. Por exemplo:

Ex positis, estando os denunciados incursos no art. 299 c.c. os arts. 301 do Código Eleitoral, 29 e 69, todos do Código Penal.

Observação importante: Usamos sempre as terminologias denunciados, delatados, pois só existem acusados após o recebimento da denúncia.

Facilmente, percebe-se que, por essa articulação, trata-se de um crime de "compra de votos" (art. 299) e um crime de "coação violenta para fazer o eleitor votar" (art. 301) e, em concurso de pessoas (art. 29), e em concurso de crimes material (art. 69).

A doutrina em peso afirma que a tipificação errada não causa prejuízo ao réu; já que este se defende dos fatos, e não dos artigos, e o perfeito enquadramento do tipo é tarefa do magistrado, segundo o brocardo latino (*narra mihi factum dabo tibi jus*). O juiz, na sentença, pode corrigir o erro (*emendatio libelli*). É orientação do STF[17] e do STJ.[18]

4º) O rol de testemunha

O Promotor de Justiça Eleitoral, ao propor a denúncia, deve indicar o rol de testemunhas.

Só esclarecemos que a não apresentação do rol de testemunhas não constitui, *per se*, motivo para rejeição da queixa ou da denúncia, pois o fato pode ser provado por outros meios permitidos em lei.[19]

3.11. O PRAZO DA DENÚNCIA ELEITORAL

Dispõe o art. 357 do Código Eleitoral sobre o prazo para o oferecimento da denúncia eleitoral: "*Verificada a infração penal, o Ministério Público oferecerá a denúncia dentro do prazo de 10 (dez) dias.*"

Concluído o inquérito policial os autos devem ser encaminhados com vista ao representante do Ministério Público Eleitoral. A partir do recebimento deles, passa a fluir o prazo de 10 (dez) dias para o oferecimento da denúncia. Observe que o prazo é único, estando o indiciado preso ou solto.

Deve ser obedecido de forma subsidiária o art. 798, § 1º, do CPP, *in verbis*: "*Não se computará no prazo o dia do começo, incluindo-se, porém, o do vencimento.*"

---

[17] RTJ, 79/95, 64/57 e 95/131.
[18] RHC 634. 6ª Turma. JSTJ, 18/230.
[19] RT, 523/409.

Como dizia o saudoso amigo Mirabete: "Entender-se de outra forma é subtrair ao Ministério Público um dia do prazo sempre que o seu termo inicial for o termo de vista, gerando uma desigualdade em relação ao prazo oferecido à defesa."

3.11.1. As principais consequências do descumprimento do prazo para o oferecimento da denúncia eleitoral

Segundo o Código Eleitoral é crime previsto no art. 342, *in verbis*:

> Art. 342. Não apresentar o órgão do Ministério Público, no prazo legal, denúncia ou deixar de promover a execução de sentença condenatória:
>
> Pena – detenção até dois meses ou pagamento de 60 a 90 dias-multa.

Entendemos que o artigo supracitado, formulado em 1965, não foi recepcionado pelo novo ordenamento constitucional, e os motivos são simples, a Constituição Federal já elenca quais são as principais consequências do descumprimento do prazo para o oferecimento da denúncia eleitoral, a saber:

1ª) O relaxamento imediato da prisão do indiciado: Constituição Federal, art. 5º, inciso LXV, *in verbis*: "*A prisão ilegal será imediatamente relaxada pela autoridade judiciária;*"

2ª) O surgimento do direito de a vítima ou representante legal ingressar com a ação privada subsidiária da pública: Constituição Federal, art. 5º, inciso LIX, *in verbis*: "*Será admitida ação privada nos crimes de ação pública, se esta não for intentada no prazo legal;*".

Ademais, há ainda a possibilidade da interposição da ação penal eleitoral pública subsidiária da pública incondicionada, que é a possibilidade de o eleitor fazer uma representação contra o órgão do Ministério Público Eleitoral que não ofereceu a denúncia no prazo legal, para que outro membro do Ministério Público Eleitoral possa ofertá-la. Veremos maiores detalhes no item 3.8. "*Estudo específico da ação penal eleitoral pública subsidiária da pública incondicionada*".

3.12. A REJEIÇÃO DA DENÚNCIA ELEITORAL

Segundo o art. 358 do Código Eleitoral, a denúncia será rejeitada quando:

> I – o fato narrado evidentemente não constituir crime;
>
> II – já estiver extinta a punibilidade, pela prescrição ou outra causa;
>
> III – for manifesta a ilegitimidade da parte ou faltar condição exigida pela lei para o exercício da ação penal.
>
> Parágrafo único. Nos casos do número III, a rejeição da denúncia não obstará ao exercício da ação penal, desde que promovida por parte legítima ou satisfeita a condição.

O uso do princípio da subsidiariedade nos autoriza a dizer que a denúncia também deve ser rejeitada quando:

a) For manifestamente inepta (*vide* **art. 395, inciso I, do CPP, com redação dada pela reforma eleitoral, Lei nº 11.719/2008**).

É inepta e não deve ser recebida a denúncia que não especifica nem descreve, ainda que sucintamente, o fato criminoso atribuído ao acusado.[20] É inepta e não deve ser recebida a denúncia que seja vaga, imprecisa, confusa, lacônica.[21]

Também é de ser rejeitada a denúncia em que não se descreve elemento essencial do tipo penal. O fato descrito deve ser subsumível a uma descrição abstrata na lei (tipo penal eleitoral); se não se reveste de tipicidade, não há imputação de crime, e a denúncia deve ser rejeitada.[22]

b) Faltar justa causa para o exercício da ação penal (*vide* **art. 395, *inciso I*, do CPP, com redação dada pela reforma eleitoral, Lei nº 11.719/2008**).

A justa causa é o suporte probatório mínimo em que se deve lastrear a acusação eleitoral.

Há controvérsia se a justa causa é uma condição genérica da ação penal eleitoral; entendemos que no processo penal a reforma processual não incluiu a justa causa como condição da ação penal e, sim, como causa especial de rejeição da denúncia.

A Lei nº 11.719/2008, em seu art. 395, é bem clara:

> Art. 395. A denúncia ou queixa será rejeitada quando:
> I – for manifestamente inepta;
> II – faltar pressuposto processual ou condição para o exercício da ação penal; ou
> III – ***faltar justa causa para o exercício da ação penal*** (Destaques nossos).

3.13. A NATUREZA JURÍDICA DO RECEBIMENTO DA DENÚNCIA ELEITORAL

O recebimento da denúncia eleitoral é mero juízo; quanto à procedibilidade da ação, não há, *in casu*, análise de mérito ou juízo de reprovação; deve, portanto, prevalecer o princípio *in dubio pro societa*, ou seja, na dúvida, prevalecerá o interesse da sociedade que, no caso, é observado com o recebimento da denúncia.

3.14. O INÍCIO DA AÇÃO PENAL ELEITORAL

A ação penal eleitoral não se inicia com o **oferecimento** da denúncia e, sim, com o **recebimento** da denúncia. Se o Promotor de Justiça Eleitoral oferecer a denúncia, e o juiz não a receber, não poderemos dizer que a ação se iniciou. Tanto é verdade que, conforme o art. 581 do Código de Processo Penal, caberá recurso, no sentido estrito, da decisão que não receber a denúncia ou a queixa.

---

[20] Nesse sentido: RT, 532/320-1, 562/427, 599/447, 646/331.
[21] *RSTJ*, 93/339; RT, 543/419, 610/366, 642/358, 643/299, 700/396; RJDTACRIM, 25/106.
[22] RT, 546/351, 548/382-3, 609/445.

3.15. O ADITAMENTO DA QUEIXA SUBSIDIÁRIA DA PÚBLICA

O Código de Processo Penal, aplicado de forma subsidiária, autoriza o Promotor de Justiça Eleitoral a aditar a queixa na forma do § 2º do art. 46, *in verbis*:

> Art. 46. (...)
>
> § 2º O prazo para o aditamento da queixa será de três dias, contado da data em que o órgão do Ministério Público receber os autos, e, se este não se pronunciar dentro do tríduo, entender-se-á que nada tem a aditar, prosseguindo-se nos demais termos do processo.

3.16. O CONFLITO DE ATRIBUIÇÕES ELEITORAIS

Os Professores Eugênio Pacelli[23] e Thales Tácito Pádua Cerqueira[24] defendem que:

> A própria LC nº 75/1993 dá tratamento diferenciado entre as funções institucionais propriamente ditas e as funções eleitorais: veja-se, por exemplo, o disposto no art. 75, que diz incumbir ao Procurador-Geral Eleitoral a função de dirimir conflitos de atribuições, enquanto o art. 62, VII, atribui tal mister à Câmara de Coordenação e Revisão, quando entre órgãos do Ministério Público Federal:
>
> Art. 62. Compete às Câmaras de Coordenação e Revisão:
>
> (...)
>
> VII – decidir os conflitos de atribuições entre os órgãos do Ministério Público Federal.
>
> (...)
>
> Art. 75. Incumbe ao Procurador-Geral Eleitoral:
>
> (...)
>
> III – dirimir conflitos de atribuições; (...)

Portanto, por expressa previsão legal, o conflito de atribuições entre Procuradores Regionais Eleitorais é resolvido pelo Procurador-Geral Eleitoral (**que, como sabemos, é o Procurador-Geral da República**). Ademais, conforme visto alhures, a interpretação gramatical e lógica da disposição da seção que cuida da Câmara de Coordenação e Revisão encontra-se afastada da seção que cuida do Ministério Público Eleitoral, o que reforça que a Câmara não detém a solução de conflito de atribuições entre Procuradores Regionais Eleitorais.

Os insignes doutrinadores supracitados também sustentam que o conflito de atribuições entre dois promotores eleitorais deve ser resolvido pelo Procurador Regional Eleitoral, e não pela Câmara de Coordenação e Revisão do Ministério Público Federal – aqui, apesar de não haver previsão expressa na LC nº 75/1993, vale lembrar

---

[23] Pacelli, Eugênio. *Curso de Processo Penal*. 4. ed. Belo Horizonte: Del Rey, 2004.
[24] Cerqueira, Thales Tácito Pontes Luz de Pádua. *Direito Eleitoral Brasileiro*. Belo Horizonte: Del Rey, 2002.

também o disposto no art. 27, § 3º, do Código Eleitoral, que confere a mesma atribuição legal do Procurador-Geral Eleitoral (PGE) ao Procurador Regional Eleitoral (PRE), no tocante à função junto aos Tribunais Regionais Eleitorais.

RESUMO DIDÁTICO

- O Procurador-Geral Eleitoral resolve conflito de atribuições entre Procuradores Regionais Eleitorais (art. 75, III, da LC nº 75/1993).
- O Procurador Regional Eleitoral resolve conflito de atribuições entre os promotores eleitorais, mas existe uma exceção: veja o caso eleitoral superinteressante "O conflito de atribuições de promotores eleitorais em estados diferentes", no final do Capítulo 2.

3.17. A SUSPEIÇÃO DO PROMOTOR DE JUSTIÇA ELEITORAL

Tício, que é Promotor Eleitoral, entrou com uma queixa-crime contra Mévio, Prefeito da Cidade "XY". Aponte a solução jurídica, considerando que:

a) o que motivou a queixa-crime foi o fato de Mévio ter proferido ofensas contra a honra de Tício;

b) na eleição municipal, o partido de Mévio arguiu a suspeição de Tício, argumentando que ele estava em litígio com o candidato e, portanto, não poderia exercer a função de promotor eleitoral.

Resposta: Em um caso concreto, a 5ª Turma do Superior Tribunal de Justiça[25] rejeitou mandado de segurança da promotora de (...), alegando que, se o promotor está em litígio com um candidato, não deve atuar no processo eleitoral durante a campanha.

A partir de reclamação dos diretórios municipais dos partidos (...), por suposta inimizade entre a promotora (...) e a candidata a prefeita, o procurador regional eleitoral do (...) recomendou o afastamento da promotora. A promotora havia registrado queixa-crime contra a candidata. Com a decisão do procurador eleitoral, o Procurador-Geral do Estado resolveu acatar o pedido de afastamento da promotora de suas funções eleitorais, designando outro membro do MP para atuar na zona eleitoral.

A promotora sustentou que não ficou comprovada sua inimizade com a candidata. Também alegou que houve violação de seus direitos e que a suspeição não poderia ter sido alegada pela coligação, mas apenas pela pessoa diretamente afetada. E se defendeu, dizendo que o próprio parecer que recomendou o afastamento não atribuiu a ela nenhum comportamento indevido ou irregular.

O Estado do (...) contra-argumentou, considerando que foi dada a ela a oportunidade de se defender. E que o afastamento foi determinado por autoridade competente, em cumprimento da disposição legal, seguindo ainda a opinião da Corregedoria-Geral do MP e da Coordenação do Centro de Apoio Operacional das Promotorias Eleito-

---

[25] Fonte de pesquisa: RMS 14.990. Revista *Consultor Jurídico*, 03/11/2005, em novembro de 2005.

rais. Para o MPF, o Procurador-Geral de Justiça do Estado do (...) seria incompetente para determinar o afastamento da promotora de suas funções eleitorais, o que seria atribuição exclusiva do procurador regional eleitoral. Isso porque os promotores eleitorais exercem funções do MP Eleitoral.

O Ministro Arnaldo Esteves Lima destacou que o entendimento do Tribunal Superior Eleitoral é diverso, entendendo ser da competência do Procurador-Geral de Justiça a indicação ao procurador regional eleitoral do substituto do promotor eleitoral impedido. O relator esclareceu que o procurador regional eleitoral decidiu ser caso de afastamento da promotora de suas funções eleitorais e solicitou, conforme a jurisprudência do TSE, que o Procurador-Geral de Justiça indicasse o substituto. E, por isso, não existe ilegalidade no ato.

O período de afastamento também não seria excessivo, já que a jurisprudência entende que é possível o afastamento durante todo o processo eleitoral, de juiz ou membro do MP, em razão de impedimento ou suspeição. Quanto ao afastamento ter sido dado por pedido de partidos políticos, o ministro afirmou que este fato é previsto no art. 96 da Lei nº 9.504/1997, que diz: "*Salvo disposições específicas em contrário desta lei, as reclamações ou representações relativas ao seu descumprimento podem ser feitas por qualquer partido político, coligação ou candidato.*"

A existência efetiva de impedimento da promotora também foi analisada. O Ministro Arnaldo Esteves Lima esclareceu que a representação apreciou a questão e verificou a existência de ação penal privada promovida pela promotora contra a candidata por suposto crime contra a honra. "A existência dessa ação indica a presença de animosidades que vão além daquelas meramente derivadas do exercício de suas respectivas funções. Tornou-se pessoal", considerou o procurador regional eleitoral.

O ministro entendeu aplicável ao caso o disposto no art. 95 da Lei nº 9.504/1997: "Ao juiz eleitoral que seja parte em ações judiciais que envolvam determinado candidato é defeso exercer suas funções em processo eleitoral no qual o mesmo candidato seja interessado." "Não se trata de punição à recorrente ou imputação de prática de atos irregulares. Apenas garantia de imparcialidade na atuação do MP nas eleições municipais", afirmou o relator.

O direito de defesa da promotora também foi respeitado, no entendimento do Ministro Arnaldo Esteves Lima, já que ela teve oportunidade de responder, na representação e não negou a existência da ação penal privada que fundamentou a decisão do afastamento.

Nossa posição: Entendemos, *data venia*, que o fato de Tício propor queixa-crime contra Mévio não gera nenhuma relação de inimizade ou situação de dependência que possa gerar suspeição. Através do princípio da inafastabilidade da jurisdição (CF, "*art. 5º (...) XXXV – a lei não excluirá da apreciação do Poder Judiciário lesão ou ameaça a direito*"), Tício tem um direito líquido, certo e subjetivo de propor a competente ação judicial com o escopo de punir o infrator que causou dano a sua honra – dignidade. O que seria vedado a Tício é "o exercício arbitrário das próprias razões" ("*Art. 345. Fazer justiça pelas próprias mãos, para satisfazer pretensão, embora legítima, sal-*

vo quando a lei o permite"); portanto, o exercício de um direito constitucional não tem o condão de gerar suspeição. Seria o cúmulo da insipiência dizer, em um Estado Democrático de Direito, que o exercício do direito de ação possa provar inimizade.

A decisão *ut supra* ainda gera dois sérios precedentes:

a) um político de má-fé pode injuriar um promotor eleitoral, para que, quando este propuser queixa-crime, seja impedido de exercer suas atividades eleitorais;

b) o promotor eleitoral pode deixar de propor a queixa-crime, para não ser afastado de suas atividades eleitorais.

Posicionamento majoritário do STJ: Defende a aplicação do art. 95 da Lei nº 9.504/1997 também ao membro do Ministério Público.[26] O artigo supracitado tem a seguinte redação: "*Ao Juiz Eleitoral que seja parte em ações judiciais que envolvam determinado candidato é defeso exercer suas funções em processo eleitoral no qual o mesmo candidato seja interessado.*"

---

[26] STJ. AC de 25/10/2005, no RMS 14.990.

4 Procedimentos Eleitorais Penais

4.1. ESPÉCIES DE PROCEDIMENTOS ELEITORAIS PENAIS

Há dois tipos de procedimentos eleitorais penais:
a) o procedimento penal eleitoral comum;
b) o procedimento penal eleitoral sumaríssimo.

4.1.1. Síntese do rito penal eleitoral comum de competência do 1º grau de jurisdição

No processo e julgamento dos crimes eleitorais, assim como nos recursos e na execução que lhes digam respeito, aplicar-se-á, subsidiariamente, o Código de Processo Penal.

Determina o § 4º do art. 394 do Código de Processo Penal que:

> Art. 394. (...)
> § 4º As disposições dos arts. 395 a 398 deste Código aplicam-se a todos os procedimentos penais de primeiro grau, ainda que não regulados neste Código.

Portanto, com a reforma processual penal, uma parte do procedimento comum previsto pelo Código de Processo Penal será acoplado ao procedimento especial eleitoral.

Diante de tais observações podemos dizer que o procedimento penal eleitoral comum será desenvolvido da forma infracitada:

1) A primeira atividade do juiz eleitoral:

O juiz eleitoral tem duas opções no primeiro contato com a denúncia ou a queixa subsidiária da pública incondicionada.

a) Rejeita a denúncia ou a queixa subsidiária da pública incondicionada

Leia no capítulo III o item 3.12. "*A rejeição da denúncia eleitoral*".

Rejeitada a denúncia o Promotor de Justiça Eleitoral deve interpor recurso em sentido estrito.

b) Recebe a denúncia ou a queixa

Estipula a nova redação do art. 406 do Código de Processo Penal que: "*O juiz eleitoral, ao receber a denúncia ou a queixa, ordenará a citação do acusado para responder a acusação, por escrito, no prazo de 10 (dez) dias.*"

4.2. O INÍCIO DO PRAZO PARA A DEFESA

O prazo para o acusado ou querelado responder a imputação acusatória eleitoral será contado:
a) a partir do efetivo cumprimento do mandado;
b) ou do comparecimento, em juízo, do acusado ou de defensor constituído, em duas hipóteses:
- no caso de citação inválida;
- no caso de citação por edital.

4.3. AS FORMAS DE CITAÇÃO

Agora há três formas de citação no âmbito do procedimento penal eleitoral:

1ª) A primeira forma é a mais clássica, ou seja, a citação direta feita pelo oficial de justiça através do mandado judicial.

2ª) A Lei nº 11.719, de 20/06/2008, inovou ao criar a citação por hora certa, portanto, verificando que o réu se oculta para não ser citado, o oficial de justiça certificará a ocorrência e procederá à citação com hora certa.

A citação por hora certa será feita da seguinte forma:

a) Quando, por três vezes, o oficial de justiça houver procurado o réu em seu domicílio ou residência, sem o encontrar, deverá, havendo suspeita de ocultação, intimar a qualquer pessoa da família, ou em sua falta a qualquer vizinho, que, no dia imediato, voltará, a fim de efetuar a citação, na hora que designar.
b) No dia e hora designados, o oficial de justiça, independentemente de novo despacho, comparecerá ao domicílio ou residência do citando, a fim de realizar a diligência.
c) Se o citando não estiver presente, o oficial de justiça procurará informar-se das razões da ausência, dando por feita a citação, ainda que o citando se tenha ocultado em outra comarca.
d) Da certidão da ocorrência, o oficial de justiça deixará contrafé com pessoa da família ou com qualquer vizinho, conforme o caso, declarando-lhe o nome.
e) Feita a citação com hora certa, o escrivão enviará ao réu carta, telegrama ou radiograma, dando-lhe de tudo ciência.

Completada a citação com hora certa, se o acusado não comparecer, ser-lhe-á nomeado defensor dativo.

3ª) Não sendo encontrado o acusado e não sendo o caso de citação por hora certa, será procedida a citação por edital.

Se o acusado, citado por edital, não comparecer, nem constituir advogado, o juiz eleitoral deve aplicar o art. 366 do Código de Processo Penal, *in verbis*:

> Art. 366. Se o acusado, citado por edital, não comparecer, nem constituir advogado, ficarão suspensos o processo e o curso do prazo prescricional, podendo o juiz eleitoral determinar a produção antecipada das provas consideradas urgentes e, se for o caso, decretar prisão preventiva, nos termos do disposto no art. 312.

O entendimento sumulado do **STJ** (Súmula nº 415) é no sentido de que "o período de **suspensão do prazo prescricional** é regulado pelo **máximo da pena cominada**".

4.3.1. A citação por hora certa e a violação ao princípio *nemo inauditus damnari potest*

O princípio *nemo inauditus damnari potest* preconiza que "ninguém pode ser condenado sem ser ouvido".

Vale dizer, impede-se a tutela jurisdicional sem que tenham sido obedecidos os princípios da ampla defesa e do contraditório, assegurando-se o regular e devido processo legal. Portanto, ninguém, em regra, pode ser condenado sem que seja ouvido, possibilitando-lhe a defesa de seus interesses. Aliás,

> a audiência do réu não é algo que se lhe tenha deferido por generosidade ou liberalidade. Ela se inclui como exigência do interesse público da efetiva aplicação do direito legislado, consequentemente, a audiência do réu é interesse do próprio Estado legislador, como do Estado-juiz eleitoral, na sua tarefa de tornar efetivo o direito legislado, quando desatendido ou violado pelo destinatário da norma.[1]

O princípio consagra o direito da livre informação vedando o inquisitivo, os procedimentos secretos. Foi o princípio *nemo inauditus damnari potest* que estabeleceu a nova redação ao art. 366 do Código de Processo Penal.

Infelizmente, a reforma ao criar no Processo Penal a citação por hora certa violou frontalmente princípio *nemo inauditus damnari potest*, destarte, o próprio princípio do contraditório e ampla defesa, possibilitando o réu ser julgado e condenado sem ser ouvido.

Tal questão será, impreterivelmente, analisada pelo STF, portanto, entendemos que a melhor solução será os juízes eleitorais, em caso de não localização do réu, determinarem a citação por edital seguindo o procedimento exposto no art. 366 do Código de Processo Penal.

4.4. A DEFESA INICIAL DO RÉU

Na resposta, o acusado poderá:
a) arguir preliminares;
b) alegar tudo o que interesse a sua defesa;
c) oferecer documentos e justificações;
d) especificar as provas pretendidas;

---

[1] Passos, José Joaquim Calmon de. *Enciclopédia Saraiva do Direito*. Verbete "Direito de Defesa". São Paulo: Saraiva, 1977. v. 26, p. 138.

e) sob pena de preclusão, arrolar testemunhas, qualificando-as e requerendo sua intimação, quando necessário.

4.5. ARGUIÇÃO DE EXCEÇÕES

Na defesa preliminar o réu pode alegar as exceções de:
- suspeição;
- incompetência de juízo;
- litispendência;
- ilegitimidade de parte;
- coisa julgada.

4.5.1. Principais regras práticas sobre as exceções

- As exceções serão processadas em apartado, nos termos dos arts. 95 a 112 do Código de Processo Penal, e não suspenderão, em regra, o andamento da ação penal.
- A arguição de suspeição precederá a qualquer outra, salvo quando fundada em motivo superveniente.
- O juiz eleitoral que espontaneamente afirmar suspeição deverá fazê-lo por escrito, declarando o motivo legal, e remeterá imediatamente o processo ao seu substituto, intimadas as partes.
- Quando qualquer das partes pretender recusar o juiz eleitoral, deverá fazê-lo em petição assinada por ela própria ou por procurador com poderes especiais, aduzindo as suas razões acompanhadas de prova documental ou do rol de testemunhas.
- Se reconhecer a suspeição, o juiz eleitoral sustará a marcha do processo, mandará juntar aos autos a petição do recusante com os documentos que a instruam, e por despacho se declarará suspeito, ordenando a remessa dos autos ao substituto.
- Não aceitando a suspeição, o juiz eleitoral mandará autuar em apartado a petição, dará sua resposta dentro de 3 (três) dias, podendo instruí-la e oferecer testemunhas, e, em seguida, determinará sejam os autos da exceção remetidos, dentro de 24 (vinte e quatro) horas, ao juiz eleitoral ou tribunal a quem competir o julgamento.
- Reconhecida, preliminarmente, a relevância da arguição, o juiz eleitoral ou tribunal, com citação das partes, marcará dia e hora para a inquirição das testemunhas, seguindo-se o julgamento, independentemente de mais alegações.
- Se a suspeição for de manifesta improcedência, será rejeitada pelo juiz eleitoral ou relator liminarmente.
- Julgada procedente a suspeição, ficarão nulos os atos do processo principal, pagando o juiz eleitoral as custas, no caso de erro inescusável; rejeitada, evidenciando-se a malícia do excipiente, a este será imposta multa.
- Quando a parte contrária reconhecer a procedência da arguição, poderá ser sustado, a seu requerimento, o processo principal, até que se julgue o incidente da suspeição.

- No Supremo Tribunal Federal e nos demais tribunais superiores, quem se julgar suspeito deverá declará-lo nos autos e, se for revisor, passar o feito ao seu substituto na ordem da precedência, ou, se for relator, apresentar os autos em mesa para nova distribuição.
- Se não for relator nem revisor, o juiz eleitoral que houver de dar-se por suspeito, deverá fazê-lo verbalmente, na sessão de julgamento, registrando-se na ata a declaração.
- Se o presidente do tribunal se der por suspeito, competirá ao seu substituto designar dia para o julgamento e presidi-lo.
- Observar-se-á, quanto à arguição de suspeição pela parte, o disposto nos arts. 98 a 101, no que lhe for aplicável, atendido, se o juiz eleitoral a reconhecer, o que estabelece este artigo.
- A suspeição, não sendo reconhecida, será julgada pelo tribunal pleno, funcionando como relator o presidente.
- Se o recusado for o presidente do tribunal, o relator será o vice-presidente.
- Se for arguida a suspeição do órgão do Ministério Público Eleitoral, o juiz eleitoral, depois de ouvi-lo, decidirá, sem recurso, podendo antes admitir a produção de provas no prazo de 3 (três) dias.
- As partes poderão também arguir de suspeitos os peritos, os intérpretes e os serventuários ou funcionários de justiça, decidindo o juiz eleitoral de plano e sem recurso, à vista da matéria alegada e prova imediata.
- A exceção de incompetência do juízo poderá ser oposta, verbalmente ou por escrito, no prazo de defesa.
- Se, ouvido o Ministério Público Eleitoral, for aceita a declinatória, o feito será remetido ao juízo competente, onde, ratificados os atos anteriores, o processo prosseguirá.
- Recusada a incompetência, o juiz eleitoral continuará no feito, fazendo tomar por termo a declinatória, se formulada verbalmente.
- Nas exceções de litispendência, ilegitimidade de parte e coisa julgada, será observado, no que lhes for aplicável, o disposto sobre a exceção de incompetência do juízo.
- Se a parte houver de opor mais de uma dessas exceções, deverá fazê-lo em uma só petição ou articulado.

O entendimento amplamente dominante é no sentido de que não cabe apelo de decisão que conclui pela competência do juízo, a teor da leitura conjunta dos arts. 108, inciso II, e 581, incisos I e II, ambos do Código de Processo Penal. A decisão que rejeita a exceção de incompetência no processo penal sujeita-se apenas à interposição de *habeas corpus* quando flagrante a ilegalidade cometida.[2]

---

[2] No mesmo sentido: TRF. 4ª R. RSE 2006.70.00.008485-6. 7ª Turma. Rel. Des. Fed. Maria de Fátima Freitas Labarrère, DJU 10/01/2007.

4.6. A CONSEQUÊNCIA DA FALTA DA DEFESA INICIAL DO RÉU

A falta da defesa inicial do réu acarretará nulidade absoluta com infringência aos princípios do contraditório e da ampla defesa.

Para evitar nulidade, se a defesa não for apresentada no prazo legal, o juiz eleitoral deve nomear um defensor para oferecê-la em até 10 (dez) dias, concedendo-lhe vista dos autos.

Conforme ensina Fernando da Costa Tourinho Filho:[3]

> Sem embargo, parece que o entendimento dominante é no sentido de que, não ofertada a prévia, deve o Juiz eleitoral notificar o réu para substituir seu defensor para apresentar as "alegações preliminares" ou, se se tratar de defensor dativo, substituí-lo para esse fim e até mesmo para ficar à frente da defesa até final julgamento, sob pena de ofensa à ampla defesa.

Hoje, a posição majoritária do STF é no sentido de que a ausência de defesa preliminar (ou inicial) causa nulidade (*vide* STF: HC 88.836, HC 86.680, HC 94.276 e HC 94.027).

4.7. A RÉPLICA

Segundo o novo art. 409 do Código de Processo Penal, *"apresentada a defesa, o juiz eleitoral ouvirá o Ministério Público Eleitoral ou o querelante sobre preliminares e documentos, em 5 (cinco) dias".*

A réplica não é obrigatória e só há necessidade de manifestação da acusação (**Ministério Público** ou **querelante**) em duas hipóteses:

a) alegação de preliminares;
b) juntada de documentos.

4.8. DO SANEAMENTO DO PROCESSO

Após a manifestação do Ministério Público Eleitoral, o juiz eleitoral:

a) Decidirá sobre as diligências requeridas pelas partes.
As diligências devem ser requeridas em três fases:
- pelo Promotor de Justiça Eleitoral, no oferecimento da denúncia;
- pelo querelante no oferecimento da queixa subsidiária da ação penal eleitoral pública incondicionada;
- pelo defensor na defesa inicial.

b) Recebe a denúncia com suspensão condicional do processo.

---

[3] Tourinho Filho, Fernando da Costa. *Prática de Processo Penal*. São Paulo: Saraiva, 2006. p. 125.

c) Recebe a denúncia sem suspensão condicional do processo e em seguida determina o dia e a hora para o depoimento pessoal do acusado, ordenando a notificação deste e também do Ministério Público Eleitoral. Neste caso, aplica-se o princípio da especialidade, pois a regra é prevista no art. 359 do Código Eleitoral.

Entendemos que, no depoimento do réu, o Ministério Público Eleitoral e depois a defesa podem fazer perguntas, é aplicação analógica do art. 188 do Código de Processo Penal, *in verbis*: *"Após proceder ao interrogatório, o juiz indagará das partes se restou algum fato para ser esclarecido, formulando as perguntas correspondentes se o entender pertinente e relevante."*[4]

d) Ouvidas as testemunhas da acusação e da defesa, praticadas as diligências requeridas pelo Ministério Público Eleitoral e deferidas ou ordenadas pelo juiz, abrir-se-á o prazo de 5 (cinco) dias a cada uma das partes – acusação e defesa – para alegações finais.
e) Decorrido esse prazo, e conclusos os autos ao juiz eleitoral dentro de 48 (quarenta e oito) horas, terá o mesmo 10 (dez) dias para proferir a sentença.
f) Das decisões finais de condenação ou absolvição cabe recurso para o Tribunal Regional, a ser interposto no prazo de 10 (dez) dias.
g) Se a decisão do Tribunal Regional for condenatória, baixarão imediatamente os autos à instância inferior para a execução da sentença, que será feita no prazo de 5 (cinco) dias, contados da data da vista ao Ministério Público Eleitoral.
h) Se o órgão do Ministério Público Eleitoral deixar de promover a execução da sentença, serão aplicadas as normas constantes dos §§ 3º, 4º e 5º do art. 357 do Código Eleitoral.

4.8.1. O procedimento para as ações penais com competência originária

No *Habeas Corpus* 652, de relatoria do Ministro Arnaldo Versiani, o TSE decidiu que o procedimento previsto para as ações penais originárias – disciplinado na Lei nº 8.038/1990 – não sofreu alteração em face da edição da Lei nº 11.719/2008, que alterou disposições do Código de Processo Penal. A Lei nº 8.038/1990 dispõe sobre o rito a ser observado desde o oferecimento da denúncia, seguindo de apresentação de resposta preliminar pelo acusado, deliberação sobre o recebimento da peça acusatória, com o consequente interrogatório do réu e defesa prévia – caso recebida a denúncia –, conforme previsão dos arts. 4º ao 8º da citada lei. As invocadas inovações do CPP somente incidiriam em relação ao rito estabelecido em lei especial caso não houvesse disposições específicas, o que não se averigua na hipótese em questão.

---

[4] Veja melhor a matéria "Do interrogatório do réu", no Livro IV da Coleção *Processo Penal para Concursos*, Série Provas e Concursos, da Editora Campus/Elsevier.

4.8.2. O procedimento penal eleitoral sumaríssimo

4.8.2.1. Análise da possibilidade de aplicar o juizado especial criminal aos crimes eleitorais

A Lei nº 9.099/1995, que criou os Juizados Especiais Criminais, passou a admitir a extinção da punibilidade pela composição civil, a aplicação imediata da pena alternativa, a transação penal e a suspensão condicional do processo. Além disso, possibilitou a imposição da pena não privativa de liberdade, antes do oferecimento da denúncia, havendo expressa anuência do infrator que compareça à audiência preliminar.

A redação original do art. 61 da Lei nº 9.099/1995 vedava o uso dos institutos do juizado especial criminal aos crimes que têm procedimento especial.

Antiga redação do art. 61 da Lei nº 9.099/1995, *in verbis*:

> Art. 61. Consideram-se infrações penais de menor potencial ofensivo, para os efeitos desta Lei, as contravenções penais e os crimes a que a lei comine pena máxima não superior a um ano, **excetuados os casos em que a lei preveja procedimento especial** (destaques nossos).

Hoje, podemos afirmar que, *em regra*, o juizado especial criminal será aplicado em qualquer procedimento, pois o novo art. 61, com redação dada pela Lei nº 11.313, de 28/06/2006, retirou a restrição aos crimes que têm procedimento especial.

Antiga redação do art. 61 da Lei nº 9.099/1995, *in verbis*:

> Art. 61. Consideram-se infrações penais de menor potencial ofensivo, para os efeitos desta Lei, as contravenções penais e os crimes a que a lei comine pena máxima não superior a 2 (dois) anos, cumulada ou não com multa.

Assim, no âmbito eleitoral, com fundamento na Res. do TSE 21.294/2002, no Acórdão do STJ 37.595 e no Acórdão do TSE 25.137/2005, podemos dizer que é possível a aplicabilidade da transação penal e da suspensão condicional do processo no processo penal eleitoral, **salvo, em regra, para crimes que contam com sistema punitivo especial**.

4.8.2.2. A transação penal e os crimes eleitorais que possuem um sistema punitivo especial

É importante observar que há tipos penais eleitorais que têm um sistema punitivo especial e que, em tais hipóteses, as regras do JEcrim (**Juizado especial criminal**) são submetidas a algumas restrições.

Uma indagação não é enfrentada pela doutrina nacional: **O que se entende por sistema punitivo especial?**

Tem um sistema punitivo especial todo delito eleitoral em cujo preceito secundário existe uma das características infracitadas:

a) Há uma punição "puramente" eleitoral, como é o caso da cassação do registro ou diploma.

Você vai entender melhor a matéria com a leitura do caso prático abaixo:

"**A transação**"
Tício cometeu o delito previsto no art. 334 do Código Eleitoral (*"Utilizar organização comercial de vendas, distribuição de mercadorias, prêmios e sorteios para propaganda ou aliciamento de eleitores"*). **Aponte a solução jurídica, considerando que o promotor eleitoral denunciou Tício, justificando não ser possível ofertar a transação penal porque o crime tem um sistema punitivo especial, ou seja, é punido com detenção de seis meses a um ano e cassação do registro, se o responsável for candidato.**

Resposta: O promotor tem razão. É possível a transação penal nos crimes eleitorais, independentemente da ritualidade especial, mas o TSE, em memorável decisão, concluiu que o crime do art. 334 do Código Eleitoral não é cabível à transação penal, pois adota como pena autônoma a cassação do registro do candidato (agente ativo da empreitada delitiva), *in verbis*:

> Infrações penais eleitorais. Procedimento especial. Exclusão da competência dos Juizados Especiais. Termo circunstanciado de ocorrência em substituição a auto de prisão. Possibilidade. Transação e suspensão condicional do processo. Viabilidade. Precedentes.
>
> I. As infrações penais definidas no Código Eleitoral obedecem ao disposto nos seus arts. 355 e seguintes, e o seu processo é especial, não podendo, via de consequência, ser da competência dos Juizados Especiais a sua apuração e julgamento.
>
> II. O termo circunstanciado de ocorrência pode ser utilizado em substituição ao auto de prisão em flagrante, até porque a apuração de infrações de pequeno potencial ofensivo elimina a prisão em flagrante.
>
> III. O entendimento dominante da doutrina brasileira é no sentido de que a categoria jurídica das infrações penais de pequeno potencial ofensivo, após o advento da Lei nº 10.259/2001, foi parcialmente alterada, passando a ser assim consideradas as infrações com pena máxima até dois anos ou punidas apenas com multa.
>
> IV. É possível, para as infrações penais eleitorais cuja pena não seja superior a dois anos, a adoção da transação e da suspensão condicional do processo, **salvo para os crimes que contam com um sistema punitivo especial, entre eles aqueles a cuja pena privativa de liberdade se cumula a cassação do registro se o responsável for candidato, a exemplo do tipificado no art. 334 do Código Eleitoral** (TSE. Resolução 21.294, de 07/11/2002. Processo Administrativo 18.956/DF. Rel. Min. Sálvio de Figueiredo).

b) Há penalidade de multa fixada em valor mínimo e máximo.

Quando há no preceito secundário do tipo penal eleitoral uma pena de detenção cumulada com uma multa "previamente fixada" em valor mínimo e máximo, demonstra-se claramente não ser viável a transação penal, pois o mínimo da multa é superior ao máximo da transação penal.

EXEMPLO DIDÁTICO

Segundo preconiza o art. 33, § 4º, "*a divulgação de pesquisa fraudulenta constitui crime, punível com detenção de seis meses a um ano e multa no valor de cinqüenta mil a cem mil Ufir*".

Comentando esse crime o juiz eleitoral Francisco Milton de Araujo Júnior, com grande maestria, nos ensina que:

> Segundo o disposto no art. 61 da Lei nº 9.099/1995, tal conduta é crime de menor potencial ofensivo.
>
> Ora, presentes as demais condições objetivas e subjetivas, o imputado faz jus à proposta de transação penal. Caso se obtenha êxito, e como de praxe, se imporá a ele doação de cestas básicas.
>
> Observe-se que as sanções são cumulativas. Cuida-se de regime especial de individualização da reprimenda, em que se tem em conta os valores, os princípios e os superiores interesses públicos tutelados de modo próprio em sede de jurisdição eleitoral e, no qual, o legislador, por entender mais condizente com tal desiderato, estabeleceu, desde logo, severa sanção pecuniária mínima, diversamente do que ocorre na sistemática adotada no Código Penal.
>
> Portanto, se a doação transacionada não importar em cinco mil Ufir, pelo menos, restará sem efetividade a mencionada norma. Em hipótese contrária, do ponto de vista do infrator, a relação custo-benefício será superavitária. Ser-lhe-á vantajoso desequilibrar ilicitamente a disputa, visto que, mesmo apanhado em flagrante, o resultado em potencial superará a eventual apenação.

Nesse caso, é inviável a transação penal, por exemplo, em 10 (dez) cestas básicas, pois tal quantia é inferior a 50 mil Ufir (**mínimo da multa**).

Há, em realidade, infrações eleitorais em que a multa se torna a principal sanção que tem como escopo evitar que a norma seja violada, pois tal lesão ao objeto jurídico tutelado pode influenciar no pleito eleitoral, pondo em risco as garantias do Estado Democrático de Direito.

No exemplo supracitado, a divulgação da pesquisa fraudulenta pode causar irreparável desequilíbrio ao pleito eleitoral, *in casu*, aceitar a transação penal é retirar totalmente a eficácia do preceito sancionador secundário.

Esclareço, por oportuno, que há delitos eleitorais que, mesmo portando em seu preceito secundário um sistema punitivo especial, haverá possibilidade de transação penal, é o que estudaremos no próximo item.

4.8.2.3. O sistema punitivo especial e a transação penal com proposta previamente determinada

Há delitos no direito eleitoral em que, mesmo em estabelecendo um sistema punitivo especial, haverá possibilidade da transação penal.

É fácil identificá-los, pois há infrações eleitorais em que o próprio preceito secundário diz como será a forma da transação penal, estabelecendo antecipadamente uma pena alternativa à detenção.

EXEMPLOS DIDÁTICOS

São alguns exemplos de transação vinculada:

a) Art. 39, § 5º. Constituem crimes, no dia da eleição, puníveis com detenção, de seis meses a um ano, **com a alternativa de prestação de serviços à comunidade pelo mesmo período**, e multa no valor de cinco mil a quinze mil Ufir.

> b) Art. 34, § 2º O não cumprimento do disposto neste artigo ou qualquer ato que vise a retardar, impedir ou dificultar a ação fiscalizadora dos partidos constitui crime, punível com detenção, de seis meses a um ano, **com a alternativa de prestação de serviços à comunidade pelo mesmo prazo**, e multa no valor de dez mil a vinte mil Ufir;
>
> c) Art. 40. O uso, na propaganda eleitoral, de símbolos, frases ou imagens, associadas ou semelhantes às empregadas por órgão de governo, empresa pública ou sociedade de economia mista constitui crime, punível com detenção, de seis meses a um ano, **com a alternativa de prestação de serviços à comunidade pelo mesmo período**, e multa no valor de dez mil a vinte mil Ufir.
>
> d) Art. 87, § 4º. O descumprimento de qualquer das disposições deste artigo constitui crime, punível com detenção de um a três meses, **com a alternativa de prestação de serviços à comunidade pelo mesmo período**, e multa, no valor de um mil a cinco mil Ufir.
>
> e) Art. 91. Nenhum requerimento de inscrição eleitoral ou de transferência será recebido dentro dos cento e cinquenta dias anteriores à data da eleição.
>
> Parágrafo único. A retenção de título eleitoral ou do comprovante de alistamento eleitoral constitui crime, punível com detenção, de um a três meses, **com a alternativa de prestação de serviços à comunidade por igual período**, e multa no valor de cinco mil a dez mil Ufir.

É importante observar que estamos tratando de tipos penais eleitorais que têm um sistema punitivo especial, portanto, para não retirar a eficácia do tipo penal eleitoral incriminador e, destarte, desproteger totalmente o objeto jurídico tutelado, o Promotor de Justiça Eleitoral deverá ofertar como transação a prestação de serviços à comunidade com período igual ao máximo da pena de detenção, e também uma multa estipulada entre o valor mínimo e o máximo.

4.8.2.4. Síntese do procedimento para aplicação da transação penal

- O Promotor de Justiça Eleitoral recebe o **TCOE** (**Termo Circunstanciado de Ocorrência Eleitoral**) e, não sendo caso de arquivamento ou de requisição de diligências, o Ministério Público Eleitoral não oferece a denúncia e, sim, propõe a aplicação imediata de pena restritiva de direitos ou multas, a ser especificada na proposta.
- Nas hipóteses de ser a pena de multa a única aplicável, o Juiz poderá reduzi-la até a metade.
- Não se admitirá a proposta de transação se ficar comprovado:
  – ter sido o autor da infração condenado, pela prática de crime, à pena privativa de liberdade, por sentença definitiva;
  – ter sido o agente beneficiado anteriormente, no prazo de cinco anos, pela aplicação de pena restritiva ou multa;
  – não indicarem os antecedentes a conduta social e a personalidade do agente, bem como os motivos e as circunstâncias, ser necessária e suficiente a adoção da medida;

- ter o delito um sistema punitivo especial.
- Aceita a proposta pelo autor da infração e seu defensor, será submetida à apreciação do juiz.
- Acolhendo a proposta do Ministério Público Eleitoral aceita pelo autor da infração, o juiz eleitoral aplicará a pena restritiva de direitos ou multa, que não importará em reincidência, sendo registrada apenas para impedir novamente o mesmo benefício no prazo de cinco anos.
- Da sentença prevista no item anterior caberá a apelação.
- A imposição de sanção não constará de certidão de antecedentes criminais, e não terá efeitos civis, cabendo aos interessados propor ação cabível no juízo cível.

4.8.2.5. Síntese do procedimento penal eleitoral sumaríssimo

- Quando não houver aplicação de pena, pela ausência do autor do fato, ou por não ser a hipótese de transação penal eleitoral, o Ministério Público Eleitoral oferecerá ao juiz eleitoral, de imediato, denúncia oral, se não houver necessidade de diligências imprescindíveis.
- Para o fornecimento da denúncia, que será elaborada com base no **TCOE (Termo Circunstanciado de Ocorrência Eleitoral)**, com dispensa do inquérito policial eleitoral.
- Se a complexidade ou as circunstâncias do caso não permitirem a formulação da denúncia, o Ministério Público Eleitoral poderá requerer ao juiz eleitoral a conversão do rito sumaríssimo em comum.
- Oferecida a denúncia, será reduzida a termo, entregando-se cópia ao acusado, que com ela ficará citado e imediatamente cientificado da designação de dia e hora para a audiência de instrução e julgamento, da qual também tomarão ciência o Ministério Público Eleitoral, o ofendido, o responsável civil e seus advogados.
- Se o acusado não estiver presente, será citado na forma dos arts. 66 e 68 da Lei nº 9.099/1995, cientificado da data da audiência de instrução e julgamento, devendo a ela trazer suas testemunhas ou apresentar requerimento para intimação, no mínimo cinco dias antes de sua realização.
- Não estando presentes o ofendido e o responsável civil, serão intimados nos termos do art. 67 da Lei nº 9.099/1995 para comparecerem à audiência de instrução e julgamento.
- As testemunhas arroladas serão intimadas na forma prevista no art. 67 da Lei nº 9.099/1995.
- No dia e hora designados para a audiência de instrução e julgamento, se na fase preliminar não tiver havido possibilidade de tentativa de conciliação e de oferecimento de proposta pelo Ministério Público, proceder-se-á nos termos dos arts. 72, 73, 74 e 75 da Lei nº 9.099/1995.
- Nenhum ato será adiado, determinando o juiz eleitoral, quando imprescindível, a condução coercitiva de quem deva comparecer.

- Aberta a audiência, será dada a palavra ao defensor para responder à acusação, após o que o juiz eleitoral receberá, ou não, a denúncia; havendo recebimento, serão ouvidas a vítima e as testemunhas de acusação e defesa, interrogando-se a seguir o acusado, se presente, passando-se imediatamente aos debates orais e à prolação da sentença.
- Todas as provas serão produzidas na audiência de instrução e julgamento, podendo o juiz eleitoral limitar ou excluir as que considerar excessivas, impertinentes ou protelatórias.
- De todo o ocorrido na audiência será lavrado termo, assinado pelo juiz eleitoral e pelas partes, contendo breve resumo dos fatos relevantes ocorridos em audiência e a sentença.
- A sentença, dispensado o relatório, mencionará os elementos de convicção do juiz eleitoral.

4.8.2.6. Síntese do procedimento para aplicação da suspensão condicional do processo

Com o mesmo raciocínio, defendemos que também não será possível a suspensão condicional do processo quando no preceito secundário do delito houver previsão de punição tipicamente eleitoral, como é o caso da cassação do registro.

RESUMO DIDÁTICO

A) Caberá transação penal para as infrações penais eleitorais a que a lei comine pena máxima não superior a 2 (dois) anos, cumulada ou não com multa, salvo se no preceito secundário do delito houve previsão de punição tipicamente eleitoral.

B) Caberá suspensão condicional do processo nos crimes eleitorais em que a pena mínima cominada for igual ou inferior a um ano, desde que:

a) o acusado não esteja sendo processado ou não tenha sido condenado por outro crime;

b) estejam presentes os demais requisitos que autorizariam a suspensão condicional da pena (art. 77 do Código Penal);

c) e que no preceito secundário do delito não houver previsão de punição tipicamente eleitoral.

4.8.2.7. Previsão legal da suspensão condicional do processo em crimes eleitorais

O fundamento legal é o art. 89 da Lei nº 9.099/1995, *in verbis*:

> *Art. 89. Nos crimes em que a pena mínima cominada for igual ou inferior a um ano, abrangidas ou não por esta Lei, o Ministério Público, ao oferecer a denúncia, poderá propor a suspensão do processo, por dois a quatro anos, desde que o acusado não esteja sendo processado ou não tenha sido condenado por outro crime, presentes os demais requisitos que autorizariam a suspensão condicional da pena (art. 77 do Código Penal).*
>
> *§ 1º Aceita a proposta pelo acusado e seu defensor, na presença do Juiz, este, recebendo a denúncia, poderá suspender o processo, submetendo o acusado a período de prova, sob as seguintes condições:*

I – reparação do dano, salvo impossibilidade de fazê-lo;

II – proibição de frequentar determinados lugares;

III – proibição de ausentar-se da comarca onde reside, sem autorização do Juiz;

IV – comparecimento pessoal e obrigatório a Juízo, mensalmente, para informar e justificar suas atividades.

§ 2º O Juiz poderá especificar outras condições a que fica subordinada a suspensão, desde que adequadas ao fato e à situação pessoal do acusado.

§ 3º A suspensão será revogada se, no curso do prazo, o beneficiário vier a ser processado por outro crime ou não efetuar, sem motivo justificado, a reparação do dano.

§ 4º A suspensão poderá ser revogada se o acusado vier a ser processado, no curso do prazo, por contravenção, ou descumprir qualquer outra condição imposta.

§ 5º Expirado o prazo sem revogação, o Juiz declarará extinta a punibilidade.

§ 6º Não correrá a prescrição durante o prazo de suspensão do processo.

§ 7º Se o acusado não aceitar a proposta prevista neste artigo, o processo prosseguirá em seus ulteriores termos.

5 Da Competência Criminal Eleitoral

5.1. NOÇÕES GERAIS

No Código Eleitoral, houve completo silêncio sobre a competência criminal no direito eleitoral. Devemos, *in casu*, aplicar o princípio da subsidiariedade e usar as disposições do Código de Processo Penal.

5.2. CONCEITO

O juiz eleitoral não pode exercer, ilimitadamente, a sua jurisdição. Daí poderemos estabelecer a primeira noção de competência, que é medida de jurisdição, ou seja, competência: a medida que particulariza a jurisdição eleitoral.

5.3. TIPOS DE COMPETÊNCIA ELEITORAL

A competência ainda pode ser absoluta, relativa, eleitoral plena ou limitada.

A **competência absoluta** é a que não pode ser alterada a arbítrio das partes. É ela a que interessa à ordem pública, porque emana das leis de organização judiciária, as quais repartem os poderes entre os diversos tribunais e juízes; é fixada por normas imperativas, que não podem ser derrogadas pela vontade das partes.[1]

Veremos que as competências eleitorais *ratione personae* (em razão da pessoa) e *a ratione materiae* (em razão da matéria) são absolutas.

A **competência relativa** é a que pode ser alterada por acordo expresso ou tácito das partes.

Veremos que a competência eleitoral *ratione loci* (em razão do lugar) é relativa.

RESUMO DIDÁTICO

A **competência eleitoral absoluta**:
- é fixada levando em consideração o interesse público;
- não pode ser prorrogada.

A **competência eleitoral relativa**:
- é fixada levando em consideração os interesses das partes;
- pode ser prorrogada.

---

[1] Acosta, Walter P. *O Processo Penal*. 20. ed. Rio de Janeiro: Ed. do Autor, 1990.

> A **competência eleitoral plena** é a que se estende a todo o processo ou feito.
>
> O juiz eleitoral do JECrim (*Juizado Eleitoral Especial Criminal*) tem competência plena, pois a Lei nº 9.099/1995 proíbe até a expedição de precatória em nome da celeridade processual.
>
> A **competência limitada** é a competência que só abrange um ato ou uma parte do feito ou processo.
>
> No caso de precatória, o juiz eleitoral deprecado tem competência limitada somente à prática do ato judicial que é objeto da carta.

5.4. FATORES DETERMINANTES DA COMPETÊNCIA JURISDICIONAL ELEITORAL

A competência eleitoral pode ser considerada sob os seguintes aspectos:
1º) em razão do lugar (*ratione loci*);
2º) em razão do domicílio ou residência do réu;
3º) em razão da matéria (*ratione materiae*);
4º) em razão da pessoa (*ratione personae*);
5º) em razão da continência ou conexão.

5.5. O LUGAR DA INFRAÇÃO (*RATIONE LOCI*)

O foro do lugar é sem dúvida o foro mais racional. Aí foi violada a lei, aí foi provocada a ação social, aí deve ser punido o delinquente eleitoral.

Nesse lugar, seja ou não o domicílio do acusado, há maior facilidade de serem coligidos os devidos esclarecimentos e provas necessárias; e, além disso, é o lugar onde o exemplo da repressão se faz mais imprescindível, seja pela sua impressão moral, seja para satisfação do ofendido, de seus parentes e amigos.

5.5.1. Principal regra *ratione loci*

Segundo o art. 70 do Código de Processo Penal, aplicada de forma subsidiária, a competência será, de regra, determinada pelo lugar em que se consumar a infração, ou, no caso de tentativa, pelo lugar em que for praticado o último ato de execução.

5.6. O DOMICÍLIO OU RESIDÊNCIA DO RÉU

É um foro supletivo. Portanto, só será usado quando não for conhecido o lugar da infração.

5.6.1. Principais regras

a) Regra 1
Não sendo conhecido o lugar da infração, a competência regular-se-á pelo domicílio ou residência do réu.

b) Regra 2
Se o réu tiver mais de uma residência, a competência firmar-se-á pela prevenção.

c) Regra 3
Se o réu não tiver residência certa ou for ignorado o seu paradeiro, será competente o juiz eleitoral que primeiro tomar conhecimento do fato.

5.7. DA COMPETÊNCIA PELA NATUREZA DA INFRAÇÃO

A competência em virtude da natureza da infração vem a ser a competência em razão da matéria (*ratione materiae*). Competência em razão de matéria define-se: o poder que tem o juiz eleitoral ou tribunal para conhecer de uma determinada infração, em razão da sua natureza ou da pena que a lei lhe comina.

5.8. DA COMPETÊNCIA ELEITORAL POR CONEXÃO

O mestre do Processo Penal, Tourinho Filho, apresenta elucidativa lição:[2]

> A conexão é o nexo, a dependência recíproca que as coisas e os fatos guardam entre si; disjunção é a separação delas, separação forçada, por isso mesmo que todo criminal deve ser indivisível. Com efeito, embora os crimes sejam diversos, desde que entre si conexos, ou que procedam de diferentes delinquentes associados, como autores ou cúmplices, formam uma espécie de unidade estreita que não deve ser rompida. E, continuando a lição, o velho Pimenta Bueno arrematava: todos os meios de acusação, defesa e convicção estão em completa dependência. Separar será dificultar os esclarecimentos, enfraquecer as provas e correr o risco de ter, afinal, sentenças dissonantes ou contraditórias. Sem o exame conjunto e, pelo contrário, com investigações separadas, sem filiar todas as relações dos fatos, como reconhecer a verdade em sua integridade ou como reproduzir tudo isso em cada processo?
>
> **A conexão existe quando duas ou mais infrações estiverem entrelaçadas por um vínculo, um nexo, um liame que aconselha a junção dos processos**, propiciando, assim, ao julgador perfeita visão do quadro probatório e, de consequência, melhor conhecimento dos fatos, de todos os fatos, de molde a poder entregar a prestação jurisdicional com firmeza e justiça.

5.8.1. As hipóteses de conexão
Há três espécies de conexão:

a) Conexão eleitoral intersubjetiva
Ocorre conexão intersubjetiva quando duas ou mais infrações tiverem sido praticadas, ao mesmo tempo, por várias pessoas reunidas, ou por várias pessoas em concurso, embora diversos o tempo e o lugar, ou por várias pessoas, umas contra as outras.

---

[2] Tourinho Filho, Fernando da Costa. *Processo Penal*. 18. ed. São Paulo: Saraiva, 1997. v. 2.

RESUMO DIDÁTICO

A chamada conexão intersubjetiva pode ser dividida em três:

1) Na primeira parte da definição, temos a conexão intersubjetiva por simultaneidade: "Quando duas ou mais infrações houverem sido cometidas, ao mesmo tempo, por diversas pessoas reunidas (pessoas simultâneas)."

2) Na segunda parte da definição, temos a conexão intersubjetiva por concurso: "Quando duas ou mais infrações houverem sido cometidas por várias pessoas em **concurso**, ao mesmo tempo, ou em local e tempo diferentes **(pessoas em concurso)**."

3) Na terceira parte da definição, temos a conexão intersubjetiva por reciprocidade: "Quando duas ou mais infrações houverem sido cometidas por diversas pessoas **umas contra as outras (umas contra as outras, em reciprocidade)**."

b) Conexão eleitoral objetiva

Ocorre **conexão objetiva** se, no mesmo caso, houverem sido umas infrações praticadas para facilitar ou ocultar as outras, ou para conseguir impunidade ou vantagem em relação a qualquer delas.

RESUMO DIDÁTICO

A conexão objetiva é também chamada pela doutrina de material, lógica, teleológica ou consequencial e ocorre quando as infrações são praticadas para:

- facilitar as outras;
- ocultar as outras;
- conseguir impunidade em relação a qualquer delas;
- conseguir vantagem em relação a qualquer delas.

c) Conexão eleitoral probatória ou instrumental

A conexão probatória ocorre quando a prova de uma infração ou de qualquer de suas circunstâncias elementares influir na prova de outra infração.

Em lúcida lição, o jurista Fávila Ribeiro apresenta exemplos. Afirma o mestre:

> Podemos apresentar a título de exemplificação diferentes situações que podem envolver conexão de crimes eleitorais com crimes comuns. Assim sucederia se alguém, para impedir ou perturbar os trabalhos de alistamento, agredisse os alistandos ou funcionários incumbidos do alistamento, ocasionando lesões generalizadas em diversos participantes do processo de alistamento. Por igual, ao usar alguém de violência contra eleitor para compeli-lo a votar ou deixar de votar em determinado candidato ou partido e resultasse dano físico. Haverá, inevitavelmente, conexão entre o crime do art. 301 do Código Eleitoral e do art. 129 do Código Penal. Da mesma maneira, estabelecer-se-á conexão se alguém, além de ocultar os transportes de sua propriedade para não os fornecer durante o dia da eleição, e com o mesmo propósito de obstar o transporte de eleitores, ocasionar danos aos veículos coletivos

de outras empresas, impedindo-os de circular, o que importaria em ofensa ao art. 304 do Código Eleitoral e ao art. 163 do Código Penal.

E ainda acrescenta:

> Cuidar-se-á, também, de conexão, quando um grupo de pessoas, com a deliberada intenção de impedir ou embaraçar o exercício do sufrágio, promover rixa com alistandos, para os dispersar, infringindo, assim, o art. 137 do Código Penal e o art. 297 do Código Eleitoral. É ainda de ser considerada a situação de agentes que, com o propósito de impedir o exercício de voto, promovem a concentração de eleitores, mantendo em cárcere privado os que não concordarem com a pretendida abstenção, dando margem à incidência no art. 148 do Código Penal e no art. 302 do Código Eleitoral. Ou o caso do juiz eleitoral responsável pela supervisão do serviço de alimentação na respectiva zona eleitoral que deixar de fornecer alimentação a eleitores das áreas rurais, ou fazê-lo incompletamente, para apropriar-se dos recursos públicos que lhe foram confiados para aplicação nesse serviço. Com esse seu proceder, violou a regra do art. 8º da Lei nº 6.091, de 15/08/1974, c.c. art. 312 do Código Penal.[3]

5.9. O EFEITO DA CONEXÃO ELEITORAL

A conexão tem como principal consequência a unidade de processos, dessarte, a unicidade dos julgamentos.

Denota-se com a conexão, opera-se uma derrogação às regras de competência, pelo lugar e pela matéria, para que prevaleça a unidade do processo, conforme o magistério de Hélio Tornaghi,[4] resolvendo-se em favor da jurisdição mais especializada o conflito de competências decorrente dos crimes conexos, de acordo com o art. 78, IV, do Código de Processo Penal. E, em reforço à posição exponencial da jurisdição eleitoral, diante dos crimes comuns, é de ser mencionado que se trata de orientação constitucionalmente consagrada.

Com inteira razão afirma Xavier de Albuquerque[5] que

> se crimes comuns são praticados em conexidade com crimes eleitorais, a regra é a da prorrogação do poder de julgar da Justiça Eleitoral para processá-los todos; mas, como a norma constitucional que assim regula é de ordem geral e indiscriminada, pode sofrer derrogação quando outra norma constitucional, de ordem particular, não permitir a atração.

5.10. DA COMPETÊNCIA ELEITORAL POR CONTINÊNCIA

Conforme Fernando da Costa Tourinho Filho, na continência, como o próprio nome indica, uma causa está contida na outra, não sendo possível a cisão.

---

[3] Fávila Ribeiro. *Direito Eleitoral*. 5. ed. Rio de Janeiro: Forense, 1988.
[4] *Comentários ao Código de Processo Penal*. Rio de Janeiro: Forense, 1956. v. I, t. II, p. 183-184.
[5] Xavier, José Carlos G.; Nalini, José Renato. *Manual de Processo Penal*. São Paulo: Saraiva, 1999.

5.10.1. As hipóteses de continência eleitoral

A competência será determinada pela continência nas seguintes hipóteses:

a) Continência subjetiva

Ocorre continência subjetiva quando duas ou mais pessoas forem acusadas pela mesma infração.

EXEMPLO DIDÁTICO NA JURISPRUDÊNCIA

> **Continência pelo concurso de pessoas:** "Quando duas ou mais pessoas são acusadas da prática do mesmo fato delituoso, em coautoria, a competência jurisdicional é definida em função da continência, na forma do disposto no art. 77, I, do CPP."[6]

b) Continência eleitoral objetiva

Ocorre continência objetiva no caso da infração cometida em concurso formal, *aberratio ictus* e *aberratio delicti* (resultado diverso do pretendido).

RESUMO DIDÁTICO

> Usamos, para fins didáticos, as seguintes terminologias:
>
> **Para a primeira hipótese**, continência concursal, pois, quando duas ou mais pessoas forem acusadas pela mesma infração, haverá impreterivelmente um concurso de pessoas.
>
> **Para a segunda hipótese**, continência em concurso formal, pois, no caso da infração cometida em concurso formal, *aberratio ictus* e *aberratio delicti*, deverá sempre ser observada a regra do concurso formal.

5.11. A COMPETÊNCIA ELEITORAL PREVALENTE

Aprendemos que, em caso de conexão ou continência, haverá, em regra, unidade de processo e julgamento, portanto, pergunta-se: Qual será o foro que deve prevalecer? Ou seja, qual será o foro que julgará as infrações no caso da existência de conexão ou continência?

5.12. RESUMO DIDÁTICO DA REGRA E DAS EXCEÇÕES[7]

A) Regra Básica

Havendo conexão ou continência, a Justiça Eleitoral exerce a *vis atractiva*, isto é, ela atrai para sua competência o crime eleitoral e o não eleitoral (art. 78, IV, do CPP).

---

[6] RT, 715/477.
[7] Fonte da pesquisa: Cerqueira, Thales Tácito Pontes Luz de Pádua. *Direito Eleitoral Brasileiro*. Belo Horizonte: Del Rey, 2002.

B) Exceções

1) Havendo crime doloso contra a vida, deve haver desmembramento, ou seja, a Justiça Eleitoral julga o crime eleitoral, e o Tribunal do Júri julga o crime doloso contra a vida, porquanto a CF/1988 deve ser respeitada (art. 5º, XXXVIII) e uma lei ordinária (CPP, art. 78) não pode prevalecer sobre a Carta Magna.

POSIÇÃO DIVERGENTE

Embora não seja a nossa posição, por questão de ordem ética, informamos que Tourinho Filho e Suzana de Camargo pensam de forma diferente. Esclarece Suzana de Camargo:

> O liame é de natureza objetiva, e decorre do disposto no art. 76, II, do CPP (...); havendo a concorrência entre o Tribunal do Júri e a Justiça especializada, a competência é desta última. É o que decorre do art. 78, IV, do CPP, dado estabelecer que no concurso entre a jurisdição comum e a especial prevalecerá esta. Em suma, tratando-se de crimes eleitorais conexos a crimes dolosos contra a vida, o julgamento de todos eles há de ser realizado pela Justiça Eleitoral, a menos que caracterizada, em termos constitucionais, a competência funcional de outros órgãos jurisdicionais.[8]

2) Se um dos autores tiver foro pela prerrogativa de função (ainda que previsto na Constituição Estadual, com respeito, porém, à Súmula nº 721 do STF), deve haver o desmembramento, ou seja, a Justiça Eleitoral julga o crime comum e o Tribunal competente julga aquele dotado de foro pela prerrogativa de função, porquanto a CF/1988 deve ser respeitada, e uma lei ordinária (CPP, art. 78, III) não pode prevalecer sobre a Carta Magna.

3) Se um dos autores tiver foro pela prerrogativa de função em crime comum **exclusivamente** previsto na **Constituição Estadual** e cometer crime doloso contra a vida conexo com crime eleitoral, haverá desmembramento; porém, quem julgará o crime doloso contra a vida será o Tribunal do Júri (e não o Tribunal de Justiça – Súmula nº 721 do STF), ao passo que quem julgará o crime eleitoral será a Justiça Eleitoral (de primeira instância, já que não pode uma Constituição Estadual criar foro pela prerrogativa de função em Tribunal Eleitoral Estadual, pois legislar sobre Direito Eleitoral é da competência da União).

4) Haverá separação no concurso entre a jurisdição comum e a do Juízo de Menores.

EXEMPLO DIDÁTICO

Tício cometeu um delito eleitoral em companhia de Mévio, que tem 15 anos. Tício será denunciado pelo delito eleitoral, e Mévio será representado pelo ato infracional cometido. É uma consequência evidente da inimputabilidade do menor de 18 anos, submetido apenas à legislação especial, atualmente o Estatuto da Criança e do Adolescente (Lei nº 8.069, de 13/07/1990).

---

[8] *Crimes Eleitorais*. São Paulo: Revista dos Tribunais, 2000. p. 55-59.

5) Haverá separação, portanto, haverá quebra da unidade do processo se, em relação a algum corréu, sobrevier doença mental, posterior à infração eleitoral, caso em que o processo continuará suspenso até que o acusado se restabeleça.

Como afirma Mirabete,[9] sobrevindo a um dos réus doença mental, exige-se a separação dos processos já que, em relação a ele, fica suspenso o processo, embora possam ser praticadas diligências que não admitam delongas ou contemporizações (art. 149, § 2º). Evidentemente, o dispositivo não diz respeito àquele que, no momento do fato, era portador de doença mental, caso de inimputabilidade a ser apurado através de incidente próprio.

6) Se houver vários acusados e um deles for citado por edital, e o mesmo não comparecer, nem constituir advogado, ficarão, em relação a ele, suspensos o processo e o curso do prazo prescricional, podendo o juiz eleitoral determinar a produção antecipada das provas consideradas urgentes e, se for o caso, decretar prisão preventiva. Neste caso, entendemos que o juiz eleitoral deverá determinar, com fulcro no art. 80 do Código de Processo Penal, a separação do processo, decretando a produção das provas urgentes e, logo em seguida, separando o processo, extraindo traslado, continuando em relação aos demais.

7) O caso da separação facultativa: será facultativa a separação dos processos quando as infrações tiverem sido praticadas em circunstâncias de tempo ou de lugar diferentes, ou quando pelo excessivo número de acusados e para não lhes prolongar a prisão provisória, ou por outro motivo relevante, o juiz eleitoral reputar conveniente a separação.

8) No caso de conexão ou continência entre dois foros por prerrogativa de função previstos na Constituição Federal, deve haver cisão.

EXEMPLO DIDÁTICO

> Desembargador e Promotor de Justiça cometem crime eleitoral.
>
> **Solução jurídica:** O desembargador será julgado pelo **STJ**; o Promotor de Justiça será julgado pelo **TRE** (aplica-se o princípio da simetria).

9) Entendemos que a unidade do processo não importará a do julgamento, nas seguintes hipóteses:

a) ocorre separação do processo quando há dois ou mais réus e só um tem direito à transação penal (veja o art. 76 da Lei nº 9.099/1995);

b) haverá também separação do processo quando há dois ou mais réus e é aplicada a suspensão condicional do processo em relação a um deles, hipótese em que a ação continua quanto aos demais (veja o art. 89 da Lei nº 9.099/1995).

---

[9] Mirabete, Júlio Fabbrini. *Processo Penal*. São Paulo: Atlas, 1977. p. 183.

Se, não obstante a conexão ou continência, forem instaurados processos diferentes, a autoridade de jurisdição prevalente deverá avocar os processos que corram perante os outros juízes eleitorais, salvo se já estiverem com sentença definitiva. Neste caso, a unidade dos processos só se dará, ulteriormente, para o efeito de soma ou de unificação das penas.

Posição dominante do STJ: Súmula nº 235 do STJ: "A conexão não determina a reunião dos processos, se um deles já foi julgado."

Se houver conexão ou continência entre uma infração eleitoral de menor potencial ofensivo e outra mais grave, prevalecerá a competência desta última, inclusive em relação ao rito processual.

Aspecto prático importante: "Um juiz eleitoral, no exercício de suas atividades eleitorais, foi desacatado. Pergunta-se: de quem será a competência para julgar o delito?"
Resposta: A competência é da Justiça Federal.
Fundamento:
a) O desacato não é um crime eleitoral.
b) O juiz eleitoral exerce, por delegação, função da Justiça Federal.

No caso, como o desacato é delito de menor potencial ofensivo, a competência será do JECrim Federal (Juizado Criminal Federal).

5.13. A PRERROGATIVA DE FUNÇÃO (*RATIONE PERSONAE*)

> Fala-se em competência *ratione personae* (em razão da pessoa), quando o Código deixa bem claro que a competência é ditada pela função da pessoa, tendo em vista a dignidade do cargo exercido e não do indivíduo que o exerce. É usual também o nome de **foro privilegiado**, agora mais aceitável, já que a Constituição Federal de 1988 não menciona proibição ao "foro privilegiado", mas apenas a "juízo ou tribunal de exceção" (art. 5º, XXXVII). Na realidade, não pode haver "privilégio" às pessoas, pois a lei não pode ter preferências, mas é necessário que leve em conta a dignidade dos cargos e funções públicas. Há pessoas que exercem cargos e funções de especial relevância para o Estado e em atenção a eles é necessário que sejam processados por órgãos superiores, de instância mais elevada. O foro por prerrogativa de função está fundado na utilidade pública, no princípio da ordem e da subordinação e na maior independência dos tribunais superiores.[10]

PRINCIPAL REGRA

A competência pela prerrogativa de função é do Supremo Tribunal Federal, do Superior Tribunal de Justiça, dos Tribunais Regionais Federais e dos Tribunais de Justiça dos Estados e do Distrito Federal, relativamente às pessoas que devam responder perante eles por crimes comuns e de responsabilidade.

---

[10] Cf. Marques, José Frederico. *Instituições de Direito Processual Civil*. Rio de Janeiro: Forense, 1960. v. IV, p. 207.

5.14. PERPETUAÇÃO DA COMPETÊNCIA POR PRERROGATIVA DA FUNÇÃO

Preconizava o art. 84, §§ 1º e 2º, do Código de Processo Penal, respectivamente:

> Art. 84 (...)
> § 1º A competência especial por prerrogativa de função, relativa a atos administrativos do agente, prevalece ainda que o inquérito ou a ação judicial sejam iniciados após a cessação do exercício da função pública.
> § 2º A ação de improbidade, de que trata a Lei nº 8.429, de 02 de junho de 1992, será proposta perante o tribunal competente para processar e julgar criminalmente o funcionário ou autoridade na hipótese de prerrogativa de foro em razão do exercício de função pública, observado o disposto no § 1º.

Por maioria de votos (7 x 3), o Plenário do Supremo declarou a inconstitucionalidade do foro especial para ex-ocupantes de cargos públicos e/ou mandatos eletivos. A decisão foi tomada no julgamento da Ação Direta de Inconstitucionalidade (ADIn 2.797), proposta pela Associação Nacional dos Membros do Ministério Público (Conamp).

Na decisão em comento, um ponto muito importante é destacado pelo Professor Luiz Flávio Gomes:

> O legislador ordinário não pode contrariar, por lei, interpretação constitucional do STF. O guardião máximo da Constituição Federal é, sem sombra de dúvida, o Supremo Tribunal Federal. Cabe a ele, consequentemente, interpretar os textos constitucionais e fixar o valor e o sentido de cada uma das suas normas. A interpretação dada pelo STF, por conseguinte, não pode ser contrariada pelo legislador ordinário, isto é, por lei ordinária. Se o STF julga um determinado assunto constitucional de uma maneira, não pode o legislador, pela via ordinária, alterar o sentido da decisão da Corte Suprema. A interpretação adotada pelo STF não está sujeita a "referendo" do legislador ordinário.

Portanto, não há mais possibilidade de ser imposta no nosso direito a tese da perpetuação da competência por prerrogativa da função.

Podem no contexto ocorrer as seguintes hipóteses:

1ª) Tício cometeu um crime eleitoral antes de ser diplomado deputado federal.
Solução jurídica: Após a diplomação, aplica-se a prerrogativa de função, tendo em vista a proteção atual da dignidade do cargo.

2ª) Tício cometeu um crime eleitoral e antes de ser diplomado deputado federal foi denunciado pelo Ministério Público.
Solução jurídica: Depois de iniciada a ação penal, os autos devem ser remetidos ao **STF**; usa-se o princípio *tempus regit actum* para aproveitar os atos já praticados.

3ª) Caso o deputado processado não seja reeleito.
Solução jurídica: No caso de término do mandato ou de aposentadoria do réu, acaba o foro privilegiado e não importa se o crime foi cometido antes ou durante o

mandato, pois a Súmula nº 394 do STF foi revogada. Hoje o que importa é a contemporaneidade do mandato, portanto, terminado o exercício do cargo, acaba o privilégio.

5.15. QUADRO DIDÁTICO SOBRE O ÓRGÃO COMPETENTE PARA JULGAMENTO DOS CRIMES ELEITORAIS

Já é entendimento pacífico no STF que o crime eleitoral é crime comum, portanto:

a) Os crimes eleitorais praticados pelo Presidente da República, por senador da República, deputado federal, enfim, pelas pessoas relacionadas no art. 102, I, letras *b* e *c*, da Constituição, são julgados no STF.

b) Já os governadores dos Estados e do Distrito Federal, pela prática dos crimes eleitorais, são julgados pelo Superior Tribunal de Justiça (art. 105, I, *a*, CF).

A propósito, manifestou-se o TSE no Processo 15.584-Manaus:

> Governador de Estado. Crime Eleitoral. A jurisprudência se pacificou no sentido de que a competência para processar e julgar, originariamente, os feitos relativos a crimes eleitorais praticados por governador de Estado é do Superior Tribunal de Justiça (DJU 30/06/2000, p. 159).

c) O Deputado Estadual, pela prática de crime eleitoral, nos termos do art. 29, I, *e*, do CE, deve ser julgado pelo TRE (STF. HC 434. DJU 13/09/2002, p. 177).

d) Prefeitos, Promotor de Justiça Eleitoral e Juiz Eleitoral serão julgados pelo TRE.

e) Crimes eleitorais de secretários de Estado – a competência é do TRE.

Posição dominante do STF:

> *Habeas corpus.* Competência para o processo e julgamento de Secretário do Estado acusado da prática de crime eleitoral. Constituição de 1988. Compete originariamente aos Tribunais Regionais Eleitorais processar e julgar, por crimes eleitorais, as autoridades estaduais que, em crimes comuns, tenham no Tribunal de Justiça o foro por prerrogativa de função. Recurso ordinário a que se nega provimento.[11]

Portanto, conforme nossa posição, o quadro será:

CARGO	COMPETÊNCIA
Presidente e Vice	STF
Senador e Suplentes	STF
Deputado Federal	STF
Deputado Estadual	TRE
Governador	STJ
Prefeito	TRE
Vice-Prefeito e Vereadores	Juiz eleitoral

---

[11] *JSTF*, 175/327.

Assim, observamos que:

a) Se o crime eleitoral é praticado pelo candidato, durante a campanha, a competência para julgá-lo é do Juiz Eleitoral. Se, porém, for ele eleito deputado estadual, a partir da diplomação a competência para processamento e julgamento transfere-se para o Tribunal Regional Eleitoral (CF, art. 53, § 1º, e CE, art. 29, I, *e*).
b) Desembargador que comete crime eleitoral será julgado pelo STJ (art. 105, I, *a*, da CF).
c) Além dos indicados no quadro supramencionado, cometendo crimes eleitorais, serão julgados pelo **STF**: os ministros do STF, o procurador-geral da República, os ministros de Estado e os comandantes da Marinha, do Exército e da Aeronáutica, os membros dos Tribunais Superiores, os do Tribunal de Contas da União e os chefes de missão diplomática de caráter permanente.
d) Além dos indicados no quadro *supra*, serão julgados pelo **STJ**, nos crimes eleitorais: os desembargadores dos Tribunais de Justiça dos Estados e do Distrito Federal, os membros dos Tribunais de Contas dos Estados e do Distrito Federal, os dos Tribunais Regionais Federais, os dos Tribunais Regionais Eleitorais e do Trabalho, os membros dos Conselhos ou Tribunais de Contas dos Municípios e os do Ministério Público da União que oficiem perante tribunais.

Posicionamentos majoritários do TSE:
Competência do TRE para processar e julgar prefeito por crime eleitoral.[12]
Cessa a prerrogativa de foro com a cessação do mandato.[13]

5.16. QUEM PODE SUSCITAR O CONFLITO DE COMPETÊNCIA

As questões atinentes à competência resolver-se-ão não só pela exceção própria como também pelo conflito positivo ou negativo de jurisdição, todos com aplicação subsidiária do Código de Processo Penal.

O conflito poderá ser suscitado:

a) pela parte interessada;
b) pelos órgãos do Ministério Público Eleitoral;
c) por qualquer dos juízes eleitorais ou tribunais em causa.

Algo peculiar no direito eleitoral é a previsão do art. 5º da Resolução nº 22.376/2006, *in verbis*: "*Verificada a incompetência do juízo, a autoridade judicial a declarará nos autos e os remeterá ao juízo competente (art. 78, IV, do Código de Processo Penal).*"

---

[12] TSE. AC 469/2003.
[13] TSE. AC 519 e 520/2005.

5.17. O CONFLITO DE COMPETÊNCIA EM MATÉRIA PROCESSUAL PENAL ELEITORAL

Colhemos o escólio de Joel José Cândido:[14]

> Dá-se o conflito de competência em matéria processual penal eleitoral quando dois ou mais órgãos do Poder Judiciário, independente de jurisdição ou hierarquia, derem-se por competente, ou incompetente, para conhecer e julgar um processo por um mesmo crime eleitoral. A hipótese é muito comum, tanto na jurisdição ordinária quanto na eleitoral. Menos comum, mas ainda sendo conflito de competência, ocorre quando houver controvérsia, nesses órgãos judiciários, acerca da unidade de juízo, junção ou separação de processos. Não há conflito de competência se já existe sentença com trânsito em julgado, proferida por dois juízos conflitantes. (Esse é o teor da Súmula nº 59 – STJ.)

O renomado autor ainda nos brinda com um excelente quadro didático:

CONFLITOS DE COMPETÊNCIA EM MATÉRIA PROCESSUAL PENAL ELEITORAL		
Órgãos em Conflito	**Competência**	**Base Legal**
Juiz Eleitoral x Juiz Eleitoral (da mesma circunscrição)	TRE	CE, art. 29, I, *b*
Juiz Eleitoral x Juiz Eleitoral (circunscrição diversa)	TSE	CE, art. 22, I, *b*
Juiz Eleitoral x Juiz de Direito	STJ	CF, art. 105, I
Juiz Eleitoral x TRE (de Estados diversos)	TSE	CE, art. 22, I, *b*
TRE x Juiz de Direito	STJ	CF, art. 105, I
TRE x TRE	STJ	CF, art. 105, I
TRE x TJ	STJ	CF, art. 105, I
TSE x Juiz ou qualquer outro Tribunal	STF	CF, art. 102, I

---

[14] Cândido, Joel José. *Direito Eleitoral Brasileiro*. 10. ed. São Paulo: Edipro, 2003.

6 Prisões Processuais em Crimes Eleitorais

Preconiza o art. 236 do Código Eleitoral:

> *Art. 236. Nenhuma autoridade poderá, desde 5 (cinco) dias antes e até 48 (quarenta e oito) horas depois do encerramento da eleição, prender ou deter qualquer eleitor, salvo em flagrante delito ou em virtude de sentença criminal condenatória por crime inafiançável, ou, ainda, por desrespeito a salvo-conduto.*
>
> *§ 1º Os membros das mesas receptoras e os fiscais de partido, durante o exercício de suas funções, não poderão ser detidos ou presos, salvo o caso de flagrante delito; da mesma garantia gozarão os candidatos desde 15 (quinze) dias antes da eleição.*
>
> *§ 2º Ocorrendo qualquer prisão o preso será imediatamente conduzido à presença do juiz competente que, se verificar a ilegalidade da detenção, a relaxará e promoverá a responsabilidade do coator.*

Só podemos entender o alcance da norma jurídica, visualizando-a por seu lado prático.

Tício, perigoso assaltante, acusado de vários roubos, triplo homicídio e dois estupros, estava foragido com prisão preventiva decretada, mas apareceu para votar nas eleições de 2008. Populares ligaram para a delegacia e a resposta do delegado foi uma só, *"só podemos prendê-lo 48h após a eleição"*. É claro que Tício ainda se encontra foragido, assaltando, matando e estuprando, pois profissionais do Direito estritamente legalistas aplicam o art. 236 do Código Eleitoral em seu sentido literal sem compatibilizá-lo com a Constituição Federal.

Dizia Carlos Maximiliano que: "Deve o Direito ser interpretado inteligentemente: não de modo que a ordem legal envolva um absurdo, prescreva inconveniências, vá ter conclusões inconsistentes ou impossíveis."[1]

Neste contexto, entendemos que a esdrúxula imunidade formal prisional, prevista no art. 236, § 1º, não foi recepcionada pela Constituição Federal, porque o ordenamento jurídico máximo, ao permitir alguns tipos de prisões, textualmente, excepcionou algumas situações e em nenhum momento se referiu às prisões em período eleitoral.

O inciso LXI do art. 5º da CF/88 foi taxativo:

---

[1] Maximiliano, Carlos. *Hermenêutica e Aplicação do Direito*. 19. ed. São Paulo: Forense, 2005. p. 136.

> Art. 5º (...)
>
> LXI – Ninguém será preso senão em flagrante delito ou por ordem escrita e fundamentada de autoridade judiciária competente, salvo nos casos de transgressão militar ou crime propriamente militar, definidos em lei.

O flagrante delito ou a ordem escrita e fundamentada de autoridade judiciária competente são institutos autorizados pela Constituição Federal, portanto, uma norma infraconstitucional não pode retirar a sua eficácia.

É ilação plenamente lógica que, se a prisão estiver em consonância com a Constituição Federal, poderá ser executada mesmo em época da eleição, não sendo juridicamente possível ser alegada a sua ilegalidade.

Seria uma grande excrescência jurídica uma prisão preventiva, leia-se, "**uma ordem escrita e fundamentada de autoridade judiciária competente**", não poder ser executada porque a legislação infraconstitucional não permite algo que é autorizado pela Constituição Federal.

Insta ainda acentuar que o Código Eleitoral também não foi recepcionado pela Constituição Federal quando permite a prisão em "**virtude de sentença criminal condenatória por crime inafiançável**" e não exige o trânsito em julgado da sentença condenatória, algo que, em realidade, atenta contra o princípio da não culpabilidade antecipada.

Em realidade, a prisão **em virtude de sentença criminal condenatória** só será juridicamente viável, se presentes os requisitos da prisão preventiva; esta é a conclusão imperativa da leitura do art. 492, inciso I, alínea *e*, *in verbis*:

> Art. 492. Em seguida, o presidente proferirá sentença que:
>
> I – no caso de condenação:
>
> (...)
>
> e) mandará o acusado recolher-se ou recomendá-lo-á à prisão em que se encontra, *se presentes os requisitos da prisão preventiva* (Destaque nosso).

Quanto à decisão de pronúncia defendemos no livro *Teoria e Prática do Novo Júri* que:

> Antes da reforma o **STJ** defendia que "nos processos da competência do Tribunal do Júri, a prisão do réu é efeito legal da pronúncia, não havendo falar em constrangimento, se o *decisum* se ajusta à letra do art. 408 do Código de Processo Penal. Recurso improvido", hoje, no sistema processual penal vigente, não vigora mais o princípio da prisão obrigatória em decorrência da sentença de pronúncia. Entretanto, a revogação da prisão preventiva, na fase de pronúncia, não é direito subjetivo do acusado. O Código de Processo Penal preconiza que o juiz eleitoral decidirá, motivadamente, no caso de manutenção, revogação ou substituição da prisão ou medida restritiva de liberdade anteriormente decretada e, tratando-se de acusado solto, sobre a necessidade da decretação da prisão ou imposição de quaisquer das medidas previstas no Título IX do Livro I deste Código.

Denota-se que a prisão no dia da eleição também pode ser originária, não de uma sentença condenatória e, sim, da própria decisão de pronúncia.

Portanto, a solução será fazer uma interpretação conforme a Constituição Federal, é dizer, o juiz eleitoral ou o Tribunal deve, na análise do caso concreto, declarar qual das possíveis interpretações se revela compatível com a Lei Fundamental.

Assim, em uma interpretação conforme a Constituição Federal, podemos dizer que serão possíveis **sete** tipos de prisões no período eleitoral:

a) prisão em flagrante;
b) prisão preventiva;
c) prisão oriunda de sentença criminal condenatória **transitada em julgada** por crime inafiançável;
d) prisão oriunda de sentença criminal condenatória **antes do trânsito em julgado** por crime inafiançável, presentes os demais requisitos que ensejam a prisão preventiva;
e) prisão por recaptura de réus condenados com decisão **transitada em julgado** por crime inafiançável;
f) prisão originária da decisão de pronúncia (**presentes os demais requisitos que ensejam a prisão preventiva**);
g) e, por fim, a prisão por desrespeito a salvo-conduto.

Insta acentuar que no direito eleitoral é inadmissível a prisão temporária, porque a Lei nº 7.960/1989 não elenca em seus dispositivos nenhum crime eleitoral.

No Congresso Nacional tramita o Projeto de Lei nº 7.573/2006,[2] propondo a revogação do art. 236 do Código Eleitoral, *in verbis*:

> *PROJETO DE LEI Nº 7.573/2006*
>
> *Revoga o artigo 236 do Código Eleitoral.*
>
> *O Congresso Nacional decreta:*
>
> *Art. 1º Esta lei revoga o artigo 236 da Lei nº 4.737, de 15 de julho de 1965, que institui o Código Eleitoral, de maneira a relativizar o princípio do direito de voto diante do princípio da segurança da sociedade, permitindo em todo o território nacional a prisão dos cidadãos, mesmo no período compreendido entre os cinco dias que antecedem e as quarenta e oito horas que se sucedem à eleição.*
>
> *Art. 2º Revogue-se o artigo 236 da Lei nº 4.737, de 15 de julho de 1965.*
>
> *Art. 3º Esta lei entra em vigor na data de sua publicação.*

O princípio da proporcionalidade é usado com muita propriedade na justificativa do projeto de lei:

> ... sopesando o direito de voto e o direito de segurança da sociedade contra os indivíduos que atentam contra os valores que lhe são caros, o legislador preferiu o primeiro, estabelecendo algumas exceções. No entanto, passadas mais de quatro décadas da entrada em vigor da norma e vivendo nós hoje em um mundo muito mais

---

[2] Projeto de autoria do Deputado Fernando de Fabinho.

violento, penso que não mais se justifica tal garantia eleitoral. O livre exercício do sufrágio há de ser garantido de outra forma, mas não mais dando um salvo-conduto de uma semana a inúmeros criminosos, para que circulem tranquilamente no período das eleições.

Em conclusão, podemos afirmar que a prisão dentro dos limites da Constituição Federal pode sempre ser executada, mesmo no dia da eleição.

7 A *Mutatio* e a *Emendatio Libelli* Eleitoral

7.1. O PRINCÍPIO DA CORRELAÇÃO ENTRE A ACUSAÇÃO E A SENTENÇA ELEITORAL

O princípio da correlação entre a peça vestibular e a sentença é um dos pilares do direito processual eleitoral.

In casu, a imputação inicial penal ou cível deve guardar perfeita sintonia com a sentença final, sob pena de violar vários princípios, entre os quais podemos destacar o contraditório e o da ampla defesa, destarte, o devido processo legal.

O princípio da correlação é também chamado da congruência da condenação com a imputação, ou, ainda, da correspondência entre o objeto da ação e o objeto da sentença.

Posição dominante do STF: "Ofensa ao princípio da congruência, se a decisão situa a difamação em trecho da matéria incriminada diverso daquele em que a situou a denúncia" (STF. HC 77.094/GO, p. 3).

Posição dominante do STJ:

> O princípio da correlação entre imputação e sentença representa uma das mais relevantes garantias do direito de defesa, que se acha tutelado por via constitucional. Qualquer distorção, sem observância do disposto no art. 384 da Lei Processual Penal, significa ofensa àquele princípio e acarreta a nulidade da sentença.[1]

Para efetivação desse princípio devemos estudar alguns institutos que são verdadeiros corretivos da imputação inicial e da sentença final, quais sejam, a *emendatio libelli* e a *mutatio libelli*.

7.2. A *EMENDATIO LIBELLI* NO PROCESSO PENAL ELEITORAL

O juiz eleitoral, sem modificar a descrição do fato contida na denúncia ou queixa subsidiária da ação penal pública incondicionada, poderá atribuir-lhe definição jurídica diversa, ainda que, em consequência, tenha de aplicar pena mais grave.

---

[1] *RSTJ*, 68/340.

Definição jurídica é a classificação do crime eleitoral, é a subsunção do fato ao tipo, compreendendo-se que este possa ser alterado, pois, não obstante a presunção legal de que a lei é conhecida de todos, a verdade é que o réu não se defende deste ou daquele delito definido no Código, mas do fato criminoso que lhe é imputado.

EXEMPLO DIDÁTICO

O promotor de Justiça descreve um fato que constitui detenção ilegal do eleitor e o capitula como crime de embaraço ao sufrágio (**art. 297 do Código Eleitoral**). Nesta hipótese, o juiz eleitoral, na sentença, pode corrigir o erro, condenando o acusado nos termos do dispositivo correto, qual seja, o art. 298 do Código Eleitoral.

No mesmo sentido o entendimento dominante do TSE:

> Agravo Regimental. Recurso especial. Alteração. Definição jurídica. Conduta. Crime eleitoral. Boca-de-urna. *Emendatio libelli.* Art. 383 do Código de Processo Penal. Denúncia oferecida com base na prática de boca-de-urna, crime tipificado no art. 39, § 5º, II, da Lei nº 9.504/1997, sendo a conduta enquadrada no art. 39, § 5º, III, da Lei nº 9.504/1997. **Havendo apenas alteração da capitulação legal dos fatos descritos na denúncia, mostra-se desnecessária a abertura de prazo para manifestação da defesa e produção de provas, não incidindo, na espécie, a norma prevista no art. 384 do CPP.** Agravo regimental desprovido (TSE. Ag/Rg no REsp 28.569/RN. Rel. Marcelo Henriques Ribeiro de Oliveira).

A *emendatio libelli* baseia-se no brocardo latino *jura novit curia*, isto é, o juiz eleitoral conhece o direito, é ele quem cuida do direito, expresso na regra *narra mihi factum dabo tibi jus* (narra-me o fato e te darei o direito), portanto, se o fato criminoso está descrito na denúncia, ainda que não tenha ali sido capitulado, pode o juiz eleitoral por ele condenar o acusado, posto que a defesa é contra os fatos e não contra a capitulação do delito.

Insta acentuar que para **fazer a emendatio libelli, o juiz eleitoral não precisa abrir vistas para defesa**, pois o réu defende-se dos fatos a ele imputados na inicial, e não da classificação jurídica a eles dada pelo promotor. Tal classificação não vincula o juiz eleitoral, que tem a faculdade de dar classificação diferente, se entender que os fatos narrados configuram crime diverso do capitulado.

Posição dominante do STJ: "Na *emendatio libelli*, não existe prejuízo ao contraditório porque o acusado se defende dos fatos que lhe são imputados, e não da capitulação jurídica contida na denúncia."[2]

7.3. AS ESPÉCIES DE *EMENDATIO LIBELLI*

Quanto às consequências da *emendatio libelli*, pode ser:

a) *Emendatio libelli* **igualitária** – Ocorre quando não há modificação na pena.
b) *Emendatio libelli in mellius* – Ocorre quando a pena é atenuada.
c) *Emendatio libelli in pejus* – Ocorre quando a pena vem a ser agravada na nova capitulação legal.

---

[2] Precedentes do STJ. Recurso conhecido e provido. STJ. REsp 551.717/RS. 5ª Turma. Rel. Min. José Arnaldo da Fonseca. DJU 02/02/2004, p. 352; JCPP, p. 383.

É importante destacar que a *emendatio libelli* pode ser realizada no tribunal *ad quem*, exceto se for para aplicar pena mais grave, no caso de recurso exclusivo da defesa.
Posição dominante do STJ:

> É possível ao Tribunal efetuar a *emendatio libelli*, mas o legislador lhe impôs, em caso de recurso exclusivo da defesa, uma limitação: a pena não pode ser agravada. Se feita a *emendatio libelli* em segunda instância, a pena mínima do novo crime é o dobro daquela prevista na capitulação contida na sentença, e se o acórdão modifica o entendimento quanto à análise das circunstâncias judiciais, considerando-as totalmente favoráveis ao réu, fixando-lhe pena mínima, impossível efetuar-se a *emendatio*, pois resultará em pena maior que a devida em face do novo entendimento sobre tais circunstâncias. Ordem concedida para restabelecer a capitulação feita na sentença e reestruturar a pena conforme a análise das circunstâncias judiciais feita pelo Tribunal *a quo* (STJ. HC 118.888. Proc. 2008/0232308-5/MG. 6ª Turma. Rel. Min. Jane Silva. J. 05/02/2009. DJE 02/03/2009) (CPP, art. 617).

7.4. A *EMENDATIO LIBELLI* E A SUSPENSÃO CONDICIONAL DO PROCESSO

Se, em consequência de definição jurídica diversa, houver possibilidade de proposta de suspensão condicional do processo, o juiz eleitoral procederá de acordo com o disposto no art. 89 da Lei nº 9.099/1995.

7.4.1. Solução para a recusa do Promotor de Justiça Eleitoral em oferecer a proposta de suspensão condicional do processo

Nucci[3] defende que: "Se o representante do Ministério Público recusar a proposta – tornando-se esta, realmente, inviável – a sentença deve ser proferida, se condenatória, com base na definição jurídica exposta anteriormente pelo juiz."

Com a *devida venia* ao entendimento do renomado doutrinador, entendemos que a melhor solução é a já sumulada pelo **STF**, *in verbis*:

> Reunidos os pressupostos legais permissivos da suspensão condicional do processo, mas se recusando o promotor de Justiça a propô-la, o Juiz, dissentindo, remeterá a questão ao procurador-geral, aplicando-se por analogia o art. 28 do Código de Processo Penal (Súmula nº 696).

7.5. A IMPOSSIBILIDADE DA *EMENDATIO LIBELLI* LINEAR

Só é possível a *emendatio libelli* na prolação da sentença, não pode haver a *emendatio libelli* linear, ou seja, no ato de recebimento da denúncia.

---

[3] Nucci, Guilherme de Souza. *Código de Processo Penal Comentado*. 8. ed. São Paulo: Revista dos Tribunais, 2008. p. 683.

7.6. A *EMENDATIO LIBELLI* EM AÇÃO PRIVADA

É possível a *emendatio libelli* em ação privada subsidiária da pública incondicionada, pois o art. 383 do Código de Processo Penal, aplicado de forma subsidiária, é bem claro: "*O juiz eleitoral, sem modificar a descrição do fato contida na denúncia ou queixa (...)*".

7.7. DA *MUTATIO LIBELLI* ELEITORAL

Encerrada a instrução probatória, se entender cabível nova definição jurídica do fato, em consequência de prova existente nos autos de elemento ou circunstância da infração penal não contida na acusação, o Ministério Público Eleitoral deverá aditar a denúncia ou queixa, no prazo de 5 (cinco) dias, se em virtude desta houver sido instaurado o processo em crime de ação pública, reduzindo-se a termo o aditamento, quando feito oralmente.

EXEMPLO DIDÁTICO

O Promotor de Justiça Eleitoral descreve um fato que constitui a infração eleitoral de embaraço ao sufrágio (**art. 297 do Código Eleitoral**); durante a instrução processual aparece uma nova elementar que desconfigura a imputação inicial, ou seja, testemunhas relatam que o denunciado prendeu o eleitor com violação do disposto no art. 236 do Código Eleitoral.

Solução jurídica: Com o aparecimento da nova elementar supracitada o crime não pode ser o do art. 297 do Código Eleitoral imputado na exordial, portanto, o Promotor de Justiça Eleitoral deve promover a *mutatio libelli*, ou seja, o Promotor de Justiça Eleitoral deve requerer o aditamento da denúncia para que seja possível futuramente requerer a condenação pelo delito de prisão ilegal do eleitor ("*Art. 298. Prender ou deter eleitor, membro de mesa receptora, fiscal, delegado de partido ou candidato, com violação do disposto no art. 236*").

É o que determina o art. 384 do Código de Processo Penal:

> Art. 384. Encerrada a instrução probatória, se entender cabível nova definição jurídica do fato, em consequência de prova existente nos autos de elemento ou circunstância da infração penal não contida na acusação, o Ministério Público deverá aditar a denúncia ou queixa, no prazo de 5 (cinco) dias, se em virtude desta houver sido instaurado o processo em crime de ação pública, reduzindo-se a termo o aditamento, quando feito oralmente.
>
> § 1º Não procedendo o órgão do Ministério Público ao aditamento, aplica-se o art. 28 deste Código.
>
> § 2º Ouvido o defensor do acusado no prazo de 5 (cinco) dias e admitido o aditamento, o juiz, a requerimento de qualquer das partes, designará dia e hora para continuação da audiência, com inquirição de testemunhas, novo interrogatório do acusado, realização de debates e julgamento.
>
> § 3º Aplicam-se as disposições dos §§ 1º e 2º do art. 383 ao caput deste artigo.
>
> § 4º Havendo aditamento, cada parte poderá arrolar até 3 (três) testemunhas, no prazo de 5 (cinco) dias, ficando o juiz, na sentença, adstrito aos termos do aditamento.
>
> § 5º Não recebido o aditamento, o processo prosseguirá.

No mesmo sentido o entendimento dominante do TSE:

> Recurso especial. Procuração. Protesto de juntada posterior. Transcurso *in albis* do prazo solicitado. Atos tidos por inexistentes. Condenação criminal. Arts. 290 e 350 do Código Eleitoral. Alegação de afronta aos arts. 384 do Código de Processo Penal e 364 do Código Eleitoral. Não ocorrência. *Emendatio libelli* (art. 383 do CPP). Ocorrência. A *mutatio libelli* (art. 384 do CPP) ocorre quando o Juiz, com amparo nos fatos apurados, verifica elemento não exposto, explícita ou implicitamente, na peça acusatória, apto a desfigurar a qualificação jurídica proposta. Não há falar em nulidade da decisão condenatória por infringência ao contraditório, em face da ocorrência da *emendatio libelli* (art. 383 do CPP) e não *mutatio libelli* (art. 384 do CPP), pois a nova classificação concretizou-se na simples correção da capitulação legal, em face dos fatos suficientemente narrados na peça acusatória, sendo desnecessária a abertura de prazo para manifestação da defesa (TSE. REsp 21.595. Rel. Luiz Carlos Lopes Madeira).

O que fundamenta a *mutatio libelli* é o princípio da correlação ou da pertinência. Conforme lecionam Xavier e Nalini,[4] o elo, princípio da correlação entre a imputação e a sentença, esta deve constituir a operação mental logicamente adequada a responder à demanda. A mácula mais comum ao princípio da correlação é o julgamento *extra*, *citra* ou *ultra petita*. Pode o juiz eleitoral julgar fora **do pedido**, **aquém do pedido** ou **além do pedido**. Em qualquer hipótese, estará desatendendo ao princípio da correlação. Costuma-se referir ainda ao **princípio da relatividade**, para explicitar que o julgador está vinculado à denúncia ou queixa e, portanto, não dispõe de poderes **absolutos** para julgar da forma como lhe aprouver. Está-se contemplando o princípio da *mutatio libelli*, que assegura a **imutabilidade da acusação**.

O réu não pode ser condenado por fatos cuja descrição não se contenha, explícita ou implicitamente, na denúncia ou queixa, impondo-se, por tal razão, ao Estado, em respeito à garantia da plenitude de defesa, a necessária observância do princípio da correlação entre imputação e sentença. Deve-se, em tal caso, sob pena de nulidade, realizar a *mutatio libelli*, com o precípuo escopo de proporcionar ao réu garantia constitucional de defesa da ampla defesa e do contraditório.

7.8. O RECURSO CABÍVEL DO NÃO RECEBIMENTO DO ADITAMENTO

Caso o aditamento seja indeferido é possível o Promotor de Justiça interpor recurso em sentido estrito, afinal, a decisão de não recebimento do aditamento equivale à rejeição da denúncia (art. 581, inciso I).

O entendimento jurisprudencial dominante é no sentido de que: "Inaceitado pelo juiz o aditamento, abre espaço ao recurso fundeado no art. 581, I, do CPP. Isto porque o aditamento possui a mesma natureza da denúncia e como tal deve ser processado e conhecido, até para efeitos recursais."[5]

---

[4] No mesmo sentido: Xavier, José Carlos G.; Nalini, José Renato. *Manual de Processo Penal*. São Paulo: Saraiva, 1999.
[5] *RJDTACRIM*, 1/210-1.

Caso o aditamento seja indevido, é possível a interposição de *habeas corpus*, pois há evidente constrangimento ilegal.

7.9. ANÁLISE DA POSSIBILIDADE DE APLICAÇÃO DA *EMENDATIO LIBELLI* EM SEDE DE AÇÃO CIVIL ELEITORAL

É plenamente possível, aplicando a analogia, a admissão da *emendatio libelli* prevista no art. 383 do Código de Processo Penal nas ações eleitorais.

No mesmo sentido o Ac. 3.066 do TSE, *in verbis*:

> I. Não há violação dos arts. 275 do C. Eleitoral, 515 e 535 do C. Pr. Civil, se o acórdão proferido nos embargos de declaração enfrentou todos os pontos apontados como omissos.
>
> II. **Os limites do pedido são demarcados pela *ratio petendi* substancial, vale dizer, segundo os fatos imputados à parte passiva, e não pela errônea capitulação legal que deles se faça.** Alegação de julgamento *extra petita* rejeitada.
>
> III. O candidato também é parte legítima para representar à Justiça Eleitoral (LC nº 64/90, art. 22, *caput*).
>
> IV. Desnecessidade, em ação de impugnação de mandato eletivo, de citação do vice-prefeito como litisconsorte necessário (Precedentes: TSE, Ac. 15.597, de 20/06/2000, Vidigal; TSE, Desp. 19.342, de 10/05/2001, Jobim).
>
> V. Direito à ampla defesa assegurado a partir do ingresso do vice-prefeito na lide como assistente.
>
> VI. Impossível, em sede de recurso especial, o revolvimento de matéria de fato (Súmula nº 279/STF).
>
> VII. Dissídio jurisprudencial não demonstrado.
>
> VII. Recurso especial não conhecido.

7.10. ANÁLISE DA POSSIBILIDADE DE APLICAÇÃO DA *MUTATIO LIBELLI* EM SEDE DE AÇÃO CIVIL ELEITORAL

É plenamente possível que na ação cível eleitoral o juiz eleitoral verifique que, por exemplo, do depoimento das testemunhas a irregularidade não é uma simples propaganda irregular como alega a inicial e, sim, um grande abuso de poder econômico praticado através da propaganda extemporânea. Deve, *in casu*, para que não haja infração ao princípio da correlação, promover a *mutatio libelli*. Feito o aditamento à exordial, deve-se naturalmente, no exemplo exposto, ser mudado o rito processual para apurar o abuso de poder econômico.

Parte III

TEORIA GERAL DOS RECURSOS ELEITORAIS

1 Disposições Gerais dos Recursos Eleitorais

1.1. NOÇÕES GERAIS

O vocábulo "recurso" vem do latim *recursus*, e este, de *recurrere*, que significa "voltar, tornar a correr, retroceder, andar para trás; é, portanto, o meio jurídico para obter o reexame de uma decisão judicial.

Recurso eleitoral é meio que tem como finalidade provocar o reexame de uma decisão pela mesma autoridade judiciária, ou por outra hierarquicamente superior, visando obter a sua reforma total ou parcial.

A interposição de um recurso eleitoral instaura no processo um novo procedimento, o procedimento recursal, destinado à produção do novo julgamento pedido. O processo não se duplica nem cria uma nova relação processual.[1]

1.2. CLASSIFICAÇÃO RECURSAL ELEITORAL

a) **Classificação quanto à análise da matéria**

Os recursos podem ser classificados em recursos ordinários e recursos extraordinários.

São recursos ordinários aqueles em que é admissível a discussão da **matéria de direito** e da **matéria de fato**, como a apelação, o recurso no sentido estrito e os embargos infringentes.

São recursos extraordinários os que somente admitem impugnação **quanto à matéria de direito**, como o recurso especial, o recurso extraordinário, o agravo da decisão de indeferimento destes recursos e os embargos de divergência.

b) **Classificação quanto ao diploma legal**

Os recursos também podem ser classificados conforme o diploma legal onde estão previstos, portanto, teremos:

1) Recursos eleitorais constitucionais (são os previstos na Constituição Federal).
2) Recursos legais (são os previstos na lei eleitoral).
3) Recursos regimentais (são os previstos nos Regimentos Internos do TSE ou TREs).

---

[1] Cf. Barbosa, Moreira. *O Juízo de Admissibilidade no Sistema dos Recursos Cíveis*. Rio de Janeiro: s.e., nº 3, esp. p. 12.

c) Quanto ao órgão eleitoral que reexamina

Quanto ao órgão que reexamina a questão os recursos podem ser:

a) Iterativos – o próprio órgão reexamina a questão.

EXEMPLO DIDÁTICO

> Embargos de Declaração Eleitoral.

b) Reiterativos – somente o órgão *ad quem* reexamina a questão.

EXEMPLO DIDÁTICO

> Apelação eleitoral.

c) Mistos – o recurso é examinado pelas duas instâncias.

EXEMPLOS DIDÁTICOS

> Recurso inominado e recurso em sentido estrito eleitoral.

1.3. PRINCÍPIOS RECURSAIS ELEITORAIS

1.3.1. Princípio da voluntariedade

O recurso eleitoral é um direito assegurado à parte e não é uma obrigação. Somente à parte sucumbente cabe a oposição do recurso. É, portanto, faculdade. Se a parte o deseja, recorre.

1.3.2. Princípio do duplo grau de jurisdição

O princípio do duplo grau de jurisdição não está inscrito na atual Constituição Federal como garantia constitucional. Implicitamente, porém, foi adotado, bastando atentar-se para as **disposições sobre a competência recursal dos tribunais**, não só contemplando a dualidade, mas institucionalizando a pluralidade dos graus de jurisdição (arts. 102, 105, 108, CF).[2]

Há alguns casos em que não é possível o duplo grau de jurisdição, é o caso dos réus que têm foro por prerrogativa de função.

---

[2] No mesmo sentido: Franco, Alberto Silva. Stoco, Rui. *Código de Processo Penal e sua Interpretação Jurisprudencial*. São Paulo: Revista dos Tribunais, 2007. v. 4.

EXEMPLO DIDÁTICO

Tício, que é deputado federal, foi condenado por ter cometido um crime eleitoral pelo Supremo Tribunal Federal.
Solução jurídica: Não há como recorrer dessa decisão, não se aplicando, assim, o duplo grau.

1.3.3. Princípio da livre fundamentação recursal

O princípio em estudo defende que o recorrente pode invocar qualquer fundamentação seja de ordem fática ou jurídica.

EXEMPLO DIDÁTICO

No recurso de apelação eleitoral o recorrente pode discutir os fatos, as provas que ensejaram a absolvição ou condenação.

1.3.4. Princípio da fundamentação recursal vinculada

Ao contrário do que ocorre com o princípio da livre fundamentação recursal, neste a fundamentação é vinculada, ou seja, o recorrente tem de invocar necessariamente um dos fundamentos indicados pela lei ou pela Constituição Federal.

EXEMPLO DIDÁTICO

O recurso extraordinário e o especial são de fundamentação vinculada, ou seja, só são cabíveis nas hipóteses previstas na Constituição Federal.

1.3.5. Princípio da fungibilidade recursal

O recurso eleitoral inadequado poderá ser recebido, desde que não seja interposto de forma grosseira ou de má-fé.

Há realmente situações em que existem dúvidas na doutrina e na jurisprudência quanto ao recurso eleitoral adequado a certas situações. Assim, adota-se no processo penal o princípio da fungibilidade dos recursos, colocando-se acima da legitimidade formal o fim a que visa a impugnação.

Conforme a lição dos professores Ada Pellegrini, Antônio Scarance e Antônio Magalhães,[3] o princípio da fungibilidade só pode operar quando se trate de recursos sem fundamentação vinculada (apelação contra decisão de juiz singular e recurso em sentido estrito, por exemplo), não quando se trate de recursos com requisitos de

---

[3] Grinover, Ada Pellegrini; Fernandes, Antônio Scarance; Gomes Filho, Antônio Magalhães. *Recursos no Processo Penal.* 8. ed. São Paulo: Revista dos Tribunais, 2004. p. 42.

admissibilidade próprios como, por exemplo, a apelação contra a decisão do Júri, o recurso extraordinário e o recurso especial.

RESUMO DIDÁTICO

> Para ser aplicado o princípio da fungibilidade ou permutabilidade, deve-se impreterivelmente atender a três requisitos, a saber:
> a) Ausência de erro grosseiro.
> b) Boa-fé do impetrante.
>
> **Posição dominante do STJ:** "Pelo princípio da fungibilidade, conhece-se de recurso em sentido estrito interposto ao invés de recurso ordinário de *habeas corpus*, inexistentes erro grosseiro ou má-fé" (STJ. RO-HC 16.028/SP. 6ª Turma, p. 433).
>
> c) Observância do prazo legal do recurso que seria correto.
>
> **Posição dominante do STJ:**
>> O princípio da fungibilidade recursal disposto no art. 579 do CPP não pode ser aplicado ao caso em análise em razão das peculiaridades do recurso cabível, **dentre elas destacamos o prazo recursal** e o Juízo de retratação, requisitos estes não observados pelo impetrante (STJ. RSTJ 72/116 e TJCE. HC 2007.0005.4763-6/0).

1.3.6. Princípio *ne reformatio in pejus*

No direito penal eleitoral, interposto o recurso pelo réu, sem que haja recurso do Ministério Público Eleitoral, não pode ser gravada a situação do recorrente. Não se admite a *reformatio in pejus* (reforma para pior) entre a decisão recorrida e a decisão no recurso, não podendo a piora ocorrer nem do ponto de vista quantitativo, nem sob o ângulo qualitativo.

1.3.7. Princípio *tantum devolutum quantum appellatum*

Da proibição da *reformatio in pejus* origina-se outro princípio, que é o *tantum devolutum quantum appellatum*, ou seja, o recurso devolve ao tribunal exclusivamente a matéria que foi objeto do pedido nele contido, não podendo, em regra, reverter contra quem recorreu.

1.3.8. A *reformatio in melius*

Mesmo havendo interposição de recurso só por parte do Ministério Público, pode ser melhorada a situação do réu. Portanto, é admissível a *reformatio in melius* (reforma para melhor).

1.4. O FUNDAMENTO RECURSAL ELEITORAL

Os dois fatos que fundamentam os recursos eleitorais são:

a) a falibilidade humana;
b) a necessidade psicológica de o ser humano demonstrar a sua irresignação diante de decisão desfavorável.

1.5. PRESSUPOSTOS RECURSAIS ELEITORAIS

Para que o recurso eleitoral seja examinado pelo juízo ou tribunal *ad quem*, órgão ao qual se pede a nova decisão, é necessário que se cumpram certos requisitos, denominados pressupostos, que são as exigências legais para que seja conhecido. São pressupostos recursais:

1.5.1. Pressuposto formal ou lógico

O pressuposto formal é a existência de uma decisão; diz o amigo e maior processualista do Brasil, Tourinho Filho que "o pressuposto lógico de qualquer recurso é a existência de um despacho ou decisão do órgão jurisdicional". Para que alguém possa interpor um recurso, presume-se, logicamente, haja um ato jurisdicional.

1.5.2. Pressuposto legal ou fundamental

O pressuposto legal ou fundamental de todo recurso é a sucumbência.

Todo recurso supõe um gravame ou prejuízo da parte.

Em linha conceitual, sucumbência é a desconformidade entre o que foi pedido e o que foi concedido.

O entendimento jurisprudencial dominante é no sentido de que: "Como é de trivial sabença, o pressuposto fundamental de todo e qualquer recurso é a sucumbência, a qual se consubstancia na lesividade do vencido. Noutras palavras, sem esta não há de cogitar de interesse em recorrer" (RT, 36/347).

1.5.2.1. Classificação da sucumbência
- **Única:** ocorre quando o gravame atinge apenas uma parte.
- **Múltipla:** ocorre quando o gravame atinge duas ou mais partes.

A sucumbência múltipla se divide em:
- **Múltipla paralela:** sucumbentes no mesmo polo. Exemplo: Os dois corréus foram condenados.
- **Múltipla recíproca:** sucumbentes dos dois polos. Exemplo: Atinge a defesa com a condenação do réu, e da acusação porque o pedido foi julgado procedente apenas em parte, desclassificando-se a infração para delito menos grave.
  - **Direta:** ocorre quando a sucumbência atinge uma ou ambas as partes da relação processual.
  - **Reflexa:** quando alcança pessoas que estejam fora da relação processual.
  - **Total:** ocorre quando o pedido é rejeitado integralmente.
  - **Parcial:** ocorre quando o pedido é atendido apenas em parte.

1.5.3. Pressuposto objetivo

1.5.3.1. Autorização legal e adequação

O recurso, para ser aceito, deve ser previsto no ordenamento jurídico e usado adequadamente.

Portanto, agora já sabemos, para ser interposto um recurso deve estar previsto em lei e, também, ser adequado à decisão que se quer impugnar, embora se admita eventualmente a interposição de um por outro no fenômeno da fungibilidade. Regem-se os recursos, quanto à admissibilidade, pela lei vigente ao tempo em que a decisão recorrida é proferida.

1.5.3.2. Regularidade procedimental

O recurso deve ser interposto segundo a forma legal, sob pena, sempre, de não ser conhecido. Em primeiro grau, deve ser interposto por petição ou por termo perante o escrivão, valendo, contudo, qualquer manifestação de vontade de recorrer em se tratando da sentença condenatória, o que facilita a interposição. Assim, se o réu, intimado da sentença, diz ao oficial de justiça que quer recorrer, e esta manifestação de vontade vai consignada na certidão de intimação, o recurso está interposto. Em segundo grau, porém, para os Tribunais Superiores, será sempre interposto por petição, e sua regularidade procedimental é escrita, não sendo conhecido, por exemplo, recurso sem razões ou com razões confusas ou incoerentes. Em primeiro grau, o recurso pode subir com as razões ou sem elas (arts. 589 e 601), apesar de existirem decisões, de toda a pertinência, que entendem que as razões são peça importante para a defesa e dever funcional para o Ministério Público. A falta, porém, não será motivo de não conhecimento, voltando os autos para que sejam elaborados, se assim entender o tribunal. Para os Tribunais Superiores, todavia, não será conhecido recurso sem razões adequadas.[4]

1.5.3.3. Tempestividade

Para não haver preclusão, o recurso deve ser interposto dentro do prazo legal, portanto, só pode ser conhecido e, portanto, julgado, o recurso tempestivo, ou seja, aquele interposto no prazo legal.

- **Prazos**

Os prazos recursais são contínuos e peremptórios, nos exatos termos do art. 798, CPP, não se interrompendo por férias, domingo e feriado, salvo casos de impedimento do juiz, força maior ou obstáculo judicial oposto pela parte contrária (§ 4º do art. 798, CPP).

- **Contagem do prazo processual eleitoral**
  - Não se computa o dia do início e computa-se o dia do vencimento.

---

[4] No mesmo sentido: Mirabete, Júlio Fabbrini. *Código Penal Interpretado.* 10. ed. São Paulo: Atlas, 2002.

- Se o prazo recursal terminar em um domingo, prorroga-se para o primeiro dia útil subsequente.
- Quando a intimação tiver lugar na sexta-feira, ou a publicação com efeito de intimação for feita neste dia, o prazo judicial terá início na segunda-feira imediata, salvo se não houver expediente, caso em que começará no primeiro dia útil que se seguir (**Súmula nº 310 do STF**).
- No processo penal eleitoral, contam-se os prazos da data da intimação, e não da juntada aos autos do mandado ou da carta precatória ou de ordem (**Súmula nº 710 do STF**).
- Se, porém, a intimação pela imprensa ocorrer no sábado, dia em que não circula o *Diário Oficial*, o conhecimento do *dies a quo* só ocorrerá na segunda-feira; e, sendo este o início do prazo, o primeiro dia de contagem será a terça, vencendo-se o prazo no sábado e prorrogando-se então para a segunda-feira seguinte.

1.5.4. Pressupostos subjetivos

Os pressupostos subjetivos se referem às partes e são dois:

1) Legitimidade
Como regra geral os recursos eleitorais podem ser interpostos:
a) pelo partido político;
b) pela coligação;
c) pelo candidato;
d) pelo pré-candidato;
e) pelo Ministério Público.

Ao partido que não participou das eleições isoladamente, mas em coligação, porquanto esta é tratada em cada pleito como unidade partidária, falta legitimidade para recorrer.[5]

2) Interesse
Como assinalado por Mirabete,[6] o pressuposto lógico do recurso é a existência de uma decisão, objetivando sua reforma. **Assim, em princípio, o exercício do direito de recorrer está subordinado à existência de um interesse direto na reforma ou modificação do despacho ou sentença**. Tem interesse apenas aquele que teve seu direito lesado pela decisão, mas é facultativo e denominado recurso voluntário. É um ônus processual que, desatendido, pode acarretar consequências desfavoráveis. É do interesse no recurso que nasce a sucumbência, que se caracteriza como a desconformidade entre o que a parte pediu e o que ficou decidido. Este prejuízo deve ser resultante da parte dispositiva da decisão, da conclusão da sentença impugnada, e não de seus motivos ou fundamentos. Não existe também o interesse no recurso quando o recorrente

---

[5] TSE. REsp 11.579 (11.579). AP. Rel. Min. Antônio de Pádua Ribeiro, p. 15.759.
[6] Mirabete, Júlio Fabbrini. Op. cit., p. 1.405.

alega razões que só dizem respeito à outra parte. Assim, não tem o acusado interesse quando recorre contra a absolvição de corréu. Também não há interesse quando a decisão impugnada não é suscetível de ocasionar prejuízo ao acusado, isto é, quando não tiver interesse na reforma ou modificação da decisão (art. 577, parágrafo único).

1.6. O JUÍZO DE PRELIBAÇÃO

O juízo de prelibação é a verificação dos requisitos objetivos e subjetivos de interposição do recurso, para que ele tenha seguimento e seja encaminhado à instância *ad quem*, e em regra, deve ser feita pelo órgão que proferiu a decisão.

1.6.1. Terminologias

Com certeza você já viu ou ouviu estas frases: "**o recurso foi conhecido, mas não foi dado provimento**" ou "**conheço o recurso, mas não dou provimento**".

O recurso é conhecido quando preenche todos os requisitos legais. Ele pode ser provido ou não provido.

Dá-se provimento ao recurso quando o pedido de reforma ou invalidação é acolhido pelo Tribunal *ad quem*.

RESUMO DIDÁTICO

A) O recurso será conhecido quando preencher os pressupostos recursais.

B) O recurso será provido quando o Tribunal defere o pedido recursal. Neste caso, podem ocorrer duas hipóteses: o órgão superior reforma a decisão recorrida, ou a anula.

C) Não será dado provimento ao recurso, quando o Tribunal indefere o pedido contido no recurso.

1.7. A EXTINÇÃO NORMAL E ANORMAL DOS RECURSOS

No caso de extinção normal, os recursos se extinguem quando são julgados.

A desistência e a renúncia são causas de extinção anormal dos recursos.

Existe diferença entre desistência e renúncia. Na desistência a parte recorre e depois desiste, já a renúncia ocorre antes da interposição do recurso. Veremos que o Ministério Público Eleitoral não pode desistir do recurso já interposto, mas pode renunciar, ou seja, simplesmente não recorrer da sentença.

1.8. DA IRRECORRIBILIDADE MOMENTÂNEA DAS INTERLOCUTÓRIAS

Adriano Soares apresenta valiosa lição didática sobre o tema da seguinte forma:[7]

---

[7] Costa, Adriano Soares da. *Instituições de Direito Eleitoral*. 5. ed. Belo Horizonte: Del Rey, 2002.

A indagação primeira a fazer, parece-nos, em matéria recursal, diz respeito ao saber-se sobre quais atos judiciais podem ser fustigados mediante a interposição de recurso. Dada a celeridade que o Direito Eleitoral requer, mercê da limitação temporal das eleições (que vão desde as convenções partidárias até a diplomação dos candidatos eleitos), os ritos adotados são, em sua esmagadora maioria, de cognição sumária, com diminuição dos prazos para a atuação em juízo. Por isso, em matéria recursal, há um princípio geral presidindo o processo civil eleitoral (**utilizo a expressão pouco técnica "processo civil eleitoral" para nomear o Direito Processual Eleitoral, à falta de outra melhor, para apartá-lo do processo penal eleitoral e do processo eleitoral [as eleições]**). Nada obstante comporte exceções: trata-se do princípio da irrecorribilidade em separado das interlocutórias. No Direito Processual Eleitoral, as decisões proferidas pelo juiz no curso do processo, antes da entrega da prestação jurisdicional definitiva, são irrecorríveis, só podendo ser impugnadas quando da irresignação contra a sentença. Vejamos alguns exemplos: (a) a exclusão do eleitor e o cancelamento de sua inscrição eleitoral poderão ser requeridos nos termos do art. 77 do CE. O juiz receberá a petição, mandará autuá-la, citará o excluendo e os interessados (outro eleitor ou delegado de partido, conforme o art. 73) para contestarem, no prazo de cinco dias, concedendo dilação probatória. Se o juiz vedar a produção de determinada prova (testemunhal, por exemplo), a parte prejudicada não terá oportunidade de recorrer dessa decisão interlocutória, devendo aguardar a decisão final, quando então poderá recorrer no prazo de cinco dias para o TRE (art. 80); (b) as impugnações propostas perante a junta eleitoral, por fiscais, delegados de partido e candidatos (art. 169 do CE) serão decididas de plano. Tal decisão é definitiva, cabendo recurso imediato, interposto verbalmente ou por escrito, que deverá ser fundamentado em quarenta e oito horas (art. 169, § 2º).

Há exceções a esse princípio geral, como o recurso inominado do art. 270, § 2º, do CE, interposto contra a decisão do relator que rejeita a produção de prova, sendo tal decisão apreciada pelo pleno do Tribunal Regional. Caberá agravo de instrumento eleitoral da decisão do presidente do TRE que denegar recurso especial (art. 279 do CE). Da decisão do juiz eleitoral que conceder a medida acautelatória, *inaudita altera parte*, pleiteada em Aije, cabe apenas mandado de segurança, à falta de previsão de via recursal contra a interlocutória.

1.9. AS CARACTERÍSTICAS DO RECURSO ELEITORAL

Em grande síntese didática, o mestre do Direito Eleitoral brasileiro, Fávila Ribeiro, afirma que podem ser apresentadas as seguintes características do recurso eleitoral:

a) preexistência de relação processual;
b) antecedente emissão de ato decisório por órgão judiciário;
c) provocação de uma das partes, inconformada com o resultado desfavorável, por intermédio do próprio órgão prolator da decisão;
d) preexistência do contraditório processual;
e) impedimento a que se corporifique o efeito de coisa julgada;
f) emissão de novo julgamento sobre as partes afetadas pelo recurso perante a mesma ou diante de autoridade julgadora de superior instância.

Em relação ao item "c", adverte Frederico Marques que, "por ser o recurso um ônus, não se forma o procedimento recursal sem que o vencido, nos limites do que o permite a sucumbência, peça o reexame da decisão".[8]

1.10. O EFEITO CONSTANTE E MAIS AMPLO DE TODA INTERPOSIÇÃO RECURSAL: IMPEDIR OU RETARDAR PRECLUSÕES

Observa Pontes de Miranda:

> Tecnicamente, o recurso apenas retira o passar em julgado; formalmente, a resolução judicial enquanto não se procede a novo exame do negócio ou do seu tratamento: a prestação jurisdicional, de que o juiz fez oblação (não entregou), admite nova comunicação de vontade da parte ou do interessado, pelo fundamento de que não satisfez a alegação de ser **injusta** ou infratora de regras de Direito Processual.[9]

A moderna ciência processual alcançou maturidade suficiente para compreender que o processo é uma entidade complexa, em que se amalgamam indissoluvelmente dois elementos essenciais, o procedimento e a relação jurídica processual, uma relação entre atos e uma relação entre pessoas.[10]

Conforme Liebman, também integra a dinâmica da relação processual o acontecimento de fatos capazes de extinguir situações jurídicas ativas das partes. Tais fatos operam preclusões e são comumente (a) o decurso do tempo, causador da preclusão temporal, (b) a prática de ato incompatível com a vontade de realizar o ato, que ocasiona a preclusão lógica, e (c) a prática do próprio ato que a parte tinha a faculdade de realizar, da qual resulta a preclusão consumativa.[11]

1.11. DA PRECLUSÃO ELEITORAL

Se o recurso não for interposto no prazo, ocorre a preclusão temporal, e a decisão se torna firme no processo.

Quando a Lei Eleitoral estabelece que são preclusivos os prazos para interposição de recurso, **salvo quando nele se discutir matéria constitucional**, está adotando para os recursos eleitorais o instituto da **preclusão**, que consiste na perda de uma faculdade processual, em virtude de terem sido ultrapassados os limites fixados na lei para o exercício desta faculdade. O princípio da preclusão rege o processo eleitoral.[12]

O TSE entende que "a **preclusão** veda a prática de atos processuais fora do momento adequado ou quando já tenham sido praticados, ainda que invalidamente".[13]

---

[8] Marques, José Frederico. *Instituições de Direito Processual Civil*. Rio de Janeiro: Forense. 1960. v. IV, p. 20.
[9] Pontes de Miranda. *Comentários ao Código de Processo Civil*. 2. ed. Rio de Janeiro: Forense, 1970. t. IX, p. 3.
[10] Liebman, Enrico Tullio. *Manual de Direito Processual Civil*. 3. ed. São Paulo: Malheiros, 2005. v. I.
[11] *Ibidem*, nº 107, esp. p. 236.
[12] Costa, Tito. *Recursos em Matéria Eleitoral*. 3. ed. São Paulo: Revista dos Tribunais, 1990.
[13] TSE. *Boletim Eleitoral*, 373/369.

Como nos adverte Fávila Ribeiro,[14] o grau máximo de imunização de decisões judiciárias a impugnações pelas partes é a coisa julgada material, tradicionalmente referida pela doutrina como *praeclusio maxima* e capaz de impedir, desde quando consumada, a admissibilidade de qualquer recurso.

O Código Eleitoral de 1950 (art. 152, § 2º) admitia o princípio da preclusão em matéria eleitoral.

O princípio da preclusão está mantido no atual Código Eleitoral, em seu art. 259, *in verbis*:

> Art. 259. São preclusivos os prazos para interposição de recurso, salvo quando neste se discutir matéria constitucional.
>
> Parágrafo único. O recurso em que se discutir matéria constitucional não poderá ser interposto fora do prazo. Perdido o prazo numa fase própria, só em outra que se apresentar poderá ser interposto.

EXEMPLOS DIDÁTICOS

1) Como já relatamos, não há preclusão quando a matéria é constitucional, por exemplo, filiação partidária. No entanto, se não for arguida na ação de impugnação ao pedido de registro, só poderá ser arguida na ação de impugnação ao mandado eletivo.

2) Já a inelegibilidade fundamentada na Lei Complementar nº 64/1990, e preexistente ao registro da candidatura, não pode ser arguida em ação de impugnação de mandato eletivo, dado que a matéria torna-se preclusa, por força do art. 259 do Código Eleitoral. Recurso conhecido e improvido.

Repetimos, para melhor fixação: a preclusão, define Tito Costa, "consiste na perda de uma faculdade processual, em virtude de terem sido ultrapassados os limites fixados na lei para o exercício dessa faculdade".

1.12. A VANTAGEM DA PRECLUSÃO

A vantagem da preclusão, erigida como princípio na processualística, é imensa, porque o exercício dos mandatos é breve, os prazos de registro são curtos; se o procedimento não for rápido, tornar-se-á evidentemente inócuo. Por conseguinte, se o interessado não usar de imediato e tempestivamente o recurso eleitoral, opera-se a preclusão, exceto se a matéria for de conteúdo constitucional. O advogado eleitoral deve permanecer sempre atento ao recurso, assim como os delegados, com seus respectivos prazos, para que não sejam prejudicados, recorrendo tempestivamente.[15]

---

[14] *Direito Eleitoral*. 3. ed. Rio de Janeiro: Forense, 1988.
[15] TSE. Boletim Eleitoral, 33:399.

EXEMPLO DIDÁTICO

O Código Eleitoral vigente prescreve o seguinte: *"Art. 171. Não será admitido recurso contra a apuração, se não tiver havido impugnação perante a Junta, no ato da apuração, contra as nulidades arguidas."*

Cuidado: A parte deve arguir a nulidade, mas deve providenciar a lavratura do termo da sua impugnação, a fim de que não tenha operatividade a preclusão.

O fato é que a preclusão é instituto importante no Direito Eleitoral, porque assegura a celeridade ao processo, evitando procrastinações e efetivando o princípio constitucional da celeridade processual, pois, conforme a Constituição Federal, art. 5º, inciso LXXVIII: *"(...) a todos, no âmbito judicial e administrativo, são assegurados a razoável duração do processo e os meios que garantam a celeridade de sua tramitação."*

A vantagem da preclusão também é destacada por Chiovenda: "O princípio da preclusão visa, no fundo, a assegurar precisão e rapidez no desenvolvimento dos atos judiciais."[16]

1.12.1. Os tipos de preclusão

Frederico Marques, em suas *Instituições de Direito Processual*,[17] distingue três tipos de preclusão, a saber:

a) a preclusão temporal;
b) a preclusão lógica;
c) a preclusão consumativa.

A preclusão temporal é a prevalecente no processo eleitoral, definida como "a perda de uma faculdade processual oriunda de seu não exercício ou prazo ou termo fixados na lei processual".

Registre-se que, no Direito Eleitoral, toda interposição recursal tem o efeito direto e imediato de prevenir a preclusão temporal, a qual fatalmente ocorrerá se recurso algum for interposto. Ao recorrer, e independentemente do resultado dos variados pronunciamentos judiciais sobre o recurso interposto, a parte evita que o ato judicial recorrido adquira desde logo firmeza e imunidade a questionamentos futuros, ou seja, ela evita que, ao menos naquele momento, ocorra a preclusão. Este efeito está presente em todo e qualquer recurso e chega ao ponto de integrar o conceito deste remédio processual.

É tradicional em doutrina a afirmação de que a interposição recursal tem o efeito de impedir a preclusão, ou seja, de evitar que ela se consume.[18]

---

[16] *Instituições de Direito Processual Civil*. São Paulo: Saraiva, 1969. v. 3, p. 155.
[17] *Instituições de Direito Processual*. 1. ed. Rio de Janeiro: Forense, 1961. v. 2, p. 380.
[18] Moreira, Barbosa. Op. cit., nº 221, esp. p. 391.

1.12.2. Duas observações didáticas sobre preclusão

1ª) Lembre-se de que algumas matérias do Direito Eleitoral são previstas na própria Constituição Federal, e que não existe preclusão contra matéria constitucional.

2ª) Lembra Joel J. Cândido[19] que a preclusão – como regra incidente sempre em Direito Eleitoral (art. 259) – não opera em relação à instauração de processo penal eleitoral. Portanto, não apresentada a denúncia no prazo legal, o órgão do Ministério Público estará sujeito às penalidades do art. 342 do Código Eleitoral e às sanções disciplinares de sua lei orgânica e de seu estatuto, mas, enquanto não prescrito o crime, pode o agente ser legalmente processado. Entende-se por que a preclusão não é causa de extinção da punibilidade (CP, art. 107), não podendo jamais beneficiar o acusado a este ponto.

1.13. EFEITO RECURSAL

1.13.1. O efeito suspensivo

O efeito suspensivo, de que alguns recursos são dotados, consiste em impedir a pronta consumação dos efeitos de uma decisão interlocutória, sentença ou acórdão, até que seja julgado o recurso interposto. Este efeito não incide sobre a decisão judicial recorrida, como ato processual sujeito a ser cassado e eventualmente substituído por outro, mas propriamente sobre os efeitos que eles se destinam a produzir.

O recurso pode ter o efeito de obstar à eficácia natural que os atos judiciais possuem, refreando sua natural tendência a produzir no processo ou no mundo exterior os efeitos indicados na parte dispositiva.[20]

Consoante lição de Tito Costa:[21]

> No sistema eleitoral brasileiro, a regra geral é a de que os recursos não têm efeito suspensivo. Em consequência, a execução de qualquer acórdão será feita imediatamente, em princípio, através de comunicação por ofício ou telegrama. Em casos especiais, a critério do presidente do Tribunal, por meio de simples cópia do acórdão.

Por isso, quer se trate de sentença de mérito ou terminativa, ou mesmo de decisão interlocutória, o efeito suspensivo dos recursos só existe quando assim determina a lei, sendo natural a expansão de efeitos quando ela silencia. Nem todos os recursos são suspensivos da eficácia das decisões judiciárias, só aqueles a que o direito positivo confere tal eficácia; a suspensividade não é coessencial aos recursos ou ao conceito de recurso, como o efeito devolutivo é.

Desde que a decisão judicial seja passível de recurso, não se produzirá a coisa julgada enquanto não houver a transcorrência do prazo sem a iniciativa recursal

---

[19] *Direito Eleitoral Brasileiro*. 10. ed. São Paulo: Edipro, 2003.
[20] Liebman, Enrico Tullio. Op. cit.
[21] Op. cit.

da parte em sucumbência, tanto quanto ficará a depender dos recursos admissíveis tempestivamente interpostos. Disto resulta que o estado de pendência não se exaure enquanto houver admissibilidade a recurso.

Nesse sentido, com muita procedência, esclarece Tito Costa:

> Quando a lei eleitoral estabelece que são preclusivos os prazos para interposição de recurso, salvo quando nele se discutir matéria constitucional, está adotando para os recursos eleitorais o instituto da **preclusão**, que consiste na perda de uma faculdade processual em virtude de terem sido ultrapassados os limites fixados na lei para exercício dessa faculdade.[22]

1.13.2. O efeito devolutivo

O efeito devolutivo é a regra predominante no Direito Eleitoral.

Nem sempre, porém, a existência de recurso constitui causa impeditiva à execução. Pode, em certos casos, haver execução provisória do julgado, que se haverá de desfazer na hipótese de provimento do recurso. É a regra predominante no Direito Eleitoral brasileiro.

Nesse sentido, estabelece o art. 257 do Código Eleitoral:

> *Art. 257. Os recursos eleitorais não terão efeito suspensivo.*
>
> *Parágrafo único. A execução de qualquer acórdão será feita, imediatamente, através de comunicação por ofício, telegrama, ou, em casos especiais, a critério do Presidente do Tribunal, através de cópia do acórdão.*

A exclusão da suspensividade dos recursos eleitorais coloca-os submetidos a efeitos apenas devolutivos. Com o efeito devolutivo, opera-se o deslocamento integral da matéria afetada pelo recurso para o órgão judiciário competente para dele conhecer. Reafirma-se com a recorribilidade das decisões a tutela ao direito individual, conferindo-se nova oportunidade de exame à pretensão dos litigantes.

O Professor Fávila Ribeiro adverte que:

> A não atribuição de efeito suspensivo reflete a prevalência do interesse público no disciplinamento dos recursos eleitorais, atribuindo força executória imediata ao ato decisório emanado do órgão estatal judicante. Precisamente ao desligar a suspensividade do recurso eleitoral, fica o juízo *a quo* com a sua competência prolongada para executar a decisão recorrida, mesmo que haja deslocamento do recurso para instância superior. O alcance do recurso pode ser total ou parcial, de acordo com a iniciativa das partes, sobre o qual incidirá o poder de reexame na instância revisora. Nem sempre o efeito devolutivo do recurso importa em transposição de conhecimento para órgão judicante diferente. Pode a competência recursória ser atribuída ao próprio órgão prolator da decisão recorrida, levando a um novo exame as questões controvertidas. É o caso, exatamente, dos embargos de declaração previstos no art. 275 do Código Eleitoral e dos embargos de nulidade e infringentes do julgado

---

[22] *Ibidem.*

de que trata o art. 83 da Lei nº 5.682, de 21/07/1971, cujo conhecimento incumbe ao próprio órgão de onde emanou a decisão recorrida.[23]

Leciona Tito Costa[24] que:

> Quando a Lei Eleitoral, mais precisamente o Código, estabelece que, de modo geral, os recursos não terão efeito suspensivo, está com sua atenção voltada para o interesse público, sem perder de vista a celeridade do processo eleitoral (processo aqui entendido como aquele complexo de atos relativos à realização de eleições em todas as suas fases e que vão desde a escolha em convenções partidárias até sua eleição e diplomação).

Ao contrário da Justiça Comum, cuja morosidade se constitui, ao longo do tempo, em um mal aparentemente sem cura, a Justiça Eleitoral processa e julga com louvável rapidez os feitos que lhe são submetidos. Excetuados, naturalmente, os de natureza criminal, que demandam instrução mais complexa, sujeita aos prazos comuns do Código de Processo Penal.[25]

O desfazimento da decisão vai produzir-se prospectivamente, a partir da decisão superveniente.

DOIS EXEMPLOS JURISPRUDENCIAIS

1) Mandado de segurança objetivando a concessão de efeito suspensivo a recurso contra sentença que julgou procedente ação de impugnação de mandato eletivo. Legalidade da decisão atacada, uma vez que fundamentada em disposição expressa de lei. O art. 257 do Código Eleitoral. Inaplicabilidade, à espécie, do art. 216 do referido diploma legal. Ausência de abuso de poder no ato da autoridade impetrada. Ato este exercido nos limites da lei e de modo fundamentado. Inexistência de qualquer violação a direito líquido e certo. *Mandamus* denegado.[26]

2) Pendente de recurso para o Tribunal Superior Eleitoral a decisão regional que determinou o cancelamento do registro da candidatura do recorrente, perfeitamente viável o seu ato de renúncia, eis que o art. 15 da Lei Complementar nº 64/1990 constitui exceção ao princípio de que os recursos eleitorais não possuem efeito suspensivo (Código Eleitoral, art. 257). Efetuada a renúncia em data de 15 de setembro de 2000, conforme reconhecimento de firma pelo oficial do registro, ressai tempestivo o pedido de substituição feito em 16 de setembro daquele ano. Inteligência do art. 13, § 1º, da Lei nº 9.504/1997. Para o pedido de substituição de candidato nas eleições majoritárias, tratando-se de postulante indicado por coligação, resta despicienda a realização de convenção partidária, bastando a "decisão da maioria absoluta dos órgãos executivos de direção dos coligados", a teor do que prescreve o art. 13, § 2º, da Lei nº 9.504/1997. Apreciado o recurso ao qual a medida cautelar visava a imputar efeito suspensivo, fica evidenciada a perda de objeto da cautelar. Precedente do TSE. Igual consideração é apontada para o agravo regimental.[27]

---

[23] Ribeiro, Fávila. Op. cit.
[24] Costa, Tito. Op. cit.
[25] *Idem, ibidem.*
[26] TRE-RS. Proc. 12.004. Rel. Juíza Mylene Maria Michel. j. 19/05/2004. JCEL. 257; JCEL 216.
[27] TRE-CE. ROEL 12.401. Campos Sales. Rel. Juiz Celso Albuquerque Macedo, p. 168. JLEI 9504.13; JLEI 9504.13.1; JLEI 9504.13.2; JCEL 257.

1.13.3. O efeito translativo

Entende-se por efeito translativo a capacidade que têm os tribunais eleitorais de avaliar matérias de ordem pública que não tenham sido objeto do conteúdo do recurso.

No mesmo sentido o entendimento dominante do TSE:

> O efeito translativo dos recursos autoriza o tribunal a reconhecer de ofício matéria de ordem pública, mesmo que não alegada nas razões ou contrarrazões do apelo (REsp 873.732/BA. Rel. Min. Mauro Campbell Marques. DJE 16/40/2009).

1.14. DOS PRAZOS RECURSAIS ELEITORAIS

Os recursos eleitorais, via de regra, devem ser interpostos no prazo de três dias da publicação do ato decisório.

1.14.1. Previsão legal dos prazos eleitorais

Os recursos eleitorais, como regra geral, devem ser interpostos no prazo de três dias da publicação do ato decisório.

Prevê o art. 258 do Código Eleitoral: *"Sempre que a lei não fixar prazo especial, o recurso deverá ser interposto em 3 (três) dias da publicação do ato, resolução ou despacho."*

Assim, se não houver expressa designação de prazo, há de prevalecer o prazo de três dias para interposição de recurso no Direito Eleitoral.

EXEMPLOS DIDÁTICOS

Alguns casos de prazo de três dias.

a) Da decisão denegatória de transferência eleitoral (art. 57, § 2º, do Código Eleitoral):

> Art. 57. (...)
> § 2º Poderá recorrer para o Tribunal Regional Eleitoral, no prazo de 3 (três) dias, o eleitor que pediu a transferência, sendo-lhe a mesma negada, ou qualquer delegado de partido, quando o pedido for deferido.

Observação didática: Segundo o entendimento jurisprudencial, hoje dominante, o promotor de Justiça Eleitoral e os partidos políticos também têm legitimidade para recorrer.

b) Da decisão que determina o cancelamento de inscrição eleitoral (art. 80 do Código Eleitoral): *"Art. 80. Da decisão do juiz eleitoral caberá recurso no prazo de 3 (três) dias, para o Tribunal Regional, interposto pelo excluendo ou por delegado de partido."*

c) Da decisão que estabelece a composição de mesa receptora (art. 121, § 1º, do Código Eleitoral):

> Art. 121. (...)
> § 1º Da decisão do juiz eleitoral caberá recurso para o Tribunal Regional, interposto dentro de 3 (três) dias, devendo, dentro de igual prazo, ser resolvido.

d) Da decisão do juiz eleitoral aplicada à reclamação oferecida sobre a localização de seções (art. 135, § 8º, do Código Eleitoral, acrescentado pelo art. 25 da Lei nº 4.961, de 04/05/1966): *"§ 8º Da decisão do juiz eleitoral caberá recurso para o Tribunal Regional, interposto dentro de três dias, devendo, no mesmo prazo, ser resolvido."*

e) Da decisão em matéria de expedição de diplomas (art. 262 do Código Eleitoral):

> Art. 262. O recurso contra expedição de diploma caberá somente nos seguintes casos:
>
> I – inelegibilidade ou incompatibilidade de candidato;
>
> II – errônea interpretação da lei quanto à aplicação do sistema de representação proporcional;
>
> III – erro de direito ou de fato na apuração final quanto à determinação do quociente eleitoral ou partidário, contagem de votos e classificação de candidato, ou a sua contemplação sob determinada legenda;
>
> IV – concessão ou denegação do diploma em manifesta contradição com a prova dos autos, nas hipóteses do art. 222 desta Lei, e do art. 41-A da Lei nº 9.504, de 30 de setembro de 1997.[28]

f) Dos atos, resoluções ou despachos dos presidentes (art. 264 do Código Eleitoral): *"Art. 264. Para os Tribunais Regionais e para o Tribunal Superior caberá, dentro de 3 (três) dias, recurso dos atos, resoluções ou despachos dos respectivos presidentes."*

g) Dos atos, despachos dos juízes ou juntas eleitorais (art. 265 do Código Eleitoral):

> Art. 265. Dos atos, resoluções ou despachos dos juízes ou juntas eleitorais caberá recurso para o Tribunal Regional.
>
> Parágrafo único. Os recursos das decisões das Juntas serão processados na forma estabelecida pelos arts. 169 e seguintes.

h) Para embargos de declaração a acórdão (art. 275, § 1º, do Código Eleitoral):

> Art. 275. (...)
>
> § 1º Os embargos serão opostos dentro em 3 (três) dias da data da publicação do acórdão, em petição dirigida ao relator, na qual será indicado o ponto obscuro, duvidoso, contraditório ou omisso.

i) Para interposição de recurso especial e ordinário para o Tribunal Superior Eleitoral (art. 276, § 1º, do Código Eleitoral):

> Art. 276. As decisões dos Tribunais Regionais são terminativas, salvo os casos seguintes em que cabe recurso para o Tribunal Superior:
>
> I – especial:
>
> a) quando forem proferidas contra expressa disposição de lei;
>
> b) quando ocorrer divergência na interpretação de lei entre dois ou mais tribunais eleitorais;
>
> II – ordinário:
>
> a) quando versarem sobre expedição de diplomas nas eleições federais e estaduais;
>
> b) quando denegarem habeas corpus ou mandado de segurança.
>
> § 1º É de 3 (três) dias o prazo para a interposição do recurso, contado da publicação da decisão nos casos dos números I, letras a e b, e II, letra b, e da sessão da diplomação no caso do número II, letra a.

j) Para interposição de agravo de instrumento do despacho do Presidente do Tribunal Regional denegatório do recurso especial (art. 279 do Código Eleitoral): *"Art. 279. Denegado o recurso especial, o recorrente poderá interpor, dentro em 3 (três) dias, agravo de instrumento."*

---

[28] Redação dada pela Lei nº 9.840, de 28/09/1999, *DOU*, 29/09/1999.

k) Para interposição de recurso ordinário para o Supremo Tribunal Federal das decisões denegatórias de *habeas corpus* (art. 281 do Código Eleitoral):

> *Art. 281. São irrecorríveis as decisões do Tribunal Superior, salvo as que declararem a invalidade de lei ou ato contrário à Constituição Federal e as denegatórias de habeas corpus ou mandado de segurança, das quais caberá recurso ordinário para o Supremo Tribunal Federal, interposto no prazo de 3 (três) dias.*

Veja a Súmula nº 728:

> É de três dias o prazo para a interposição de recurso extraordinário contra decisão do Tribunal Superior Eleitoral, contado, quando for o caso, a partir da publicação do acórdão, na própria sessão de julgamento, nos termos do art. 12 da Lei nº 6.055/1974, que não foi revogado pela Lei nº 8.950/1994.

l) Para interposição de agravo de instrumento da decisão do Presidente do Tribunal Superior Eleitoral que inadmita o recurso extraordinário (art. 282 do Código Eleitoral):

> *Art. 282. Denegado o recurso, o recorrente poderá interpor, dentro de 3 (três) dias, agravo de instrumento, observado o disposto no art. 279 e seus parágrafos, aplicada a multa a que se refere o § 6º pelo Supremo Tribunal Federal.*

m) Da decisão do juiz eleitoral concedendo ou denegando o registro a candidato a cargo eletivo (art. 11, § 2º, da Lei Complementar nº 64, de 18/05/1990):

> *Art. 11. Na sessão do julgamento, que poderá se realizar em até 2 (duas) reuniões seguidas, feito o relatório, facultada a palavra às partes e ouvido o Procurador Regional, proferirá o Relator o seu voto e serão tomados os dos demais juízes.*
>
> *(...)*
>
> *§ 2º Terminada a sessão, far-se-á a leitura e a publicação do acórdão, passando a correr dessa data o prazo de 3 (três) dias, para a interposição de recurso para o Tribunal Superior Eleitoral, em petição fundamentada.*

n) Para interposição de recurso ao Tribunal Superior Eleitoral do acórdão do Tribunal Regional Eleitoral sobre registro de candidato (art. 14 da Lei Complementar nº 5, de 29/04/1970).

o) A interposição de recurso da nomeação da mesa receptora de votos (art. 63, § 1º, da Lei nº 9.504/1997):

> *Art. 63. Qualquer partido pode reclamar ao Juiz Eleitoral, no prazo de cinco dias, da nomeação da Mesa Receptora, devendo a decisão ser proferida em 48 horas.*
>
> *§ 1º Da decisão do Juiz Eleitoral caberá recurso para o Tribunal Regional, interposto dentro de três dias, devendo ser resolvido em igual prazo.*
>
> *(...)*

p) O mestre Fávila Ribeiro apresenta outro exemplo de interposição de recurso no prazo de três dias: "Do despacho do juiz eleitoral indeferindo requerimento de inscrição eleitoral (art. 45, § 7º, do Código Eleitoral):"

> *Art. 45. (...)*
>
> *§ 7º Do despacho que indeferir o requerimento de inscrição caberá recurso interposto pelo alistando e do que o deferir poderá recorrer qualquer delegado de partido.*

> Atualizando a posição do renomado autor, informamos que a Lei nº 6.996/1982, art. 7º, § 1º, estipula o prazo de cinco dias para interposição de recurso pelo alistando e de 10 dias pelo delegado de partido, nos casos de inscrição originária ou de transferência. Entendemos que o promotor de Justiça Eleitoral, como fiscal da lei, também é parte legítima para interpor o recurso.
>
> q) São submetidas ao prazo de 10 dias as apelações interpostas das decisões de juízes em crimes eleitorais, condenando ou absolvendo o acusado (art. 362 do Código Eleitoral).

1.14.2. Como fazer a contagem dos prazos recursais

Temos de fazer uma divisão.

a) Contagem do prazo na matéria civil eleitoral

Se a matéria é civil eleitoral, no prazo para recursos eleitorais devem ser obedecidas as disposições do Código de Processo Civil, sobretudo a do seu art. 184, que diz respeito ao início e ao vencimento do mesmo.[29] Quando a intimação ocorrer em uma sexta-feira, ou a publicação com efeito de intimação for feita nesse dia, o prazo judicial terá início na segunda-feira imediata, salvo se não houver expediente, caso em que começará a fluir no primeiro dia útil que se seguir.[30]

b) Contagem do prazo na matéria criminal eleitoral

Se a matéria é criminal eleitoral, temos de fazer uma subdivisão.

1) Na contagem do prazo **processual eleitoral**, usamos o art. 798 do Código de Processo Penal, *in verbis*:

> *Art. 798. Todos os prazos correrão em cartório e serão contínuos e peremptórios, não se interrompendo por férias, domingo ou dia feriado.*
>
> *§ 1º Não se computará no prazo o dia do começo, incluindo-se, porém, o do vencimento.*
>
> *§ 2º A terminação dos prazos será certificada nos autos pelo escrivão; será, porém, considerado findo o prazo, ainda que omitida aquela formalidade, se feita a prova do dia em que começou a correr.*
>
> *§ 3º O prazo que terminar em domingo ou dia feriado considerar-se-á prorrogado até o dia útil imediato.*
>
> *§ 4º Não correrão os prazos, se houver impedimento do juiz, força maior, ou obstáculo judicial oposto pela parte contrária.*
>
> *§ 5º Salvo os casos expressos, os prazos correrão:*
>
> *a) da intimação;*
>
> *b) da audiência ou sessão em que for proferida a decisão, se a ela estiver presente a parte;*
>
> *c) do dia em que a parte manifestar nos autos ciência inequívoca da sentença ou despacho.*

---

[29] TSE. *Boletim Eleitoral*, 375/566.
[30] Súmula 310 do STF, compatível com atual CPC – RTJ, 77/329. Sobre *dies a quo*, ver TSE. *Boletim Eleitoral*, 376/646.

2) Na contagem do prazo **penal eleitoral**, usamos o art. 10 do Código Penal, *in verbis*: "*O dia do começo inclui-se no cômputo do prazo. Contam-se os dias, os meses e os anos pelo calendário comum.*"

OBSERVAÇÃO DIDÁTICA

> Algo de muita importância é relatado por Joel J. Cândido:
>
> Pode ocorrer, numa ou noutra hipótese, que a lei eleitoral especial disponha de modo diverso, para uma determinada eleição ou ato processual ou que o Tribunal Superior Eleitoral, com o poder normativo peculiar a suas resoluções, regule de outro modo, como costuma acontecer com os calendários eleitorais para as eleições, onde os prazos correm, muitas vezes nos sábados, domingos e feriados.

1.14.3. Quando começa a correr o prazo para a interposição de recurso do Ministério Público Eleitoral

O Supremo Tribunal Federal decidiu no dia 05/11/2003 que o prazo de intimação pessoal do Ministério Público, para interposição de recurso, é contado a partir da entrada do processo nas dependências do Ministério Público.

Votos vencidos, os Ministros Joaquim Barbosa e Celso de Mello consideraram que a intimação pessoal somente se dá a partir do ciente expresso pelo Ministério Público nos autos do processo. Segundo o Ministro Celso de Mello, no início da década de 1980, o STF firmou entendimento de que "o termo inicial da fluência" do prazo recursal para o Ministério Público, em casos como o presente, há de situar-se na data em que o representante do *parquet* apõe o seu ciente nos autos, e não naquela em que esses ingressam fisicamente no edifício em que se situa a Procuradoria-Geral de Justiça.

Portanto, segundo Thales Tácito Pontes,[31] o julgado, aplicável também na esfera eleitoral, resolve duas grandes indagações:

a) o prazo para o MP recorrer é contado a partir da vista pessoal dos autos;
b) essa vista pessoal dos autos é contada com a chegada do processo devidamente formalizada às dependências do Ministério Público, mediante recibo do servidor e consequente encaminhamento devido.

Entendemos, com o devido respeito à opinião do renomado amigo do glorioso Ministério Público de Minas Gerais, que a posição supracitada só pode prevalecer para o processo eleitoral criminal, pois, no que concerne às ações eleitorais, leia-se processo eleitoral cível, a intimação tem de ser obrigatoriamente pessoal.

Sabemos que o Código de Processo Civil determina a intervenção obrigatória do Ministério Público nas causas em que há interesse público evidenciado pela natureza da lide ou qualidade da parte (*vide* parte final do art. 82, inciso III) e também preconiza que: "*Quando a lei considerar obrigatória a intervenção do Ministério Público, a parte promover-lhe-á a intimação sob pena de nulidade do processo*" (*vide* art. 84).

---

[31] Cerqueira, Thales Tácito Pontes Luz de Pádua. *Direito Eleitoral Brasileiro*. Belo Horizonte: Del Rey, 2002.

A consequência da ausência da intimação pessoal do Ministério Público Eleitoral será a nulidade absoluta na exata forma do art. 246 do Código de Processo Civil, *in verbis*: "*É nulo o processo, quando o Ministério Público não for intimado a acompanhar o feito em que deva intervir.*"

Impende ainda esclarecer que segundo o art. 16 da LC nº 64/1990,

> os prazos a que se referem os arts. 3ⁱ e seguintes desta lei complementar são peremptórios e contínuos e correm em secretaria ou Cartório e, a partir da data do encerramento do prazo para registro de candidatos, não se suspendem aos sábados, domingos e feriados.

Evidentemente, tal artigo não pode ser usado em relação ao Ministério Público Eleitoral, que tem lei específica e posterior à prefalada lei complementar. *Vide* art. 18, inciso II, alínea *h*, da Lei Complementar nº 75/1993, *in verbis*:

> Art. 18. São prerrogativas dos membros do Ministério Público da União:
> (...)
> II – processuais:
> (...)
> h) receber intimação pessoalmente nos autos em qualquer processo e grau de jurisdição nos feitos em que tiver que oficiar.

No mesmo sentido:

> É prerrogativa do membro do Ministério Público ser pessoalmente intimado nos autos (art. 18, inciso II, alínea *h*, da Lei Complementar nº 75/1993; art. 41, inciso IV, da Lei nº 8.625/1993 e arts. 236, § 2º, e 246 do Código de Processo Civil). Ordem que se concede para determinar a remessa dos feitos eleitorais, listados na certidão que acompanha o *mandamus*, à Secretaria do Ministério Público de Petrópolis (TSE/RJ. Recurso em Mandado de Segurança nº 450. Rel. Carlos Augusto Ayres de Freitas Britto. J. 03/10/2006, unânime, DJ 27/10/2006).

1.15. A PREVENÇÃO DOS RECURSOS ELEITORAIS

Estabelece o art. 260 do Código Eleitoral: "*A distribuição do primeiro recurso que chegar ao Tribunal Regional ou Tribunal Superior prevenirá a competência do relator para todos os demais casos do mesmo município ou Estado.*"

O artigo *ut supra* é observado pela jurisprudência do TSE, *in verbis*:

> O prazo para a interposição de recurso passa a correr a partir da comprovação da ciência inequívoca de determinado ato, independentemente de publicação no Diário de Justiça. Precedentes do Superior Tribunal de Justiça e do Tribunal Superior Eleitoral. A distribuição do feito obedeceu à regra de prevenção estabelecida pelo art. 260 do Código Eleitoral. A concessão da liminar requer a presença conjugada dos requisitos autorizadores, que devem ser perceptíveis de plano (MS 26.415/DF, Rel. Min. Carlos Ayres Britto, do Supremo Tribunal Federal). As decisões fundadas

no art. 30-A da Lei nº 9.504/1997, por não versar inelegibilidade, devem ter execução imediata, conforme jurisprudência do TSE. Decretada a perda de mandato eletivo da agravante, pela Assembleia Legislativa no Estado de Minas Gerais, não subsiste a pretensão recursal de se manter no exercício do cargo. Agravo regimental a que se nega provimento (TSE. Rec. 3.220. Rel. Min. Ricardo Lewandowski. J. 30/06/2009. DJU 01/09/2009, p. 30).

1.16. CLASSIFICAÇÃO DOS RECURSOS ELEITORAIS

Nem todos os recursos utilizados no Direito Eleitoral brasileiro receberam a designação "recurso", limitando-se o legislador, em muitos casos, a estabelecer a recorribilidade de decisões prolatadas em primeira instância, sem denotar preocupação com a sua nomenclatura.

Segundo o disposto no art. 362 do CE, *"das decisões finais de condenação ou absolvição cabe recurso para o Tribunal Regional, a ser interposto no prazo de dez dias"*.

Um exame superficial, frente a este dispositivo, daria a falsa ideia de que, em matéria criminal, só caberia recurso ao final do processo. Entretanto, o art. 364 do mesmo estatuto eleitoral consigna que, *"no processo e julgamento dos crimes eleitorais e dos comuns que lhe forem conexos, assim como nos recursos e na execução que lhes digam respeito, aplicar-se-á, como lei subsidiária ou supletiva, o CPP"*. Vai daí a necessidade de admitir-se, em princípio, o cabimento de todos os recursos criminais previstos no CPP que não sejam incompatíveis com o sistema adotado.

Assim, as espécies de recursos eleitorais são:

a) apelação eleitoral;

b) recurso inominado eleitoral (Fávila Ribeiro denomina "agravo de petição");

c) agravo de instrumento eleitoral;

d) embargos de declaração eleitoral;

e) embargos de nulidade e infringentes do julgado eleitoral;

f) recurso ordinário eleitoral;

g) recurso especial eleitoral;

h) recurso extraordinário eleitoral;

i) carta testemunhável eleitoral;

j) recurso em sentido estrito eleitoral;

k) recurso partidário interno.

2 Estudo Específico dos Recursos Eleitorais

2.1. APELAÇÃO ELEITORAL

É o recurso por excelência para provocar o reexame do mérito da causa.

Com o recurso apelatório eleitoral, haverá o deslocamento completo do caso decidido em definitivo ao exame de uma instância superior e o encerramento que se opera do poder decisório do juiz *a quo*, a partir de sua tempestiva interposição. Assim, não existirá retratação do juízo recorrido, ao qual cabe tão somente dar encaminhamento da matéria ao órgão judiciário de instância mais elevada, sem mesmo aduzir qualquer sustentação.

Trata-se de recurso vertical, com devolução integral do conhecimento da inconformidade ao tribunal *ad quem*, **sem possibilidade de retratação pelo juízo recorrido**.

2.2. O RECURSO INTERPOSTO SEM AS RAZÕES

A orientação da doutrina e da jurisprudência aponta no sentido de ser aplicável o Código de Processo Penal, que enseja interposição de apelação sem oferecimento das respectivas razões da inconformidade com a decisão apelada. Assim, se a parte regularmente intimada não oferecer as razões, o recurso subirá sem elas.

Posicionamento majoritário do TSE: Incabível a apresentação de razões recursais na instância superior; inaplicabilidade do CPP, art. 600, § 4º, devendo ser observados os arts. 266 e 268 deste Código.[1]

2.3. CASOS EM QUE CABEM RECURSOS DE APELAÇÃO

Das decisões condenatórias ou absolutórias emitidas pelos juízes eleitorais em matéria criminal, cabe recurso de apelação, a ser interposto no prazo de 10 dias.

É o que dispõe o art. 362 do Código Eleitoral: *"Das decisões finais de condenação ou absolvição cabe recurso para o Tribunal Regional, a ser interposto no prazo de dez dias."*

Assim, segundo Fávila Ribeiro, cabe apelação eleitoral nos casos seguintes:

a) De decisão sobre a expedição de diploma (art. 262) do Código Eleitoral:

---

[1] TSE. AC 11.953/1995.

> Art. 262. O recurso contra expedição de diploma caberá somente nos seguintes casos:
>
> I – inelegibilidade ou incompatibilidade de candidato;
>
> II – errônea interpretação da lei quanto à aplicação do sistema de representação proporcional;
>
> III – erro de direito ou de fato na apuração final quanto à determinação do quociente eleitoral ou partidário, contagem de votos e classificação de candidato, ou a sua contemplação sob determinada legenda;
>
> IV – concessão ou denegação do diploma em manifesta contradição com a prova dos autos, nas hipóteses do art. 222 desta Lei, e do art. 41-A da Lei nº 9.504, de 30 de setembro de 1997.[2]

b) Dos atos, resoluções ou despachos dos Presidentes dos Tribunais Regionais e Tribunal Superior para os respectivos Tribunais (art. 264): "*Art. 264. Para os Tribunais Regionais e para o Tribunal Superior caberá, dentro de 3 (três) dias, recurso dos atos, resoluções ou despachos dos respectivos presidentes.*"

c) Do desprovimento das impugnações e reclamações pela comissão apuradora regional (art. 200, § 2º, do Código Eleitoral, acrescentado pelo art. 44 da Lei nº 4.961, de 04/05/1966):

> Art. 200. O relatório a que se refere o artigo anterior ficará na Secretaria do Tribunal, pelo prazo de 3 (três) dias, para exame dos partidos e candidatos interessados, que poderão examinar também os documentos em que ele se baseou.
>
> (...)
>
> § 2º O Tribunal Regional, antes de aprovar o relatório da Comissão Apuradora e, em três dias improrrogáveis, julgará as impugnações e as reclamações não providas pela Comissão Apuradora, e, se as deferir, voltará o relatório à Comissão para que sejam feitas as alterações resultantes da decisão (Parágrafo acrescentado pela Lei nº 4.961, de 04/05/1966).

d) Da decisão da junta eleitoral que rejeita impugnação (art. 169, § 2º, do Código Eleitoral):

> Art. 169. À medida que os votos forem sendo apurados, poderão os fiscais e delegados de partido, assim como os candidatos, apresentar impugnações que serão decididas de plano pela Junta.
>
> (...)
>
> § 2º De suas decisões cabe recurso imediato, interposto verbalmente ou por escrito, que deverá ser fundamentado no prazo de 48 (quarenta e oito) horas para que tenha seguimento.

e) Da sentença do juiz acolhendo ou rejeitando arguição de inelegibilidade de candidato em pleito municipal (art. 8º da Lei Complementar nº 64, de 18/05/1964):

---

[2] Redação dada ao inciso pela Lei nº 9.840, de 28/09/1999, *DOU*, 29/09/1999. Assim dispunha o inciso alterado: "IV – concessão ou denegação do diploma, em manifesta contradição com a prova dos autos, na hipótese do art. 222."

> Art. 8º Nos pedidos de registro de candidatos a eleições municipais, o Juiz Eleitoral apresentará a sentença em Cartório 3 (três) dias após a conclusão dos autos, passando a correr deste momento o prazo de 3 (três) dias para a interposição de recurso para o Tribunal Regional Eleitoral.

Nossa posição: Entendemos que, nessa hipótese, cabe recurso inominado.

f) Devem ainda figurar no elenco das apelações as hipóteses constantes do art. 165, §§ 3º e 4º, do Código Eleitoral, *in verbis*:

> Art. 165. Antes de abrir cada urna a Junta verificará:
>
> (...)
>
> § 3º Verificado qualquer dos casos dos números II, III, IV e V do artigo, a Junta anulará a votação, fará a apuração dos votos em separado e recorrerá de ofício para o Tribunal Regional.
>
> § 4º Nos casos dos números VI, VII, VIII, IX e X, a Junta decidirá se a votação é válida, procedendo à apuração definitiva em caso afirmativo, ou na forma do parágrafo anterior, se resolver pela nulidade da votação.

OBSERVAÇÕES DIDÁTICAS

A apelação pode ser interposta por petição ou termo, no prazo legal (10 dias), a contar da intimação da sentença.

Se o apelante quiser apresentar razões, deverá fazê-lo nesse mesmo prazo; portanto, a lei não oferece outra oportunidade para tal.

Repetimos por ser importante: a apelação é o único recurso eleitoral que tem, em regra, efeito suspensivo. Não o terá quando a apelação for só do assistente (CPP, art. 598, *caput*).

Conforme entendimento jurisprudencial, o assistente não pode apelar quando o réu for condenado, faltando-lhe para tal legítimo interesse. Não é de se conhecer de seu apelo, tampouco, quando o objetivo for só a exasperação da pena ou quando tiver o mesmo já manifestado pelo recurso do Ministério Público.[3]

2.4. RECURSO INOMINADO ELEITORAL

O recurso inominado é o recurso dominante em matéria eleitoral com referência às decisões emanadas dos juízes eleitorais.

O recurso inominado é previsto no art. 265 do Código Eleitoral, *in verbis*:

> Art. 265. Dos atos, resoluções ou despachos dos juízes ou juntas eleitorais caberá recurso para o Tribunal Regional.
>
> Parágrafo único. Os recursos das decisões das Juntas serão processados na forma estabelecida pelos arts. 169 e seguintes.

---

[3] No mesmo sentido: Cândido, José Joel. *Direito Eleitoral Brasileiro*. Bauru: Edipro, 2003.

2.5. O JUÍZO DE RETRATAÇÃO

O juiz, antes de remeter o recurso para a superior instância, poderá rever e reformar sua decisão. Se o não fizer, fará subir o recurso, que terá, assim, efeito devolutivo e, às vezes, também o efeito suspensivo.[4]

O § 7º do art. 267 do Código Eleitoral prevê a hipótese de o juiz eleitoral ofertar o juízo de retração, *in verbis*: "*Se o Juiz reformar a decisão recorrida, poderá o recorrido, dentro de 3 (três) dias, requerer suba o recurso como se por ele interposto.*"

2.6. CASOS EM QUE CABE RECURSO INOMINADO

A seguir listamos os casos em que cabe recurso inominado.

a) Decisão deferindo ou indeferindo a inscrição eleitoral (art. 45, § 7º):

> *Art. 45. O escrivão, o funcionário ou o preparador, recebendo a fórmula e documentos, determinará que o alistando date e assine a petição em ato contínuo, atestará terem sido a data e a assinatura lançados na sua presença; em seguida, tomará a assinatura do requerente na "folha individual de votação" e nas duas vias do título eleitoral, dando recibo da petição e do documento.*
>
> (...)
>
> *§ 7º Do despacho que indeferir o requerimento de inscrição caberá recurso interposto pelo alistando e do que o deferir poderá recorrer qualquer delegado de partido.*

b) Decisão prolatada em requerimento de transferência de eleitor (art. 57, § 2º):

> *Art. 57. O requerimento de transferência de domicílio eleitoral será imediatamente publicado na imprensa oficial na Capital, e em cartório nas demais localidades, podendo os interessados impugná-lo no prazo de 10 (dez) dias (Redação dada ao caput pela Lei nº 4.961, de 04/05/1966).*
>
> (...)
>
> *§ 2º Poderá recorrer para o Tribunal Regional Eleitoral, no prazo de 3 (três) dias, o eleitor que pediu a transferência, sendo-lhe a mesma negada, ou qualquer delegado de partido, quando o pedido for deferido.*

c) Decisão sobre cancelamento de inscrição (art. 80): "*Art. 80. Da decisão do juiz eleitoral caberá recurso no prazo de 3 (três) dias, para o Tribunal Regional, interposto pelo excluendo ou por delegado de partido*".

d) Decisão exarada em reclamação sobre nomeação da mesa receptora (art. 121, § 1º):

> *Art. 121. Da nomeação da mesa receptora qualquer partido poderá reclamar ao juiz eleitoral, no prazo de 2 (dois) dias, a contar da audiência, devendo a decisão ser proferida em igual prazo.*

---

[4] Lima, Alcides de Mendonça. *Sistema de Normas Gerais dos Recursos Cíveis*. Rio de Janeiro: Freitas Bastos, 1963. p. 254.

> § 1º Da decisão do juiz eleitoral caberá recurso para o Tribunal Regional, interposto dentro de 3 (três) dias, devendo, dentro de igual prazo, ser resolvido.
> (...)

e) Decisão emitida em reclamação sobre a localização de seções eleitorais (art. 135, § 8º, acrescentado pelo art. 25 da Lei nº 4.961, de 04/05/1966):

> Art. 135. Funcionarão as mesas receptoras nos lugares designados pelos juízes eleitorais 60 (sessenta) dias antes da eleição, publicando-se a designação.
> (...)
> § 8ª Da decisão do juiz eleitoral caberá recurso para o Tribunal Regional, interposto dentro de três dias, devendo, no mesmo prazo, ser resolvido

f) De atos, resoluções emitidos singularmente pelos juízes eleitorais (art. 265):

> Art. 265. Dos atos, resoluções ou despachos dos juízes ou juntas eleitorais caberá recurso para o Tribunal Regional.
> Parágrafo único. Os recursos das decisões das Juntas serão processados na forma estabelecida pelos arts. 169 e seguintes.

2.7. OUTRAS DECISÕES JUDICIAIS A QUE SE PODE OPOR O RECURSO INOMINADO

Além das hipóteses supracitadas, Joel José Cândido[5] colaciona outras, a saber:

a) decisão que julgar impugnação à designação de escrutinadores e auxiliares (CE, art. 39);
b) decisão que julgar pedido de inscrição eleitoral processado pela Lei nº 6.996, de 07/06/1982 (art. 7º, § 1º);
c) decisão que apreciar o direito de resposta e que julgar as representações feitas com base no poder de polícia eleitoral, salvo se houver disposição específica para esses casos (CE, arts. 243, § 3º, e 249);
d) decisão que julgar alegação de impedimento de mesário para o serviço eleitoral (CE, art. 120, § 4º).

Acrescenta ainda o renomado autor:

> Entendemos, ainda, que o recurso inominado é o adequado para atacar sentença que julga a Ação de Impugnação de Pedido de Registro de Candidatura, prevista e regulada pelos arts. 3º ao 8º da Lei Complementar nº 64, de 18/05/1990 (Lei das Inelegibilidades). Do mesmo modo será ele interposto contra sentença que julgar a Ação de Impugnação de Mandato Eletivo, já que a adoção desse mesmo rito processual dos arts. 3º ao 8º propugnamos para o seu processamento. E, por último, também indicamos o recurso inominado para a decisão que julgar a Investigação Judicial Eleitoral, forte no art. 258 do Código Eleitoral e no art. 22, XIV, da Lei Complementar nº 64/1990.

---

[5] Op. cit.

2.8. O RECURSO ORDINÁRIO ELEITORAL

As decisões eleitorais normalmente se exaurem nos Tribunais Regionais. Como exceções são contempladas duas categorias de recursos para o Tribunal Superior Eleitoral: ordinário e especial.

2.9. CABIMENTO DO RECURSO ORDINÁRIO

Fazendo uma leitura do art. 276, II, *a* e *b*, do Código Eleitoral e interpretando em consonância com o que dispõe o art. 121, § 4º, incisos III, IV e V, da Constituição Federal, podemos dizer que caberá recurso ordinário eleitoral das decisões dos Tribunais Regionais Eleitorais em uma das hipóteses abaixo elencadas:

a) Quando versarem sobre expedição de diplomas nas eleições federais e estaduais.

Fundamentação legal: Art. 276, inciso II, alínea *a*, do Código Eleitoral.

Nesse caso, o prazo para a interposição do recurso é de três dias contados da sessão da diplomação.

No mesmo sentido o entendimento dominante do TSE:

> É de três dias contados a partir da publicação em sessão o prazo para interposição de recurso contra julgado que indefere ou defere registro de candidatura, nos termos do art. 276 do Código Eleitoral, c./c. o art. 11, § 2º, da Lei Complementar nº 64/1990. A utilização de *fac-símile* para interposição de recurso não dispensa o cumprimento dos prazos processuais de responsabilidade da parte, os quais devem ser praticados dentro do horário de expediente (art. 72, parágrafo único, da Res. TSE nº 22.717/2008). Agravo regimental a que se nega provimento (TSE-MS. Agravo Regimental em Recurso Especial Eleitoral 29.833. Rel. Fernando Gonçalves. J. 23/10/2008. Unânime).

b) Quando versarem sobre inelegibilidade ou expedição de diplomas nas eleições federais ou estaduais.

Fundamentação legal: Art. 121, § 4º, inciso III, da Constituição Federal.

c) Quando anularem diplomas ou decretarem a perda de mandatos eletivos federais ou estaduais.

Fundamentação legal: Art. 121, § 4º, inciso IV, da Constituição Federal.

As decisões elencadas nos itens *a*, *b* e *c* geralmente são tomadas em sede das ações eleitorais que estudamos nos capítulos anteriores.

d) Quando denegarem *habeas corpus*, mandado de segurança, *habeas data* ou mandado de injunção.

Fundamentação legal: Art. 121, § 4º, inciso V, da Constituição Federal.

Nessa hipótese, o prazo para a interposição do recurso é de três dias contados contado da publicação da decisão.

No mesmo sentido o entendimento dominante do TSE:

> O recurso ordinário eleitoral só é cabível nas hipóteses previstas nos incisos III a V do § 4º do art. 121 da CF, e nas alíneas *a* e *b* do inciso II do art. 276 do Código Eleitoral. Cabível, portanto, o recurso ordinário para o TSE quando o Tribunal *a quo* julgar caso de inelegibilidade ou expedição de diploma nas eleições estaduais ou federais; quando anular diploma ou decretar perda de mandato eletivo estadual ou federal; quando denegar *habeas corpus*, mandado de segurança, *habeas data* ou mandado de injunção. Recurso não conhecido (TSE-AC. Recurso Ordinário 790, e também TSE-TO. Recurso Ordinário 1.513, p. 08).

A forma procedimental desse recurso está no art. 277 do Código Eleitoral, e ele é interposto em três dias.

> *Art. 277. Interposto recurso ordinário contra decisão do Tribunal Regional, o Presidente poderá, na própria petição, mandar abrir vista ao recorrido para que, no mesmo prazo, ofereça as suas razões.*
>
> *Parágrafo único. Juntadas as razões do recorrido, serão os autos remetidos ao Tribunal Superior.*

2.10. RECURSO ESPECIAL ELEITORAL

Com espeque nos arts. 276, I, *a* e *b*, do Código Eleitoral, c./c. o art. 121, § 4º, incisos I e II, da Constituição Federal, caberá recurso especial eleitoral das decisões dos Tribunais Regionais Eleitorais somente quando:

a) forem proferidas contra disposição expressa na Constituição Federal ou de lei;
b) ocorrer divergência na interpretação de lei entre dois ou mais tribunais eleitorais.

Ensina Joel J. Cândido[6] que:

> O Recurso Especial só perseguirá *quaestio juris*, nunca *quaestio facti*, e o desrespeito ao texto deverá ser expresso. Vale dizer, deve se tratar de violação direta ao mesmo artigo de lei ou de resolução do TSE, sobre o mesmo tema jurídico, sob pena de seu não conhecimento por se entender indemonstrado o dissídio jurisprudência (Acórdão nº 9.207, do 30/09/1988, TSE. DJU n. 31, de 15/02/1989, p. 831). É, também, recurso adequado para atacar decisão que versar sobre inelegibilidade e expedição de diploma para cargo municipal. Em ambos os sentidos, já houve consenso jurisprudencial (BE-TSE 325/435 e BE-TSE 255/177. *Vide*, ainda, Acórdão nº 5.340, TSE, DJU 19/03/1973, p. 1.506). Para enfrentar decisões administrativas dos Tribunais Regionais Eleitorais, o Recurso Especial também poderá ser a solução (BE-TSE 266/1176).
>
> O prazo para as contrarrazões ao Recurso Especial, a ser utilizado pelo recorrido, é de 3 dias, e não de 48 horas, como, equivocadamente, entendem alguns. A expressão

---
[6] Op. cit., p. 248.

"no mesmo prazo", constante do art. 278, § 2º, do Código Eleitoral, se refere, evidentemente, ao prazo do recorrente, constante do art. 276, § 1º, do mesmo diploma legal. Não se refere ao prazo de 48 horas para a juntada da petição, nem ao de 24 horas para a conclusão e, tampouco, ao de 48 horas para o despacho do Presidente. Esses são prazos ordinatórios e não são prazos das partes; assim, não servem de parâmetro. O Princípio Constitucional da Igualdade Processual das Partes só estará atendido se for dado ao recorrido o mesmo prazo de que dispôs o recorrente, ou seja, de 3 dias.

2.10.1. O prequestionamento no recurso eleitoral especial

O prequestionamento é um dos requisitos específicos indispensáveis ao conhecimento do recurso especial eleitoral.

Caso não tenha havido prequestionamento, o recorrente necessita elaborar embargo declaratório para suprimir a omissão, mas Melissa Barbosa Tabosa[7] elucida uma grande controvérsia entre o STJ e o STF:

> De acordo com o posicionamento do STJ no que se refere ao prequestionamento,[8] em caso de omissão por parte da decisão contra a qual será interposto recurso especial, é necessária a interposição de embargos de declaração a fim de compelir o órgão julgador a se manifestar acerca da questão suscitada. Se, ainda assim, o órgão *a quo* persistir na omissão, entende o Egrégio STJ que deve o recorrente interpor Recurso Especial, porém não com o objetivo de atacar a matéria de fundo, mas por ofensa ao art. 535, I, do Código de Processo Civil, a fim de que seja anulado o acórdão do tribunal. Só após a anulação do acórdão, por *error in procedendo*, e o proferimento de nova decisão por parte do tribunal *a quo*, é que pode ser interposto o Recurso Especial com fundamento na questão federal infraconstitucional.
>
> O Supremo Tribunal Federal, na esteira do seu posicionamento acerca da súmula 356,[9] entende que, diante da omissão na decisão recorrida acerca da matéria impugnada pela parte, esta poderá interpor embargos de declaração com o fim de prequestionar a matéria. Independente do acolhimento desses embargos, considera-se a matéria prequestionada, ou seja, não importa que o tribunal, diante dos embargos, não supra a omissão e não faça constar da decisão a questão impugnada. Os adeptos dessa posição fundamentam-se no fato de não ter havido negligência por parte do recorrente, não existindo outro meio do qual possa se valer a fim de suprir a omissão.[10] Com a mera interposição dos embargos de declaração prequestionadores, sem a exigência de que o tribunal se manifeste acerca da matéria, ocorre o chamado prequestionamento ficto, somente admitido no STF.

---

[7] O Prequestionamento nos Recursos Extraordinário e Especial, artigo publicado no site *Jus Navigandi*.
[8] Como já observado, para o STJ, há prequestionamento apenas quando a matéria for diretamente abordada na decisão recorrida.
[9] "O ponto omisso da decisão, sobre o qual não foram opostos embargos declaratórios, não pode ser objeto de recurso extraordinário, por faltar o requisito do prequestionamento."
[10] Veja o trecho de decisão da 1ª Turma do STF, cujo relator foi o Ministro Sepúlveda Pertence: "(...) Se opostos [embargos de declaração], o Tribunal *a quo* se recusa a suprir a omissão, por entendê-la inexistente, nada mais se pode exigir da parte" *apud* Medina, op. cit., p. 282.

Consoante escólio de Adriano Soares da Costa,[11] prequestionamento é a referência feita pelo acórdão atacado à questão federal controvertida pelas partes. Portanto, é necessário saber se, para a configuração da parte dispositiva do *decisum*, concorreu o debate, ocorrido em sua fundamentação, sobre questão jurídica federal. Tal concorrência pode ser explícita ou implícita, bastando tão só que seja ventilada no acórdão fustigado. Portanto, não bastam as alegações do advogado ou a referência da sentença reformada ou mantida pelo acórdão. Necessário é que o próprio acórdão enfrente ou debata o ponto controvertido, ou a ele faça referência, ainda que seja para dizer que não cabe a aplicação da norma federal, para se considerar como havido o prequestionamento.

2.10.2. Observações didáticas

É necessário que a diversidade de interpretação refira-se a uma mesma hipótese, a fim de ficar caracterizado o dissídio jurisprudencial. E a divergência só pode ser com Tribunais Eleitorais, Superior ou Regionais, e não com outros Tribunais.

Posicionamento majoritário do TSE: Julgados do mesmo Tribunal não são aptos a comprovar dissídio.[12]

POSIÇÃO DIVERGENTE
Acórdão do mesmo Tribunal pode comprovar dissídio quando verificada a diversidade de componentes.[13]

Posicionamento majoritário do TSE: Julgado do STF não é apto a comprovar dissídio.[14]

POSIÇÃO DIVERGENTE
Julgado do STF em matéria eleitoral é apto a comprovar dissídio (**TSE. AC 13.507/1993**).

Posicionamentos majoritários do TSE:
Julgado do STJ não é apto a comprovar dissídio.[15]
Decisão monocrática não se presta para a configuração de dissenso jurisprudencial.[16]
Resolução oriunda de consulta administrativa não é apta à comprovação de dissídio (Recurso Especial Eleitoral 26.171).
A rejeição de contas partidárias, pelos Tribunais Regionais Eleitorais, é matéria administrativa e não viabiliza a jurisdicionalização do tema por meio do recurso especial previsto no art. 121, § 4º, I e II, da Constituição Federal (Embargos de Decla-

---

[11] Neste sentido: Costa, Adriano Soares da. *Instituições de Direito Eleitoral*. 5. ed. Belo Horizonte: Del Rey, 2002.
[12] TSE. AC 15.208/1999; 15.724/1999; 5.888/2005 e 6.208/2005.
[13] TSE. AC 11.663/1994.
[14] TSE. AC 17.713/2000.
[15] TSE. AC 4.573/2004 e 25.094/2005.
[16] TSE. AC 6.061/2006.

ração em Agravo Regimental em Agravo de Instrumento 8.231. TSE-SP. Rel. Enrique Ricardo Lewandowski. J. 15/09/2009. Unânime. DJE 05/10/2009, p. 51).

2.10.3. O procedimento
O mestre Fávila Ribeiro defende que:

> O recurso especial fica a depender do reconhecimento de sua admissibilidade pelo Presidente do Tribunal Regional. Para tanto deve a petição de interposição do recurso ser anexada aos autos da ação principal, submetendo-se ao seu exame nas quarenta e oito horas seguintes, para que, em igual prazo, exare despacho fundamentado, admitindo-o ou não.
>
> Em reconhecendo pertinente o recurso, determinará abertura de vista à parte recorrida para que no prazo de três dias ofereça as suas razões. Transcorrido esse prazo, com ou sem as razões do recorrido, retornarão os autos conclusos ao Presidente para que os faça encaminhar ao Tribunal Superior Eleitoral, sem acrescentar qualquer sustentação. O despacho que inadmite o recurso especial poderá ser levado à apreciação do Tribunal Superior Eleitoral através de agravo de instrumento, como já estudado anteriormente, para que ordene ou não a subida dos autos para exame do recurso especial, dando, assim, por seu enquadramento a uma das modalidades contidas no art. 276, I, do Código Eleitoral.[17]

2.10.4. Do prazo
O prazo de interposição do recurso especial será de três dias.

No mesmo sentido o entendimento dominante do TSE: "É intempestivo recurso especial apresentado após o tríduo legal" (AG 8.192/BA).

2.11. OS EMBARGOS DE DECLARAÇÃO ELEITORAL

Pinto Ferreira[18] afirma que os embargos são recursos interpostos para o próprio juízo prolator da sentença ou do acórdão, com o fim de declarar o seu conteúdo, reformá-la ou revogá-la. Lopes da Costa, em seu *Direito Processual Civil Brasileiro*,[19] assim os define: "Os embargos são um recurso não devolutivo, vale dizer, interposto não para juiz superior na hierarquia, mas para o mesmo juiz prolator da sentença."

2.11.1. Os embargos em decisão monocrática
Adriano Soares[20] afirma que os embargos são admissíveis quando há no acórdão obscuridade, dúvida ou contradição, ou quando for omitido ponto sobre o qual deveria se pronunciar o tribunal (art. 275, incisos I e II, do CE). Destarte, de logo se averbe serem eles incabíveis contra decisão do juiz eleitoral ou da junta eleitoral,

---

17 Nesse sentido: *Direito Eleitoral*. 3. ed. Rio de Janeiro: Forense, 1988.
18 Ferreira, Pinto. *Código eleitoral comentado*. 2. ed. São Paulo: Saraiva, 1990, p. 153.
19 *Direito Processual Civil Brasileiro*. Rio de Janeiro: s/ed., 1948. v. 3, p. 171.
20 Nesse sentido: Costa, Adriano Soares da. Op. cit.

bem assim contra decisão monocrática de membro do tribunal, uma vez que inexiste previsão legal para o seu manejo.

POSIÇÃO CONTRÁRIA
Tito Costa[21] defende que:

> Pode parecer, à primeira vista, que no processo eleitoral esse recurso só seja possível em relação a decisões do Juízo Superior. Já dissemos anteriormente que o CPC admite os embargos contra sentenças de primeiro grau e acórdão da instância superior. Sendo a lei processual civil aplicável, subsidiariamente, no processo eleitoral, e por ser mais ampla sua abrangência no tocante a esse tipo de recurso, parece-nos curial que se amplie, também no procedimento eleitoral, a sua utilização, ao ponto de alcançar as sentenças de juízes ou juntas eleitorais.

Correta a primeira posição, o próprio TSE tem precedentes:

> Os embargos declaratórios opostos contra decisão monocrática do relator devem ser recebidos como agravo regimental (AgRg no AG 8.235/BA. Rel. Min. Carlos Ayres Britto. DJ 11/02/2008; AgRg no MS 3.669/CE. Rel. Min. Arnaldo Versiani. DJ 19/12/2007).

2.11.2. Embargo de declaração por terceiro

Excepcionalmente, na Justiça Eleitoral, já foi admitido embargo de declaração por terceiro.[22]

> É que, embora os efeitos da coisa julgada atinjam somente as partes, esta é uma qualidade especial da sentença, na lição de **Liebman**, que não se confunde com a eficácia natural da sentença, e este vale para todos. Daí que eventualmente terceiro pode por ela ser prejudicado, podendo, por isso, a ela opor-se para demonstrar sua ilegalidade ou injustiça. Para tanto, entretanto, deverá ser titular de um interesse jurídico em conflito com a decisão proferida e que desse conflito possa resultar-lhe um prejuízo jurídico.

Por isso o Tribunal Superior Eleitoral já conheceu de embargos opostos por terceiro, entendendo parte legítima para se opor à decisão que lhe era prejudicial.[23]

2.11.3. O juízo de retratação

O embargo de declaração exige um juízo de retratação, sem deslocamento a um grau superior de jurisdição, para reexame de mérito. Por isso, afirma João Mendes de Almeida Júnior: "Os embargos às sentenças são uma instância iterada no mesmo juízo da sentença."[24]

---

[21] Costa, Tito. *Recursos em Matéria Eleitoral*. 3. ed. São Paulo: Revista dos Tribunais, 1990. p. 109.
[22] Tribunal Superior Eleitoral. *Boletim Eleitoral*, 245/278.
[23] Tribunal Superior Eleitoral. *Boletim Eleitoral*, 245/278.
[24] Almeida Júnior, João Mendes. *Direito Judiciário Brasileiro*. 5. ed. Rio de Janeiro: Freitas Bastos, 1960. p. 367.

2.11.4. Previsão legal

Fávila Ribeiro entende que,

> no Direito Eleitoral, os embargos de declaração somente são admitidos das decisões emanadas dos Tribunais Regionais Eleitorais e do Tribunal Superior, estando assim excluídos das decisões produzidas por juízes e juntas eleitorais. Os embargos são opostos ao próprio relator do acórdão que se pretende reformular, nos três dias subsequentes à sua publicação, em petição escrita, com indicação do ponto havido por omisso, contraditório, ambíguo ou obscuro.[25]

Entendemos de forma contrária. É verdade que o Código Eleitoral trata deste recurso especificamente em relação a decisões de segundo grau. Isto não impede, entretanto, seu uso em relação a decisões de primeiro grau, pois tanto o CPC quanto o CPP o admitem e têm aplicação supletiva (art. 382 do CPP). Ainda que assim não fosse, é óbvio que a prestação jurisdicional tem de ser congruente, completa e clara, daí por que, pelo próprio sistema, o recurso – chame-se ou não assim – tem cabimento.

São cabíveis da sentença (art. 382 do CPP) ou dos acórdãos (art. 275 do CE), também interpostos no prazo de três dias, ao próprio juiz ou relator, com o objetivo de escoimar a decisão de obscuridade, ambiguidade, contradição ou omissão.

O Código Eleitoral assim dispõe, em seu art. 275:

> Art. 275. São admissíveis embargos de declaração:
>
> I – quando há no acórdão obscuridade, dúvida ou contradição;
>
> II – quando for omitido ponto sobre que devia pronunciar-se o Tribunal.
>
> § 1º Os embargos serão opostos dentro de 3 (três) dias da data da publicação do acórdão, em petição dirigida ao Relator, na qual será indicado o ponto obscuro, duvidoso, contraditório ou omisso.
>
> § 2º O Relator porá os embargos em mesa para julgamento, na primeira sessão seguinte proferindo o seu voto.
>
> § 3º Vencido o Relator, outro será designado para lavrar o acórdão.
>
> § 4º Os embargos de declaração suspendem o prazo para interposição de outros recursos, salvo se manifestamente protelatórios e assim declarados na decisão que os rejeitar.

No mesmo sentido o entendimento dominante do **TSE**:

> Os embargos de declaração somente são cabíveis para sanar omissão, contradição ou obscuridade, não se prestando para a rediscussão da causa. Embargos de declaração rejeitados (TSE-SP. Embargos de Declaração em Agravo Regimental em Recurso Especial Eleitoral 29.540. Rel. Arnaldo Versiani Leite Soares. J. 19/02/2009. Unânime. DJE 17/03/2009, p. 20).

---

[25] Nesse sentido, Ribeiro, Fávila. Op. cit.

2.11.5. Prazo para interposição do embargo de declaração

Devemos considerar dois prazos distintos:

a) Quando a matéria for processual eleitoral cível, o prazo será de três dias, conforme dispõe o art. 275, § 1º, do Código Eleitoral.

b) Quando a matéria for processual eleitoral criminal, o prazo será de dois dias, conforme preconizam os arts. 619 e 629 do Código de Processo Penal, aplicado de forma subsidiária.

OBSERVAÇÕES DIDÁTICAS

Segundo entendimento jurisprudencial,

> inexistindo qualquer omissão, contradição ou dúvida a serem suprimidas ou aclaradas, sendo manifestamente protelatórios os embargos de declaração, e assim afirmados, devem ser rejeitados, retirando-se-lhes a eficácia **suspensiva** para interposição de outros recursos. Inteligência do art. 275, § 4º, do Código Eleitoral, e art. 192 do Regimento Interno deste regional. II – Rejeição dos embargos de declaração.

O destaque na palavra "**suspensiva**" foi proposital, pois o art. 275, § 4º, do Código Eleitoral afirma que "os embargos de declaração '**suspendem**' o prazo para interposição de outros recursos, salvo se manifestamente protelatórios e assim declarados na decisão que os rejeitar". Hoje, o entendimento majoritário na doutrina e na jurisprudência é que a hipótese é de "**interrupção**". Veja os Acórdãos – TSE 12.071/1994 e 714/1999.

2.11.6. O efeito infringente no embargo de declaração eleitoral

O objetivo dos embargos é o de aclarar obscuridade, dúvida, contradição ou omissão, daí não poderem buscar a modificação da decisão. Não obstante, excepcionalmente, têm sido admitidos o efeito infringente, ou seja, por evidente o equívoco da decisão, o embargo poderia promover uma modificação na decisão resultar.

Humberto Theodoro Júnior[26] ensina:

> Havendo, porém, casos em que o suprimento de lacuna ou a eliminação de contradição leve à anulação do julgamento anterior para nova decisão da causa (caráter infringente inevitável) (...) não deverá o órgão julgador enfrentar a questão nova para proferir, de plano, o rejulgamento. Para manter-se o princípio do contraditório, o caso será anular-se apenas a decisão embargada e ordenar que o novo julgamento seja retomado com a plena participação da outra parte, segundo as regras aplicáveis ao recurso principal.

Portanto, podemos dizer que os embargos de declaração eleitoral podem ter, excepcionalmente, caráter infringente quando utilizados para:

a) correção de erro material manifesto;
b) suprimento de omissão;
c) extirpação de contradição.

---

[26] *Curso de Direito Processual Civil*. 14. ed. Rio de Janeiro: Forense, 1995. p. 587.

No mesmo sentido o entendimento dominante do TSE:

> A concessão dos pretendidos efeitos infringentes somente pode ocorrer se a modificação resultar direta e imediatamente de omissão ou contradição no acórdão. O intuito de prequestionamento não autoriza o manejo dos embargos se, como no caso vertente, não há nada a alterar no julgado (Embargos de Declaração no Recurso Especial Eleitoral 35.589/AP. Rel. Marcelo Henriques Ribeiro de Oliveira).

2.11.7. Observações didáticas
Posicionamentos majoritários do TSE:

Desnecessidade de pronunciamento da Procuradoria-Geral nos embargos de declaração.[27]

Embargos protelatórios, além de não interromper o prazo para interposição de outros recursos, sujeitam o embargante à multa prevista no art. 538 do CPC.[28] "A reiteração de embargos protelatórios atrai a aplicação de nova multa ao embargante. Precedentes" (Embargo de Declaração em Recurso Especial Eleitoral 30.649/TO).

A hipótese é de interrupção e não suspensão.[29]

2.12. CARTA TESTEMUNHÁVEL ELEITORAL

Os casos de cabimento da carta testemunhável estão disciplinados nos arts. 639 a 646 do CPP, *in verbis*:

> Art. 639. Dar-se-á carta testemunhável:
>
> I – da decisão que denegar o recurso;
>
> II – da que, admitindo embora o recurso, obstar à sua expedição e seguimento para o juízo ad quem.
>
> Art. 640. A carta testemunhável será requerida ao escrivão, ou ao secretário do tribunal, conforme o caso, nas 48 (quarenta e oito) horas seguintes ao despacho que denegar o recurso, indicando o requerente as peças do processo que deverão ser trasladadas.
>
> Art. 641. O escrivão, ou o secretário do tribunal, dará recibo da petição à parte e, no prazo máximo de 5 (cinco) dias, no caso de recurso no sentido estrito, ou de 60 (sessenta) dias, no caso de recurso extraordinário, fará entrega da carta, devidamente conferida e concertada.
>
> Art. 642. O escrivão, ou o secretário do tribunal, que se negar a dar o recibo, ou deixar de entregar, sob qualquer pretexto, o instrumento, será suspenso por 30 (trinta) dias. O juiz, ou o presidente do Tribunal de Apelação, em face de representação do testemunhante, imporá a pena e mandará que seja extraído o instrumento, sob a mesma sanção, pelo substituto do escrivão ou do secretário do tribunal. Se o testemunhante não for atendido, poderá reclamar ao presidente do tribunal ad quem, que avocará os autos, para o efeito do julgamento do recurso e imposição da pena.

---

[27] TSE. AC 15.031/1997.
[28] TSE. AC 2.105/2000.
[29] TSE. AC 12.071/1994 e 714/1999.

Art. 643. Extraído e autuado o instrumento, observar-se-á o disposto nos arts. 588 a 592, no caso de recurso em sentido estrito, ou o processo estabelecido para o recurso extraordinário, se deste se tratar.

Art. 644. O tribunal, câmara ou turma a que competir o julgamento da carta, se desta tomar conhecimento, mandará processar o recurso, ou, se estiver suficientemente instruída, decidirá logo, de meritis.

Art. 645. O processo da carta testemunhável na instância superior seguirá o processo do recurso denegado.

Art. 646. A carta testemunhável não terá efeito suspensivo.

OBSERVAÇÕES DIDÁTICAS

Descabe a utilização de mandado de segurança contra decisão que nega seguimento a recurso de apelação, haja vista, para tal fim, a previsão da carta testemunhável, *ex vi* do art. 639, I, do Código de Processo Penal. O mandado de segurança não pode ser utilizado como substitutivo do recurso próprio.

É pressuposto de admissibilidade do recurso de carta testemunhável a existência de um recurso interposto e que tenha sido denegado (art. 639, I, do CPP), ou uma decisão que, embora receba o recurso, obste seu seguimento para a instância superior (art. 639, II, do CPP). Inadmissível para atacar despacho do juiz que indefere a ouvida de corréus como testemunhas no mesmo processo, cabendo, quando muito, recurso previsto em lei processual estadual de correição parcial.

É da natureza da carta testemunhável prevista nos arts. 639 e seguintes do Código de Processo Penal terminar com determinação do juízo *ad quem* para que se processe o recurso denegado, ou com análise imediata do mérito do recurso. Não é decisão que tumultua o processo aquela do juízo monocrático ao determinar o arquivamento do termo circunstanciado que imputa sobre o réu o delito do art. 32 da Lei das Contravenções Penais, quando a maioria da Câmara entende ter sido derrogada a norma diante do advento de novo Código Brasileiro de Trânsito.[30]

2.13. O RECURSO EXTRAORDINÁRIO ELEITORAL

O recurso extraordinário é um meio de impugnação de decisões judiciais, desfavoráveis, de única ou última instância, dirigido ao Supremo Tribunal Federal, por motivo de violação da supremacia constitucional ou da incolumidade e uniformidade de interpretação do Direito Eleitoral.[31]

2.13.1. Cabimento

Cabe recurso extraordinário nas exatas hipóteses previstas no art. 102, inciso III, da Constituição Federal, c./c. o art. 121, § 3º, todos *in verbis*:

---

[30] TACRIM-SP. CT 1.169.915-2/SP. 11ª C. Rel. Juiz Renato Nalini, j. 08/11/1999. JCPP 639.
[31] Silva, José Afonso da. *Do Recurso Extraordinário no Direito Processual Brasileiro*. São Paulo: Revista dos Tribunais, 1963. p. 22 e 208.

> Art. 102. Compete ao Supremo Tribunal Federal, precipuamente, a guarda da Constituição, cabendo-lhe:
>
> (...)
>
> III – julgar, mediante recurso extraordinário, as causas decididas em única ou última instância, quando a decisão recorrida:
>
> a) contrariar dispositivo desta Constituição;
>
> (...)
>
> Art. 121. Lei complementar disporá sobre a organização e competência dos tribunais, dos juízes de direito e das juntas eleitorais.
>
> (...)
>
> § 3º São irrecorríveis as decisões do Tribunal Superior Eleitoral, salvo as que contrariarem esta Constituição e as denegatórias de habeas corpus ou mandado de segurança.

In casu, as hipóteses de recurso extraordinário são:
a) decisões que contrariarem a Constituição;
b) decisões denegatórias de *habeas corpus* ou mandado de segurança.

As hipóteses supracitadas estão previstas na Constituição Federal; outra hipótese defendida pela doutrina é a "decisão que declara a inconstitucionalidade de lei federal".

O STF diverge sobre o cabimento da terceira hipótese. A norma do mandamento constitucional "é de interpretação estrita, em face da autonomia, conferida a uma jurisdição política de competência especialíssima, como seja a da Justiça Eleitoral".[32]

Gonçalves de Oliveira afirma:

> não o interpreto gramaticalmente, mas tenho sobretudo em vista a posição do STF como cúpula do Poder Judiciário. Se é por amor à CF que o art. 120 admite o recurso para o STF, quando se declara a invalidade da lei contrária à Constituição, com mais forte razão, ou por força mesmo de compreensão, se há de admitir que tal recurso à decisão do TSE viola a própria Constituição. Entendo – prossegue ele – que, em matéria legislativa, em matéria legal, o TSE tem competência absoluta, desenganada e exaustiva. O STF não a interfere, não modifica, não conhece de recurso de decisão proferida pela Justiça Eleitoral, pelo TSE, quando diga respeito à interpretação da lei. Quando, porém, estiver em jogo a própria Constituição, o STF aprecia a matéria, mas aprecia no sentido do voto do Min. Victor Nunes, a meu ver: quando a decisão daquele Tribunal violar a própria Constituição, ou fizer prevalecer lei contrária à Constituição.[33]

Posicionamento majoritário do STF e do TSE: Não cabe recurso extraordinário contra acórdão de TRE; cabe recurso para o TSE, mesmo que se discuta matéria constitucional.[34]

---

[32] TSE. Boletim Eleitoral, 190/554. Rel. Min. Prado Kelly.
[33] TSE. Boletim Eleitoral, 154/366.
[34] STF. AC de 18/12/1995, no AG 164.491; e TSE. AC 4.661/2004 e 5.664/2005.

Posicionamento majoritário do TSE: Não se aplica a regra de interposição simultânea de recurso especial e extraordinário.[35]

2.13.2. O prazo

O Ministro Celso de Mello relata que o recurso extraordinário deve ser interposto no prazo de três dias, contados da publicação da decisão que se deseja impugnar, nos termos da Lei nº 6.055, de 17/06/1974, art. 12, processando-se na forma dos arts. 278 e 279 do CE, como é da jurisprudência do TSE.[36]

No mesmo sentido: STF 728:

> É de três dias o prazo para a interposição de recurso extraordinário contra decisão do Tribunal Superior Eleitoral, contado, quando for o caso, a partir da publicação do acórdão, na própria sessão de julgamento, nos termos do art. 12 da Lei nº 6.055/1974, que não foi revogado pela Lei nº 8.950/1994.

Apresentado o recurso e conclusos os autos ao presidente do TSE, proferirá ele, em 48 horas, despacho fundamentado, admitindo ou não sua interposição. Acolhido o recurso, abrir-se-á vista ao recorrente para, em 48 horas, apresentar suas contrarrazões, voltando, depois, os autos conclusos ao presidente, que determinará sua remessa ao STF. Se o recurso for indeferido pelo presidente do TSE, da sua decisão caberá agravo de instrumento, a ser oferecido em três dias, contados da data de sua publicação, de acordo com os arts. 278 e 279 do CE.[37]

2.13.3. Primeiro requisito especial de admissibilidade do recurso extraordinário

Conforme o art. 102, § 3º, da Constituição Federal, no recurso extraordinário o recorrente deverá demonstrar a repercussão geral das questões constitucionais discutidas no caso, nos termos da lei, a fim de que o Tribunal examine a admissão do recurso, somente podendo recusá-lo pela manifestação de dois terços de seus membros.

O conceito de repercussão geral é extraído do art. 543-A do Código de Processo Civil, *in verbis*:

> *Art. 543-A. O Supremo Tribunal Federal, em decisão irrecorrível, não conhecerá do recurso extraordinário, quando a questão constitucional nele versada não oferecer repercussão geral, nos termos deste artigo.*
>
> *§ 1º Para efeito da repercussão geral, será considerada a existência, ou não, de questões relevantes do ponto de vista econômico, político, social ou jurídico, que ultrapassem os interesses subjetivos da causa.*
>
> *§ 2º O recorrente deverá demonstrar, em preliminar do recurso, para apreciação exclusiva do Supremo Tribunal Federal, a existência da repercussão geral.*

---

[35] TSE. AC 5.117/2005.
[36] Ag. 135.623-5/040-DF. Rel. Min. Celso de Mello. DJU, 191, s. I, p. 10.611.
[37] Nesse sentido: Costa, Adriano Soares da. *Instituições de Direito Eleitoral*. 5. ed. Belo Horizonte: Del Rey, 2002. p. 655.

> § 3º Haverá repercussão geral sempre que o recurso impugnar decisão contrária a súmula ou jurisprudência dominante do Tribunal.
>
> § 4º Se a Turma decidir pela existência da repercussão geral por, no mínimo, 4 (quatro) votos, ficará dispensada a remessa do recurso ao Plenário.
>
> § 5º Negada a existência da repercussão geral, a decisão valerá para todos os recursos sobre matéria idêntica, que serão indeferidos liminarmente, salvo revisão da tese, tudo nos termos do Regimento Interno do Supremo Tribunal Federal.
>
> § 6º O Relator poderá admitir, na análise da repercussão geral, a manifestação de terceiros, subscrita por procurador habilitado, nos termos do Regimento Interno do Supremo Tribunal Federal.

Os arts. 12, parágrafo único, da Lei nº 6.055/1974; 102, III, alíneas *a*, *b* e *c*, da CF, e 281 do CE, bem como o entendimento pacífico do TSE, estabelecem que "não cabe recurso extraordinário contra decisão proferida por TRE, sendo erro grosseiro a sua interposição, o que torna inaplicável o princípio da fungibilidade".[38]

2.13.4. Segundo requisito especial de admissibilidade do recurso extraordinário

O segundo requisito especial de admissibilidade do recurso extraordinário é o prequestionamento.

Sobre prequestionamento leia o item 2.10.1, "O prequestionamento no recurso eleitoral especial".

2.13.5. A impossibilidade de interposição de recurso extraordinário contra acórdão do TRE

Não cabe recurso extraordinário contra decisão de Tribunal Regional Eleitoral para o STF, mesmo que a decisão discutida seja matéria constitucional; contra acórdão do TRE só caberá recurso para o TSE.

Portanto, no âmbito da Justiça Eleitoral, somente acórdãos do TSE é que são impugnados, perante o STF, em recurso extraordinário, e não é possível nem alegar o uso do princípio da fungibilidade, pois haverá evidente erro grosseiro.

No mesmo sentido o entendimento dominante do TSE:

> É assente nesta Casa de Justiça que não cabe Recurso Extraordinário contra acórdão proferido por Tribunal Regional Eleitoral, consubstanciando erro grosseiro a sua interposição (Precedentes. TSE. RO 1.271. Rel. Carlos Augusto Ayres de Freitas Britto).
>
> Os arts. 12, parágrafo único, da Lei nº 6.055/1974; 102, III, alíneas *a*, *b* e *c*, da CF, e 281 do CE, bem como o entendimento pacífico deste Tribunal, estabelecem que não cabe recurso extraordinário contra decisão proferida por TRE, sendo erro grosseiro a sua interposição, o que torna inaplicável o princípio da fungibilidade. Precedentes (TSE. RO 1.226. Rel. Francisco Cesar Asfor Rocha).

---

[38] No mesmo sentido: Precedentes. TSE/RO. Agravo Regimental em Recurso Ordinário 1.226. Rel. Francisco César Asfor Rocha, j. 26/09/2006, unânime.

2.13.6. A impossibilidade de interposição de recurso extraordinário contra acórdão que verse sobre concessão ou denegação de medida liminar

A jurisprudência do Supremo Tribunal Federal pontua o descabimento de recurso extraordinário contra acórdão que verse sobre concessão ou denegação de medida liminar, entendimento, aliás, consolidado na Súmula nº 735 da Corte Suprema, ditando que "Não cabe recurso extraordinário contra acórdão que defere medida liminar:"[39]

2.13.7. A impossibilidade de interposição de recurso extraordinário sem o exaurimento das instâncias recursais colocadas à disposição da parte

Não se admite a interposição de recurso extraordinário, quando ainda cabível o agravo previsto no § 1º do art. 557 do CPC, tendo em vista a ausência de exaurimento das instâncias recursais colocadas à disposição da parte na Corte Regional (Súmula nº 281 do STF).[40]

2.13.8. Observações jurisprudenciais dominantes

> Nos termos da jurisprudência desta Corte e do Supremo Tribunal Federal, é extemporâneo o recurso especial ou extraordinário protocolado antes da publicação do aresto proferido nos embargos, sem posterior ratificação (AgRg no Recurso Especial Eleitoral 27.572/MA. Rel. Min. Marcelo Ribeiro. DJ 25/03/2008).

Infere-se das razões do agravo regimental que a agravante não atacou tal fundamento da decisão recorrida. Incidência, *mutatis mutandis*, na Súmula nº 283 do STF: É inadmissível o recurso extraordinário quando a decisão recorrida assenta em mais de um fundamento suficiente e o recurso não abrange todos eles (Ag/Rg no Recurso Especial Eleitoral 28.503/SP).

> Em face de normas específicas que regem esta Justiça Especializada, não se aplica a regra de interposição simultânea de recurso especial e extraordinário, como ocorre na Justiça Comum (TSE. AG 5.117. Rel. Carlos Eduardo Caputo Bastos).

2.14. EMBARGOS DE NULIDADE E INFRINGENTES ELEITORAIS

Quando não for unânime a decisão de segunda instância, desfavorável ao réu, admitem-se embargos infringentes e de nulidade, que poderão ser opostos dentro de 10 (dez) dias, a contar da publicação de acórdão. Se o desacordo for parcial, os embargos serão restritos à matéria objeto de divergência.

O cabimento de embargos de nulidade e infringentes no Direito Eleitoral é de grande controvérsia na doutrina. Neste sentido, duas posições merecem destaque.

---

[39] No mesmo sentido conferir: STF. AI – AgR 605.933/RS. 2ª Turma. Rel. Min. Joaquim Barbosa. DJE 05/02/2009; STF. AC – AgR 1.745/MG. 2ª Turma. Rel. Min. Cezar Peluso. DJE 05/02/2009.
[40] No mesmo sentido conferir: TSE. Ag/Rg no Recurso Especial Eleitoral 19.952/SP.

1ª) Defende que não tem cabimento no Direito Eleitoral porque, "embora sua previsão no RI-TRE-RS, esta Corte dele não conheceu, por escassa maioria, porque as decisões dos TREs são terminativas (CE, art. 276 e *b*) e porque não se divide em turmas, julgando sempre em plenário".[41]

POSIÇÃO CONTRÁRIA

2ª) Defende o cabimento de tais recursos no Direito Eleitoral. Neste sentido, as doutrinas de Fávila Ribeiro[42] e Elcias Ferreira da Costa.[43]

Tito Costa[44] dizia que não existe o recurso de embargos infringentes, ou de nulidade, no processo eleitoral. O TSE, em várias oportunidades, manifestou-se a este respeito, afirmando que as decisões dele emanadas não são passíveis de embargos infringentes.[45] Da mesma forma, as decisões dos TREs não comportam o aludido recurso. Aliás, não comportavam, até o advento da antiga Lei Orgânica dos Partidos Políticos (Lei nº 5.682, de 21/07/1971),[46] que, ao tratar das decisões sobre arguição de infidelidade partidária, com a finalidade de obtenção da decretação da perda de mandados legislativos (federais, estaduais ou municipais), consagrou, como novidade no processo eleitoral, o cabimento de **embargos** ao próprio Tribunal, se houver, no julgamento respectivo, pelo menos dois votos divergentes. Embora a lei não se refira especificamente a embargos infringentes, não cabe nenhuma dúvida de que os nela mencionados sejam desta natureza.

Posicionamento majoritário do TSE: Pelo cabimento de embargos infringentes e de nulidade previstos no CPP, art. 609, parágrafo único.[47]

2.15. O AGRAVO DE INSTRUMENTO

Como há possibilidade de interposição de recurso especial, extraordinário, ou ordinário, há também o agravo de instrumento a ser utilizado quando da inadmissão desses recursos, no juízo de origem, sempre um Tribunal Superior.

O agravo de instrumento é aplicado no Direito Eleitoral nas hipóteses contidas nos arts. 279 e 282 do Código Eleitoral.

> Art. 279. Denegado o recurso especial, o recorrente poderá interpor, dentro em 3 (três) dias, agravo de instrumento.
>
> (...)

---

[41] TRE-RS 22/04/1992.
[42] Op. cit., p. 436, nº 111.8.
[43] *Compêndio de Direito Eleitoral*. São Paulo: Sugestões Literárias, 1978. p. 249, nº 2, item 8.
[44] Op. cit.
[45] TSE. Boletim Eleitoral, 153/315.
[46] A atual Lei dos Partidos Políticos é a de nº 9.096, de 19/09/1995, que revogou a de nº 5.682/1971.
[47] TSE. AC 4.590/2004.

Art. 282. Denegado o recurso, o recorrente poderá interpor, dentro de 3 (três) dias, agravo de instrumento, observado o disposto no art. 279 e seus parágrafos, aplicada a multa a que se refere o § 6º pelo Supremo Tribunal Federal.

OBSERVAÇÕES DIDÁTICAS

Segundo o art. 279, § 5º, do Código Eleitoral, o presidente do Tribunal não poderá negar seguimento ao agravo, ainda que interposto fora do prazo legal.

Posicionamentos majoritários do TSE:

Não admitido o recurso especial, caberá agravo de instrumento, consoante o art. 279 do Código Eleitoral, obedecendo-se, quanto ao procedimento, o disposto nos seus parágrafos.[48]

Denegado o recurso extraordinário, caberá agravo de instrumento, observado o disposto no art. 282 do Código Eleitoral.[49]

No caso de interposição de agravo de instrumento, após o decurso de prazo, havendo ou não contrarrazões, a Secretaria Judiciária providenciará, de imediato, a remessa dos autos ao Supremo Tribunal Federal.[50]

2.15.1. A formulação do agravo

O agravo de instrumento será interposto por petição, que conterá:

a) a exposição do fato e do direito;
b) as razões do pedido de reforma da decisão;
c) a indicação das peças do processo que devem ser trasladadas.

Posicionamento majoritário no STF: O STF defende a aplicação do art. 544, § 1º, do CPC, ao agravo de instrumento para o STF em matéria eleitoral. Preconiza o § 1º supracitado:

> *Art. 544. (...)*
>
> *§ 1º O agravo de instrumento será instruído com as peças apresentadas pelas partes, devendo constar obrigatoriamente, sob pena de não conhecimento, cópias do acórdão recorrido, da certidão da respectiva intimação, da petição de interposição do recurso denegado, das contrarrazões, da decisão agravada, da certidão da respectiva intimação e das procurações outorgadas aos advogados do agravante e do agravado. As cópias das peças do processo poderão ser declaradas autênticas pelo próprio advogado, sob sua responsabilidade pessoal.*

Consoante posição firmada no **TSE:**

---

[48] TSE. Port. 129/1996, art. 1º.
[49] TSE. Port. 129/1996, art. 2º.
[50] TSE. Port. 331/2003, art. 2º.

Se, de um lado, é certo que incumbe à Secretaria do Tribunal Superior Eleitoral providenciar a formação do instrumento, indicadas as peças pelo agravante, de outro, não menos correto, é que a este cumpre o pagamento das despesas daí decorrentes (STF. AI-AgR-ED 570.977-3. 1ª Turma. Rel. Min. Marco Aurélio. J. 12/08/2008. DJE 19/09/2008, p. 69).

É entendimento assente neste c. Tribunal que cabe ao advogado fiscalizar a correta formação do agravo de instrumento, sob pena de responder pela sua deficiência. Precedentes: AGR-AI nº 9.279/PA, Rel. Min. Arnaldo Versiani, DJE 23/09/2008, e AG nº 6.846/SP, Rel. Min. Carlos Ayres Britto, DJ 07/08/2008. "Uma vez interposto o agravo, é inviável a complementação do instrumento deficiente perante o Tribunal Superior Eleitoral" (AG 8.459/RJ. Rel. Min. Joaquim Barbosa. DJE 03/10/2008; e TSE. AgRg-AI 11.505. Rel. Min. Felix Fischer. J. 22/10/2009. DJU 14/12/2009, p. 14).

2.15.2. O procedimento

Serão obrigatoriamente trasladadas a decisão recorrida e a certidão da intimação.

Todos os agravos, ou recursos em sentido estrito, que devem subir por instrumento, consistem em remeter-se à instância superior uma reprodução, por peças, do processo principal, que permanece na instância *a quo*. Daí a necessidade de muita atenção da parte interessada na indicação de peças para traslado, não se esquecendo de nenhuma que seja essencial à compreensão da controvérsia, sob pena de o recurso restar improvido, em decorrência de uma instrumentação deficiente.[51]

Deferida a formação do agravo, será intimado o recorrido para, no prazo de três dias, apresentar as suas razões e indicar as peças dos autos que serão também trasladadas.

Veja que, como a maioria dos recursos eleitorais é de três dias, pouco importa o que, a respeito, digam o CPP ou as leis especiais. O recorrido tem o mesmo prazo de três dias para apresentação de suas alegações e indicação das peças dos autos para o traslado.

Concluída a formação do instrumento, o presidente do Tribunal determinará a remessa dos autos ao Tribunal Superior, podendo, ainda, ordenar a extração e a juntada de peças não indicadas pelas partes.

Como já relatamos, o art. 279 do Código Eleitoral preconiza que:

> Art. 279. (...)
>
> § 5º *O presidente do Tribunal não poderá negar seguimento ao agravo, ainda que interposto fora do prazo legal.*
>
> § 6º *Se o agravo de instrumento não for conhecido, porque interposto fora do prazo legal, o Tribunal Superior imporá ao recorrente multa correspondente ao valor do maior salário mínimo vigente no País, multa essa que será inscrita e cobrada na forma prevista no art. 367 do Código Eleitoral.*
>
> § 7º *Se o Tribunal Regional dispuser de aparelhamento próprio, o instrumento deverá ser formado com fotocópias ou processos semelhantes, pagas as despesas, pelo preço do custo, pelas partes, em relação às peças que indicarem.*

---

[51] Nesse sentido: TSE. *Boletim Eleitoral*, 285/159.

SÍNTESE DIDÁTICA

• O agravo de instrumento é um recurso vertical, não ensejando retratação. Não tem efeito suspensivo e não pode ser obstado pelo presidente, sendo de subida obrigatória, mesmo quando intempestivo. Neste caso, entretanto, a instância superior dele não conhecerá, impondo ao recorrente multa correspondente ao valor do maior salário-mínimo vigente no País que, não paga, ensejará inscrição e cobrança mediante execução fiscal, que tramitará perante os juízos eleitorais (art. 367 e incisos do CE).

2.15.3. Observações jurisprudenciais eleitorais dominantes

É impossível a aplicação do princípio da fungibilidade para converter agravo de instrumento em medida cautelar visando à obtenção de efeito suspensivo. Não se conhece de agravo regimental interposto contra decisão transitada em julgado.[52]

É pacífico o entendimento deste tribunal de que o agravo de instrumento deve dirigir suas razões contra os fundamentos da decisão agravada, sob pena de subsistir-lhe a conclusão, consoante o disposto na Súmula nº 182 do STJ.[53]

Conforme se infere da Súmula nº 288 do STF, a exigência de formação do agravo de instrumento com peças consideradas obrigatórias não se confunde com a necessidade de instrução do feito com peças essenciais à compreensão da controvérsia.[54]

Nos termos do art. 544, § 1º, do Código de Processo Civil, a cópia da procuração do subscritor do agravo de instrumento deve ser obrigatoriamente apresentada com o agravo de instrumento. A jurisprudência desta C. Corte eleitoral é firme no entendimento de que é dever do agravante cuidar da correta formação do agravo de instrumento, sob pena de responder pela sua deficiência. Ainda, estabelece o § 6º do art. 3º da Res. TSE 21.477/2003 que "não será admitida a complementação de instrumento deficiente perante o Tribunal Superior Eleitoral".[55]

2.16. RECURSO EM SENTIDO ESTRITO ELEITORAL

O recurso em sentido estrito eleitoral é horizontal, ou seja, é direcionado ao órgão prolator da decisão e tem efeito misto, pois inicialmente haverá um efeito de retratação, ensejando reconsideração por parte do juízo recorrido e só na hipótese de manutenção da decisão é que adquire o efeito devolutivo, com seu exame pela instância superior.

---

[52] TSE. AgRg-AI 10.676. Rel. Min. Fernando Gonçalves. J. 15/09/2009. DJU 06/10/2009, p. 28.
[53] No mesmo sentido: Agravo regimental a que se nega provimento (TSE. AgRg-AI 8.005. Rel. Min. Fernando Gonçalves. J. 25/08/2009. DJU 21/09/2009, p. 23).
[54] No mesmo sentido: Agravo regimental não provido. TSE. AgRg-AI 9.888. Rel. Min. Felix Fischer. J. 04/08/2009. DJU 01/09/2009, p. 27.
[55] No mesmo sentido: Precedentes: AGR no AI 9.279/PA. Rel. Min. Arnaldo Versiani. DJe 23/09/2008; AGR no AI 8.327/RS. Rel. Min. Carlos Ayres Britto. DJ 03/06/2008; Agravo regimental não provido. TSE. AgRg-AI 10.418. Rel. Min. Felix Fischer. J. 11/12/2008. DJU 20/02/2009, p. 39.

2.16.1. As hipóteses de cabimento

Por aplicação subsidiária do Código de Processo Penal, prevista no art. 364 do Código Eleitoral ("*no processo e julgamento dos crimes eleitorais e dos comuns que lhes forem conexos, assim como nos recursos e na execução, que lhes digam respeito, aplicar-se-á, como lei subsidiária ou supletiva, o Código de Processo Penal*"), defendemos que cabe recurso em sentido estrito eleitoral nas hipóteses infracitadas.

Caberá sentido estrito eleitoral, da decisão, do despacho ou da sentença:

1) que não receber a denúncia ou a queixa;
2) que concluir pela incompetência do juízo;
3) que julgar procedentes as exceções, salvo a de suspeição;
4) que conceder, negar, arbitrar, cassar ou julgar inidônea a fiança, indeferir requerimento de prisão preventiva ou revogá-la, conceder liberdade provisória ou relaxar a prisão em flagrante;
5) que julgar quebrada a fiança ou perdido o seu valor;
6) que decretar a prescrição ou julgar, por outro modo, extinta a punibilidade;
7) que indeferir o pedido de reconhecimento da prescrição ou de outra causa extintiva da punibilidade;
8) que conceder ou negar a ordem de *habeas corpus* na primeira instância;
9) que anular o processo da instrução criminal, no todo ou em parte;
10) que denegar a apelação ou a julgar deserta;
11) que ordenar a suspensão do processo, em virtude de questão prejudicial;
12) que decidir o incidente de falsidade.

OBSERVAÇÕES DIDÁTICAS

O recurso em sentido estrito eleitoral não tem efeito suspensivo, o prazo de interposição é de três dias (art. 258 do CE) e deve ser fundamentado, sob pena de não conhecimento.

Subirá nos próprios autos ou, o que é mais comum, mediante instrumento.

Quando expressamente estiver previsto recurso em sentido estrito, não caberá apelação.

2.16.2. Procedimento

- Quando o recurso houver de subir por instrumento, a parte indicará, no respectivo termo, ou em requerimento avulso, as peças dos autos de que pretenda traslado.
- O traslado será extraído, conferido e concertado no prazo de cinco dias, e dele contarão sempre a decisão recorrida, a certidão de sua intimação, se, por outra forma, não for possível verificar-se a oportunidade do recurso, e o termo de interposição.
- Dentro de dois dias, contados da sua interposição, ou do dia em que o escrivão, extraído o traslado, fizer o recurso com vista ao recorrente, este oferecerá as razões e, em seguida, será aberta vista ao recorrido por igual prazo.

- Se o recorrido for o réu, será intimado do prazo na pessoa do defensor.
- Com a resposta do recorrido ou sem ela, será o recurso concluso ao juiz, que, dentro de dois dias, reformará ou sustentará o seu despacho, mandando instruir o recurso com os traslados que lhe parecerem necessários.
- Se o juiz reformar o despacho recorrido, a parte contrária, por simples petição, poderá recorrer da nova decisão, se couber recurso, não sendo mais lícito ao juiz modificá-la. Neste caso, independentemente de novos arrazoados, subirá o recurso nos próprios autos ou em traslado.
- Os recursos serão apresentados ao juiz ou tribunal *ad quem*, dentro de cinco dias da publicação da resposta do juiz *a quo*, ou entregues ao correio dentro do mesmo prazo.
- Publicada a decisão do juiz ou do tribunal *ad quem*, deverão os autos ser devolvidos, dentro de cinco dias, ao juiz *a quo*.

2.17. AGRAVO DE EXECUÇÃO ELEITORAL

Recurso cabível na fase de execução dos crimes eleitorais.

Leciona Gilberto Niederauer Corrêa, em artigo publicado na *RJ* nº 201, p. 129, com o título Da Execução Penal: Aspectos Penais e Processuais no Código Eleitoral, que:

> A relação executória penal, perante o juízo da execução da pena, tem a exclusiva atuação do MP no polo ativo da relação jurídica que se estabelece com o condenado no polo passivo. O que ocorre, aliás, em qualquer execução penal, e não apenas em matéria eleitoral.
>
> Se houver recolhimento do condenado ao sistema penitenciário, a execução penal competirá ao juiz indicado na lei local de organização judiciária ou, na sua ausência, ao juiz eleitoral sentenciante, por força das disposições contidas no parágrafo único do art. 2º, c./c. o art. 65 da LEP (Lei nº 7.210, de 11/07/1984).
>
> Na hipótese de não expedido o respectivo mandado de prisão, deve o MP requerer, em cinco dias, sua expedição, aos efeitos de cumprimento da pena, não só em decorrência do disposto no art. 363 do CE, quanto dos arts. 67 e 68 da LEP.
>
> Nesse mesmo prazo de cinco dias, deve o MP, tendo como título certidão da sentença condenatória, requerer a citação do condenado para que pague, em dez dias, o valor da multa, ou nomeie bens à penhora.
>
> Tal execução, a meu ver, processar-se-á perante o juízo eleitoral e obedecerá ao rito estabelecido nos arts. 164 a 170 da LEP.

2.17.1. Previsão legal

O art. 197 da Lei de Execução Penal prevê o recurso único de agravo, sem efeito suspensivo, contra todas as decisões prolatadas quando da execução da pena.

2.17.2. As hipóteses de cabimento

Defendemos que cabe agravo de execução eleitoral nas hipóteses infracitadas.

Caberá agravo de execução eleitoral, da decisão, do despacho ou da sentença:
a) que conceder, negar ou revogar a suspensão condicional da pena;
b) que conceder, negar ou revogar livramento condicional;
c) que decidir sobre a unificação de penas;
d) que decretar medida de segurança, depois de transitar a sentença em julgado;
e) que revogar a medida de segurança;
f) que deixar de revogar a medida de segurança, nos casos em que a lei admita a revogação;
g) que converter a multa em detenção ou em prisão simples;
h) outras decisões na execução da pena eleitoral, tais como: remissão, detração, progressão de regime etc.

2.18. RECURSO PARTIDÁRIO INTERNO

Pinto Ferreira[56] nos ensina que:

> Convém ainda acrescentar o recurso partidário interno, estabelecendo o contencioso quanto à filiação partidária, permitindo-se a qualquer eleitor do partido a legitimação ativa para oferecer impugnação à filiação, no prazo de três dias, a contar do preenchimento da ficha. Assegura-se igual prazo para a contestação pelo impugnado. Esgotado o prazo para contestação, a Convenção Executiva decidirá em cinco dias.
>
> O cidadão deverá inscrever-se no diretório municipal em que for eleitor, preenchendo e assinando uma ficha de filiação impressa pela Justiça Eleitoral e pelos partidos políticos, observando o modelo aprovado pelo Tribunal Superior Eleitoral, em três vias.
>
> Da decisão denegatória de filiação, que deverá sempre ser motivada e fundamentada, cabe recurso direto à Convenção Executiva Regional, ou ao juiz da respectiva zona eleitoral, a ser interposto dentro de três dias, salvo quando o recurso tenha de ser interposto para o Congresso Executivo Nacional.

PEQUENA REVISÃO DIDÁTICA

Em revisão didática, você não pode esquecer duas regras gerais, atinentes ao sistema de recursos criminais do Direito Eleitoral.

1) A primeira delas é a de que os recursos não têm efeito suspensivo, ressalvado o recurso de sentença condenatória, pois a execução só se dará, nos termos do art. 363 do CE, após a condenação ser proferida ou mantida no Tribunal Regional, o que dispensa, portanto, quer a invocação da LEP, quer a CF. Se depois da decisão do TRE, condenatória, for admitido recurso especial, seria de rigor a execução provisória da pena. Entretanto, não só Fávila Ribeiro preconiza, como o TSE tem decidido deva manter-se a suspensão da execução até a decisão final.

2) Outra regra geral relativa aos recursos eleitorais é a referente ao prazo: é sempre de três dias (CE, art. 258), contados da data da publicação do acórdão, da sentença, do ato, da resolução ou do despacho que se quer impugnar, salvo se outro prazo for especificamente consignado na lei, como é o caso das decisões finais de absolvição ou condenação, em que o prazo é de 10 dias (CE, art. 362).

---

[56] *Código Eleitoral Comentado*. 2. ed. São Paulo: Saraiva, 1990.

2.19. CORREIÇÃO PARCIAL ELEITORAL

Para corrigir ato tumultuário no procedimento eleitoral (*error in procedendo*), pode-se interpor uma correição parcial que no regimento interno dos tribunais de alguns Estados tem o nome de reclamação.

Não há previsão na legislação eleitoral nem no Código de Processo Penal, usa-se, portanto, a analogia para suprir a lacuna.

Trata-se, *in casu*, de um recurso de natureza residual, somente sendo cabível utilizá-lo se não houver outro recurso especificamente previsto em lei. Fazemos novamente o uso da analogia para elencar o art. 6º, I, Lei nº 5.010/1966, *in verbis*:

> Art. 6º Ao Conselho da Justiça Federal compete:
> I – conhecer de correição parcial requerida pela parte ou pela Procuradoria da República, no prazo de cinco dias, contra ato ou despacho do Juiz de que não caiba recurso, ou comissão que importe erro de ofício ou abuso de poder.

O cabimento da correição parcial já se encontra até em súmula do STF (Súmula nº 267 do STF): "*Não cabe mandado de segurança contra ato judicial passível de recurso ou correição.*"

É uma matéria com pouca exploração doutrinária, mas só quem trabalha com a prática eleitoral sabe qual é a importância de termos um mecanismo célere e eficaz para exata correção dos frequentes tumultos processuais ocorridos nas ações cíveis e criminais eleitorais.

Marcos Ramayana[57] entende que os casos de correição parcial são mais extensivos, a saber:

> A reclamação (correição parcial) ou representação como sucedâneo de recurso pode ser utilizada para enfrentar as seguintes questões: i) violação de regras de competência, ou melhor, usurpação; ii) restabelecer o controle de prazos; iii) avocar recursos não encaminhados à instância superior; iv) cassar decisão exorbitante de juiz eleitoral em face de decisão de Tribunal Superior; v) determinar a preservação da jurisdição do Tribunal; e vi) corrigir a inversão tumultuária do processo.

---

[57] *Direito Eleitoral*. 4. ed. Rio de Janeiro: Impetus, 2005. p. 738.

3 Ações Eleitorais Especiais

3.1. *HABEAS DATA* ELEITORAL

O *habeas data* eleitoral é usado para conseguir obter uma decisão com a finalidade de assegurar o conhecimento de informações pessoais constantes de registros ou banco de dados oficiais ou de caráter público ou para retificá-las ou complementá-las.

O tratamento de dados pessoais deve ser feito de forma segura, respeitando os direitos à intimidade e à privacidade do cidadão. No Brasil, ainda não temos leis de proteção de dados e, por isso, devemos nos utilizar, por enquanto, de mecanismos constitucionais para viabilizar a proteção destes direitos. Como, por exemplo, o instituto do *habeas data*, assegurado no art. 5º, inciso LXII, que permite ao indivíduo mecanismo:

a) para assegurar o conhecimento de informações relativas à pessoa do impetrante, constantes de registros ou bancos de dados de entidades governamentais ou de caráter público;

b) para a retificação de dados, quando não se prefira fazê-lo por processo sigiloso, judicial ou administrativo.

Leciona Joel José Candido[1] que:

> O *habeas data* poderá ser mais usado em matéria eleitoral nos processamentos eletrônicos de dados a que se refere e autoriza a Lei nº 6.996/1982, mormente nos casos de inscrição eleitoral e suas alterações, bem como, eventualmente, em bancos de dados sobre eleições passadas, onde haja informações relativas a algum candidato, ex-candidato ou simples eleitor. Do mesmo modo, no cadastro geral de eleitores criado pela Lei nº 7.444/1985 e mantido pelo computador, onde contenham informações sobre as filiações partidárias, pretéritas ou não.
>
> A Lei nº 9.507, de 12 de novembro de 1997, regulou o direito de acesso a informações e disciplinou o rito processual do *habeas data*. Ela se aplica integralmente ao Direito Eleitoral e partidário, a despeito de ter silenciado acerca da Justiça Eleitoral e seus órgãos judiciários. As três instâncias eleitorais são competentes para conhecer e julgar o *habeas data* eleitoral.
>
> Já o *habeas data* partidário poderá, ou não, ser de competência da Justiça Eleitoral, bem como da Justiça Comum. Quando o dado ou a informação que se quer conhecer ou retificar for de natureza eleitoral, ou se referir ou interessar a ato ou instituto de qualquer das fases do microprocesso eleitoral, não temos dúvida da competência

---

[1] *Direito Eleitoral Brasileiro*. 10. ed. São Paulo: Edipro, 2003.

da Justiça Especializada, e em seus foros a ação deve ser ajuizada. Fora este critério genérico para se aferir a competência, os casos concretos é que dirão, especificamente, o foro adequado para essa medida processual.

3.1.1. Previsão legal

Preconiza o art. 5º, LXXII, da Constituição Federal:
Conceder-se-á *habeas data*:

a) para assegurar o conhecimento de informações relativas à pessoa do impetrante, constantes de registros ou bancos de dados de entidades governamentais ou de caráter público;
b) para a retificação de dados, quando não se prefira fazê-lo por processo sigiloso, judicial ou administrativo.

Afirma também o art. 121, § 4º, da Constituição Federal que: "*Das decisões dos Tribunais Regionais Eleitorais somente caberá recurso quando: (...) V – denegarem* habeas corpus, *mandado de segurança,* habeas data *ou mandado de injunção.*"

3.1.2. Observações didáticas

Conforme a Súmula nº 2 do STJ: "Não cabe o *habeas data* (CF, art. 5º, LXXII, alínea *a*) se não houver recusa de informações por parte da autoridade administrativa."

O TSE entende que:

> Admite-se o recurso ordinário contra acórdão regional quando versarem sobre inelegibilidade e expedição de diploma, anularem diplomas ou decretarem a perda de mandatos eletivos, nas eleições federais e estaduais, e denegarem *habeas corpus*, mandado de segurança, *habeas data* ou mandado de injunção (arts. 276, II, *a* e *b*, do CE, c./c. 121, § 4º, III a V, da CF). Não comporta provimento o agravo que deixa de infirmar os fundamentos da decisão impugnada.[2]

3.1.3. Procedimento

A Lei nº 9.507, de 12/11/1997, regulamentou o direito de acesso a informações e disciplinou o rito processual do *habeas data*.

3.1.4. Mandado de injunção eleitoral

Com o mandado de injunção, busca-se uma sentença para tornar viável o exercício dos direitos e liberdades constitucionais e das prerrogativas inerentes à nacionalidade, à soberania e à cidadania, inviabilizado por falta de norma regulamentadora.

3.1.5. Previsão legal

O mandado de injunção é previsto no art. 5º, inciso LXXI, da Constituição Federal, *in verbis*:

---

[2] TSE. AG 4.292/SP. Taubaté. Rel. Juiz Francisco Peçanha Martins, p. 105.

Art. 5º (...)

LXXI – Conceder-se-á mandado de injunção sempre que a falta de norma regulamentadora torne inviável o exercício dos direitos e liberdades constitucionais e das prerrogativas inerentes à nacionalidade, à soberania e à cidadania.

Como já vimos, o art. 121, § 4º, da Constituição Federal autoriza o uso do mandado de injunção no Direito Eleitoral.

OBSERVAÇÃO DIDÁTICA

Decidiu o TSE que:

> Mandado de injunção – art. 5º, § 4º, do ADCT/1988. Impetração para que o TSE baixe normas regulamentadoras fixando o número de vereadores no Município de São Paulo. É de se considerar prejudicado o mandado, sem maiores indagações de natureza processual, se é certo que o TRE já fixou o reclamado número de vereadores do Município de São Paulo (Rel. Aldir Passarinho).

Curiosidade interessante

O primeiro mandado de injunção eleitoral impetrado no Brasil, no dia seguinte à promulgação da Constituição Federal de 1988, foi do Ministério Público junto ao Tribunal Regional Eleitoral de São Paulo, através do ilustre Professor Antônio Carlos Mendes, então Procurador Regional Eleitoral.[3]

3.2. REVISÃO CRIMINAL ELEITORAL

Conforme Manzini:

> No Processo Penal brasileiro, embora incrustrada no capítulo atinente aos recursos, a revisão é, também, verdadeira ação autônoma destinada ao desfazimento dos efeitos produzidos por uma sentença condenatória transitada em julgado. Se a coisa julgada, em princípio, é intangível, porque interesses do Estado assim o querem, esses interesses, contudo, não podem prevalecer *"sobre el interés de hacer triunfar la justicia substancial sobre la justicia formal"*.[4]

Mirabete comunga com esse mesmo entendimento, asseverando que:

> A opinião mais aceita, realmente, é a de que a revisão deve ser considerada como ação penal já que ela instaura uma relação jurídico-processual contra a sentença transitada em julgado. É, pois, uma ação de conhecimento de caráter constitutivo, destinada a corrigir decisão judicial de que já não caiba recurso.[5]

---

[3] No sentido do texto: Mendes, Antônio Carlos. *Cadernos de Direito Constitucional e Eleitoral*. Tribunal Regional Eleitoral e Procuradoria Regional Eleitoral de São Paulo, p. 57-59.
[4] Manzini, Vicenzo. *Tratado de Derecho Procesal Penal*. Tradução de Santiago Sentis Melendo e Mariano Ayerra Redin. Buenos Aires: El Foro, 1969. v. III, p. 735.
[5] *Processo Penal*. 3. ed. São Paulo: Atlas, 1977. p. 646-647.

3.2.1. Previsão legal

A revisão criminal eleitoral é prevista no art. 621 do Código de Processo Penal com aplicação subsidiária do Código de Processo Penal, prevista no art. 364 do Código Eleitoral.

3.2.2. As hipóteses de cabimento

Cabe revisão criminal eleitoral nos processos findos:

1) quando a sentença condenatória for contrária ao texto expresso da lei penal ou à evidência dos autos;
2) quando a sentença condenatória se fundar em depoimentos, exames ou documentos comprovadamente falsos;
3) quando, após a sentença, se descobrirem novas provas de inocência do condenado ou de circunstância que determine ou autorize diminuição especial da pena.

OBSERVAÇÕES DIDÁTICAS

a) A revisão poderá ser requerida a qualquer tempo, antes da extinção da pena ou após.

b) Não será admissível a reiteração do pedido, salvo se fundado em novas provas.

c) A revisão poderá ser pedida pelo próprio réu ou por procurador legalmente habilitado ou, no caso de morte do réu, pelo cônjuge, ascendente, descendente ou irmão.

d) Agravo regimental. Recurso contra expedição de diploma. Candidato inelegível, com decisão transitada em julgado no TSE, que pôde concorrer às eleições por força de liminar em revisão criminal, posteriormente julgada improcedente. Aplicação do art. 175, § 4º, do Código Eleitoral, com o cômputo de votos conferido ao partido. Respeito à vontade do eleitor expressa no voto. Agravo improvido.[6]

3.3. AÇÃO RESCISÓRIA ELEITORAL

Pinto Ferreira[7] leciona que:

> A ação rescisória não é propriamente um recurso, mas um remédio processual autônomo. Permite a admissão de um novo julgamento sobre o julgamento anterior, objetivando uma nova decisão sobre a sentença ou o acórdão rescindendo.
>
> No fundo, a ação rescisória representa um ataque à coisa julgada formal, como salienta o eminente jurisconsulto Pontes de Miranda.
>
> Tanto é razoável a reformulação dos preceitos da ação rescisória no Direito Processual Eleitoral brasileiro que a nossa mais alta Corte da Justiça Eleitoral já reexaminou a matéria por meio de embargos de declaração, em face de o pronunciamento

---

[6] TSE. REsp 19.662/SC, Imarui. Rel. Juíza Ellen Gracie Northfleet. DJU 06/06/2003, p. 138.
[7] Pinto Ferreira. *Código Eleitoral Comentado*. 2. ed. São Paulo: Saraiva, 1990.

do Tribunal assentar-se em falsa causa. Seria mais adequado o uso da ação rescisória, reformulando-se a sistemática processual.

Conforme voto do Ministro Haroldo Valladão,[8] "em casos extremos, heroicos, o próprio Supremo Tribunal Federal já tem, em embargos de declaração, alterado suas decisões".

Contudo, o Tribunal Superior Eleitoral já decidiu sobre a não aceitação da ação rescisória como recurso eleitoral:

> Ação Rescisória – Sua inadmissibilidade na Justiça Eleitoral, por ausência de previsão legal no Código Eleitoral, e por ser incompatível com a celeridade que se deve imprimir ao processo eleitoral.[9]

POSIÇÃO DIVERGENTE

Nossa posição: Em diálogo pessoal com o amigo Pinto Ferreira, percebemos que o emérito professor já atualizou a sua posição, pois a ação rescisória eleitoral está assim prevista no art. 22, I, alínea *j*, do Código Eleitoral:

> Art. 22. Compete ao Tribunal Superior:
>
> I – processar e julgar originariamente:
>
> (...)
>
> *j) a ação rescisória, nos casos de inelegibilidade, desde que intentada dentro do prazo de cento e vinte dias de decisão irrecorrível, possibilitando-se o exercício do mandato eletivo até o seu trânsito em julgado.*

Alínea acrescentada pela Lei Complementar nº 86, de 14/05/1996 (acrescenta dispositivo ao Código Eleitoral, a fim de permitir a ação rescisória em casos de inelegibilidade).

O artigo supramencionado motivou a ação direta de inconstitucionalidade, abaixo descrita, *ipsis litteris*:

> Dispositivo legal questionado:
>
> Arts. 1º e 2º da Lei Complementar nº 86, de 14 de maio de 1996.
>
> Acrescenta dispositivo ao Código Eleitoral, a fim de permitir a ação rescisória em casos de inelegibilidade.
>
> "Art. 1º Acrescente-se ao inciso I do art. 22 da Lei nº 4.737, de 15 de julho de 1965 – Código Eleitoral, a seguinte alínea:
>
> Art. 22. Compete ao Tribunal Superior:
>
> I – Processar e julgar originariamente:
>
> (...)
>
> j) a ação rescisória, nos casos de inelegibilidade, desde que intentada dentro do prazo de cento e vinte dias de decisão irrecorrível, possibilitando-se o exercício do mandato eletivo até o seu trânsito em julgado.

---

[8] TSE. *Boletim Eleitoral*, 127:264.
[9] TSE. Res. 11.742. J. M. de Souza Andrade. DJU 05/12/1983, p. 19.171-19.173.

Art. 2º Esta Lei Complementar entra em vigor na data de sua publicação, aplicando-se, inclusive, às decisões havidas até cento e vinte dias anteriores à sua vigência."

Decisão da liminar:

Por votação unânime, o Tribunal deferiu, em parte, o pedido de medida liminar para suspender, até a decisão final da ação, na alínea *j* do inciso I do art. 22 do Código Eleitoral, introduzida pelo art. 1º da Lei Complementar nº 86, de 14/05/1996, a vigência da oração "**possibilitando-se o exercício do mandato eletivo até o seu trânsito em julgado**" e, no art. 2º da mesma Lei Complementar nº 86/1996, da expressão "aplicando-se, inclusive, às decisões havidas até cento e vinte dias anteriores à sua vigência". Acolhendo questão de ordem do Ministro Marco Aurélio, o Tribunal decidiu dar eficácia *ex tunc* à decisão liminar, conforme precedente estabelecida na ADIn (MC) nº 596 – 1/RJ. Votou o Presidente.[10]

Veja como foi o resultado do mérito:

Resultado do mérito:

Procedente em parte

Decisão do mérito:

O Tribunal, por votação unânime, rejeitou as questões preliminares suscitadas pelo Presidente da República. Prosseguindo no julgamento, também por unanimidade, o Tribunal julgou parcialmente procedente a ação direta, para declarar a inconstitucionalidade da expressão "possibilitando-se o exercício do mandato eletivo até o seu trânsito em julgado", inscrita no art. 22, inciso I, alínea *j*, do Código Eleitoral (Lei nº 4.737, de 15/07/1965), na redação que lhe deu a Lei Complementar nº 86, de 14/05/1996, e da expressão "aplicando-se, inclusive, às decisões havidas até cento e vinte dias anteriores à sua vigência", consubstanciada no art. 2º da Lei Complementar nº 86/1996. Votou o Presidente.[11]

Sábia foi a decisão do TSE, pois o imoral efeito suspensivo obtido com a mera propositura da ação rescisória afrontava os princípios da igualdade, normalidade e legitimidade das eleições, além de extrapolar o efeito suspensivo do art. 216 do Código Eleitoral.

Posicionamentos majoritários do TSE:

O TRE não é competente para o julgamento de ação rescisória. A LC nº 86/1996, ao introduzir a ação rescisória no âmbito da Justiça Eleitoral, incumbiu somente ao TSE seu processo e julgamento, originariamente, contra seus próprios julgados.[12]

Cabimento de ação rescisória de julgado de TRE em matéria não eleitoral, aplicando-se a legislação processual civil.[13]

---

[10] Plenário, 30/05/1996. Acórdão. DJ 03/10/1997. Data de julgamento da liminar: Plenário, 30/05/1996. Data de publicação da liminar: Acórdão, DJ 03/10/1997.
[11] Plenário, 17/03/1999. Data de julgamento do mérito: Plenário, 17/03/1999. Data de publicação do mérito: Pendente.
[12] TSE. AC 106/2000 e 89/2001.
[13] TSE. AC 19.617/2002 e 19.618/2002.

Posição dominante do TSE:

> Condição de elegibilidade. Compete ao TSE processar e julgar ação rescisória de seus julgados. **A ação rescisória só é cabível em casos que versem sobre inelegibilidade, e não sobre condições de elegibilidade.** Nesse entendimento, o Tribunal negou provimento ao agravo regimental. Unânime (Agravo Regimental na Ação Rescisória 265/SP. Rel. Min. Marcelo Ribeiro, em 13/05/2008).

3.3.1. A competência para julgar a ação rescisória

A competência é exclusiva do Tribunal Superior Eleitoral (art. 22, I, *j*, do CE, c./c. arts. 102, I, *i*, e 105, I, *e*, da CF). Não cabendo ao TSE julgar ação rescisória de sentença de primeiro grau, mas apenas de seus julgados que contenham declaração de inelegibilidade.

No mesmo sentido o entendimento dominante do TSE:

> A ação rescisória somente é cabível para desconstituir acórdão deste Tribunal que contenha declaração de inelegibilidade. Precedentes (Ag/Rg na Ação Rescisória nº 381/PR).

> É competente o Tribunal Superior Eleitoral para o processamento e julgamento de ação rescisória de seus próprios julgados que tenham declarado inelegibilidade (art. 22, I, *j*, do Código Eleitoral) (TSE-Ag/Rg na Ação Rescisória nº 376/PI).

3.3.2. Análise da possibilidade de interposição de ação rescisória contra decisões que versem sobre condição de elegibilidade

A ação rescisória somente é cabível no âmbito da Justiça Eleitoral para desconstituir decisão do TSE que contenha declaração de inelegibilidade. Não compete, portanto, ao Egrégio Tribunal, o conhecimento de ação rescisória contra decisões que versem sobre condição de elegibilidade.[14]

3.3.3. Análise da possibilidade de concessão de tutela antecipada em sede de ação rescisória

Consoante entendimento já consolidado no TSE, não é admissível a concessão de tutela antecipada em ação rescisória na Justiça Eleitoral, salvo em situações teratológicas que causam dano grave e evidente, de impossível reparação, ou nos casos em que pode ser comprometido o processo eleitoral como um todo.[15]

3.3.4. Observações jurisprudenciais eleitorais dominantes

a) Ação rescisória fundada no art. 485, VII, do CPC deve ser instruída com documento novo, cuja existência o autor ignorava, ou de que não pôde fazer uso no momento oportuno. Não se caracteriza como tal certidão firmada pelo pre-

---

[14] No mesmo sentido: Precedentes: AgR-AR 284/RJ. Rel. Min. Fernando Gonçalves. DJ 20/10/2008; AgR-AR 265/SP. Rel. Min. Marcelo Ribeiro, DJ 16/06/2008; AgR-AR 262/SP, de nossa relatoria, DJ 06/05/2008.
[15] No mesmo sentido: TSE. Ac. 60/2000. Ação rescisória 60/PE e também Ag/Rg na Ação Rescisória 362/MG.

sidente do TCE, em que se acusa a pendência de recurso de reconsideração, a qual poderia ter sido juntada no processo de registro de candidatura. Ação rescisória que se julga improcedente (TSE-AR nº 382. Ação Rescisória/PB).

b) Não cabe ação rescisória contra decisão que nega seguimento a recurso especial ante a impossibilidade de reexame de fatos e provas, pois apenas as decisões que declaram inelegibilidade são rescindíveis (TSE-Ag/Rg na Ação Rescisória nº 345/AL).

3.4. O *HABEAS CORPUS* NO DIREITO ELEITORAL

O entendimento doutrinário amplamente dominante é o de que o *habeas corpus* não é um recurso nem uma ação mandamental.

O *habeas corpus* é uma garantia individual ao direito de locomoção; é, em verdade, um remédio processual que tem a finalidade de assegurar e garantir a liberdade de o cidadão ir, vir ou permanecer.

3.4.1. A competência para julgar o *habeas corpus* eleitoral

Segundo o Código Eleitoral, a competência para conhecer e julgar o *habeas corpus* em matéria eleitoral é do Tribunal Superior Eleitoral (art. 22, I, *e*), dos Tribunais Regionais Eleitorais (art. 29, *e*) e dos juízes (art. 35, III), todos *in verbis*:

> Art. 22. Compete ao Tribunal Superior:
>
> I – processar e julgar originariamente:
>
> (...)
>
> e) o habeas corpus *ou mandado de segurança, em matéria eleitoral, relativos a atos do Presidente da República, dos Ministros de Estado e dos Tribunais Regionais; ou, ainda, o* habeas corpus, *quando houver perigo de se consumar a violência antes que o juiz competente possa prover sobre a impetração;*[16]
>
> (...)
>
> Art. 29. Compete aos Tribunais Regionais:
>
> (...)
>
> e) o habeas corpus *ou mandado de segurança, em matéria eleitoral, contra ato de autoridades que respondam perante os Tribunais de Justiça por crime de responsabilidade e, em grau de recurso, os denegados ou concedidos pelos juízes eleitorais; ou, ainda, o* habeas corpus, *quando houver perigo de se consumar a violência antes que o juiz competente possa prover sobre a impetração;*
>
> (...)
>
> Art. 35. Compete aos juízes:
>
> (...)

---

[16] A expressão "ou mandado de segurança" teve sua execução suspensa pela Resolução SF 132, de 07/12/1984.

III – decidir habeas corpus *e* mandado de segurança, *em matéria eleitoral, desde que essa competência não esteja atribuída privativamente à instância superior;*
(...)

OBSERVAÇÕES DIDÁTICAS

a) Admite-se o *habeas corpus* como remédio idôneo para corrigir a irregularidade em caso de cerceamento de defesa, no processo dos crimes eleitorais.[17]

b) O *habeas corpus* não é meio hábil para conseguir o registro de candidatos.[18]

c) O *habeas corpus* não é meio idôneo para invalidar processo administrativo, mesmo que o paciente e candidato necessite da liberdade para fazer campanha política.[19]

3.5. O MANDADO DE SEGURANÇA ELEITORAL

Para Celso Agrícola Barbi, o mandado de segurança não é propriamente um recurso, mas uma ação, uma "ação de cognição".[20]

Tito Costa lembra que "muita vez, no entanto, é utilizado como recurso, quando de decisão violadora de direito líquido e certo não caiba recurso específico".

3.5.1. A legitimação passiva e ativa

No mandado de segurança em matéria eleitoral, também existe uma legitimação passiva, assim como a mesma triangularidade da relação processual.

Os candidatos a postos eletivos são sempre parte legítima para impetrar o mandado de segurança, quando seja violado um direito seu, líquido e certo. Mas a Justiça Eleitoral só conhece o mandado de segurança nas questões específicas de processo eleitoral, do registro das candidaturas até a diplomação. As questões sobre o exercício do mandado se prendem à Justiça Comum.

Os eleitores são também parte legítima para impetrar mandado de segurança, na titularidade de direitos concernentes ao processo eleitoral: problemas de alistamento eleitoral, inscrição, votação nas suas seções eleitorais ou fora delas (voto em separado) etc.

Quanto aos partidos políticos, a opinião dominante é a de que eles têm legitimidade ativa para impetrar mandado de segurança, poder que se estende aos diretórios nacionais, regionais e municipais legalmente representativos do partido. Os partidos são reputados pela lei como pessoas jurídicas de direito privado, mas o mandado de segurança pode ser utilizado por pessoas jurídicas. Contudo, não se admite a legitimação passiva dos partidos políticos no mandado de segurança, dado que eles não

---

[17] TSE. *Boletim Eleitoral*, 125:182.
[18] TSE. *Boletim Eleitoral*, 136:125.
[19] TSE. Ac. 3.543. *Boletim Eleitoral*, 148:130.
[20] Barbi, Celso Agrícola. *Do Mandado de Segurança*. 2. ed. Rio de Janeiro: s.e., 1966. p. 48.

exercem o *jus imperii*, e assim não se pode impetrar mandado de segurança contra os presidentes dos partidos políticos, nem os seus respectivos diretórios.[21]

3.5.2. As autoridades coatoras

De acordo com a Constituição brasileira, o mandado de segurança pode ser impetrado "seja qual for a autoridade" dita coatora. Segundo a Lei nº 1.533/1951 (art. 1º, § 1º), consideram-se autoridades, para os fins previstos na lei, os administradores ou representantes das entidades autárquicas e das pessoas naturais ou jurídicas com funções delegadas do Poder Público no que entende com estas funções.

Podem ser consideradas autoridades coatoras: os sindicatos, quando seus atos são reflexos de poder delegado; os diretores de estabelecimentos particulares de ensino equiparados aos oficiais. Assim ensinam Celso Agrícola Barbi,[22] Celso Antonio Bandeira de Mello, em *Apontamentos sobre os Agentes e Órgãos Públicos*,[23] sendo o assunto discutido por Pinto Ferreira, em sua *Teoria Geral do Estado*. Os atos praticados por autoridades privadas não são suscetíveis de impetração de mandado de segurança.

3.5.3. O recurso cabível contra decisão proferida em mandado de segurança

É de **apelação** o recurso contra decisão proferida em mandado de segurança. Originariamente, a Lei nº 1.533/1951 falava do recurso de "agravo de petição", que foi banido do nosso sistema processual civil. A partir da vigência do novo Código de Processo Civil, e com a modificação introduzida nesta lei, da sentença que negue ou conceda o *mandamus* caberá apelação. Sujeita-se ao duplo grau de jurisdição a sentença concessiva da ordem, que poderá ser executada provisoriamente.[24]

3.5.4. Entendimentos sumulados pelo TSE

Súmula nº 10

No processo de registro de candidatos, quando a sentença for entregue em cartório antes de três dias contados da conclusão ao juiz, o prazo para o recurso ordinário, salvo intimação pessoal anterior, só se conta do termo final daquele tríduo.

Súmula nº 11

No processo de registro de candidatos, o partido que não o impugnou não tem legitimidade para recorrer da sentença que o deferiu, salvo se se cuidar de matéria constitucional.

---

[21] Neste sentido: Pinto Ferreira. Op. cit., p. 290.
[22] Op. cit., p. 76.
[23] Mello, Celso Antonio Bandeira de. *Apontamentos sobre os Agentes e Órgãos Públicos*. São Paulo, 1972. p. 5 e segs.
[24] Lei nº 1.533/1951, art. 12, com redação que lhe foi dada pela Lei nº 6.014, de 27/12/1973, e Lei nº 6.071, de 03/07/1974. Prazo para a apelação: 15 dias.

Referências

ACOSTA, Walter P. *O Processo Penal*. 20. ed. Rio de Janeiro: Ed. do Autor, 1990.
ALMEIDA JÚNIOR, João Mendes. *Direito Judiciário Brasileiro*. 5. ed. Rio de Janeiro: Freitas Bastos, 1960.
ANDRADE, Flávio da Silva. Breves Apontamentos acerca do Moralizador Instituto do Art. 41-A da Lei nº 9.504/1997 – Captação Ilícita de Sufrágio. Artigo publicado na revista *Juris Plenum* nº 33 em 2008.
BANDEIRA DE MELLO, Celso Antonio. *Apontamentos sobre os Agentes e Órgãos Públicos*. São Paulo: s.e., 1972.
BARBI, Celso Agrícola. *Mandato de Segurança*. 2. ed. Rio de Janeiro: s.e., 1986.
BARBOSA MOREIRA, José Carlos. *O Juízo de Admissibilidade no Sistema dos Recursos Civis*. Rio de Janeiro: s.e., 1968.
BARRETO, Lauro. *Investigação Judicial Eleitoral e Ação de Impugnação de Mandato Eletivo*. Bauru: Edipro, 1996.
_____. *Das Representações no Direito Processual Eleitoral*. Rio de Janeiro: Edipro, 2006.
BARROS, Francisco Dirceu. *Prática das Ações Eleitorais*. Rio de Janeiro: Campus/Elsevier, 2008.
_____. *Direito Eleitoral:* Doutrina, Jurisprudência e 1000 Questões de Concursos Comentadas. 8. ed. Rio de Janeiro: Campus/Elsevier, 2008.
BONAVIDES, Paulo. *Curso de Direito Constitucional*. 6. ed. São Paulo: Malheiros, 1996.
BULLOS, Uadi Lammêgo. *Constituição Federal Anotada*. 5. ed. São Paulo: Saraiva, 2008.
CÂNDIDO, Joel José. *Direito Eleitoral Brasileiro*. 10. ed. São Paulo: Edipro, 2003.
CASTRO, Edson de Resende. *Teoria e Prática do Direito Eleitoral*. 2. ed. Belo Horizonte: Mandamentos, 2005.
CASTRO NASCIMENTO, Tupinambá Miguel. *Lineamentos de Direito Eleitoral*. Porto Alegre: Síntese, 1996.
CERQUEIRA, Thales Tácito Pontes Luz de Pádua. *Direito Eleitoral Brasileiro*. Belo Horizonte: Del Rey, 2002.
CHIOVENDA, Giuseppe. *Instituições de Direito Processual Civil*. São Paulo: Saraiva, 1969.
CITADINI, Antonio Roque. *Código Eleitoral Anotado e Comentado*. 2. ed. São Paulo: Max Limonad, 1985.
CONEGLIAN, Olivar. *Propaganda Eleitoral*. 9. ed. Curitiba: Juruá, 2008.
COSTA, Adriano Soares da. *Direito Processual Eleitoral*. Belo Horizonte: Nova Alvorada, 1996.
_____. *Inabilitação para Mandato Eletivo*. Belo Horizonte: Ciência Jurídica, 1998.
_____. *Instituições de Direito Eleitoral*. 5. ed. Belo Horizonte: Del Rey, 2002.
_____. *Teoria da Inelegibilidade e do Processo Eleitoral*. Belo Horizonte: Del Rey, 1998.
COSTA, Elcias Ferreira da. *Compêndio de Direito Eleitoral*. São Paulo: Sugestões Literárias, 1978.
COSTA, Tito. *Recursos em Matéria Eleitoral*. 3. ed. São Paulo: Revista dos Tribunais, 1990.
COUTURE, Eduardo J. *Fundamentos de Derecho Procesal Civil*. Buenos Aires: De Palma, 1951.
DE LUCCA, José Carlos. O Necessário Sigilo do Inquérito Policial Eleitoral. In: RT. São Paulo: *Revista dos Tribunais*, nº 699, p. 429-430.
ESMERALDO, Elmana Viana Lucena. *Processo Eleitoral*. São Paulo: Editora JH Mizuno, 2011.
FERREIRA, Pinto. *Código Eleitoral Comentado*. 2. ed. São Paulo: Saraiva, 1990.
FICHTNER, José Antonio. *Impugnação do Mandato Eletivo*. Rio de Janeiro: Renovar, 1998.
FREDERICO MARQUES, José. *Elementos de Direito Processual Penal*. 16. ed. São Paulo: Forense, 1961.
_____. *Instituições de Direito Processual Civil*. Rio de Janeiro: Forense, 1960. v. IV.
GARCIA, Emerson. *Abuso de Poder nas Eleições:* Meios de Coibição. 3. ed. Rio de Janeiro: Lumen Juris, 2006.
GOMES, Luiz Flávio; MOLINA, Antonio García-Pablos de. *Direito Penal:* Parte Geral. São Paulo: Revista dos Tribunais, 2008.
GOMES, Suzana de Camargo. *Crimes Eleitorais*. 3. ed. São Paulo: RT, 2000. p. 55-59.
GRINOVER, Ada Pellegrini. *As Nulidades no Processo Penal*. São Paulo: Malheiros, 1994.
GRINOVER, Ada Pellegrini; FERNANDES, Antônio Scarance; GOMES FILHO, Antônio Magalhães. *Recursos no Processo Penal*. 8. ed. São Paulo: Revista dos Tribunais, 2004.

JARDIM, Torquato. *Introdução ao Direito Eleitoral Positivo*. Brasília: Jurídica, 1994.
JIMÉNEZ, Hermando Londoño. *Derecho Procesal Penal*. Bogotá: Temis, 1982.
LIEBMAN, Enrico Tullio. *Manual de Direito Processual Civil*. 3. ed. São Paulo: Malheiros, 2005. v. I.
LIMA, Alcides de Mendonça. *Sistema de Normas Gerais dos Recursos Cíveis*. Rio de Janeiro: Freitas Bastos, 1963.
LIMONGI FRANÇA, Rubens (Coord.). *Enciclopédia Saraiva do Direito*. São Paulo: Saraiva, 1977. v. 7, p. 14.
LOPES JR., Amy. *Direito Processual Penal e sua Conformidade Constitucional*. 3. ed. Rio de Janeiro: Lumen Juris, 2008. v. 1.
MARQUES, José Frederico. *Instituições de Direito Processual Civil*. Rio de Janeiro: Forense, 1960. v. IV.
MASCARENHAS, Paulo. *Lei Eleitoral Comentada*: Anotações à Lei nº 9.504, de 20/09/1997. 5. ed. São Paulo: Editora de Direito, 2002.
MATOS PEIXOTO, José Carlos de. *Recurso Extraordinário*. Rio de Janeiro: Freitas Bastos, 1935.
MAXIMILIANO, Carlos. *Hermenêutica e Aplicação do Direito*. 9. ed. Rio de Janeiro: Forense, 1979.
MELLO FILHO, José Celso. *A Tutela Judicial da Liberdade*. In: RT. São Paulo: Revista dos Tribunais, nº 526, p. 291.
MENDONÇA JR., Delosmar. *Manual de Direito Eleitoral*. Salvador: Jus Podivm, 2006.
MIRABETE, Júlio Fabbrini. *Processo Penal*. São Paulo: Atlas, 1977.
MORAES, Alexandre de. *Direito Constitucional*. 7. ed. São Paulo: Atlas, 2000.
MOREIRA, Barbosa. O Juízo de Admissibilidade no Sistema dos Recursos Cíveis. In: *Revista de Direito de Procuradoria Geral do Estado da Guanabara*. Rio de Janeiro, v. 19, 1968.
MOTA, Aroldo. *Revista Brasileira de Direito Eleitoral*. [s.a.]
NERY JÚNIOR, Nelson. *Princípios Fundamentais* – Teoria Geral dos Recursos. Rio de Janeiro: Forense, 1996.
NOGUEIRA, José da Cunha. *Manual Prático de Direito Eleitoral*. 3. ed. Rio de Janeiro: Forense, 1989.
NUCCI, Guilherme de Souza. *Código de Processo Penal Comentado*. 8. ed. São Paulo: Revista dos Tribunais, s.d.
PACELLI, Eugênio. *Curso de Processo Penal*. 4. ed. Belo Horizonte: Del Rey, 2004.
PACHECO, Marilia. *Compêndio de Legislação Eleitoral e Partidária*. 8. ed. Brasília: Brasília Jurídica, 2004.
PÁDUA CERQUEIRA, Thales Tácito Pontes Luz de. *Direito Eleitoral Brasileiro*. 3. ed. Belo Horizonte: Del Rey, 1996.
PASSOS, J. J. Calmon de. Direito de Defesa. In: *Enciclopédia Saraiva do Direito*. São Paulo: Saraiva, 1977. v. 26, p. 138.
PELEJA JÚNIOR, Antônio Veloso; TEIXEIRA BATISTA, Fabrício Napoleão. *Direito Processual, Aspectos Processuais, Ações e Recursos*. Curitiba: Juruá, 2010.
PINTO, Djalma. *Direito Eleitoral*: Anotações e Temas Polêmicos. 3. ed. Rio de Janeiro: Forense, 2000.
_____. *Elegibilidade no Direito Brasileiro*. São Paulo: Atlas, 2008.
_____. *Inelegibilidades no Direito Brasileiro*. 2. ed. Bauru: Edipro, 2008.
PONTES DE MIRANDA. *Comentários ao Código de Processo Civil*. 2. ed. Rio de Janeiro: Forense, 1970. t. IX.
QUEIROZ, Ari Ferreira de. *Direito Eleitoral*. Goiânia: IEPC, 2000.
RAMAYANA, Marcos. *Direito Eleitoral*. 4. ed. Rio de Janeiro: Impetus, 2005.
RIBEIRO, Fávila. *Direito Eleitoral*. 3. ed. Rio de Janeiro: Forense, 1988.
SARTI, Amir José Finocchiaro. Abusos do Poder Econômico na Campanha Eleitoral. In: *Revista do TRE/RS*, nº 8, p. 51.
SILVA, José Afonso da. *Do Recurso Extraordinário no Direito Processual Brasileiro*. São Paulo: Revista dos Tribunais, 1963.
SILVA FRANCO, Alberto; STOCO, Rui. *Código de Proceso Penal e sua Interpretação Jurisprudencial*. São Paulo: Revista dos Tribunais, s.d. v. 4.
SOUZA PINTO, Paulo Brossard de. Inelegibilidade Fictícia. In: *Folha de S. Paulo*, p. 1-3, 29/10/1992.
THEODORO JÚNIOR, Humberto. *Curso de Direito Processual Civil*. 14. ed. Rio de Janeiro: Forense, 1955.
TORNAGHI, Hélio. *Comentários ao Código de Processo Penal*. Rio de Janeiro: Forense, 1956. v. I, t. II.
TOURINHO FILHO, Fernando da Costa. *Processo Penal*. 18. ed. São Paulo: Saraiva, 1997. v. 2.
TUCCI, Rogério Lauria. *Persecução Penal, Prisão e Liberdade*. São Paulo: Saraiva, 1980.
VALENTE, Luiz Ismaelino. *Crimes na Propaganda Eleitoral*. Belém: Cyup, 1992.
VIEIRA FILHO, Meton. Propaganda Eleitoral. In: *Revista Brasileira de Direito Eleitoral*, Fortaleza, nº 3, 1989.
XAVIER, José Carlos G.; NALINI, José Renato. *Manual de Processo Penal*. São Paulo: Saraiva, 1999.

nosso trabalho para atendê-lo(la) melhor e aos outros leitores.
Por favor, preencha o formulário abaixo e envie pelos correios ou acesse www.elsevier.com.br/cartaoresposta. Agradecemos sua colaboração.

Seu nome: _____

Sexo: ☐ Feminino ☐ Masculino   CPF: _____

Endereço: _____

E-mail: _____

Curso ou Profissão: _____

Ano/Período em que estuda: _____

Livro adquirido e autor: _____

Como conheceu o livro?

☐ Mala direta   ☐ E-mail da Campus/Elsevier
☐ Recomendação de amigo   ☐ Anúncio (onde?) _____
☐ Recomendação de professor
☐ Site (qual?) _____   ☐ Resenha em jornal, revista ou blog
☐ Evento (qual?) _____   ☐ Outros (quais?) _____

Onde costuma comprar livros?

☐ Internet. Quais sites? _____
☐ Livrarias   ☐ Feiras e eventos   ☐ Mala direta

☐ Quero receber informações e ofertas especiais sobre livros da Campus/Elsevier e Parceiros.

Siga-nos no twitter @CampusElsevier

Cartão Resposta
050120048-7/2003-DR/RJ
Elsevier Editora Ltda
CORREIOS

SAC | 0800 026 53 40
ELSEVIER | sac@elsevier.com.br

CARTÃO RESPOSTA
Não é necessário selar

O SELO SERÁ PAGO POR
Elsevier Editora Ltda

20299-999 - Rio de Janeiro - RJ

Qual(is) o(s) conteúdo(s) de seu interesse?

Concursos
- [ ] Administração Pública e Orçamento
- [ ] Arquivologia
- [ ] Atualidades
- [ ] Ciências Exatas
- [ ] Contabilidade
- [ ] Direito e Legislação
- [ ] Economia
- [ ] Educação Física
- [ ] Engenharia
- [ ] Física
- [ ] Gestão de Pessoas
- [ ] Informática
- [ ] Língua Portuguesa
- [ ] Línguas Estrangeiras
- [ ] Saúde
- [ ] Sistema Financeiro e Bancário
- [ ] Técnicas de Estudo e Motivação
- [ ] Todas as Áreas
- [ ] Outros (quais?) _____

Educação & Referência
- [ ] Comportamento
- [ ] Desenvolvimento Sustentável
- [ ] Dicionários e Enciclopédias
- [ ] Divulgação Científica
- [ ] Educação Familiar
- [ ] Finanças Pessoais
- [ ] Idiomas
- [ ] Interesse Geral
- [ ] Motivação
- [ ] Qualidade de Vida
- [ ] Sociedade e Política

Jurídicos
- [ ] Direito e Processo do Trabalho/Previdenciário
- [ ] Direito Processual Civil
- [ ] Direito e Processo Penal
- [ ] Direito Administrativo
- [ ] Direito Constitucional
- [ ] Direito Civil
- [ ] Direito Empresarial
- [ ] Direito Econômico e Concorrencial
- [ ] Direito do Consumidor
- [ ] Linguagem Jurídica/Argumentação/Monografia
- [ ] Direito Ambiental
- [ ] Filosofia e Teoria do Direito/Ética
- [ ] Direito Internacional
- [ ] História e Introdução ao Direito
- [ ] Sociologia Jurídica
- [ ] Todas as Áreas

Media Technology
- [ ] Animação e Computação Gráfica
- [ ] Áudio
- [ ] Filme e Vídeo
- [ ] Fotografia
- [ ] Jogos
- [ ] Multimídia e Web

Negócios
- [ ] Administração/Gestão Empresarial
- [ ] Biografias
- [ ] Carreira e Liderança Empresariais
- [ ] E-business
- [ ] Estratégia
- [ ] Light Business
- [ ] Marketing/Vendas
- [ ] RH/Gestão de Pessoas
- [ ] Tecnologia

Universitários
- [ ] Administração
- [ ] Ciências Políticas
- [ ] Computação
- [ ] Comunicação
- [ ] Economia
- [ ] Engenharia
- [ ] Estatística
- [ ] Finanças
- [ ] Física
- [ ] História
- [ ] Psicologia
- [ ] Relações Internacionais
- [ ] Turismo

Áreas da Saúde
- [ ]

Outras áreas (quais?): _____

Tem algum comentário sobre este livro que deseja compartilhar conosco?

_____
_____

Atenção:
As informações que você está fornecendo serão usadas apenas pela Campus/Elsevier e não serão vendidas, alugadas ou distribuídas por terceiros sem permissão preliminar.